高等学校"十四五"医学规划新形态教材

（供临床、基础、预防、检验、护理、口腔等专业用）

组织学与胚胎学

HISTOLOGY AND EMBRYOLOGY

（第5版）

主　编　石玉秀

副主编　张宏权　陈海滨　王世鄂　张学森

编　委（按姓氏汉语拼音排序）

包图雅	内蒙古医科大学	陈海滨	汕头大学医学院
洪　伟	天津医科大学	黄益玲	三峡大学医学院
雷　蕾	哈尔滨医科大学	李晓明	广东药科大学
刘　琼	复旦大学上海医学院	刘佳梅	吉林大学白求恩医学部
刘向前	华中科技大学同济医学院	罗　彬	广西医科大学
马海英	大连医科大学	彭　谨	四川大学华西医学中心
漆　智	南开大学医学院	沙　鸥	深圳大学医学部
石玉秀	中国医科大学	宋　芳	包头医学院
王嘉丽	陆军军医大学	王世鄂	福建医科大学
温　昱	中国医科大学	杨　虹	湖北医药学院
杨　姝	首都医科大学	战　军	北京大学医学部
张　莉	锦州医科大学	张宏权	北京大学医学部
张丽红	复旦大学上海医学院	张庆梅	广西医科大学
张学森	中国医科大学	张志威	石河子大学医学院
周劲松	西安交通大学医学部		

中国教育出版传媒集团

高等教育出版社·北京

内容提要

本教材由来自全国24所高等院校，常年工作在教学、科研一线的专家、教授共同编写而成。全书分两篇，组织学和胚胎学。全书共28章，其中，组织学篇共20章，胚胎学篇共8章。

本教材前三版曾获"十一五""十二五"国家级规划教材荣誉。本次修订在保留前版教材优点的基础上，不断创新，努力探索将基本理论、基础知识与临床实践及学科前沿相结合，对组织学与胚胎学的基本内容进行了全面而又简明扼要的系统性阐述。

本教材收集了众多院校多年教学中积攒下来的大量精美的光镜图片和优质的电镜照片。为培养学生的创新意识和独立自主学习的能力，运用组织学与胚胎学知识，尽早接触临床，本教材数字课程每章均有与本章内容密切相关的临床病例，便于学生讨论使用。同时，为提高学生学习效果，本书还按各章重要知识点提供了微课。

为方便学生更好地掌握教学内容，本教材还配有系列配套图书《组织学与胚胎学彩色图谱》《组织学与胚胎学实验教程》和《组织学与胚胎学习题集》。

本教材及系列配套图书适合普通高等教育医学各专业本科及研究生层次教学使用。

图书在版编目（CIP）数据

组织学与胚胎学 / 石玉秀主编 . -- 5 版 . -- 北京：高等教育出版社，2025.6. -- ISBN 978-7-04-064576-7

Ⅰ. R32

中国国家版本馆 CIP 数据核字第 202504UR65 号

Zuzhixue yu Peitaixue

策划编辑	初 瑞	责任编辑 初 瑞	封面设计 张 楠	责任印制 刘思涵	

出版发行	高等教育出版社	网　　址	http://www.hep.edu.cn
社　　址	北京市西城区德外大街4号		http://www.hep.com.cn
邮政编码	100120	网上订购	http://www.hepmall.com.cn
印　　刷	天津画中画印刷有限公司		http://www.hepmall.com
开　　本	889 mm×1194 mm　1/16		http://www.hepmall.cn
印　　张	18	版　　次	2007 年 8 月第 1 版
字　　数	530 千字		2025 年 6 月第 5 版
购书热线	010-58581118	印　　次	2025 年 9 月第 2 次印刷
咨询电话	400-810-0598	定　　价	75.00 元

物 料 号　64576-00

数字课程（基础版）

组织学与胚胎学

（第5版）

主编　石玉秀

abooks.hep.com.cn/64576

使用方法：

1. 电脑或移动设备访问课程网站。

2. 注册并登录后，进入"个人中心"。

3. 刮开图书封底防伪码涂层，通过扫描二维码或

　　手动输入 20 位密码，完成防伪码绑定。

4. 绑定成功后，即可开始本数字课程的学习。

如有使用问题，请点击页面下方的"疑问"按钮。

"组织学与胚胎学（第5版）"
数字课程编委会

主　编　石玉秀

副主编　周劲松　洪　伟　雷　蕾　温　昱　罗　彬　李晓明

编　委（按姓氏汉语拼音排序）

包图雅	内蒙古医科大学	陈冬艳	南开大学医学院
陈海滨	汕头大学医学院	符园园	中国医科大学
葛盈盈	广西医科大学	洪　伟	天津医科大学
黄益玲	三峡大学医学院	雷　蕾	哈尔滨医科大学
李晓明	广东药科大学	李笑岩	滨州医学院
刘　琼	复旦大学上海医学院	刘　卉	福建医科大学
刘佳梅	吉林大学白求恩医学部	刘宁宇	中国医科大学
刘向前	华中科技大学同济医学院	卢　敏	湖北医药学院
罗　彬	广西医科大学	马海英	大连医科大学
莫发荣	广西医科大学	彭　谨	四川大学华西医学中心
彭　挺	华中科技大学同济医学院	石玉秀	中国医科大学
宋　芳	包头医学院	苏中静	汕头大学医学院
田　宏	西安交通大学医学部	田　娟	锦州医科大学
王嘉丽	陆军军医大学	王　欣	广东药科大学
魏潇凡	北京大学医学部	温　昱	中国医科大学
肖　冰	中国医科大学	杨　姝	首都医科大学
杨美霞	包头医学院	姚庆斌	天津医科大学
张　莉	锦州医科大学	张丽红	复旦大学上海医学院
张庆梅	广西医科大学	张学森	中国医科大学
张志威	石河子大学医学院	周劲松	西安交通大学医学部

编写秘书　符园园

组织学与胚胎学是学习医学的必修基础课程,是一门具有深厚科学底蕴且充满着发展活力的学科。在当今科学的飞速发展中,组织学与胚胎学也不断发展,新知识、新概念在不断充实。为适应新时代新的教育理念,将近年来学科的新发展、新变化融入教材,高等教育出版社特联合国内二十余所医学院校,启动了对《组织学与胚胎学(第4版)》的修订工作。

本教材前三版曾获"十一五""十二五"普通高等教育本科国家级规划教材。编委团队由来自全国24所医药院校的教师组成,在编委人员结构上,本次进行了部分人员的新老更替,既保留了部分富有多年编写经验的老教授,也吸纳了中青年专家,使该教材更富生命力。

本次修订的编写原则是继续坚持传承与创新。"传承"是指本教材对组织学与胚胎学的基本内容做了全面系统、简明扼要的阐述,以期奠定学习者坚实的知识基础;"创新"是指本教材将组织学与胚胎学的最新内容、新的教学方法和教育技术,融入相关章节或以数字课程方式阐述,以求充分体现新时代的教育理念,培养学生的创新精神、创新意识、创新能力,使学生掌握学科前沿知识。

编写中,全体编委遵循"打造精品教材,使教材适教适学;为培养学生创新思维奠基,以适应新时代教学改革飞跃发展与人才培养需要"的编写宗旨,根据新时代本科医学专业的培养目标要求,并结合多年教学实践经验与成果,进行了通力合作,开展了精心编写。

全书仍设28章,着力突出了新时代的新特点。

1. 数字课程中有按本科教学大纲要求的教学内容确立的"知识点"微课导学,是对传统教材的突破和创新,是视觉、听觉、文字、声音和画面的全新结合,达到帮助理解、强化记忆、激发学习兴趣的效果;以及介绍组织学与胚胎学新知识、新理论、新技术、新进展的数字化资源,并在各章相应位置列出了数字化资源的标题,通过学习这些新知识,可促进学生自主学习,激发学生创新思维,拓宽学生的知识面。

2. 增设有课程思政案例微课视频。以落实立德树人根本任务。

3. 为将基础知识与临床知识进行紧密结合,使学生尽早接触临床,引领学生将基础知识服务于临床实践,本教材数字课程中有与该章内容密切相关的临床病例,供学生开展基于问题的学习(problem-based learning,PBL)和随堂讨论,以培养并提高学生分析问题和解决问题的能力。

4. 教材中光镜、电镜结构图均为镜下真实结构的再现。为提高视觉效果,光镜结构图仍为彩图,电镜图为黑白照片,模式图全部为彩色,插图采取图随文走的形式,直观、便捷、色泽鲜明,有助于学生学习理解和掌握。各章节插图绝大部分由各章编写者提供,也有参编的兄弟院校教授互相赠送供图。

5. 为了便于学生学好组织学的知识,仍在组织学内容前增加"细胞学"一章,简明介绍细胞学的基本理论知识,为学好组织学奠定基础。

6. 为提高学生专业外语水平,本教材重要专业名词后注有英文,附有中英文名词对照。

本教材从编写到出版得到了高等教育出版社及各编委所在院校的大力支持。全体编委为此书的完成付出了诸多辛苦和努力,在第5版即将面世之际,谨向所有编委,以及支持、关心本书编写的单位和领导致以最诚挚的谢意。由于水平能力所限,书中难免有不当之处,敬请同仁及师生们给予批评、指正。

石玉秀

2025 年 3 月

组 织 学

胚　胎　学

H 组织学
Histology

第一章

组织学绪论

一、组织学的研究内容及其在医学中的地位

组织学（histology）是研究机体微细结构及其相关功能的科学。组织学的研究内容包括细胞、组织和器官系统的微细结构及其相关功能。细胞（cell）是构成机体形态结构与功能的基本单位。组织（tissue）是由细胞和细胞间质（intercellular substance）组成的群体结构，是构成机体器官的基本成分。细胞间质又可称为细胞外基质（extracellular matrix）。人体有4种基本组织（primary tissue），即上皮组织、结缔组织、肌组织和神经组织，这些组织按一定方式组合构成器官。器官（organ）具有一定的形态结构，并执行特定的生理功能。系统（system）由一些结构连续、功能相关的器官组合而成，完成连续的生理活动。

人体各系统由许多器官组成，每个器官各有其特定的组织结构和生理功能。按其组织学特征，可将人体器官分为中空性器官与实质性器官两类。中空性器官：器官中央有大的空腔，如心血管、消化管、呼吸道及排尿和生殖管道等。这类器官的管壁结构一般可分3~4层。实质性器官：器官内无大腔，如消化腺、淋巴器官、内分泌腺、肾等。这类器官的结构表面为被膜，内部为实质，它行使器官的主要功能。

组织的微细结构必须在显微镜下才能观察清楚，显微镜有光学显微镜（light microscope，LM，简称光镜）和电子显微镜（electron microscope，EM，简称电镜），故微细结构包括光镜结构和电镜结构，电镜结构也常称为超微结构（ultrastructure）。

组织学是重要的医学基础课程，现代组织学的发展、研究已深入分子水平，与许多基础学科交叉渗透，相互促进，生命科学的一些重大研究，如组织工程、器官移植等，都与组织学有着密切关系。所以学好组织学，才能认识并系统掌握正常机体的微细结构，深入理解其功能，为其他基础和临床学科的学习打下必备的形态学基础和掌握相关的基本技能。

二、组织学的研究方法和常用技术

组织学的研究方法很多，随着科学技术的发展，不断创新技术，熟悉组织学的研究方法可更好地理解、掌握组织学。这里仅就最常用的一些方法和技术做简要介绍。

（一）光学显微镜技术

1. 普通光镜组织切片标本的制备方法　观察机体各部的微细结构时，首先要制成薄片，并能使光线透过，这就是组织切片法。其中以石蜡切片（paraffin section）法最为常用，其制备程序大致如下。① 取材与固定：取人体或动物新鲜材料后，切成小块，立即投入甲醛、乙醇等固定剂（fixative）中进行固定，使组织中的蛋白质迅速凝固，以保持生活状态下的组织结构。② 脱水、透明与包埋：把固定好的材料用乙醇脱水，经二甲苯透明处理后，再入石蜡浸透、包埋。③ 切

片与染色:用切片机切成 5~10 μm 的切片,贴于载玻片上,此切片称为石蜡切片。切片脱蜡后进行染色。④ 封固(mounting):切片经脱水、透明,滴加中性树胶并覆以盖片封固后备用。

组织学最常用的染色法是苏木精(hematoxylin)和伊红(eosin)染色,简称 HE 染色。苏木精染液呈碱性,可使细胞核内的染色质及细胞质内的核糖体等结构染成蓝紫色,称嗜碱性(basophilia);伊红是酸性染料,可使多数细胞的细胞质染成粉红色,称嗜酸性(acidophilia);与两种染液亲和力都不强的,称为中性(neutrophilia)(图 1-1)。

除 HE 染色外,还有多种染色方法,能特异性地显示细胞内的某些结构。如有的细胞经重铬酸盐处理后呈棕褐色,称嗜铬性(chromaffinity);硝酸银染色时,有的组织可使银离子还原成银微粒附着在组织中呈棕黑色,该特性称为亲银性(argentaffin),有的组织结构成分还需加还原剂方能显色,称为嗜银性(argyrophilia);肥大细胞中的颗粒经甲苯胺蓝(toluidine blue)等蓝色染料染色后呈紫红色,这种现象称异染性(metachromasia)(图 1-2)。

除石蜡切片外,在制作较大结构(如眼球、睾丸等)

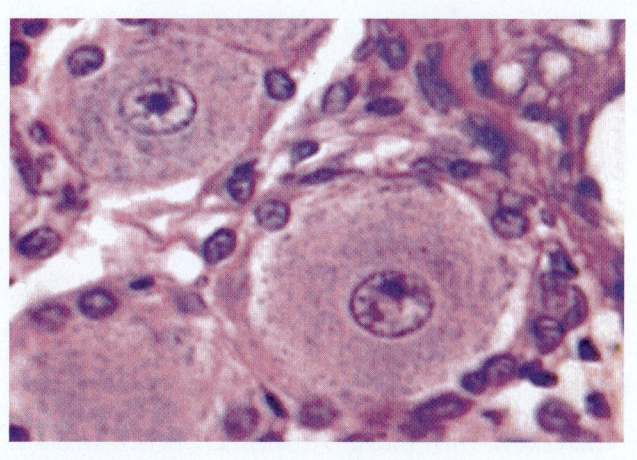

图 1-1 HE 染色

的切片时,常用火棉胶包埋法;为了较好地保存细胞内的酶活性或尽快制成切片标本,可用恒冷箱制成冷冻切片后再进行染色。

涂片、铺片、磨片标本的制备:涂片法也是常用的一种方法,如血液等可直接涂于玻片上制成涂片;铺片法用于疏松结缔组织、神经等柔软组织或肠系膜等薄层组织,可将其撕开铺于玻片上,展平制成铺片;磨片(ground section)法用于骨和牙等坚硬组织,可直接将其磨成薄片,制成标本进行观察。

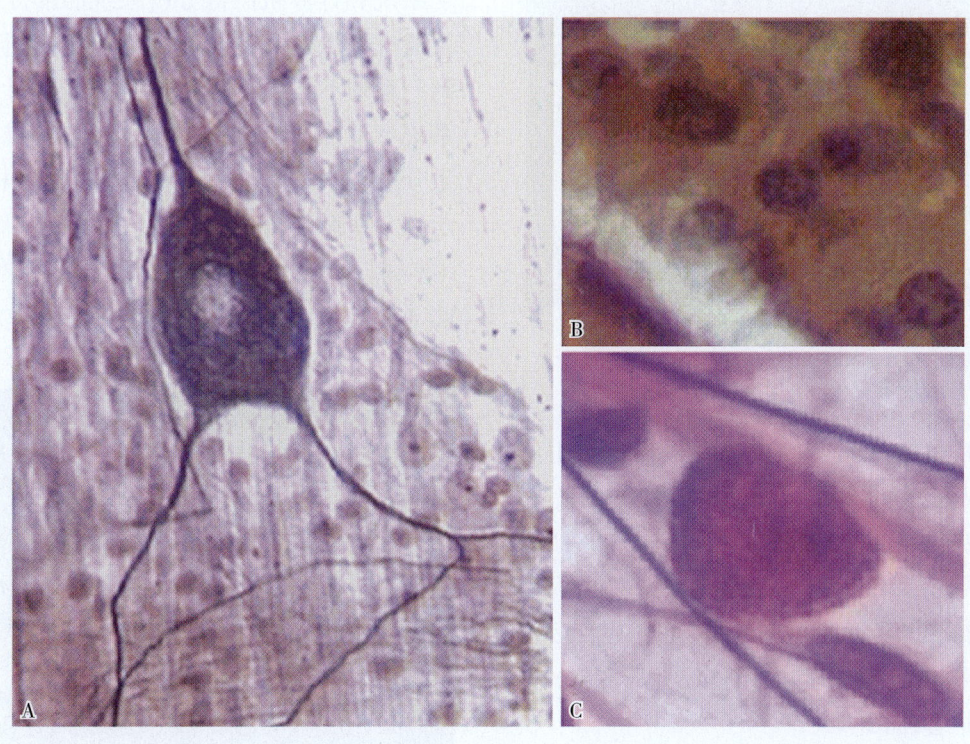

图 1-2 特殊染色
A. 嗜银性;B. 嗜铬性;C. 异染性

2. 普通光学显微镜 是观察组织细胞微细结构最常用的工具,由光学部分和机械部分组成。起放大作用的是光学部分,包括目镜、物镜和聚光器。光镜的分辨率约为 0.2 μm,可放大 1 500 倍左右。

3. 几种特殊显微镜

(1) 相差显微镜(phase contrast microscope) 用于观察生活细胞和未经染色细胞的形态结构。生活细胞无色透明,细胞内各种结构间的反差很小,在一般光镜下难以观察细胞的结构。相差显微镜的基本原理是把透过标本的可见光的相位差变成振幅差,从而提高结构之间的对比度,使标本中的结构清晰可辨。若观察生长在培养瓶中的生活细胞,则需应用倒置相差显微镜(inverted phase contrast microscope)。它的特点是光源安装在载物台的上方,物镜安装在载物台的下方,可以对体外培养细胞进行长时间观察,记录生活细胞的行为(图 1-3)。此外,还有干涉微分相差显微镜,可使生活细胞呈现不同颜色来进行观察。

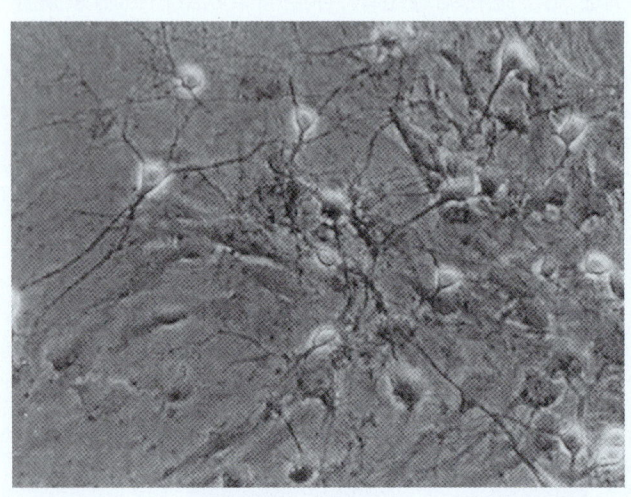

图 1-3 倒置相差显微镜(神经干细胞培养)

(2) 荧光显微镜(fluorescence microscope) 用于观察细胞、组织内荧光物质的分布。它是以产生紫外线的光源,激发标本中荧光物质呈现出不同颜色的荧光,这是自发荧光,如维生素 A 呈绿色荧光。也可用荧光素或荧光染色法标记细胞内结构,通过观察荧光分布与强度来检测组织、细胞的结构成分的变化,探讨细胞的功能状态(图 1-4)。

此外,还有暗视野显微镜,用于观察线粒体运动、细菌活动等;偏光显微镜,可检测出骨骼肌的明、暗带

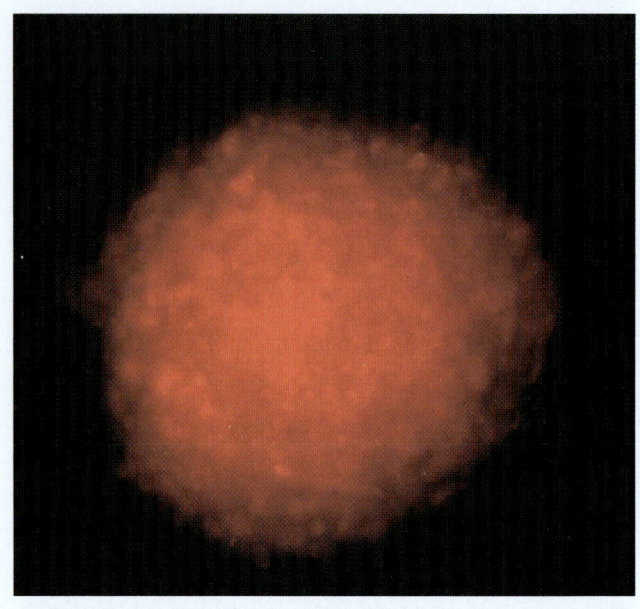

图 1-4 荧光显微镜(神经干细胞球)

的折光性。

(二) 激光扫描共聚焦显微镜技术

激光扫描共聚焦显微镜(laser scanning confocal microscope,LSCM)是一种高光敏度、高分辨率的新型仪器。主要由激光光源、共聚焦成像扫描系统、电子光学系统和计算机图像分析系统四部分构成。激光光束通过聚焦后可对样品的不同深度进行断层扫描,得到一系列不同层次的清晰图像,利用计算机图像分析系统可重建细胞的三维图像,对细胞进行体视学的定量分析。LSCM 可进行亚细胞水平的结构和功能研究,能测定细胞内 pH、Ca^{2+} 浓度、骨架蛋白等;可以更精确地检测、识别组织或细胞内的微细结构及其变化,由此,LSCM 又有细胞 CT 之称(图 1-5)。此外,LSCM 还

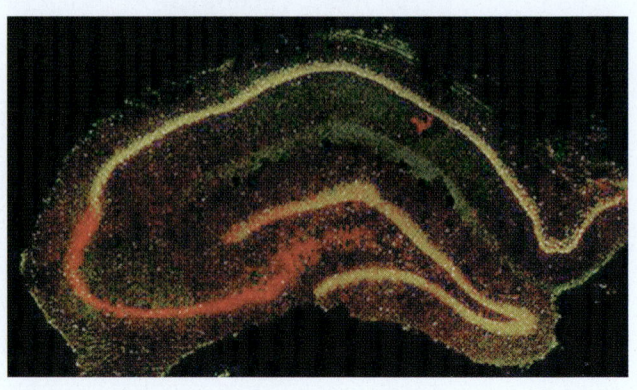

图 1-5 LSCM(海马盐皮质激素受体、糖皮质激素受体共存)

可进行细胞生物学功能的研究,如细胞分选、细胞间通信、膜流动性测定等;目前已将激光作为"光子手术刀"应用于激光细胞显微外科,如细胞切割、胞膜打孔等。近年,鉴于 LSCM 已突破了光镜的应用,国际上已将 LSCM 纳入"电子显微学"范畴。

(三)电子显微镜技术

电子显微镜技术简称电镜术,已成为研究机体超微结构的重要手段。常用的有透射电镜(transmission electron microscope,TEM)和扫描电镜(scanning electron microscope,SEM)。与光镜不同的是,电镜用电子束代替可见光,用电磁透镜代替光学透镜,并使用荧光屏将肉眼不可见的电子束成像。

1. 透射电镜术　透射电镜(TEM)用于观察组织细胞内部微细结构,其分辨率为 0.2 nm,放大倍数为几万至几十万倍(图 1-6)。TEM 用电子穿透标本,经过聚焦与放大后成像,投射到荧光屏上进行观察。由于电子易散射,故穿透力低,必须制备超薄切片(通常为 50~70 nm)。超薄切片的制备要求极严格,要求取材新鲜,组织块要在 1 mm³ 以内,用戊二醛和锇酸双重固定、树脂包埋,用超薄切片机(ultramicrotome)制成超薄切片,再用重金属盐醋酸铀和柠檬酸铅进行电子染色后,便可在电镜下观察。

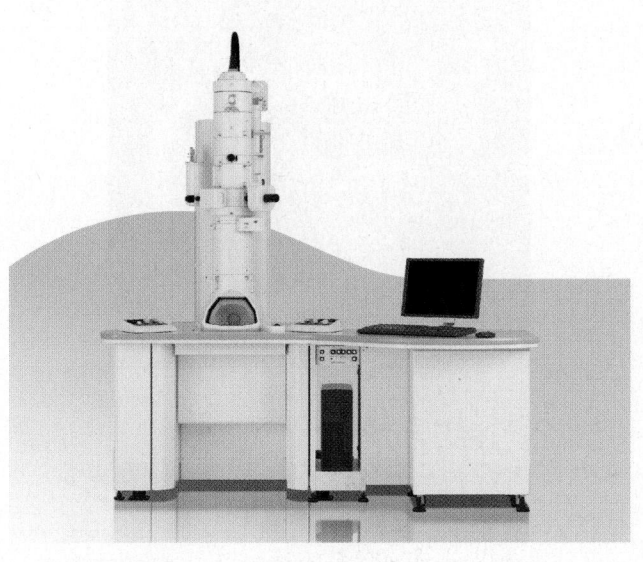

图 1-6　透射电镜

知识链接 1-1　透射电镜样品制备

电子束投射到密度大的样品时,电子被散射的多,则投射到荧光屏上的电子少而呈暗像,电镜图像呈黑色,称电子密度高(electron dense),反之,则称为电子密度低(electron lucent)(图 1-7)。此外,如果观察 0.5~6 μm 厚的切片,要用高压电镜(high voltage electron microscope,HVEM),可观察细胞骨架、线状溶酶体等立体超微结构。

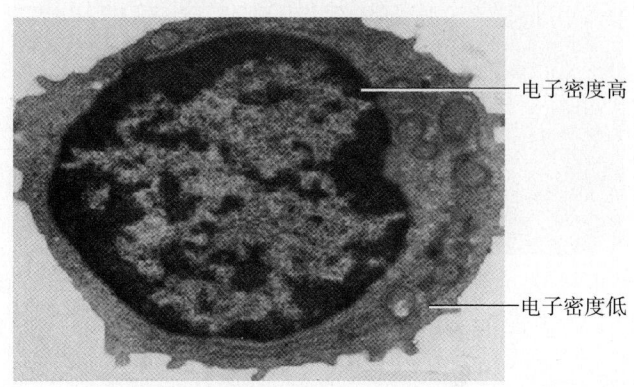

电子密度高

电子密度低

图 1-7　淋巴细胞(TEM)

2. 扫描电镜术　扫描电镜(SEM)用于观察组织、细胞或器官表面的立体微细结构(图 1-8)。SEM 样品经固定、脱水和临界点干燥后,再于其表面喷碳、镀上薄层金膜,以增加二次电子数。SEM 以极细的电子束在样品表面扫描,将产生的二次电子用探测器收集,形成电信号送到显像管,在荧光屏上成像,可显示细

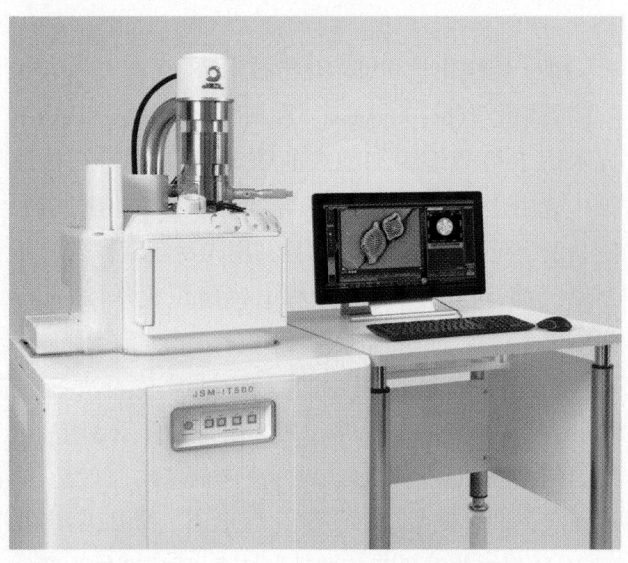

图 1-8　扫描电镜

胞、组织或器官表面的立体构象,故图像富有立体感,如细胞的微绒毛、纤毛等(图1-9)。

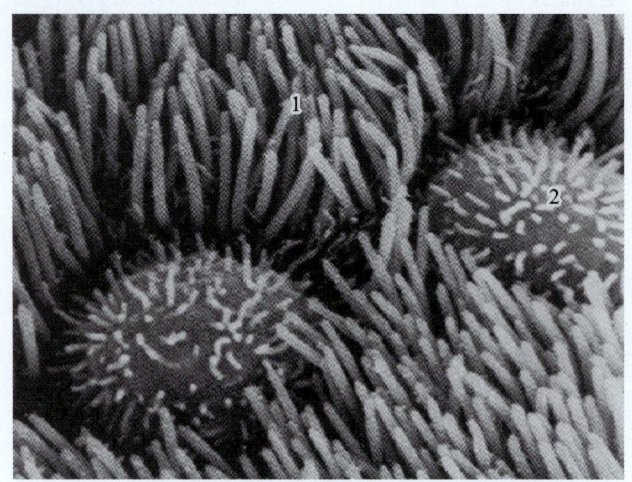

图1-9 SEM显像
1—纤毛;2—微绒毛

知识链接1-2 扫描电镜样品制备

　　此外,给扫描电镜和透射电镜装配上X射线显微分析器,即为分析电镜(analytical electron microscope),可对组织或细胞内的元素进行定位、定性和定量分析,又称X射线显微分析(或能谱分析)。冷冻蚀刻复型(freeze etch replica)能显示细胞、组织微细结构的立体构象,是研究细胞膜相结构的重要手段,可应用于研究膜结构与功能的关系(图1-10)。冷冻断裂(freeze cracking)可观察组织细胞结构断面的立体图像(图1-11)。

(四)组织化学和细胞化学技术

　　组织化学(histochemistry)和细胞化学(cytochemistry)技术用于检测组织细胞内的糖类、酶类、脂质、核酸等。应用化学反应原理,在组织切片上加相应试剂,使其发生反应成为有色沉淀物,用光镜观察。若为重金属沉淀,可用电镜观察,称电镜组织化学(electron microscope histochemistry)。

　　1. **糖类**　最常用的方法是过碘酸希夫反应(periodic acid Schiff reaction,PAS反应),显示细胞、组织内的多糖和蛋白多糖。PAS反应的基本原理是:糖被强氧化剂过碘酸(HIO_4)氧化后形成二醛基,后者与Schiff试剂中的无色亚硫酸品红结合,反应产物为紫红色沉淀。PAS反应阳性部位即表示多糖和蛋白多糖的

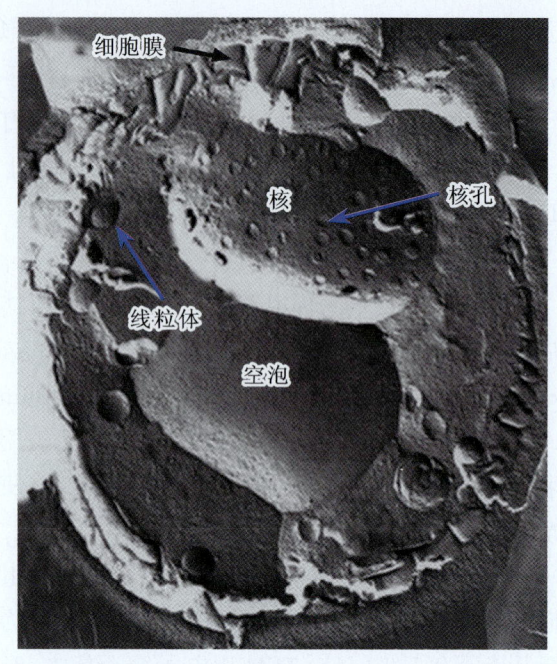

图1-10 冷冻蚀刻复型(细胞)

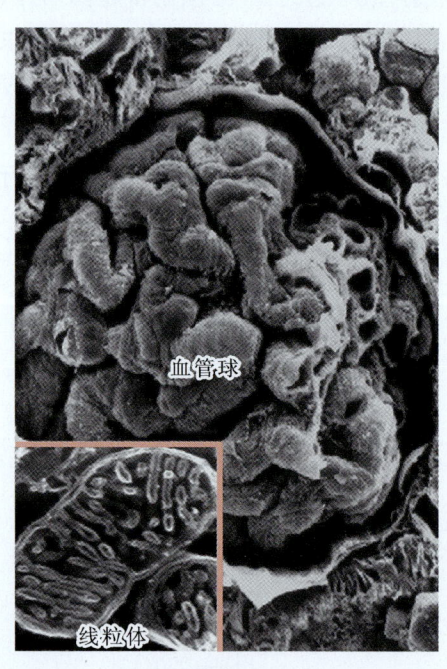

图1-11 冷冻断裂(肾小球)

存在(图1-12)。

　　2. **酶类**　细胞内含有多种酶,每一种酶可催化一定的化学反应。酶组织化学技术是将具有酶活性的组织放入有特定底物的溶液中孵育,底物被酶水解或氧化形成初级反应产物;再用某种捕捉剂捕获该产物,在酶存在部位形成显微镜下可视性沉淀,即最终反应

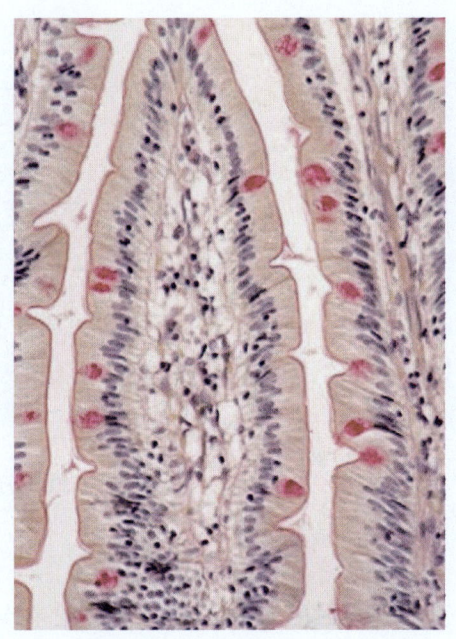

图 1-12 PAS 反应阳性（小肠上皮）

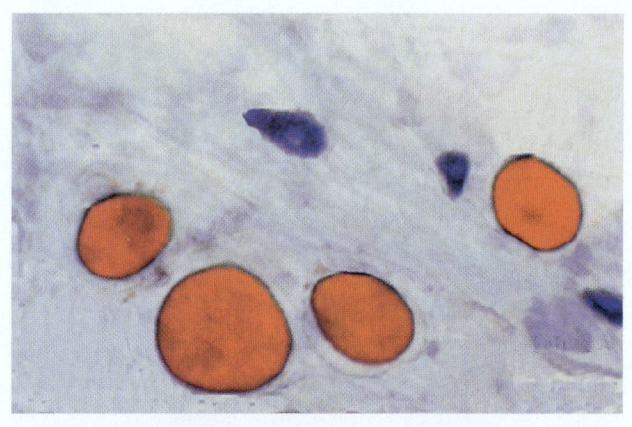

图 1-14 脂质显示法（苏丹Ⅲ染色）

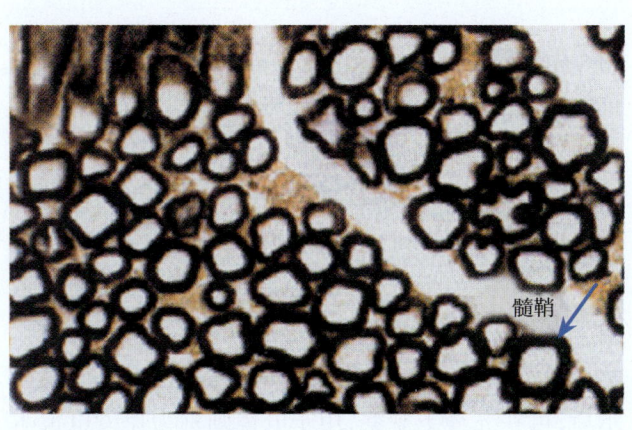

髓鞘

图 1-15 髓鞘（锇酸染色）

产物。如酸性磷酸酶（acid phosphatase，ACP），可催化作用于酶底物 β-甘油磷酸钠，水解并释放磷酸根；用捕捉剂硝酸铅与磷酸根反应，形成的磷酸铅沉淀为重金属沉淀，可在电镜下检出；如再用硫化铵处理，磷酸铅被置换成黑色硫化铅沉淀，可在光镜下观察到（图 1-13）。

3. 脂质 包括脂肪与类脂。标本可用甲醛固定、冷冻切片，常用油红 O、苏丹Ⅲ、苏丹Ⅳ、苏丹黑 B、尼罗蓝等脂溶性染料染色（图 1-14），亦可用锇酸固定兼染色，使脂质呈黑色（图 1-15）。

4. 核酸 显示 DNA 的传统方法为 Feulgen 反应。切片先经稀盐酸处理后，使细胞内 DNA 水解，打开脱氧核糖核酸和嘌呤碱之间的连接键，使醛基暴露，再用 Schiff 试剂处理，形成紫红色反应产物。如用甲基绿 - 派洛宁染色（methyl green-pyronin staining），可同时显示细胞内的 DNA 和 RNA，甲基绿与细胞核的 DNA 结合呈蓝绿色，派洛宁与核仁及细胞质内的 RNA 结合呈红色（图 1-16）。

（五）免疫组织化学与细胞化学技术

免疫组织化学（immunohistochemistry，IHC）技术是将免疫学原理与组织化学技术相结合建立的新技术，根据抗原与抗体特异性结合的特点，检测组织细胞内某种多肽、蛋白质等大分子物质的存在与分布。肽类与蛋白质种类繁多，均具有抗原性，若将人或动物的某种肽或蛋白质作为抗原注入另一种动物体内，

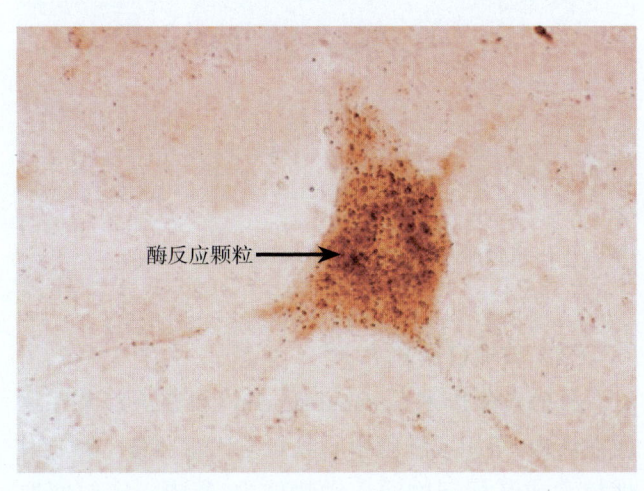

酶反应颗粒

图 1-13 酶细胞化学（神经元 ACP 阳性）

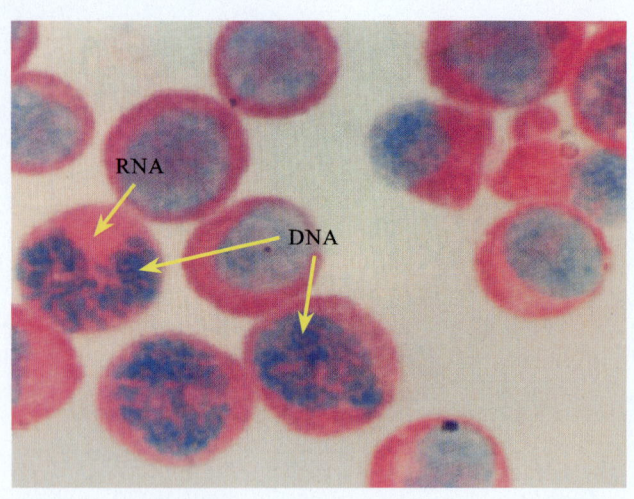

图 1-16　核酸显示法

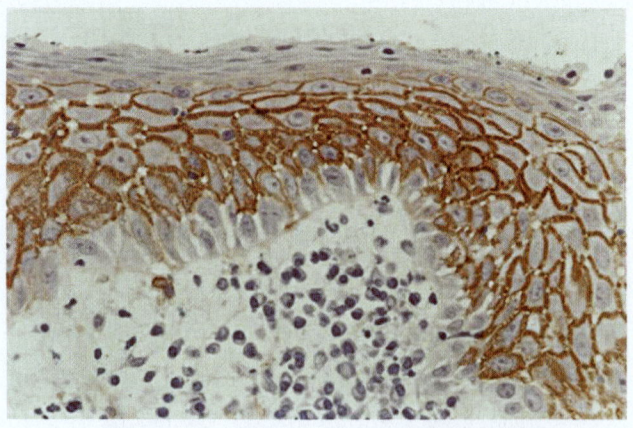

图 1-17　免疫组织化学（人鼻黏膜上皮棘细胞细胞间桥血栓调节蛋白阳性）

则产生与注入抗原相应的抗体；之后从血清中提取该抗体后，用某种标记物标记，即为标记抗体。用标记抗体处理组织切片，标记抗体则与切片中组织相应抗原发生特异性结合，结合部位被标记物显示，则在显微镜下可观察到该肽或蛋白质的分布。用荧光素（常用异硫氰酸荧光素，FITC）标记抗体，并于荧光显微镜下观察，称免疫荧光技术。如抗体与辣根过氧化物酶（horseradish peroxidase，HRP）等结合，进行酶显示后，可在光镜下观察，用于电镜则称为免疫电镜术（immunoelectron microscopy）。此外，以铁蛋白标记抗体，称铁蛋白标记法，也能用于电镜下观察。

　　近年来，免疫组织化学技术的各种新方法相继建立。单克隆抗体（monoclonal antibody）制备技术极大地提高了抗体的特异性与免疫组织化学染色的精确性。继过氧化物酶－抗过氧化物酶（peroxidase-antiperoxidase，PAP）法之后，又建立了亲和素－生物素－过氧化物酶复合物法（avidin-biotin-peroxidase complex method，ABC法），此法敏感性高，使用简便，是目前最广泛应用的一种方法（图 1-17）。

（六）原位杂交术

　　原位杂交（in situ hybridization）是一种敏感性高、特异性强，能在组织细胞原位进行的核酸分子杂交技术。其原理是两条核苷酸单链片段在适宜的条件下，通过氢键结合，形成 DNA–DNA、DNA–RNA 或 RNA–RNA 双键分子的特点。应用带有标记物的 DNA 或 RNA 片段作为核酸探针，与组织切片或细胞内待检 DNA 片段或 mRNA 进行杂交，然后显示标记物，在光

镜或电镜下观察目的 mRNA 或 DNA 的存在与定位。常用的标记物有两种：一种为非放射性物质（图 1-18），如地高辛等；另一种是放射性核素，如 ^3H、^{14}C、^{32}P、^{35}S、^{125}I，经放射自显影术处理后观察（图 1-19）。应用原位杂交术，可在原位研究细胞合成某种多肽或蛋白质的基因表达。此方法已成为当今分子生物学研究的重要手段。

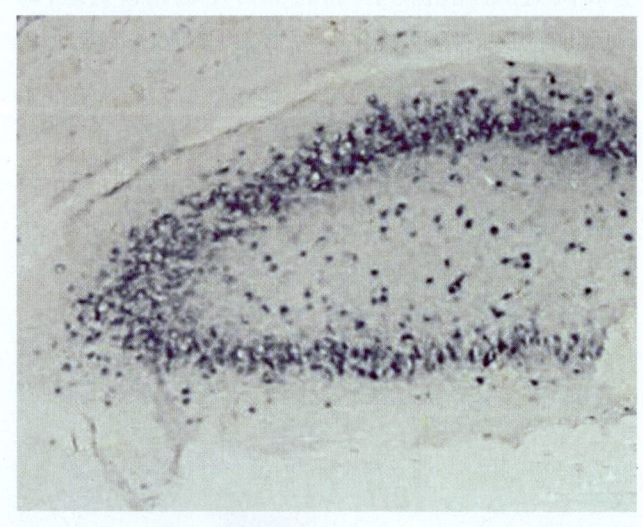

图 1-18　非放射性原位杂交（海马 GAP-43 mRNA）

（七）放射自显影术

　　放射自显影术（autoradiography）旨在追踪某些物质在体内、组织或细胞中的分布与代谢径路。将放射性核素或其标记物注入动物体内，间隔一定时间取材，制成标本，在暗室于标本上面涂核乳胶，置暗处曝

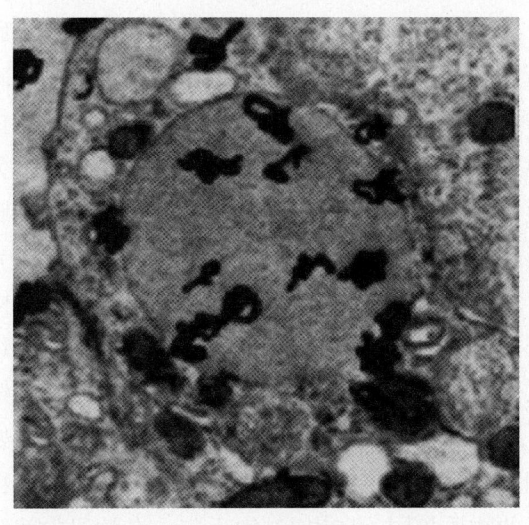

图 1-19 放射自显影(甲状腺 ^{125}I)

光,数日后,再经显影和定影处理,或经染色后光镜观察;在放射性核素或其标记物存在的部位,溴化银被还原成黑色银微粒,也可在电镜下观察,则称之为电镜放射自显影术(electron microscopic autoradiography)。由此可获知被检物质在机体、组织与细胞内的分布、数量及代谢径路(图 1-19)。

(八) 组织培养和组织工程

无菌条件下,将离体的活的组织、细胞或器官,置于模拟机体生理条件的体外条件下进行培养,使其生存和生长的技术,可分别称为组织培养(tissue culture)、细胞培养(cell culture)、器官培养(organ culture)。培养条件要有适合细胞生长的培养液、生长因子、O_2、CO_2、pH、渗透压与温度等,也常加入一定量的血清,还要严防微生物污染。该技术不仅可以直接研究组织、细胞的生物学行为,还可研究各种理化因子及生物因素对它们的影响。长期培养传代的细胞群体称细胞系(cell line),细胞克隆或单细胞培养的纯种系细胞称细胞株(cell strain)。目前已建立多种细胞株,并已广泛用于实验研究。

组织工程(tissue engineering)是将组织学和材料学相结合的一门新兴学科,是利用组织细胞培养术在体外模拟构建机体组织或器官的技术。目前,组织工程化皮肤和软骨已成功地应用于临床;组织工程技术已开展了许多人造组织和器官的研制,如神经、血管、肌腱、骨、角膜、气管等,用于组织修复和器官移植。

(九) 组织细胞定量术

组织细胞定量术旨在对细胞形态结构及其化学成分的定量研究。随着生命科学研究的不断深入,各种定量技术的应用日益广泛,并取得了很大的进展。目前常用以下方法对组织和细胞进行定量研究。

1. 显微分光光度术 是应用显微分光光度计(microspectrophotometer)对组织和细胞内化学成分进行定量分析的技术。其原理是细胞内某种物质的含量不同,其染色反应的深浅不一,对一定波长的光波吸收也不同,可通过测定其光密度值(OD 值)进行定量分析比较。

2. 形态计量术(morphometry) 是运用数学和统计学原理对组织细胞内各种成分的数量、体积、表面积等的相对值与绝对值的测量,其中研究组织和细胞内某种结构的三维立体结构称体视学(stereology)。可应用图像分析仪(image analyzer)进行组织、细胞三维结构的定量分析研究,组织化学和免疫组织化学染色、荧光素染色、放射自显影及原位杂交等标本也可用它来测定其光密度值进行定量分析。

3. 流式细胞术(flow cytometry,FCM) 是应用流式细胞仪进行细胞定量分析研究和细胞分类研究的新技术。FCM 综合了流体喷射技术、激光光学技术、电子技术和计算机技术,将细胞悬液用荧光素染色后,使其通过流式细胞仪。该仪器能精确地计数荧光强度不同的细胞,以达到收集不同类别细胞的目的,分类速度快。流式细胞术用于研究细胞周期中各时相细胞的比例和细胞内 DNA、RNA、蛋白质含量的分析,也广泛应用于细胞动力学、免疫学、肿瘤诊断等的研究。

三、组织学的学习方法

组织学是一门形态学科,只有掌握正确的学习方法,才能融会贯通。学习时应注意以下几个方面。

1. 理论联系实际 组织学理论以形态结构为主要内容,记忆性强,必须通过组织学实验课来加深对理论的理解,才能强化记忆。在认真学习组织学理论的同时,要重视实验课,课前要做好预习,复习好相关的理论知识,才能有效利用时间,迅速、准确地辨认镜下结构。要充分利用多媒体课件,并学会在《组织学与胚胎学实验教程》的指导下,对照图谱认真、仔细地观察组织切片、电镜照片,将光镜、电镜结构结合,综合分析,进一步增强对理论的理解和记忆。理论与实践相结合是学好组织学的关键环节。

2. 结构与功能的关系　形态结构特点是和它的生理功能密切相关的,任何结构都有相应的功能,而任何功能都有一定的结构基础,相辅相成来完成共同的生理活动。如具有吞噬功能的细胞都含有许多溶酶体,细胞才能消化、吞噬异物。又如粗面内质网和高尔基体发达的细胞,其合成蛋白质的功能也一定旺盛。学习中要将形态结构与功能相结合,才能加深理解和记忆。

3. 断面与立体的关系　组织切片在镜下观察的形态结构都是组织细胞的断面,由于所切部位不同,可看见有细胞核的和没有细胞核的断面。管状结构的器官于横切、纵切、斜切时,往往呈现不同的形态,结构也可能有不同之处。所以观察切片时,要建立由平面到立体的概念。

4. 建立动态变化的概念　生活中的组织和细胞都一直处于动态变化中,观察的组织切片是某一时间的图像,必须从动态变化概念去理解、去思维,才能正确掌握其结构与功能。如甲状腺滤泡上皮细胞一般为立方形,当功能活跃时,细胞增高呈低柱状;反之,细胞变低呈扁平状,可见细胞因功能状态不同而有形态变化。

5. 善于总结,掌握规律　学习中要抓住结构的特征,善于分析总结,找出共性和规律就能融会贯通。如人体内空腔性器官的管壁结构分层,消化管管壁分4层,而心血管、气管与支气管管壁分3层。又如肥大细胞与血液中嗜碱性粒细胞的细胞质中和颗粒中含有的物质相同,都参加过敏反应。在学习中就要前后进行横向联系和对比,不断归纳,找出共性,记住个性,循序渐进,才能学得扎实。

总之,学习要不断探索,独立思考,努力钻研,学会运用学习方法,勤奋加技巧定会提高学习的效果。知识要靠一点一滴的积累,只有付出艰苦的劳动,才会有收获的喜悦。

(石玉秀　张学森)

新形态教材网

🎞 微课导学　　🖼 教学课件　　🖥 微视频　　🌐 知识链接　　📝 自测题

第二章

细　胞

　　细胞是一切生物体形态结构和生理功能的基本单位。人体的细胞有数百种,大小不等、形态功能各异,但它们都有相同的基本结构,即均由细胞膜、细胞质与细胞核三部分组成(图2-1~图2-3)。

一、细胞膜

　　细胞膜(cell membrane)又称质膜(plasmalemma),是包裹于细胞表面、将细胞与周围微环境隔离的界

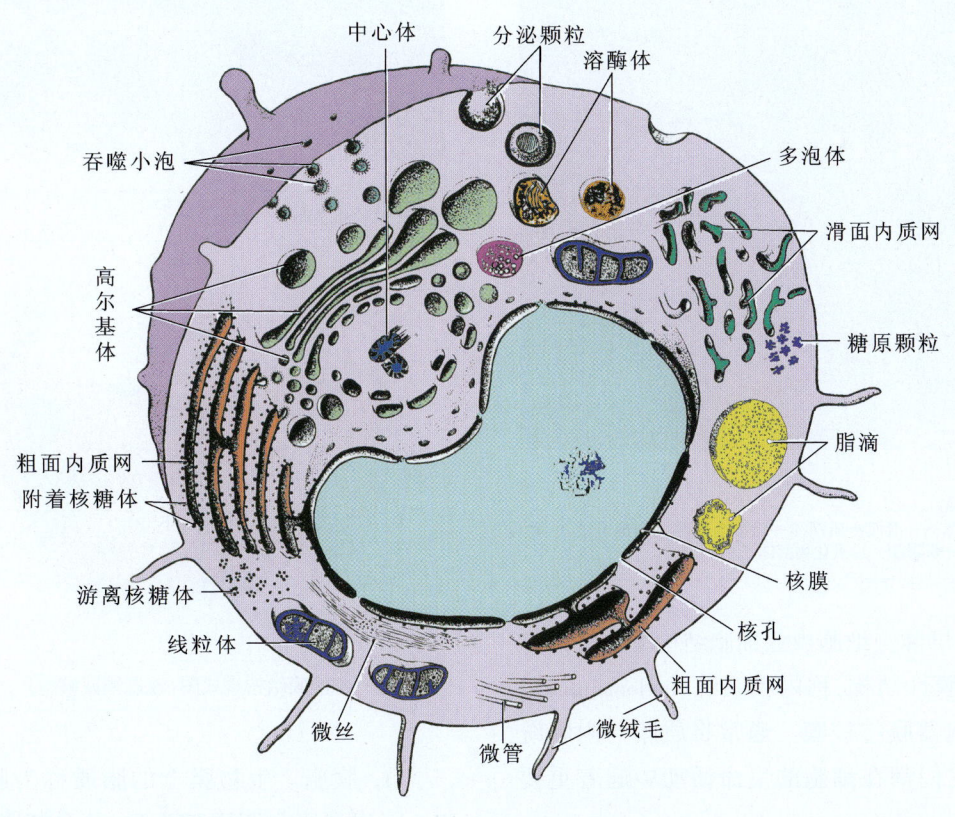

图2-1　细胞超微结构模式图

呈现为平行的"两暗夹一明"的 3 层结构,即内、外两层电子致密的"暗"层(各厚 2.5~3.0 nm),中间夹着电子密度低的"亮"层(厚 3.5~4.0 nm),这 3 层结构又称单位膜(unit membrane)(图 2-4)。细胞膜的化学组成主要是脂质分子、蛋白质分子和糖类分子,以非共价键结合的方式组成,此外,还含有水、无机盐和金属离子。公认的生物膜结构为"液态镶嵌模型"(fluid mosaic model),脂质分子常排列成厚约 5 nm 的连续双层,组成膜的骨架,蛋白质分子分布在脂双层内,构成膜的主体;糖类分子大多分布在膜表面,与膜的某些脂质或蛋白质组成糖脂或糖蛋白(图 2-5)。

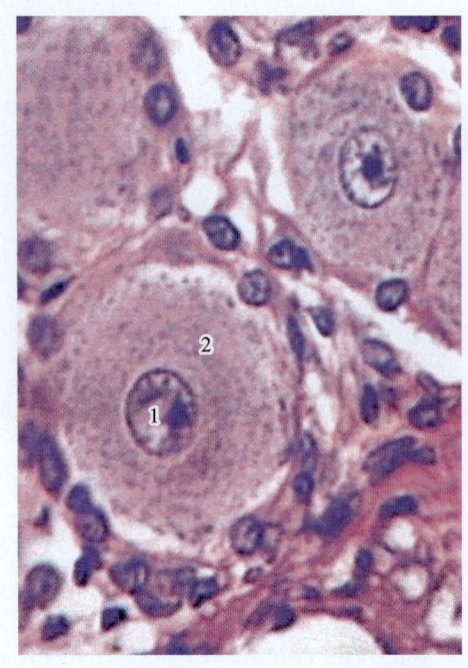

图 2-2　细胞
1—细胞核;2—细胞质

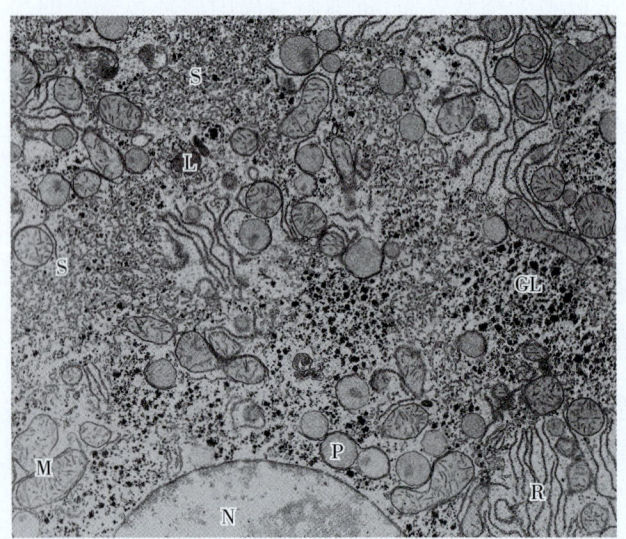

图 2-3　细胞(TEM)
M—线粒体;S—滑面内质网;R—粗面内质网;N—细胞核;L—溶酶体;GL—糖原;P—过氧化物酶体

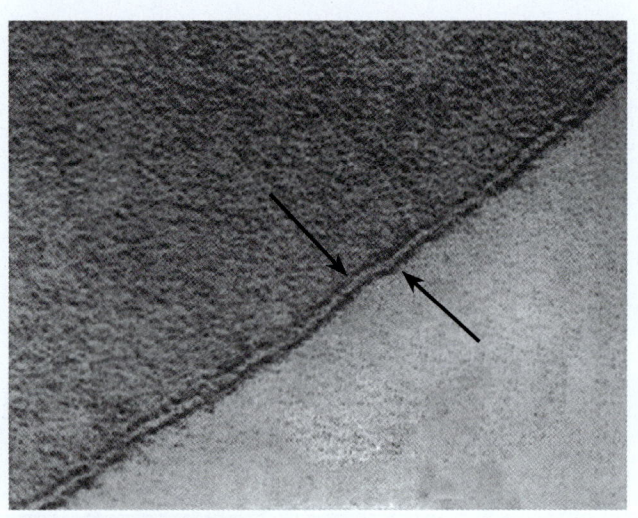

图 2-4　细胞膜(TEM)

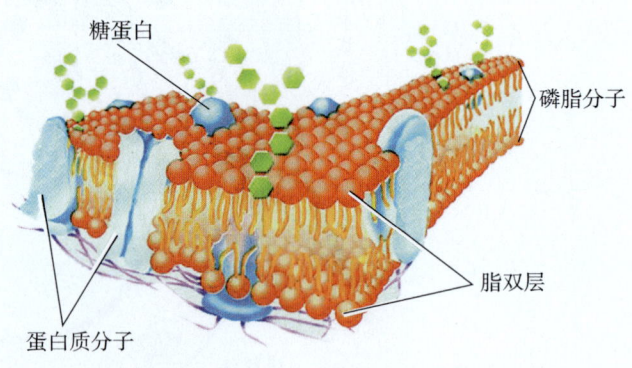

图 2-5　细胞膜结构模式图(液态镶嵌模型)

膜,构成一特殊屏障。细胞内亚细胞结构中也有许多与质膜相同的膜性结构,称内膜系统(endomembrane system),如细胞器膜与核膜。通常将质膜与内膜统称为生物膜,它们都在细胞的生命活动中起着重要作用。

(一)细胞膜的结构

细胞膜厚度约为 7 nm。在透射电镜下,细胞膜

1. 膜脂　生物膜上的脂质称为膜脂(membrane lipid),以磷脂和胆固醇为主,并含糖脂。它们均为兼性分子,包括一个亲水极的头部和一个疏水极的尾部。其头部由胆碱、乙醇胺等形成,尾部由两条平行的

脂肪酸链形成。在水溶液中它们能自动形成双分子层结构,使疏水的尾部埋藏在里面,即膜的中央,亲水的头部露在外面,朝向膜的内、外表面。在电镜标本制备过程中,脂质的亲水极嗜锇性较强,故电子密度高,呈致密状;疏水极的嗜锇性极弱,故电子密度低,呈透明状,于是脂双层在电镜下表现为3层结构。在膜内脂质分子一方面以自身长轴为中心作垂直于膜平面的旋转,另一方面在单层内作侧向移动,从而使膜脂呈现整体的流动性。

2. 膜蛋白 生物膜所含的蛋白质称膜蛋白,是生物膜执行各种功能的物质基础,可构成膜受体、载体、酶和抗原等。膜蛋白可分为两大类:内在膜蛋白和外在膜蛋白。

(1) 内在膜蛋白(intrinsic membrane protein) 占膜蛋白的 70%~80%,可以不同深度镶嵌于脂双层分子中,两端暴露于膜的内、外表面,又称为跨膜蛋白(transmembrane protein)。内在膜蛋白表面有兼具亲水性和疏水性的氨基酸基团,前者与脂质的亲水极相结合,暴露于细胞膜的内、外表面;后者则包埋于脂双层的疏水极区域。内在膜蛋白与膜结合紧密,只有用去垢剂处理,使膜崩解才能分离出来。

(2) 外在膜蛋白(extrinsic membrane protein) 占膜蛋白的 20%~30%,附着在膜的内、外表面,主要在内表面,仅有亲水性氨基酸基团,故为水溶性蛋白。膜蛋白可在细胞膜中侧向移动,执行其多样化的功能。

3. 膜糖类 占膜质量的 1%~10%,只分布于细胞质膜的外表面,以寡糖链的形式分别与膜脂和膜蛋白结合,形成糖脂和糖蛋白。在电镜下,有的细胞(如小肠吸收细胞)表面由于寡糖链极为丰富,形成一层很厚的茸毛状糖萼(glycocalyx)或细胞衣(cell coat),但多数细胞的糖萼薄而不易分辨。

现已知绝大部分膜蛋白为糖蛋白,寡糖链参与构成其表面功能基团。糖脂增强质膜外层的坚固性,参与调节细胞的生长发育、分化,并有细胞识别和免疫调节等重要功能。

(二) 细胞膜的主要功能

1. 物质跨膜运输 细胞膜是细胞与细胞外环境间的屏障,对于物质进出细胞有选择性调节作用。

(1) 被动运输 物质顺浓度梯度转运,此过程不耗能,其交换方式有两种。

1) 简单扩散:O_2、CO_2 及其他脂溶性物质从高浓度侧向低浓度侧穿过脂双层扩散,不耗能。

2) 易化扩散:非脂溶性或亲水性分子,如氨基酸、葡萄糖和离子等,借助于质膜上的内在膜蛋白,不消耗能量从高浓度侧向低浓度侧扩散。

(2) 主动运输(active transport) 质膜上的载体蛋白将离子、营养物质和代谢产物等逆电化学梯度或逆浓度梯度从低浓度侧向高浓度侧的耗能运输。所耗能量由具有 ATP 酶活性的膜蛋白分解 ATP 提供。

机体细胞中主要是通过 Na^+-ATP 酶、K^+-ATP 酶和 Ca^{2+}-ATP 酶构成的 Na^+、K^+ 和 Ca^{2+} 等离子泵来完成主动运输的。

(3) 膜动运输 大分子与颗粒物质的运输必须借助质膜本身的包被作用来完成。蛋白质、多核苷酸和多糖等大分子物质及颗粒等,是由质膜产生内凹、外凸而形成内吞入胞、出芽而出胞,由于运输过程伴有膜的形态变化,故称膜动运输。

1) 入胞作用(endocytosis):又称胞吞作用:质膜凹陷形成小凹,将细胞外大分子物质或颗粒物质包裹成泡,脂双层融合、箍断,形成可移动的内吞小泡。根据摄取物质不同,把入胞作用分为 3 类:吞噬作用(phagocytosis),吞噬的物质多为大分子复合物与颗粒,如细菌、组织细胞碎片和粉尘等,体内有吞噬能力的细胞都以此方式吞噬;吞饮作用(pinocytosis),由质膜包裹液态物质形成吞饮小泡的过程;受体介导入胞作用(receptor mediated endocytosis),依靠膜上的特异性受体蛋白识别外界物质,并与之结合,质膜内陷形成小泡而发生的内吞作用。入胞作用形成的吞噬体和吞饮泡都可与溶酶体结合,其内容物被溶酶体酶处理,其膜可能以小泡方式重返细胞膜,进行膜再循环和细胞膜更新。

2) 出胞作用(exocytosis):又称胞吐作用:是把细胞内分泌颗粒及残余物等有膜结构内的物质排出细胞。当其与细胞膜接触后,与细胞膜融合,致使膜结构开放,内容物排出细胞外。

2. 信号转导(signal transduction) 是质膜的重要功能。质膜上有各种受体蛋白,能感受外界各种化学信息,传入细胞后,启动系列化学反应,产生生物学效应。受体是一种能够识别和选择性结合信号分子的蛋白大分子物质,外界信号必须通过受体才能转导。

二、细胞质

细胞质(cytoplasm)又称胞浆,由细胞质基质、细胞器和包涵物组成。

(一)细胞质基质

细胞质基质又称胞质溶胶,是细胞质中均质而半透明的胶体部分,充填于其他有形结构之间。细胞质基质的化学组成可按其相对分子质量大小分为3类,即小分子、中等分子和大分子。小分子包括水、无机离子,中等分子有脂质、糖类、氨基酸、核苷酸等,大分子包括多糖、蛋白质、脂蛋白和 RNA 等。细胞质基质的主要功能是为维持细胞器正常结构和完成其功能活动提供所需要的物质和环境。

(二)细胞器

细胞器(organelle)是细胞质中具有一定形态结构和执行特殊功能的细胞小器官,包括核糖体、内质网、高尔基体、溶酶体、线粒体、过氧化物酶体、中心体、细胞骨架等。这些细胞器各自执行着重要的生理功能。

1. 核糖体(ribosome)　又称核蛋白体,是细胞内最小的颗粒状细胞器。由核糖体核糖核酸(ribosome ribonucleic acid,rRNA)和蛋白质共同组成。rRNA 是核糖体的骨架,由一个大亚基与一个小亚基构成(图 2-6)。

当一定数量的核糖体由一条 mRNA 细丝穿行于其大、小亚基之间,把多个核糖体串联起来时,则成为多聚核糖体(polyribosome),电镜下呈串珠状或花簇状(图 2-7)。核糖体的功能是合成蛋白质,它能将 mRNA 所含的核苷酸密码翻译为氨基酸序列(即肽链),再聚合成蛋白质。核糖体有两种存在形式,一种是以游离状态分布于细胞质溶胶中的核糖体,称为游离核糖体(free ribosome),它合成细胞自身的结构蛋白,如细胞骨架蛋白等,供细胞代谢、增殖、生长和结构更新的需要,细胞功能旺盛则游离核糖体极多。位于内质网膜表面的核糖体称为附着核糖体(membrane-bound ribosome),主要合成分泌性蛋白质(如免疫球蛋白等),也制造一些结构蛋白质(如膜镶嵌蛋白质、溶酶体酶

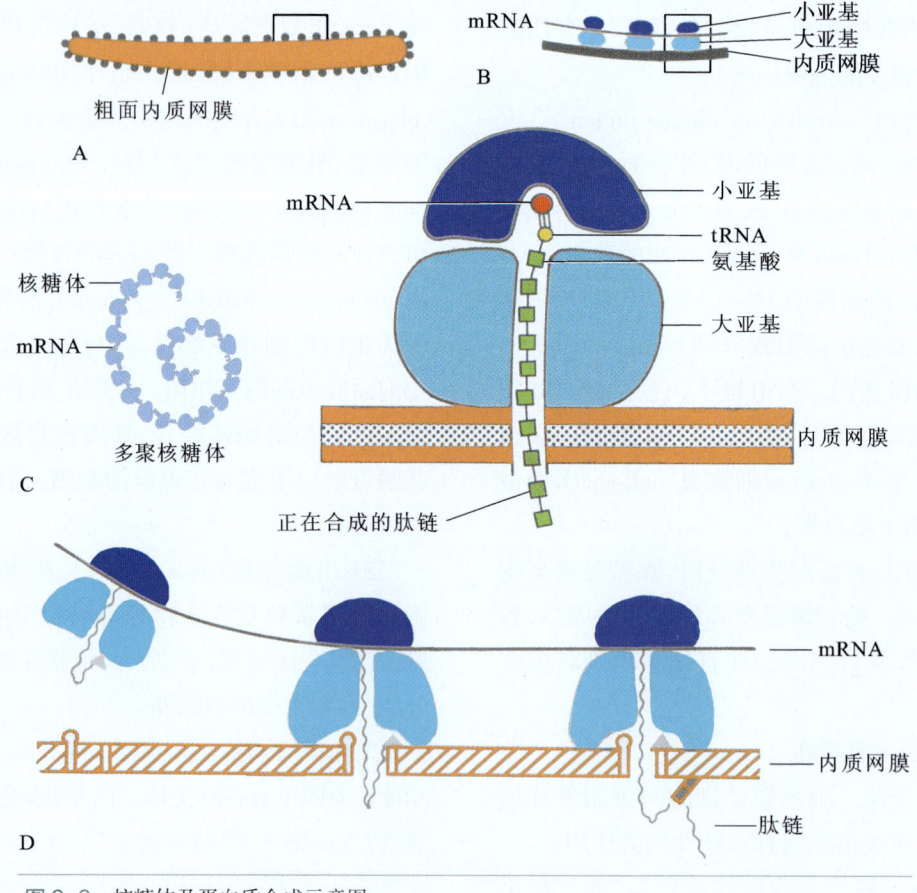

图 2-6　核糖体及蛋白质合成示意图
A. 附着核糖体;B. 多聚核糖体;C. 蛋白质合成过程;D. 蛋白质合成

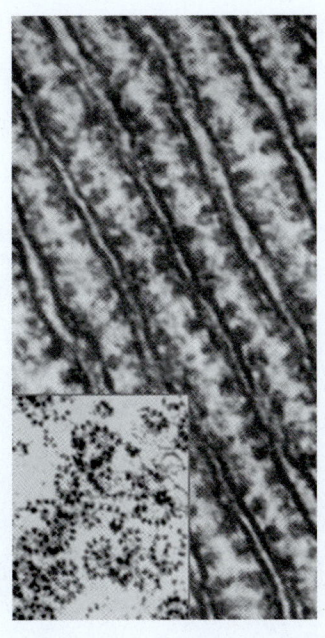

图 2-7 核糖体(TEM)

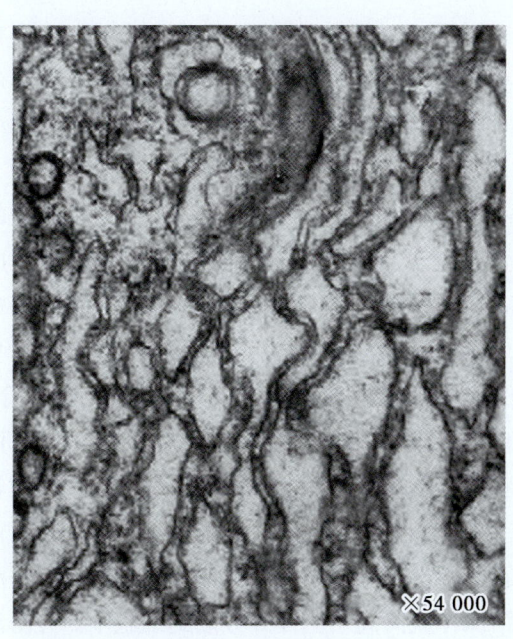

图 2-9 滑面内质网

等)。核糖体丰富的细胞在光镜下细胞质呈嗜碱性。

2. 内质网(endoplasmic reticulum,ER) 是扁平囊状或管泡状膜性结构,以分支互相吻合成网络状。根据内质网膜表面有无核糖体附着,常将其分为粗面内质网和滑面内质网两种,其表面有附着核糖体者称为粗面内质网(rough endoplasmic reticulum,RER)(图 2-8),膜表面不附着核糖体者称为滑面内质网(smooth endoplasmic reticulum,SER)(图 2-9),两者

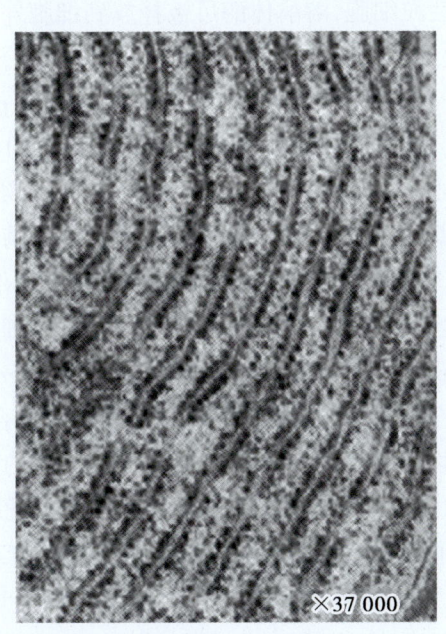

图 2-8 粗面内质网

往往互相通连。内质网膜上结合有多种酶,如葡糖–6–磷酸酶等,该酶可作为内质网的标志酶。

(1) 粗面内质网(RER) 分布于绝大部分细胞中,主要合成分泌蛋白质,在分泌蛋白质旺盛的细胞,如浆细胞、腺细胞等,粗面内质网特别发达,其扁平囊密集,呈板层状。可根据粗面内质网的发达程度来判断细胞的功能状态,RER 发达的细胞,光镜下细胞质嗜碱性较强。

(2) 滑面内质网(SER) 多呈管泡状,仅在某些细胞中很丰富,并因含有不同的酶类而功能各异。① 合成类固醇激素:在分泌类固醇激素的细胞中,滑面内质网膜上有合成胆固醇所需的酶系,能使合成的胆固醇再转变为类固醇激素,如肾上腺皮质细胞、睾丸间质细胞、卵巢黄体细胞等 SER 都很发达。② 合成脂质:如肝细胞摄取脂肪酸后,在滑面内质网上合成脂肪;此外,还能合成所有膜需脂质。③ 解毒作用:肝细胞的滑面内质网含有参与解毒作用的各种酶系,某些药物、有毒代谢产物及激素等均在此经过氧化、还原、水解或结合等处理,成为无毒物质排出体外。④ 离子贮存与释放:横纹肌细胞中的滑面内质网又称肌质网,膜上有钙泵,可将细胞质基质中的 Ca^{2+} 泵入贮存,肌细胞松弛;当受到冲动刺激,贮存的 Ca^{2+} 释出,肌细胞收缩。SER 发达的细胞,一般光镜下细胞质嗜酸性较强。

3. 高尔基体（Golgi body，Gol） 光镜下，只有用镀银染色才能呈现黑褐色网状结构。电镜下，高尔基体由扁平囊、小泡和大泡三部分组成，依细胞类型的不同，在细胞中的分布和数量各异。高尔基体的主体由 3~8 层平行排列的扁平囊（saccule）构成，典型的高尔基体可区分出两个不同的面，一面凸起，称形成面（forming face），另一面凹陷，称成熟面（maturing face）（图 2-10）。硫胺素焦磷酸酶（TPP）组织化学染色呈阳性，可作为高尔基体的标志酶。扁平囊上有孔穿通，并朝向形成面，形成面附近有一些小泡（vesicle），由附近的粗面内质网芽生而来，将 RER 合成的蛋白质转运到扁平囊，故小泡又称运输小泡。大泡（vacuole）位于成熟面，是高尔基体的生成产物，包括溶酶体、分泌泡等。溶酶体脱离高尔基体并分散到细胞中。分泌泡互相融合，其内容物电子密度增高，称为分泌颗粒。在蛋白质分泌旺盛的细胞中高尔基体发达。

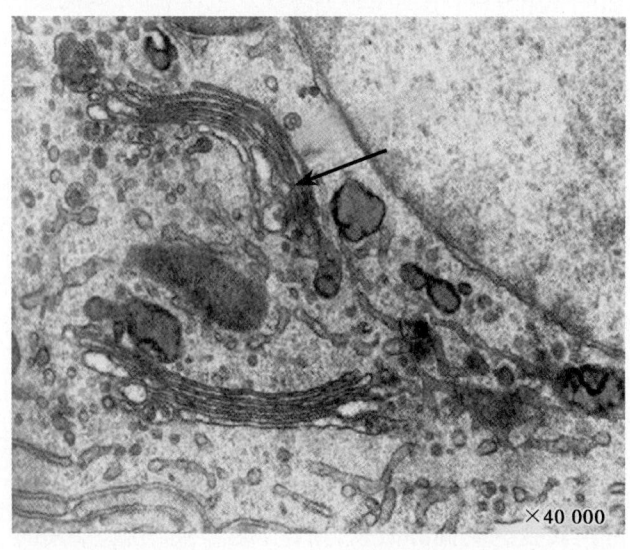

×40 000

图 2-10 高尔基体（TEM）

高尔基体对粗面内质网合成的蛋白质进行加工、修饰、糖基化与浓缩，使之变为成熟的蛋白质。高尔基体具有多种糖基转移酶，许多蛋白质在此被糖化形成糖蛋白，最终形成分泌颗粒排出。此外，还对各种溶酶体酶进行浓缩，形成初级溶酶体。

4. 溶酶体（lysosome，Ly） 由高尔基体成熟面脱离而生成，为有膜包被的小体，内含多种酸性水解酶，迄今已知有 60 余种。不同细胞中的溶酶体均含酸性磷酸酶，故该酶为溶酶体的标志酶，可用酶组织化学

方法显示。溶酶体既有多形性，又有异质性，按溶酶体是否含有被消化物质可将其分为初级溶酶体（primary lysosome）和次级溶酶体（secondary lysosome）（图 2-11，图 2-12）。

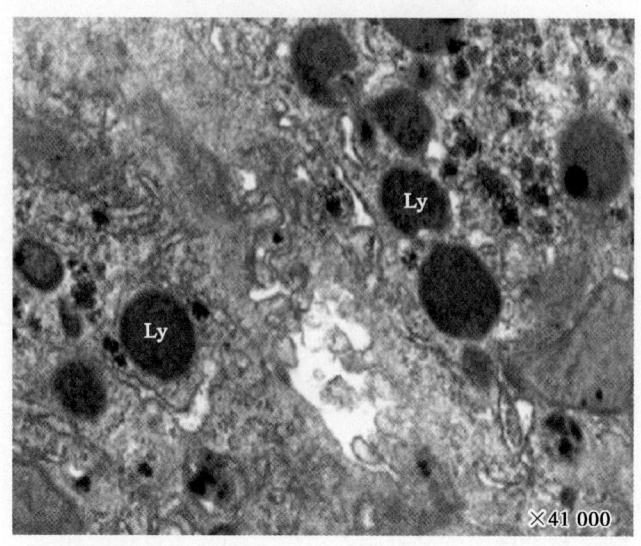

×41 000

图 2-11 溶酶体（TEM）

（1）初级溶酶体 是新生成的溶酶体，为大小不等的小泡，一般呈圆形或椭圆形；其内容物呈均质状，电子密度中等或较高；因尚未与吞噬物结合，所含酶无活性。近年发现亦有长杆状或线状溶酶体（nematolysosome）。在少数细胞，如破骨细胞和炎症部位的中性粒细胞，溶酶体酶可被释放到细胞外发挥水解作用。

（2）次级溶酶体 又称吞噬溶酶体（phagolysosome），由初级溶酶体及各种内源和外源的吞噬物融合而成，体积较大，形态结构多样，其内容物非均质状。根据其吞噬物的来源不同，分为自噬溶酶体和异噬溶酶体（图 2-12）。自噬溶酶体（autophagolysosome）是初级溶酶体和自噬体结合，作用底物来自细胞内的衰老和破损的细胞器等。异噬溶酶体（heterophagic lysosome）是初级溶酶体与吞噬体或吞饮泡融合而成，作用底物是经吞噬或吞饮而被摄入细胞内的外源性物质，如细菌和细胞碎片等。有的底物被消化分解后可被细胞再利用；有的不能被消化，如尘埃、某些脂质成分等，它们残留于溶酶体中，当酶活性耗尽时，残留物充满溶酶体，则称之为残余体（residual body）。常见的残余体有脂褐素颗粒和髓样结构，脂褐素颗粒

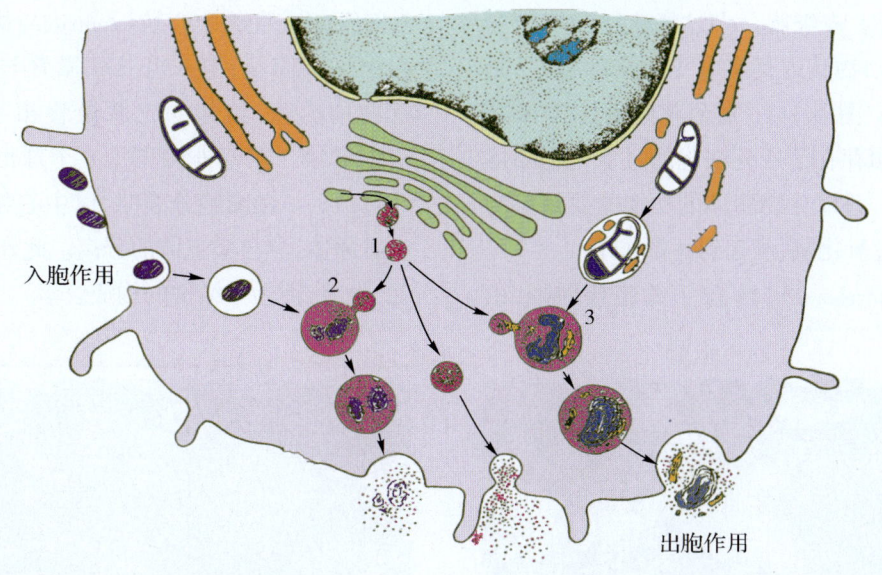

图 2-12 溶酶体变化过程示意图
1—初级溶酶体;2—异噬溶酶体;3—自噬溶酶体

(lipofuscin granule)为不规则形,在光镜下呈褐色,多见于神经细胞、心肌细胞等,并随年龄增长而增多。髓样结构(myelin figure)的内部为大量板层排列的膜,可能因膜性成分消化不全所致。初级溶酶体与多个吞饮小泡融合形成多泡体(multivesicular body),体积大,其外有界膜,内含许多低电子密度小泡,泡内基质酸性磷酸酶反应阳性。

综上可见,溶酶体在细胞内、外均能发挥有效的生物降解作用,可以说是细胞的消化器,在细胞自我更新、组织改建等方面都起到重要作用。

5. 线粒体(mitochondrion,Mit) 光镜下常为杆状、圆形或椭圆形,直径为 0.5~1 μm,长 2~7 μm。线粒体的形状、大小和数量依细胞类型差异很大。电镜下,线粒体具有双层膜,外膜光滑,膜中有小孔,允许相对分子质量小于 10×10^3 的物质自由通过。外膜与内膜之间有膜间腔,宽约 8 nm。内膜向内折叠形成线粒体嵴,嵴之间为嵴间腔,充满线粒体基质。基质中可见基质颗粒,主要由磷脂蛋白、钙、镁、磷等组成,此外还含有脂质、蛋白质、环状 DNA 分子和核糖体。线粒体嵴膜上有许多有柄小球体,即基粒(elementary particle),它由头、柄和基片三部分组成。头与柄相连突出于嵴表面,基片镶嵌于膜脂中。基粒中含有 ATP 合成酶,能利用呼吸链产生的能量合成 ATP,细胞生命活动所需能量约 95% 来自线粒体合成的 ATP,因此,线粒体是

细胞能量代谢中心或称"供能器"。不同功能的细胞中,线粒体嵴形态不同,一般细胞的线粒体嵴为板层状,多与其长轴垂直排列;在分泌固醇类激素的细胞,线粒体嵴多呈管状或泡状(图 2-13)。

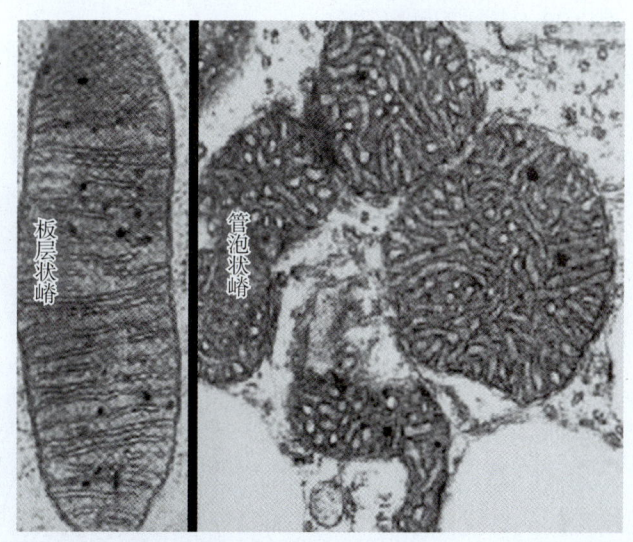

图 2-13 线粒体(TEM)

线粒体的另一功能是合成蛋白质,却是半自主性,因为是按照细胞核基因组的编码指导合成。没有细胞核遗传系统,线粒体 RNA 则不能表达。

6. 过氧化物酶体(peroxisome) 又称微体(microbody,Mb),是有膜包裹的圆形小体,直径为 0.2~0.4 μm,多见

于肝细胞与肾小管上皮细胞。人过氧化物酶体内容物为均质状;有些动物其内具有电子致密的核心,是尿酸氧化酶的结晶(图 2-14)。过氧化物酶体含有 40 多种酶,过氧化氢酶存在于所有细胞的过氧化物酶体中,故是其标志酶。过氧化物酶体的功能主要是参与脂肪酸氧化;分解过氧化氢,可起到解毒作用。

7. 中心体(centrosome) 多位于细胞核周围,由

一对互相垂直的中心粒(centriole)构成(图 2-15)。中心粒呈圆筒状,由 9 组三联微管与电子致密的均质状物构成壁,相邻的三联微管相互斜向排列,如风车旋翼状。在壁外侧可见 9 个球形的中心粒卫星体(图 2-16)。在细胞分裂时,以中心粒卫星体为起点形成纺锤体,参与染色体的分离。此外,中心体还参与纤毛、鞭毛、轴丝等结构的构成。

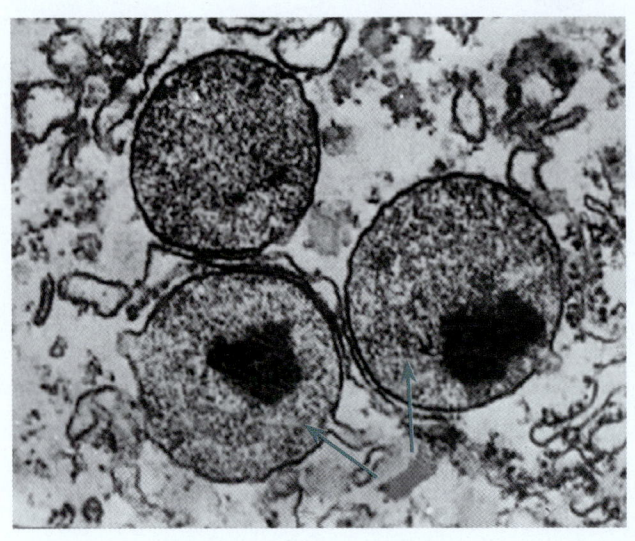

图 2-14 过氧化物酶体(TEM)

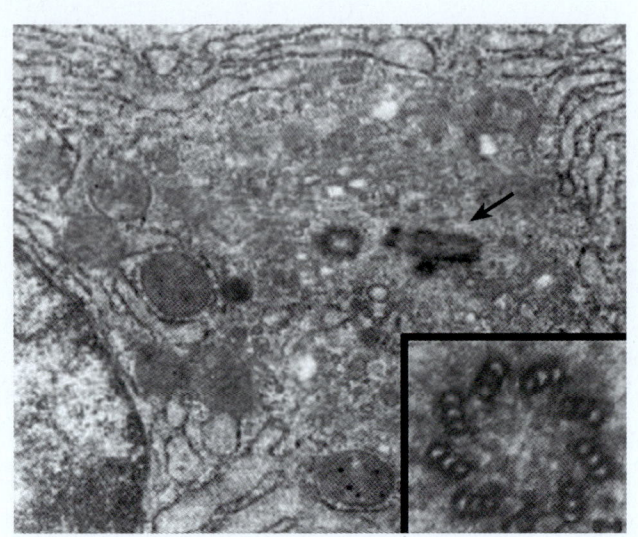

图 2-15 中心粒(TEM)(右下图为横断面)

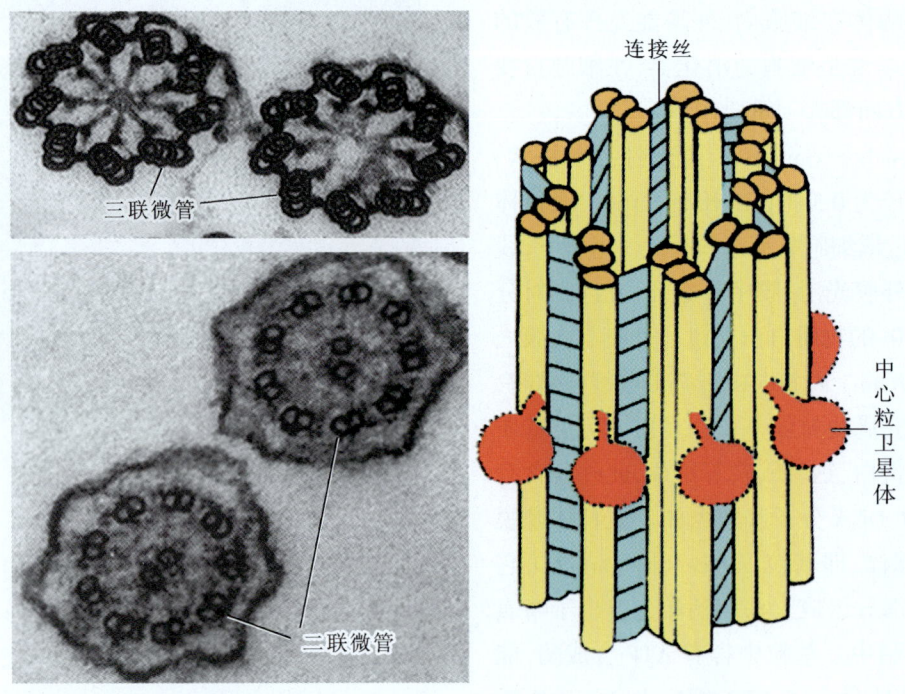

图 2-16 中心粒卫星体

8. 细胞骨架（cytoskeleton） 由微管、微丝、中间丝等组成。它构成细胞的支架和细胞内其他成分的依附支架，维持细胞固有的特定形态和细胞内各种成分的空间定位，并参与细胞的运动和分化等。

（1）微管（microtubule，Mt） 是由微管蛋白（tubulin）聚合而成的细长中空的圆柱状结构。管径约 15 nm，长短不等，常数根平行排列。微管蛋白单体为球形蛋白质，它们先装配成原纤维，再由 13 条原纤维纵向平行排列围成微管（图 2-17A）。微管有单微管、二联微管和三联微管 3 种类型。细胞中多数微管为单微管，在秋水仙素和低温作用下易解聚为微管蛋白，故单微管不稳定。二联微管多位于纤毛与精子鞭毛中，三联微管参与构成中心体和基体，它们均为稳定微管（图 2-16）。

微管具有多种功能：支架作用，可维持细胞形状；参与细胞的运动，如细胞分裂时，由微管组成的纺锤体可使染色体向两极移动；鞭毛和纤毛的摆动等。微管与动力蛋白相关，可能参与细胞内物质运输等。近年研究证明，微管参与细胞内信号转导。

（2）微丝（microfilament，Mf） 为常成群、成束广泛分布于多种细胞胞质中的细丝状结构（图 2-17B），并能够根据所在细胞的不同状态而聚合或解聚。根据微丝粗细不同可分为细丝和粗丝两种。细丝（thin filament）直径约 6 nm，长约 1 μm，主要由肌动蛋白（actin）组成，故又称肌动蛋白丝（actin filament），几乎存在于所有的细胞中。粗丝（thick filament）直径约 15 nm，长约 1.5 μm，主要见于肌细胞内，由肌球蛋白（myosin）组成，故又称肌球蛋白丝（myosin filament）。粗丝因存在时间短暂，或于电镜标本制备过程中解聚为肌球蛋白，故难以观察到。

在运动活跃的细胞胞质周边、伪足及微绒毛中都有丰富的微丝。因此，微丝具有支持作用，还参与细胞的收缩、变形运动等与细胞运动直接相关的活动过程。

（3）中间丝（intermediate filament） 是构成细胞骨架的主要成分，直径为 8~11 nm，介于细丝与粗丝之间，故名（图 2-17C）。中间丝可分为 5 种，各由不同蛋白质构成。大部分细胞仅含有一种中间丝，故既具有组织特异性，又较微丝、微管稳定，用免疫组织化学方法可区分 5 种中间丝。

1）角蛋白丝（keratin filament）：分布于上皮细胞中，常聚集成束，又称张力丝（tonofilament）。角蛋白丝附着于桥粒或半桥粒，能加固细胞间的连接，除起支持作用外，可应用于上皮性肿瘤的分型鉴别。角蛋白丝在复层扁平上皮细胞内特别丰富。

2）结蛋白丝（desmin filament）：分布于肌细胞，作为肌细胞的细胞骨架网，有利于收缩蛋白的附着，起到固定作用。也可应用于肌肉肿瘤的检测。

3）波形蛋白丝（vimentin filament）：存在于由胚胎

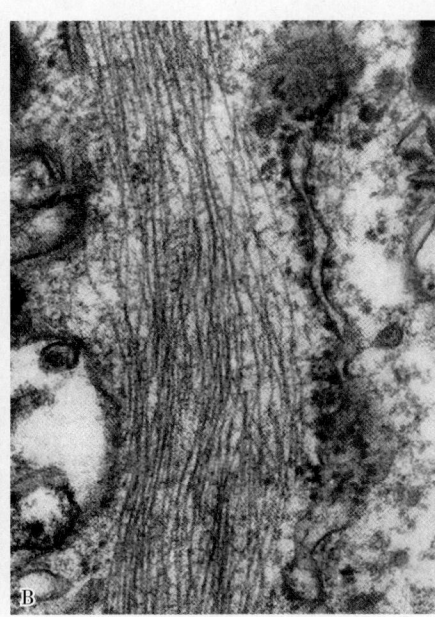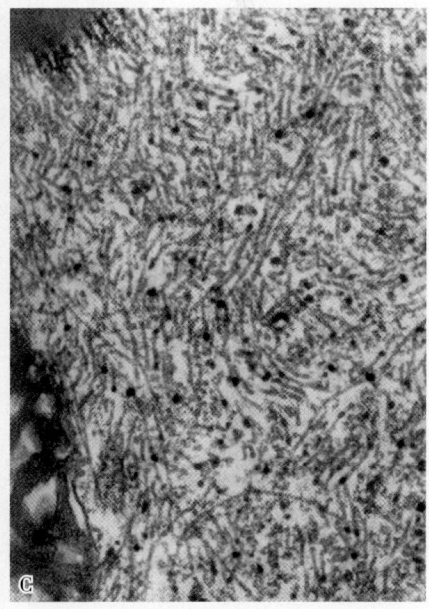

图 2-17 细胞骨架（TEM）
A. 微管；B. 微丝；C. 中间丝

间充质分化而来的细胞,密集环绕在核周构成网架,并与核纤层相连或与核骨架相续,对核起支持作用,并稳定细胞核在细胞内的位置。

4) 神经丝(neurofilament):存在于神经元的胞体与突起中,由神经丝蛋白组成,与微管共同构成细胞骨架,在神经元的物质运输中起作用。

5) 神经胶质丝(neuroglial filament):主要存在于星形胶质细胞内,多聚集成束,在胞体内交织成网,并伸入突起内平行走行,起支架作用。神经胶质丝由神经胶质原纤维酸性蛋白(GFAP)组成,该蛋白在神经胶质瘤呈阳性表达,临床上常应用于神经胶质瘤的检测。

(三) 包涵物

包涵物(inclusion)是细胞质中贮积的具有一定形态的各种代谢物质的总称,包括糖原颗粒、脂滴、分泌颗粒、色素颗粒等(图 2-18)。

1. 糖原颗粒(glycogen granule) 是细胞贮存葡萄糖的存在形式,于 PAS 染色时呈紫红色。电镜下,糖原颗粒为电子密度高、无膜包裹的颗粒,呈现两种类型:β 颗粒,形状不规则,分散存在,多见于肌细胞;α 颗粒,是糖原颗粒的聚合体,大小不一,呈花簇状,多见于肝细胞。

2. 脂滴(lipid droplet) 是细胞贮存脂质的存在形式,内含脂肪酸、三酰甘油、胆固醇等。在脂肪细胞、分泌类固醇激素的细胞中较多。光镜标本制备中,脂滴被溶解而呈大小不等的空泡。电镜下,脂滴无膜包裹,多呈中等或低电子密度。

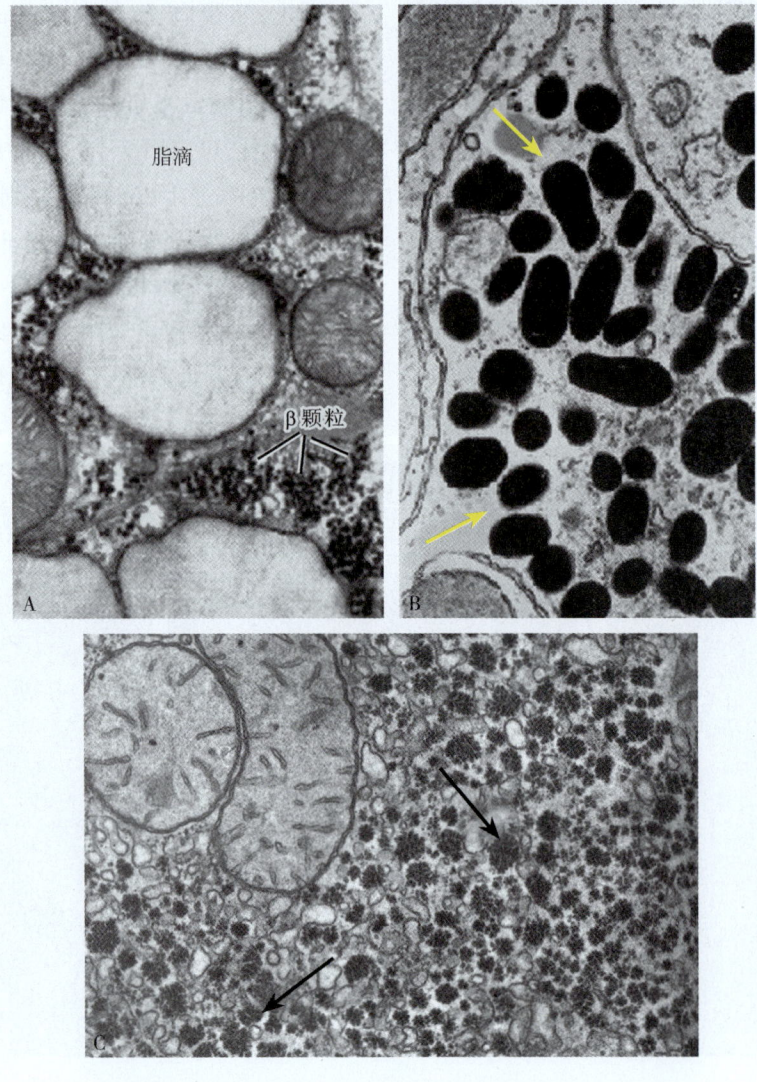

图 2-18 包涵物
A. 脂滴和 β 颗粒;B. 色素颗粒;C. α 颗粒

3. 分泌颗粒（secretory granule）　常见于各种腺细胞，内含酶、激素等生物活性物质。分泌颗粒的形态、大小及在细胞内的分布位置因细胞种类而异，但都有膜包裹。

三、细胞核

细胞核（nucleus）含有 DNA 遗传信息，通过 DNA 的复制与转录，细胞核成为细胞增殖、分化、代谢等功能活动的重要结构。除成熟的红细胞无核外，大多数细胞只有一个细胞核，少数细胞有双核或多核。细胞间期，核的形态常与细胞形态相适应。光镜下，HE 染色的细胞核因含 DNA 和 RNA 故呈强嗜碱性。细胞核结构由核被膜、染色质、核仁与核基质四部分组成（图 2-19，图 2-20）。

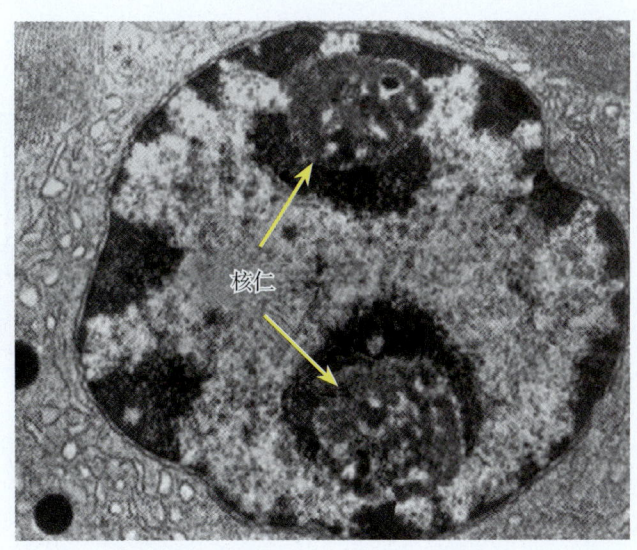

图 2-20　核（TEM）

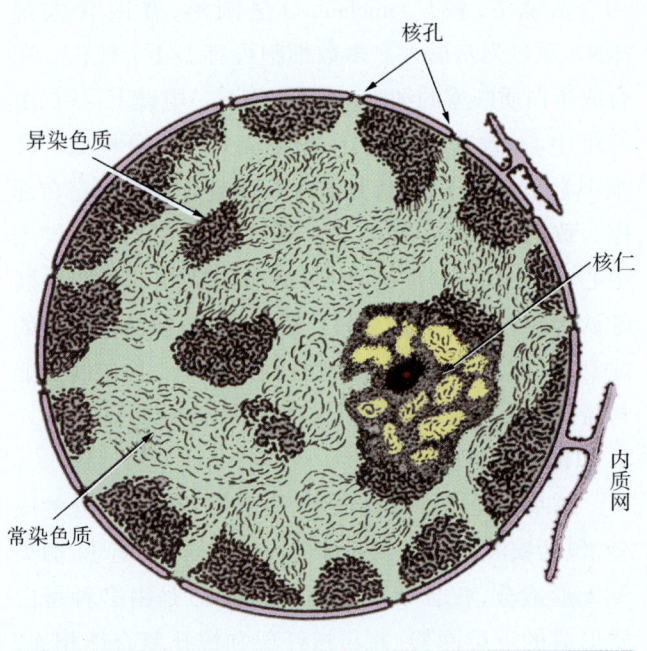

图 2-19　核超微结构

（一）核被膜

核被膜（nuclear envelope）又称核膜，包裹在核表面，由内、外两层单位膜构成，两层膜的间隙宽 10~15 nm，称为核周隙（perinuclear space）。外核膜表面有核糖体附着，并与粗面内质网相续；核周隙亦与内质网腔相通，故核被膜也参与蛋白质合成。内核膜的核质面有一层由细丝交织形成的致密网状结构，称核纤层。核纤层有稳定、支撑核膜的作用，并将染色质纤维

两端固着其上。核被膜上有直径 50~80 nm 的圆形孔，称核孔，它是核质之间物质交换的通道。核孔是内、外核膜相互融合而成的环形孔道。内、外核膜在孔缘相续，核孔内有环，环有 16 个球形亚单位，孔内、外缘各有 8 个。核孔中央有中心颗粒（又称孔栓），从中心颗粒发出放射状细丝与环上 16 个亚单位相连。核孔的环与中心颗粒组成核孔复合体（图 2-21）。核孔所在处无核纤层，也有的核孔无中心颗粒。一般小分子物质可直接通过核被膜，而 RNA 与蛋白质等大分子则须经核孔出入核。核功能活跃的细胞核孔数量多。

（二）染色质与染色体

1. 染色质（chromatin）　是指在细胞间期核内易被碱性染料深染的物质，光镜下呈细丝状、颗粒状或小块状，由遗传物质 DNA 和组蛋白及非组蛋白组成。在 HE 染色时，染色质有的部分着色浅淡，称为常染色质（euchromatin），是核中进行 RNA 转录的部位；有的部分呈强嗜碱性，称异染色质（heterochromatin），是功能静止的部分，故根据核的染色状态可推测其功能活跃程度。电镜下，染色质由颗粒与细丝组成，常染色质部分呈稀疏状，电子密度低；而异染色质则甚为浓密，呈高电子密度（图 2-19）。

2. 染色体（chromosome）　是在细胞有丝分裂或减数分裂过程中，由染色质（主要是 DNA 分子）超螺旋集缩而成的棒状结构。染色质和染色体实际上是细胞周期中同一物质表现的不同功能状态。现已证

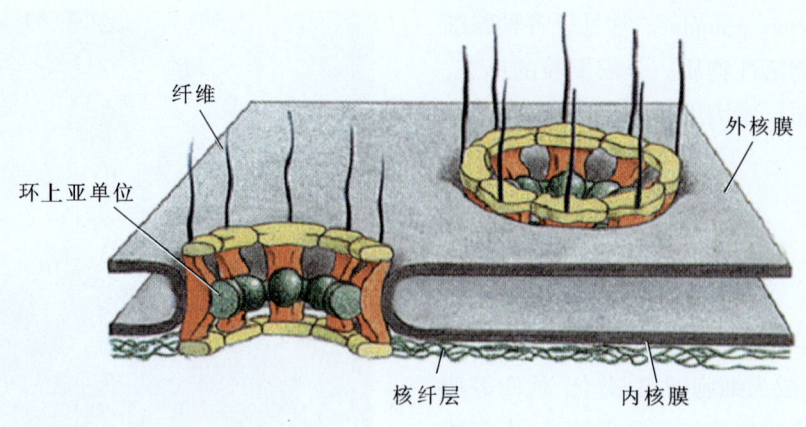

图 2-21 核孔复合体

明，染色质的基本结构为 DNA、组蛋白组成的核小体（nucleosome），直径约 10 nm 的扁圆球形，核心由 H_2A、H_2B、H_3、H_4 4 种组蛋白各 2 个分子组成的八聚体构成，表面有含 140 个碱基对的 DNA 链盘绕核心 1.75 周。相邻核小体间的 DNA 链称连接段，含 10~70 个碱基对，并有组蛋白 H_1 附着（图 2-22）。这种直径约 10 nm 的染色质丝是进行 RNA 转录的部分，呈舒展状态，即为常染色质；而未执行功能的部位则螺旋化，形成直径约 30 nm 的染色质纤维，即异染色质。人类体细胞的染色体数为二倍体，46 条，其中 44 条是常染色体（euchromosome），2 条是性染色体（sex chromosome）。在男性，体细胞核型为 46，XY，而女性是 46，XX。人体

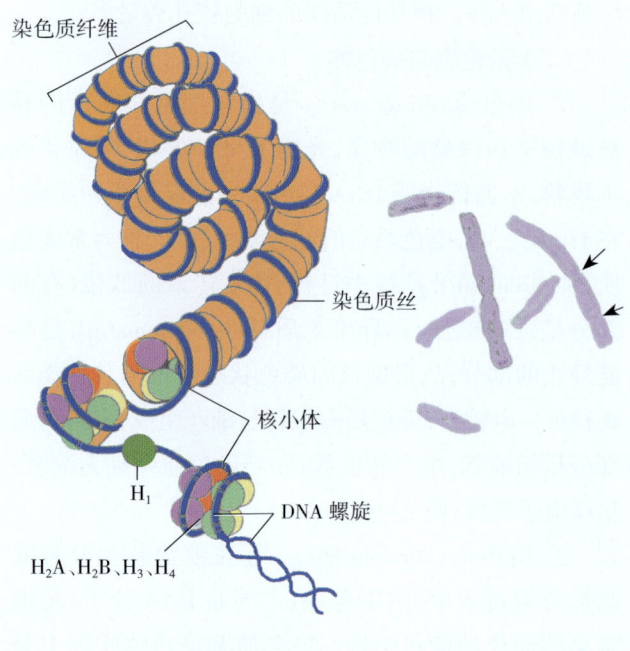

图 2-22 染色质及染色体模式图

细胞核含 46 条染色质丝，其 DNA 总长约 1 m，只有高度螺旋化，才能容纳进细胞核内。

（三）核仁

光镜下，核仁（nucleolus）呈圆形，并因含大量 rRNA 而显强嗜碱性。多数细胞可有 1~4 个核仁。在合成蛋白质旺盛的细胞，核仁大而多。电镜下，核仁由纤维中心、致密纤维成分、颗粒成分三部分构成。纤维中心呈低电子密度，是 rRNA 基因（rDNA）的存在部位。致密纤维成分是电子密度最高的部分，环绕纤维中心，此处有高密度的 rDNA，镀银染色可呈黑色。通常认为颗粒成分多位于核仁的外周，是核糖体亚基的前身，可通过核孔进入细胞质（图 2-20）。核仁的功能与蛋白质合成密切相关，是核糖体的重要装配场所。

（四）核基质

核基质是核中除核被膜、染色质与核仁以外的成分，包括核液与核骨架两部分。核液含水、离子、酶类等无形成分；核骨架（nuclear skeleton）是由多种蛋白质形成的纤维网架，并与核纤层和核孔复合体相连，对核的结构具有支持作用。近年研究，核基质蛋白可与其他一些蛋白质，包括与细胞基因转录、基因复制及信号转导有关的蛋白质结合，共同完成核基质的生物学功能。

四、细胞周期

细胞周期（cell cycle）是指细胞从上一次分裂结束开始到下一次分裂结束所经历的过程，分为分裂间期与分裂期两个阶段（图 2-23）。

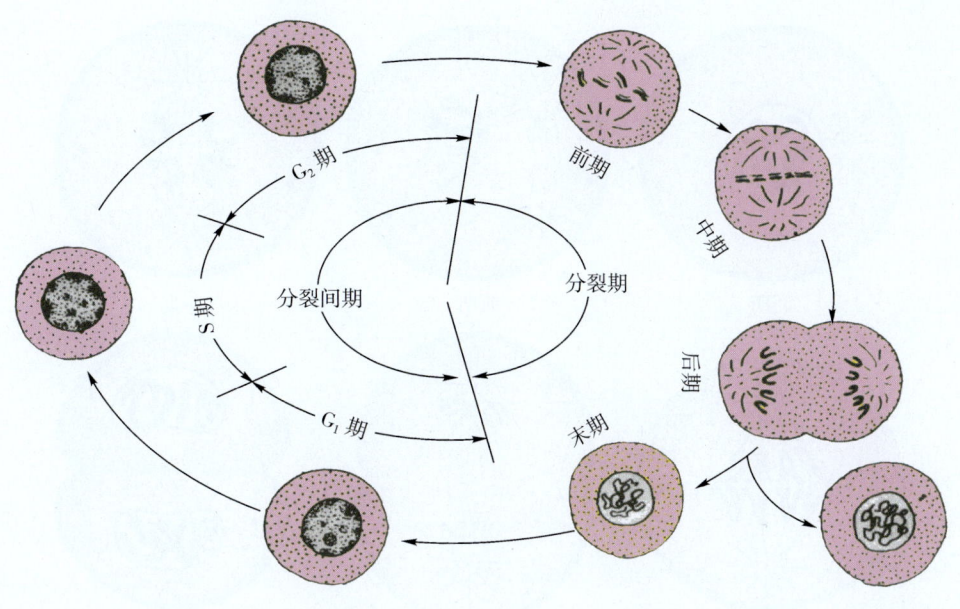

图 2-23　细胞周期

(一) 分裂间期

分裂间期是细胞生长的过程,又分为三期,即 DNA 合成前期(G$_1$ 期)、DNA 合成期(S 期)与 DNA 合成后期(G$_2$ 期)。

1. G$_1$ 期　此期长短因细胞而异,G$_1$ 期的起始阶段,RNA 大量合成,蛋白质明显增加。在 G$_1$ 的后期,细胞合成 DNA 复制相关的酶类和 G$_1$ 期向 S 期转变所需的相关蛋白,如触发蛋白等。

2. S 期　是 DNA 合成期,主要合成 DNA 和蛋白质,DNA 经复制后,含量增加 1 倍,使体细胞的 DNA 成为四倍体,同时,还合成组蛋白和进行中心粒复制。S 期一般需 8~12 h。

3. G$_2$ 期　为细胞分裂准备期。中心粒已复制完毕,形成 2 个中心体,还合成有丝分裂所需的 RNA 和微管蛋白等。G$_2$ 期需 2~4 h。

(二) 分裂期

细胞的分裂方式有 3 种,即有丝分裂、减数分裂和无丝分裂。

1. 有丝分裂(mitosis)　需经前、中、后、末期,是连续变化过程,由一个母细胞分裂成为两个子细胞(图 2-24)。一般需 1~2 h。

(1) 前期(prophase)　染色质丝高度螺旋化,逐渐形成染色体。2 个中心体移向细胞两极,形成纺锤体。核仁与核被膜逐渐消失。

(2) 中期(metaphase)　细胞变为球形,核仁与核被膜已完全消失。染色体均移到细胞的赤道板,从纺锤体两极发出的微管附着于每一个染色体的着丝点上。

(3) 后期(anaphase)　由于纺锤体微管的活动,着丝点纵裂,每一染色体的两个染色单体分开,并向相反方向移动,接近各自的中心体,染色单体分为两组。同时,细胞被拉长,在赤道部细胞膜缩窄,细胞呈哑铃形。

(4) 末期(telophase)　染色单体逐渐解螺旋,重新出现染色质丝与核仁;内质网组合为核被膜;细胞赤道部缩窄加深,最后分裂为 2 个二倍体的子细胞。

2. 减数分裂(meiosis)　又称成熟分裂(maturation division),是一种特殊类型的有丝分裂,这种分裂方式只发生在生殖细胞成熟过程中的某一阶段。其特点是:在细胞内 DNA 于间期中进行一次复制后,要连续进行两次细胞分裂,结果子细胞中染色体数目比亲代细胞少了一半,故称为减数分裂。成熟生殖细胞内染色体数目为 23 个,为体细胞染色体数目的一半,成熟的生殖细胞被称为单倍体细胞。

3. 无丝分裂(amitosis)　又称直接分裂,分裂方式较简单,在人类主要发生于肝细胞、肾小管上皮细胞、肾上腺皮质细胞。开始分裂时,细胞伸长、细胞核也拉长,中央凹陷,细胞核与细胞质均一分为二,形成两个子细胞;若细胞质未分开,则形成双核。

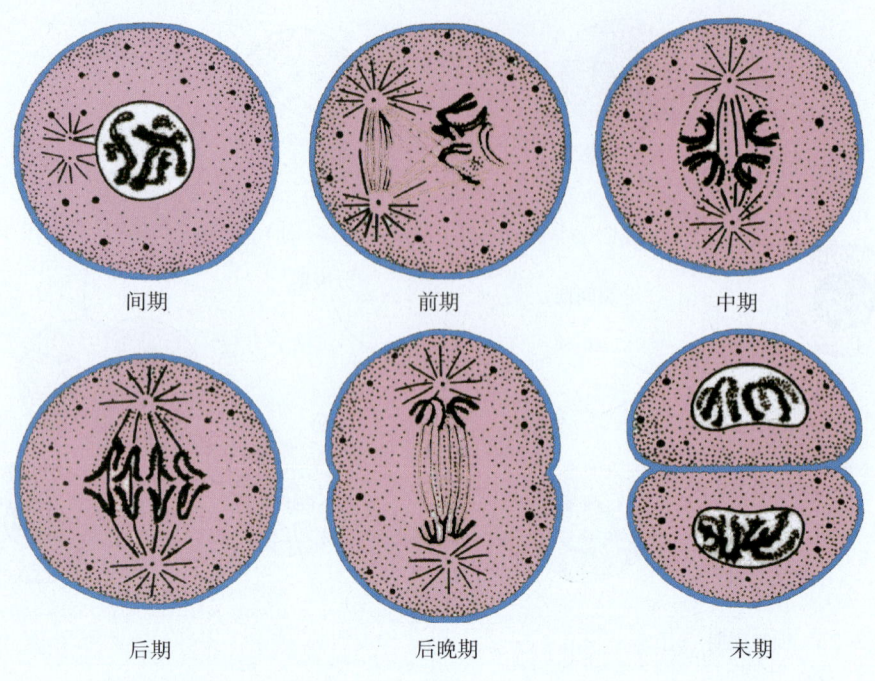

间期　　　　　　　前期　　　　　　　中期

后期　　　　　　　后晚期　　　　　　　末期

图 2-24　有丝分裂

五、程序性细胞死亡

机体活组织中，单个细胞受其内在基因编程的调节，通过主动的生化过程而自杀死亡的现象称程序性细胞死亡（programmed cell death，PCD），也称细胞凋亡（apoptosis）。细胞凋亡往往涉及单个细胞。早期形态学改变为细胞体积缩小，细胞质浓缩，密度增加，染色较深；染色质固缩成块状，常边集于核膜下，呈新月形小体，继后，细胞核和细胞外形皱折，核裂解为碎块，细胞膜皱缩，质膜包绕其裂解碎片，细胞膜出芽形成质膜小泡，脱落，形成凋亡小体，其内可保留完整的细胞器和染色质断片。组织中的凋亡小体很快被巨噬细胞或邻近细胞吞噬消化（图 2-25，图 2-26）。

细胞凋亡的一个显著特征就是染色质 DNA 的特征性降解。染色质 DNA 的降解大部分为单链断裂，出现在核小体之间的连接部，DNA 断片都为 200 bp 的寡核苷酸碎片，因此进行琼脂糖凝胶电泳时呈现特征性的梯状条带。发生凋亡的细胞，早期出现细胞内快速、持续的钙离子浓度升高，染色质 DNA 降解，是由于内源性核酸内切酶基因活化和表达，钙离子依赖的核酸内切酶介导所致。深入研究细胞凋亡的机制，将为揭示胚胎发生及临床疾病的发生机制开拓新的途径。

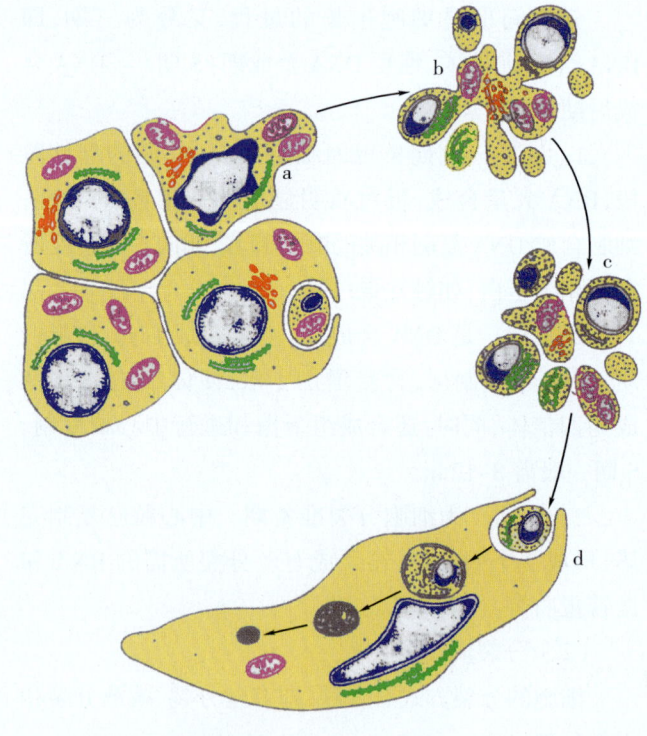

图 2-25　细胞凋亡超微结构变化示意图
a. 凋亡早期细胞；b. 凋亡小体形成；c、d. 凋亡小体被巨噬细胞吞噬；d. 巨噬细胞

知识链接 2-1　细胞凋亡与临床疾病

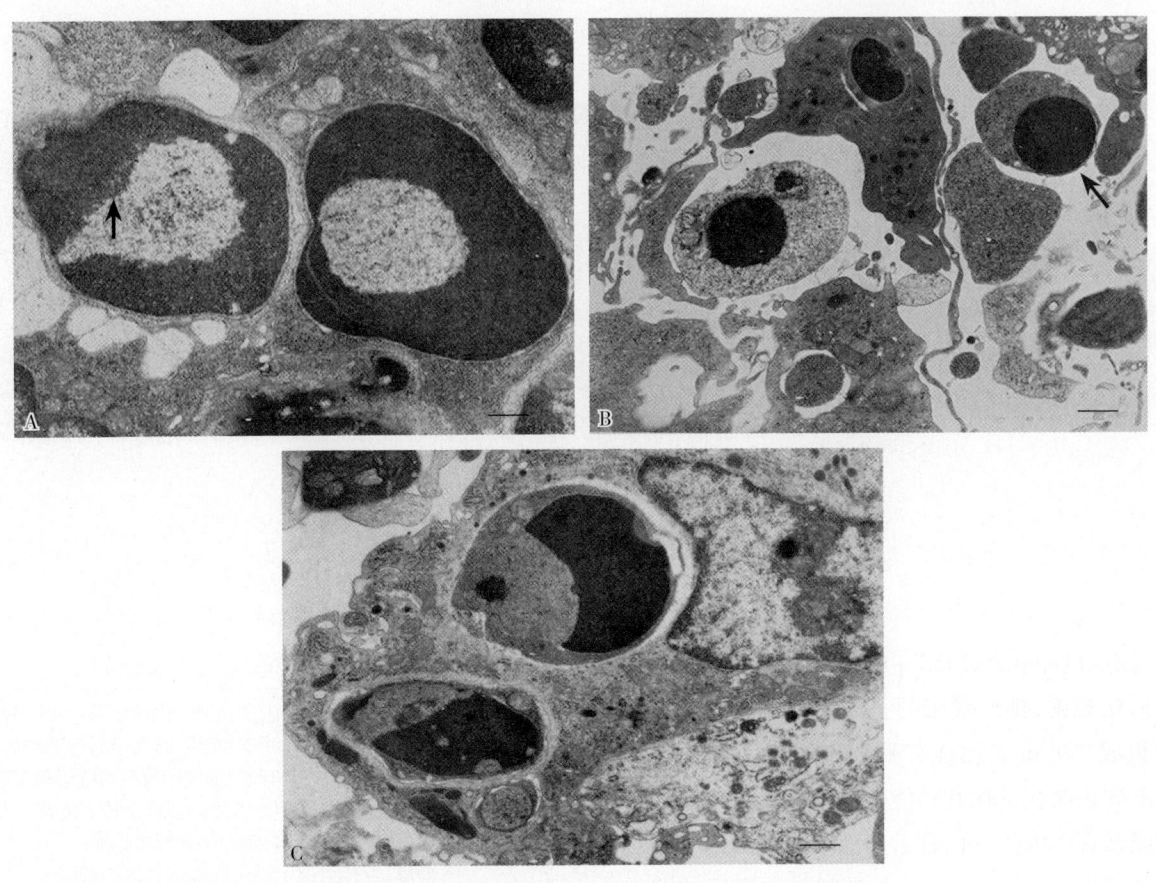

图 2-26 细胞凋亡（TEM）
A. 核内染色质边集（↑）；B. 凋亡小体形成（↖）；C. 凋亡小体被巨噬细胞吞噬

（石玉秀 张学森）

新形态教材网

🔆 微课导学 　　 📺 教学课件 　　 🖥 微视频 　　 ⚙ 知识链接 　　 📝 自测题

第三章

上 皮 组 织

上皮组织（epithelial tissue）简称上皮（epithelium），由大量形状规则、排列紧密的上皮细胞和极少量细胞外基质组成。上皮细胞具有明显的极性（polarity），即细胞的不同表面在结构和功能上具有明显差别。其朝向体表或器官腔内的一面称游离面（free surface）；相对的一面称基底面（basal surface），借基膜与深层结缔组织相接；相邻的连接面称侧面。上皮组织内大多无血管和淋巴管，其营养由深层结缔组织中的血管透过基膜提供。上皮内常有丰富的神经末梢分布。

上皮组织可分为被覆上皮、腺上皮和感觉上皮等，具有保护、分泌、吸收、排泄和感觉等功能。本章主要叙述被覆上皮和腺上皮。

一、被覆上皮

覆盖于体表或衬于体内各种管、腔及囊的内表面者，称被覆上皮（covering epithelium）。

根据上皮细胞的排列层数，可将被覆上皮分为单层上皮（simple epithelium）和复层上皮（stratified epithelium）。按细胞形态（复层上皮则按浅层细胞形态）又可进一步分为扁平、立方和柱状等多种类型（表3-1）。

（一）单层扁平上皮

单层扁平上皮（simple squamous epithelium）由一层很薄的扁平细胞构成。表面观，细胞呈不规则形或多边形，细胞边缘呈锯齿状，互相嵌合，核扁圆形，位于细胞中央；垂直切面观，细胞核呈椭圆形，细胞质很薄，只

表3-1　被覆上皮的分类及其主要分布

单层上皮	单层扁平上皮	内皮：心脏、血管及淋巴管的腔面
		间皮：胸膜、腹膜及心包膜的表面
		其他：肺泡和肾小囊壁层等上皮
	单层立方上皮：甲状腺滤泡及肾小管上皮等	
	单层柱状上皮：胃、肠和子宫等的腔面	
	假复层纤毛柱状上皮：呼吸管道等的腔面	
复层上皮	复层扁平上皮	未角化：口腔、食管和阴道等的腔面
		角化：皮肤的表皮
	复层柱状上皮：睑结膜、男性尿道等的腔面	
	变移上皮：肾盏、肾盂、输尿管及膀胱等的腔面	

有含核的部分略厚。衬于心脏、血管或淋巴管腔面的单层扁平上皮称内皮（endothelium），而衬于胸膜、腹膜及心包膜腔面的单层扁平上皮称间皮（mesothelium）（图3-1，图3-2）。此种上皮游离面光滑，有利于血液、淋巴液流动，或便于内脏器官活动。

（二）单层立方上皮

单层立方上皮（simple cuboidal epithelium）由一层近似立方形的细胞构成。表面观，细胞呈多边形；垂直切面观，细胞大致呈正方形，核圆，居中（图3-3，图3-4）。此种上皮细胞具有分泌或吸收功能。

（三）单层柱状上皮

单层柱状上皮（simple columnar epithelium）由一层棱柱状细胞构成。表面观，细胞呈多边形；垂直切面观，细胞呈柱状，核椭圆，靠近细胞基底部。此种上皮有吸收或分泌功能。在肠壁的单层柱状上皮细胞之间，还有杯状细胞（goblet cell）分布，其形似高脚酒杯，

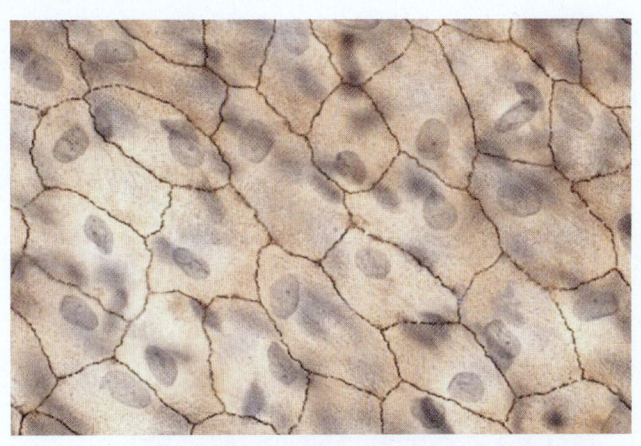

图 3-1　间皮表面观(肠系膜铺片,镀银染色)

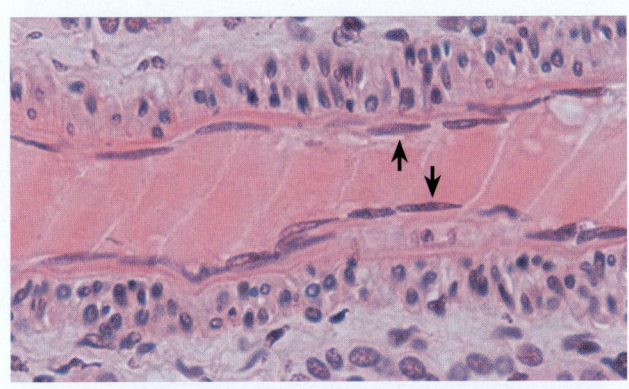

图 3-2　内皮侧面观(小动脉纵切面)

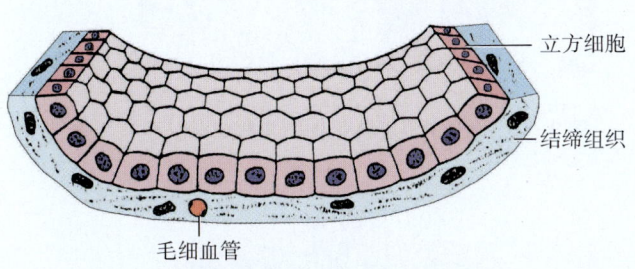

立方细胞

结缔组织

毛细血管

图 3-3　单层立方上皮模式图

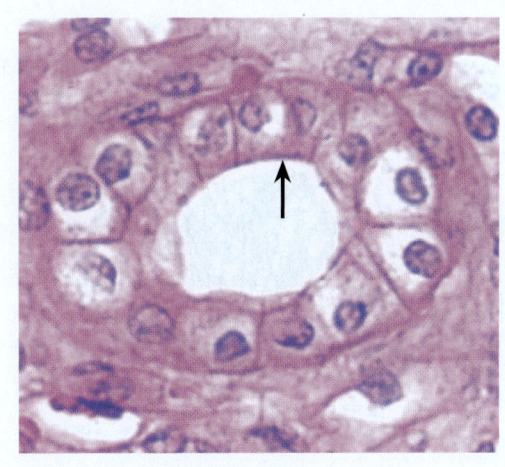

图 3-4　单层立方上皮(肾)

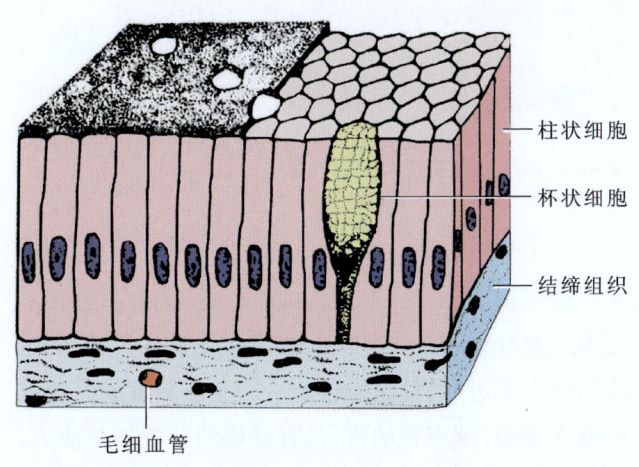

柱状细胞

杯状细胞

结缔组织

毛细血管

图 3-5　单层柱状上皮模式图

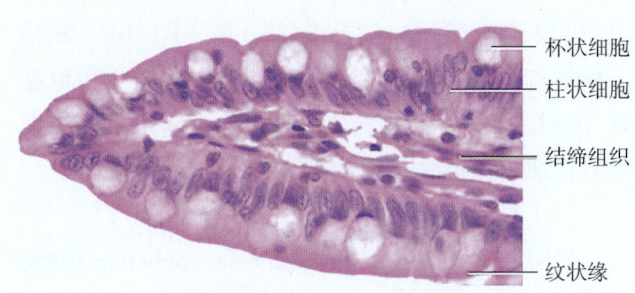

杯状细胞

柱状细胞

结缔组织

纹状缘

图 3-6　单层柱状上皮(小肠)

底部狭窄,含深染的核,顶部膨大,充满黏原颗粒,内含黏蛋白(图 3-5,图 3-6)。黏蛋白分泌后与水结合形成黏液,可润滑和保护上皮。

（四）假复层纤毛柱状上皮

假复层纤毛柱状上皮(pseudostratified ciliated columnar epithelium)由柱状细胞、梭形细胞、锥形细胞和杯状细胞组成,其中柱状细胞最多,游离面有大量纤毛。所有细胞的基底面均附着在基膜上,但由于细胞高矮不一,核高低不齐地排列在不同的水平面上,垂直切面观形似复层,实为单层(图 3-7,图 3-8)。此种上皮主要以保护功能为主。

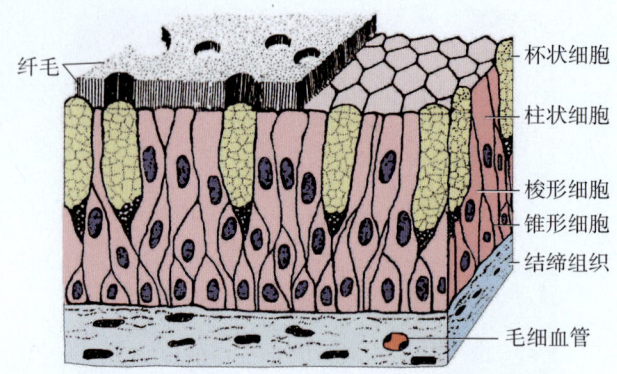

图 3-7　假复层纤毛柱状上皮模式图

纤毛
杯状细胞
柱状细胞
梭形细胞
锥形细胞
结缔组织
毛细血管

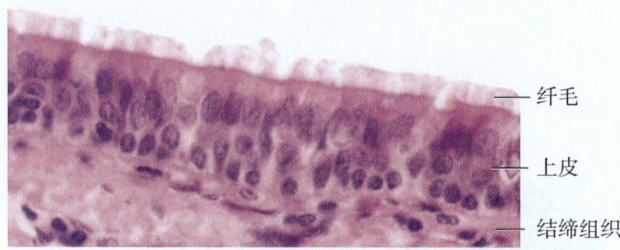

纤毛
上皮
结缔组织

图 3-8　假复层纤毛柱状上皮(气管)

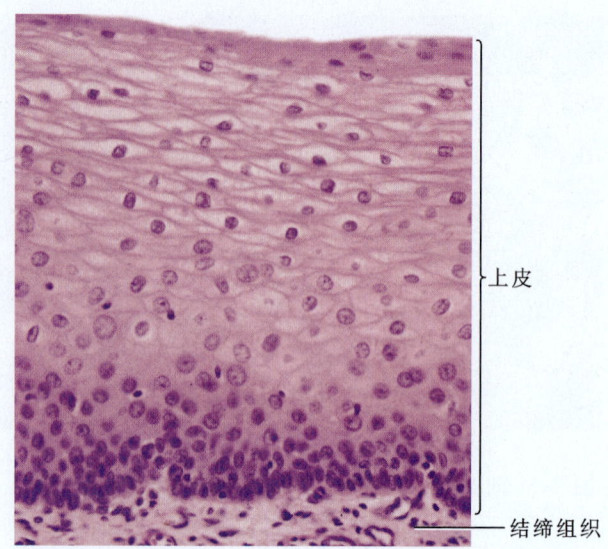

上皮
结缔组织

图 3-9　未角化的复层扁平上皮(食管)

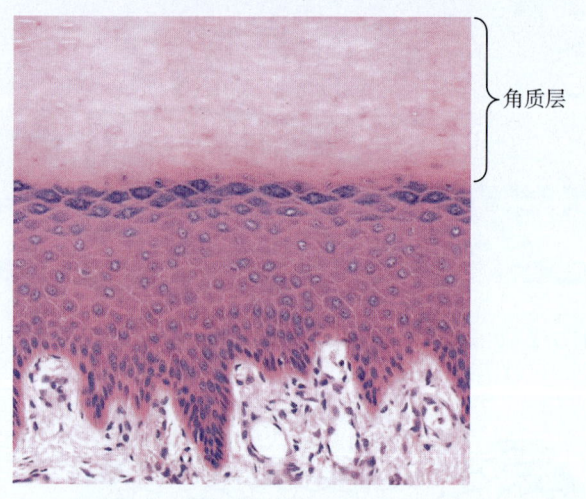

角质层

图 3-10　角化的复层扁平上皮(皮肤)

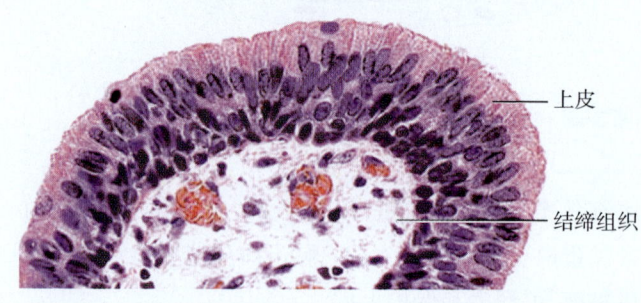

上皮
结缔组织

图 3-11　复层柱状上皮(尿道)

(五) 复层扁平上皮

复层扁平(鳞状)上皮(stratified squamous epithelium)由多层细胞组成。垂直切面观,浅层细胞扁平,中间数层细胞为多边形,紧靠基膜的一层基底层细胞呈矮柱状或立方形,细胞较幼稚,具有旺盛的分裂增殖能力,不断补充表层脱落的细胞。复层扁平上皮的基底面与深层结缔组织的连接处凸凹不平,增加了两者的接触面积,既使其连接更加牢固,又保证了上皮组织的营养供应。根据表层细胞是否角化,分为角化复层扁平上皮和未角化复层扁平上皮(图 3-9,图 3-10)。此种上皮具有很强的保护作用,角化上皮的保护作用更显著,能耐受机械性和化学性刺激,防止体内水分蒸发及阻止细菌和异物入侵。

(六) 复层柱状上皮

复层柱状上皮(stratified columnar epithelium)的表层细胞为柱状,排列整齐,中间几层细胞为多边形,基底层是矮柱状细胞(图 3-11)。此种上皮有保护作用。

(七) 变移上皮

变移上皮(transitional epithelium)又称移行上皮,上皮细胞的形态和层数可随所在器官的收缩和扩张状态不同而改变。如膀胱收缩时,上皮较厚,细胞层数较多,细胞较高(图 3-12);反之,上皮变薄,细胞层数减少,仅 2~3 层,细胞变扁(图 3-13)。上皮细胞按核位置的深浅可分为表层细胞、中间层细胞和基

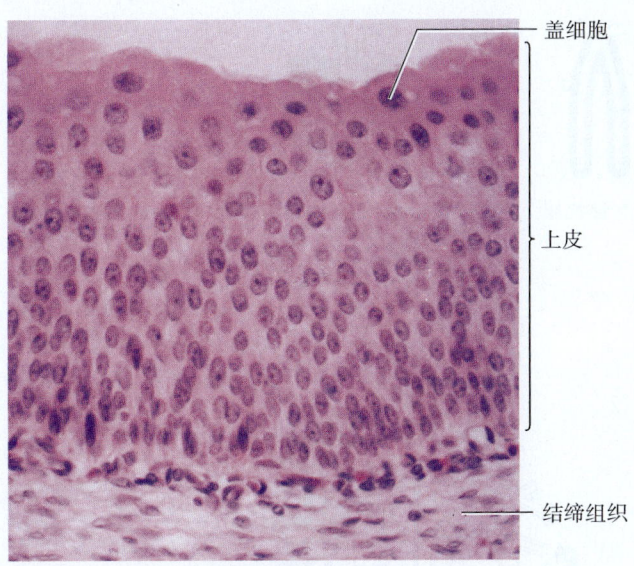

盖细胞

上皮

结缔组织

图 3-12　变移上皮（膀胱收缩状态）

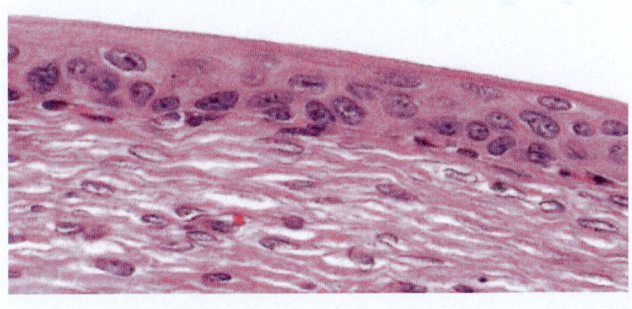

图 3-13　变移上皮（膀胱扩张状态）

底层细胞。表层细胞较大，质膜较厚，细胞质丰富，常有双核，可覆盖几个中间层细胞，称盖细胞，可以防止尿液侵袭，有保护作用。有研究者通过电镜观察到膀胱腔面的所有上皮细胞均向深部伸出长足状突起，附着于基膜上，故认为变移上皮是一种假复层上皮。

二、腺上皮与腺

由腺细胞组成，以分泌功能为主的上皮称腺上皮（glandular epithelium）。以腺上皮为主要成分所构成的器官称腺（gland）。有的腺分泌物（如蛋白质、糖蛋白、脂质等）经导管排至体表或器官腔内，称为外分泌腺，如唾液腺、皮脂腺等。有的腺没有导管，分泌物（为激素）释放入血，称为内分泌腺（endocrine gland），如甲状

腺、肾上腺和垂体等（详见第十三章内分泌系统）。本部分只介绍外分泌腺的一般结构。

按组成外分泌腺的细胞数目，可分为单细胞腺（如杯状细胞）和多细胞腺。多细胞腺一般由分泌部和导管两部分组成。根据导管有无分支，外分泌腺可分为单腺和复腺，而分泌部的形状可为管状、泡状或管泡状。因此，外分泌腺依据形态可分为单管状腺、单泡状腺、复管状腺、复泡状腺和复管泡状腺等（图 3-14）。

1. 分泌部（secretory portion）　多由单层腺细胞围成，中央有腔。泡状和管泡状的分泌部常称腺泡（acinus）。腺细胞的形态结构因分泌物的性质和功能状态不同而有明显差异，一般可分为浆液细胞和黏液细胞两种。

（1）浆液细胞（serous cell）　大多呈锥形或柱状，核圆形，靠近细胞基底部，基底部细胞质呈强嗜碱性，顶部细胞质充满嗜酸性酶原颗粒（zymogen granule）。电镜下，细胞基底部有密集的粗面内质网，核上方有发达的高尔基体和分泌颗粒（图 3-15）。具有这些结构特点的细胞又称蛋白分泌细胞（protein-secretory cell）。这些细胞器的规律分布也反映了腺细胞合成与分泌蛋白质的过程。

（2）黏液细胞（mucous cell）　也称糖蛋白分泌细胞（glycoprotein-secretory cell），除了具有蛋白质分泌细胞的结构特点外，其细胞顶部细胞质充满大量黏原颗粒，HE 染色切片中，颗粒不易保存而呈泡沫状。细胞核常呈扁圆形，被黏原颗粒压到基部。杯状细胞就是一种散在分布的黏液细胞（图 3-16）。

上述两种腺细胞分别组成浆液腺泡和黏液腺泡。由这两种腺细胞共同组成的腺泡称混合腺泡，主要由黏液细胞组成，少量浆液细胞位于黏液细胞之间或几个聚集在腺泡的底部，呈半月形包围着黏液细胞，称半月（demilune）。分泌部完全由浆液腺泡构成的腺称为浆液腺，如腮腺；完全由黏液腺泡构成的腺称为黏液腺，如十二指肠腺；由 3 种腺泡共同构成的腺称为混合腺，如下颌下腺、气管腺（图 3-17）。

在汗腺、乳腺及唾液腺的腺细胞与基膜之间有肌上皮细胞（myoepithelial cell）分布，其细胞扁平，有突起，细胞质内含微丝，其收缩可促使腺泡的分泌物排入导管。

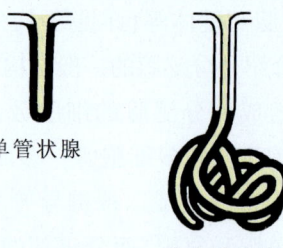

单管状腺

单曲管状腺

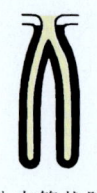

分支管状腺

分支泡状腺

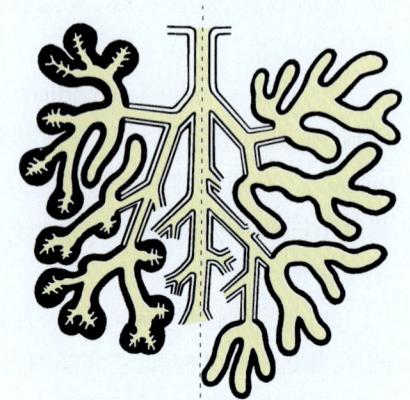

复管泡状腺　　　复管状腺

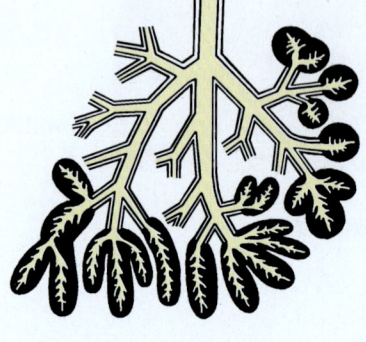

复泡状腺

图 3-14　外分泌腺的形态分类模式图

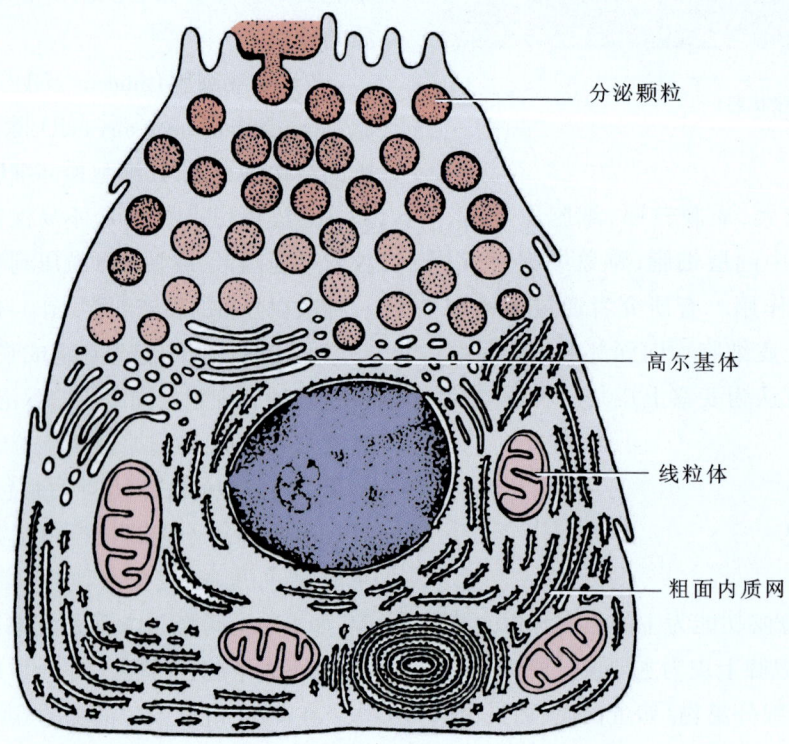

分泌颗粒

高尔基体

线粒体

粗面内质网

图 3-15　浆液细胞超微结构模式图

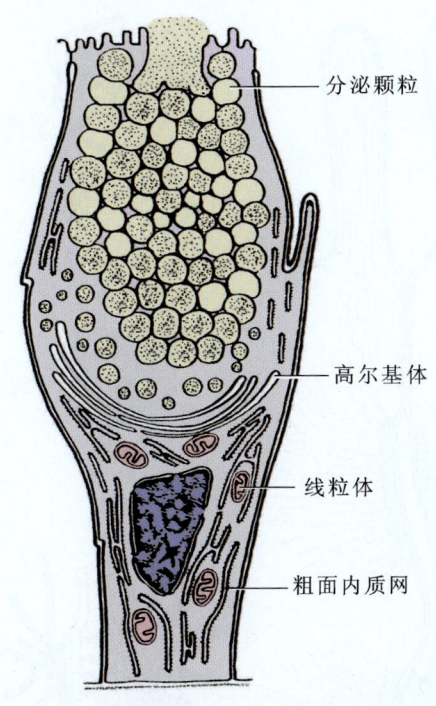

图 3-16　黏液细胞(杯状细胞)超微结构模式图

分泌颗粒

高尔基体

线粒体

粗面内质网

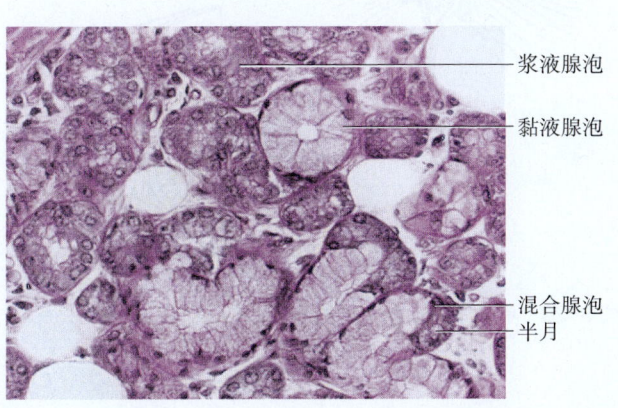

图 3-17　混合腺(气管腺)

浆液腺泡

黏液腺泡

混合腺泡
半月

2. 导管　由单层上皮或复层上皮围成。主要功能是排出分泌物,有的导管还可分泌或吸收水和电解质。

三、上皮细胞的特殊结构

上皮细胞具有极性,在它的游离面、基底面和侧面常分化出一些特殊的结构,与其功能相适应。这些特殊结构也见于其他组织的细胞。

(一)上皮细胞的游离面

1. 微绒毛(microvillus)　是上皮细胞游离面的细胞

膜和细胞质共同伸出的细小指状突起,直径约 0.1 μm,在电镜下才能清晰辨认。光镜下,小肠柱状上皮表面的纹状缘(striated border)(图 3-6)及肾小管上皮的刷状缘(brush border)均由密集的微绒毛整齐排列而成。微绒毛内可见许多纵行的微丝,其上端直抵微绒毛的顶部,下端与细胞质顶部的终末网(terminal web)相连。终末网为顶部细胞质中与细胞游离面平行的微丝网,其末端固着于细胞侧面的中间连接处(图 3-18)。这些微丝可使微绒毛产生伸缩活动。微绒毛显著扩大了细胞游离面的表面积,有利于细胞的吸收功能。

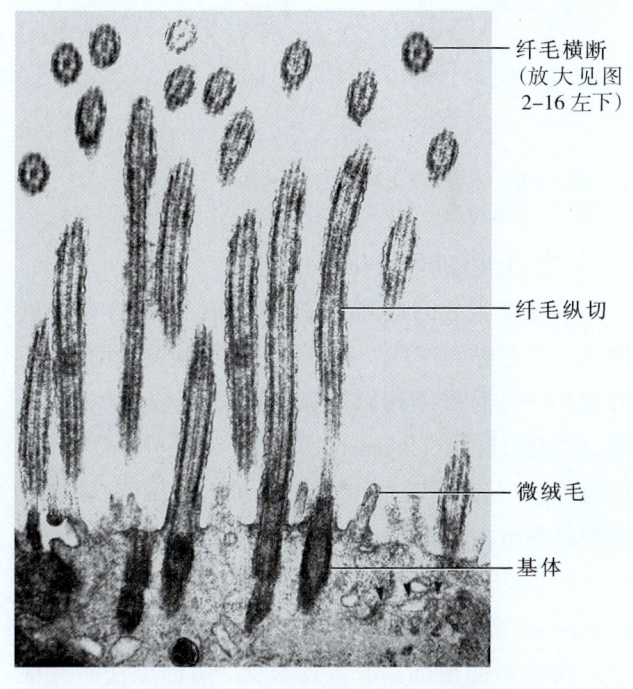

图 3-18　纤毛和微绒毛(TEM)

纤毛横断
(放大见图
2-16 左下)

纤毛纵切

微绒毛

基体

2. 纤毛(cilium)　是上皮细胞游离面伸出的突起,比微绒毛粗且长,能节律性定向摆动,光镜下可辨认(图 3-8)。纤毛长 5~10 μm,直径 0.3~0.5 μm。电镜下可见纤毛中含有纵行排列的微管,中央为 2 条单独的微管,周围有 9 组二联微管。纤毛根部有一个致密颗粒,称基体,位于细胞顶部的细胞质内,其结构与中心粒基本相同,纤毛的微管与基体的微管相连,基体可能是纤毛微管的最初形成点(图 3-18)。微管与纤毛的摆动有关,二联微管的一侧伸出两条短小的动力蛋白臂,动力蛋白(dynein)具有 ATP 酶活性,分解 ATP 后动力蛋白臂附着于相邻的二联微管,使微管之间产生位移或滑动,导致纤毛整体产生麦浪状的协调摆动运动(图3-19)。呼吸道的上皮借助纤毛定向摆动,把黏液及黏附在上面的尘埃颗粒或细菌推至咽部排出。

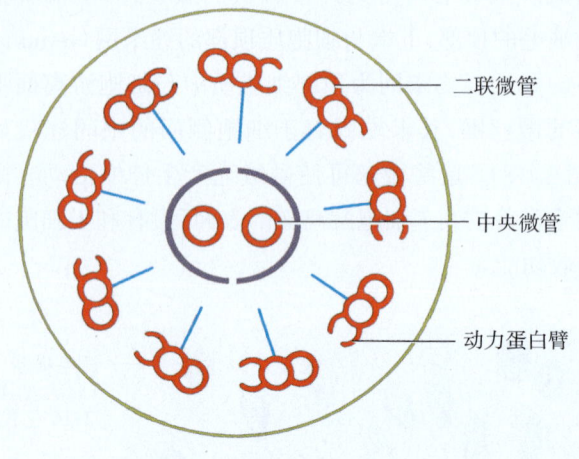

图3-19 纤毛横断面超微结构模式图

(二)上皮细胞的侧面

上皮细胞之间排列紧密,间隙很小,内含有少量糖蛋白等起黏合作用。在相邻上皮细胞的侧面上,还分化出一些特殊结构以加强细胞间的连接或相互沟通,称细胞连接(cell junction)。细胞连接分布广泛,除上皮外,也存在于其他组织细胞,如心肌细胞、骨细胞和神经细胞之间。

1. 紧密连接(tight junction) 又称闭锁小带(zonula occludens),常见于单层柱状上皮和单层立方上皮,呈带状环绕细胞的顶部。电镜技术及冷冻蚀刻法研究证明,相邻细胞膜外侧的膜蛋白颗粒相互对接,呈网格状融合,细胞间隙消失;未融合处,有10~15 nm宽的间隙(图3-20)。紧密连接除有机械性连接作用外,还在相邻细胞顶部形成一道闭锁屏障,防止大分子物质通过细胞间隙进出。

2. 中间连接(intermediate junction) 又称黏着小带(zonula adherens),常位于紧密连接下方,呈带状环绕着上皮细胞。电镜下,相邻细胞膜间宽15~25 nm,其中充以丝状物连接相邻细胞膜(图3-20)。细胞膜的细胞质面有薄层致密物质和微丝,微丝参与构成终末网。中间连接除有黏着作用外,还有保持细胞形状和传递细胞收缩力的作用。

3. 桥粒(desmosome) 又称黏着斑(macula adherens),

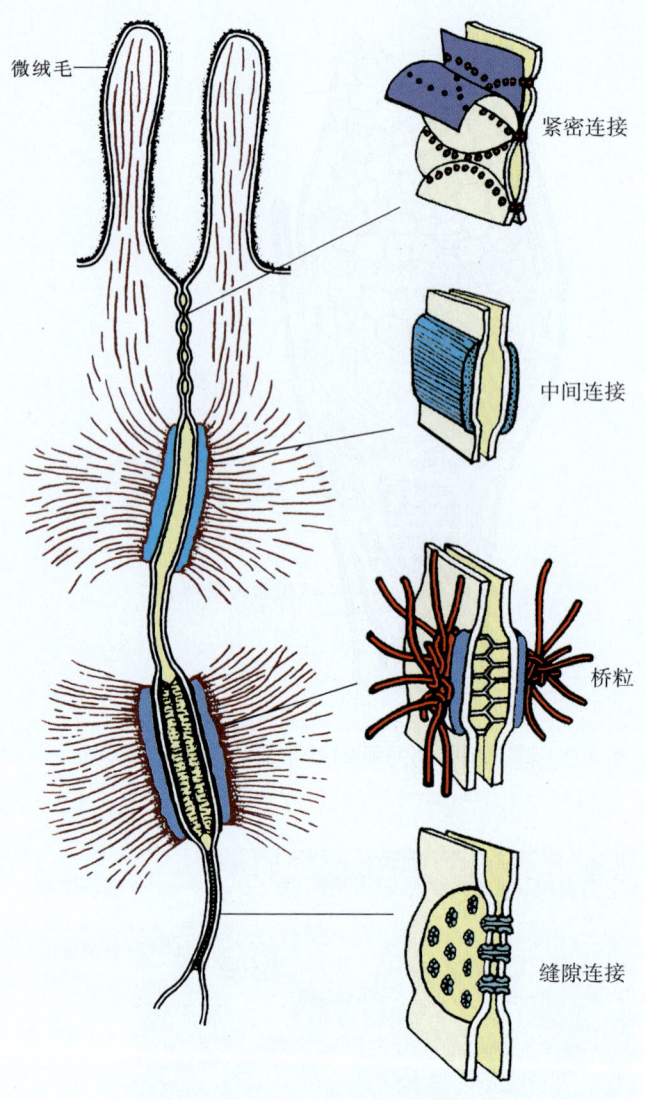

图3-20 单层柱状上皮的微绒毛与细胞连接模式图

呈大小不等的斑状,位于中间连接的深部。电镜下,连接区的细胞间隙为20~30 nm,其中有电子密度较低的丝状物,丝状物在间隙中间密集交织而成致密的中间线。细胞膜的细胞质面有较厚的电子致密物质构成的附着板,细胞质内有许多直径10 nm的张力丝襻附于附着板上,还有一些跨膜细丝穿过附着板伸入细胞间隙,与中间线的细丝网相连(图3-20)。桥粒是上皮细胞间较为牢固的连接,在易受机械刺激或摩擦的皮肤、食管等部位的复层扁平上皮内桥粒特别发达。

4. 缝隙连接(gap junction) 呈斑块状,电镜下可见连接处的细胞膜高度平行,间隙仅有2~4 nm。冷冻蚀刻法证明,相邻细胞膜间有许多对应等距离的连接点,连接点由6个跨膜的亚单位蛋白颗粒围成,中央有直径 2 nm 的小管,相邻细胞膜的小管对接,成为细胞间的交通管道(图3-20)。在钙离子和其他因素作用下,管道可以开放或闭合。细胞间可借助这些管道进行小分子物质和离子交换,传递化学信息,因此缝隙连接又称通信连接(communication junction)。同时缝隙连接处电阻低,便于传递电冲动。

以上 4 种细胞连接,如果有两种或两种以上同时存在,则称为连接复合体(junctional complex)。光镜下所见的单层柱状上皮细胞顶部侧面的闭锁堤(terminal bar),就是连接复合体的所在处。

(三)上皮细胞的基底面

1. 基膜(basement membrane) 是上皮细胞基底面与深部结缔组织之间的一薄层均质膜,PAS 染色及镀银法可以显示。不同部位上皮的基膜厚薄不等,假复层纤毛柱状上皮和复层扁平上皮的基膜较厚,HE 染色切片上呈粉红色。电镜下,基膜分为两部分,靠近上皮的部分为基板(basal lamina),与结缔组织相接的部分为网板(reticular lamina)(图3-21)。基板由上皮细胞分泌产生,厚 50~100 nm,可分为两层,紧贴上皮细胞基底面的一薄层为透明层(lamina lucida),其下面是电子密度高的致密层(lamina densa)。构成

基板的主要成分为层粘连蛋白(laminin,LN)、纤连蛋白(fibronectin,FN)和Ⅳ型胶原蛋白(collagen protein Ⅳ)等。网板由结缔组织中的成纤维细胞分泌产生的网状纤维和基质构成。存在于毛细血管内皮下、肌细胞、脂肪细胞和施万细胞周围的基膜较薄,仅由基板构成。基膜有支持、连接和固着细胞的作用,能引导上皮细胞移动并影响细胞的增殖分化。基膜还是半透膜,有利于上皮细胞与深部结缔组织进行物质交换。在恶性肿瘤转移过程中,肿瘤细胞先黏附于毛细血管基膜上,释放多种水解酶破坏基膜而出现转移。

2. 质膜内褶(plasma membrane infolding) 是上皮细胞基底面的细胞膜折向细胞质所形成的膜褶。内褶周围细胞质内有许多与之平行排列的线粒体,提供物质转运时所需的能量(图3-22)。质膜内褶扩大了细胞基底面的表面积,增强了对水和电解质的转运能力。

3. 半桥粒(hemidesmosome) 存在于某些上皮细胞与基膜之间,为上皮基底面上形成的半个桥粒结构,将上皮细胞固着在基膜上(图3-21)。

知识链接 3-1 化生

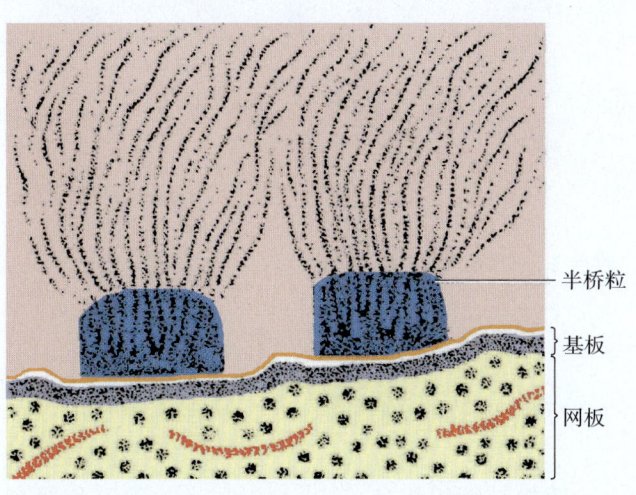

图 3-21 基膜和半桥粒超微结构模式图

半桥粒
基板
网板

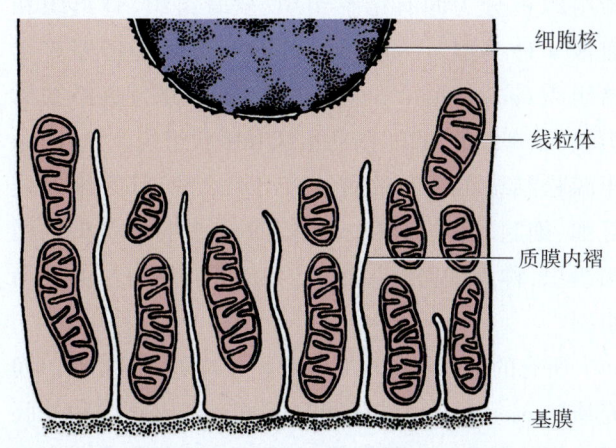

图 3-22 质膜内褶超微结构模式图

细胞核
线粒体
质膜内褶
基膜

(马海英)

第四章

固有结缔组织

结缔组织 (connective tissue) 是人体内分布最广泛、形式最多样的一种组织,由细胞和大量细胞外基质构成。与上皮组织相比,结缔组织细胞数量较少,细胞外基质相对较多,细胞无极性。细胞外基质包括丝状的纤维、无定形的基质和不断循环更新的组织液,构成细胞生存的微环境。结缔组织具有支持、连接、营养、保护、防御和修复等作用。

根据细胞和纤维的种类及基质的状态不同,结缔组织可分为固有结缔组织、软骨组织、骨组织和血液 4 种类型。一般所说的结缔组织是指固有结缔组织 (connective tissue proper),可分为疏松结缔组织、致密结缔组织、脂肪组织和网状组织。此外,介于疏松结缔组织和致密结缔组织之间,其纤维比较纤细、细胞较多、血管也较丰富的一些特殊类型的结缔组织,称为细密结缔组织,如消化管固有层的结缔组织。

所有的结缔组织均来源于胚胎时期的间充质。间充质 (mesenchyme) 是胚胎时期填充在内胚层和外胚层之间的散在的中胚层组织,由间充质细胞及无定形的基质组成,无纤维成分。间充质细胞 (mesenchymal cell) 呈星形,有多个突起,其突起彼此连接成网,细胞核大,卵圆形,着色浅,核仁明显 (图 4-1)。间充质细胞为分化程度较低的干细胞,有很强的增殖分化能力,除了分化成各种结缔组织细胞外,还能分化成内皮细胞和平滑肌细胞等。基质为均质状物质,主要成分为蛋白多糖。

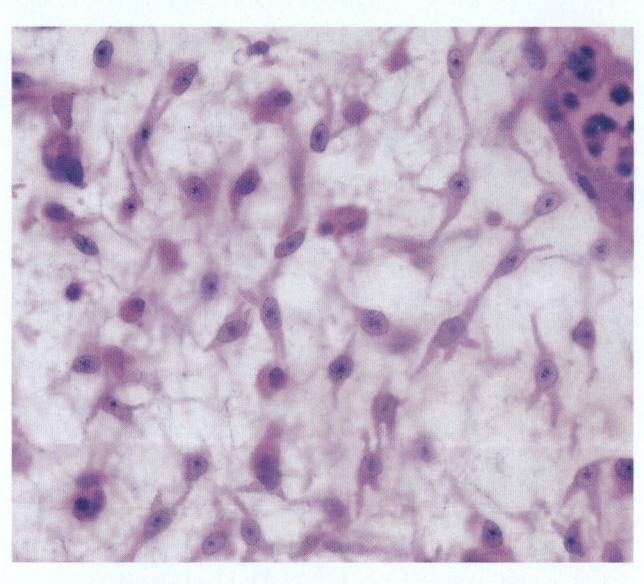

图 4-1　间充质细胞

一、疏松结缔组织

疏松结缔组织 (loose connective tissue) 又称蜂窝组织 (areolar tissue),广泛分布在机体各种器官、组织及细胞之间,起支持、连接、营养和修复等作用。构成疏松结缔组织的细胞种类多,纤维数量少,细胞散在分布于大量基质内 (图 4-2,图 4-3)。

(一)细胞

疏松结缔组织内的细胞种类较多,有成纤维细胞、巨噬细胞、浆细胞、肥大细胞、脂肪细胞、未分化的

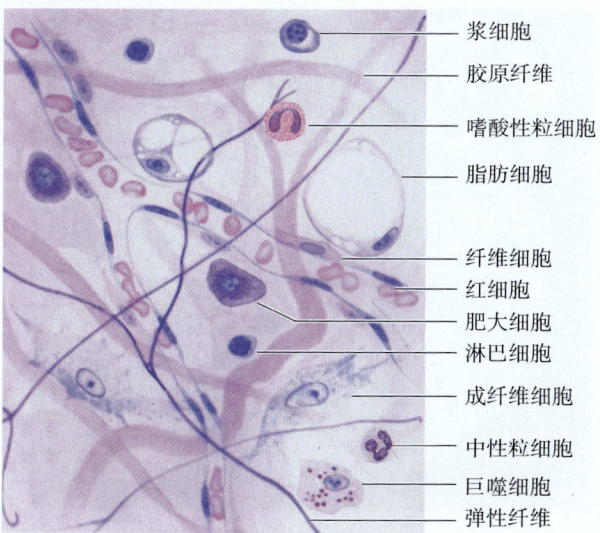

图 4-2 疏松结缔组织铺片模式图

浆细胞
胶原纤维
嗜酸性粒细胞
脂肪细胞
纤维细胞
红细胞
肥大细胞
淋巴细胞
成纤维细胞
中性粒细胞
巨噬细胞
弹性纤维

间充质细胞及白细胞(图 4-2)。各类细胞的数量和分布随部位和功能状态而异,其中成纤维细胞是相对固定的细胞。

1. 成纤维细胞(fibroblast) 是疏松结缔组织的主要细胞,细胞扁椭圆形,有多个突起;细胞边缘不清;细胞质丰富,呈弱嗜碱性;细胞核较大,卵圆形,着色浅,核仁明显(图 4-3,图 4-4)。电镜下,可见成纤维细胞胞质内含丰富的粗面内质网、游离核糖体和发达的高尔基体(图 4-5),其功能是合成和分泌细胞外基质。

处于功能静止状态的成纤维细胞称为纤维细胞(fibrocyte)。纤维细胞较小,呈梭形,细胞器不发达,核

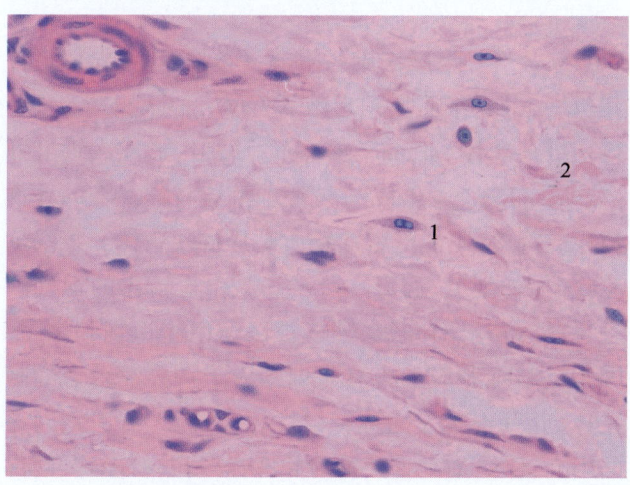

图 4-3 疏松结缔组织
1—成纤维细胞;2—胶原纤维

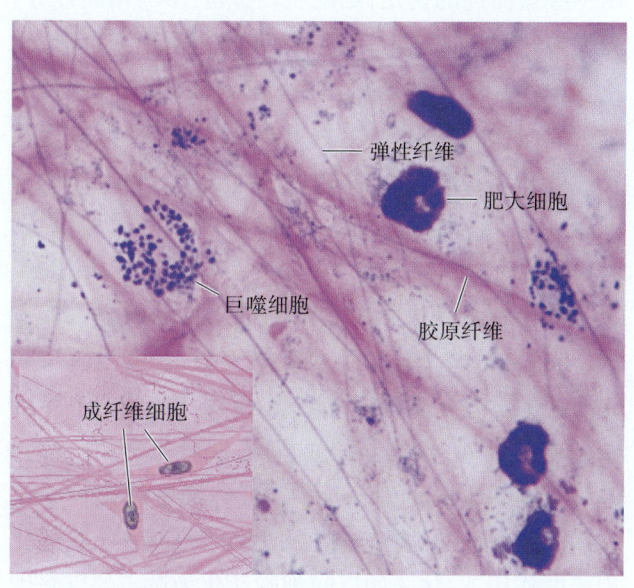

弹性纤维
肥大细胞
巨噬细胞
胶原纤维
成纤维细胞

图 4-4 疏松结缔组织铺片(肠系膜,地衣红 + 甲苯胺蓝)

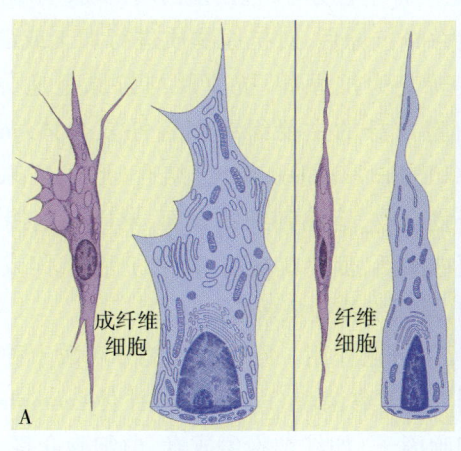

成纤维细胞
纤维细胞

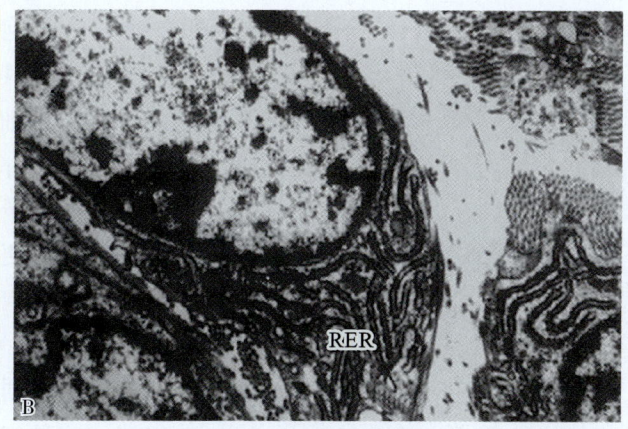

RER

图 4-5 成纤维细胞结构
A. 光镜、电镜结构模式图;B. 超微结构(TEM)
RER—粗面内质网

着色深,核仁不明显(图4-5A)。当机体创伤修复时,需要合成大量的纤维和基质,此时静止状态的纤维细胞则转变为功能活跃的成纤维细胞,形成新的细胞外基质成分,恢复其合成和分泌功能。

2. 巨噬细胞 疏松结缔组织内的巨噬细胞(macrophage)可分为两类,即休止的巨噬细胞和游走的巨噬细胞,它们是处于不同功能时相的同一种细胞。疏松结缔组织内定居的休止巨噬细胞也称为组织细胞(histiocyte),在普通染色的切片中不易与成纤维细胞区别。巨噬细胞核略小,着色较深,细胞质呈嗜酸性。游走的巨噬细胞大小不一,直径 20~50 μm,形态不规则,一般为圆形或卵圆形。当功能活跃时,可伸出一些短而钝的伪足;细胞质较丰富,多为嗜酸性,内含颗粒状物质或空泡;细胞核较小,呈圆形或肾形,染色较深。电镜下,可见细胞表面有许多皱褶及微绒毛,细胞质内含大量溶酶体、吞噬体、吞饮小泡、残余体及发达的高尔基体,细胞膜内侧还有较多的微丝和微管(图4-6,图4-7)。这些结构与巨噬细胞的运动、吞噬和黏附性有关。

巨噬细胞是血液单核细胞进入结缔组织后形成的,当机体某些部位发生炎性病变时,病变组织及病菌产生的一些化学物质,能刺激巨噬细胞使之产生活跃的变形运动,聚集于病变部位,此类化学物质称为趋化因子(chemotactic factor)。巨噬细胞的这种向趋化因子定向移动的特性称趋化性(chemotaxis),在趋化因子的作用下,休止的巨噬细胞活化为游走的巨噬细胞。巨噬细胞行使多种功能,参与免疫应答。

(1)吞噬作用(phagocytosis) 巨噬细胞有很强的吞噬功能,能吞噬细菌、病毒、异物颗粒及衰老死亡细

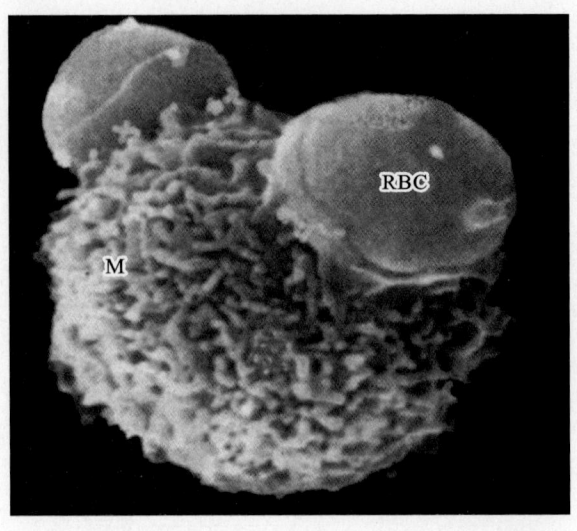

图4-7 巨噬细胞超微结构(SEM)
RBC—红细胞;M—微绒毛

胞的碎片等。巨噬细胞黏附被吞噬物后,伸出伪足将其包围,摄入细胞质内形成吞噬体(phagosome),然后与初级溶酶体(primary lysosome)融合,形成次级溶酶体(secondary lysosome)。溶酶体酶能将被吞噬的异物消化或降解,不能降解的物质则形成残余体。某些抗原物质(如细菌、病毒)等,必须先由血清内的识别因子(抗体或补体)包裹,才能被巨噬细胞识别和黏附,因为巨噬细胞膜上含有与识别因子特异性结合的膜受体,此种吞噬作用称特异性吞噬;而无需识别因子的中介,巨噬细胞直接黏附并吞噬碳粒、粉尘等,则称非特异性吞噬。

(2)抗原呈递作用(antigen presenting) 抗原(antigen,Ag)是一种生物分子,包括蛋白质、多肽、多糖等。巨噬细胞吞噬抗原后,对抗原物质进行加工或酶解处理,使其转变为抗原肽,抗原肽与抗原呈递分子,即巨噬细胞自身的主要组织相容性复合体(major histocompatibility complex,MHC)结合,形成抗原肽-MHC分子复合物,运输到细胞表面,淋巴细胞接触抗原肽后便被激活,促使其增殖、分化、产生抗体或致敏淋巴细胞,进而发挥免疫效应。

(3)分泌作用 巨噬细胞能分泌数十种生物活性物质,包括溶菌酶(lysozyme)、补体(complement)、多种细胞因子(如红细胞生成素、白细胞介素1)等。溶菌酶能消化细菌的细胞壁从而杀灭细菌,补体参与炎症反应及病原微生物的溶解等过程,红细胞生成素

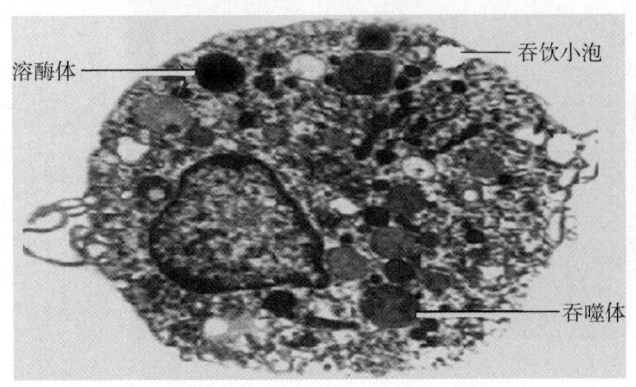

溶酶体 —— 吞饮小泡

吞噬体

图4-6 巨噬细胞超微结构(TEM)

（erythropoietin，EPO）可促进红细胞生成，白细胞介素1（interleukin-1，IL-1）能刺激骨髓中白细胞的增殖并释放入血。

3. 浆细胞（plasma cell）呈圆形或卵圆形；细胞质丰富，嗜碱性，核周质着色浅，形成一淡染区，称核周晕；细胞核偏向细胞的一侧，核仁明显，异染色质呈团块状紧靠核膜内侧，辐射状排列，形似车轮（图4-8）。电镜下，可见浆细胞的细胞质内有大量平行排列的粗面内质网、游离的核糖体及发达的高尔基体（图4-9）。浆细胞在一般的结缔组织内很少，常出现在慢性炎症或病原微生物易于侵入的部位，如消化管、

呼吸道固有层的结缔组织中。浆细胞由血液中的B淋巴细胞接受抗原刺激后转化而来。

浆细胞合成与分泌免疫球蛋白（immunoglobulin，Ig）即抗体（antibody），参与机体的体液免疫反应。抗体分五大类，即IgA、IgD、IgE、IgG和IgM。一种浆细胞只能产生一种特异性的抗体。

4. 肥大细胞（mast cell）是疏松结缔组织内较常见的细胞，常沿小血管和小淋巴管分布。在身体易于接触外界抗原的部位，如皮肤、呼吸道和消化道上皮下方的结缔组织内，肥大细胞特别多。肥大细胞体积较大，呈圆形或椭圆形，细胞质内充满粗大的具有异染性的嗜碱性颗粒（图4-4）。颗粒呈水溶性，在HE染色标本上难以识别。细胞核小而圆，位于中央，着色浅。电镜下，可见肥大细胞内含有大量膜包分泌颗粒，颗粒内含致密性物质，呈结晶体样或细粒状（图4-10）。

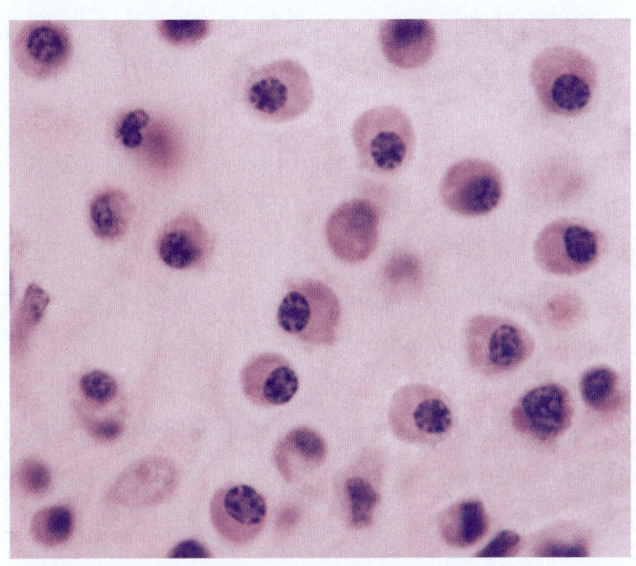

图4-8　浆细胞

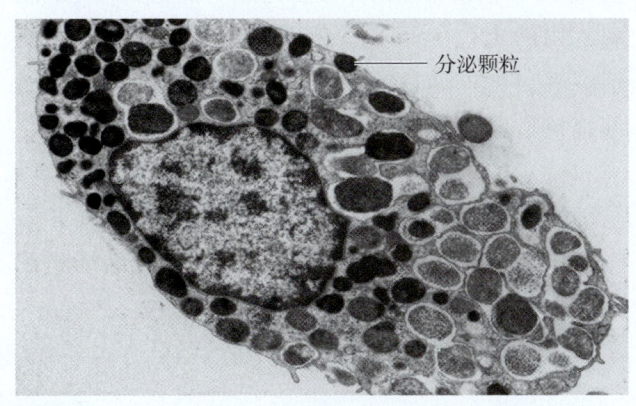

图4-10　肥大细胞超微结构（TEM）

肥大细胞的细胞质内含有白三烯（leukotriene），颗粒内含有肝素（heparin）、组胺（histamine）和嗜酸性粒细胞趋化因子（eosinophil chemotactic factor）等物质。肝素具有抗凝血的作用，白三烯和组胺可使毛细血管扩张和通透性增加，促进血液循环，有利于血管中的细胞进入结缔组织，行使防御和免疫功能。

当白三烯和组胺增多时，可引起水和血浆蛋白分子渗出，导致组织水肿，出现荨麻疹；并使呼吸道黏膜水肿和支气管平滑肌收缩，引起支气管哮喘；严重者可使全身小动脉扩张而导致血压急剧下降，引起休克。这些局部或全身症状统称为过敏反应。嗜酸性粒细胞趋化因子可吸引血液中的嗜酸性粒细胞向过

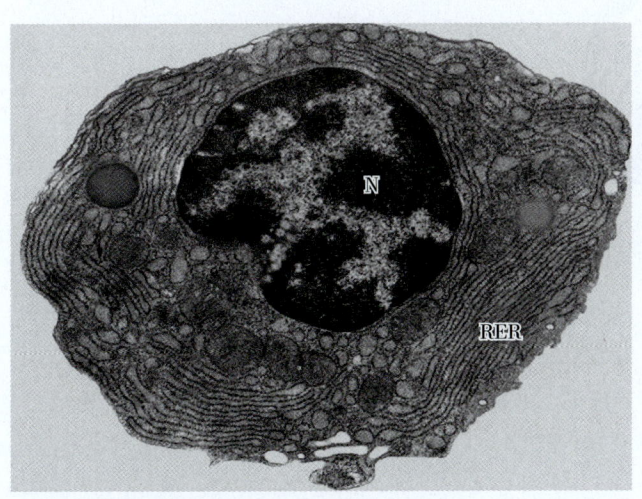

图4-9　浆细胞超微结构（TEM）
N—细胞核；RER—粗面内质网

敏反应部位聚集,因嗜酸性粒细胞具有抗过敏的功能(见第五章血液和淋巴),从而减轻过敏反应。能导致肥大细胞释放白三烯和脱颗粒的抗原物质称为过敏原,常见的过敏原有花粉、某些药物及蛋白质等。肥大细胞释放颗粒内容物和白三烯所引起的过敏反应是一种特异性免疫反应,其反应与浆细胞、巨噬细胞协同完成。当过敏原(抗原)首次进入机体时,巨噬细胞即对其进行吞噬和处理,并将抗原信息呈递给 B 淋巴细胞。B 淋巴细胞接受抗原信息的刺激后,转化为浆细胞,浆细胞产生抗体 IgE。肥大细胞膜表面有能与 IgE 结合的受体,两者结合后,机体即处于致敏状态。当相同的过敏原再次侵入机体时,过敏原便可与肥大细胞膜上的 IgE 结合,形成抗原-抗体复合物,激活肥大细胞脱颗粒并释放白三烯,引起过敏反应(图 4-11)。

5. 脂肪细胞(fat cell)　体积较大,直径 100~200 μm,呈圆形,有些因相互挤压呈多边形。细胞质内充满脂滴,在 HE 染色的标本中,脂肪细胞中的脂滴被脂溶剂溶解,只留下周缘很薄的细胞质,细胞呈空泡状;细胞核呈扁圆形,被挤向细胞的一侧而呈"戒指状"(图 4-2,图 4-18A)。脂肪细胞能合成和储存脂肪,参与机体的能量代谢。

6. 未分化的间充质细胞　在成体的结缔组织内还保留少量未分化的间充质细胞(undifferentiated mesenchymal cell),分布在毛细血管周围,形状与纤维细胞相似,细胞呈梭形或星形。未分化的间充质细胞是成体结缔组织中的干细胞,保留着间充质细胞多向分化的潜能。当机体需要时,可增殖和分化为成纤维细胞、脂肪细胞及平滑肌细胞等。

7. 白细胞　疏松结缔组织内常见数量不定的白细胞,这些细胞来自血液,在趋化因子的诱导下,常以变形运动穿出毛细血管和微静脉,迁移到疏松结缔组织中,聚集于产生趋化因子的部位,参与免疫应答或炎症反应,如嗜酸性粒细胞、单核细胞等。在炎症部位,大量中性粒细胞可穿出血管,行使防御功能。

(二)纤维

疏松结缔组织中含有 3 种纤维,即胶原纤维、弹性纤维和网状纤维。

1. 胶原纤维(collagenous fiber)　在疏松结缔组织中分布最广泛,含量最多。新鲜的胶原纤维呈白色,故又称白纤维。在 HE 染色的标本中,胶原纤维被染成粉红色,成束分布,方向不定,粗细不等,长短不一,呈波浪状并交织成网(图 4-2,图 4-4)。胶原纤维直径 1~20 μm。电镜下,胶原纤维由更细的胶原原纤维(collagen fibril)组成。胶原原纤维有明暗相间的横纹,横纹周期为 60~70 nm(图 4-12),其化学成分为 I 型

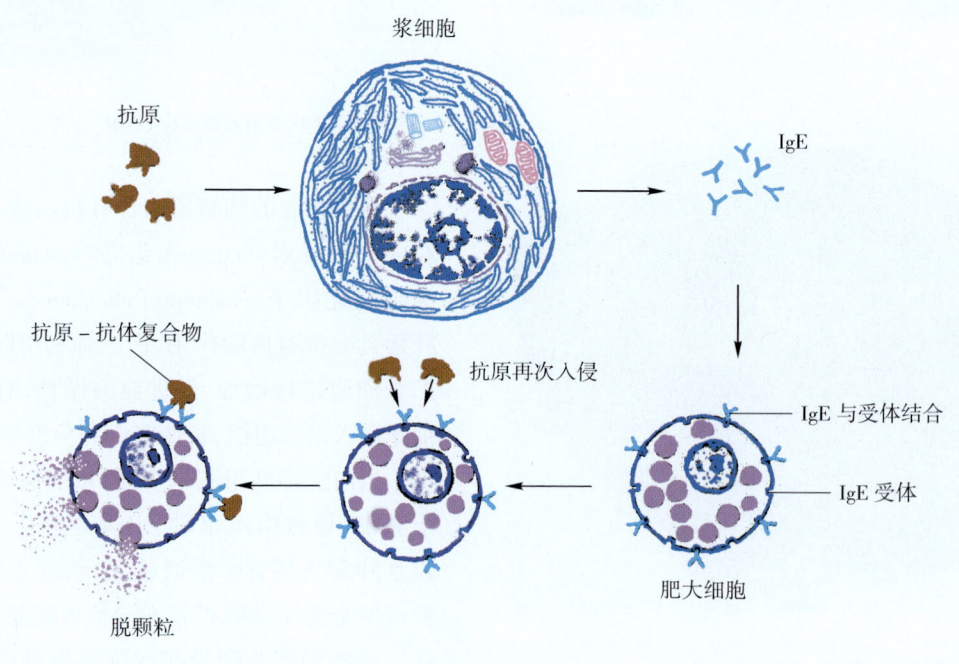

图 4-11　肥大细胞脱颗粒机制

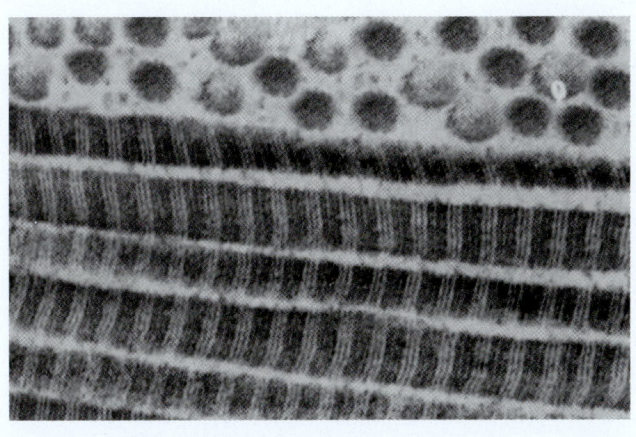

图4-12 胶原原纤维纵、横断面超微结构(TEM)

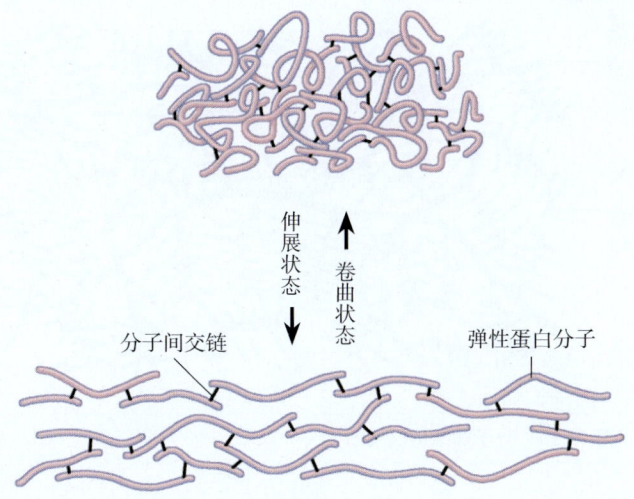

图4-13 弹性蛋白分子伸缩构形变化

和Ⅲ型胶原蛋白。胶原蛋白(collagen)由成纤维细胞分泌,在细胞外聚合为胶原原纤维,再经少量黏合质黏结成胶原纤维。胶原纤维具有韧性大、抗拉力强的特性。

知识链接 4-1　结缔组织病

2. **弹性纤维**(elastic fiber)　含量较胶原纤维少,新鲜的弹性纤维呈黄色,故又称为黄纤维。在HE染色标本中也呈红色,但折光性比胶原纤维强;地衣红(orcein)染色的弹性纤维呈紫色或深棕红色。弹性纤维较细,直径0.2~1.0 μm,交织成网,断端常卷曲(图4-2,图4-4)。电镜下,弹性纤维由弹性蛋白(elastin)和微原纤维(microfibril)束组成。弹性蛋白分子间借共价键广泛连接成网,其分子能任意卷曲,在外力的牵拉下,卷曲的弹性蛋白分子能伸展拉长2.5倍;外力消除后,弹性蛋白分子能迅速恢复为卷曲状态(图4-13)。

弹性纤维富有弹性,和胶原纤维交织在一起,使疏松结缔组织既有弹性,又有韧性,有利于组织和器官保持形态和位置的相对固定,又具有一定的可塑性。

3. **网状纤维**(reticular fiber)　细而短,直径0.2~1.0 μm,有分支,互相交织成网。网状纤维主要由Ⅲ型胶原蛋白构成,表面被覆糖蛋白,在HE染色的标本中不着色,镀银染色的标本中着棕黑色(图4-19B)。电镜下网状纤维也有60~70 nm的周期性横纹。网状纤维在疏松结缔组织中数量极少,一般沿小血管分布,主要分布于网状组织及结缔组织与其他

组织的交界处。

(三) 基质

疏松结缔组织的基质(ground substance)呈无定形的凝胶状,填充在细胞和纤维之间,其化学成分主要为蛋白多糖、结构性糖蛋白及组织液。

1. **蛋白多糖**(proteoglycan)　由蛋白质和糖胺聚糖(glycosaminoglycan,GAG)结合而成。蛋白质包括核心蛋白和连接蛋白,糖胺聚糖又称氨基己糖多糖,包括透明质酸(hyaluronic acid)、硫酸软骨素(chondroitin sulfate)、硫酸角质素(keratan sulfate)等。蛋白多糖以透明质酸为核心,形成一种稳定的蛋白多糖聚合体。自然状态的透明质酸是一种曲折盘绕的长链大分子,长达2.5 μm。其他糖胺聚糖则以核心蛋白为中心向外呈辐射状排列,构成蛋白多糖亚单位;每个蛋白多糖亚单位再通过连接蛋白与透明质酸结合在一起,构成蛋白多糖聚合体,形成多微孔的筛状结构,称为分子筛(图4-14)。分子筛只允许小于微孔的物质通过(如O_2、CO_2及营养物质),对大于微孔的颗粒状物质(如细菌等)则具有屏障作用。癌细胞和溶血性链球菌分泌的透明质酸酶能分解透明质酸,使分子筛的结构遭到破坏,屏障作用丧失,致使癌细胞和细菌等能向四周蔓延扩散。蛋白多糖聚合体上还结合着许多亲水基团,能结合大量水分子,使基质呈均质凝胶状。

2. **结构性糖蛋白**(structure glycoprotein)　基质中的结构性糖蛋白包括纤连蛋白(fibronectin,FN)、层粘

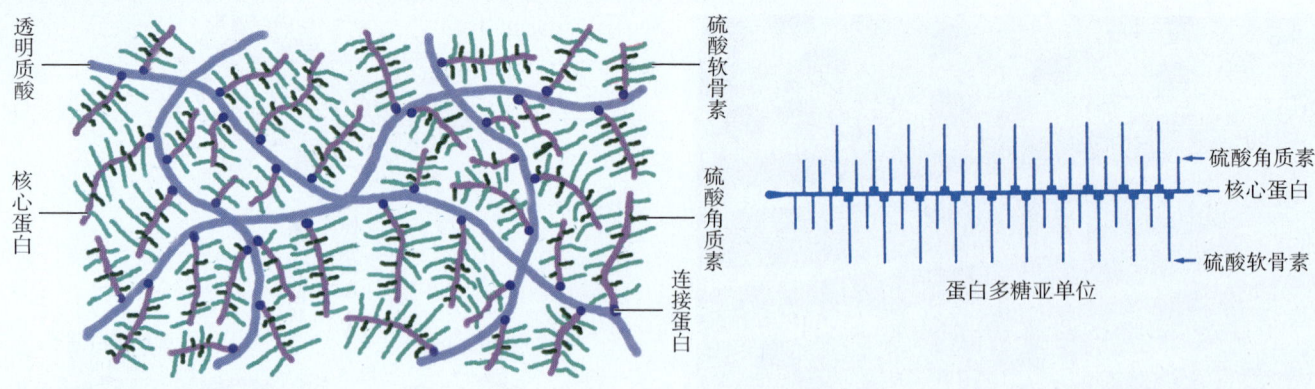

图 4-14 分子筛结构模式图

连蛋白(laminin,LN)和软骨粘连蛋白(chondronectin)等,其中纤连蛋白是基质中最主要的结构性糖蛋白,其分子表面具有与多种细胞、胶原纤维及蛋白多糖相结合的部位(即化学基团),因此纤连蛋白是将这3种成分有机连接的媒介;纤连蛋白还能黏附细菌等抗原物质,启动巨噬细胞对抗原物质的特异性吞噬作用。

3. 组织液(tissue fluid) 由从毛细血管动脉端渗出的水和一些小分子物质(氨基酸、葡萄糖和电解质等)组成,经过组织细胞的物质交换后,再通过毛细血管静脉端或毛细淋巴管吸收入血液或淋巴内。组织液是细胞摄取营养物质和排出代谢产物的中介,成为细胞赖以生存的内环境。正常情况下,组织液不断地生成,又不断地被吸收,始终不断地循环更新,从而保持动态平衡。一旦这种动态平衡遭到破坏,基质中的组织液含量就会减少或增多,组织液水分过度损失或积留,导致组织脱水或组织水肿。

二、致密结缔组织

致密结缔组织(dense connective tissue)是一种以纤维成分为主的固有结缔组织,根据纤维的性质和排列方式,可区分为规则致密结缔组织、不规则致密结缔组织和弹性组织。

(一)规则致密结缔组织

规则致密结缔组织(regular dense connective tissue)构成肌腱和腱膜。结构特点是大量密集的胶原纤维平行排列成束,纤维束之间有形态特殊的成纤维细胞,称为腱细胞(tendon cell),其胞体伸出多个突起插入纤维束之间,细胞边缘不清(图 4-15)。

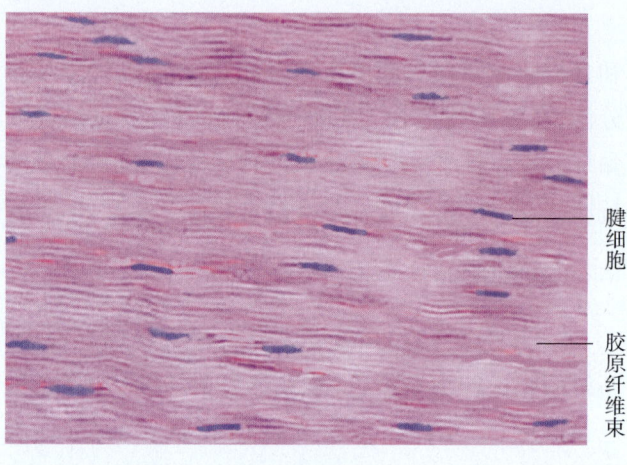

图 4-15 规则致密结缔组织(肌腱)

(二)不规则致密结缔组织

不规则致密结缔组织(irregular dense connective tissue)的结构与疏松结缔组织基本相似,特点是粗大的胶原纤维纵横交织,排列紧密,纤维之间细胞成分较少(图 4-16)。主要分布于皮肤的真皮、硬脑膜、巩膜及一些器官的被膜等处。

(三)弹性组织

弹性组织(elastic tissue)是以弹性纤维为主的规则致密结缔组织。粗大的弹性纤维平行排列成束(图 4-17),如黄韧带和项韧带,以适应脊柱运动。

三、脂肪组织

脂肪组织(adipose tissue)是一种以脂肪细胞为主要成分的结缔组织。光镜下许多脂肪细胞聚集在一起,疏松结缔组织将其分隔成小叶。按其细胞形态结

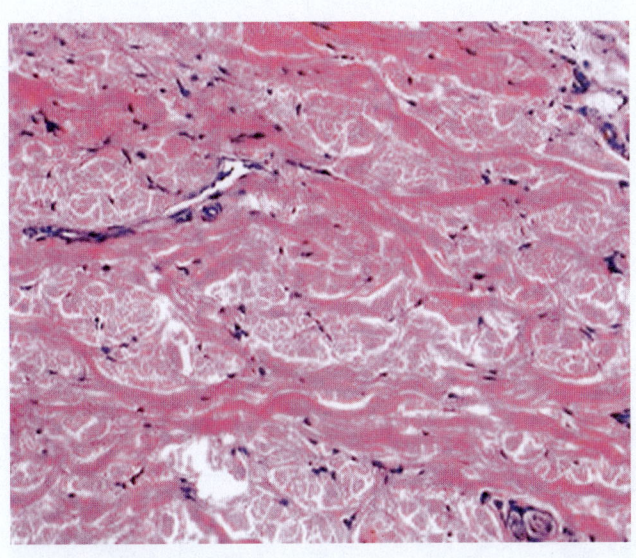

图 4-16　不规则致密结缔组织

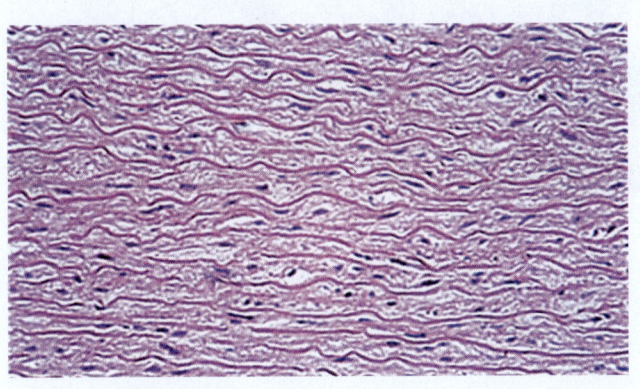

图 4-17　弹性组织

构和功能的不同,脂肪组织可以分为黄(白)色脂肪组织和棕色脂肪组织两种类型。

(一) 黄(白)色脂肪组织

黄色脂肪组织为通常所称的脂肪组织,呈黄色,在某些哺乳动物呈白色,称白色脂肪组织,其脂肪细胞大多只含一个大脂滴,故又称单泡脂肪细胞(unilocular adipose cell)。单泡脂肪细胞呈圆形、椭圆形或多边形(图 4-18A)。电镜下,可见脂肪细胞胞质中含有一个大的脂滴,无膜包裹;此外,还含有大量的线粒体、少量的游离核糖体及内质网等。

黄色脂肪组织主要分布于皮下、网膜、系膜、内脏器官的周围和骨髓腔等处,是体内的"能量储存库",为机体活动提供化学能,从而调节机体的能量平衡,并对内脏器官起支持和保护作用。

(二) 棕色脂肪组织

棕色脂肪组织(brown adipose tissue)呈棕色,是由于细胞外基质内含有丰富的毛细血管所致。棕色脂肪细胞呈圆形或多边形,直径一般为 10~20 μm,细胞质中含有多个分散的脂滴、大量线粒体及糖原颗粒,细胞核呈圆形或椭圆形,多位于中央。由于棕色脂肪细胞胞质中含有多个脂滴,又称为多泡脂肪细胞(multilocular adipose cell)(图 4-18B)。新生儿时期,棕色脂肪组织分布比较广泛,随着年龄的增大,棕色脂肪组织迅速减少,成人极少。其主要功能是为机体提供热能。

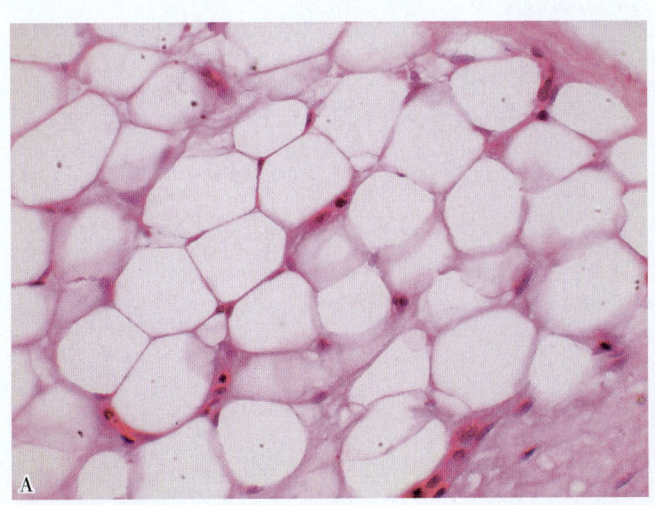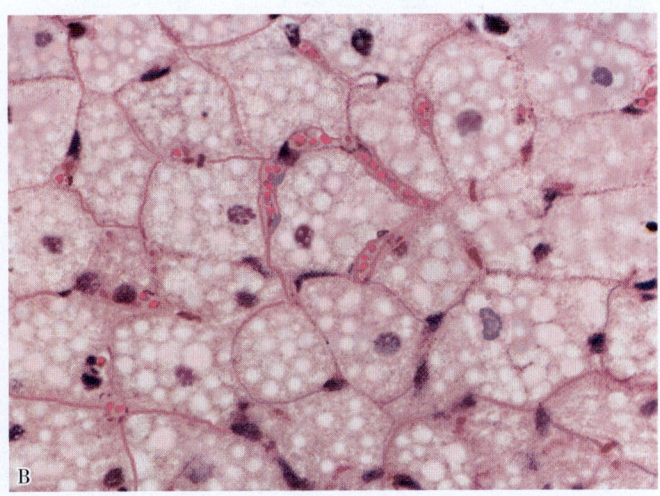

图 4-18　脂肪组织
　　A. 黄色脂肪组织;B. 棕色脂肪组织

四、网状组织

网状组织（reticular tissue）由网状细胞、网状纤维和基质构成。网状细胞呈星形，有多个突起，相邻细胞的突起互相连接成网；细胞质较多，弱嗜碱性；细胞核较大，呈圆形或卵圆形，着色浅，核仁明显（图 4-19A）。

电镜下，可见大量的粗面内质网。网状细胞产生网状纤维，其纤维常沿网状细胞的胞体和突起分布，并交织成网，成为网状细胞依附的支架（图 4-19B）。

网状组织在机体内不单独存在，而是参与构成造血组织和淋巴组织，为血细胞的发生和淋巴细胞的发育提供适宜的微环境。

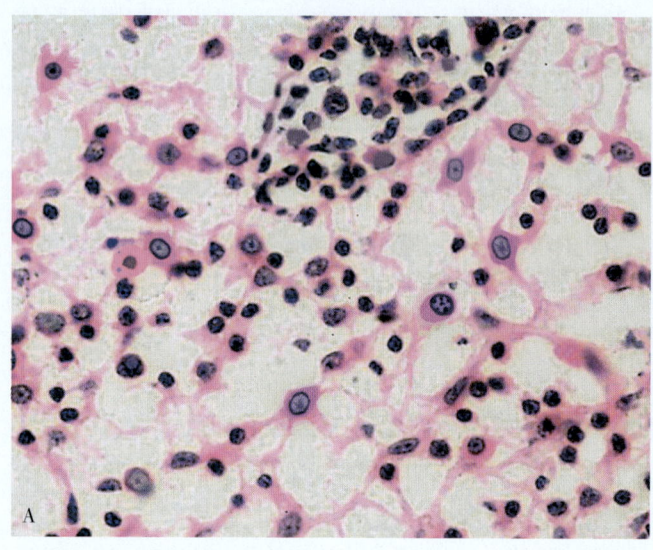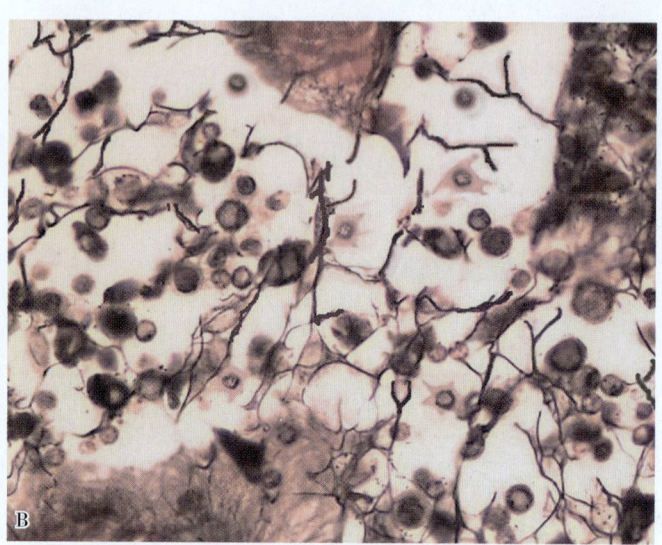

图 4-19　网状组织
　　A. HE 染色；B. 镀银染色

（王世鄂）

新形态教材网

🔲 微课导学　　🔲 教学课件　　🔲 微视频　　🔲 知识链接　　🔲 自测题

第五章

血液和淋巴

一、血液

血液（blood）是在心血管系统内循环流动的液态组织，在成人约占体重的7%，总量约5 L。血液由血浆（plasma）和血细胞（blood cell）组成。在采取的外周血中加入适量抗凝剂（肝素或枸橼酸钠），沉淀后，血液可分出3层：上层为淡黄色的血浆，下层深红色的是红细胞，中间薄层灰白色的为白细胞和血小板。血液属于结缔组织的一种，细胞成分是血细胞，血浆相当于细胞外基质。

（一）血浆

血浆约占血液容积的55%，为淡黄色半透明的黏稠液体，其中90%是水，其余为血浆蛋白、脂蛋白、酶、激素、糖、维生素、无机盐和各种代谢产物等。血浆 pH 7.3~7.4，相对密度1.025~1.030，渗透压313 mOsm/L，有一定的黏滞性。血浆蛋白包括清蛋白、球蛋白、纤维蛋白原等，除γ球蛋白由浆细胞产生外，清蛋白、纤维蛋白原和大多数球蛋白主要来自肝。血浆不仅是运载血细胞、营养物质、激素和全身代谢产物的循环液体，而且参与机体免疫反应、体温调节、体液调节、酸碱平衡与渗透压的维持，具有保持机体内环境稳定的功能。血液在体外凝固时，溶解状态的纤维蛋白原转变为纤维状态的纤维蛋白，将细胞成分及大分子血浆蛋白包裹起来，形成血凝块，其上层析出的淡黄色清亮液体称血清（serum）。

（二）血细胞

血细胞约占血液容积的45%，包括红细胞、白细胞和血小板，它们悬浮于血浆中。为观察血细胞的形态结构，通常将血液标本制成涂片，用 Wright 或 Giemsa 染色，在光镜下观察（图5-1）。血细胞形态、数量、比例和血红蛋白含量的测定结果称为血象。患病时，血象常有显著变化，临床上将其作为疾病诊断和治疗的重要依据之一。血细胞分类及其正常值见表5-1。

1. 红细胞（erythrocyte, red blood cell） 直径7~8.5 μm。肉眼观察，大量红细胞呈猩红色；未染色的单

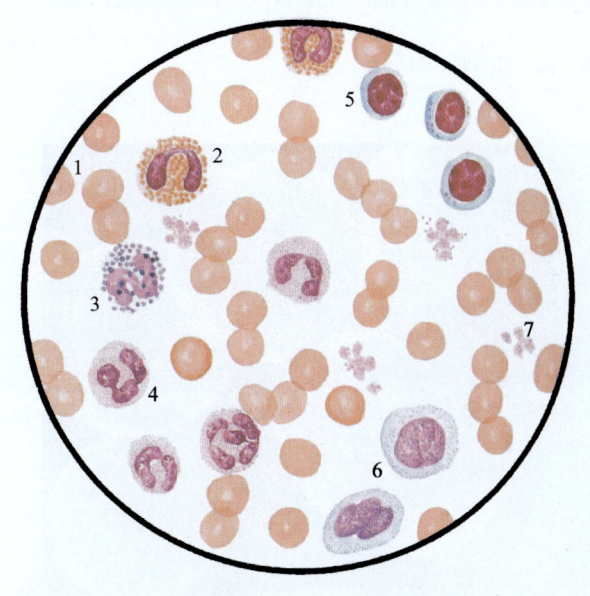

图5-1　各种血细胞模式图
1—红细胞；2—嗜酸性粒细胞；3—嗜碱性粒细胞；4—中性粒细胞；5—淋巴细胞；6—单核细胞；7—血小板

表 5-1　血细胞分类及其正常值

血细胞类型	正常值	白细胞分类	正常值
红细胞	男:$(4.0\sim5.5)\times10^{12}$/L	中性粒细胞	50%~70%
	(400 万 ~550 万 /μL)	嗜酸性粒细胞	0.5%~3%
	女:$(3.5\sim5.0)\times10^{12}$/L	嗜碱性粒细胞	0~1%
	(350 万 ~500 万 /μL)	单核细胞	3%~8%
白细胞	$(4.0\sim10.0)\times10^{9}$/L	淋巴细胞	25%~30%
	(4 000~10 000/μL)		
血小板	$(100\sim300)\times10^{9}$/L(10 万 ~30 万 /μL)		

个红细胞在光镜下呈黄绿色。在血涂片中,红细胞中央薄,约 0.8 μm,染色较浅;周缘厚,约 2.6 μm,染色较深(图 5-2)。扫描电镜下,红细胞表面光滑呈双凹圆盘状(图 5-3),使细胞表面积增大,有利于细胞内、外气体的交换。

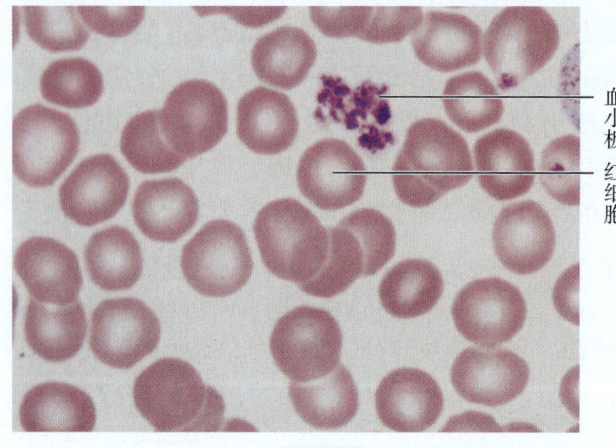

血小板
红细胞

图 5-2　红细胞和血小板

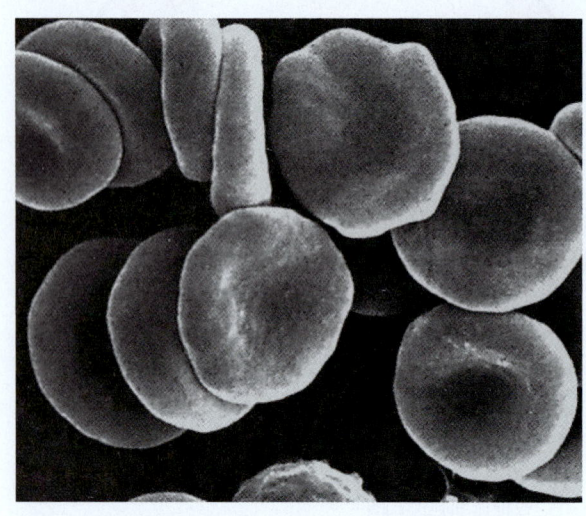

图 5-3　红细胞(SEM)

红细胞无细胞核,也无细胞器,细胞质内充满血红蛋白(hemoglobin,Hb)。血红蛋白是含铁的蛋白质,约占红细胞质量的 33%,易与酸性染料结合,染成橘红色。正常成人血液中血红蛋白含量,男性为 120~150 g/L,女性为 110~140 g/L。血红蛋白具有结合与运输 O_2 和 CO_2 的功能,为组织细胞提供 O_2,带走其所产生的部分 CO_2。血红蛋白对 CO 的亲和力比对 O_2 的亲和力大得多,且结合后不易分离。一氧化碳(CO)中毒时,因血红蛋白与大量 CO 结合,与 O_2 的结合减少,导致组织缺氧,严重时可导致死亡。

红细胞有一定的弹性和形态可变性。在红细胞的细胞膜内面有血影蛋白(spectrin)和多种膜骨架蛋白连接形成的网络状膜骨架,通过膜骨架蛋白间的相互作用,维持红细胞的正常形态。当红细胞通过比其自身直径小的毛细血管时,膜骨架结构可以变形,使红细胞顺利通过毛细血管,此后,在 ATP 的作用下,红细胞又恢复其独特的双凹圆盘状外形。红细胞膜上有一种嵌入糖蛋白,决定个体的 ABO 血型。血型鉴定是安全输血的前提,在临床输血中具有重要意义。由于红细胞自身异常,如遗传性球形红细胞增多症,或红细胞外在环境异常,如血浆渗透压降低,均可导致红细胞膜破裂,血红蛋白逸出,称为溶血(hemolysis)。溶血后残留的红细胞膜囊称为血影(ghost)。

红细胞的数目及血红蛋白的含量可有生理性改变,如婴儿高于成人,运动时多于安静状态,高原地区居民大都高于平原地区居民。红细胞的形态和数目的改变,以及血红蛋白的质和量的改变超出正常范围,则为病理现象。临床上,当红细胞数少于 3×10^{12}/L 或血红蛋白低于 100 g/L 时,称为贫血(anemia);患真性红细胞增多症时,红细胞增多达 $(7\sim10)\times10^{12}$/L 或血红蛋白高达 180~240 g/L,血液黏滞性增加,血流缓慢,也导致组织细胞缺氧。

红细胞的平均寿命约 120 天。红细胞无任何细胞器，不能合成新的蛋白质，只能进行有限的代谢过程，随时间的延长，其膜骨架蛋白变性，细胞的变形性降低，导致各种畸形红细胞形成，这些衰老的红细胞在经过脾和肝时被巨噬细胞吞噬清除。与此同时，每天有大量新生红细胞从骨髓进入血液。这些刚进入血液的新生细胞有的尚残留部分核糖体，用煌焦油蓝染色呈蓝色细网状，称网织红细胞（reticulocyte）（图 5-4）。网织红细胞在血流中经过 24~48 h 达到完全成熟，核糖体消失。在成人，网织红细胞占红细胞总数的 0.5%~1.5%；新生儿较多，可达 3%~6%。骨髓造血功能障碍的患者，网织红细胞计数降低；如果贫血患者在治疗后其网织红细胞计数增加，说明治疗有效。因此，网织红细胞的计数有一定临床意义，是贫血等某些血液病的诊断、疗效判断和预后评估的指标之一。

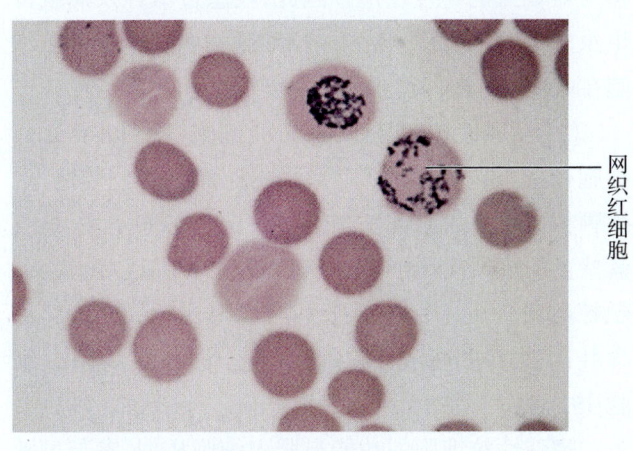

图 5-4 网织红细胞（煌焦油蓝染色）

2. 白细胞（leukocyte，white blood cell） 为无色有核的球形细胞，多数能以变形运动的方式穿过微血管管壁，进入结缔组织或淋巴组织，发挥防御和免疫功能。光镜下，根据白细胞胞质有无特殊颗粒，可将其分为有粒白细胞和无粒白细胞。按颗粒的嗜色性，有粒白细胞分为中性粒细胞、嗜酸性粒细胞和嗜碱性粒细胞，它们均是不再分裂的终末分化细胞，寿命仅数天。无粒白细胞有单核细胞和淋巴细胞两种，细胞质内无特殊颗粒，但含有嗜天青颗粒。此外，血液中还有极微量其他过路细胞，如树突状细胞、肥大细胞的祖细胞等。白细胞的数量远较红细胞少，在某些疾病状态下，

白细胞总数及各种白细胞的百分率皆可发生改变。

（1）中性粒细胞（neutrophil） 是白细胞中数量最多的一种。细胞直径 10~12 μm，核呈杆状或分叶状，分叶核一般为 2~5 叶，叶间有细丝相连，正常人以 2~3 叶核多见。在某些疾病情况下，核分 1~2 叶的细胞百分率增多，称为核左移；核分 4~5 叶的细胞增多，则称为核右移。一般认为核分叶越多，细胞越近衰老。中性粒细胞的细胞质染成粉红色，细胞质中充满大量细小、分布均匀的颗粒（图 5-5）。其中体积较大、着淡紫色的为嗜天青颗粒，体积较细小、光镜下难以分辨、着淡红色的为特殊颗粒。嗜天青颗粒约占颗粒总数的 20%，电镜下为圆形或椭圆形的膜被颗粒，直径约 0.5 μm，是一种溶酶体，含有酸性磷酸酶、髓过氧化物酶、溶菌酶、组织蛋白酶等水解酶，能消化吞噬的细菌和异物。特殊颗粒约占颗粒总数的 80%，是一种分泌颗粒，电镜下颗粒较小，直径 0.2~0.3 μm，内含碱性磷酸酶、胶原酶、溶菌酶和乳铁蛋白等其他非酶类抗菌性蛋白质分子，能杀死细菌，溶解细菌表面的糖蛋白（图 5-6）。

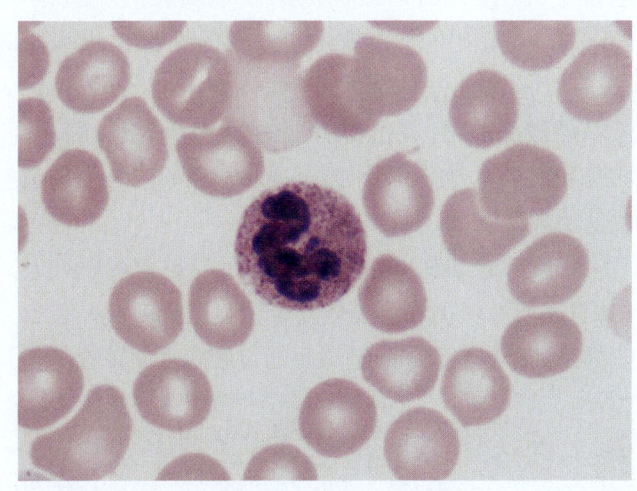

图 5-5 中性粒细胞

中性粒细胞可做活跃的变形运动，具有趋化性和吞噬功能，在趋化因子的刺激下，能以变形运动穿出微血管，聚集到细菌侵犯部位，吞噬细菌。中性粒细胞吞噬细菌后，自身也常坏死，成为脓细胞。因此，机体受到某些细菌感染发生炎症时，除白细胞总数增加外，中性粒细胞的比例显著增高。若中性粒细胞数减少到 1×10^9/L，机体抵抗力就会降低，容易发生感染。中性粒细胞从骨髓进入血液，停留 6~7 h，然后进入结

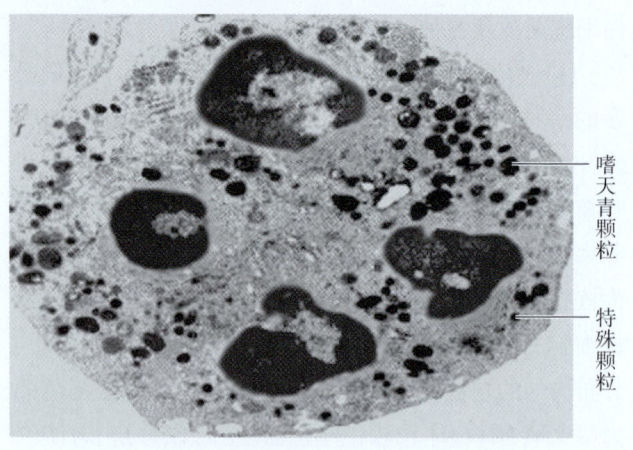

嗜天青颗粒

特殊颗粒

图 5-6 中性粒细胞(TEM)

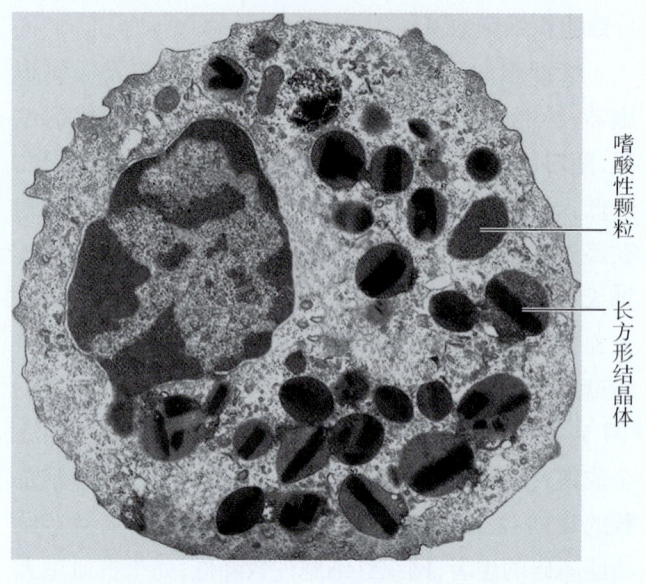

嗜酸性颗粒

长方形结晶体

图 5-8 嗜酸性粒细胞(TEM)

缔组织,在组织中无论是否有吞噬活动,均存活 1~4 天后即衰老、凋亡。

(2) 嗜酸性粒细胞(eosinophil) 直径 10~15 μm,核多为 2 叶,细胞质内充满粗大、分布均匀、染成橘红色、有折光性的嗜酸性颗粒是其主要特征(图 5-7)。电镜下,颗粒为圆形或椭圆形膜包颗粒,直径 0.5~1.0 μm,内有长方形结晶体和致密的细颗粒状基质(图 5-8)。颗粒是一种特化的溶酶体,内含酸性磷酸酶、芳基硫酸酯酶、过氧化物酶、组织蛋白酶、组胺酶、磷脂酶和大量主要碱性蛋白(major basic protein)等带正电荷的蛋白质。

嗜酸性粒细胞也能做变形运动,穿越血管壁进入组织;还能吞噬抗原 – 抗体复合物,分解组胺,灭活白三烯,从而减弱过敏反应;又可通过细胞表面黏着于蠕虫上,释放主要碱性蛋白和各种酶类,直接杀灭蠕虫,参与对蠕虫的免疫反应。因此,在患过敏性疾病或寄生虫感染时,血液中嗜酸性粒细胞增多。嗜酸性粒细胞在血液中一般停留 6~8 h,在组织中可存活 8~12 天。

(3) 嗜碱性粒细胞(basophil) 细胞直径 12~15 μm。细胞核呈 "S" 形或不规则形,偶见分叶,着色较浅,常被颗粒掩盖。细胞质内含有大小不等、分布不均、染成蓝紫色的嗜碱性颗粒(图 5-9),颗粒有异染性。电镜下,颗粒数量较少,大小、形态不甚规则,电子密度高,内含肝素、组胺和嗜酸性粒细胞趋化因子(图 5-10)。细胞质中含白三烯。

嗜碱性粒细胞的功能与肥大细胞相似,参与过敏

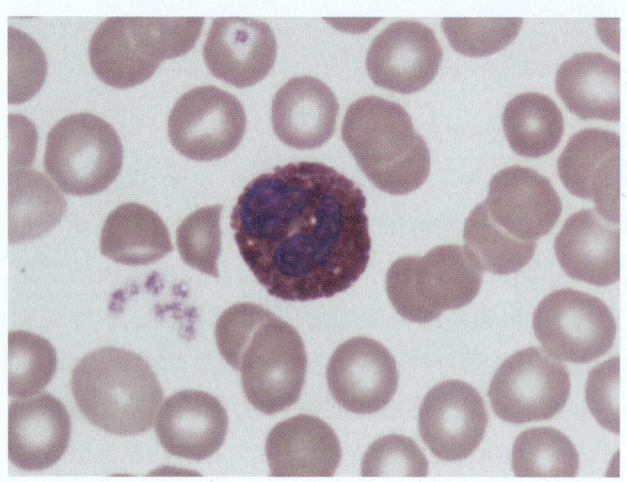

图 5-7 嗜酸性粒细胞

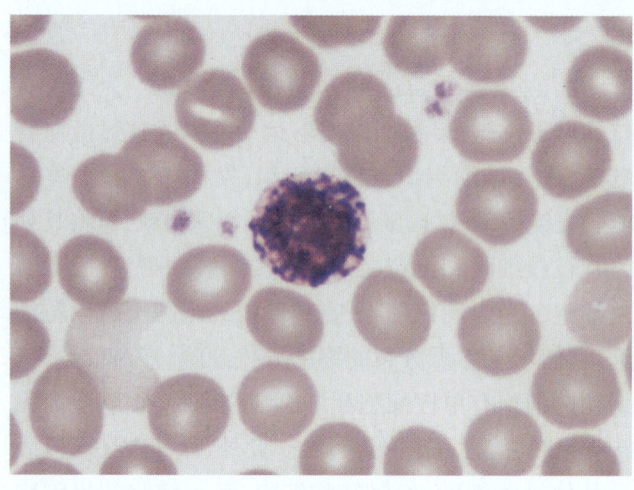

图 5-9 嗜碱性粒细胞

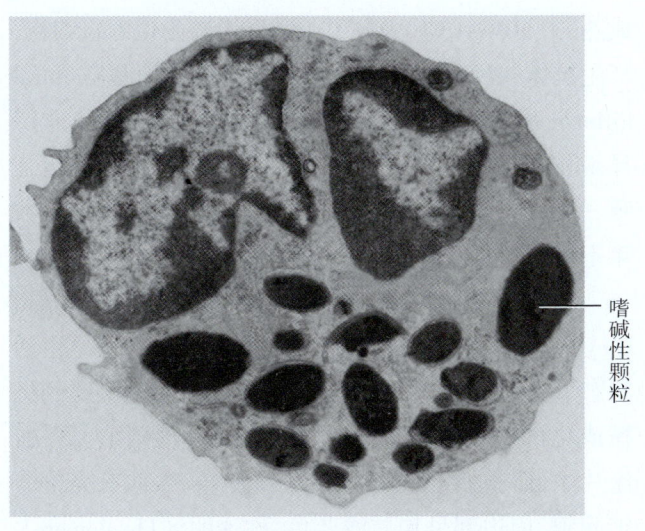

嗜碱性颗粒

图 5-10 嗜碱性粒细胞（TEM）

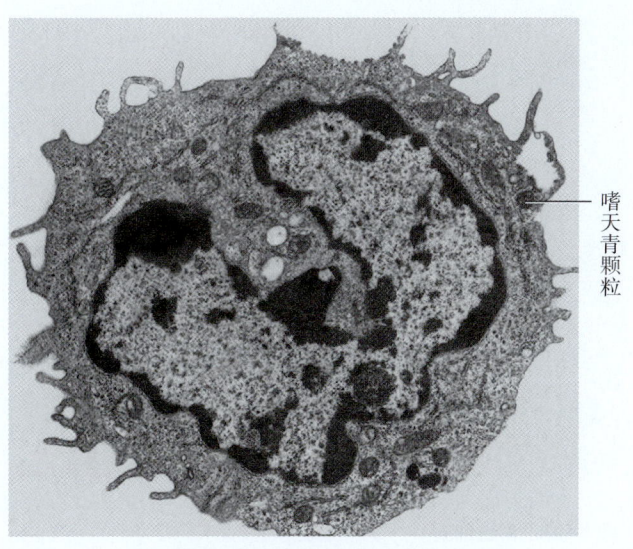

嗜天青颗粒

图 5-12 单核细胞（TEM）

反应，并有抗凝血作用。研究表明，嗜碱性粒细胞和肥大细胞来源于不同干细胞；目前也有人认为，嗜碱性粒细胞和肥大细胞均来源于骨髓中的同一祖细胞。嗜碱性粒细胞在组织中可存活 12~15 天。

（4）单核细胞（monocyte） 是体积最大的白细胞，直径 14~20 μm，细胞核呈肾形、马蹄形、卵圆形或不规则形等，染色质颗粒细而松散，故着色较浅。细胞质丰富，嗜碱性而呈灰蓝色，内含许多细小的淡紫色嗜天青颗粒（图 5-11），颗粒内含酸性磷酸酶、过氧化物酶、非特异性酯酶和溶菌酶等，为特化的溶酶体。电镜下，单核细胞表面有微绒毛，细胞器丰富，溶酶体和吞噬泡发达（图 5-12）。

单核细胞是巨噬细胞的前身，具有活跃的变形运动能力和明显的趋化性。骨髓生成的单核细胞进入血液循环，在血流中停留 1~5 天后，穿越血管壁进入结缔组织，分化为各种类型的巨噬细胞。血液与骨髓中的单核细胞和器官组织内的巨噬细胞共同构成单核吞噬细胞系统（mononuclear phagocytic system, MPS）（详见第十一章免疫系统）。单核细胞功能与巨噬细胞相似，能消灭入侵机体的病原微生物，吞噬细菌，消除体内衰老病变的细胞，参与免疫应答，还能分泌多种生物活性物质参与机体造血调控，但其功能不及巨噬细胞强。

（5）淋巴细胞（lymphocyte） 大小不等，直径 6~8 μm 的为小淋巴细胞，9~12 μm 的为中淋巴细胞，13~20 μm 的为大淋巴细胞。外周血中的淋巴细胞大部分为小淋巴细胞，细胞核为圆形，一侧常有小凹陷，染色质浓密，呈块状，染色深。细胞质很少，在核周呈一窄带，嗜碱性，染成蔚蓝色，含少量嗜天青颗粒（图 5-13）。中淋巴细胞的核染色质较疏松，着色略浅，细胞质较多，可见少量嗜天青颗粒。电镜下，淋巴细胞胞质内含丰富的游离核糖体、少量线粒体和高尔基体，核仁常见（图 5-14）。

根据发生过程、表面分子和功能等不同，淋巴细胞可分为 3 类：① 胸腺依赖淋巴细胞（thymus-dependent lymphocyte，T 细胞）：在胸腺内分化成熟，约占血液淋巴细胞总数的 75%，参与细胞免疫，并具有调节免疫应答的作用；② 骨髓依赖淋巴细胞（bone marrow-dependent lymphocyte，B 细胞）：在骨髓内分化

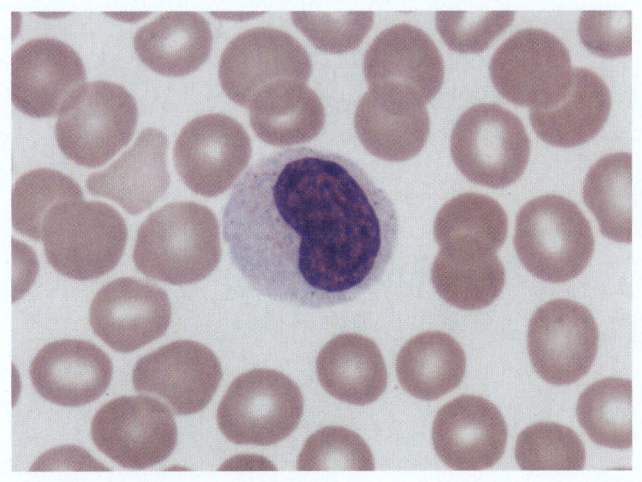

图 5-11 单核细胞

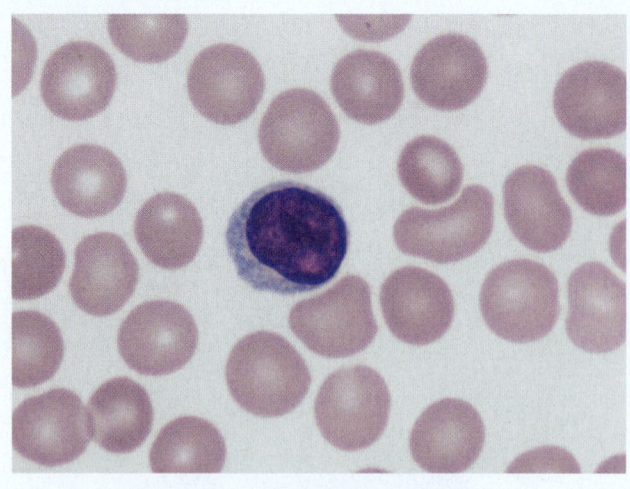

图 5-13　淋巴细胞

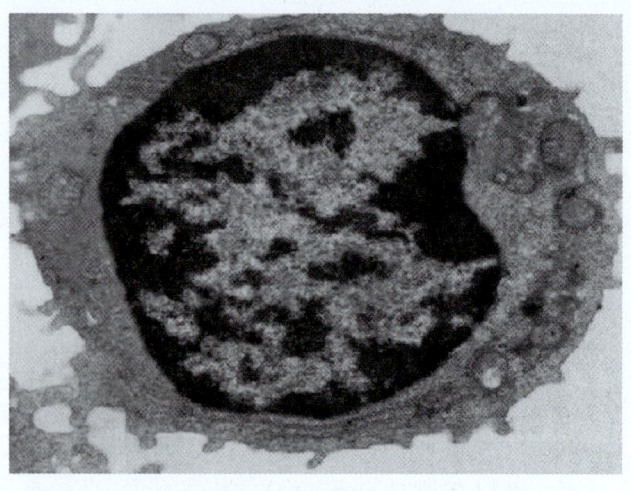

图 5-14　淋巴细胞(TEM)

成熟,占 10%~15%,受抗原刺激后增殖分化为浆细胞,产生抗体,参与体液免疫。③ 自然杀伤细胞(natural killer cell,NK 细胞):产生于骨髓,约占 10%,能非特异杀伤某些肿瘤细胞和病毒感染细胞。淋巴细胞是唯一能从组织返回血液的血细胞,其寿命从数天至数年不等。

3. 血小板(blood platelet)　俗称血栓细胞(thrombocyte),是骨髓中巨核细胞脱落的细胞质小块。生活状态下,血小板呈双凸扁盘状,直径 2~4 μm,当受到机械或化学刺激时,则伸出小突起,呈不规则形。在血涂片中,血小板常聚集成群,无细胞核,表面有完整的细胞膜,周边部呈均质浅蓝色,称透明区(hyalomere),中央有密集的蓝紫色颗粒,称颗粒区(granulomere)(图 5-2)。电镜下,血小板表面有 15~20 nm 厚的糖衣,微管在细胞周边形成环状,有利于保持血小板的形态。血小板内有开放小管系和致密小管系两套小管系统。开放小管系的管道与血小板表面连通,有利于颗粒内容物的释放。致密小管系位于透明区,呈电子致密的不规则封闭小管,相当于滑面内质网,有收集 Ca^{2+} 和合成前列腺素等功能。颗粒区有特殊颗粒、致密颗粒和少量溶酶体。特殊颗粒又称 α 颗粒,较大,直径 0.3~0.5 μm,内含血小板因子 4、纤维蛋白原、凝血酶敏感蛋白和血小板源性生长因子等。致密颗粒又称 δ 颗粒,较小,直径 0.25~0.3 μm,含有 Ca^{2+}、焦磷酸盐、ADP、ATP 和 5- 羟色胺等(图 5-15)。

血小板参与止血和凝血过程。当血管受损或破裂

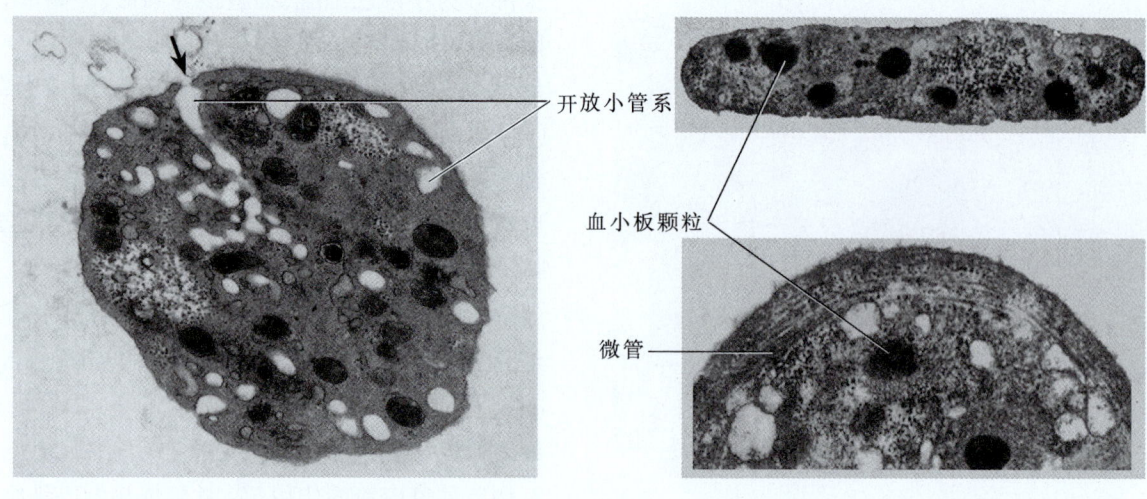

开放小管系

血小板颗粒

微管

图 5-15　血小板(TEM)

时,血小板黏着、聚集于破损处,形成血栓,封堵破损的血管;同时,血小板释放颗粒内含物,使血浆内的凝血酶原变为凝血酶,后者催化纤维蛋白原变成细丝状的纤维蛋白,将血细胞网罗在一起形成血块。此外,血小板还有保护血管内皮、参与内皮修复、防止动脉粥样硬化的作用。血小板寿命约 10 天。

二、骨髓的结构和血细胞发生

体内各种血细胞都有一定的寿命,外周血中各种血细胞的不断衰老、死亡与骨髓血细胞的生成并释放入血之间保持着动态平衡,从而使外周血中各种血细胞的数量和比例保持相对恒定。若某些因素使血细胞生成与死亡的动态平衡失调,将导致疾病的发生。

人的血细胞最早是在胚胎卵黄囊壁的血岛生成的。胚胎第 6 周,从卵黄囊迁入肝的造血干细胞开始造血,并持续至第 5 个月;继肝造血之后,脾也出现短暂造血功能。从胚胎第 4 个月至终生,骨髓成为主要的造血器官。

(一)骨髓的结构

骨髓(bone marrow)位于骨髓腔中,根据其颜色的不同,分为红骨髓和黄骨髓。胎儿及婴幼儿时期的骨髓都是红骨髓,约从 5 岁开始,长骨干的骨髓腔内出现脂肪组织,并随年龄增长而逐渐增多,红骨髓即转变为黄骨髓。成人的红骨髓和黄骨髓约各占 50%。红骨髓主要分布在扁骨、不规则骨和长骨骺端的骨松质中,造血功能活跃,产生各种血细胞;黄骨髓内尚有少量的幼稚血细胞,故仍保持着造血潜能,当机体需要时可转变为红骨髓进行造血。红骨髓主要由造血组织和血窦构成(图 5-16)。

1. 造血组织　主要由网状组织和造血细胞组成。组成网状组织的网状细胞和网状纤维构成造血组织的网架,网孔中充满不同发育阶段的各种血细胞,以及少量造血干细胞和基质细胞。基质细胞包括巨噬细胞、成纤维细胞、脂肪细胞和间充质细胞等。

2. 血窦　形状不规则,窦壁衬贴不连续的有孔内皮,内皮基膜不完整。发育成熟的血细胞经血窦进入血液循环。

造血诱导微环境(hematopoietic inductive microenvironment)是造血细胞赖以生存、增殖与分化的内环境,主要由网状细胞、成纤维细胞、血窦内皮细胞、巨噬细

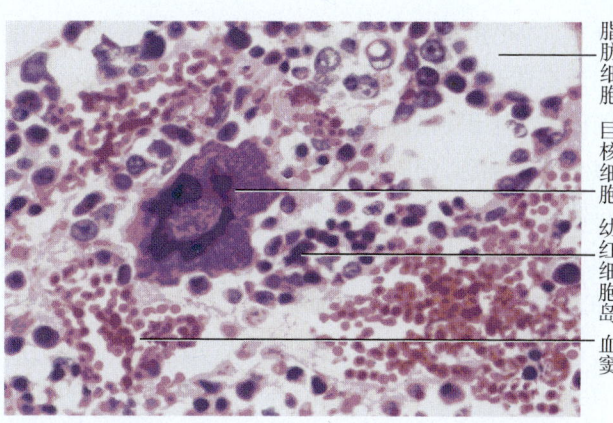

图 5-16　骨髓组织结构

胞、脂肪细胞等构成。它们不仅形成造血细胞生长的支架,产生细胞外基质,也与造血细胞的黏附有关,并且分泌造血生长因子,调节造血细胞的增殖与分化。造血生长因子按功能的不同,可分为克隆刺激因子和白细胞介素两大类。在造血组织的不同区域,造血诱导微环境不尽相同,每一特定区域适应某种造血细胞生成,并诱导其向特定方向分化。如幼稚红细胞常位于血窦附近,成群嵌附在巨噬细胞表面,构成幼红细胞岛(erythroblastic islet)(图 5-16),随着细胞的发育成熟而贴近并穿过血窦内皮,脱去细胞核成为网织红细胞。幼稚粒细胞多远离血窦,也可与巨噬细胞或成纤维细胞形成细胞岛,当发育至晚幼粒细胞具有运动能力后,以变形运动接近并穿过窦壁进入血窦。巨核细胞常常紧靠血窦内皮间隙,细胞质突起伸入窦腔,突起末端脱落形成血小板直接进入血窦。这种分布状况表明造血组织的不同部位构成不同的造血诱导微环境,若其改变,可导致机体造血功能的异常。

(二)血细胞发生

在造血诱导微环境的作用和多种因素的调节下,造血干细胞增殖、分化为各类造血祖细胞,祖细胞再定向增殖分化成为各种成熟血细胞,称血细胞发生(hematopoiesis)。

1. 造血干细胞(hemopoietic stem cell)　是生成各种血细胞的原始细胞,又称多能干细胞(multipotential stem cell)。造血干细胞起源于人胚的卵黄囊血岛,分为髓系造血干细胞和淋巴细胞系造血干细胞。出生后,造血干细胞主要存在于红骨髓,约占骨髓有核细胞的 0.5%,其次,脾、肝、淋巴结和外周血中也有少量

分布。Till 和 McCulloch 通过小鼠脾集落生成实验首次证实造血干细胞的存在(图 5-17),但至今仍不能仅以形态学来识别造血干细胞。一般认为造血干细胞类似小淋巴细胞,细胞质内除大量游离核糖体和少量线粒体外,无其他细胞器。目前,主要采用体内或体外培养中形成的各种类型的集落和造血干细胞表面抗原标志来分离、检测造血干细胞。

造血干细胞的生物学特性是:① 有自我复制能力:即细胞进行不对称性有丝分裂产生两个子代细胞,其中一个分化为造血祖细胞,而另一个仍保持干细胞的全部特征不变,故造血干细胞可终生保持恒定的数量。② 有很强的增殖潜能:正常生理状态下,多数造血干细胞处于 G_0 期静止状态,一旦机体需要,细胞可以反复分裂,大量增殖。③ 有多向分化能力:在一些因素的作用下能分化形成各系造血祖细胞,此外,造血干细胞还可分化成某些非造血细胞,如树突状细胞系、内皮细胞,甚至神经元等。④ 有不均一性:造血干细胞是一个不均一的细胞群,在功能、生物学特性和表面标志上并不完全相同,存在高度异质性。

2. 造血祖细胞(hematopoietic progenitor cell, HPC)由造血干细胞分化而来,只能向一个或几个血细胞系定向增殖分化,故也称定向干细胞(committed stem cell)。造血祖细胞已失去了自我复制能力和多向分化能力,但仍保持高度的增殖能力。体外培养时,在不同的集落刺激因子(colony stimulating factor,

CSF)作用下,造血祖细胞分别分化为形态可辨认的相应的幼稚血细胞。目前已证实的造血祖细胞分别为:① 红细胞系造血祖细胞,在红细胞生成素(erythropoietin)作用下,生成红细胞。② 巨核细胞系造血祖细胞,在血小板生成素(thrombopoietin)作用下形成巨核细胞集落,最终产生血小板。③ 粒细胞 – 单核细胞系造血祖细胞,在粒细胞 – 单核细胞集落刺激因子(granulocyte/monocyte colony stimulating factor,GM-CSF)、白细胞介素 3 的作用下,形成中性粒细胞和单核细胞。④ 嗜酸性粒细胞系造血祖细胞,在嗜酸性粒细胞集落刺激因子(eosinophil colony stimulating factor, ECSF)作用下,形成嗜酸性粒细胞。⑤ 嗜碱性粒细胞系造血祖细胞,在嗜碱性粒细胞集落刺激因子(basophil colony stimulating factor, BCSF)作用下,形成嗜碱性粒细胞。⑥ 淋巴细胞系造血祖细胞,在胸腺内形成前 T 细胞,在骨髓形成前 B 细胞,进而分别分化为 T 细胞和 B 细胞。

3. 血细胞发生过程的形态演变　血细胞的发生是一个连续的细胞增殖和分化过程,造血干细胞首先形成造血祖细胞,然后进一步分化为形态上可以识别的各种血细胞。造血祖细胞之后的发生过程大致可分为原始阶段、幼稚阶段(又分早、中、晚三期)和成熟阶段(图 5-18)。造血祖细胞在不同的集落刺激因子作用下,分别发育为各系原始细胞,经过数次有丝分裂,依次发育为早幼、中幼、晚幼细胞。晚幼细胞一般已失去

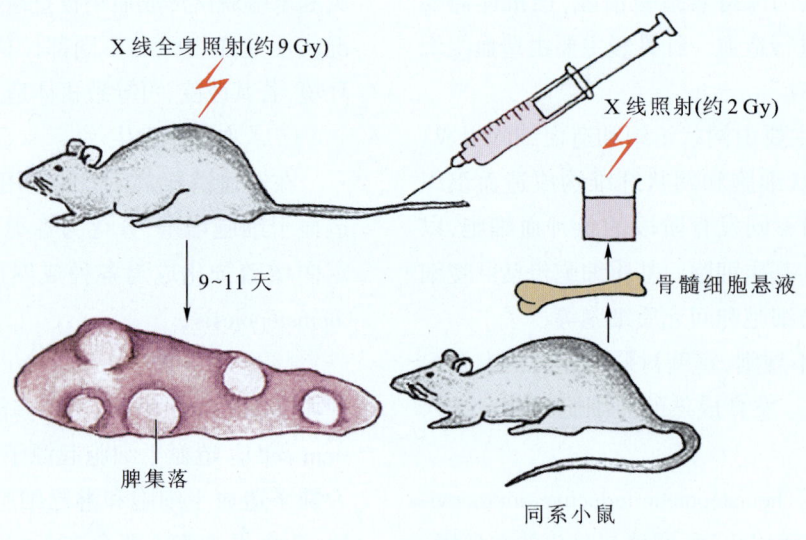

X 线全身照射(约 9 Gy)

X 线照射(约 2 Gy)

9~11 天

骨髓细胞悬液

脾集落

同系小鼠

图 5-17　小鼠脾集落生成实验

时期	干细胞	祖细胞	原始细胞	幼稚细胞	成熟细胞
形态	形态上难以辨认,类似小淋巴细胞		形态上开始分化		有明确的形态分化特征

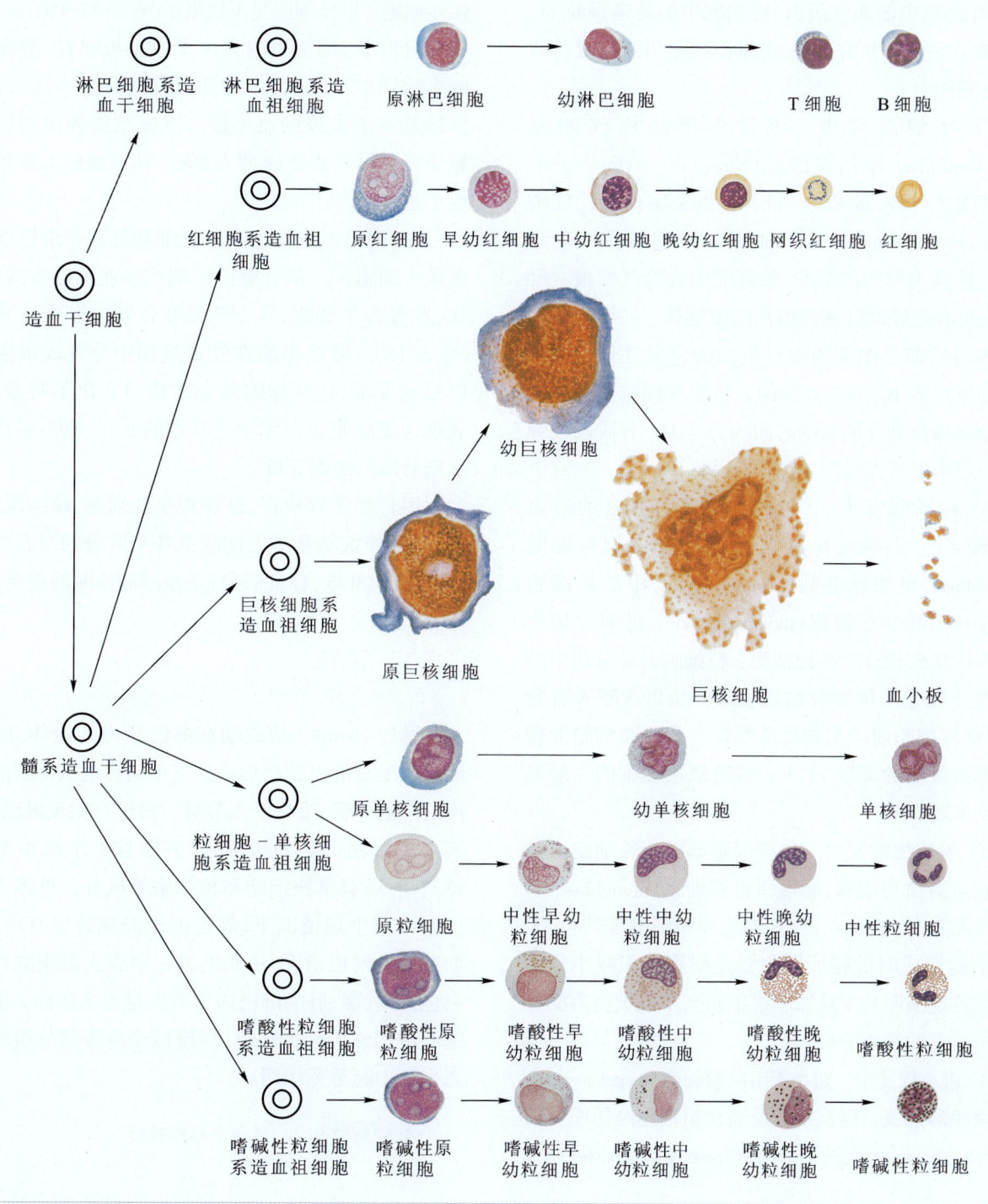

图5-18　血细胞的发生过程

分裂能力,继续发育为成熟细胞。在各系血细胞的发生过程中,其形态演变有以下共同的变化规律:① 细胞体由大变小,但巨核细胞则由小变大。② 细胞核由大变小,红细胞的核最后消失,粒细胞的核由圆形逐渐变成杆状乃至分叶,但巨核细胞的核由小变大呈分叶状;核内染色质由细疏逐渐变粗密,核的着色由浅变深,核仁由明显渐至消失。③ 细胞质由少变多,细胞质嗜碱性逐渐变弱,但单核细胞和淋巴细胞仍保持嗜碱性,细胞质内的特殊结构或成分从无到有并逐渐增多,如红细胞中的血红蛋白、粒细胞中的特殊颗粒等。④ 细胞分裂能力从有到无,但淋巴细胞仍保持很强的潜在分裂能力。

(1) 红细胞发生 该过程历经原红细胞(proerythroblast)、早幼红细胞(basophilic erythroblast)、中幼红细胞(polychromatophilic erythroblast)、晚幼红细胞(normoblast, orthochromatophilic erythroblast),后者脱去细胞核成为网织红细胞,最终成为成熟红细胞。巨噬细胞可吞噬晚幼红细胞脱出的细胞核。红细胞发生的基本过程即是细胞内血红蛋白的合成过程,铁质、叶酸和维生素 B_{12} 等是必需的。从原红细胞发育至网织红细胞释放到外周血的时间约为 7 天。各阶段红细胞的一般形态特点见图 5-18。

(2) 粒细胞发生 3 种粒细胞虽有各自的造血祖细胞,但它们的发育过程相同,都历经原粒细胞(myeloblast)、早幼粒细胞(promyelocyte)、中幼粒细胞(myelocyte)、晚幼粒细胞(metamyelocyte),进而分化为成熟的杆状核和分叶核粒细胞。粒细胞发育过程中的特征性变化是从早幼粒细胞阶段开始出现嗜天青颗粒,中幼粒细胞阶段出现特殊颗粒。从原粒细胞发育到成熟粒细胞约需要 11 天。各阶段粒细胞的一般形态特点见图 5-18。

(3) 单核细胞发生 单核细胞起源于粒细胞 – 单核细胞系造血祖细胞,经过原单核细胞(monoblast)和幼单核细胞(promonocyte),发育为单核细胞(图 5-18)。单核细胞形成时的特征性改变是细胞体积减小和细胞核切迹逐渐明显。从原单核细胞到单核细胞需要经过 3 次以上的细胞分裂。

(4) 血小板发生 血小板由巨核细胞(megakaryocyte)胞质块脱落形成。巨核细胞系造血祖细胞经历原巨核细胞(megakaryoblast)、幼巨核细胞(promegakaryocyte)发育

为巨核细胞(图 5-18)。原巨核细胞直径 15~50 μm,细胞核常呈肾形,细胞质嗜碱性强,染色均匀。幼巨核细胞的核经数次分裂,但胞体不分裂,形成的巨核细胞是多倍体细胞。巨核细胞呈不规则形,直径 35~150 μm,细胞核为分叶状,细胞质内有许多血小板颗粒,滑面内质网形成网状小管,将细胞质分隔成许多小区,每个小区即是一个未来的血小板。巨核细胞伸出细长的细胞质突起沿着血窦壁伸入窦腔,其末端膨大脱落即成血小板。

(5) 淋巴细胞发生 淋巴细胞起源于淋巴细胞系造血干细胞。一部分淋巴干细胞经血流迁入胸腺,分化、发育为 T 细胞;另一部分在骨髓内发育为 B 细胞(图 5-18)。淋巴细胞在发育过程中分化成很多种淋巴细胞亚群,这些细胞形态结构的变化不明显,主要表现为细胞膜蛋白和功能状态的变化,故不易从形态上划分淋巴细胞亚群。

用骨髓涂片检查,分别观察红细胞、粒细胞、单核细胞、巨核细胞和淋巴细胞系各个阶段的形态结构特征,并分类计数,称骨髓象,是血液病诊断的重要依据。

三、淋巴

淋巴(lymph)是流动在淋巴管内的液体,由组织液渗入毛细淋巴管而形成。它单向性地从毛细淋巴管流向淋巴导管,最终汇入静脉。淋巴在流经淋巴结后,其中的细菌等异物被清除,并添加了淋巴细胞和抗体,有时还有单核细胞和粒细胞等成分。机体不同部位和不同生理情况下,淋巴的组成成分也有所变化,如肢体的淋巴清亮;小肠的淋巴因含大量脂滴而呈乳白色,称乳糜;肝的淋巴内含有大量血浆蛋白。淋巴是组织液回流的辅助渠道,在维持全身各部分组织液动态平衡中起重要作用。

知识链接 5-1 造血干细胞移植

(陈海滨)

新形态教材网

微课导学　　教学课件　　微视频　　知识链接　　自测题

第六章

软骨和骨

一、软骨

软骨（cartilage）由软骨组织及软骨膜构成。根据软骨组织内所含纤维的不同，软骨分为透明软骨、弹性软骨和纤维软骨。

（一）透明软骨

透明软骨（hyaline cartilage）分布较广，新鲜时呈半透明状，具有一定的弹性和韧性。成体的肋软骨、关节软骨、呼吸道的软骨及早期胚胎的骨架都是透明软骨。

1. 软骨组织 由软骨细胞和细胞外基质（即软骨基质）构成。

（1）软骨基质（cartilage matrix） 呈凝胶状，由基质（ground substance）和纤维构成。基质的化学组成和立体构型与疏松结缔组织相似，但硫酸软骨素含量高。纤维是交织分布的胶原原纤维，由Ⅱ型胶原蛋白组成。软骨基质内的小腔称软骨陷窝（cartilage lacuna）。光镜下可见，软骨基质呈嗜碱性，软骨陷窝周围的基质含硫酸软骨素较多，不含或仅含少量胶原原纤维，故染色深，称软骨囊（cartilage capsule）（图6-1）。由于胶原原纤维纤细，且其折光率与基质的折光率相近，所以在光镜下难以分辨。软骨组织内无血管，但基质结合着大量的水，通透性强，来自软骨膜和周围组织的营养物质可通过渗透进入软骨组织。

（2）软骨细胞（chondrocyte） 位于软骨陷窝内。在软骨组织的周边部，细胞较小，呈扁圆形，单个分布，为幼稚的软骨细胞。在深部，软骨细胞逐渐长大成熟，变为椭圆形或圆形，多成群分布，每群2~8个细胞。这些细胞是由一个软骨细胞分裂增殖而来的，故称同源细胞群（isogenous group）。软骨细胞的核呈圆形或卵圆形，染色浅淡，有1~2个核仁，细胞质弱嗜碱性（图6-1）。电镜下可见，软骨细胞胞质含有丰富的粗面内质网和发达的高尔基体，线粒体少而糖原和脂滴较多（图6-2）。软骨细胞合成和分泌软骨组织的基质和纤维。

2. 软骨膜 除关节软骨外，软骨组织周围覆有薄层致密结缔组织，称为软骨膜（perichondrium）。软骨膜可分为两层，外层含较致密的胶原纤维，主要起保护作用；内层纤维疏松而细胞较多，其中有骨祖细胞，可增殖分化为软骨细胞，与软骨的生长有关。

3. 软骨的发生和生长 人胚发育的早期，在将要形成软骨的部位，间充质细胞聚集，其中央的细胞分裂，并依次分化为骨祖细胞、成软骨细胞（chondroblast）和软骨细胞，后者分泌基质和纤维，形成软骨组织。软骨组织周围的间充质分化为软骨膜。软骨的继续生长有两种方式：① 间质生长（interstitial growth）：又称软骨内生长，软骨组织内的软骨细胞分裂增殖，并产生基质和纤维，使软骨从内部增大。② 外加生长（appositional growth）：又称软骨膜下生长，软骨膜的骨祖细胞分裂分化，形成新的软骨细胞，并分泌基质和纤维，使软骨从表面向外扩大。

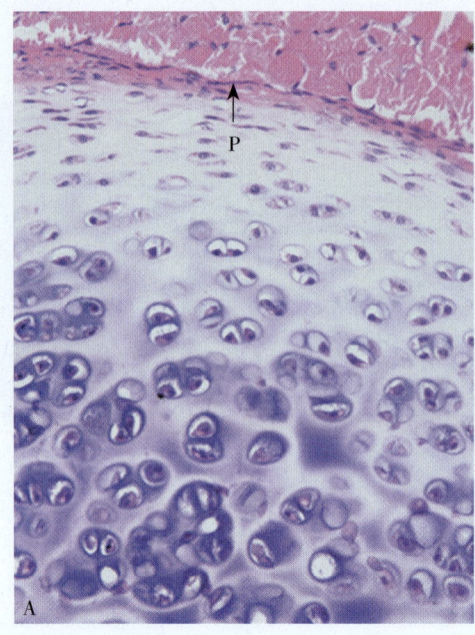
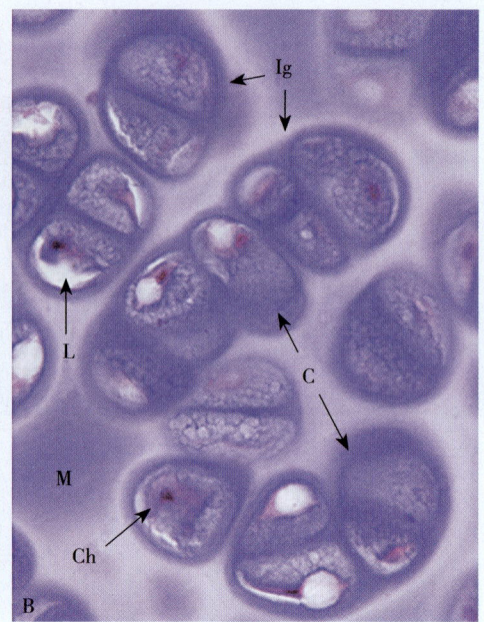

图 6-1　透明软骨
A. 低倍；B. 高倍
P—软骨膜；C—软骨囊；Ch—软骨细胞；Ig—同源细胞群；L—软骨陷窝；M—软骨基质

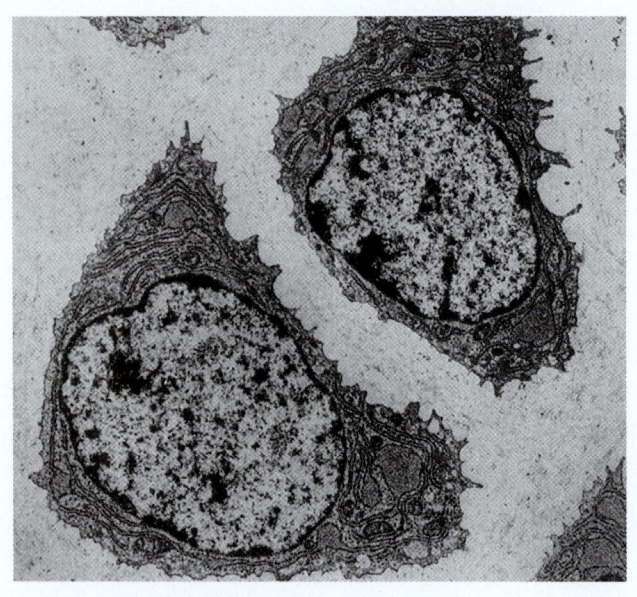

图 6-2　软骨细胞（TEM）

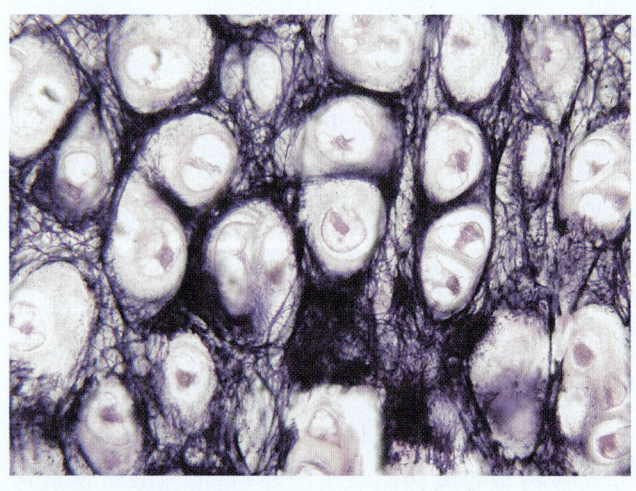

图 6-3　弹性软骨（醛复红染色）

（二）弹性软骨

弹性软骨（elastic cartilage）分布于耳郭、会厌等处，其结构与透明软骨相似，软骨基质中含有大量交织成网的弹性纤维（图 6-3），胶原原纤维较少。弹性软骨新鲜时呈黄色，具有较强的弹性。

（三）纤维软骨

纤维软骨（fibrocartilage）分布于椎间盘、关节盘、耻骨联合等处，新鲜时呈乳白色。软骨基质中含大量平行或交织排列的胶原纤维束，由 I 型胶原蛋白组成；软骨细胞成行分布于纤维束之间（图 6-4）；一般无软骨膜。纤维软骨具有较大的韧性，并可对抗压力和摩擦。

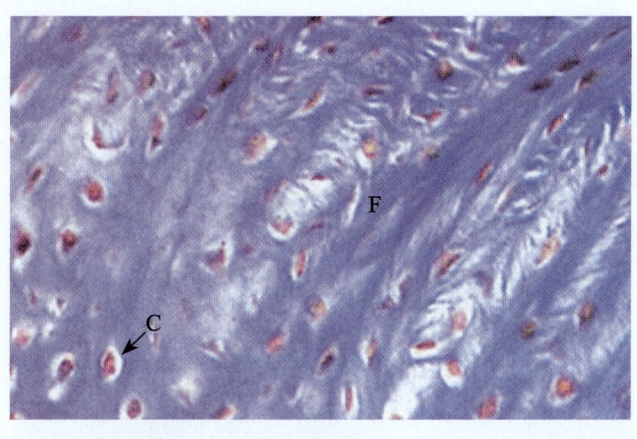

图6-4 纤维软骨(Mallory 三色染色)
C—软骨陷窝和软骨细胞;F—胶原纤维

二、骨

骨由骨组织、骨膜和骨髓等构成,具有支持、保护及构成关节参与身体的运动等作用。骨组织还是人体的钙、磷贮存库。此外,骨髓是生成血细胞的部位。

(一)骨组织

骨组织(osseous tissue)是人体最坚硬的组织之一,由多种细胞和大量钙化的细胞外基质构成,钙化的细胞外基质称为骨基质。

1. 骨基质(bone matrix) 由无机质和有机质构成。无机质又称骨盐,约占骨组织干重的65%,主要化学成分为钙、磷等。骨盐主要以羟基磷灰石[$Ca_{10}(PO_4)_6(OH)_2$]结晶的形式存在,呈细针状,长10~20 nm,沿胶原原纤维长轴规则排列。有机质包括大量胶原纤维和少量基质。胶原纤维占有机质的90%,由Ⅰ型胶原蛋白组成。基质呈凝胶状,主要含蛋白聚糖,具有黏合作用。基质中还有多种糖蛋白,如骨钙蛋白(osteocalcin)、骨粘连蛋白(osteonectin)等,它们参与胶原纤维和骨盐的结合及细胞和骨基质的黏附,并调节骨的钙化。

在骨基质中,胶原纤维规律地成层排列,且与骨盐晶体和基质紧密结合,构成骨板(bone lamella)。同一层骨板内的纤维相互平行,相邻两层骨板的纤维相互垂直,在HE染色的骨切片上呈不同折光的红色。与软骨组织不同,骨组织内有血管穿行的管道。

2. 骨组织的细胞 有骨祖细胞、成骨细胞、骨细胞和破骨细胞。其中骨细胞最多,位于骨基质内,其他几种细胞均位于骨组织的边缘。

(1)骨祖细胞(osteoprogenitor cell) 位于骨组织的表面。细胞小,呈梭形,细胞质弱嗜碱性。当骨组织生长和改建或骨折愈合时,骨祖细胞分裂活跃,并分化为成骨细胞。

(2)成骨细胞(osteoblast) 分布于成骨活跃的骨组织表面,常排成一层,细胞体较大,立方形或矮柱状,细胞核大而圆,细胞质呈嗜碱性(图6-5)。电镜下可见大量粗面内质网、丰富的游离核糖体和发达的高尔基体。此外,细胞表面有许多细小突起,可与邻近的成骨细胞或骨细胞的突起形成缝隙连接,协调众多细胞的功能活动。成骨细胞合成和分泌胶原纤维和基质,形成类骨质(osteoid);同时,还向类骨质中释放基质小泡(matrix vesicle)。基质小泡的膜上有钙结合蛋白、碱性磷酸酶等,小泡内含小的钙盐结晶。基质小泡在类骨质钙化的起始过程中起重要作用。另外,成骨细胞还分泌骨基质中的特异性糖蛋白和一些生长因子,调节骨组织的生成、吸收和代谢。当成骨细胞被类骨质包埋后,便成为骨细胞。

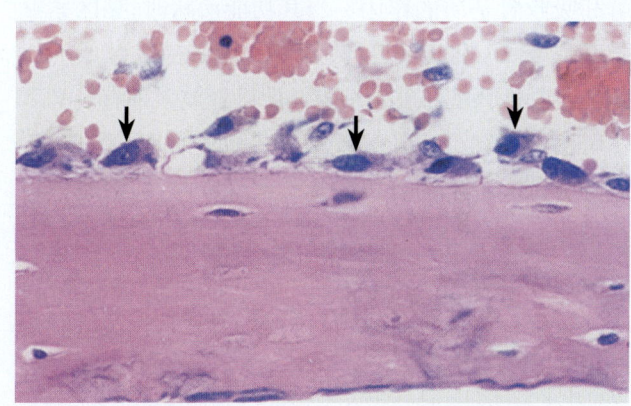

图6-5 成骨细胞(↓)

(3)骨细胞(osteocyte) 单个分散于骨板之间或骨板内,细胞较小,呈扁椭圆形,有许多细长突起,细胞器相对较少。骨细胞的胞体位于骨陷窝(bone lacuna)内,突起位于骨小管(bone canaliculus)内(图6-6)。相邻骨细胞的突起形成缝隙连接,以传递细胞间的信息和沟通细胞间的代谢活动。骨陷窝和骨小管内含组织液,可营养骨细胞并带走代谢产物。骨细胞有一定的成骨和溶骨作用,并参与调节和维持血钙平衡。

(4)破骨细胞(osteoclast) 数量少,常位于骨组织

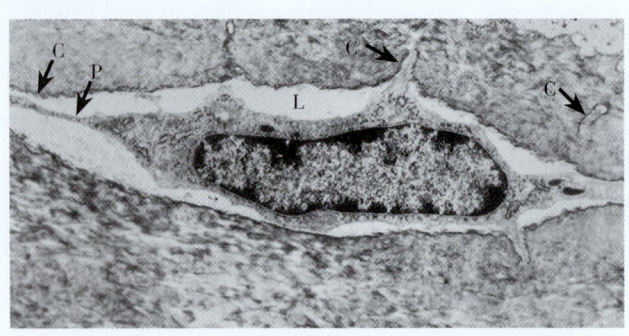

图 6-6　骨细胞（TEM）
C—骨小管；P—骨细胞突起；L—骨陷窝

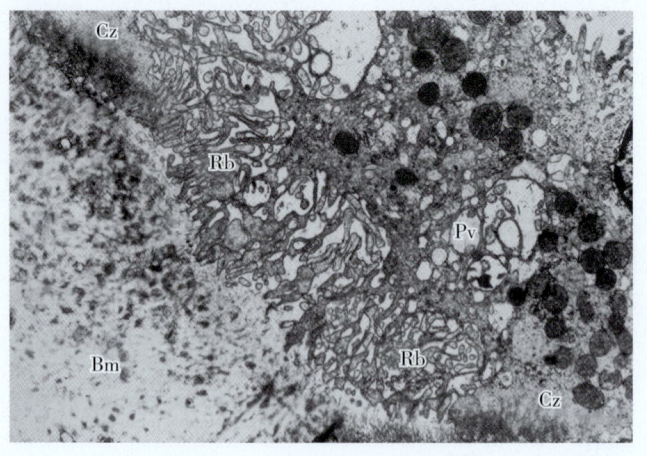

图 6-8　破骨细胞（TEM）
Bm—骨基质；Cz—亮区；Pv—吞饮泡；Rb—皱褶缘

表面被吸收形成的小凹陷内。由于破骨细胞由多个单核细胞融合而成，因而胞体巨大，细胞质嗜酸性，含 5~50 个或更多的细胞核（图 6-7）。功能活跃的破骨细胞贴近骨基质的一侧有皱褶缘（ruffled border），电镜下为许多不规则形并分支的指状突起。皱褶缘周围的环形细胞质区稍隆起，富含微丝，缺乏其他细胞器，电子密度低，称为亮区。皱褶缘深部细胞质含大量初级溶酶体、吞饮泡和次级溶酶体（图 6-8）。破骨细胞有溶解和吸收骨基质的作用。当其功能活跃时，亮区紧贴骨基质表面，形成一道环形围堤，使皱褶缘区成为封闭的溶骨微环境。破骨细胞向此区释放多种有机酸和水解酶，溶解骨盐，降解胶原蛋白和其他基质蛋白，溶解的骨盐和降解的有机质经皱褶缘吸收，在溶酶体进行消化。

（二）长骨

长骨由密质骨、松质骨、骨膜、关节软骨及骨髓等构成。

1. 密质骨（compact bone）　分布于骨干和骨骺的外侧面，其中的骨板排列规律，按骨板的排列方式可分为环骨板、骨单位和间骨板。密质骨中有一些小的管道，含有血管和神经等。

（1）环骨板　是环绕骨干外表面和内表面的骨板，分别称为外环骨板（outer circumferential lamella）和内环骨板（inner circumferential lamella）。外环骨板厚，数层到十多层，较整齐。内环骨板薄，仅由几层骨板组成，不甚规则（图 6-9）。横向穿越内、外环骨板的小管称穿通管（perforating canal）。

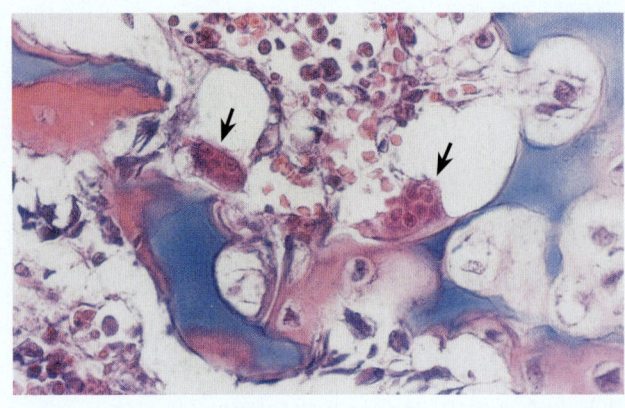

图 6-7　破骨细胞（↓）

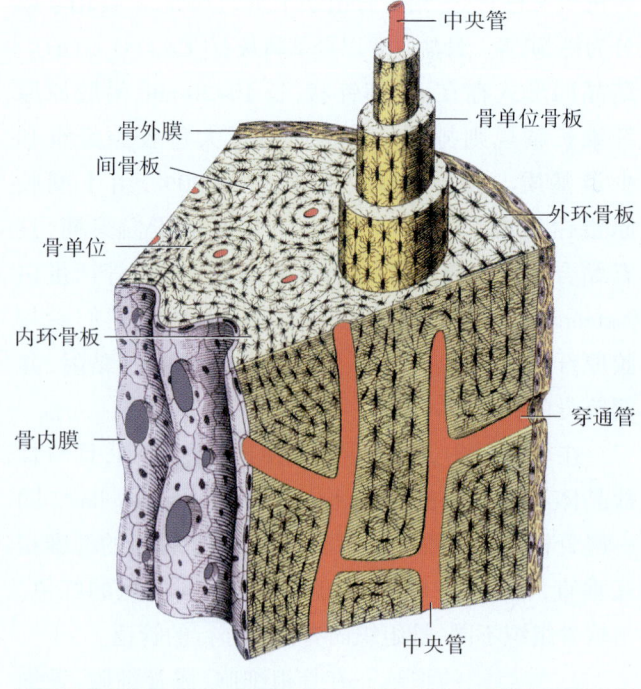

图 6-9　长骨骨干模式图

(2) 骨单位(osteon) 又称哈弗斯系统(Haversian system),位于内、外环骨板之间,数量最多,是长骨起支持作用的主要结构单位。骨单位呈纵行的圆筒状,由4~20层同心圆排列的骨单位骨板(osteon lamella)围绕中央管(central canal)而构成(图6-9,图6-10)。中央管与穿通管相通,它们都含有小血管、神经和少量结缔组织。骨单位表面有一层黏合质,是含骨盐较多而胶原纤维很少的骨基质,在骨磨片上呈折光较强的轮廓线,称黏合线(cement line)(图6-10)。骨单位内的骨小管相互通连,最内层的骨小管开口于中央管,形成血管系统与骨细胞之间营养物质和气体交换的通道。骨单位最外层的骨小管在黏合线以内返折,与相邻骨单位的骨小管不相通。

(3) 间骨板(interstitial lamella) 是原有的骨单位被吸收后残留的部分,填充于骨单位之间或骨单位与环骨板之间。间骨板呈扇形或不规则形,其中无血管通道(图6-9)。

2. 松质骨(spongy bone) 分布于长骨两端的骨骺和骨干的内侧面,是由大量针状或片状骨小梁(bone trabecula)相互连接而成的多孔隙网架结构。骨小梁由几层平行排列的骨板和骨细胞构成。

3. 骨膜 除关节面以外,长骨的外表面覆以骨外膜(periosteum);在骨髓腔面、骨小梁的表面、穿通管和中央管的内表面覆以骨内膜(endosteum)。骨外膜为致密结缔组织,较厚,可分两层。外层主要含粗大的胶原纤维束,相互交织成网,有些纤维穿入外环骨板,称穿通纤维(perforating fiber),将骨外膜固定于骨;内层结构疏松,纤维少,含骨祖细胞和小血管、神经等。骨内膜较薄,由一层扁平的特殊骨祖细胞铺衬,纤维细而少(图6-10)。骨膜有保护和营养骨的作用,其中的骨祖细胞还参与骨的生长和修复。

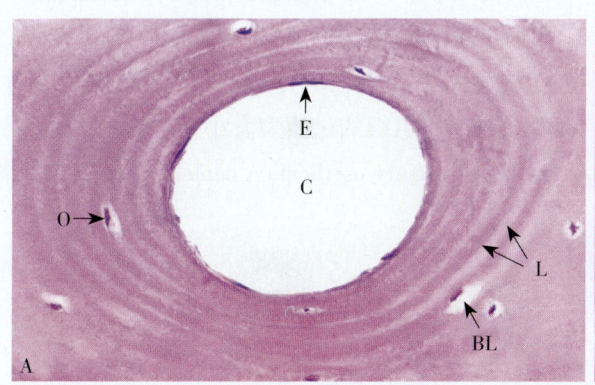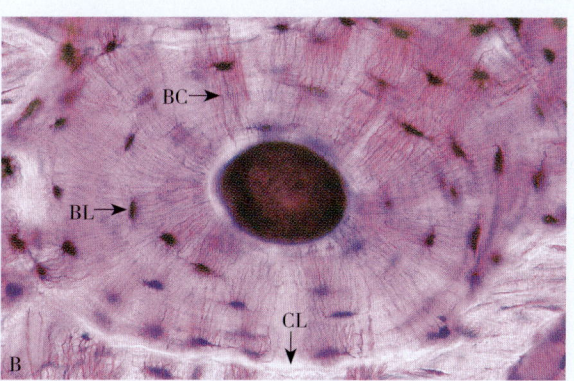

图6-10 骨单位
A. 脱钙骨切片;B. 骨磨片(大丽紫染色)
BL—骨陷窝;C—中央管;E—骨内膜;L—骨板;O—骨细胞;BC—骨小管;CL—黏合线

三、骨的发生

骨由胚胎时期的间充质发生,出生后仍继续生长和改建(remodeling)。骨的发生有两种方式,即膜内成骨和软骨内成骨,但骨组织发生的基本过程是一致的。

(一)骨组织的发生

骨组织发生开始时,骨祖细胞分裂分化为成骨细胞,后者分泌类骨质,并被包埋其中,成为骨细胞;接着类骨质钙化成骨基质,形成骨组织。与此同时,破骨细胞黏附于骨组织某些部位的表面,引起骨组织的吸收。骨组织的形成和吸收同时存在,相辅相成,保证骨组织的发生与个体的生长发育相适应。

(二)膜内成骨

膜内成骨(intramembranous ossification)是在间充质分化形成的胚胎性结缔组织膜内的成骨过程。人体的顶骨、额骨和锁骨等以此方式发生。在将要形成骨的部位,间充质细胞增殖、密集成膜状,其中某处的间充质细胞先分化为骨祖细胞,进而分化为成骨细胞,成骨细胞在此成骨,于是形成最早的骨组织,该部位称骨化中心。成骨过程由骨化中心向四周扩展。最初的骨组织为针状的初级骨小梁,后者连接成网,构成初级松质骨,其外的间充质分化为骨膜(图6-11)。此后,骨进一步生长并改建,如顶骨的内、外表面形成骨密质。另外,顶骨外表面以成骨为主,使顶骨不断生

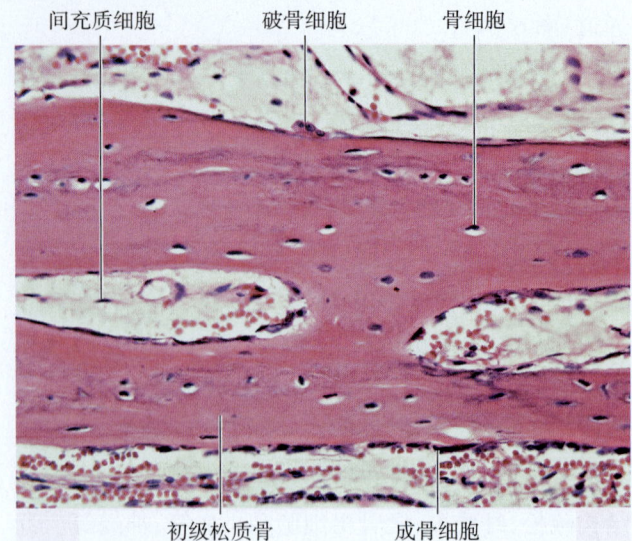

间充质细胞　破骨细胞　骨细胞

初级松质骨　成骨细胞

图6-11　膜内成骨

长；内表面以骨的吸收为主，使顶骨的曲度逐渐变小，从而使颅腔增大，以适应脑的发育。

（三）软骨内成骨

软骨内成骨（endochondral ossification）是由间充质先分化为软骨，然后软骨逐渐被骨组织取代。人体的四肢骨、躯干骨和部分颅底骨等以此方式发生。现

以长骨为例加以叙述（图6-12）。

1. 软骨雏形的形成　在将要形成长骨的部位，间充质细胞聚集，随后分化形成透明软骨，其外形与将要形成的长骨相似，故称为软骨雏形（cartilage model）。

2. 骨领的形成　在软骨雏形的中段周围部，由于血管的长入，软骨膜内层的骨祖细胞增殖分化，以类似膜内成骨的方式在软骨表面形成薄层初级松质骨，犹如领圈包绕软骨雏形中段，故名骨领（bone collar）。骨领表面的软骨膜改称骨外膜。骨领逐渐增厚、增长，以后改建成骨干的密质骨。

3. 初级骨化中心与骨髓腔的形成　在骨领形成的同时，软骨雏形中央的软骨细胞肥大并分泌碱性磷酸酶，使软骨基质钙化，软骨细胞退化死亡。骨外膜的血管连同间充质及骨祖细胞、破骨细胞等穿过骨领，进入退化的软骨区。破骨细胞溶解吸收钙化的软骨基质，形成许多不规则的隧道，称为初级骨髓腔。随后，由骨祖细胞分化而来的成骨细胞贴附于残留的软骨基质表面生成骨组织，形成以钙化软骨基质为中轴、表面附以骨组织的过渡型骨小梁。这个区域称初级骨化中心（primary ossification center）。不久，初级骨化中

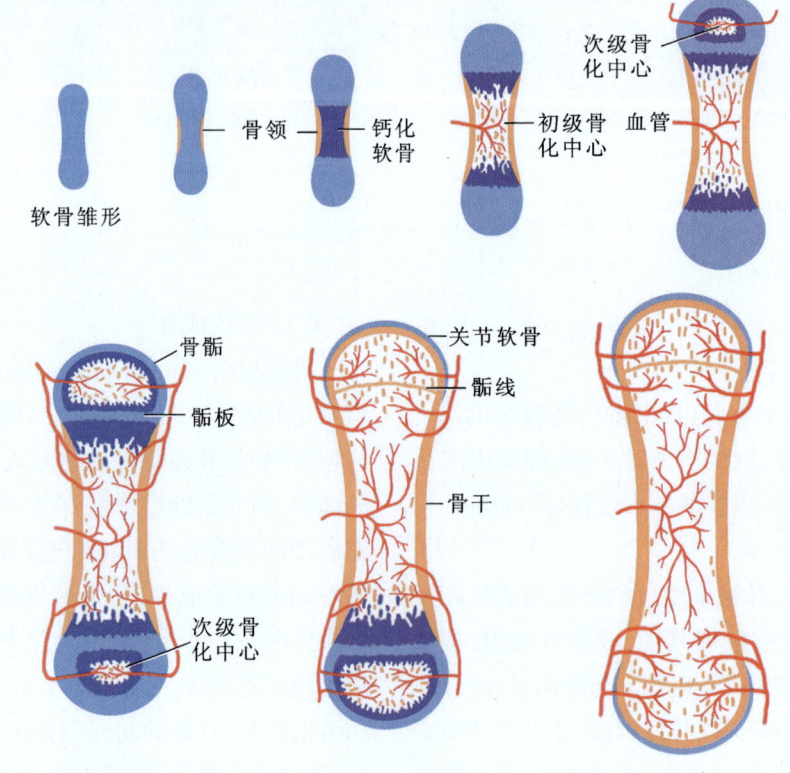

软骨雏形　　骨领　　钙化软骨　　初级骨化中心　次级骨化中心　血管

骨骺　　骺板　　关节软骨　　骺线　　骨干　　次级骨化中心

图6-12　软骨内成骨示意图

心的过渡型骨小梁被破骨细胞溶解吸收,于是初级骨髓腔融合成一个较大的骨髓腔。

4. 次级骨化中心与骨骺的形成　次级骨化中心(secondary ossification center)大多在出生后数月至数年出现在长骨两端的软骨中央。其形成过程与初级骨化中心相似,但骨化从中央向四周呈辐射状进行,最后大部分软骨被初级松质骨取代,使骨干两端变成骨骺。骨骺通过改建,内部变成松质骨,表面变成薄层密质骨,关节面始终保留薄层透明软骨,即关节软骨。骨骺和骨干之间也保留一层软骨,称骺板(epiphyseal plate)(图 6-12)。

(四) 骨的生长

1. 骨的加长　骺板是长骨继续加长的基础。骺板的软骨细胞不断分裂增殖,生成新的软骨,并依照上述骨干两端软骨内成骨的过程进行成骨,使骨不断加长。

在胎儿长骨纵切面上,从骨骺端到骨髓腔之间,骺板依次分为 4 个区域(图 6-13):① 软骨贮备区(reserve cartilage zone):又称静止区,此区软骨细胞较小,分散存在,软骨基质弱嗜碱性。② 软骨增生区(proliferating cartilage zone):软骨细胞快速分裂,形成的同源细胞群纵向排列成行。③ 软骨钙化区(calcified cartilage

zone):软骨细胞肥大,逐渐退化死亡;细胞柱之间的软骨基质变薄、钙化,呈强嗜碱性。④ 成骨区(ossification zone):成骨细胞在残留的软骨基质表面成骨,形成过渡型骨小梁。骨小梁之间为初级骨髓腔,骨小梁的表面附有成骨细胞和破骨细胞。

到 17~20 岁时,骺板停止生长,被骨组织取代,形成骺线,长骨不再加长。

2. 骨的增粗　出生后,骨干密质骨中形成骨单位。旧的骨单位逐渐被分解吸收,新的骨单位不断形成。与此同时,由骨外膜和骨内膜的成骨细胞形成环骨板。由于骨单位的相继形成、外环骨板的增厚及骨干内表面骨组织的吸收,骨干逐渐增粗,骨髓腔扩大。

(五) 影响骨生长发育的因素

骨的生长发育除受遗传因素控制外,也受激素、维生素和某些生物活性物质等的影响。

1. 激素　生长激素和甲状腺激素可促进骺板软骨的生长,成年前这两种激素分泌过少,可致身材短小;生长激素分泌过多,可引起巨人症。甲状旁腺激素激活骨细胞和破骨细胞的溶骨作用,使血钙升高;降钙素则抑制骨盐溶解,并刺激成骨细胞的成骨,使血钙降低。雌激素能增强成骨细胞的活动,参与骨的生长和成熟。雌激素不足时,成骨细胞功能不活跃,而破骨细胞的活动相对增强,这与老年妇女的骨质疏松症有关。此外,糖皮质激素抑制骨的形成。

2. 维生素　维生素 A 协调成骨细胞和破骨细胞的活动,维持骨的正常生长和改建。维生素 C 促进成骨细胞合成骨的有机质,严重缺乏时骨干变薄、变脆,骨折后愈合缓慢。维生素 D 能促进肠道对钙和磷的吸收,提高血钙和血磷水平,有利于类骨质的钙化。儿童期缺乏维生素 D 可引起佝偻病。

3. 生长因子和细胞因子　骨内含一些生长因子和细胞因子,与骨的生长和改建密切相关。如转化生长因子β抑制破骨细胞的骨吸收,刺激成骨细胞的骨形成。成纤维细胞生长因子及其受体异常可引起颅缝早闭和侏儒。

四、关节

关节是骨与骨之间的连接处,分以滑膜关节为代表的分布广泛的动关节和以椎间连接为代表的不动

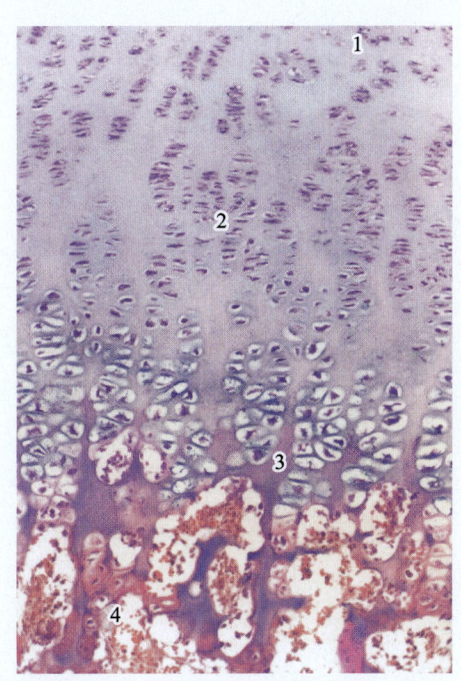

图 6-13　骺板软骨的生长和骨化过程
1—软骨贮备区;2—软骨增生区;3—软骨钙化区;4—成骨区

关节两大类。不动关节通过纤维结缔组织、软骨或骨相连接。动关节的结构比较复杂,由关节软骨、关节囊及关节腔等构成。

(一)关节软骨

关节软骨(articular cartilage)为关节表面的薄层透明软骨,表面光滑,附有滑液,可减小关节运动时的摩擦力。关节软骨表层的细胞较小,单个分布。深层的细胞较大,呈柱状分布,与关节面垂直。近骨部的软骨基质钙化,钙化的软骨组织与骨骺的骨组织即软骨下骨相连接。整个关节软骨基质内的胶原原纤维大致呈拱形排列,有利于抵抗外力(图 6-14)。

(二)关节囊

关节囊(articular capsule)可分内、外两层。外层纤维排列紧密,与骨外膜连续;内层较疏松,称滑膜(synovial membrane)。滑膜内层常被覆若干层扁平或立方形的上皮样结缔组织细胞,称滑膜细胞(synovial cell),可分泌透明质酸和黏蛋白等。

(三)关节腔

关节囊所封闭的腔隙称关节腔(articular cavity)。滑液(synovial fluid)是关节腔内的少量透明黏性液体,除含大量水、透明质酸和黏蛋白外,还含有少量淋巴细胞和巨噬细胞等,可为关节软骨提供营养。有的关

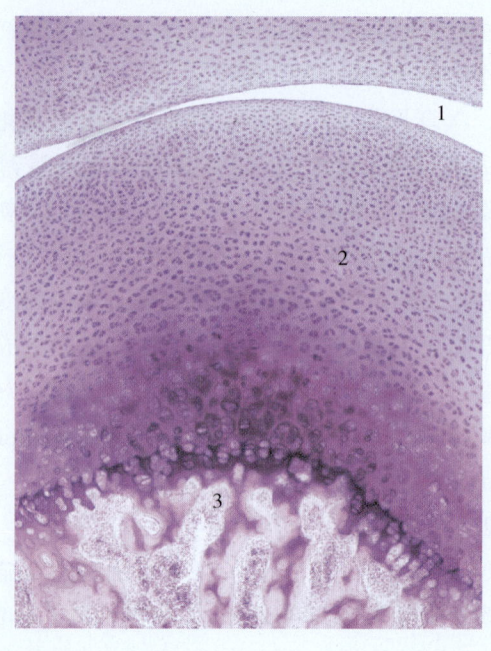

图 6-14　关节软骨
1—关节腔;2—关节软骨;3—软骨下骨

节腔内还有纤维软骨性的关节盘、半月板和关节内韧带等,可维持关节面相互适应并能加强关节稳定性。

知识链接 6-1　组织工程

(周劲松)

新形态教材网

📱 微课导学　　📄 教学课件　　🖥 微视频　　⚙ 知识链接　　📝 自测题

第七章

肌 组 织

肌组织（muscular tissue）主要由肌细胞构成。肌细胞呈细长纤维形，因此又称肌纤维（muscle fiber）。肌细胞的细胞膜称肌膜（sarcolemma），细胞质称肌质（sarcoplasm）。肌纤维能收缩、舒张是由于肌质中含有大量的肌丝，肌丝集合成光镜下可见的肌原纤维。

根据肌细胞的结构和分布，肌组织分为骨骼肌、心肌和平滑肌3种。骨骼肌和心肌都有明暗相间的横纹，属横纹肌（striated muscle）；平滑肌则无横纹。骨骼肌受躯体神经支配，属随意肌；心肌和平滑肌受自主神经支配，为不随意肌。

肌组织均发生于胚胎时期的间充质。间充质细胞先分化为成肌细胞，成肌细胞再发育为成熟的肌细胞。

一、骨骼肌

骨骼肌（skeletal muscle）一般借肌腱附于骨骼，也有少数不附着在骨骼上，如眼和口周围的轮匝肌和食管壁的横纹肌。许多骨骼肌纤维被结缔组织结合在一起而构成一块肌肉。致密结缔组织包裹在整块肌肉的外面形成肌外膜（epimysium）。肌外膜的结缔组织伸入肌肉内，将肌肉分割成大小不等的肌束，形成肌束膜（perimysium）。分布在每条肌纤维周围的结缔组织称肌内膜（endomysium）（图7-1），肌内膜含有丰富的毛细血管及神经纤维。结缔组织对骨骼肌纤维具有支持、连接、营养和功能调整作用。

（一）骨骼肌纤维的光镜结构

骨骼肌纤维是长圆柱形的多核细胞，直径 10~100 μm，长短不一，大多为 1~40 mm（最长可超过 40 mm）。一条肌纤维内含有几十个甚至几百个核，核呈扁椭圆形，位于肌膜下方。肌膜外面有基膜贴附。在肌质中有沿肌纤维长轴平行排列的肌原纤维（myofibril），直径 1~2 μm。每条肌原纤维上都有相间排列的明带（light band）和暗带（dark band）。在偏振光显微镜下，明带呈单折光性，为各向同性（isotropic），因此又称 I 带（I band）；暗带呈双折光性，为各向异性（anisotropic），因此又称 A 带（A band）。各条肌原纤维的明带和暗带都准确排列在同一平面上，因而构成了骨骼肌纤维明暗相间的周期性横纹（cross striation）（图7-2，图7-3）。用油镜观察，可见暗带中央有一条浅色窄带，称 H 带，H 带中央有一条深色的 M 线。明带中央有一条深色的 Z 线。相邻两条 Z 线之间的一段肌原纤维称为肌节（sarcomere），它由 1/2 I 带 +A 带 +1/2 I 带组成，是肌原纤维结构和功能的基本单位。肌细胞静止时，暗带的长度为 1.5 μm，明带的长度为 1 μm，因此，肌节长 2.5 μm。

此外，在骨骼肌的肌膜和基膜之间还有一种扁平有突起的细胞，称肌卫星细胞（muscle satellite cell）。肌卫星细胞是储留在骨骼肌组织中的生肌干细胞，参与骨骼肌纤维的再生。

知识链接7-1 肌卫星细胞

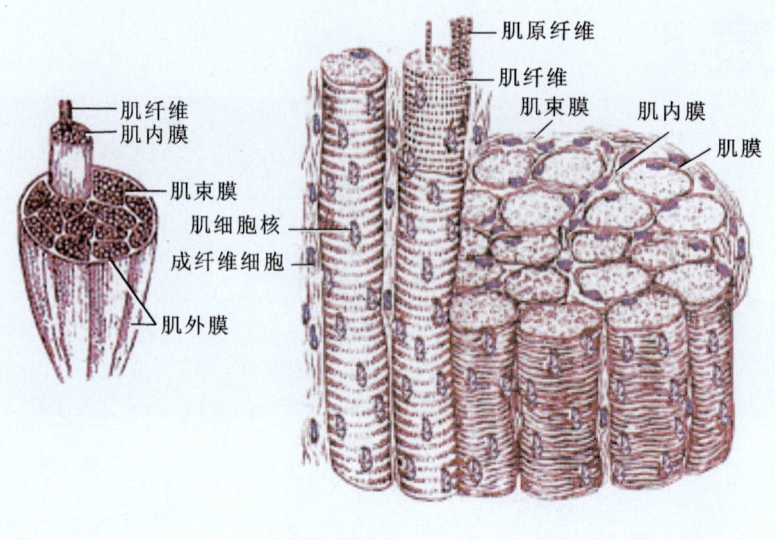

图 7-1　骨骼肌结构模式图
A. 一块骨骼肌;B. 一个肌束

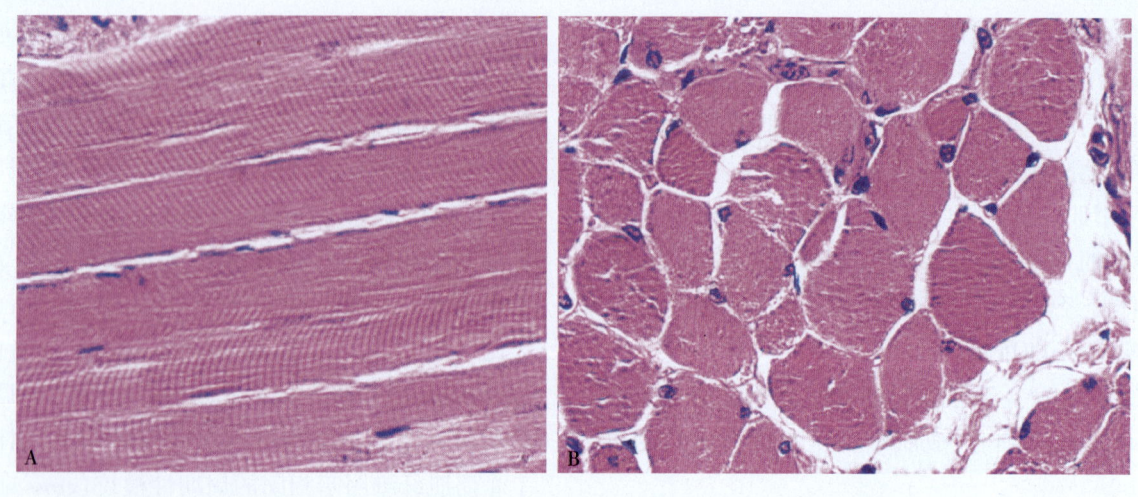

图 7-2　骨骼肌纤维
A. 纵切面;B. 横切面

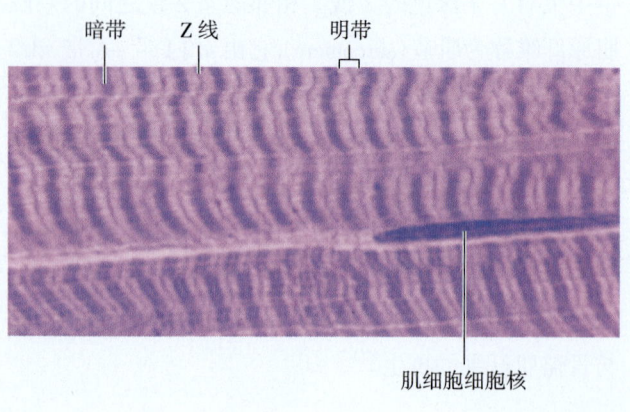

图 7-3　骨骼肌纤维(纵切面)

(二) 骨骼肌纤维的超微结构

1. 肌原纤维　由数千条平行排列的肌丝组成。肌丝(myofilament)有粗肌丝和细肌丝两种。粗肌丝(thick myofilament)长约 1.5 μm,直径约 15 nm,位于肌节中央的 A 带。粗肌丝两端游离,中央固定在 M 线上。细肌丝(thin myofilament)长约 1 μm,直径 5~8 nm,位于肌节两侧,一端附着于 Z 线,另一端伸入粗肌丝之间,止于 H 带的边缘。I 带因只有细肌丝而显得明亮,H 带则仅有粗肌丝,H 带两侧的 A 带既有细肌丝又有粗肌丝而显得深暗。在横断面上,可见每条粗肌丝周

围排列着 6 条细肌丝,每条细肌丝周围有 3 条粗肌丝
排布(图 7-4,图 7-5)。

粗肌丝的分子结构:粗肌丝主要由肌球蛋白
(myosin)分子组成。肌球蛋白分子形如豆芽状,分头
部和杆部,肌球蛋白分子杆在靠近分子头的部分可以
屈动。大量肌球蛋白分子平行排列,集合成束,组成一
条粗肌丝。M 线两侧的肌球蛋白分子对称排列,杆部
伸向 M 线,头部朝向 Z 线,肌球蛋白分子的头均突出
于粗肌丝表面,形成电镜下可见的横桥(cross bridge)。
肌球蛋白的头部具有 ATP 酶的活性并能与 ATP 结合,
当头部与细肌丝肌动蛋白接触时,ATP 酶被激活,分
解 ATP 并释放能量,使横桥屈动。

细肌丝的分子结构:细肌丝由 3 种蛋白质构成,
即肌动蛋白(actin)、原肌球蛋白(tropomyosin)和肌钙
蛋白(troponin)。肌动蛋白是细肌丝的结构蛋白,由
球形的肌动蛋白单体连接成串珠状,并形成双股螺旋
链。球形的肌动蛋白单体有极性,每个肌动蛋白单体

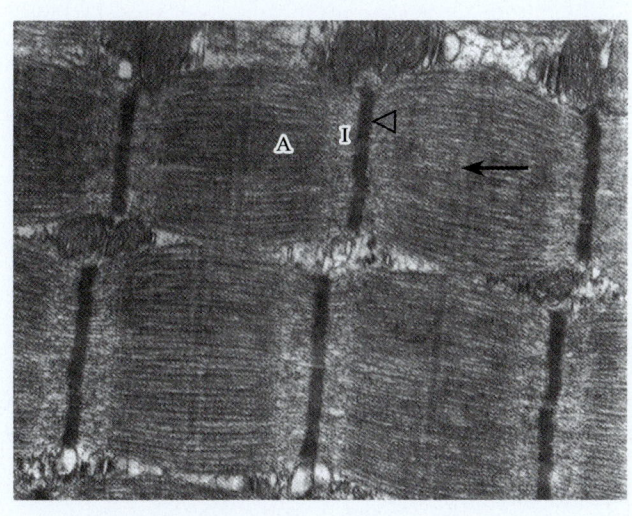

图 7-4 兔骨骼肌细胞(TEM)
I—I 带;A—A 带;◁—Z 线;←—M 线

都有一个能与粗肌丝的肌球蛋白头部相结合的位点,
但在肌纤维处于非收缩状态时,该位点被原肌球蛋白
掩盖。原肌球蛋白是由两条多肽链形成的双股螺旋状

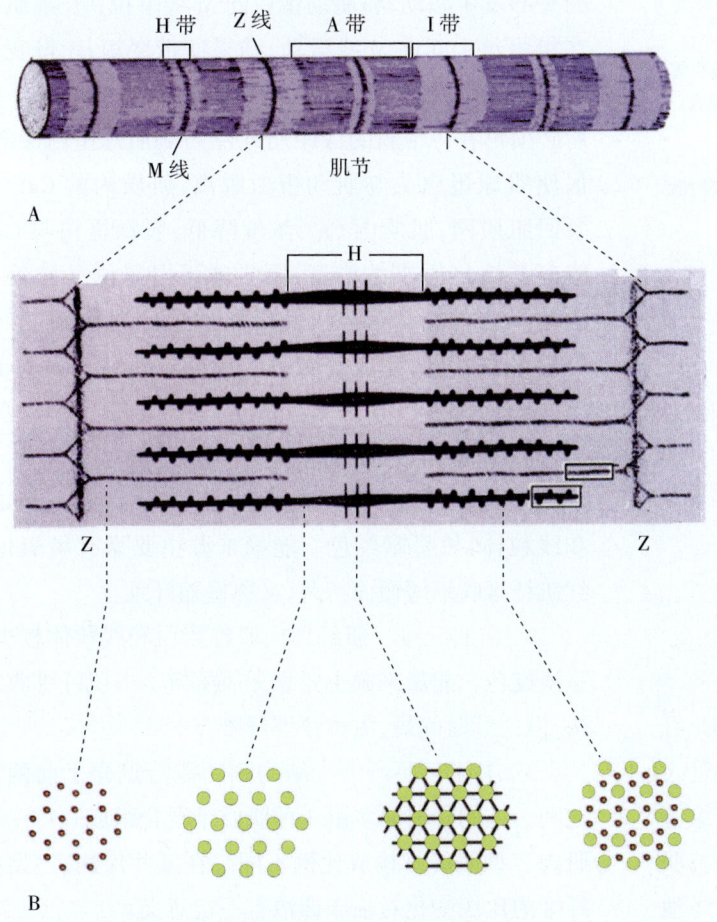

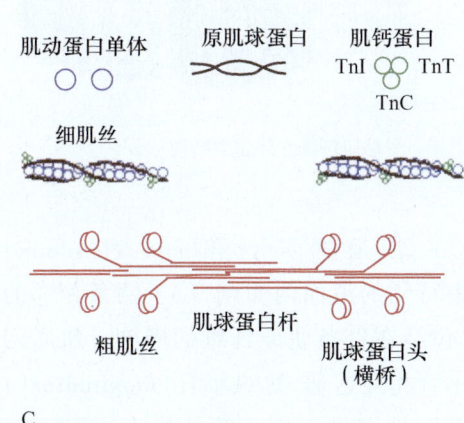

图 7-5 骨骼肌肌原纤维超微结构及肌丝分子结构
A.肌节的纵观;B.肌丝不同部位的横切面;C.肌丝的分子结构

分子,首尾相连,位于肌动蛋白双股螺旋链的浅沟内。肌钙蛋白由肌钙蛋白 T(TnT)、肌钙蛋白 I(TnI)和肌钙蛋白 C(TnC)3 个球形的亚单位组成。TnT 亚单位能与原肌球蛋白结合,将肌钙蛋白固定在原肌球蛋白分子上。TnC 亚单位能与 Ca²⁺ 相结合而引起肌钙蛋白分子构型发生改变。TnI 是抑制肌动蛋白和肌球蛋白相互作用的亚单位。

2. 横小管(transverse tubule) 是肌膜向细胞内凹陷形成的微细小管,又称 T 小管。横小管的走向与肌纤维垂直,人和哺乳类动物的横小管位于每个肌节的 A 带与 I 带交界处。同一水平面的横小管分支吻合,环绕每条肌原纤维(图 7-6)。横小管开口于肌细胞表面,因此可将肌膜的兴奋迅速传到肌纤维内部。

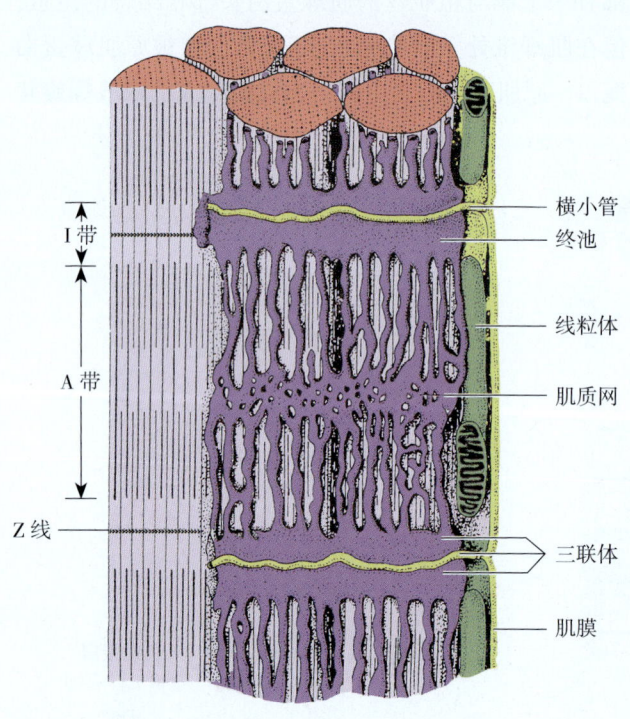

图 7-6 骨骼肌纤维立体超微结构

（标注：横小管、终池、线粒体、肌质网、三联体、肌膜；I 带、A 带、Z 线）

3. 肌质网(sarcoplasmic reticulum) 是肌纤维中特化的滑面内质网,位于两条相邻的横小管之间,包绕在每条肌原纤维的周围。肌质网中部纵行的小管相互连通,称纵小管(longitudinal tubule);肌质网两端在靠近横小管处扩大,呈扁囊状,称终池

(terminal cisternae)。每条横小管与两侧的终池组成三联体(triad)。在此部位将兴奋从肌膜传递到肌质网膜。肌质网膜有钙泵和钙通道。钙泵能逆浓度差把肌质中的 Ca²⁺ 泵入肌质网内储存。当肌质网膜接受兴奋时,钙通道开放,使肌质网内储存的 Ca²⁺ 释放到肌质。

此外,肌原纤维之间有大量线粒体、糖原及少量脂滴,肌质中还有能与氧结合的肌红蛋白,可为线粒体提供在产生 ATP 过程中所需的氧。

(三)骨骼肌纤维的收缩原理

骨骼肌纤维的收缩机制为肌丝滑动原理,其主要过程如下:① 运动神经末梢将神经冲动传递给肌膜;② 肌膜的兴奋通过横小管迅速传向终池,使终池释放 Ca²⁺ 到肌质;③ Ca²⁺ 与肌钙蛋白 TnC 结合,肌钙蛋白分子构型发生变化,进而使原肌球蛋白位置发生改变,暴露出肌动蛋白上与肌球蛋白头部的结合位点,两者迅速结合;④ ATP 被分解并释放能量,肌球蛋白的头部发生屈动,将肌动蛋白向 M 线牵拉;⑤ 细肌丝在粗肌丝之间向 M 线滑动,结果:I 带变短,H 带变短甚至消失,A 带长度不变,肌节缩短,肌纤维收缩。此后必须再有一个新的 ATP 分子结合到肌球蛋白头部,促使肌球蛋白头与肌动蛋白脱离,肌质内的 Ca²⁺ 被泵回肌质网,肌质内 Ca²⁺ 浓度降低,肌钙蛋白与 Ca²⁺ 解离并恢复原来的构型,原肌球蛋白复位又掩盖在肌动蛋白的结合位点上。细肌丝退回原位,肌节恢复原来的长度,完成一次收缩周期(contraction cycle)(图 7-7)。

(四)骨骼肌纤维的分型

1. 红肌纤维 肌纤维内富含肌红蛋白(myoglobin)和线粒体,故呈暗红色。能量来源主要靠有氧氧化。红肌纤维收缩缓慢而持久,又称慢缩纤维。

2. 白肌纤维 肌纤维内肌红蛋白和线粒体较少,呈淡红色。能量来源主要靠无氧酵解。白肌纤维收缩快,但持续时间短,故称快缩纤维。

3. 中间型肌纤维 结构和功能特点介于前两者之间。人的骨骼肌多由 3 种肌纤维混合组成。每一块肌肉三型肌纤维构成比例不同。在某些疾病,三型肌纤维的比例变化对临床诊治有一定意义。

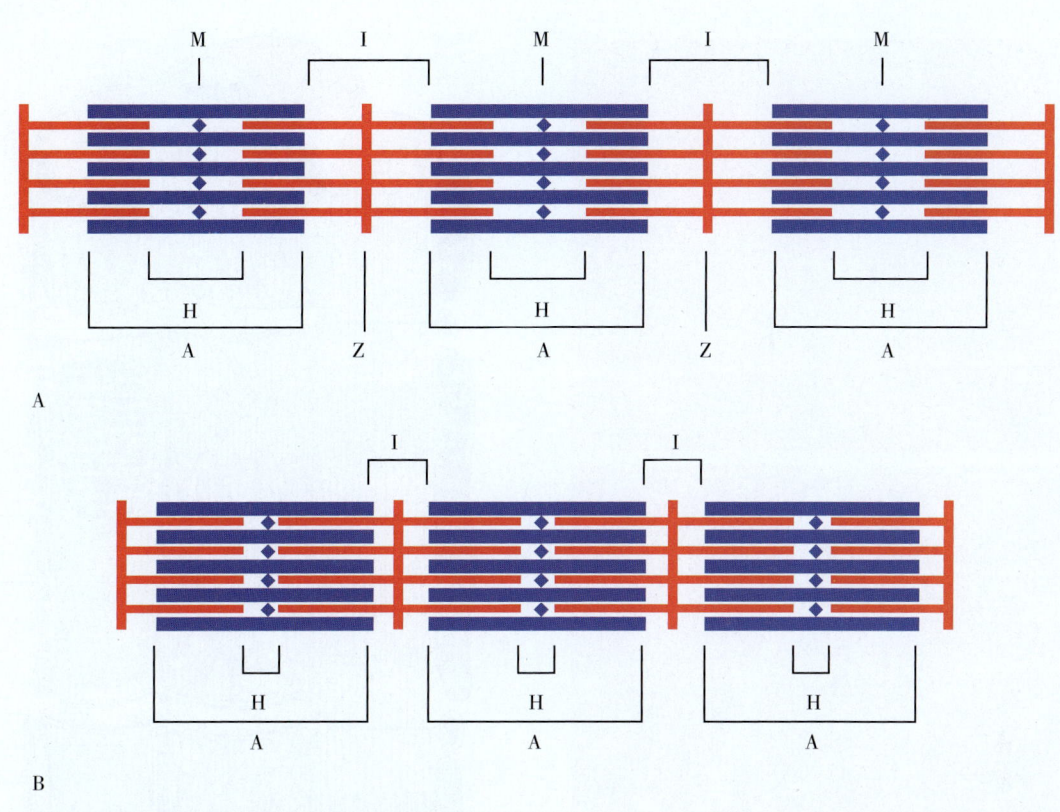

图 7-7　骨骼肌纤维收缩时肌节结构变化示意图
A. 肌纤维舒张；B. 肌纤维收缩

（宋　芳　杨美霞）

二、心肌

心肌（cardiac muscle）分布于心壁和邻近心脏的大血管壁上，其收缩有自动节律性。

（一）心肌纤维的光镜结构

心肌纤维呈不规则的短圆柱状，有分支，互相连接成网。心肌纤维的连接处称闰盘（intercalated disk）（图 7-8，图 7-9）。在 HE 染色标本中，闰盘染色深。多数心肌纤维有一个核，少数有双核，核呈卵圆形，位于细胞中央。肌质较丰富，内含线粒体、糖原、少量脂滴和脂褐素。脂褐素随年龄增长而增多。心肌纤维也呈明暗相间的周期性横纹，但肌原纤维和横纹都不如骨骼肌纤维的明显。

（二）心肌纤维的超微结构

心肌纤维的超微结构与骨骼肌纤维相似，也含有粗肌丝和细肌丝并组成肌节。心肌纤维的超微结构特点是：① 肌原纤维的粗细不等，界线不很分明。这是由于肌原纤维之间有横小管、肌质网和极为丰富的线粒体把肌丝分隔成粗细不等的肌丝束所致。② 横小管较粗，位于 Z 线水平。③ 肌质网稀疏，纵小管不发达，终池少而小，横小管多与一侧的终池紧贴形成二联体（diad）。因此，心肌纤维的贮钙能力低，收缩前尚需从细胞外摄取 Ca^{2+}。④ 闰盘位于 Z 线水平，横向连接的部分有中间连接和桥粒，加强了细胞间连接的牢固性；在纵向连接的部分有缝隙连接，便于细胞间信息的直接传导，保证心肌纤维整体同步收缩（图 7-9~ 图 7-11）。⑤ 心房肌纤维还具有内分泌功能，可分泌心房利钠尿多肽（又称心钠素），具有排钠、利尿和扩张血管、降低血压的作用。

知识链接 7-2　心肌梗死的早期发现和急救措施

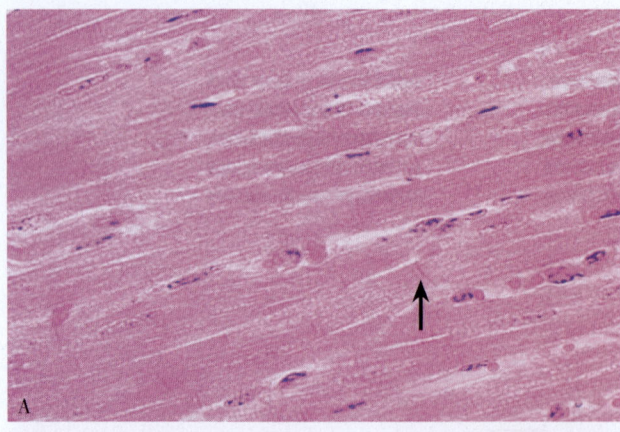

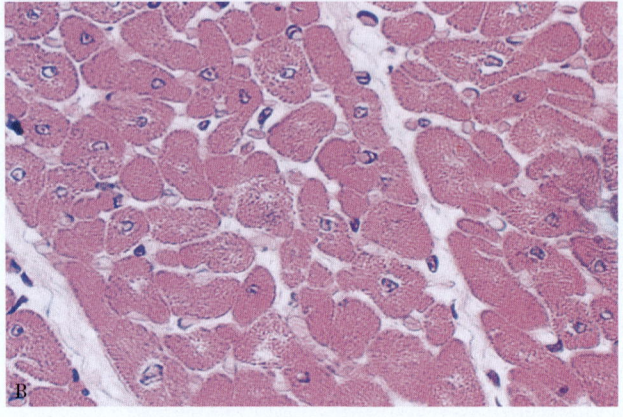

图 7-8　心肌纤维
A. 纵切面；B. 横切面；↑—闰盘

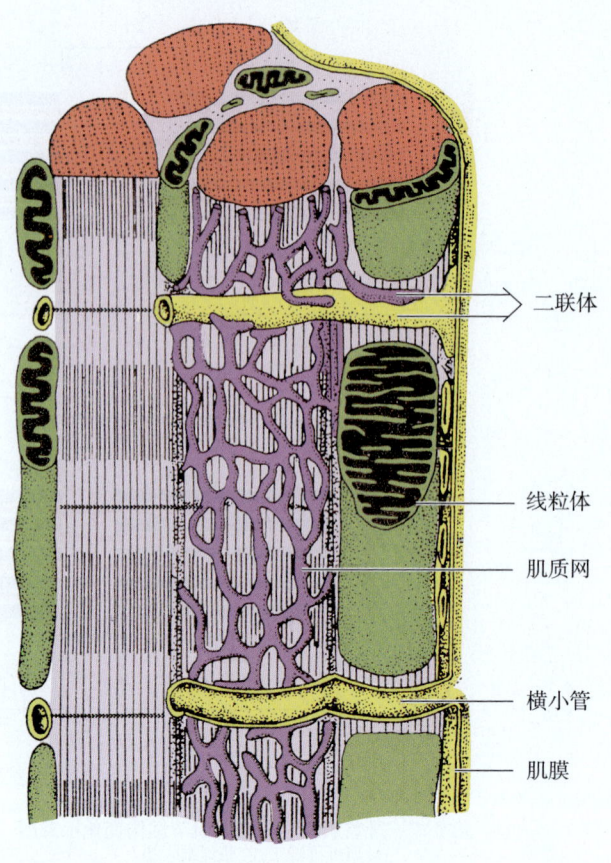

二联体

线粒体

肌质网

横小管

肌膜

图 7-10　心肌纤维超微结构立体模式图

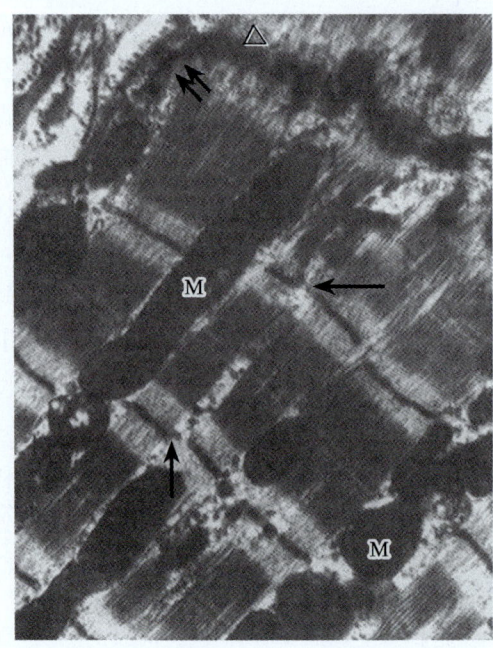

图 7-9　猴心肌细胞（TEM）
M—线粒体；↑—二联体；△—闰盘横位部分的中
间连接和桥粒；↑↑—闰盘纵位部分的缝隙连接

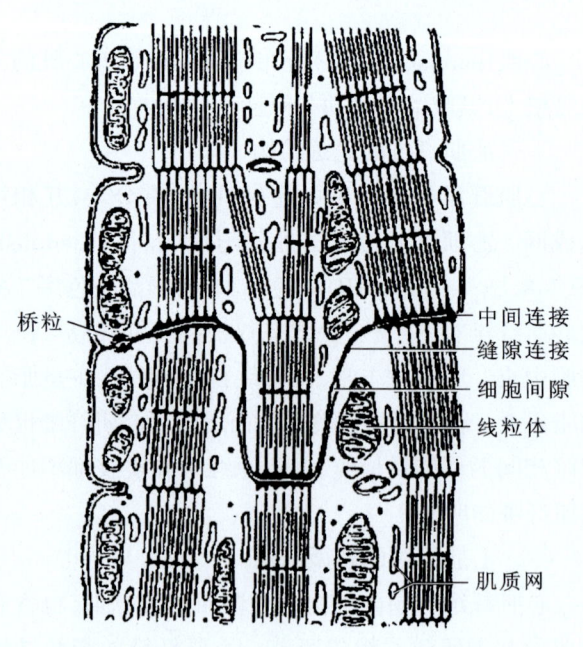

桥粒

中间连接

缝隙连接

细胞间隙

线粒体

肌质网

图 7-11　心肌闰盘超微结构模式图

三、平滑肌

平滑肌（smooth muscle）广泛分布于血管和许多内脏器官。

（一）平滑肌纤维的光镜结构

平滑肌纤维呈长梭形，有一个杆状或椭圆形的核，位于细胞中央，细胞质内无肌原纤维，不形成明显的肌节，因此无横纹（图 7-12）。平滑肌纤维一般长 200 μm，直径 8 μm，但大小不均，如小血管壁上的平滑肌纤维短至 20 μm，妊娠末期的子宫平滑肌纤维可长达 500 μm。

（二）平滑肌纤维的超微结构

平滑肌纤维的肌膜向胞质内凹陷形成数量众多

的小凹（caveola），相当于横纹肌的横小管。细胞核两端的肌质较多，主要含有线粒体、少量粗面内质网、高尔基体、糖原及脂滴。平滑肌的细胞骨架系统比较发达，由密斑（dense patch）、密体（dense body）和中间丝组成。密斑和密体都是电子密度高的小体。密斑位于肌膜下，为扁平斑块状；密体位于肌质中，为梭形小体（图 7-13）。中间丝斜行或纵行，连接于密斑、密体之间，形成梭形的细胞骨架。平滑肌细胞质内有粗、细两种肌丝。细肌丝主要由肌动蛋白组成，一端附着于密斑或密体，另一端游离，环绕在粗肌丝周围。粗肌丝由肌球蛋白构成，呈圆柱状，表面有成行排列的横桥，相邻的两行横桥屈动方向相反（图 7-14，图 7-15）。若干条粗肌丝和细肌丝聚集形成肌丝单位，

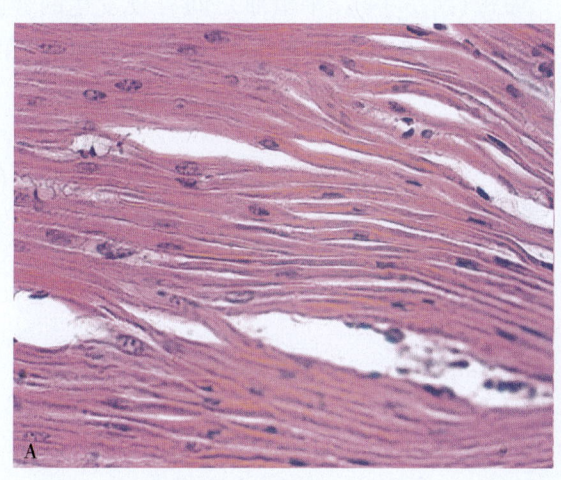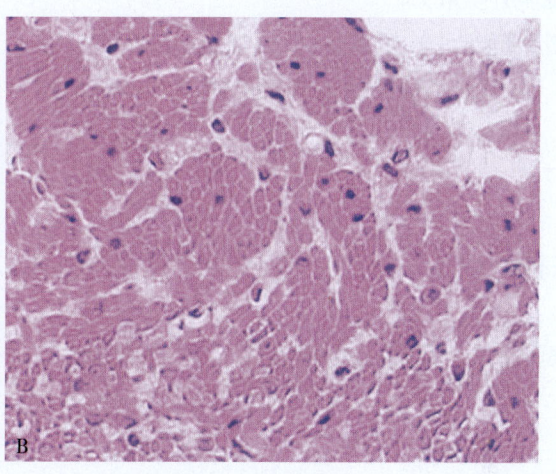

图 7-12 平滑肌纤维
A. 纵切面；B. 横切面

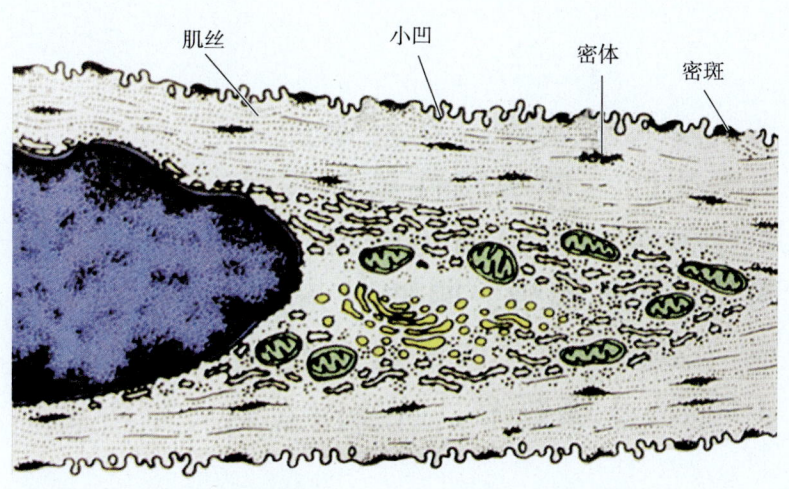

图 7-13 平滑肌纤维超微结构

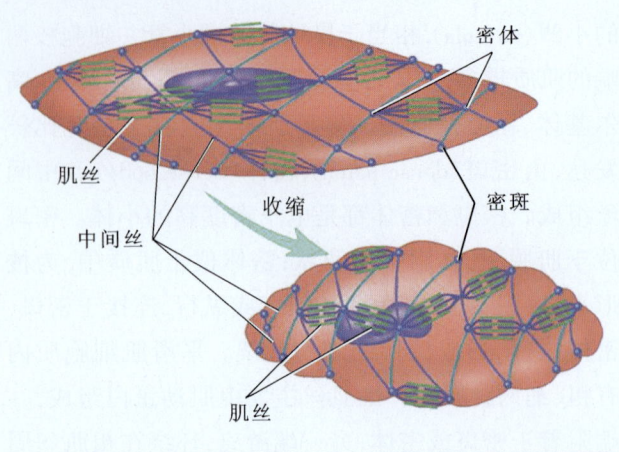

图 7-14 平滑肌收缩示意图

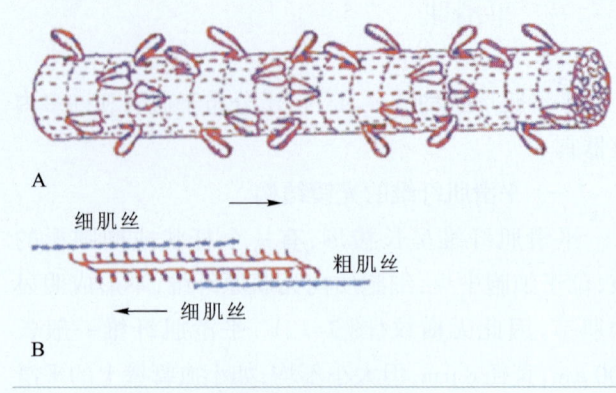

图 7-15 平滑肌纤维粗肌丝超微结构
A. 粗肌丝表面横桥排列成行,相邻两行横桥屈动方向相反;
B. 粗肌丝的两行横桥牵拉细肌丝,方向却相反

又称收缩单位。细胞内只有少量肌质网,细胞收缩时也需从细胞外摄取 Ca^{2+}。

平滑肌纤维的收缩也是以粗、细肌丝间的滑动为基础的。由于细肌丝及细胞骨架的附着点密斑呈螺旋状分布,当肌丝滑动时,肌纤维呈螺旋状扭曲,长轴缩短(图 7-14)。平滑肌之间有较发达的缝隙连接,可传递信息分子和电冲动,引起相邻肌纤维的同步功能活动。

(沙 鸥)

新形态教材网

📱 微课导学　　📖 教学课件　　🖥 微视频　　⚙ 知识链接　　📄 自测题

第八章

神经组织

神经组织主要由神经细胞和神经胶质细胞组成，两者均具有突起。神经细胞是神经系统的结构和功能单位，因此也称神经元。神经元数量庞大，大脑中约有 10^{11} 个，它们彼此相互联系形成复杂的神经网络和通路，通过接受刺激、整合信息和传导神经冲动，将信息传递到肌细胞、腺细胞等发挥效应。分布在下丘脑等部位的某些神经元因具有内分泌功能，也称为分泌性神经元。神经胶质细胞也称神经胶质或胶质细胞，遍布于神经元周围，虽不具有传导神经冲动的特性，但对神经元起支持、营养、保护、绝缘和修复等作用。近年的研究显示，神经胶质细胞也参与神经元的一些生理活动。神经元和神经胶质细胞虽然在形态和功能上具有明显差别，但其关系极为密切。

一、神经元

神经元（neuron）是高度分化的细胞，其形态多种多样，均由胞体和突起组成（图 8-1）。胞体包括细胞膜、细胞核和细胞质，突起分为树突和轴突。

（一）神经元的结构

1. 胞体 神经元的胞体（soma）主要存在于脑和脊髓的灰质及神经节内。其形态各异，有锥体形、梨形、球形、星形或梭形等。其大小差异很大，直径为 5~150 μm。胞体是神经元的代谢和营养中心。

（1）细胞膜 是可兴奋膜，静止时表现出膜外为正、膜内为负的跨膜电位差，即静息电位，当受到特定

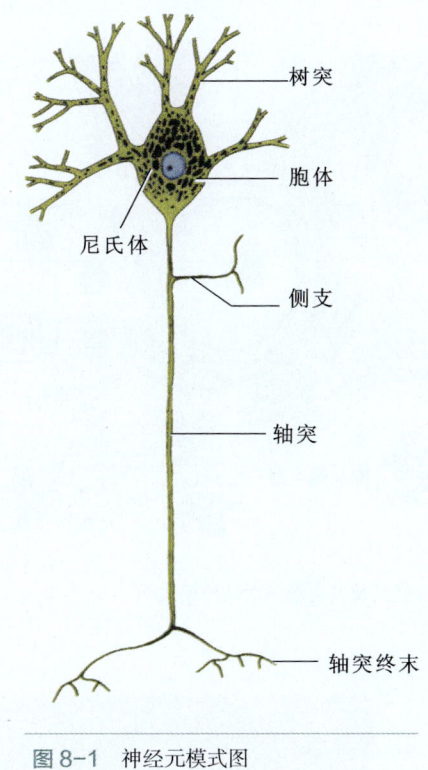

图 8-1　神经元模式图

树突

胞体

尼氏体

侧支

轴突

轴突终末

刺激时能产生明显的电位变化（即动作电位或神经冲动），并能沿细胞膜向周围传播。

神经元的细胞膜与其他细胞相似，也是脂双层膜性结构，膜上镶嵌有不同功能的蛋白质，这些蛋白质称为膜蛋白。神经元细胞膜的性质与其所含有的膜蛋白种类、数量、结构和功能有关。有些膜蛋白是特异的化学信息的受体（receptor），有些是控制特定离子通过的离子通道（ionic channel）。受电刺激而开放的离子

通道称电压门控通道,当某种化学物质与受体结合时才开放的离子通道称化学门控通道。此外,神经元细胞膜表面还有神经细胞黏附分子等糖蛋白和神经节苷脂等糖脂,它们与细胞识别、连接等活动有关。

(2) 细胞核 多数神经元只有一个大而圆的细胞核,多位于神经元胞体中央,异染色质少,故着色浅,呈空泡状,核仁明显,呈圆形。少数神经元含有2个核,如交感神经节中的部分神经元。

(3) 细胞质 神经元胞体部的细胞质称核周质(perikaryon),除含有滑面内质网、高尔基体、线粒体、溶酶体、脂褐素等结构外(图8-2),光镜下还富含两种特征性结构:尼氏体和神经原纤维。

1) 尼氏体(Nissl body):又称嗜染质(chromatophilic substance),是存在于胞体和树突中的嗜碱性小体或

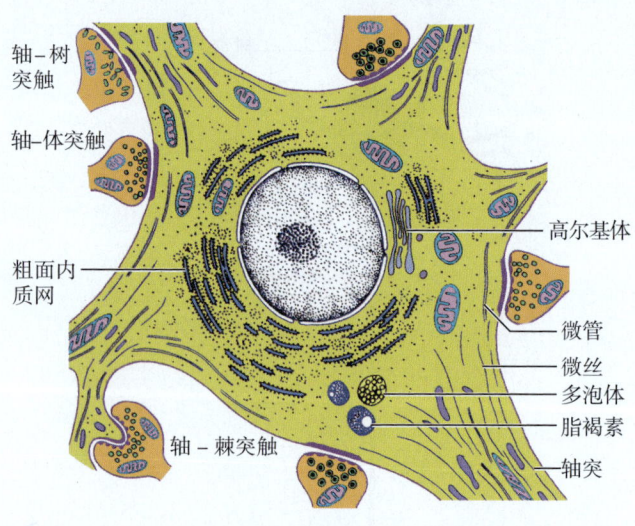

轴－树突触
轴－体突触
粗面内质网
高尔基体
微管
微丝
多泡体
脂褐素
轴－棘突触
轴突

图8-2 神经元及其突触超微结构模式图

颗粒(图8-1,图8-3A)。不同神经元尼氏体的形态和大小不一,通常在大神经元细胞质内更丰富,如脊髓前角运动神经元内,尼氏体数量多,呈斑块状,有如虎皮样花斑,又称虎斑小体(tigroid body)。而在小脑浦肯野细胞、脊神经节神经元等的细胞质内,尼氏体呈细颗粒状。电镜下,尼氏体由许多平行排列的粗面内质网及其间的游离核糖体构成,没有明显的边界。尼氏体是神经元合成蛋白质的部位,合成的蛋白质包括复制细胞器所需的蛋白质和产生神经递质有关的酶等。尼氏体的形态和数量因神经元功能状态不同而不同,因此可作为判定神经元功能状态的一种标志。

2) 神经原纤维(neurofibril):在神经组织镀银切片标本中,细胞质内可清晰地显示出交织成网并向树突和轴突延伸的棕黑色丝状结构,即神经原纤维(图8-3B)。电镜下,神经原纤维由神经丝(neurofilament)和微管聚集排列成束而成。神经丝是神经元内的中间丝,直径约10 nm,由3种(低相对分子质量、中相对分子质量和高相对分子质量)神经丝蛋白亚单位组成。微管直径约25 nm,壁厚约6 nm,由微管蛋白组成,微管与微丝、神经丝共同构成神经元的细胞骨架(cytoskeleton),既具有支持作用,还参与细胞质内的物质转运活动。

3) 滑面内质网:神经元的滑面内质网也十分发达,可参与合成脂质和固醇等。有的滑面内质网紧靠细胞膜下形成较宽阔的扁平囊,称膜下池(hypolemmal cistern),是神经元的特征之一,可能与从膜进入细胞内的离子的运输有关。

4) 高尔基体:神经元内有发达的高尔基体,常围

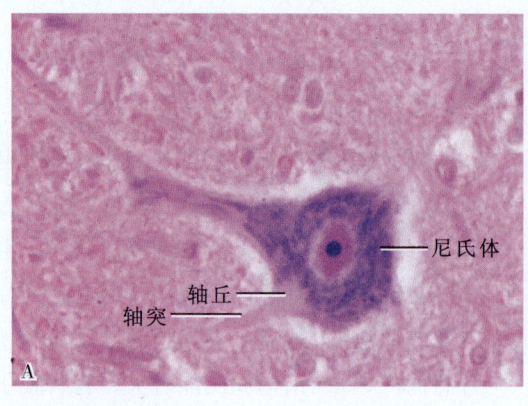
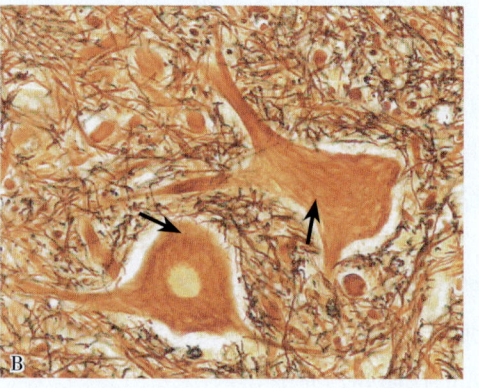

尼氏体
轴丘
轴突

图8-3 神经元
A.尼氏体(天竺牡丹染色);B.神经原纤维(镀银染色)

绕细胞核,并可伸至一级树突分支内,轴突内无高尔基体(图8-2)。高尔基体参与生成含肽类或其他递质的神经分泌颗粒,将生成的递质和某些特异性的酶,连同载体蛋白,以小泡的形式送至轴突。

5)脂褐素(lipofuscin):呈棕黄色颗粒状,随年龄增长而增多,其内容物为溶酶体消化时残留的物质,多为异物、脂滴或退变的细胞器(图8-2)。

2. 突起(process 或 neurite) 自胞体伸出,其长短、数量与形态因不同神经元而异。长的突起组成神经纤维,短的突起参与组成中枢的神经毡(neuropil)和外周的神经丛。一些突起的终末分布于外周器官,组成神经末梢,感受体内外刺激,或支配效应器(肌纤维、腺细胞等)活动。

(1) 树突(dendrite) 神经元有一个或多个树突,一般自胞体发出后即反复分支,逐渐变细,形如树枝状。树突内的结构与核周质相似,也含有尼氏体、线粒体、滑面内质网、微丝、神经丝和微管等。树突表面可见许多棘状突起,称树突棘(dendritic spine),是神经元间形成突触的主要部位。树突棘的长短、形状不一,其数量及分布因神经元不同而异。电镜下,树突棘内含有 2~3 层滑面内质网形成的板层,板层间有少量致密物质,称棘器(spine apparatus)。树突具有接受刺激并将冲动传入神经元胞体的功能,树突的分支和树突棘可扩大神经元接受刺激的表面积。

(2) 轴突(axon) 一个神经元一般只有一个轴突,一般由胞体发出,也可于主树突干的基部发出。胞体发出轴突的部位常呈圆锥形,称为轴丘(axon hillock,图8-3A)。轴丘区无尼氏体,染色淡。轴突一般较树突细,粗细均匀,分支多呈直角发出,称侧支(collateral branch),其直径一般与主干相同。轴突末端分支较多,形成轴突终末(axonal terminal)。轴突表面的细胞膜称轴膜(axolemma),其内的细胞质称轴质(axoplasm)。轴质内有大量与轴突长轴平行排列的微管和神经丝,并含有微丝、线粒体、滑面内质网和小泡,但无粗面内质网和高尔基体,故光镜下轴突内也无尼氏体。轴突的主要功能是传导神经冲动。神经冲动在轴突起始部长15~25 μm的一段轴膜发生,并沿着轴膜传导。发出神经冲动处的轴膜较厚,易引起兴奋,膜下有电子密度高的致密层。

轴突内的物质是流动的,称轴质流(axoplasmic flow)。胞体和轴突之间通过这种轴质流进行物质转运和交换。轴突内的物质转运称轴突运输(axonal transport),是一种双向运输(图8-4)。根据运输速度的不同,轴突运输可分为慢速轴突运输(slow axonal transport)和快速轴突运输(fast axonal transport)两种。胞体内新形成的神经丝、微丝和微管向轴突终末的转运为慢速轴突运输,其速度通常为 0.1~8 mm/d;轴膜更新所需的蛋白质、线粒体、含神经递质的小泡及合成递质所需的酶由胞体向轴突终末的运输为快速轴突运输,其运输速度通常为 50~400 mm/d。轴突内物质由胞体向轴突终末的运输称顺向轴突运输(anterograde axonal transport)。反之,轴突终末内的代谢产物或由轴突终末摄取的物质,如蛋白质、小分子物质、由邻近细胞产生的神经营养因子或一些外源性物质(如病毒、毒素及神经束路追踪时注射的示踪剂)可逆向转运到胞体,称逆向轴突运输(retrograde axonal transport)。轴

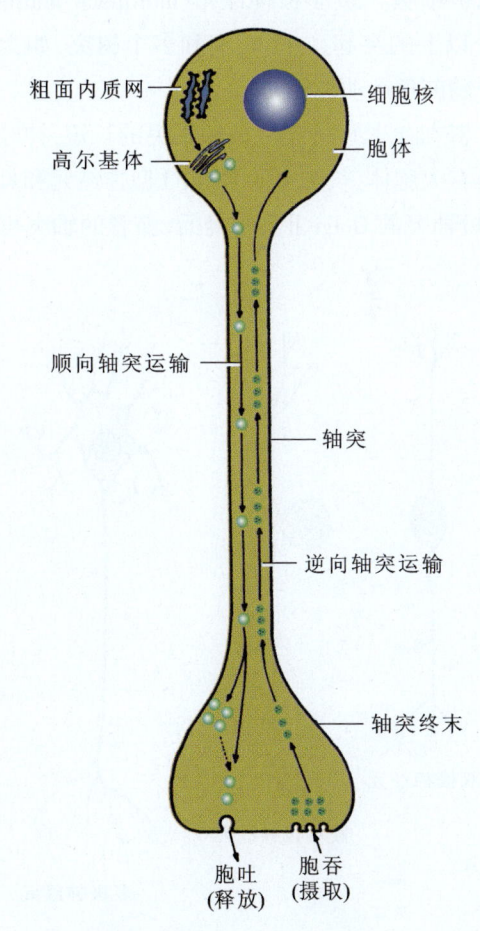

图8-4 轴突运输示意图

突运输与微管的作用密切相关,微管与轴质中的动力蛋白(dynein)或驱动蛋白(kinesin)相互作用,可推动小泡向一定方向移动。此外,微丝也与轴突运输作用有关。

（二）神经元的分类

神经元种类繁多,根据其形态、功能及释放神经递质种类的不同,常有以下几种分类方法。

1. 按突起数量分类　根据突起的多少,神经元分为以下 3 类(图 8-5A):① 假单极神经元(pseudounipolar neuron):如脑脊神经节的细胞,从胞体发出一个突起,但在距胞体不远处呈"T"形分为两支,一支进入中枢,称中枢突(central process),另一支分布到外周组织或器官,称周围突(peripheral process)。按神经冲动的传导方向,假单极神经元的中枢突为轴突,周围突为树突,但因周围突细而长,在形态上与轴突相似,故也称轴突。② 双极神经元(bipolar neuron):具有两个突起,一个树突和一个轴突,如内耳前庭神经节细胞和视网膜的双极细胞。③ 多极神经元(multipolar neuron):具有两个以上的突起,一个轴突和多个树突,如大脑皮质和脊髓前角运动神经元。

2. 按轴突长度分类　按照轴突的长短,神经元可分为具有大胞体、长轴突的 Golgi I 型神经元和具有小胞体、短轴突的 Golgi II 型神经元,前者的轴突可长达 1 m 以上,后者的轴突可短至仅数微米。

3. 按功能分类　根据功能的不同,神经元可分以下 3 类(图 8-5B):① 感觉神经元(sensory neuron):或称传入神经元(afferent neuron),多为假单极神经元,胞体位于脑脊神经节内,可接受体内、外刺激并将信息传入中枢。② 运动神经元(motor neuron):或称传出神经元(efferent neuron),一般为多极神经元,胞体主要位于中枢神经系统灰质和自主神经节内,负责将神经冲动传递给肌细胞或腺细胞。③ 中间神经元(interneuron):也称联络神经元,主要为多极神经元,位于前两种细胞之间,起联络和调节作用。动物进化程度越高,中间神经元越多,人类的中间神经元约占神经元总数的 99%。

4. 按释放的神经递质或神经调质分类　根据神经元释放的神经递质或神经调质(neuromodulator)的种类不同,神经元可分为释放乙酰胆碱的胆碱能神经元(cholinergic neuron),以肾上腺素和去甲肾上腺素为神经递质的肾上腺素能神经元(adrenergic neuron)和去甲肾上腺素能神经元(noradrenergic neuron),以 5-羟色胺或多巴胺为神经递质的胺能神经元(aminergic neuron),释放 P 物质、脑啡肽等肽类神经递质或神经调质的肽能神经元(peptidergic neuron),以及释放谷氨酸、γ- 氨基丁酸、甘氨酸等氨基酸神经递质的氨基酸

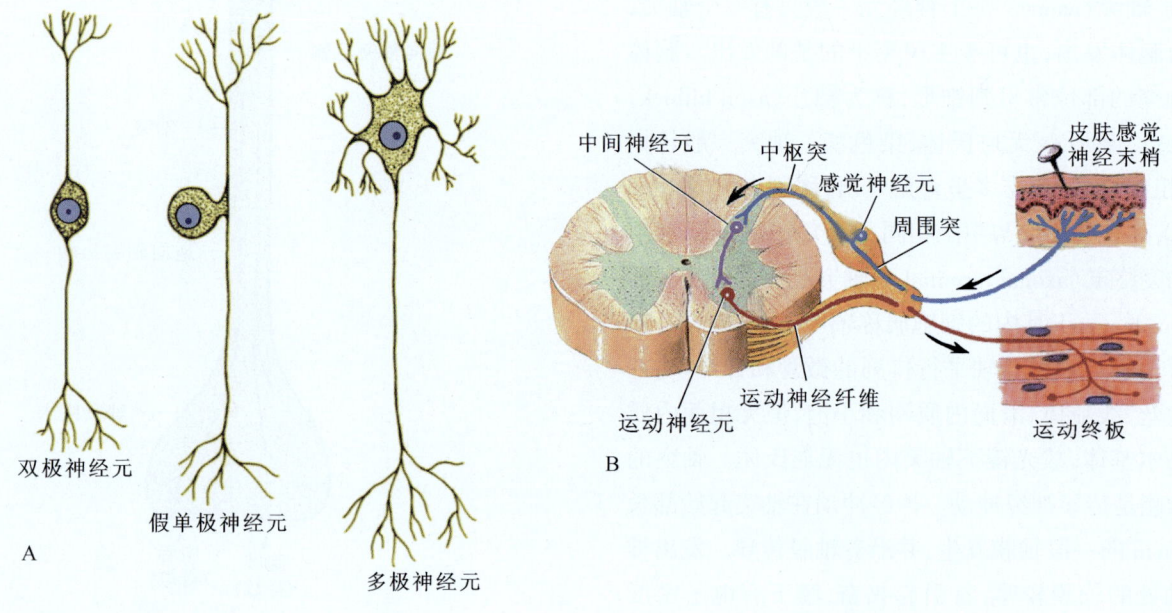

图 8-5　神经元的主要类型
　　A. 按突起数量分类;B. 按功能分类

能神经元（amino acidergic neuron）等。

二、突触

突触（synapse）是神经元与神经元之间，或神经元与效应细胞之间的一种特化的细胞连接，是传递信息的功能部位。神经元之间借助突触彼此相互联系，构成机体复杂的神经网络（neural network），实现神经系统的各种功能活动。在神经元之间的连接中，最常见的是上一级神经元的轴突终末与下一级神经元的树突、树突棘或胞体形成轴–树突触（axodendritic synapse）、轴–棘突触（axospinous synapse）或轴–体突触（axosomatic synapse）（图8–2）；此外，还有轴–轴（axoaxonal）、树–树（dendrodendritic）和体–体（somosomatic）突触。根据传递信息的方式不同，突触分为化学性突触（chemical synapse）和电突触（electrical synapse），前者以释放神经递质作为通信的媒介，后者即缝隙连接，以电流传递信息。化学性突触即通常所说的突触。本章介绍神经元之间的化学性突触。

（一）化学性突触的结构

化学性突触由突触前成分、突触后成分与突触间隙组成。突触前成分和突触后成分彼此相对的细胞膜较其余部位略增厚，分别称为突触前膜和突触后膜，两膜之间的狭窄间隙称为突触间隙。

1. 突触前成分（presynaptic element）　通常是神经元的轴突终末。在镀银染色标本上，突触前成分呈现棕褐色球状膨大附着在另一神经元的树突或胞体上，称突触扣结（synaptic bouton）（图8–6），又称突触小体（synaptic knob）。电镜下，突触扣结内含许多突触囊泡（synaptic vesicle，又称突触小泡）及少量线粒体、滑面内质网、微管、微丝等（图8–7，图8–8）。突触囊泡呈圆形或扁平形，内含神经递质或神经调质，根据其大小、有无致密核心，可分为小清亮囊泡（small clear vesicle）、小颗粒囊泡（small granular vesicle）和大颗粒囊泡（large granular vesicle）。小突触囊泡直径40~60 nm，大突触囊泡直径可达200 nm。含乙酰胆碱的突触囊泡多呈小圆形清亮状，含氨基酸类递质的多呈扁平清亮状，含胺类递质的则呈小颗粒状，而含肽类递质的往往是大颗粒囊泡。突触囊泡表面附有一种称作突触素Ⅰ（synapsin Ⅰ）的突触小泡相关蛋白，将突触囊泡与细

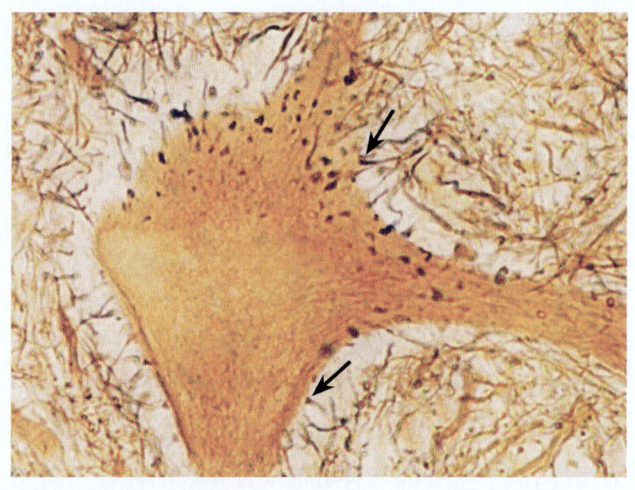

图8–6　突触扣结（↑）

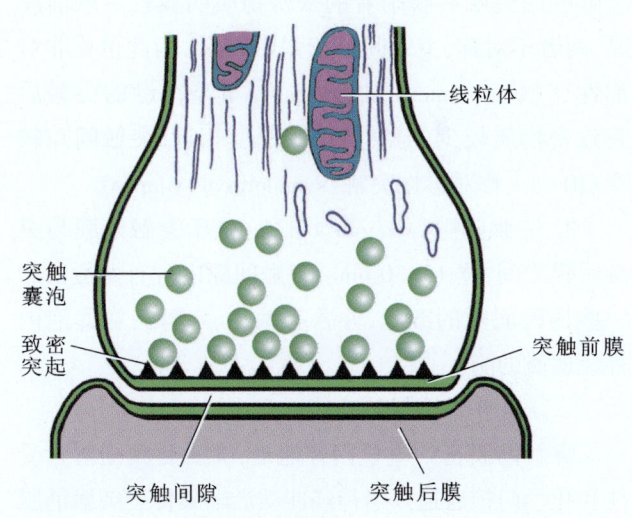

图8–7　化学性突触超微结构模式图

（图中标注：线粒体、突触囊泡、致密突起、突触前膜、突触间隙、突触后膜）

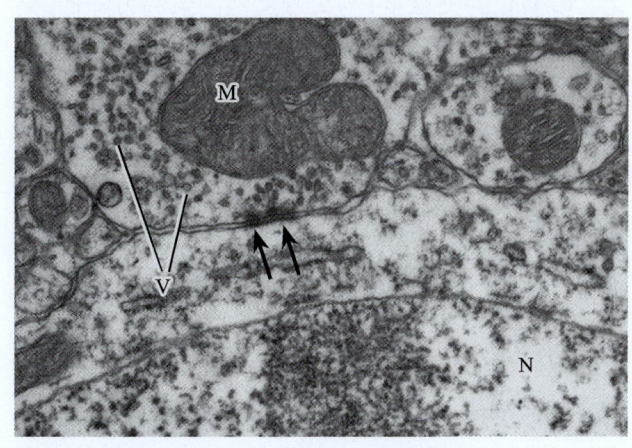

图8–8　化学性（轴–体）突触（TEM）
V—突触囊泡；M—线粒体；N—神经元细胞核；↑—突触后膜及突触后致密物

胞骨架相连。突触前膜（presynaptic membrane）细胞质面附有一些致密物质，因此比一般细胞膜略厚。此外，突触前膜细胞质面还含有电子密度高、排列规则的锥形致密突起（dense projection）突入细胞质内，突起间容纳突触囊泡。

2. 突触后成分（postsynaptic element）　是另一神经元或效应细胞与突触前膜相对应的细胞膜部分，主要为突触后膜（postsynaptic membrane）。突触后膜细胞质面附着有致密物质，称突触后致密物（postsynaptic density，PSD）（图 8-8），因此突触后膜较一般细胞膜明显增厚，膜上含有能与突触前成分释放的神经递质或神经调质特异性结合的受体。根据突触前、后膜致密物质厚度差异的大小，突触可分为Ⅰ型和Ⅱ型突触。Ⅰ型突触的突触后膜附着的致密物质明显较突触前膜厚，两者不对称，突触间隙较宽（30 nm），因此也称非对称性突触（asymmetrical synapse）。Ⅱ型突触的突触后膜致密物质较少，与突触前膜厚度相近，突触间隙较窄（20 nm），称对称性突触（symmetrical synapse）。

3. 突触间隙（synaptic cleft）　位于突触前膜与突触后膜之间，宽 15~30 nm。突触间隙内含有糖蛋白和一些横跨间隙的细丝，并含有消化、水解突触囊泡内神经递质的酶。

（二）化学性突触的功能

突触前膜富含电压门控通道，突触后膜则富含受体和化学门控通道。当神经冲动沿轴膜传至突触前膜时，即触发前膜上的电压门控钙通道开放，细胞外的 Ca^{2+} 进入突触前成分，在 ATP 参与下，使突触素Ⅰ磷酸化。磷酸化的突触素Ⅰ与突触囊泡的亲和力降低，突触囊泡因此与细胞骨架分离而移向突触前膜，并与突触前膜锚定（docking）、融合（fusion），通过出胞作用将神经递质释放到突触间隙内。其中部分神经递质与突触后膜上的相应受体结合，引起与受体偶联的化学门控通道开放，使相应离子进出，改变突触后膜内、外离子的分布，致使突触后神经元膜电位发生变化，引起突触后神经元发生兴奋或抑制，进而影响所支配的效应细胞的活动。使突触后膜发生兴奋的突触，称兴奋性突触（excitatory synapse）；而使突触后膜发生抑制的突触，称抑制性突触（inhibitory synapse）。突触的兴奋或抑制决定于神经递质及其受体的种类。有人认为，Ⅰ型突触是兴奋性突触，Ⅱ型突触是抑制性突触。结

合在突触后膜受体上的神经递质或神经调质在产生效应后立即被突触间隙内相应的水解酶所水解灭活，或被突触前成分回收再利用，从而使其作用被迅速消除，以保证突触传递的灵敏性。

知识链接 8-1　突触可塑性

三、神经胶质细胞

神经胶质细胞简称神经胶质（neuroglia）或胶质细胞（glial cell），广泛分布于中枢和周围神经系统，其与神经元的数量比因部位而异，总体数量多于神经元。胶质细胞也具有突起，但不分树突和轴突，也无传导神经冲动的功能。除 HE 染色外，镀银染色和免疫组织化学方法也常用于神经胶质细胞的显示。胶质细胞不仅对神经元起支持、营养、绝缘等辅助作用，还可协助神经元处理神经信号，调节突触发生，参与控制神经元的突触数目和效能等。

（一）中枢神经系统的神经胶质细胞

1. 星形胶质细胞（astrocyte）　是胶质细胞中数量最多、体积最大的一种，胞体呈星形，核大，呈圆形或椭圆形，染色较浅，核仁不明显。细胞质内有交织走行的神经胶质丝（neuroglial filament），组成胶质丝的蛋白质称胶质原纤维酸性蛋白（glial fibrillary acidic protein，GFAP），用免疫细胞化学方法能特异性地显示出这类细胞。星形胶质细胞的突起末端常膨大，形成脚板（foot plate）或终足（end foot），贴附在毛细血管基膜上，或伸到脑和脊髓的表面形成胶质界膜（glial limitans）。星形胶质细胞可分为两种。

（1）原浆性星形胶质细胞（protoplasmic astrocyte）多分布在灰质，突起较短粗，分支较多，表面不光滑，细胞质内的神经胶质丝少（图 8-9A）。

（2）纤维性星形胶质细胞（fibrous astrocyte）多分布在白质，突起细长，分支较少，表面光滑，细胞质内含大量神经胶质丝（图 8-9B）。

2. 少突胶质细胞（oligodendrocyte）　分布于灰质及白质内，位于神经元胞体及神经纤维的周围，在镀银染色标本中突起比星形胶质细胞少（图 8-9C），但用显示其特异性标志物半乳糖脑苷脂（galactocerebroside）的免疫组织化学方法染色，其突起并不是很少，而且分

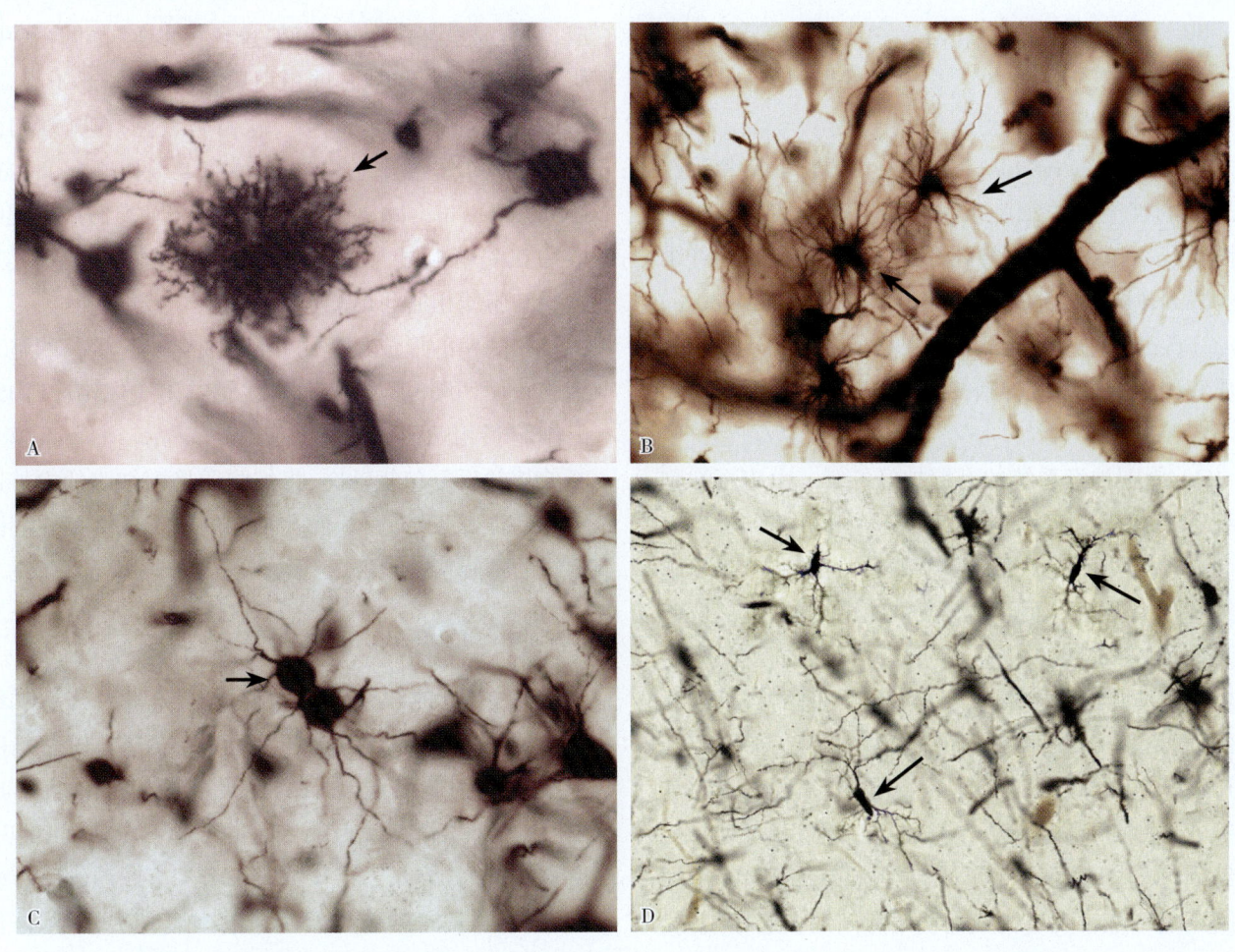

图 8-9 中枢神经系统的胶质细胞（镀银染色）
A. 原浆性星形胶质细胞；B. 纤维性星形胶质细胞；C. 少突胶质细胞；D. 小胶质细胞

支极多。少突胶质细胞是中枢神经系统的髓鞘形成细胞，其突起末端扩展成扁平薄膜，包卷神经元的轴突形成髓鞘。

3. 小胶质细胞（microglia） 是胶质细胞中最小的一种，分布于灰质及白质内，胞体较小，呈长椭圆形，常以胞体长轴的两端伸出两个较长突起，反复分支，其表面有小棘突（图 8-9D）。细胞核小，呈椭圆形或三角形，染色较深。小胶质细胞属于单核吞噬细胞系统，可能来源于血液中的单核细胞。在正常情况下，小胶质细胞是静止的，但在中枢神经受损时，可转变为活化状态，清除细胞碎屑及退化变性的髓鞘。此外，小胶质细胞还具有免疫功能，是中枢神经系统的抗原呈递细胞和免疫效应细胞。

4. 室管膜细胞（ependymal cell） 为覆盖在脑室和脊髓中央管腔面的一层立方或柱状细胞，其表面有微绒毛或纤毛，有的细胞基部发出细长突起伸向脑及脊髓深部，称伸长细胞（tanycyte）。室管膜细胞具有支持和保护作用，并参与脑脊液形成。

（二）周围神经系统的神经胶质细胞

1. 施万细胞（Schwann cell） 又称神经膜细胞（neurolemmal cell），是周围神经系统的髓鞘形成细胞，它包卷在神经纤维轴突的周围，形成髓鞘和神经膜。此外，施万细胞能产生神经营养因子，在神经纤维的再生中起重要作用。

2. 卫星细胞（satellite cell） 又称被囊细胞（capsular cell），是包绕在神经节细胞周围的一层扁平或立方细胞，核圆或卵圆形，染色较深，具有营养和保护神经节细胞的功能。

四、神经纤维和神经

(一) 神经纤维

神经纤维 (nerve fiber) 由神经元的长轴突和包在其外面的神经胶质细胞组成。根据胶质细胞是否形成髓鞘 (myelin sheath)，神经纤维可分为有髓神经纤维 (myelinated nerve fiber) 和无髓神经纤维 (unmyelinated nerve fiber) 两种。神经纤维主要构成中枢神经系统的白质和周围神经系统的脑神经、脊神经和自主神经。

1. 有髓神经纤维

(1) 周围神经系统的有髓神经纤维　由施万细胞包绕轴突构成。多个施万细胞呈长卷筒状一个接一个套在轴突外面形成形似藕节的节段性髓鞘，相邻施万细胞不完全连接而形成节段性缩窄，该缩窄部位称郎飞结 (node of Ranvier)。郎飞结部位的轴膜裸露，可发生膜电位变化。相邻郎飞结之间的一段神经纤维称结间体 (internode)，一个结间体的髓鞘由一个施万细胞形成。这类神经纤维的轴突除起始段、终末及郎飞结等处外，均包裹有髓鞘 (图 8–10)。电镜下可见每一个结间体的髓鞘是由一个施万细胞的双层胞膜呈同心圆反复环绕轴突所构成的明暗相间的板层样结构。施万细胞细胞核呈长椭圆形，位于髓鞘边缘的少量细胞质内。施万细胞外有一层基膜，其和施万细胞最外面的一层胞膜共同构成神经膜 (neurilemma) (图 8–10，图 8–11)。髓鞘主要由髓磷脂 (myelin) 和蛋白质所组

成，新鲜时呈亮白色。在 HE 染色标本上，因髓鞘中的脂质被溶解，仅见残存的蛋白质呈网状 (图 8–10)。在锇酸固定和染色的标本上，髓鞘呈黑色，在其纵切面上可见数个呈漏斗形的斜裂，称施–兰切迹 (Schmidt-Lantermann incisure)，由施万细胞围绕轴突缠绕过程中残留在髓鞘板层内的细胞质形成，是施万细胞内、外边缘细胞质相通的螺旋走行通道。

在髓鞘的形成过程中，伴随轴突一起生长的施万细胞表面凹陷，形成一条纵沟，轴突陷入纵沟内，沟缘的细胞膜相贴形成轴突系膜 (mesaxon)。轴突系膜不断伸长并反复包绕轴突，将细胞质挤到细胞的内外边缘和两端郎飞结处，从而在轴突周围形成许多同心圆环绕的螺旋状髓鞘板层 (图 8–11A)。

知识链接 8–2　多发性硬化

(2) 中枢神经系统的有髓神经纤维　其基本结构与周围神经系统的有髓神经纤维相同，但髓鞘由少突胶质细胞突起末端的扁平薄膜包卷轴突形成 (图 8–12)。相邻少突胶质细胞的突起不像施万细胞一样靠拢排列，故郎飞结较宽。一个少突胶质细胞有多个突起，呈扁平薄膜状分别包卷多个轴突，其胞体位于神经纤维之间。神经纤维的外表面没有基膜包裹，髓鞘内也无施–兰切迹。

髓鞘有保护和绝缘作用，可防止神经冲动的扩散。有髓神经纤维的神经冲动传导，是从一个郎飞结

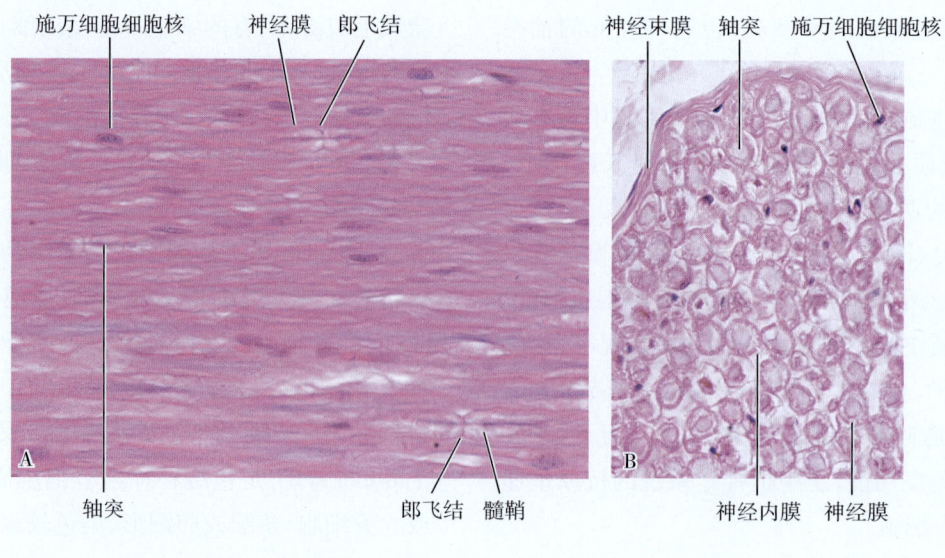

图 8–10　坐骨神经的有髓神经纤维
A. 纵切面；B. 横切面

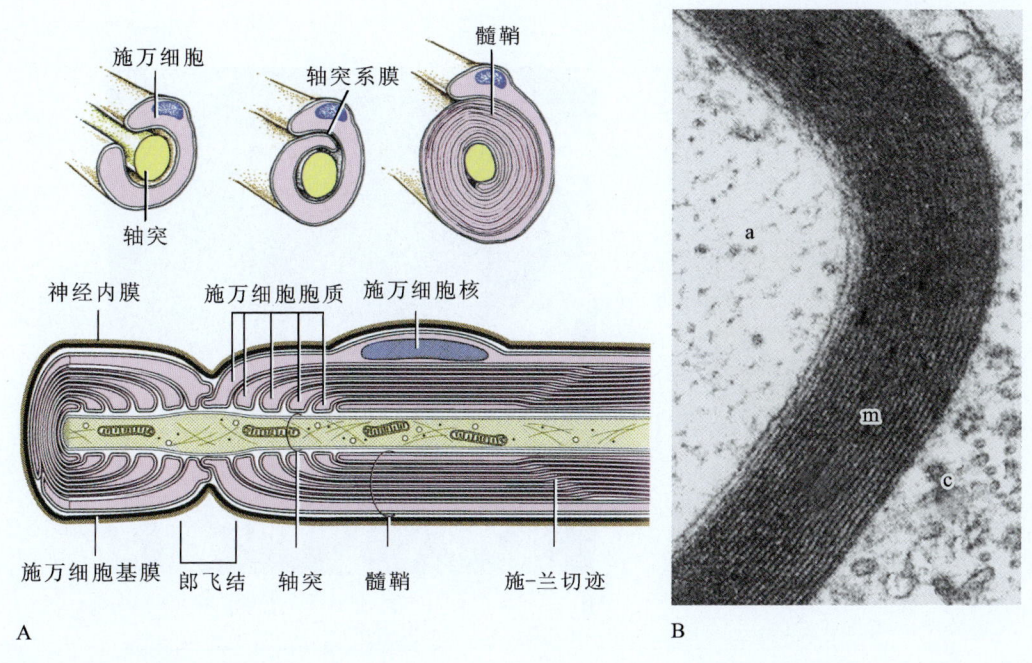

图 8-11 周围神经系统的有髓神经纤维
A. 髓鞘形成；B. 髓鞘（TEM）
a—轴突；c—施万细胞胞质；m—髓鞘

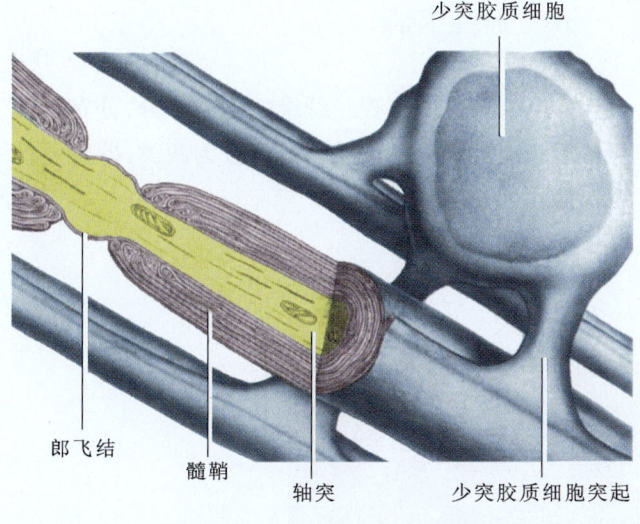

图 8-12 少突胶质细胞与中枢有髓神经纤维关系

到下一个郎飞结呈跳跃式传导，因而传导速度较快。有髓神经纤维的轴突越粗，其髓鞘也越厚，结间体越长，神经冲动跳跃的距离便越大，传导速度也越快。

2. 无髓神经纤维

（1）周围神经系统的无髓神经纤维　由较细的轴突及其外面的施万细胞构成。施万细胞为不规则的长柱状，表面有数量不等、深浅不一的纵沟，轴突位于沟内（图 8-13）。施万细胞沿轴突连续排列，但不形成髓鞘，也无郎飞结。一个施万细胞可包裹多条轴突。施万细胞外亦包有基膜。

（2）中枢神经系统的无髓神经纤维　轴突外面无任何鞘膜包裹，完全裸露地走行于有髓神经纤维或神经胶质细胞之间。在一些脑区，它们可被星形胶质细胞的突起分隔成束。

无髓神经纤维因无髓鞘和郎飞结，其神经冲动的传导沿着轴膜连续进行，故其传导速度比有髓神经纤维慢。

（二）神经

神经（nerve）由周围神经系统许多神经纤维及其周围的结缔组织、血管和淋巴管等共同构成。大多数神经同时含有感觉和运动神经纤维。在结构上，多数神经同时含有有髓和无髓神经纤维。由于有髓神经纤维的髓鞘主要由髓磷脂组成，因此神经通常呈白色。

包绕在每条神经纤维周围的结缔组织称神经内膜（endoneurium），内含毛细血管和淋巴管。若干神经纤维集合而成神经纤维束（简称神经束），包绕在神经束周围的结缔组织称神经束膜（perineurium）。神经束膜由外层的疏松结缔组织和内层的神经束膜细胞（perineural cell）组成，后者为多层扁平上皮样细胞，细

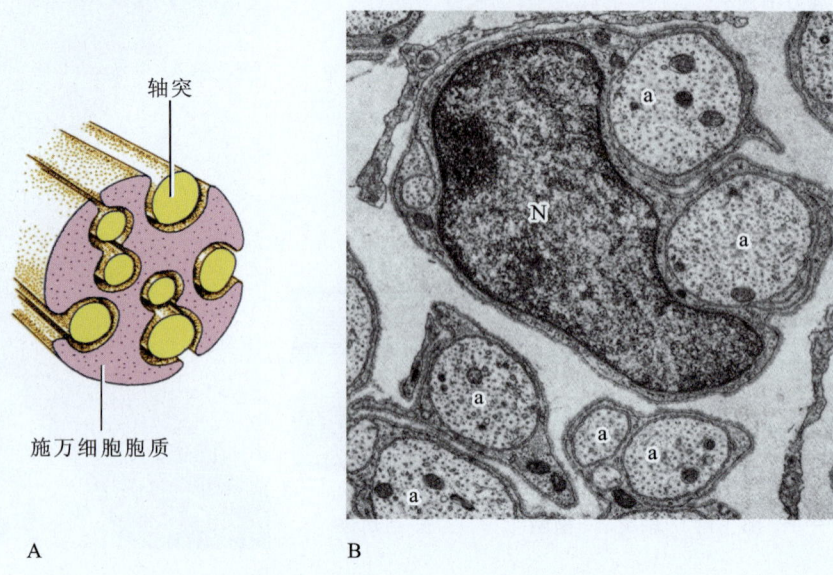

图 8-13　周围神经系统的无髓神经纤维
A. 模式图；B. TEM
a—轴突；N—施万细胞细胞核

胞间有紧密连接，对进出神经束的物质起屏障作用。
许多神经束聚合成一根神经，其外面包绕的结缔组织
称神经外膜（epineurium）（图 8-14）。神经内含有较丰
富的血管，神经外膜内的纵行血管发出分支进入神经
束膜，进而在神经内膜形成毛细血管网。

五、神经末梢

　　神经末梢是周围神经纤维的终末部分，分布于全
身各组织或器官内。按其功能可分为两类，即感觉神
经末梢和运动神经末梢。

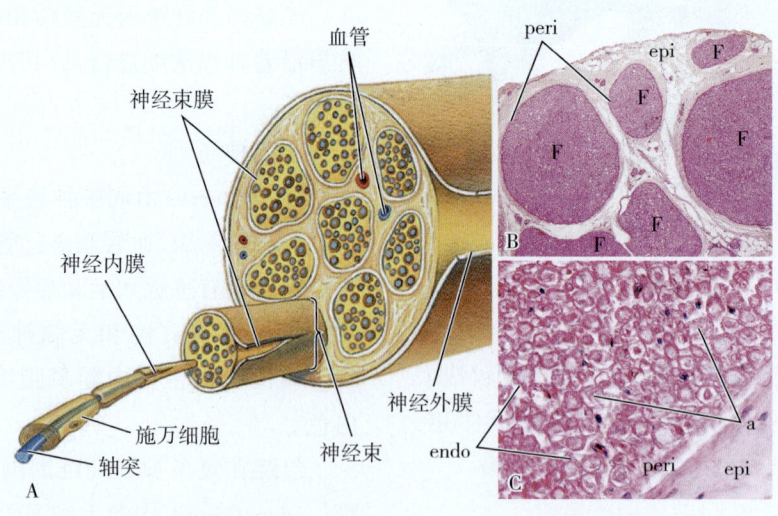

图 8-14　神经结构
A. 神经结构模式图；B. 坐骨神经横切面（低倍）；C. 坐骨神经横切面（高倍）
a—轴突；F—神经束；epi—神经外膜；peri—神经束膜；endo—神经内膜

（一）感觉神经末梢

感觉神经末梢（sensory nerve ending）即感觉（传入）神经元（假单极神经元）周围突的终末部分，该终末与其附属结构共同形成感受器（receptor）。它能感受人体内外的各种刺激，并转化为神经冲动，传向中枢而产生感觉。感觉神经末梢按其结构又可分为游离神经末梢和有被囊神经末梢两类。

1. 游离神经末梢（free nerve ending） 结构较简单，较细的神经纤维终末部分失去施万细胞，裸露的轴突末段分成细支，在表皮、角膜和毛囊的上皮细胞之间及骨膜、脑膜、血管外膜、关节囊、肌腱、牙髓等各种结缔组织中广泛分布（图 8–15）。能感受疼痛和冷、热等刺激。

2. 有被囊神经末梢（encapsulated nerve ending）形式繁多，大小不一，但外面均包有结缔组织被囊，常见的有以下 3 种。

（1）触觉小体（tactile corpuscle） 又称梅氏小体（Meissner corpuscle），分布在皮肤的真皮乳头内，以手指掌面和足趾底面最多。小体呈椭圆形，长轴与皮肤表面垂直，周围包有结缔组织囊，小体内有许多横列呈扁平状的触觉细胞（图 8–16A）。有髓神经纤维进入小体时失去髓鞘穿入被囊内，轴突分支盘绕在触觉细胞间。触觉小体可感受触觉。

（2）环层小体（lamellar corpuscle） 又称帕奇尼小体（Pacinian corpuscle），分布广泛，多见于真皮深层、皮下组织、肠系膜、韧带和关节囊等处。小体多呈圆形或椭圆

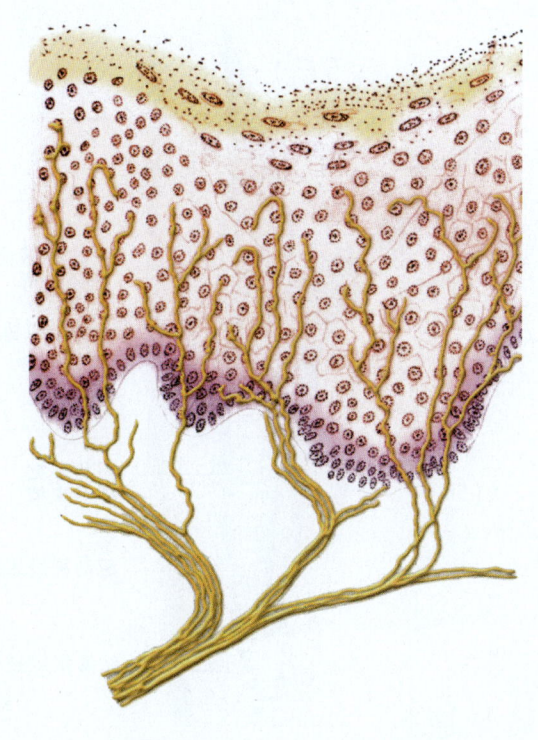

图 8–15 皮肤表皮内游离神经末梢模式图

形，大小不一。小体的被囊由许多层扁平细胞呈同心圆排列组成，小体的中轴为一均质性的圆柱体，有髓神经纤维失去髓鞘后穿行于圆柱体内（图 8–16B）。环层小体主要感受压力、振动和张力觉等。

（3）肌梭（muscle spindle） 是广泛分布于全身骨骼肌中的细长梭形小体，表面有结缔组织被囊，内含若干条较细的骨骼肌纤维，称梭内肌纤维（intrafusal

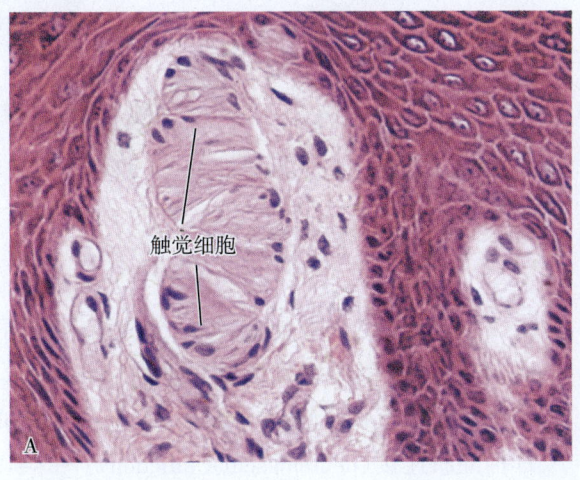

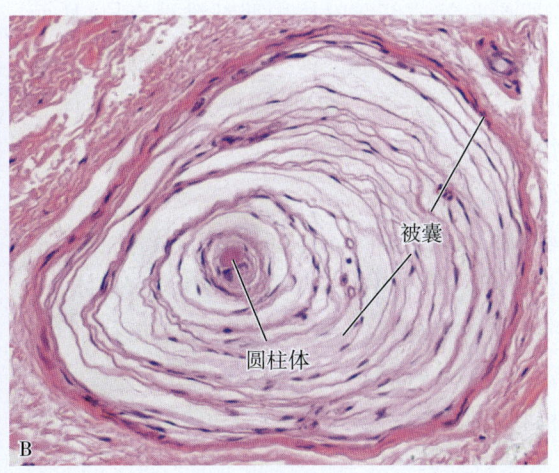

图 8–16 有被囊神经末梢
A. 触觉小体；B. 环层小体

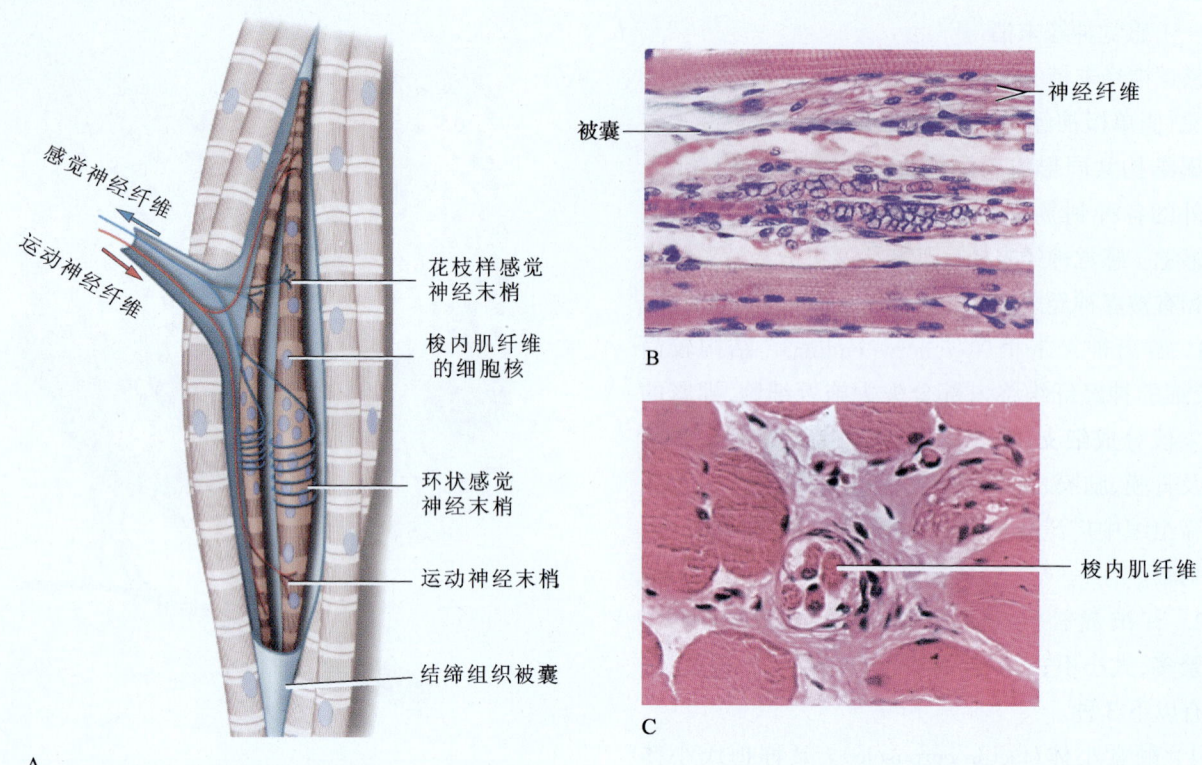

图 8-17　肌梭
A.肌梭模式图；B.肌梭（纵切面）；C.肌梭（横切面）

muscle fiber）。有些肌纤维的细胞核集中于肌纤维中央而使中段膨大。感觉神经纤维进入肌梭时失去髓鞘，其终末分支环绕梭内肌纤维的中段，或呈花枝样终止于梭内肌纤维（图 8-17）。此外，肌梭内还有一种来自脊髓前角小型神经元（γ 神经元）的细运动神经纤维，分布于梭内肌纤维的两端。肌梭位于肌纤维束之间，当肌肉收缩或舒张时梭内肌纤维被牵拉，从而刺激神经末梢，产生神经冲动，并传向中枢而产生感觉，故肌梭是感受肌肉运动和肢体位置变化的本体感受器，对骨骼肌的活动起调节作用。

（二）运动神经末梢

运动神经末梢（motor nerve ending）即运动神经元传出神经纤维的终末结构，终止于肌组织和腺体，支配肌纤维的收缩和腺体的分泌。该末梢与邻近组织共同组成效应器（effector）。运动神经末梢分为躯体运动神经末梢和内脏运动神经末梢。

1. 躯体运动神经末梢（somatic motor nerve ending）是分布于骨骼肌内的运动神经末梢。来自脊髓灰质前角或脑干运动神经元的长轴突到达所支配的肌肉后

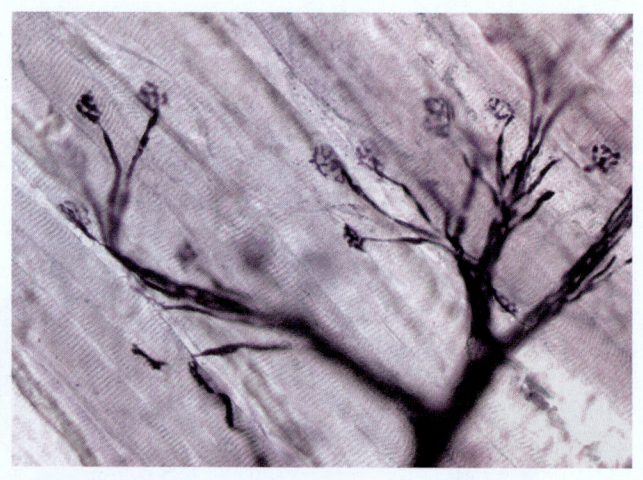

图 8-18　运动终板（氯化金染色）

失去髓鞘，发出许多分支，每一分支终末呈葡萄状膨大，与一条骨骼肌纤维形成化学性突触连接，此连接区呈椭圆形板状隆起，称运动终板（motor end plate），或称神经肌连接（neuromuscular junction）（图 8-18）。

电镜下，运动终板处的肌纤维向内凹陷形成浅槽，轴突终末嵌入浅槽内。此处的轴膜为突触前膜，槽

底的肌膜即突触后膜,两者之间的间隙为突触间隙。槽底肌膜又凹陷形成许多深沟和皱褶,使突触后膜的表面积增大(图8-19)。

轴突终末(突触前成分)含有大量圆形、清亮、直径为 20~40 nm 的突触囊泡,内含神经递质乙酰胆碱。与轴突终末对应的肌膜(突触后膜)含有乙酰胆碱 N 型受体。当神经冲动到达运动终板时,突触前膜与一般化学性突触的突触前膜一样,其电压门控钙通道开放,Ca^{2+} 进入轴突终末内,使其中的突触囊泡移向突触前膜并通过出胞作用释放乙酰胆碱到突触间隙,释放的乙酰胆碱与突触后膜上的 N 受体结合后使肌膜兴奋。兴奋经横小管系统传导至整个肌纤维,引起肌纤维收缩。

一个运动神经元可支配多条肌纤维,每个运动神经元的轴突及其分支所支配的全部肌纤维组成一个运动单位(motor unit)。一个运动神经元支配肌纤维数量越少,运动单位越小,产生的运动越精细。

2. 内脏运动神经末梢(visceral motor nerve ending)是分布于内脏及血管平滑肌、心肌和腺细胞等处的自主性神经末梢。从中枢到效应器的通路通常要经过两个神经元:第一个神经元称节前神经元(preganglionic neuron),其胞体位于脊髓灰质侧角或脑干,其轴突称节前纤维;第二个神经元称节后神经元(postganglionic neuron),其胞体位于自主神经节或神经丛内,其轴突称节后纤维。节后纤维离开自主神经节或神经丛,分布到相应的靶器官或靶细胞,形成内脏运动神经末梢。内脏运动神经纤维为无髓神经纤维,轴突较细,在效应器细胞之间反复分支,其终末呈串珠状膨大,称为膨体(varicosity),是与效应细胞建立突触的部位。膨体的轴膜是突触前膜,与其相对应的效应细胞膜是突触后膜,两者间是突触间隙。膨体内有许多突触囊泡,为圆形清亮型或颗粒型,含乙酰胆碱或去甲肾上腺素、肽类神经递质。膨体并不与效应器细胞形成像运动终板一样的典型突触结构,肌膜不凹陷成槽,也不形成沟和皱褶(图8-20)。当神经冲动到达膨体时,膨体释放神经递质,神经递质通过弥散方式作用于效应细胞膜上的受体,引起肌肉收缩和腺体分泌。

知识链接 8-3 神经干细胞

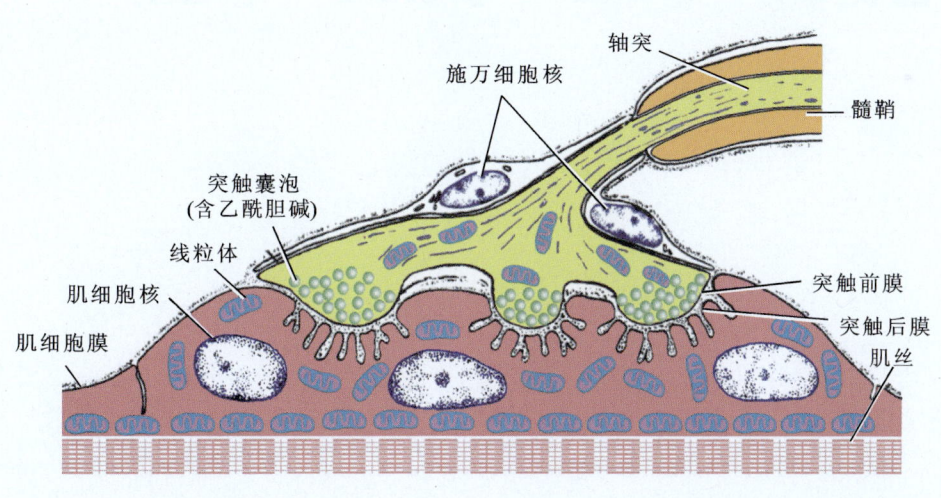

图 8-19　运动终板超微结构模式图

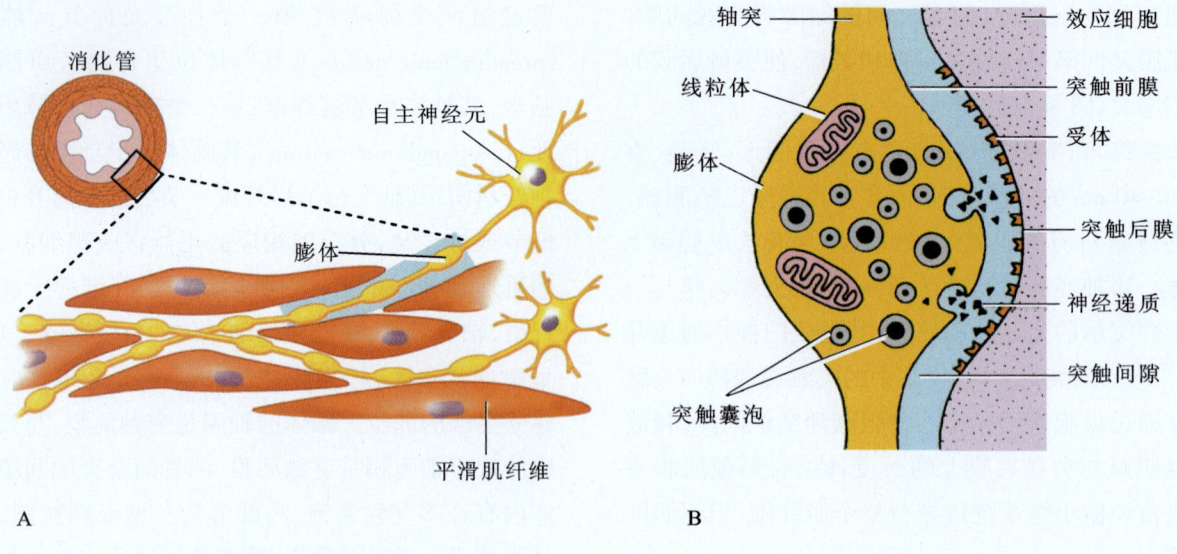

图 8-20 内脏运动神经纤维及其末梢
A.内脏神经分布;B.膨体超微结构

（刘向前 李 和）

新形态教材网

🎞 微课导学   🖼 教学课件   🖥 微视频   🔁 知识链接   📝 自测题

第九章

神 经 系 统

神经系统主要由神经组织组成,分为中枢神经系统和周围神经系统两部分,前者包括脑和脊髓,后者由神经节和神经构成。中枢神经系统的实质可分为灰质和白质。灰质(gray matter)是神经元胞体集中的结构,主要由神经元的胞体、树突、轴突起始段和胶质细胞组成;白质(white matter)主要由神经纤维组成,其中无神经元胞体。在脑,灰质位于表层,故又称皮质(cortex);白质位于皮质的内侧或脑的深层,也称髓质(medulla)。一部分灰质在白质内形成细胞团,称神经核。在脊髓,灰质位于中央,而白质位于周边。神经节是周围神经系统中神经元胞体集中的部位,包括脑脊神经节和自主神经节。神经可分为脑脊神经和自主神经。

神经系统的功能活动通过神经元之间复杂的网络联系而实现。神经系统具有反射、联系、整合和调节等复杂功能,对体内、外各种刺激做出迅速、完善的适应性反应,并与内分泌系统相辅相成,直接或间接调控机体各器官、系统的活动。

一、大脑皮质

大脑皮质(cerebral cortex)位于整个脑组织的表面,分左、右两半球,中间以胼胝体相连。大脑皮质由排列有序的神经元、神经胶质细胞和神经纤维构成,有150亿~200亿个神经元。

(一) 大脑皮质神经元

大脑皮质神经元数量多,种类丰富,均为多极神经元,按其细胞的形态可分为锥体细胞、颗粒细胞和梭形细胞三大类(图9-1)。这些神经元以分层方式排列,各层细胞间通过突触形成复杂的联系。

1. 锥体细胞(pyramidal cell) 是大脑皮质的主要投射神经元,依据胞体大小不同,分为大、中、小三型。多数锥体细胞呈锥体形,从锥体的尖端发出一条较粗的称为主树突的突起,该突起伸向皮质的表层,沿途不断发出许多小斜行侧支并分支成簇,称终末簇(terminal tuft)。在锥体细胞底部还发出一些基树突,沿水平方向扩展,距离不等地走向白质,其分支更多。所有树突上都有丰富的树突棘,棘的数量随至胞体的距离增加而增加。轴突自细胞底部中央与主树突相对的位置上发出,细而均匀,长短不一,短者走行在所在皮质范围内,与邻近细胞形成突触联系;而长者则离开皮质,参与组成下行至脑干和脊髓的投射纤维,或走行至同侧及对侧的不同皮质区形成联合纤维(图9-2)。

2. 颗粒细胞(granular cell) 是大脑皮质中数量最多的一类神经元,胞体较小,呈颗粒状,根据细胞形态及突起走行,可细分为星形细胞(stellate cell)、水平细胞(horizontal cell)、篮状细胞(basket cell)、上行轴突细胞(ascending axonic cell)等多个亚类,其中以星形细胞数量最多。星形细胞有许多树突从胞体呈放射状发出,使细胞外形呈星状,但没有主树突。放射状树突表面有大量树突棘,与从丘脑来的传入纤维终末形成

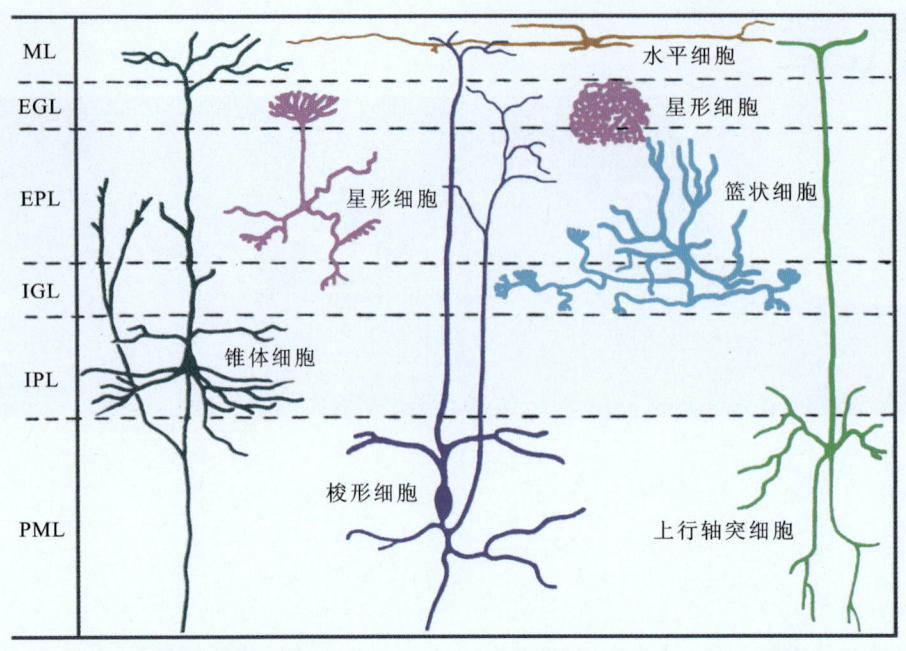

图 9-1　大脑皮质神经元的种类和分布
ML—分子层；EGL—外颗粒层；EPL—外锥体细胞层；IGL—内颗粒层；IPL—内锥体细胞层；PML—多形细胞层

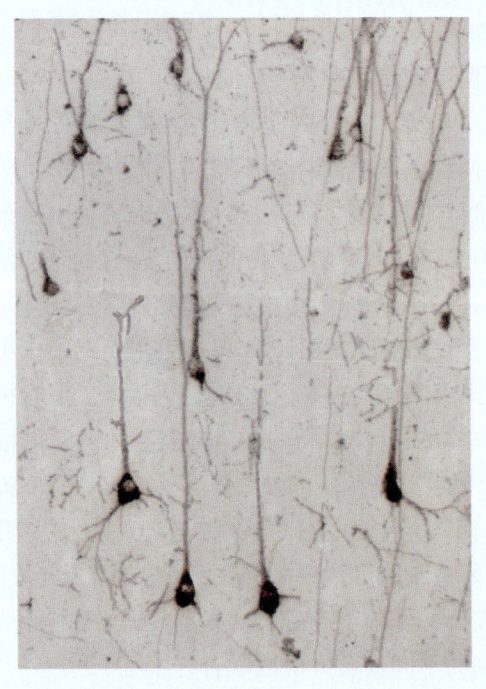

图 9-2　大脑皮质锥体细胞（Golgi 染色）

兴奋性突触。星形细胞的轴突多数很短，终止于附近的锥体细胞或梭形细胞。少数星形细胞的轴突较长，可上行至皮质表面与锥体细胞主树突及其分支或与水平细胞建立突触联系。水平细胞的树突和轴突与皮质表面平行分布，与锥体细胞主树突联系。篮状细胞的树突表面仅有少量或没有树突棘，其轴突分支向水

平方向伸展，呈篮状或网状包绕锥体细胞胞体及主树突起始段，形成突触。上行轴突细胞也称 Martinotti 细胞，是一种小型的多极神经元，其树突短，有分支，并有树突棘；其轴突垂直上行至皮质表面，沿途发出水平方向伸展的分支。颗粒细胞是大脑皮质中参与构成皮质内信息传递局部微环路的中间神经元，有兴奋性和抑制性之分，主要接受其他部位的传入信息，并加以处理后传递给锥体细胞和梭形细胞。

3. 梭形细胞（fusiform cell）　在大脑皮质中数量较少，大小不一，胞体为梭形，树突自胞体的上、下两端发出，上端树突多行至皮质表面，而下端树突则走行至皮质的深层。轴突起自下端树突的主干，其终末分支与锥体细胞形成突触。部分梭形细胞胞体较大，为投射神经元，主要分布在皮质深层，属 Golgi Ⅰ型神经元，其轴突较长，向下延伸进入白质，组成投射纤维或联合传出纤维。

（二）大脑皮质的分层
大脑皮质的神经元分布呈层状，但各层之间分界不明显。在尼氏染色的标本中，根据神经元的大小、形态和排列密度的不同，除个别脑区外，大脑皮质由浅层至深层依次分为分子层、外颗粒层、外锥体细胞层、内颗粒层、内锥体细胞层和多形细胞层 6 层（图 9-3）。

1. 分子层（molecular layer）　位于大脑皮质最浅

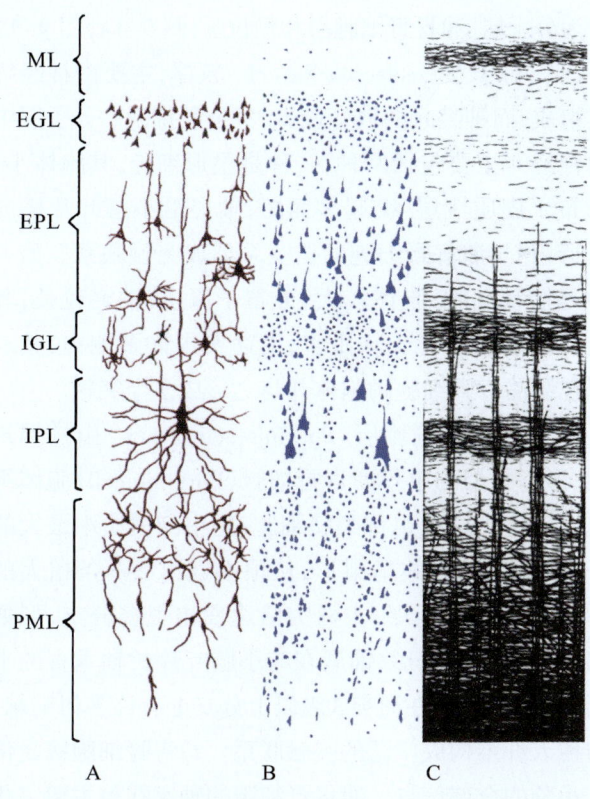

图 9-3　大脑皮质分层结构
A. 镀银染色法示神经元形态；B. 尼氏染色示 6 层结构；C. 髓鞘染色示神经纤维的分布
ML—分子层；EGL—外颗粒层；EPL—外锥体细胞层；IGL—内颗粒层；IPL—内锥体细胞层；PML—多形细胞层

层，神经元小而少，主要由水平细胞和星形细胞构成，并有来自深层锥体细胞和梭形细胞的主树突、上行轴突细胞的垂直轴突及来自同侧和对侧大脑半球及皮质区外（丘脑等脑区）的传入纤维。

2. 外颗粒层（external granular layer）　含有许多星形细胞、篮状细胞等颗粒细胞和少量小型锥体细胞的胞体，其中的树突、轴突和邻近层的锥体细胞主树突等交织形成神经毡，来自深层细胞的轴突在此形成广泛的突触连接和复杂的皮质内回路。

3. 外锥体细胞层（external pyramidal layer）　主要由许多中型锥体细胞组成，并含有少量颗粒细胞。此层可分为深、浅两个亚层，锥体细胞从浅层到深层逐渐增大。细胞的主树突进入分子层，轴突进入髓质，组成联合纤维。

4. 内颗粒层（internal granular layer）　主要由密集排列的星形细胞组成，含有少量小型锥体细胞。许多颗粒细胞的短轴突在此层内分支，与来自其他皮质区和皮质下区或邻近层的神经纤维形成突触。

5. 内锥体细胞层（internal pyramidal layer）　主要由中型和大型锥体细胞组成，还有篮状细胞和上行轴突细胞等颗粒细胞。在中央前回运动区，此层有巨大锥体细胞，胞体高 120 μm，宽 80 μm，称 Betz 细胞，其主树突伸到分子层，轴突进入髓质，形成投射纤维，下行到达脑干和脊髓，组成投射纤维。

6. 多形细胞层（polymorphic layer）　含有多种类型细胞，以梭形细胞为主。梭形细胞的长轴与皮质表面垂直，胞体较大的树突可延伸到分子层，胞体较小的树突则分布在本层或仅上行到内颗粒层，其轴突形成投射纤维和联合纤维。

在大脑的不同区域，皮质的这六层结构存在差异，各层的厚度及细胞组成均表现出局域性特征。如中央前回（运动皮质）的第 4 层不明显，第 5 层较发达；视皮质在第 4 层特别发达，第 5 层细胞较小。

（三）大脑皮质神经元的联系和功能

神经元的联系也称神经元回路（neuronal circuit），指神经元通过突触联系形成各种信息传导通路。大脑皮质是神经系统最高级的中枢，其神经元回路十分复杂。

大脑皮质的 1~4 层主要接受传入信息。来自丘脑的感觉传入纤维主要进入第 4 层，与星形细胞形成突触，星形细胞的轴突又与其他细胞建立广泛的联系。来自同侧或对侧皮质的联合纤维进入第 2、3 层，与锥体细胞形成突触。大脑皮质的传出纤维分为投射纤维和联合纤维两种。投射纤维主要起自第 5 层的锥体细胞和第 6 层的大梭形细胞，下行至脑干及脊髓。联合纤维起自第 3、5、6 层的锥体细胞和梭形细胞，分布于皮质的同侧及对侧脑区。皮质的第 2、3、4 层细胞主要与各层细胞相互联系，构成复杂的局部神经微环路。各种信息传入大脑皮质，通过局部回路的传递和处理，对信息进行分析、整合和贮存，产生知觉、学习和记忆等高级神经活动，然后经锥体细胞将信息传出，产生相应的效应。

有研究表明，大脑皮质神经元的排列呈纵向柱状，与皮质表面垂直，这种结构称垂直柱（vertical column），可能是皮质结构和功能的基本单位。皮质的这种柱状结构贯穿皮质全层，由传入纤维、中间神经元和传出神经元相互连接在一起，实际上构成一个复杂的皮质内局部神经回路或传入 – 传出信息的整合单位。传入冲动首先进入第 4 层，并通过突触与第 2、3 层细胞联系,再由第2层和第3层细胞在柱内垂直扩布,最后由第3、5、6层细胞发出传出冲动离开大脑皮质。有研究认为,同一垂直柱内的所有神经元都对同一感觉类型发生反应,并具有相同或相似的感受野。

大脑皮质神经元的结构、分布及其形成的突触联系的数量和范围并不是一成不变的,当机体的内、外环境发生变化或在功能训练的基础上,皮质神经元原有的结构及其形成的突触联系可出现一定程度的改变,这种现象称为皮质可塑性(cortical plasticity)。大脑皮质的可塑性变化实际上是神经元的可塑性变化。发育时期的大脑皮质可塑性较大,成人大脑已发育成熟,其可塑性则较小。

二、小脑皮质

小脑位于颅后窝,由中间缩窄的小脑蚓和两侧膨隆的小脑半球构成。小脑表面可见许多大致平行的浅沟,将小脑分成许多横行的叶片,每个小叶片均由表层的皮质和深层的髓质(白质)构成。髓质内有灰质块构成的神经核。小脑皮质的结构较大脑皮质简单,每个叶片的结构基本相同。

(一)小脑皮质的神经元和分层

小脑皮质由星形细胞、篮状细胞、浦肯野细胞、颗粒细胞和高尔基细胞5种细胞组成,由表及里可明显地分为分子层、浦肯野细胞层和颗粒层(图9-4A,图9-5)。

1. 分子层(molecular layer)　较厚,主要由神经纤维组成,而神经元的数量较少,呈分散排列。分子层中的神经元主要包括两种,一种是星形细胞,其胞体小,分布于皮质浅层,突起多而短,轴突沿小脑叶片横向走行,并与浦肯野细胞的树突系形成突触联系。另一种是篮状细胞,胞体较大,分布于深层,轴突较长,其走向与小脑叶片长轴垂直,沿途发出许多侧支,其末端包绕浦肯野细胞的胞体并与之形成多个突触。

2. 浦肯野细胞层(Purkinje cell layer)　由排列规则、形态相似的单行浦肯野细胞(Purkinje cell)胞体组成。浦肯野细胞也称梨状细胞,是小脑皮质中最大的一种神经元,胞体呈梨形,从顶端发出2~3条粗大的主树突伸向分子层,主树突沿途发出很多分支,形如扁柏树叶状或扇形,铺展在与小脑叶片长轴垂直的平面上(图9-4B)。在树突3级以上分支上有许多树突棘,与传入纤维构成广泛的突触联系。浦肯野细胞接受传入小脑的全部信息。浦肯野细胞的轴突在与主树突相对的方向从胞体底部发出,离开胞体不远便形成有髓神经纤维,穿过深层皮质进入髓质,组成小脑皮质唯一的传出纤维,终止于小脑内部的神经核团。1个浦肯野细胞的轴突约形成500个终末膨大,约与小脑深部核群35个神经元形成突触。

3. 颗粒层(granular layer)　由密集的颗粒细胞和

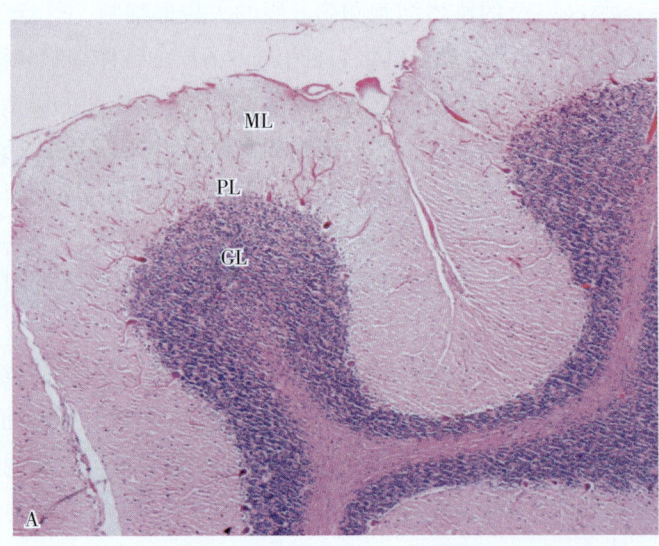
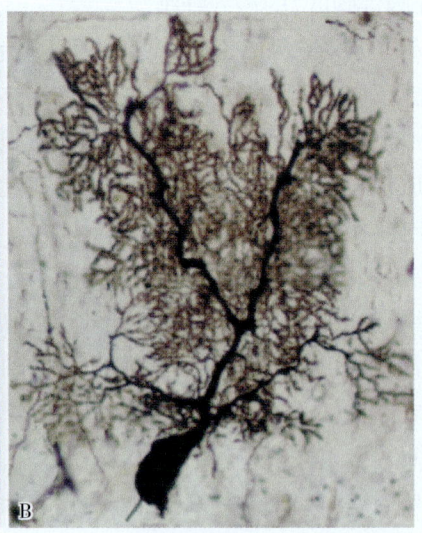

图9-4　小脑皮质
A.小脑皮质分层结构;B.小脑皮质内浦肯野细胞(高尔基染色)
ML—分子层;PL—浦肯野细胞层;GL—颗粒层

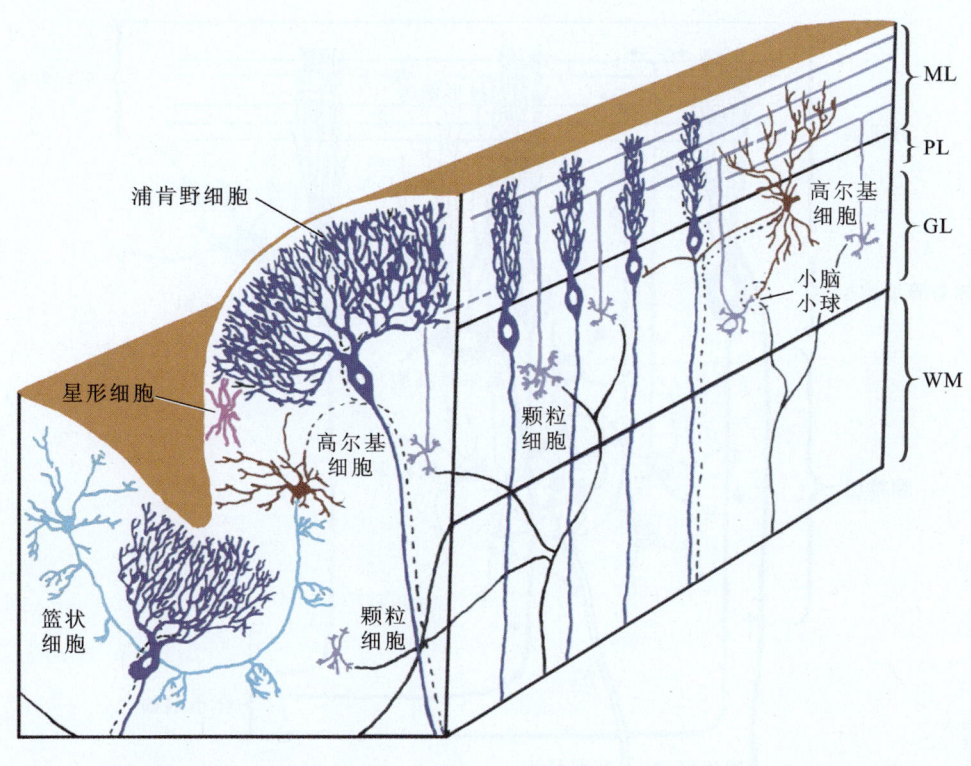

图 9-5 小脑皮质内神经元类型和分布
ML—分子层；PL—浦肯野细胞层；GL—颗粒层；WM—白质

一些高尔基细胞（Golgi cell）组成。颗粒细胞胞体很小，核呈圆形或椭圆形，染色深。从胞体上发出 4~5 个短树突，树突末端分支成爪状末梢。轴突上行进入分子层呈"T"形分支，与小脑叶片长轴平行，称平行纤维（parallel fiber）。平行纤维穿过浦肯野细胞的扇形树突，每条平行纤维可与 400 多个浦肯野细胞的树突棘建立突触，但一条平行纤维只与一个浦肯野细胞的一个树突棘形成突触连接。浦肯野细胞的分支繁多，而一个浦肯野细胞的扇形树突有 20 万 ~30 万条平行纤维通过，因此一个浦肯野细胞可同时接受 20 万 ~30 万个颗粒细胞的支配和影响。高尔基细胞主要位于颗粒层浅层，数量较少，其胞体较大，树突分支较多，树突棘较少，大部分分支伸入分子层向各方向伸展，与平行纤维接触；轴突仅分布在颗粒层内，分支丛密，与颗粒细胞的树突形成突触。

（二）小脑皮质神经元的联系

小脑的 5 种神经元中，只有浦肯野细胞属于传出神经元。颗粒细胞是谷氨酸能的兴奋性神经元，其他中间神经元都是 γ- 氨基丁酸（GABA）能的抑制性神经元。小脑的传入纤维有 3 种：攀缘纤维（climbing fiber）、苔藓纤维（mossy fiber）和单胺能纤维。攀缘纤维和苔藓纤维以谷氨酸为递质，是兴奋性神经纤维；而单胺能纤维以去甲肾上腺素和 5- 羟色胺为递质，属于抑制性神经纤维。攀缘纤维主要起源于延髓的下橄榄核，纤维较细，进入小脑皮质后与浦肯野细胞的树突及树突棘形成突触。一条攀缘纤维与一个浦肯野细胞的树突可形成 300 多个突触，故一条攀缘纤维的神经冲动可引起一个浦肯野细胞强烈兴奋。苔藓纤维起源于脊髓和脑干的核群，纤维较粗，进入小脑皮质后纤维末端分支膨大呈苔藓状。每一膨大的末端可与多个颗粒细胞的树突、高尔基细胞的轴突或近端树突形成复杂的突触群，形似小球，故称小脑小球（cerebellar glomerulus）（图 9-6）。一条苔藓纤维的分支可分布于多个小脑叶片内，可兴奋 800 多个颗粒细胞，每个颗粒细胞的平行纤维又与 400 多个浦肯野细胞间建立突触联系，因此，一条苔藓纤维可引起几十万个浦肯野细胞兴奋，从而产生具有放大效应的浦肯野细胞兴奋作用。攀缘纤维和苔藓纤维均可以把来自小脑外的神经冲动传到小脑皮质，并最终对浦肯野细胞产生兴奋作用，所不同的是，攀缘纤维直接强烈地兴奋

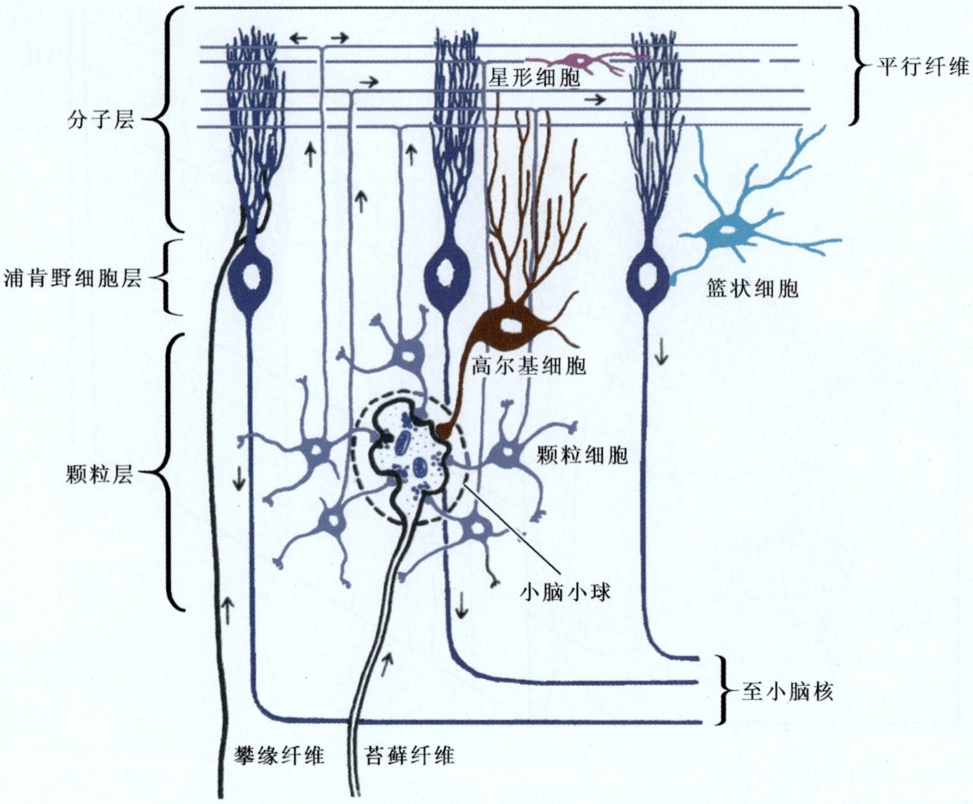

图 9-6　小脑皮质神经元与传入纤维的关系

单个浦肯野细胞,而苔藓纤维则通过颗粒细胞的平行纤维间接兴奋数十万个浦肯野细胞。攀缘纤维的侧支及颗粒细胞的平行纤维还可以与小脑内星形细胞、篮状细胞和高尔基细胞等抑制性中间神经元接触形成突触,并通过这些抑制性中间神经元的介导对浦肯野细胞产生抑制作用,从而对小脑的精细调节功能具有重要的意义。单胺能纤维分别起源于蓝斑核和中缝核,自髓质进入皮质,分布于皮质各层,与浦肯野细胞胞体及其树突形成突触,分别通过去甲肾上腺素和5-羟色胺抑制浦肯野细胞的活动。

三、脊髓

脊髓位于椎管内,呈圆柱形,前后稍偏,外包被膜。脊髓两旁发出许多成对的脊神经分布到全身皮肤、肌肉和内脏器官。在横切面上,脊髓中央为中央管(central canal),内衬室管膜上皮;灰质在中央管的周围,主要由神经细胞和纵横交错的无髓鞘纤维组成;白质位于灰质的外面,主要由上行和下行有髓神经纤维组成。脊髓的主要功能是传导上、下行神经冲动和进行反射活动。

(一) 脊髓灰质

脊髓灰质纵贯脊髓全长,横切面呈蝴蝶形或 H 形,分为前角和后角,前、后角之间为中间带,第 2 胸段脊髓至第 1 腰段脊髓的中间带向侧方突起,形成侧角。

1. 前角 前角内含有多极运动神经元,多为躯体运动神经元,其中大者称为 α 运动神经元,其胞体的平均直径超过 25 μm;核周质内尼氏体典型,呈斑片状(图 8-3A);核大而圆,核仁明显;轴突粗而长,分布到骨骼肌(梭外肌),其末梢与骨骼肌共同形成运动终板。小者称为 γ 运动神经元,胞体直径 15~25 μm,轴突较细,支配肌梭的梭内肌纤维。α、γ 神经元均以乙酰胆碱作为神经递质。在脊髓前角内还有一种抑制性中间神经元,称为闰绍细胞(Ranshaw cell),这种细胞能以甘氨酸作为神经递质,通过其短轴突与 α 运动神经元建立突触联系,并对其功能活动产生抑制作用。

2. 后角 脊髓后角内的神经元类型复杂,多为小型神经元。这些神经元主要接受感觉神经元中枢突（脊神经后根）的传入冲动，其中有一类神经元具有长轴突，在白质中形成上行投射纤维束到达脑干、小脑和丘脑，称为束细胞（tract cell）或投射神经元。

3. 侧角 侧角内含有中型多极神经元，为交感神经的节前神经元，其轴突形成节前纤维终止于交感神经节，并与其中的节细胞建立突触。侧角节前神经元亦为胆碱能神经元。

此外，脊髓灰质内还有许多中间神经元，其轴突长短不一，在脊髓内与前角和后角内的神经元建立联系。其中的短轴突神经元只与同节段内的束细胞和运动神经元建立联系，而长轴突的神经元则可伸至脊髓白质内，并在其中上下穿行一个或数个节段，终止于相邻或较远脊髓节段的同侧或对侧神经元。

（二）脊髓白质

脊髓白质的主要结构为各种纵行的神经纤维，多数为有髓神经纤维。这些纤维包括来自脊神经节细胞经后根进入脊髓的传入纤维，起自脊髓灰质神经元将传入的感觉信息上传至脊髓以上结构的上行传导束，起自脊髓以上不同脑区将运动信息下传至脊髓的下行传导束，起自脊髓神经元且终止于脊髓、完成节段内及节段间联系的纤维及起自脊髓前角和侧角经前根传出脊髓的运动纤维。

四、神经节

神经节可分为脑脊神经节（cerebrospinal ganglion）和自主神经节（autonomic ganglion）两类，后者进一步分为交感神经节和副交感神经节。神经节多为卵圆形，外包结缔组织被膜。神经节内的神经元称为节细胞，其突起形成神经纤维，卫星细胞及其外面的基膜包绕在节细胞胞体周围。此外，神经节内还有大量神经纤维及少量结缔组织和血管。

（一）脑脊神经节

脑神经节分布于某些脑神经干上，而脊神经节是脊髓两侧脊神经背根上的膨大结构，两者均属于感觉性神经节。脑脊神经节内的神经元为假单极神经元，其胞体为圆形或卵圆形，大小不等，含有细小分散的尼氏体。细胞核呈圆形，体积较大，位居胞体中央，染色较浅，核仁明显。一个突起从胞体上发出，其根部在胞体附近盘曲，然后形成"T"形分支，一支走向中枢，称为中枢突，另一支称周围突，经脑脊神经分布到外周组织，其终末形成感觉神经末梢。脑脊神经节突起形成的神经纤维平行排列成束，将神经元胞体分隔成群。在神经元胞体及突起起始部外面有一层卫星细胞包裹，在突起分支处改由施万细胞包裹，参与形成有髓神经纤维（图9-7）。

（二）自主神经节

自主神经节分为交感和副交感神经节两种，其中交感神经节位于脊柱两旁及前方，副交感神经节则位于器官附近或器官内。自主神经节中的神经节细胞为自主神经系统的节后神经元，属于多极运动神经元，其胞体较感觉神经节细胞的胞体小，散在分布。细胞核常偏居胞体一侧，部分细胞含有双核，细胞质内的

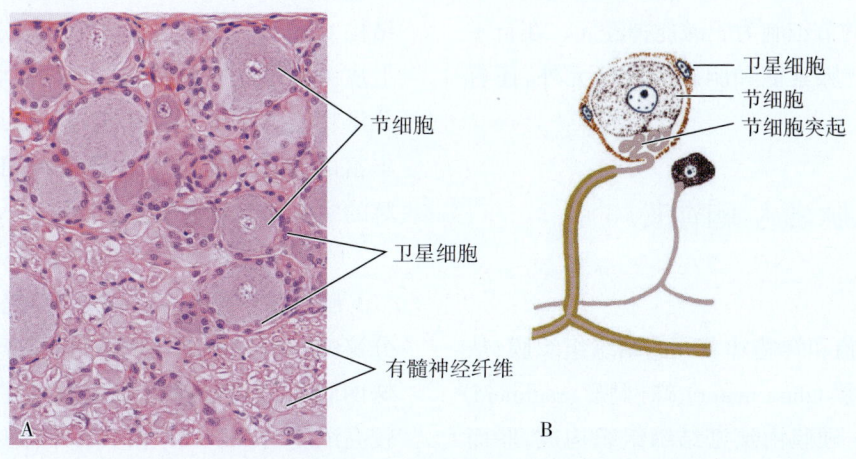

图9-7 脊神经节
A. 脊神经节细胞；B. 假单极神经元和卫星细胞

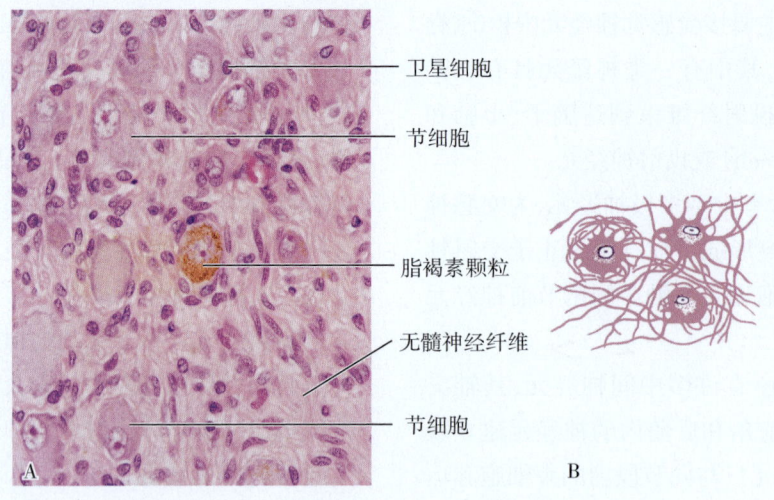

图 9-8   交感神经节
A. 交感神经节细胞；B. 交感神经节中多极神经元

卫星细胞
节细胞
脂褐素颗粒
无髓神经纤维
节细胞

尼氏体呈细颗粒状均匀分布。神经元周边的卫星细胞较少，不完全地包绕胞体和突起（图 9-8）。与脑脊神经节不同，自主神经节内的纤维主要为无髓神经纤维，并有节前和节后纤维之分。节前纤维与节细胞的胞体和树突建立突触联系，而节后纤维则离开神经节，其末梢形成内脏运动神经末梢，支配平滑肌、心肌和腺体的活动。

在交感神经节内，节细胞可分为体积较大的主节细胞（principal ganglion cell）和体积较小的小强荧光细胞（small intensely fluorescent cell，SIF 细胞）。主节细胞占多数，其中多数为肾上腺素能神经元，少数为胆碱能神经元。SIF 细胞为中间神经元，其轴突终末与主节细胞形成突触，内含多巴胺和去甲肾上腺素，因用甲醛蒸汽处理时，在紫外线下呈现强的荧光而得名。副交感神经节的节细胞为胆碱能神经元。在自主神经节内，除了肾上腺素能和胆碱能神经元外，还有肽能神经元。

五、脑脊膜、脉络丛、脑脊液

（一）脑脊膜

脑脊膜是包在脑和脊髓外表面的结缔组织膜，从外向内依次分为硬膜（dura mater）、蛛网膜（arachnoid）和软膜（pia mater）。硬膜由致密结缔组织构成，厚而坚硬，分为硬脑膜和硬脊膜两部分。硬膜与蛛网膜之间的狭窄间隙称硬膜下隙（subdural space），内含少

量液体。蛛网膜由薄层疏松结缔组织构成，结缔组织纤维形成许多小梁将蛛网膜与其下方的软膜相连，两者之间有较大的腔隙，称蛛网膜下隙（subarachnoid space），腔隙内充满脑脊液。蛛网膜的内、外表面和小梁表面均衬以单层扁平上皮。软膜紧贴脑和脊髓的表面，为一层富含血管的疏松结缔组织，其外表面也覆盖单层扁平上皮。软膜的血管供应脑和脊髓的营养，但软膜与血管之间仍有间隙，称血管周隙（perivascular space），与蛛网膜下隙相通，内含脑脊液。小血管在脑实质内分支形成毛细血管后，其周围的结缔组织消失，只有胶质膜包裹（图 9-9）。

（二）脉络丛

脉络丛（choroid plexus）是由富含血管的软膜与室管膜（ependyma）共同向脑室内突出而形成的皱襞状结构，见于第三、四脑室顶部和部分侧脑室壁。脉络丛上皮由一层立方形或矮柱形的室管膜细胞组成，具有分泌功能。上皮下为基膜与结缔组织，结缔组织内含丰富的有孔型毛细血管和巨噬细胞（图 9-10）。脉络丛的主要功能是生成脑脊液。

（三）脑脊液

脑脊液（cerebrospinal fluid）是由脉络丛上皮细胞分泌的一种无色透明的液体，位于脑室、脊髓中央管、蛛网膜下隙和血管周隙中，其蛋白质成分很少，但有较高浓度的 Na^+、K^+ 和 Cl^-，并有少许脱落细胞和淋巴细胞。在成年男性，脑脊液的量约为 100 mL。脑脊液由脉络丛上皮不断分泌产生（每天约为 800 mL），同时

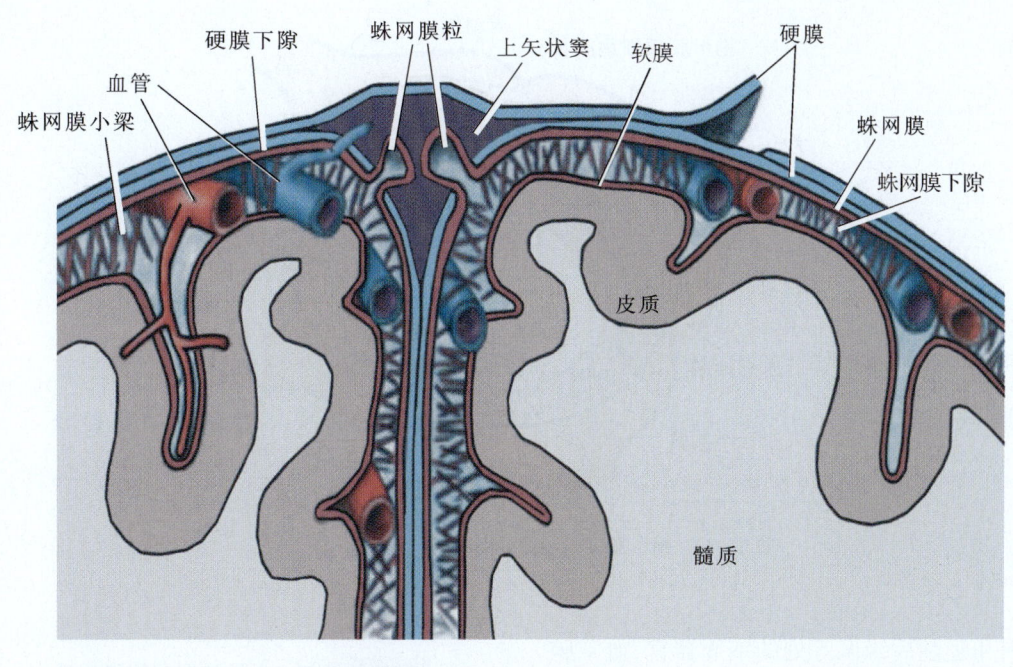

图 9-9 大脑冠状切面（脑膜和血管）

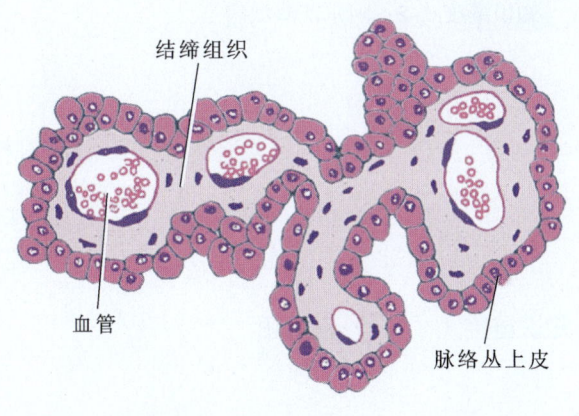

图 9-10 脉络丛

又不断通过蛛网膜粒（蛛网膜突入颅静脉窦内的绒毛状突起）（图 9-9）渗入上矢状窦，回流入血，形成脑脊液循环。脑脊液的主要功能是营养和保护脑和脊髓，脑脊液还是脑和血液之间进行物质交换的中介。

六、脑屏障

一些物质在身体其他部位容易从血液渗透到组织液，但在脑和脊髓组织却受到限制或不能渗入，这是由于在脑和脊髓内存在不同的屏障结构之故。

（一）血－脑脊液屏障

在血液与脑脊液之间存在血－脑脊液屏障（blood-cerebrospinal fluid barrier，BCB），由脉络丛毛细血管内皮及其基膜和脉络丛上皮细胞共同构成，其中脉络丛上皮细胞之间的紧密连接构成屏障的主要结构。该屏障可选择性阻止某些物质进入脑脊液，使脑脊液保持稳定的成分而不同于血液。

在脑脊液和脑组织之间也存在选择性阻止某些物质由脑脊液进入脑组织的屏障结构，称脑脊液－脑屏障（cerebrospinal fluid-brain barrier），主要由脑表面的软膜－胶质膜和脑室的室管膜构成。

（二）血－脑屏障

介于血液与脑实质之间的屏障结构称血－脑屏障（blood-brain barrier），主要由脑毛细血管的内皮细胞、血管基膜和星形胶质细胞突起末端扩大的脚板共同构成。脑毛细血管属于连续型毛细血管，其内皮细胞之间存在紧密连接，内皮细胞外侧有完整的基膜、周细胞及星形胶质细胞突起的脚板包绕，其中内皮细胞及其间的紧密连接是血－脑屏障的主要结构（图 9-11）。血－脑屏障能阻止多种物质，如毒素、某些药物等进入脑内，但由于细胞膜上存在许多蛋白质构成的不同类型的转运蛋白（transporter），能识别特定分子并转运它们，因此营养物质和代谢产物能顺利通过血－脑屏障，脑组织内环境因此保持相对稳定。在不同脑区，血－脑屏障的特性存在一定差异，如下丘脑

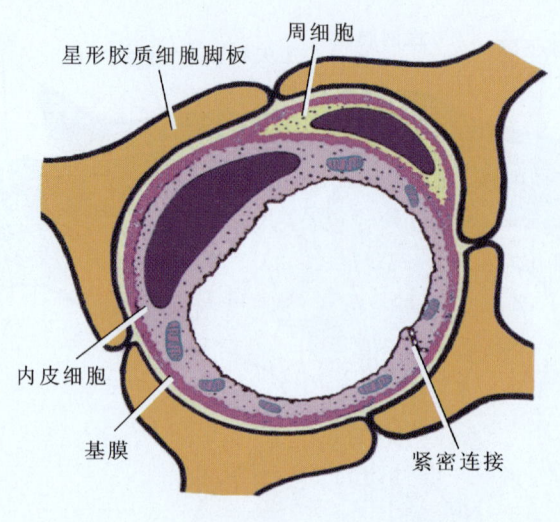

星形胶质细胞脚板　　周细胞

内皮细胞

基膜

紧密连接

图 9-11　血 – 脑屏障超微结构

第三脑室周围和延髓后缘区等处的室周器官,血 – 脑屏障比较薄弱,毛细血管壁对许多物质的通透性高于脑的其他部分。在一些病理情况下,如脑肿瘤、血管性脑水肿等,血 – 脑屏障的通透性会增大,丧失屏蔽作用,可导致脑内微环境自稳态的破坏。

知识链接 9-1　神经营养因子

知识链接 9-2　阿尔茨海默病

（杨　虹）

新形态教材网

🖳 微课导学　　📺 教学课件　　🖥 微视频　　⚙ 知识链接　　📝 自测题

第十章

循 环 系 统

循环系统（circulatory system）是连续而封闭的管道系统，包括心血管系统和淋巴管系统两个部分。心血管系统由心脏、动脉、毛细血管和静脉组成。淋巴管系统是心血管系统的辅助循环管道，由毛细淋巴管、淋巴管和淋巴导管构成。

一、血管壁微细结构的共同特点

血管壁结构分层排列，除毛细血管外，动脉和静脉的管壁一般由内向外可分为内膜、中膜和外膜 3 层（图 10-1）。

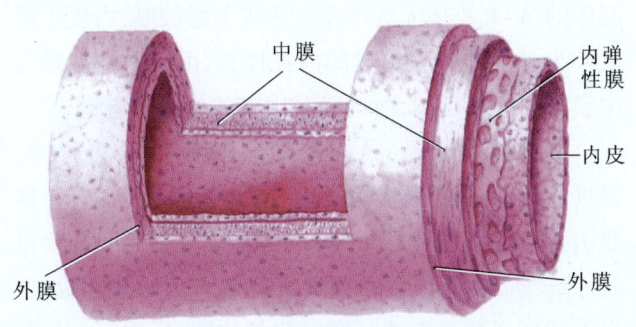

图 10-1 血管壁微细结构模式图

（一）内膜

内膜（tunica intima）由内皮和内皮下层组成，在血管壁 3 层中最薄。

1. 内皮 为衬贴于心血管腔面的单层扁平上皮，其游离面光滑，直接与管腔内的血液接触，可减少液体流动时的阻力，有利于血液流动。内皮的另一特点是薄，内皮细胞的细胞质很少，只有含核的部分略厚，细胞基底面附着于基膜上，内皮细胞和基膜构成物质进出管壁的重要通透性屏障，参与血液与周围组织之间的物质交换。

此外，内皮细胞在超微结构方面具有下列特征。

（1）内皮突起 内皮细胞可向管腔伸出细胞质突起，突起的形态不一，功能也多样。例如，大血管的内皮细胞表面有大型的指状突起，这些突起使近腔面的血液形成涡流，减缓血流速度，便于血管壁本身的营养供给等。

（2）质膜小泡（plasmalemmal vesicle） 在内皮细胞的细胞质中含有一些大小相近的质膜小泡，也称吞饮小泡，以毛细血管内皮细胞最为典型。质膜小泡的主要功能是运输大分子物质，是内皮细胞中的一种运载工具。

（3）怀布尔 - 帕拉德小体（Weibel-Palade body） 简称 W-P 小体，呈长杆状，有膜包裹，内含许多直径约 15 nm 的平行细管，是内皮细胞特有的细胞器，具有储存血管性假血友病因子（简称 von Willebrand factor，vWF，又称第 Ⅷ 因子相关抗原）的作用。vWF 是一种大分子蛋白质，可同时与胶原纤维和血小板相结合。当血管破裂后，大量的血小板以 vWF 为中介黏附在胶原纤维上，形成血栓，得以止血。

（4）复杂的酶系统 内皮细胞能合成与分泌多种生物活性物质，如血管内皮生长因子（VEGF）、一氧化氮（NO）和内皮素等,在维持正常心血管功能方面有重要作用。内皮细胞表面有血管紧张素转换酶,能使血浆中的血管紧张素Ⅰ转变为血管紧张素Ⅱ,使血管收缩。内皮细胞还能降解5-羟色胺、组胺和去甲肾上腺素等。

总之,内皮细胞的结构特点和完整性对整个心血管系统在维持血液正常运输、物质交换等方面起了极其重要的作用。

2. 内皮下层（subendothelial layer）　是位于内皮下的薄层结缔组织,内含少量胶原纤维、弹性纤维,有时有少许纵行平滑肌。有的动脉内皮下层深面还有一层内弹性膜（internal elastic membrane）,由弹性蛋白组成,膜上有许多小孔。在血管横切面上,因血管壁收缩,内弹性膜常呈波浪状。通常以内弹性膜作为动脉内膜与中膜的分界。

（二）中膜

中膜（tunica media）位于内膜和外膜之间。中膜由肌组织和结缔组织构成,其厚度及组成成分因血管种类而异。大动脉以弹性膜为主,间有少许平滑肌,中动脉主要由平滑肌组成。

中膜的肌组织提供血液流动的动力,弹性纤维具有使扩张的血管回缩的作用,胶原纤维起维持张力的作用,具有支持功能。血管中膜平滑肌还可产生胶原纤维、弹性纤维和基质,具有类似成纤维细胞的功能。目前认为,血管平滑肌是成纤维细胞的亚型。血管平滑肌与内皮细胞间常形成肌内皮连接,平滑肌通过这种连接,接受血液或内皮细胞的化学信息。

（三）外膜

外膜（tunica adventitia）由疏松结缔组织组成,其中含螺旋状或纵向走行的弹性纤维和胶原纤维,血管壁的结缔组织细胞以成纤维细胞为主。有的动脉中膜和外膜交界处,有密集的弹性纤维组成的外弹性膜（external elastic membrane）。

二、动脉

动脉根据管径的大小和管壁的结构特点,可分为大动脉、中动脉、小动脉和微动脉4种。动脉内血流压力较高,流速较快,因而管壁较厚,富有弹性和收缩性等。动脉管壁的3层结构较清晰,随着管腔

逐渐减小,管壁各层也逐渐变化,其中以中膜的变化最大。

（一）大动脉

大动脉（large artery）包括主动脉、肺动脉、无名动脉、颈总动脉、锁骨下动脉、髂总动脉等。大动脉管壁的主要特点是,有多层弹性膜和大量弹性纤维,平滑肌则较少,故又称弹性动脉（elastic artery）（图 10-2）。大动脉管壁结构特点如下。

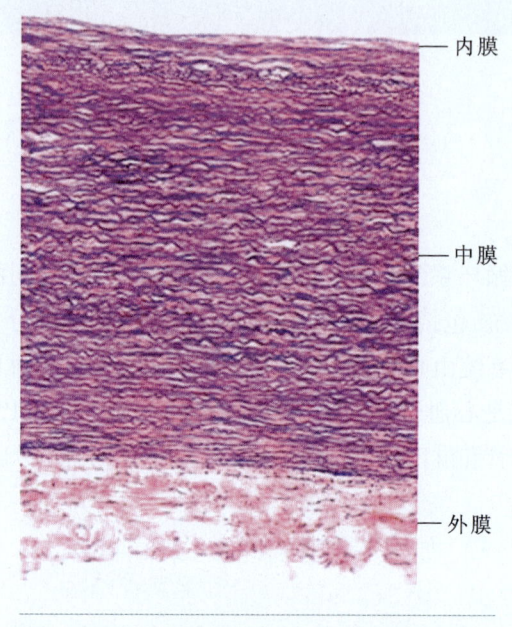

图 10-2　大动脉（弹性纤维染色示弹性膜）

1. 内膜　由内皮和内皮下层组成,大动脉内皮细胞中的 W-P 小体尤为丰富。内皮下层较厚,内皮下层之外为多层弹性膜组成的内弹性膜,由于内弹性膜与中膜的弹性膜延续,故内膜与中膜的分界不清楚。

2. 中膜　很厚,成人大动脉有 40~70 层弹性膜。弹性膜由弹性蛋白构成,膜上有许多窗孔,各层弹性膜由弹性纤维相连,弹性膜之间有环行平滑肌和少量胶原纤维。中膜基质的主要化学成分为硫酸软骨素。血管的平滑肌具有成纤维细胞的作用,形成以上各种细胞外基质成分。在病理状况下,动脉中膜的平滑肌可移入内膜增生并产生结缔组织成分,使内膜增厚,是动脉粥样硬化发生的重要病理过程,其中冠状动脉和大脑动脉等易受侵害,这是导致心肌梗死和脑梗死的主要原因。

3. 外膜　较薄,没有明显的外弹性膜,主要由疏松结缔组织构成,营养血管较多。

（二）中动脉

除大动脉外，凡在解剖学中有名称的动脉大多属中动脉（medium-sized artery）。中动脉管壁的主要特点为平滑肌丰富，故又名肌性动脉（muscular artery）。中动脉管壁具有典型的3层结构（图10-3）。

1. 内膜　由内皮和内皮下层组成，内皮下层较薄，内弹性膜明显，常呈波浪状。

2. 中膜　较厚，由10~40层环形排列的平滑肌纤维组成，肌纤维间有一些弹性纤维和胶原纤维。

3. 外膜　由疏松结缔组织构成，除营养血管外，还有较多神经纤维，它们伸入中膜平滑肌，调节血管的舒缩。多数中动脉的中膜和外膜的交界处有明显的外弹性膜。

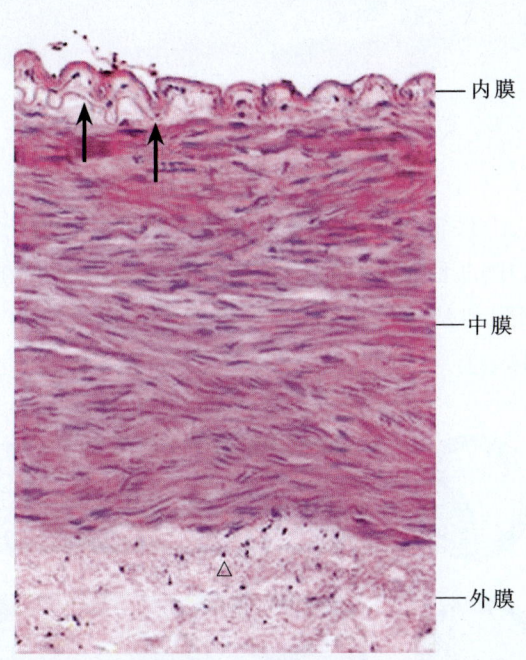

图 10-3　中动脉
↑—内弹性膜；△—外弹性膜

（三）小动脉

管径在0.3~1 mm的动脉称小动脉（small artery），结构与中动脉相似，也属肌性动脉。较大的小动脉，内膜有明显的内弹性膜，中膜有几层平滑肌纤维，外膜厚度与中膜相近，但一般缺乏外弹性膜（图10-4）。

（四）微动脉

管径在0.3 mm以下的动脉称微动脉（arteriole）。内膜无内弹性膜，中膜由1~2层平滑肌组成，外膜较薄（图10-5）。

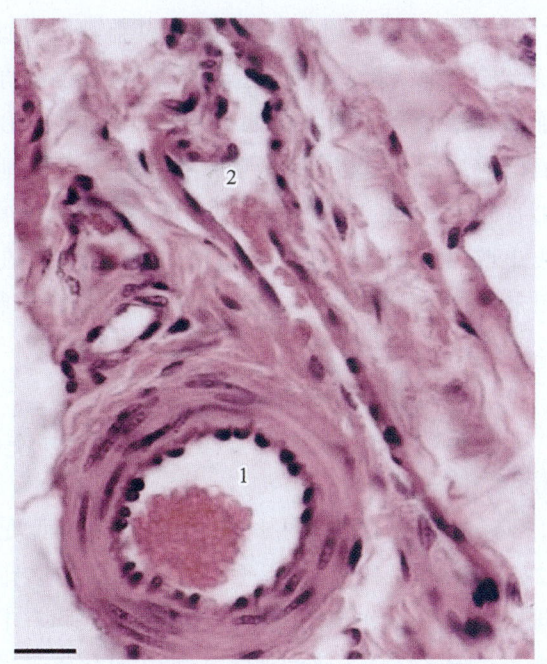

图 10-4　小动脉与小静脉
1—小动脉；2—小静脉

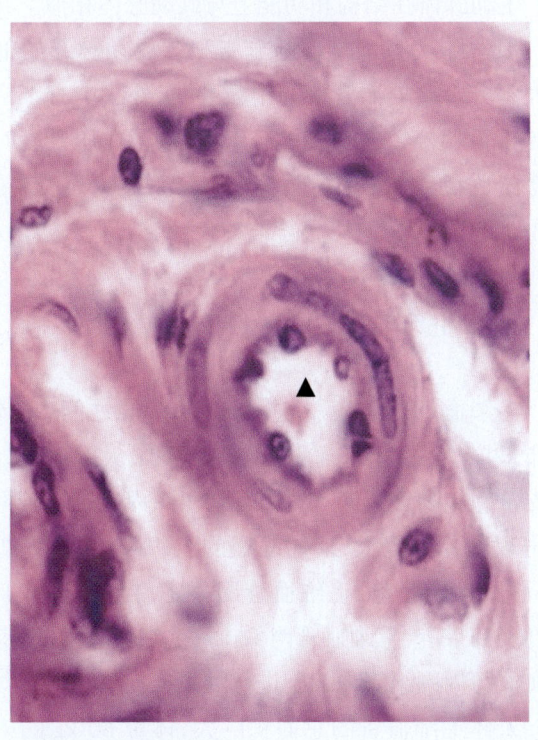

图 10-5　微动脉
▲—微动脉

（五）动脉管壁结构与功能的关系

心脏的间歇性收缩导致大动脉内血液呈搏动性流动。由于大动脉的管壁有很强的弹性，尽管心脏的收缩是间歇性的,大动脉管壁的弹性使血管内的血流是连续的。中动脉平滑肌发达,平滑肌的收缩和舒张使血管管径缩小或扩大,可调节分配到身体各部和各器官的血流量。小动脉和微动脉的舒缩,能显著地调节器官和组织内的血流量。正常血压的维持在相当大程度上取决于外周阻力,而外周阻力的变化主要在于小动脉和微动脉平滑肌收缩的程度,它们都受到神经和多种体液因子的调节。

(六)动脉管壁的特殊感受器

血管壁内有一些特殊的感受器,如颈动脉体、主动脉体和颈动脉窦等。

颈动脉体位于颈总动脉分支处管壁的外面,是直径 2~3 mm 的不甚明显的扁平小体,主要由许多排列不规则的上皮细胞团索组成,细胞团或索之间有丰富的血窦。颈动脉体是感受动脉血氧、二氧化碳含量和血液 pH 变化的化学感受器,可将信息传入中枢,对心血管系统和呼吸系统进行调节。

主动脉体在结构和功能上与颈动脉体相似。

颈动脉窦为颈总动脉分支和颈内动脉起始部的膨大部分。此处血管壁的中膜甚薄,外膜中有丰富的来源于舌咽神经的游离神经末梢,接受血压升高时血管壁扩张的刺激,在生理学上称其为压力感受器,参与血压的调节。

三、毛细血管

毛细血管(capillary)连接于动、静脉之间,是体内分布最广、管径最细、管壁最薄、面积最大的血管。其分支常互相吻合成网。各器官和组织内毛细血管网的疏密程度差别很大,代谢旺盛的组织和器官,如骨骼肌、心肌、肺、肾等,毛细血管网很密;代谢较低的骨、肌腱和韧带等,毛细血管网稀疏。毛细血管管壁菲薄,是血液与周围组织内细胞进行物质交换的主要部位。

人体毛细血管的总面积巨大,体重 60 kg 的人约 6 000 m^2。

1. **毛细血管的结构** 毛细血管管径一般为 6~8 μm,血窦较大,直径可达 40 μm。毛细血管管壁主要由 1 层内皮细胞和基膜组成。细的毛细血管横切面由 1 个内皮细胞围成,较粗的毛细血管由 2~3 个内皮细胞围成。内皮的基膜只有基板。在内皮

与基膜之间散在分布着一种扁而有突起的周细胞(pericyte),周细胞含有肌动蛋白、肌球蛋白等,具有收缩功能;血管损伤后,周细胞增殖和分化为内皮细胞、平滑肌纤维和成纤维细胞,参与血管的生长和修复(图 10-6)。

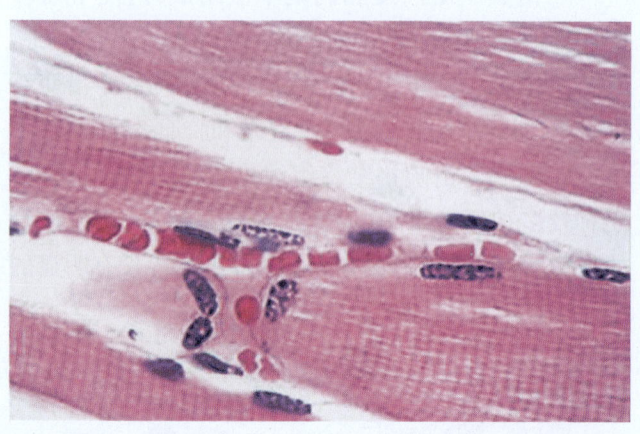

图 10-6　毛细血管

2. **毛细血管的分类** 光镜下观察,各种组织和器官中的毛细血管结构相似。但在电镜下,根据内皮细胞和基膜的连续性,可以将毛细血管分为 3 型(图 10-7)。

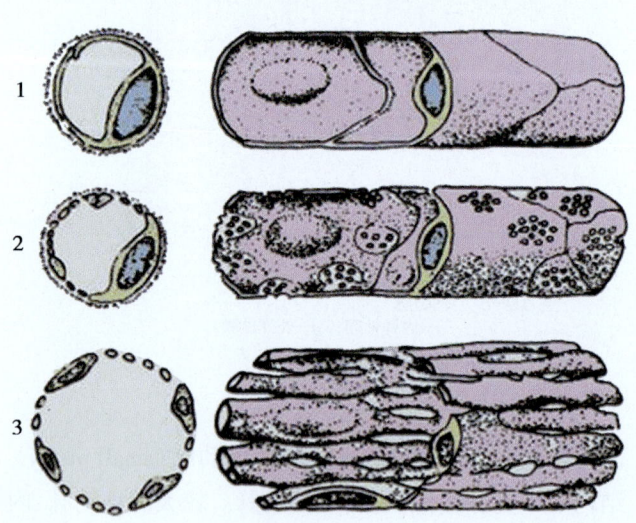

图 10-7　毛细血管类型模式图
1—连续毛细血管;2—有孔毛细血管;3—血窦

(1) 连续毛细血管(continuous capillary) 特点为内皮细胞相互连续,细胞间有紧密连接封闭细胞间隙,基膜完整,细胞质中有许多吞饮小泡(图 10-8)。

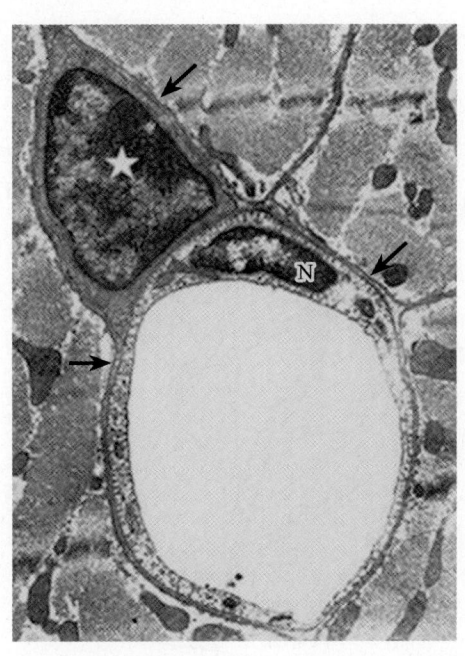

图 10-8　连续毛细血管
☆—周细胞；N—内皮细胞细胞核；↑—基膜

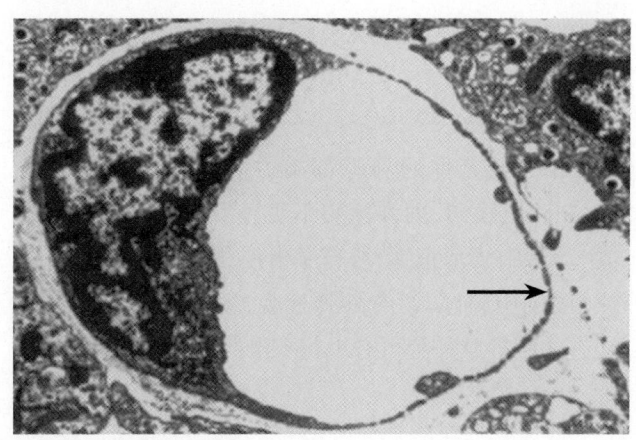

图 10-9　有孔毛细血管
→—窗孔

这些小泡在细胞游离面或基底面形成，然后转运到对侧，以胞吐方式释放内容物。所以，连续毛细血管主要以吞饮小泡方式在血液和组织液之间进行物质交换。连续毛细血管分布于结缔组织、肌组织、肺、胸腺和中枢神经系统等处，参与血 - 脑屏障等屏障性结构的组成。

（2）有孔毛细血管（fenestrated capillary）　特点是内皮细胞不含核的部分极薄，有许多贯穿细胞质的窗孔，直径为 60~80 nm，一般有厚 4~6 nm 的隔膜封闭（图 10-9）。内皮窗孔有利于血管内外中、小分子物质的交换。内皮细胞基底面有连续的基膜。此型毛细血管主要存在于胃肠黏膜、某些内分泌腺和肾血管球等处。

（3）血窦（sinusoid）　也称窦状毛细血管（sinusoid capillary），管腔较大，形状不规则，内皮细胞间隙较大，有利于大分子物质或血细胞出入血液。血窦主要分布于肝、脾、骨髓和某些内分泌腺。不同器官内的血窦结构常有较大差别，有些血窦，内皮细胞有孔，有连续的基膜；有些血窦，细胞间隙较宽，基膜不连续或不存在。脾血窦的特点是其内皮细胞呈杆状，内皮细胞外有网状纤维环绕形成栅栏状结构，基膜不完整。

3. 毛细血管的功能

（1）选择性通透与物质交换　毛细血管是血液与周围组织进行物质交换的主要部位。

（2）活性物质的合成和代谢　内皮细胞参与某些生物活性物质的合成、灭活或转换。

（3）抗血栓形成　内皮细胞产生抗凝血和抗血栓成分。

四、静脉

静脉也根据管径的大小分为大静脉、中静脉、小静脉和微静脉，但静脉管壁结构的变化比动脉大，甚至一条静脉的各段也常有较大的差别。静脉管壁大致也可分为内膜、中膜和外膜 3 层，但 3 层膜常无明显的界限。静脉壁的平滑肌和弹性组织不及动脉丰富。

中静脉及小静脉常与相应的动脉伴行。与伴行动脉相比，静脉的数量较多，管径较粗，管腔较大。由于静脉管壁薄而柔软，弹性也小，故切片标本中的静脉管壁常呈塌陷状，管腔变扁或呈不规则形。

1. 微静脉（venule）　管腔不规则，管径 50~200 μm，内皮外的平滑肌或有或无，外膜薄。紧接毛细血管的微静脉称毛细血管后微静脉（postcapillary venule），其管壁结构与毛细血管相似，但管径略粗，内皮细胞间的间隙较大，故通透性较大，也有物质交换功能。

2. 小静脉（small vein）　管径达 200 μm 以上，内皮外渐有一层较完整的平滑肌纤维。较大的小静脉的中膜有一至数层平滑肌纤维,外膜也渐变厚(图 10-4)。

3. 中静脉(medium-sized vein) 除大静脉以外,凡有解剖学名称的静脉都属中静脉。中静脉管径 2~9 mm,内膜薄,内弹性膜不明显。中膜比其相伴行的中动脉中膜薄很多,环行平滑肌纤维分布稀疏。外膜一般比中膜厚,没有外弹性膜,主要由结缔组织组成,有的中静脉外膜可有纵行平滑肌束(图 10-10)。

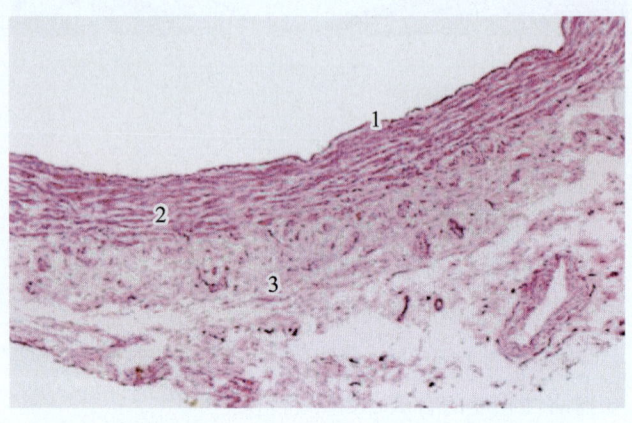

图 10-10 中静脉
1—内膜;2—中膜;3—外膜

4. 大静脉(large vein) 管径在 10 mm 以上。上腔静脉、下腔静脉、无名静脉和颈静脉等都属于此类。管壁内膜较薄,中膜很不发达,为几层排列疏松的环行平滑肌纤维。外膜则较厚,结缔组织内常有较多的纵行平滑肌束。

5. 静脉瓣 管径 2 mm 以上的静脉常有静脉瓣。瓣膜由内膜凸入管腔折叠而成,表面覆以内皮,内部为含弹性纤维的结缔组织。静脉瓣的游离缘朝向血流方向,可防止血液逆流。

静脉的功能是将身体各部的血液导回心脏。静脉血回流的动力主要靠静脉内的压力差。影响静脉压力差的因素很多,如心脏的收缩力、重力和体位、呼吸运动及静脉周围肌组织的收缩挤压作用。

五、微循环

微循环(microcirculation)是指从微动脉到微静脉之间的血液循环,是血液循环的基本功能单位。不同组织中微循环血管的组成各有特点,但一般都由下述

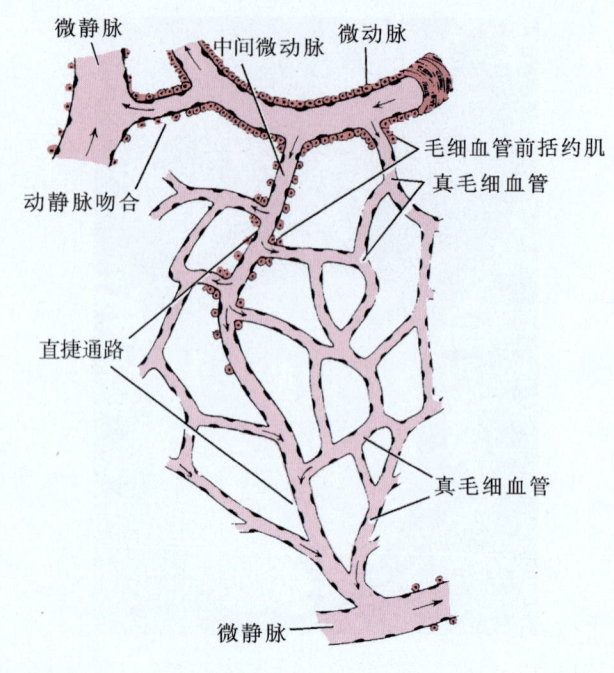

图 10-11 微循环血管模式图

几部分组成(图 10-11)。

1. 微动脉 由于微动脉管壁平滑肌的收缩活动,微动脉起控制微循环的总闸门作用。

2. 毛细血管前微动脉和中间微动脉 微动脉的分支称毛细血管前微动脉(precapillary arteriole)。后者继而分支为中间微动脉(metaarteriole),其管壁有稀疏的平滑肌纤维。

3. 真毛细血管(true capillary) 中间微动脉分支形成相互吻合的毛细血管网,称真毛细血管,即通称的毛细血管。真毛细血管行程迂回曲折,血流甚慢,是进行物质交换的主要部位。

在真毛细血管的起点,有少许环行平滑肌纤维组成的毛细血管前括约肌(precapillary sphincter),是调节微循环的分闸门。

4. 直捷通路(thoroughfare channel) 是中间微动脉与微静脉直接相通、距离最短的毛细血管,管径略粗。

5. 动静脉吻合(arteriovenous anastomosis) 由微动脉发出的、直接与微静脉相通的血管,称动静脉吻合。此段血管的管壁较厚,有发达的纵行平滑肌层和丰富的血管运动神经末梢。动静脉吻合收缩时,血液由微动脉流入毛细血管;动静脉吻合松弛时,微动脉血液经此直接流入微静脉。动静脉吻合主要分布在

指、趾、唇和鼻等处的皮肤内及某些器官内,是调节局部组织血流量的重要结构。

6. 微静脉 已如上述。

一般当组织处于静息状态时,微循环的血流大部分由微动脉经中间微动脉和直捷通路快速进入微静脉,只有小部分血液流经真毛细血管。当组织处于功能活跃状态时,毛细血管前括约肌开放,大部分血液流经真毛细血管网,血液与组织之间进行充分的物质交换。

(张 莉)

六、心脏

心脏是一种肌性器官,有节律地收缩和泵血,推动循环系统的血液流动。此外,心脏还具有内分泌功能。

(一)心壁的结构特点

心脏的壁很厚,由3层组成,即心内膜、心肌膜和心外膜。

1. 心内膜(endocardium) 由内皮和内皮下层组成。内皮与大血管的内皮相连续,位于连续的基膜上。在基膜外,组成内皮下层的结缔组织可分内、外两层:内层薄,为细密的结缔组织,其中有少量平滑肌纤维;外层靠近心肌膜,也称心内膜下层(subendocardial layer),为较疏松的结缔组织,其中含小血管和神经。在心室,心内膜下层内还有传导系统的分支(图10-12)。

心瓣膜(cardiac valve):位于房室孔和动脉口处,是心内膜向腔内凸起折叠而成的薄片状结构。瓣膜

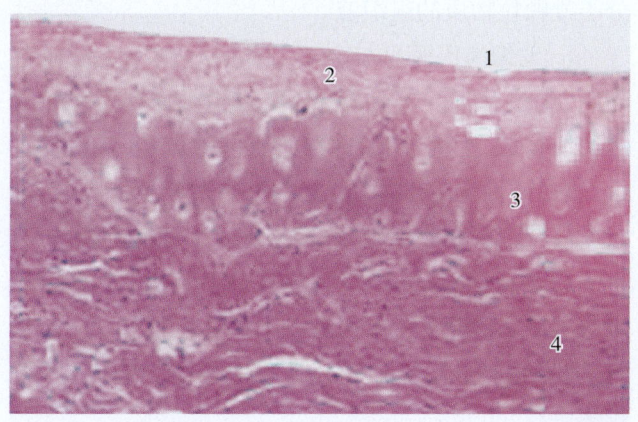

图10-12 心脏(1)
1—内皮;2—内皮下层;3—心内膜下层束细胞;4—心肌膜

表面为内皮,内部为致密结缔组织。心瓣膜的功能是阻止心房和心室收缩时血液逆流。患风湿性心脏病时,心瓣膜内胶原纤维增生,导致瓣膜变硬、变短或变形,瓣膜还可发生粘连,以致瓣膜不能正常地关闭和开放。

2. 心肌膜(myocardium) 为心脏的主体,主要由心肌构成。心房的心肌膜较薄,左心室的心肌膜最厚。心肌纤维呈螺旋状排列,大致可分为内纵、中环和外斜3层。心肌纤维多集合成束,肌束之间、心肌纤维之间有数量不等的结缔组织和极为丰富的毛细血管。在心房肌和心室肌之间,有由致密结缔组织组成的坚实的支架结构,称心骨骼(cardiac skeleton)。心房肌和心室肌分别附着于心骨骼,两部分心肌不相连续(图10-13)。

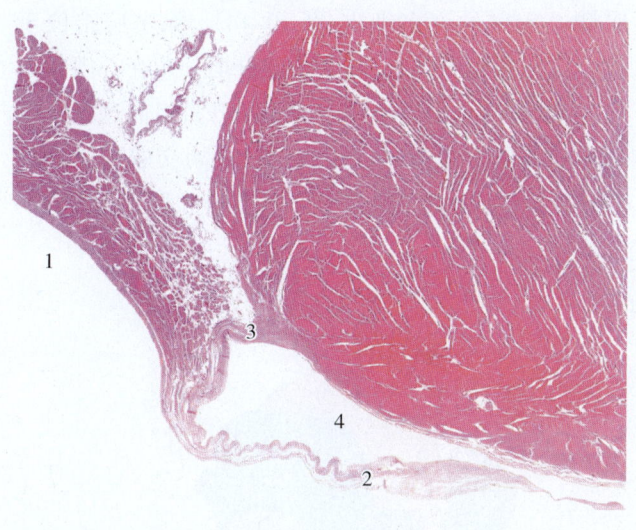

图10-13 心脏(2)
1—心房;2—心瓣膜;3—心骨骼;4—心室

心室和心房的肌纤维结构和功能基本相同,但也各有一些特点。心室的肌纤维较粗长,心房肌纤维较细短,横小管少,但在肌细胞间具有大量的缝隙连接。这些结构特点可能与它具有较快的传导速率和较高的内在节律性有关。部分心房肌纤维内含电子致密的分泌颗粒,称为特殊心房颗粒,内含心房钠尿肽(atrial natriuretic peptide),简称心钠素。这种激素具有很强的利尿、排钠、扩张血管和降血压的作用。心肌纤维还具有合成肾素和血管紧张素的能力,对促进心肌纤维生长、增强心肌收缩力等有重要作用。

3. 心外膜（epicardium）　即心包的脏层，其表面被覆一层间皮，深面为薄层结缔组织，这样的结构称浆膜。心外膜中含有营养血管和神经，并常有脂肪组织。心包的壁层也是浆膜。脏、壁两层之间为心包腔，内有少量浆液，可减少摩擦，利于心脏搏动。患心包炎时，两层可发生粘连，使心包腔闭塞，以至心脏搏动受到限制。

知识链接 10-1　心脏移植

（二）心脏传导系统

心脏壁内有特化的心肌纤维组成的传导系统，其功能是发生冲动并传导到心脏各部，使心房肌和心室肌按一定的节律收缩。

心脏传导系统包括窦房结、房室结、房室束、位于室间隔两侧的左右房室束分支，以及分布到心室乳头肌和心室壁的许多细支（图 10-14）。除窦房结位于右心房心外膜深部外，其余的部分均分布在心内膜下层，由结缔组织把它们和心肌膜隔开。组成这个系统的传导纤维聚集成结或束，受交感、副交感和肽能神经支配。组成心脏传导系统的细胞有 3 种。

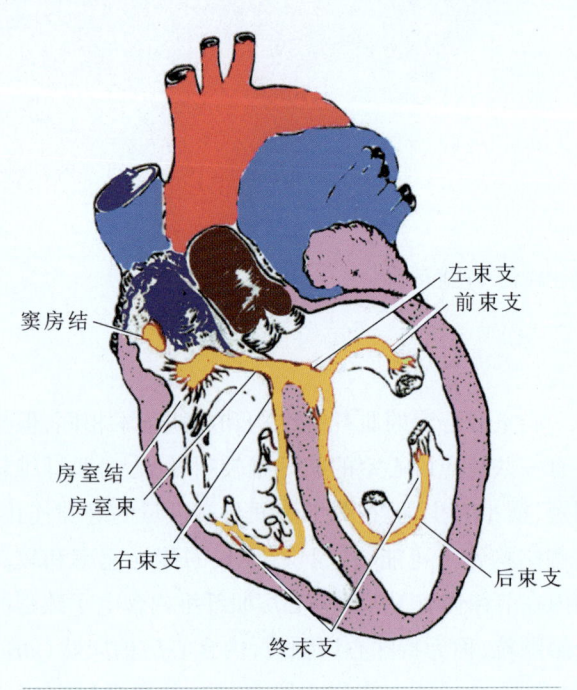

图 10-14　心脏传导系统分布模式图

左束支前束支
窦房结
房室结
房室束
右束支
后束支
终末支

1. 起搏细胞（pacemaker cell）　简称 P 细胞，位于窦房结和房室结的中心部位，细胞较小，呈梭形或多边形，包埋在一团较致密的结缔组织中。细胞质内细胞器较少，有少量肌原纤维和吞饮小泡，糖原较多。生理学的研究证明，起搏细胞是心肌兴奋的起搏点，决定心率快慢。

2. 移行细胞（transitional cell）　主要位于窦房结和房室结的周边及房室束，细胞结构介于起搏细胞和心肌纤维之间，比心肌纤维细而短，细胞质内肌原纤维较起搏细胞略多，起传导冲动的作用。

3. 浦肯野纤维（Purkinje fiber）　又名束细胞，组成房室束及其分支。主要位于心室的心内膜下层。与心肌纤维相比，浦肯野纤维短而粗，形状常不规则，细胞中央有 1~2 个细胞核，细胞质中有丰富的线粒体和糖原，肌原纤维较少，细胞彼此间有较发达的闰盘连接。浦肯野纤维直接与心室肌纤维相连，将冲动传到心室各处，引发心室肌的同步收缩。

七、淋巴管系统

体内除中枢神经系统、软骨、骨、骨髓、胸腺、牙齿和胎盘等处没有淋巴管分布外，大多数组织和器官中分布有淋巴管系统。

淋巴管系统的起始段称毛细淋巴管，位于组织中。毛细淋巴管的起端为盲端，互相吻合成毛细淋巴管网并汇入淋巴管。淋巴管最后汇入胸导管和右淋巴导管。在淋巴管系统的通路上存在一些淋巴结。淋巴管内流动的液体为淋巴（lymph），主要是回收的含有大分子或颗粒物质的组织液。

1. 毛细淋巴管（lymphatic capillary）　与毛细血管相比，管腔大而不规则，管壁薄，仅由内皮和极薄的结缔组织构成，无周细胞，内皮细胞间隙较宽，基膜不连续，故通透性比毛细血管更大，一些大分子物质（如蛋白质甚至细菌和癌细胞等）较易进入毛细淋巴管。

2. 淋巴管（lymphatic vessel）　包括粗细不等的几级分支。结构与静脉相似，但淋巴管管径大、管壁薄，管壁由内皮、少量平滑肌和结缔组织构成，瓣膜较多。

3. 淋巴导管(lymphatic duct) 指胸导管和右淋巴导管。其结构与大静脉相似,特点是管壁薄,3 层膜分界不明显,中膜平滑肌较发达,在内膜与中膜交界处有类似内弹性膜的结构。外膜中含有纵行平滑肌束和胶原纤维,也有营养血管。

(张志威 慕晓玲)

新形态教材网

微课导学　　　教学课件　　　微视频　　　知识链接　　　自测题

第十一章

免 疫 系 统

　　免疫系统(immune system)由免疫细胞、淋巴组织、淋巴器官等组成,淋巴细胞是其中的核心成分。淋巴组织和淋巴器官散布于全身各处,借助淋巴细胞在血液和淋巴内循环往复、互相联系,形成一个功能整体。免疫系统是人体内重要的防御系统,具有防御、监视、消除异体物质(抗原)和监视、清除身体内衰老细胞及突变细胞的生理作用,并可稳定、保持机体内环境的平衡统一,即在体内实现免疫防御、免疫监视和免疫稳定三方面的生理功能。另一方面,也可引起超敏反应、自身免疫性疾病、肿瘤及移植排斥反应等病理性结果。

一、免疫细胞

　　免疫细胞(immune cell)主要是指能识别抗原,产生免疫应答的淋巴细胞,此外还有浆细胞、巨噬细胞和抗原呈递细胞。广义的免疫细胞还包括各种粒细胞、肥大细胞、红细胞、血小板、造血干细胞等。在免疫应答中,首先由抗原呈递细胞捕获抗原,经加工、处理后将抗原信息传递给淋巴细胞,从而引起一系列特异性免疫应答。

(一)淋巴细胞

　　淋巴细胞(lymphocyte)是体内分布广泛、种类繁多的细胞群体。根据细胞体积大小,淋巴细胞可分为大、中、小3种类型。根据其表面标志、结构特点和功能表现不同,一般将淋巴细胞分为3种类型:① 胸腺依赖淋巴细胞,简称 T 细胞;② 骨髓依赖淋巴细胞,简称 B 细胞;③ 自然杀伤性淋巴细胞,简称 NK 细胞。各类淋巴细胞又可进一步分为若干亚群。B 细胞根据接触抗原与否可分为两个亚群:初始 B 细胞,效应 B 细胞(即浆细胞)或记忆 B 细胞。T 细胞亚群分类方法较多,根据分化抗原(cluster of differentiation,CD 抗原)的不同将 T 细胞分为 $CD4^+$ T 细胞($CD4^+$、$CD8^-$)和 $CD8^+$ T 细胞($CD4^-$、$CD8^+$)两个亚群。根据在免疫过程中作用方式不同,可将 T 细胞分为 4 个亚群:① 辅助性 T 细胞(helper T cell,Th 细胞)。② 细胞毒性 T 细胞(cytotoxic T cell,Tc 细胞)。③ 调节性 T 细胞(regulatory T cell,Tr 细胞)。④ 迟发型超敏反应 T 细胞(delayed type hypersensitivity T cell,T_{DTH} 细胞)。一般说来,在 T 细胞分类中,CD4 代表辅助性 T 细胞和迟发型超敏反应 T 细胞,而 CD8 代表调节性 T 细胞和细胞毒性 T 细胞。此外,还可根据接触抗原与否将 T 细胞分为两个亚群:初始 T 细胞、效应 T 细胞或记忆 T 细胞(淋巴细胞的形态详见第五章血液和淋巴)。

　　淋巴细胞类型及主要功能见表 11-1。

表 11-1 淋巴细胞的类型及主要功能

类型	主要功能
初始 B 细胞	指离开骨髓并进入外周淋巴器官或淋巴组织后,保持静息状态的 B 细胞。在抗原刺激下,初始 B 细胞增殖分化,大部分子细胞形成效应 B 细胞,小部分形成记忆 B 细胞
效应 B 细胞(即浆细胞)	可分泌抗体,与相应抗原结合后,既降低该抗原的致病作用,又加速巨噬细胞对该抗原的吞噬和清除。可存活数周或数月。由于 B 细胞分泌抗体这一可溶性蛋白质分子进入体液而执行免疫功能,故 B 细胞介导的免疫称体液免疫
记忆 B 细胞	指曾经活化又回复静止的 B 细胞。再次遇到同样抗原后,能迅速扩增,启动更大范围的免疫应答。寿命长达数年
初始 T 细胞	指胸腺产生并进入外周淋巴器官或淋巴组织后,未接触抗原刺激,保持静息状态的 T 细胞。在抗原刺激下,初始 T 细胞经过多次分裂增殖,大部分形成效应 T 细胞,小部分又回复静止状态,形成记忆 T 细胞
效应 T 细胞	仅存活 1 周左右。可与靶细胞结合,具有杀伤靶细胞的能力。由于效应 T 细胞可直接杀灭靶细胞,故 T 细胞参与的免疫称细胞免疫
记忆 T 细胞	指曾经活化又回复静止的 T 细胞,再次遇到相同抗原后,能迅速增殖,形成大量效应 T 细胞,启动更大范围的免疫应答,并使机体长期保持对该抗原的免疫力。寿命长达数年,甚至终生
Th 细胞	分泌多种淋巴因子,促进或诱发 B 细胞和 Tc 细胞进行免疫应答。人类免疫缺陷病毒可特异性破坏 Th 细胞,而使患者免疫功能缺陷
Tc 细胞	与靶细胞结合后,释放穿孔素(perforin),导致靶细胞膜损伤,杀伤具有抗原性的靶细胞。Tc 细胞是细胞免疫的主要细胞,特别是在抗病毒及抗肿瘤和异体器官移植排斥反应中发挥重要的作用
Tr 细胞	分泌抑制因子,减弱或抑制 T、B 细胞的活性,调节免疫应答的强度
T_{DTH} 细胞	曾被抗原致敏的 T_{DTH} 细胞再次与抗原相遇后,可释放出多种细胞因子,参与迟发型超敏反应的发生
NK 细胞	由骨髓中淋巴细胞系造血干细胞分化而来,进入周围淋巴器官。NK 细胞不需抗原呈递细胞的介导,也不需抗体的协助,即可直接杀伤靶细胞,例如被病毒感染的细胞和肿瘤细胞

(二) 抗原呈递细胞

体内具有捕获、加工和处理抗原,并将抗原呈递给抗原特异性淋巴细胞,起传递抗原作用的一类免疫细胞,统称为抗原呈递细胞(antigen presenting cell,APC),被认为是免疫系统的前哨细胞。这类细胞广泛分布于人体与外界接触部位及淋巴组织内,根据细胞能否表达主要组织相容性复合体(major histocompatibility complex,MHC)的 II 类分子和其他参与 T 细胞激活的协同刺激分子,可将 APC 分为专职 APC 和非专职 APC 两种。前者包括树突状细胞、单核吞噬细胞系统、B 细胞等,后者包括成纤维细胞、内皮细胞和上皮细胞(如小肠上皮细胞及微皱褶细胞)等。非专职 APC 在被活化后也能表达 MHC-II 类分子,将抗原肽呈递给 T 细胞。以下主要介绍两类最重要的专职抗原呈递细胞,即树突状细胞和巨噬细胞。

1. 树突状细胞(dendritic cell,DC) 在体内数量较少,但分布较广,细胞的共同特点是具有树枝状突起(图 11-1)、细胞核形态不规则。DC 的命名多与其分化来源及组织分布有关,主要包括血液中的 DC,表皮及消化管上皮内的朗格汉斯细胞,淋巴内的面纱细胞,心、肺、肝和肾等器官结缔组织中的间质树突状细

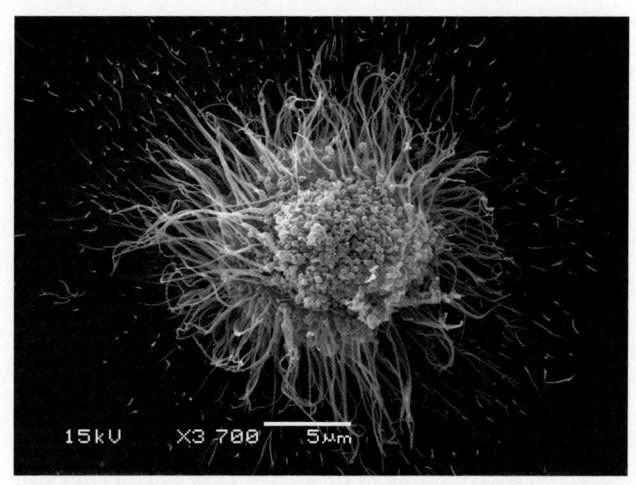

图 11-1 树突状细胞(SEM)

胞(interstitial DC),以及淋巴组织和淋巴器官中的交错突细胞,它们是同一种细胞在不同阶段的表现形式。这些细胞高水平表达 MHC-II 类分子,与巨噬细胞相比吞噬能力较弱,但抗原呈递能力强。广义的树突状细胞包括与 T 细胞有关的树突状细胞和与 B 细胞有关的树突状细胞,后者又称滤泡树突状细胞(follicular dendritic cell,FDC),分布于淋巴小结中,虽具有多突起的细胞形态,但在本质上与上述树突状细胞明显不

同。狭义的树突状细胞仅与 T 细胞有关。

2. 巨噬细胞及单核吞噬细胞系统　骨髓的多能干细胞发育形成血液中的单核细胞,后者穿过血管内皮进入组织内,分化成为巨噬细胞。巨噬细胞在体内分布广,且具有强大的吞噬功能。1972 年世界卫生组织提出将单核细胞及由单核细胞分化而来的具有吞噬功能的细胞,统称为单核吞噬细胞系统(mononuclear phagocyte system,MPS)。单核吞噬细胞系统包括单核细胞、疏松结缔组织和淋巴组织中的巨噬细胞、肝库普弗细胞、神经组织的小胶质细胞、肺巨噬细胞及浆膜腔巨噬细胞等,它们的共性是具有强大的吞噬能力,不同组织器官中的巨噬细胞又有不同的形态和功能特点。

巨噬细胞除吞噬功能(包括非特异性吞噬和特异性吞噬)外,还具有趋化性定向运动能力、活跃的分泌功能(产生和分泌多种生物活性分子)及作为抗原呈递细胞参与和调节免疫应答等功能。另外,巨噬细胞本身也是免疫效应细胞,活化的巨噬细胞可以杀伤病原体和肿瘤细胞。

二、淋巴组织

淋巴组织(lymphoid tissue)又称免疫组织(immune tissue),以网状细胞和网状纤维为支架,网眼中充满大量的淋巴细胞和一些巨噬细胞、浆细胞、肥大细胞等。淋巴组织主要有弥散淋巴组织和淋巴小结两种形态。

(一)弥散淋巴组织

弥散淋巴组织(diffuse lymphoid tissue)无固定的形态,与周围的结缔组织无明显分界。弥散淋巴组织中除一般毛细血管和毛细淋巴管外,有毛细血管后微静脉(postcapillary venule),其特征是内皮为单层立方或矮柱状,故又称高内皮微静脉(high endothelial venule),是淋巴细胞由血液进入淋巴组织的重要通道。当弥散淋巴组织受抗原刺激时,可出现淋巴小结。

(二)淋巴小结

淋巴小结(lymphoid nodule)又称淋巴滤泡(lymphoid follicle),呈圆形或椭圆形,境界清晰,通常直径为 0.2~1.0 mm,主要由 B 细胞聚集而成。淋巴小结的形态、结构随生长发育程度和免疫功能状态而经常

处于动态变化之中。抗原刺激与否及抗原刺激程度均影响淋巴小结出现的数量和形态结构,因此淋巴小结是反映体液免疫应答的重要形态学标志。通常淋巴小结有两种类型:初级淋巴小结(primary lymphoid nodule),见于未受刺激的淋巴小结,体积较小,由分布均匀并密集的小淋巴细胞所组成;次级淋巴小结(secondary lymphoid nodule),周围有扁平的网状细胞,境界清楚,在小结的中央部分染色较浅,常见细胞分裂象,可产生淋巴细胞,故称生发中心(germinal center)。当受到抗原刺激时,生发中心迅速增大,并有大量巨噬细胞聚集。在发育充分及免疫应答活跃的次级淋巴小结的中央有明显的生发中心,多呈圆形或椭圆形,直径 0.1~1.0 mm,是有极性的结构,由内向外可分为暗区和明区。暗区(dark zone)是生发中心的内侧份,主要由幼稚的大淋巴细胞聚集而成,细胞质嗜碱性强,故染色较深,在大淋巴细胞之间也可见吞噬碎屑的巨噬细胞和浆细胞。明区(light zone)是生发中心的外侧份,含有较多的网状细胞、巨噬细胞、滤泡树突状细胞和中等大的淋巴细胞,这些淋巴细胞由暗区的大淋巴细胞转化而来,细胞分布松散,故着色较淡;在生发中心的顶部及周围有一层密集的小淋巴细胞,称为帽(cap)或小结帽,这些小淋巴细胞多为记忆 B 细胞和浆细胞的前身,着色较深,形似新月。小结帽多位于淋巴流入的方向,或朝向抗原进入的方向,为最先接触抗原的部位(图 11-2)。生发中心的滤泡树

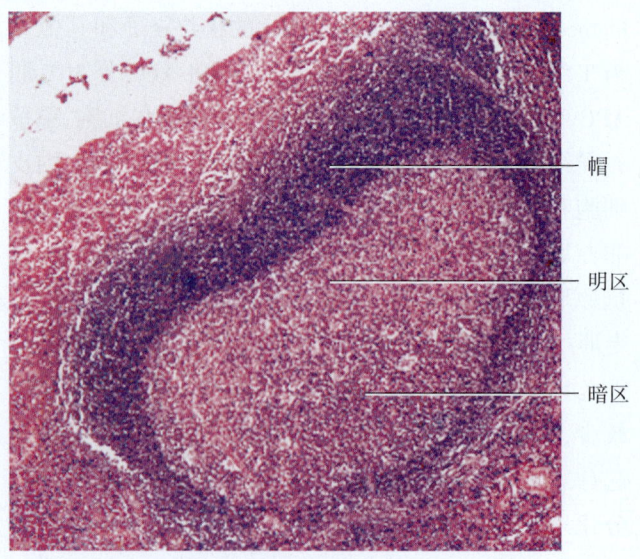

图 11-2　扁桃体中的次级淋巴小结

（右侧标注：帽、明区、暗区）

突状细胞,自胞体发出许多细长且有分支的突起,细胞质嗜酸性,对 5′- 核苷酸酶呈阳性反应,核多呈椭圆形。与一般树突状细胞不同,滤泡树突状细胞不表达 MHC-Ⅱ类分子,却有大量 Fc 受体和 C3 受体,可以抗原 - 抗体复合物的形式将抗原聚集于细胞表面,形成被覆小体,后者脱落后可被周围的 B 细胞内吞,经处理呈递给 Th 细胞,Th 细胞活化后,可进一步调控 B 细胞的分裂分化,因此滤泡树突状细胞在 B 细胞的活化和调节体液免疫应答中起重要作用。

淋巴小结除分布在独立的淋巴器官外,还分布于消化管、呼吸道及泌尿生殖管道的黏膜中。除单独存在的孤立淋巴小结(solitary lymphoid nodule)外,机体某些部位,如回肠固有层中,淋巴小结多且密集,形成集合淋巴小结(aggregated lymphoid nodule)。随着机体的生理或病理状态不同,淋巴组织的形态经常处于动态变化之中。

三、淋巴器官

淋巴器官(lymphoid organ)是以淋巴组织为主要成分的器官,在体内实现免疫功能,故又称免疫器官。根据发生、结构和功能的不同,可分为中枢淋巴器官和周围淋巴器官。

中枢淋巴器官(central lymphoid organ)包括胸腺和骨髓。在胚胎时期出现较早,是淋巴性造血干细胞增殖、分化成为初始 T、B 细胞的场所。其发生与功能不受抗原刺激的影响,出生前数周已基本发育完善,并向周围淋巴器官不断输送淋巴细胞,促进周围淋巴器官的发育。成熟 T 细胞由胸腺产生。B 细胞则来自骨髓。

周围淋巴器官(peripheral lymphoid organ)包括淋巴结、脾和扁桃体等。在胚胎时期出现较晚,在出生后数月才逐渐发育完善。周围淋巴器官是成熟淋巴细胞定居的部位,也是这些细胞对外来抗原产生免疫应答的主要场所。无抗原刺激时其体积较小,受抗原刺激后迅速增大,结构成分也发生变化,免疫应答过后又逐渐复原。

(一)胸腺

胸腺(thymus)是中枢淋巴器官。胸腺的大小和结构随年龄的增长有明显改变。胸腺在胚胎期至 2 岁内发育最快(10~15 g)。2 岁至青春期仍继续增大(30~40 g),但速度减慢,青春期以后胸腺退变萎缩(约 10 g),大部分被脂肪组织所替代。

1. 胸腺的结构 胸腺表面有薄层结缔组织的被膜,并以片状分支伸入实质形成小叶间隔(septum),将胸腺分隔成许多不完全的小叶(lobule)。每个小叶可分为周边部染色较深的皮质和中央部染色较浅的髓质。由于小叶间隔不完整,各个小叶的髓质是互相通连的(图 11-3)。胸腺实质由胸腺细胞和胸腺基质细胞(thymic stromal cell)组成。胸腺基质细胞包括胸腺上皮细胞、树突状细胞、巨噬细胞、嗜酸性粒细胞、肥大细胞、成纤维细胞等,它们参与构成胸腺细胞发育分化的微环境。

(1)皮质(cortex) 主要以胸腺上皮细胞(thymic

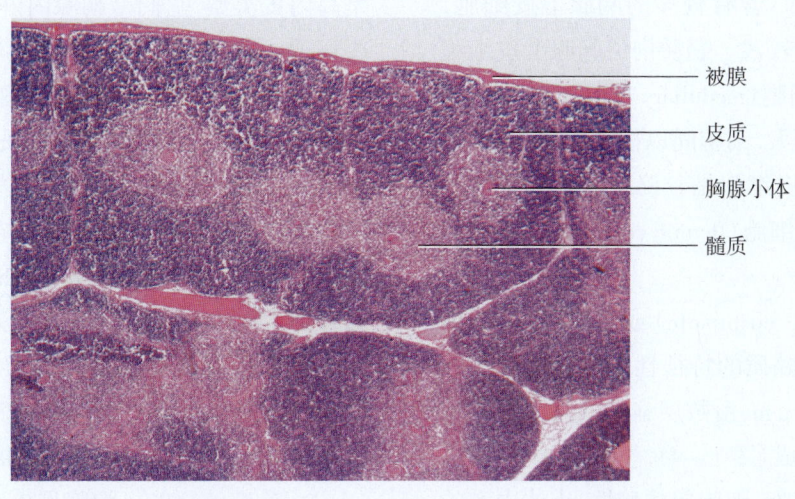

被膜
皮质
胸腺小体
髓质

图 11-3 幼儿胸腺(低倍)

epithelial cell)为支架,含有密集的胸腺细胞和少量巨噬细胞等。胸腺上皮细胞又称为上皮性网状细胞(epithelial reticular cell)。皮质内的胸腺上皮细胞有两种:① 被膜下上皮细胞(subcapsular epithelial cell),分布在被膜下及小叶间隔表面,为单层扁平上皮细胞,将胸腺内的微环境与外界相隔。被膜下上皮细胞能分泌 β₂ 微球蛋白(β_2 microglobulin),它是一种趋化因子,能吸引淋巴干细胞进入胸腺;还能分泌胸腺素(thymosin)和胸腺生成素(thymopoietin),为胸腺细胞发育所必需;此外,这类细胞还可能与基膜形成有关。② 星形上皮细胞(stellate epithelial cell),细胞核较大,呈圆形,着色较浅,细胞质内含有许多张力丝。相邻星形上皮细胞的突起以桥粒相连,形成海绵状结构,孔隙间充满淋巴细胞及巨噬细胞,主要起支持作用。在胸腺内尚有一种特殊细胞,具有上皮细胞的特征,称为胸腺哺育细胞(thymic nurse cell),直径 30~50 μm,为大的圆形或卵圆形细胞,细胞质内含有数个胸腺细胞,此种细胞由被膜下上皮细胞特化而成。

胸腺细胞(thymocyte)即胸腺内分化发育的各期T 细胞,是由骨髓中的造血干细胞经血流进入胸腺后分裂分化而来。靠近被膜下及小叶间隔周围皮质浅层的胸腺细胞较大而幼稚,常见分裂象;皮质深层的胸腺细胞较小而成熟,并常见退化的胸腺细胞。在皮质内增殖的胸腺细胞大部分(约 95%)凋亡,被巨噬细胞吞噬,仅小部分成熟为 T 细胞,并穿入位于皮质与髓质交界处的毛细血管后微静脉,经血流迁移到周围淋巴器官的特定区域。

(2) 髓质(medulla) 含有较多的胸腺上皮细胞,胸腺细胞较少,故染色较浅。髓质内的胸腺上皮细胞有两种:① 髓质上皮细胞(medullary epithelial cell),呈球形或多边形,胞体较大,细胞间以桥粒相连,间隙内有胸腺细胞。髓质上皮细胞是分泌胸腺素的主要细胞。② 胸腺小体上皮细胞(thymic corpuscle epithelial cell),构成胸腺小体。

胸腺小体(thymic corpuscle)或称哈索尔小体(Hassall body),是胸腺髓质的特征性结构。椭圆形或不规则形,直径 20~50 μm,由数层扁平的胸腺上皮细胞呈同心圆状排列而成(图 11-4)。胸腺小体外周的细胞较幼稚,细胞核清晰,细胞质嗜酸性;小体中心的细胞核消失,已变性解体。小体内还常见巨噬细胞、嗜

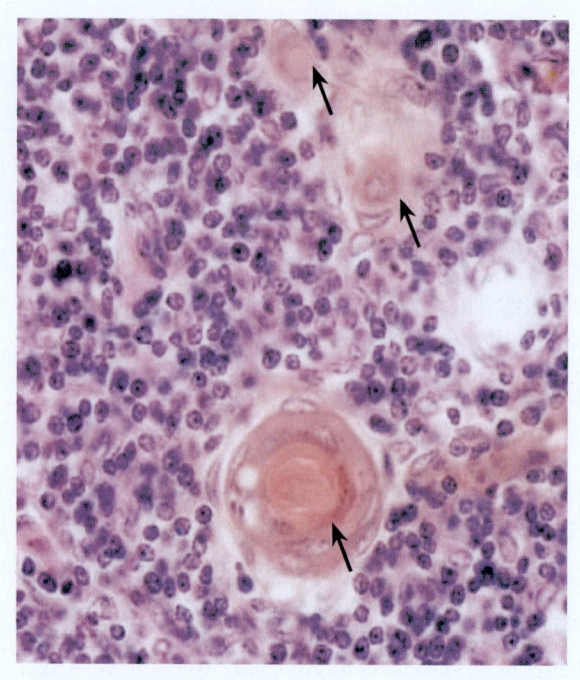

图 11-4　胸腺髓质
↑　胸腺小体(高倍)

酸性粒细胞和浸润的淋巴细胞。胸腺小体上皮细胞表达胸腺基质淋巴细胞生成素,缺乏胸腺小体的胸腺不能培育出 T 细胞。髓质内的胸腺细胞数量虽少,但均已成熟。

(3) 胸腺的血液供应及血-胸腺屏障　小动脉进入胸腺穿过被膜沿小叶间隔的结缔组织至皮质与髓质交界处形成微动脉,并发出分支进入皮质和髓质。在皮质内分支形成毛细血管,这些毛细血管又汇入皮、髓质交界处的毛细血管后微静脉,其中有部分微静脉是高内皮类型,它们是胸腺内淋巴细胞进出血流的主要通道。髓质的毛细血管常为有孔型,汇入微静脉后经小叶间隔及被膜出胸腺。实验表明,血液内的大分子物质不易进入胸腺皮质,皮质内的胸腺细胞不受外来抗原的影响,在相对稳定的内环境中发育,这是因为皮质内的毛细血管及其周围结构具有独特的屏障作用,称为血-胸腺屏障(blood-thymus barrier)。血-胸腺屏障主要由下列结构组成:① 连续毛细血管内皮,内皮细胞间有完整的紧密连接;② 完整的内皮基膜;③ 毛细血管周隙(其中有巨噬细胞等);④ 上皮性网状细胞的基膜;⑤ 连续的上皮性网状细胞层(图 11-5)。

2. 胸腺的功能　胸腺是 T 细胞分化成熟的场所。若将新生小鼠的胸腺切除,宿主成年之后因缺乏 T 细

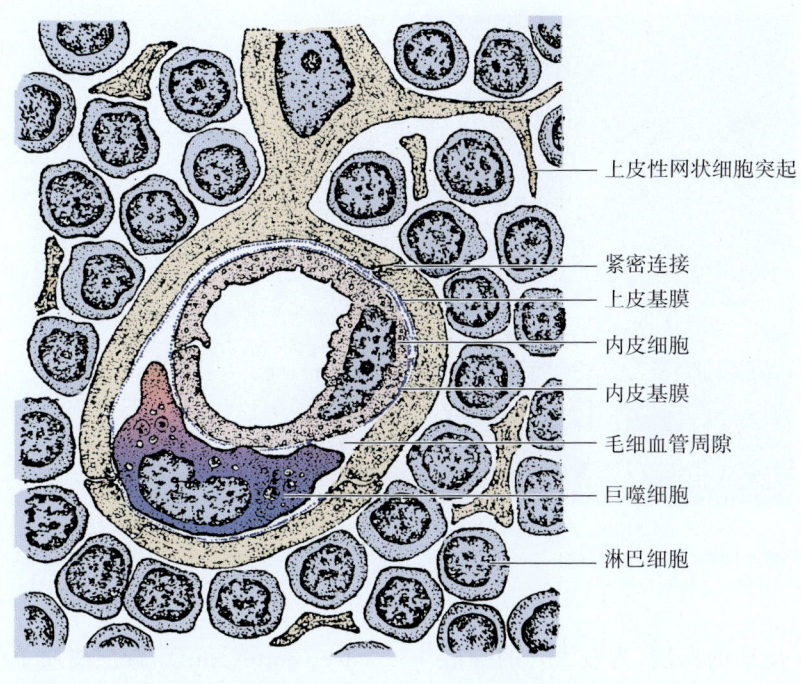

图 11-5 血 – 胸腺屏障模式图

上皮性网状细胞突起

紧密连接
上皮基膜
内皮细胞
内皮基膜
毛细血管周隙
巨噬细胞
淋巴细胞

胞而使淋巴结和脾的胸腺依赖区不能发育,丧失细胞免疫应答能力,不能排斥异体移植物,机体产生抗体的能力也显著降低。如在出生后数周切除胸腺,则对免疫功能影响不显著,因为出生后已有大量的 T 细胞播散到周围淋巴器官,已能完成一定的免疫功能。若对已切除胸腺的新生小鼠进行胸腺移植,则免疫功能可以得到明显改善。

胸腺基质细胞、细胞因子及黏附分子共同构成胸腺内不同部位的微环境,其中胸腺上皮细胞可分泌胸腺素和胸腺生成素,诱导胸腺细胞分化;还可分泌多种细胞因子,参与胸腺细胞分化和迁移;表达 MHC 分子,介导对胸腺细胞的阳性选择和阴性选择,对胸腺细胞的发生及成熟起重要作用。胸腺内的巨噬细胞尚可分泌 IL-1、IL-6 等细胞因子,参与构成胸腺内微环境,促进胸腺细胞的增殖与分化。

(二)淋巴结

淋巴结(lymphoid node)位于淋巴循环的路径中,成群分布于肠系膜、肺门、腹股沟、颈部及腋窝等部位,是滤过淋巴和进行免疫应答的重要场所。全身淋巴结总计 300~600 个。

1. 淋巴结的结构 淋巴结多呈扁平豆形或卵圆形,其大小及内部结构与机体的免疫功能状态密切相关。淋巴结的一侧凹陷,称为淋巴结门(hilus),其中有

输出淋巴管(efferent lymphatic vessel),此外,有血管及神经等出入。

被膜与小梁:淋巴结的表面有薄层致密结缔组织构成的被膜(capsule),有数条输入淋巴管穿入被膜,进入被膜下窦。被膜和淋巴结门的结缔组织呈条索状向淋巴结实质内伸入,形成许多小梁(trabecula),构成淋巴结的粗支架。小梁粗细不等,互相连接成网,其间有网状组织分布,构成淋巴结的微细支架。淋巴结的实质可分为两部分,周围部分为皮质,染色较深;中央部分为髓质,染色较浅(图 11-6)。皮质与髓质的结构相互通连,两者无明显分界。在皮质和髓质内均有淋巴窦贯通。

(1)皮质 位于被膜下方,由浅层皮质、深层皮质及皮质淋巴窦所组成。

1)浅层皮质(peripheral cortex):主要含淋巴小结和薄层弥散淋巴组织。受到抗原刺激后,此层增厚,淋巴小结增多、增大,多为次级淋巴小结,小结帽朝向被膜侧。小结帽和暗区之间有清晰的明区。淋巴小结主要为 B 细胞分布区,尚有 Th 细胞、巨噬细胞和滤泡树突状细胞等,是最先接受抗原刺激和 B 细胞增殖分化的部位,与体液免疫功能强弱密切相关。分布在淋巴小结之间的弥散淋巴组织,与淋巴结深层皮质相连,主要为 T 细胞分布区。

2)深层皮质(deep cortex):又称副皮质区

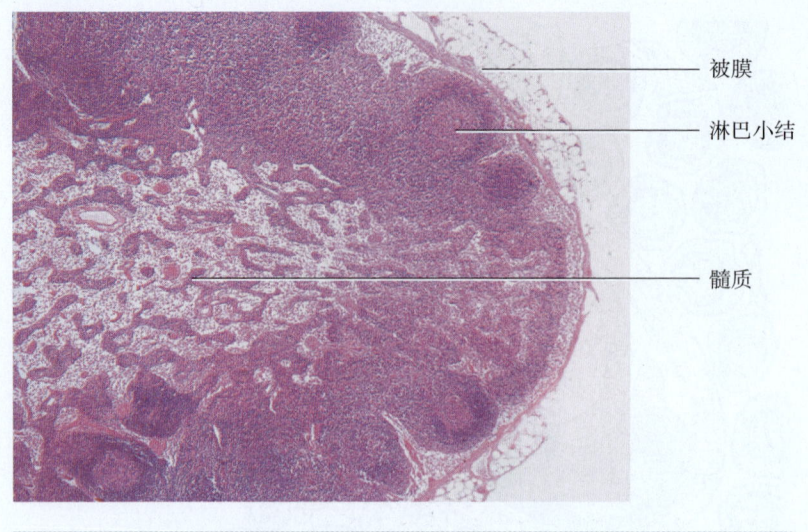

图 11-6　淋巴结(低倍)

(paracortical aera),位于皮质的深层,为较大片的弥散淋巴组织,主要由 T 细胞聚集而成,故称胸腺依赖区(thymus dependent area)。其中有 T 细胞分布区所特有的一种细胞,称为交错突细胞(interdigitating cell),是树突状细胞的一种,该细胞的胞体较小,细胞质染色淡,界限不清,细胞器较少,核呈分叶状。此细胞有许多宽阔的突起,其末端钝圆呈指状,突起伸入相邻的淋巴细胞之间,且相互交错。细胞周围有许多辅助性 T 细胞,细胞表面表达大量的 MHC-Ⅱ类分子,它无吞噬能力,但具有较强的抗原呈递能力,并可诱导 T 细胞分裂、分化或释放淋巴因子,引起细胞免疫应答。

淋巴结的每一深层皮质区,多与一条或数条输入淋巴管相对应。当细胞免疫功能活跃时,细胞分裂增多,此区迅速增大,故深层皮质区也称深层皮质单位

(deep cortex unit)。深层皮质单位是呈半球形的区域,较平的面朝向多个淋巴小结,一般对应 5~10 个淋巴小结,球形面朝向髓质。深层皮质单位尚可分为中央区和周围区(图 11-7)。中央区是形成深层皮质单位的主要部分,细胞密集,含有大量 T 细胞和一些交错突细胞等;周围区为包围中央区的一层较稀疏的淋巴组织,由 T 细胞和 B 细胞组成。此区还分布有许多毛细血管后微静脉和淋巴窦盲端。毛细血管后微静脉内皮细胞呈立方形或矮柱状,常见淋巴细胞穿越管壁现象(图 11-8)。此处是血液内淋巴细胞进入淋巴结实质的重要通道。放射性核素标记淋巴细胞作动态示踪观察,证明血液内的淋巴细胞是以变形运动穿过内皮间隙或内皮细胞进入深层皮质区的。深层皮质区淋巴细胞通过髓质淋巴窦的盲端进入淋巴管

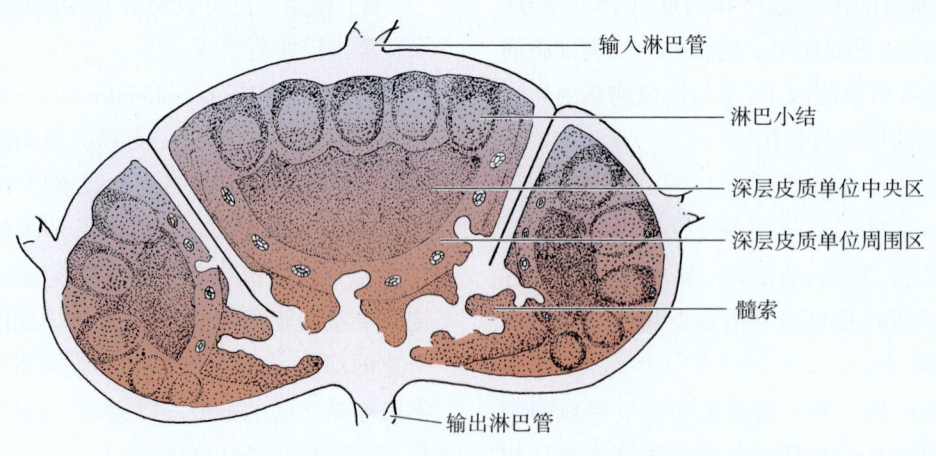

图 11-7　淋巴结浅层皮质及深层皮质示意图

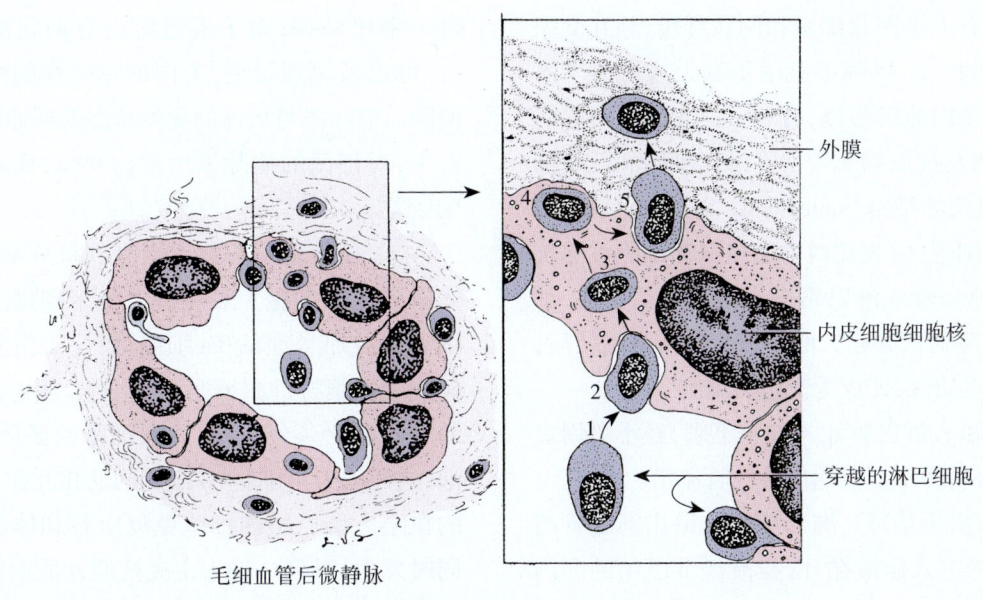

外膜

内皮细胞细胞核

穿越的淋巴细胞

毛细血管后微静脉

图 11-8 深层皮质区再循环淋巴细胞穿越毛细血管后微静脉模式图

道。当细胞免疫功能活跃时,深层皮质区扩大,毛细血管后微静脉肿胀。反之,在胸腺发育不全或作胸导管引流时,深层皮质区明显缩小。

3) 皮质淋巴窦(cortex lymphoid sinus):位于被膜下方和小梁周围,分别称被膜下窦(subcapsular sinus)和小梁周窦(peritrabecular sinus)。被膜下窦的窦腔较宽,而小梁周窦较窄。被膜下窦呈放射状向髓质延续成髓窦(medullary sinus)。

(2) 髓质 位于淋巴结的中央部。髓质的淋巴组织排列成索状,称为髓索(medullary cord),粗细不等并相互连接成网,髓索周围有扁平的内皮细胞与淋巴窦相邻。髓索内主要有 B 细胞和浆细胞,还有巨噬细胞、肥大细胞和嗜酸性粒细胞。当体液免疫应答活跃时,髓索可增粗、扩大,髓索内浆细胞显著增多;健康人的髓索内浆细胞较少。在髓索之间或髓索与小梁之间的淋巴窦为髓窦,窦腔较宽大,互相通连成网状,腔内巨噬细胞较多,故有较强的滤过功能(图 11-9,图 11-10)。

(3) 淋巴窦(lymph sinus) 是淋巴结内淋巴流动的通道,根据分布的部位而有不同的名称,与输入及输出淋巴管相通连。淋巴窦的管壁由连续性单层扁平内皮构成,分别分布于被膜下方,以及小梁、淋巴小结和髓索的表面,适于淋巴细胞自由通过。内皮的外面有薄层基质、少量网状纤维和一层扁平的网状细

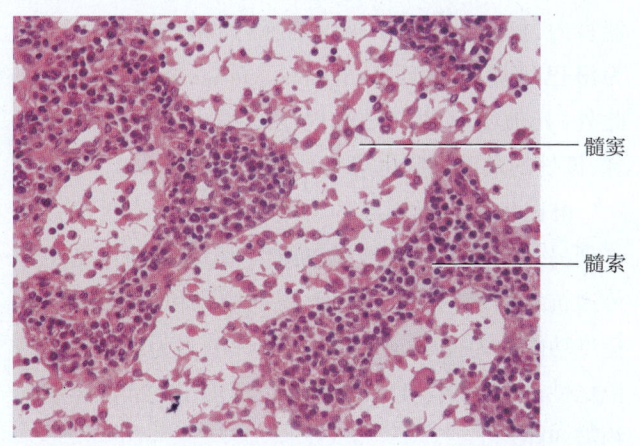

髓窦

髓索

图 11-9 淋巴结髓质(高倍)

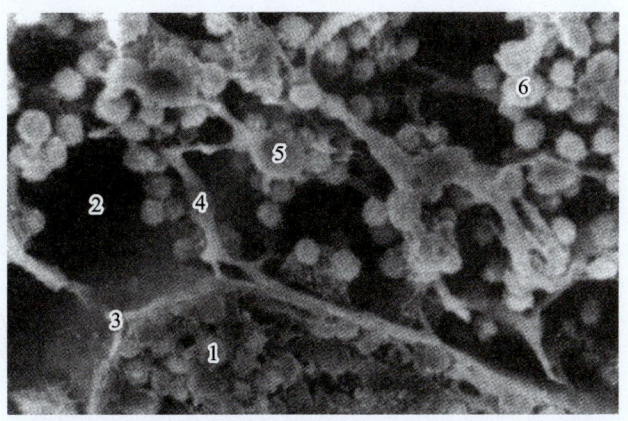

图 11-10 淋巴结髓质(SEM×1 000)
1—髓索;2—髓窦;3—窦内皮;4—网状细胞;5—巨噬细胞;6—淋巴细胞

胞。淋巴窦内有许多网状细胞和网状纤维，相互交织成网，支撑着淋巴窦，巨噬细胞附于其上或游离于窦腔内。淋巴在窦内流动缓慢，有利于巨噬细胞清除病原微生物、异物及抗原物质等。除淋巴细胞和巨噬细胞外，窦内偶见面纱细胞（veiled cell），它是淋巴管道中的一种树突状细胞，由表皮内的朗格汉斯细胞吞噬抗原后，携带抗原经输入淋巴管进入淋巴结后形成，细胞的面纱即为薄膜状突起。面纱细胞进入淋巴结后，逐渐转移至副皮质区，即成为交错突细胞。

淋巴液由输入淋巴管流入被膜下窦，经小梁周窦再流入髓窦，最后经 1~2 条输出淋巴管流出。

2. 淋巴细胞再循环　淋巴细胞由输出淋巴管离开淋巴结，最终进入血液循环，在流经淋巴结的高内皮微静脉时，部分细胞穿越内皮再进入淋巴组织内，如此不断循环，称淋巴细胞再循环（recirculation of lymphocyte）。参加再循环的淋巴细胞大部分位于淋巴器官内，相当于血液中淋巴细胞总数的 50 倍左右，称为淋巴细胞再循环库（lymphocyte recirculating pool）。此外，其他器官的弥散淋巴组织中也有高内皮微静脉，该处的淋巴细胞也参与再循环（图 11-11）。

淋巴细胞经过不断的再循环，从一个淋巴器官转移到另一个淋巴器官或淋巴组织中，其生理意义在于传递抗原信息，有利于发现、识别抗原和肿瘤细胞，使免疫功能大为提高。流经再循环库的多为寿命较长的记忆性淋巴细胞。T 细胞循环一周需 18~24 h，B 细胞约需 30 h。

3. 淋巴结的功能

（1）滤过淋巴液　淋巴液内的异物或细菌，一旦进入淋巴结内，由于淋巴窦内有网状组织并迂曲走行，淋巴液流速缓慢，窦内的巨噬细胞可将其吞噬而清除。清除率与机体的免疫状态及病原微生物的种类有关，对细菌的清除率一般为 99%，而对病毒和癌细胞较差。

（2）参与免疫应答　当受到抗原刺激后，即产生体液免疫和细胞免疫应答。位于副皮质区的交错突细胞将抗原呈递给 Th 细胞；而位于生发中心的滤泡树突状细胞将抗原呈递给 B 细胞，从血流进入淋巴结的 B 细胞必须经过富含 Th 细胞的区域，然后进入滤泡，这样就为 T 细胞、B 细胞间的相互作用提供了最大的机会。淋巴结内细胞免疫应答和体液免疫应答常同时发生，以哪一种为主视抗原性质而定。引起体液免疫应答时，淋巴小结增多、增大，髓索浆细胞增多，产生抗体。引起细胞免疫应答时，副皮质区明显扩大，效应 T 细胞输出增多。淋巴结内的淋巴细胞约 60% 是 T 细胞，40% 是 B 细胞。

（三）脾

脾（spleen）是人体最大的免疫器官，位于血液循环的经路上。脾的大小和结构的改变可反映机体的免疫状态。

1. 脾的结构　脾的结构与淋巴结有相似之处，也主要由淋巴组织构成，但脾无皮质与髓质之分，分为白髓、边缘区和红髓；脾内无淋巴窦，而有许多血窦（图 11-12）。

（1）被膜与小梁　脾的表面有由致密结缔组织和平滑肌形成的较厚的被膜，其游离面有间皮被覆。被膜与脾内的小梁相连，小梁形成索状分支，互相吻合，

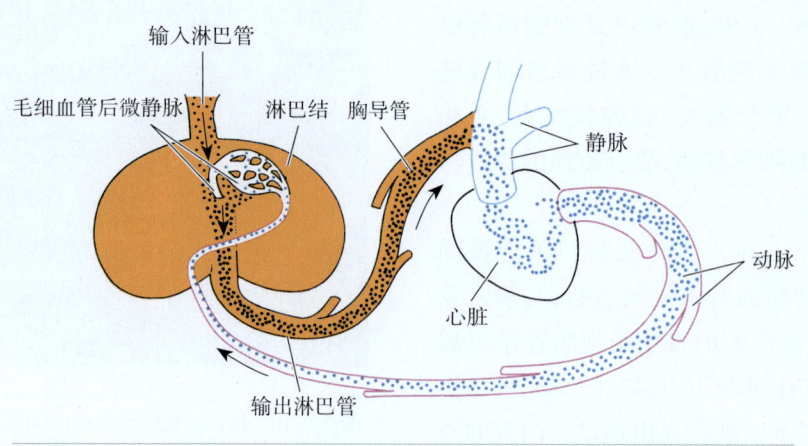

图 11-11　淋巴细胞再循环示意图

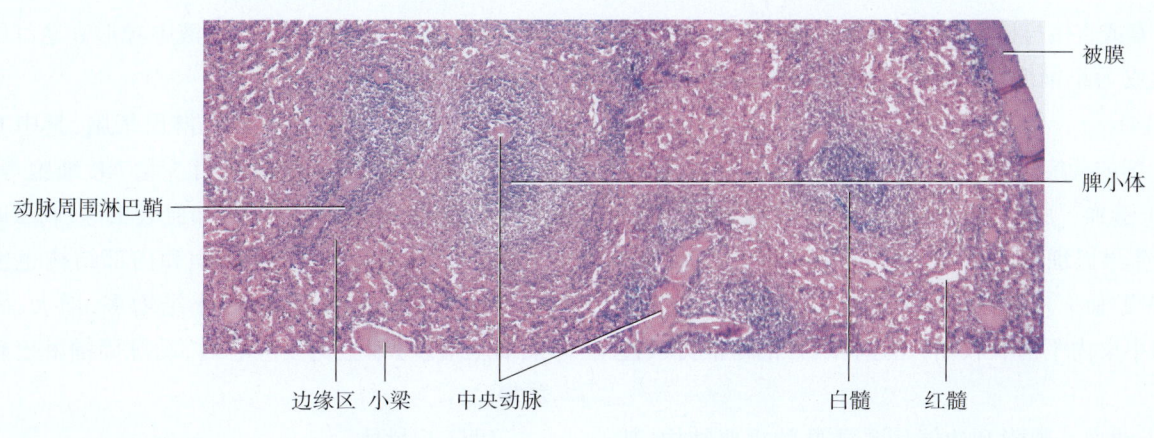

动脉周围淋巴鞘 —

— 被膜

— 脾小体

边缘区 小梁 中央动脉 白髓 红髓

图 11-12 脾（低倍）

连接成粗的网架。被膜和小梁内平滑肌及弹性纤维的伸缩可调节脾的容积和血量。

（2）白髓（white pulp） 在新鲜脾的切面上呈散在的白色点状，由密集的淋巴细胞组成，沿中央动脉周围分布。白髓分为动脉周围淋巴鞘和淋巴小结两部分：① 动脉周围淋巴鞘（periarterial lymphatic sheath）是环绕在中央动脉周围的弥散淋巴组织，主要由 T 细胞、少量巨噬细胞和交错突细胞等构成。此区相当于淋巴结的副皮质区，在细胞免疫应答时可增大、变厚。② 淋巴小结又称脾小体（splenic corpuscle），与淋巴结内的结构相似，主要由 B 细胞组成。当抗原刺激引起免疫应答时，脾小体增多，出现于动脉周围淋巴鞘的一侧，此时中央动脉常偏向一侧（图 11-12）。

（3）边缘区（marginal zone） 位于白髓与红髓的交界处，宽 100~500 μm。该区的淋巴细胞较白髓稀疏，比红髓密集，含有 B 细胞和 T 细胞，以 B 细胞为主，也有巨噬细胞和浆细胞。中央动脉的分支离开白髓进入边缘区分支形成许多毛细血管，并开口于此区的淋巴组织内，或开口于边缘区的边缘窦。边缘区是淋巴细胞从血液进入淋巴组织的重要通道，是脾首先接触抗原并引起免疫应答的重要部位。

（4）红髓（red pulp） 位于被膜下、小梁周围及白髓之间，占脾的 2/3，因含大量血细胞故在新鲜脾切面上呈红色。红髓可分为脾索及脾窦（图 11-13）。

1）脾索（splenic cord）：由富含血细胞的淋巴组织索构成。脾索宽窄不等，互相连接，与血窦相间排列。

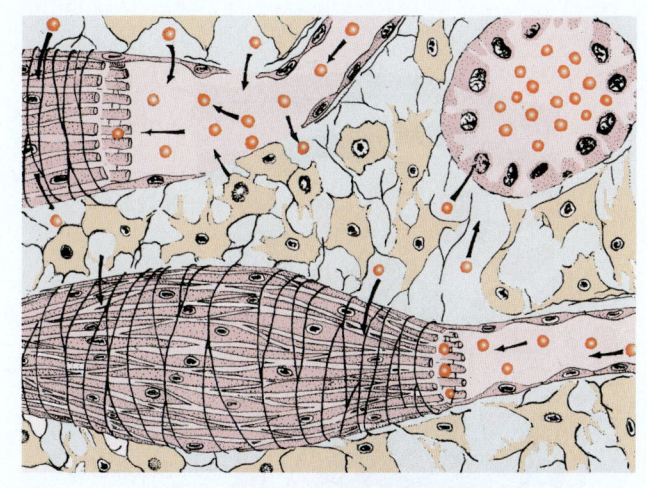

图 11-13 脾红髓模式图（箭头示淋巴细胞出入脾窦）

脾索内含有许多 B 细胞、浆细胞、巨噬细胞及各种血细胞。巨噬细胞可吞噬异物、衰老的红细胞及血小板。脾索对滤过血液和产生抗体有重要作用。

2）脾窦（splenic sinusoid）：宽 12~40 μm，形状不规则，相互吻合成网，位于脾索之间。窦壁由长杆状内皮细胞纵向排列而成，细胞间隙 2~5 μm，内皮外基膜不完整，网状纤维环绕血窦，形成栅栏状多缝隙结构，有利于血细胞的穿透。窦壁附近有较多的巨噬细胞，其突起可通过内皮间隙伸向窦腔。

2. 脾的血液循环 脾动脉由脾门入脾，分支为小梁动脉（trabecular artery）。小梁动脉再分支进入白髓，为中央动脉（central artery）。中央动脉的主支穿出白髓，分成许多直行分支，互不吻合，形似笔毛，称笔毛动脉（penicillar artery），进入脾索。笔毛动脉由髓微动脉、鞘毛细血管和动脉毛细血管三段组成，毛细血管末端开口于脾索或直接与脾窦相连。脾窦汇合成髓微静脉,进入小梁成为小梁静脉,最后成为脾静脉,由脾门出脾(图 11-14)。

3. 脾的功能

(1) 造血　胚胎时期脾能产生各种血细胞,出生后只产生淋巴细胞。

(2) 贮血　人脾可贮血约 40 mL,当机体需要时,被膜和小梁内平滑肌收缩,迅速将所贮的血液排入血液循环。

(3) 滤血　脾索和边缘区是滤血的重要结构,其中的大量巨噬细胞能及时清除血内异物、衰老的红细胞及血小板。当脾大或功能亢进时,红细胞破坏过多,可导致贫血。脾切除术后,血液中异形衰老红细胞会大量增多。

(4) 免疫　脾内含有各类淋巴细胞,其中 B 细胞约占 60%,T 细胞占 40%,还有少量 NK 细胞等,因此血源性抗原,如细菌、疟原虫和血吸虫等,刺激时可产生相应的免疫应答,脾的体积和内部结构也发生变化。体液免疫应答时,淋巴小结增多、增大,脾索内浆细胞增多;细胞免疫应答时,动脉周围淋巴鞘显著增厚。

(四) 扁桃体

扁桃体(tonsil)是机体最常接触抗原引起免疫应答的淋巴器官,有腭扁桃体、咽扁桃体及舌扁桃体,它们与咽黏膜内多处分散的淋巴组织共同组成咽淋巴环,构成机体的第一道重要防线。小儿的扁桃体较发达。腭扁桃体最大,呈扁卵圆形,表面被覆复层扁平上皮,上皮向固有层深陷,形成 10~22 个分支的扁桃体隐窝。隐窝周围的固有层内有许多生发中心明显的淋巴小结和弥散淋巴组织,隐窝上皮内含有淋巴细胞、巨噬细胞、浆细胞和朗格汉斯细胞,故称隐窝浸润上皮(crypt infiltrated epithelium)(图 11-15)。上皮内有许多相互通连的孔隙,淋巴细胞就充塞于这些通道内。咽腔内的抗原物质易进入上皮间隙。在上皮细胞之间也可见微皱褶细胞(见第十四章消化管)。弥散淋巴组织中可见高内皮围成的毛细血管后微静脉,是淋巴细胞进入扁桃体的主要途径。

咽扁桃体和舌扁桃体体积较小,结构和组成与腭扁桃体相似。咽扁桃体无隐窝,舌扁桃体也仅有一个浅隐窝,故较少发生炎症。成人的咽扁桃体和舌扁桃体多萎缩退化。

扁桃体的主要功能是对抗原的刺激引起相应的免疫应答。

知识链接 11-1　艾滋病与免疫缺陷

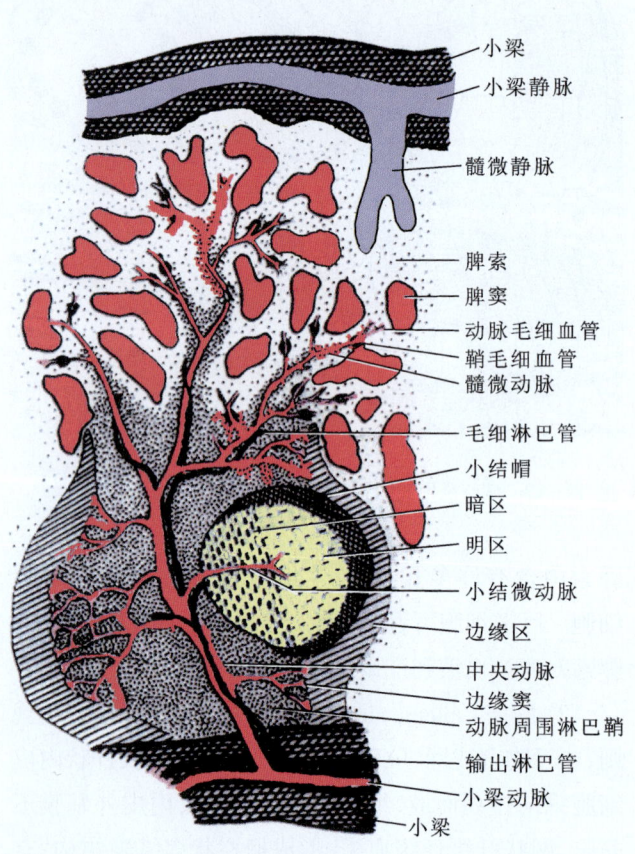

图 11-14　脾血液循环模式图

小梁
小梁静脉
髓微静脉
脾索
脾窦
动脉毛细血管
鞘毛细血管
髓微动脉
毛细淋巴管
小结帽
暗区
明区
小结微动脉
边缘区
中央动脉
边缘窦
动脉周围淋巴鞘
输出淋巴管
小梁动脉
小梁

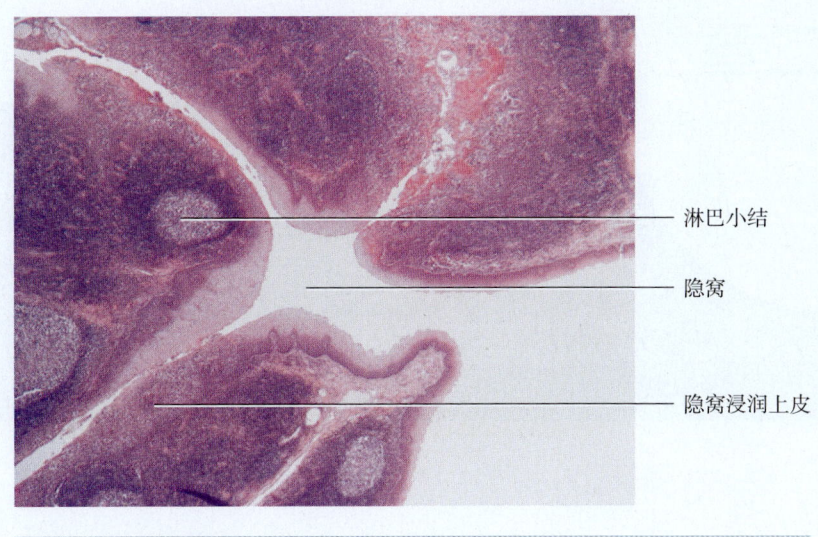

淋巴小结

隐窝

隐窝浸润上皮

图 11-15　腭扁桃体

（雷　蕾）

新形态教材网

微课导学　　　教学课件　　　微视频　　　知识链接　　　自测题

第十二章

皮　　肤

皮肤（skin）被覆人体的表面，由表皮和真皮组成，借皮下组织与深部的组织相连（图12-1）。皮肤内有毛、指（趾）甲、皮脂腺和汗腺，都是由表皮衍生的皮肤附属器。皮肤与外界环境直接接触，发挥重要的屏障保护作用，能阻挡异物和病原生物的侵入，防止体液丢失。皮肤内有丰富的感觉神经末梢，能感受外界的多种刺激。皮肤内的汗腺对调节体温发挥重要作用，皮肤还有分泌和吸收等功能。

一、表皮

表皮（epidermis）构成皮肤的表层，为角化的复层扁平上皮。人体各部位的表皮厚薄不等，一般厚0.07~0.12 mm，为薄表皮；手掌和足底最厚，达0.8~1.5 mm，为厚表皮。构成表皮的细胞有两类：一类是角质形成细胞（keratinocyte），是组成表皮的主要细胞，占表皮细胞的绝大多数；另一类为非角质形成细胞，数量少，分散存在于角质形成细胞之间，包括黑素细胞、朗格汉斯细胞和梅克尔细胞（图12-2）。

（一）表皮的分层和角化

手掌和足跟处的厚表皮的结构较典型，从基底到表面可分为5层（图12-2 ~ 图12-4）。

1. 基底层（stratum basale）　附着于基膜上，为一层立方形或矮柱状的细胞，称基底细胞（basal cell）。细胞核相对较大，呈圆形。细胞质较少，内含丰富的游离核糖体，故在HE染色的标本上呈强嗜碱性（图

12-5）。细短成束的角蛋白丝散在于细胞质之中，因具有很强的张力，故也称张力丝。角蛋白丝属中间丝，直径10 nm。基底细胞借桥粒与邻近的细胞相连接，在基底面以半桥粒与基膜相连。基底细胞是表皮的干细胞，具有活跃的分裂增殖能力。新生的细胞向表层迁移，分化形成表皮其余各层的细胞。

2. 棘层（stratum spinosum）　在基底层上方，由5~10层细胞组成。细胞体积较大，呈多边形，向浅层渐趋变扁，细胞质丰富，呈嗜碱性。细胞核也较大，圆形（图12-5）。此层的细胞因其表面有许多细短的棘状突起，故得名棘细胞。电镜下，相邻棘细胞突起彼此紧密嵌合，以桥粒相连（图12-6）。细胞质内含有许多游离核糖体和成束分布的角蛋白丝。此层细胞具有旺盛的合成功能，合成的蛋白质形成许多角蛋白丝。角蛋白丝常成束，纵横交错地分布于细胞质之中，并附着于桥粒之上。细胞质中有许多卵圆形颗粒，直径为0.1~0.5 μm，有膜包被，内含物呈明暗相间的板层状，故称板层颗粒（lamellated granule），为一种内含脂质的分泌颗粒，主要分布于细胞周边，并以胞吐形式将脂质排放到细胞间隙，形成膜状物（图12-7）。

3. 颗粒层（stratum granulosum）　由3~5层较扁的梭形细胞组成，位于棘层上方，细胞核和细胞器均趋于退化。细胞质内含有许多形状不一、强嗜碱性的透明角质颗粒（keratohyalin granule）（图12-7，图12-8）。电镜下，颗粒无膜包被，呈致密均质状，常可见角蛋白

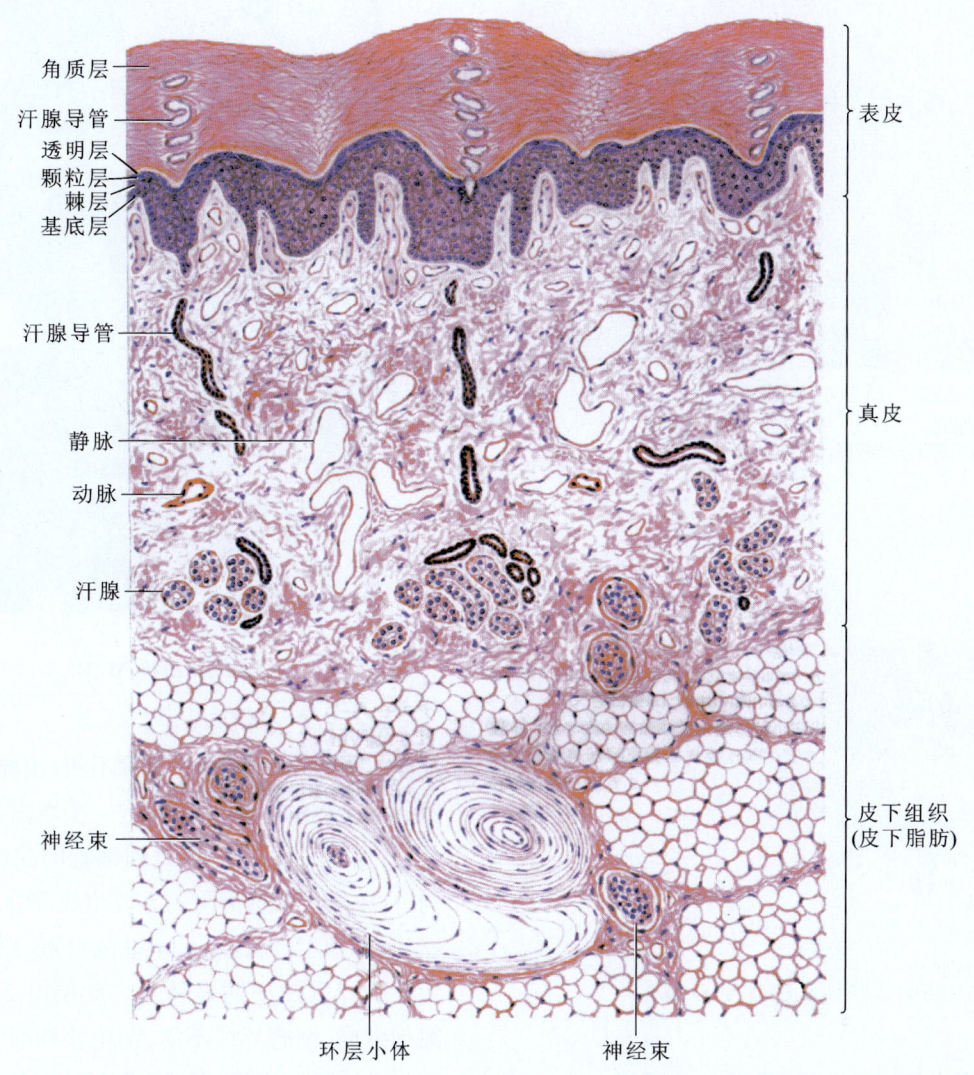

图 12-1 手掌皮肤

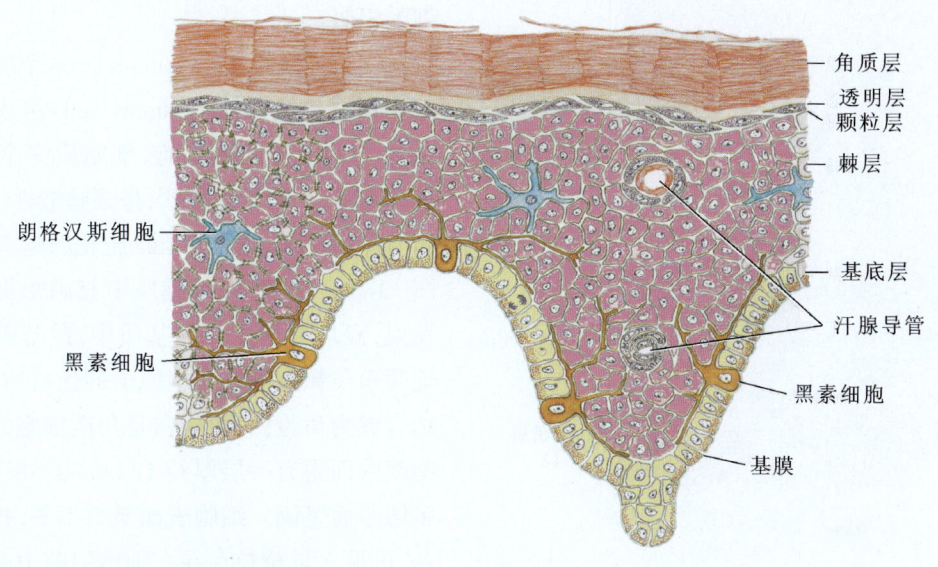

图 12-2 指皮细胞构成模式图

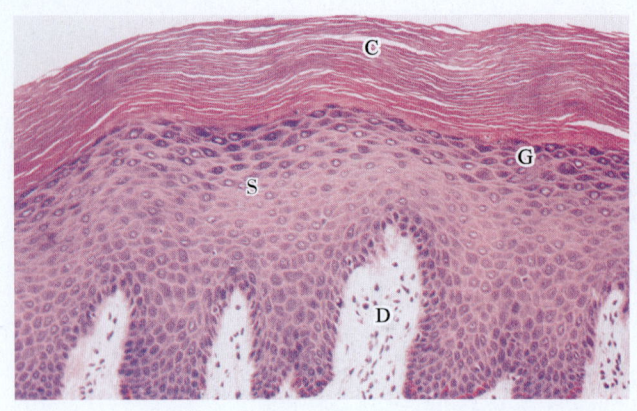

图 12-3 足趾侧面
C—角质层；G—颗粒层；S—棘层；D—真皮乳头

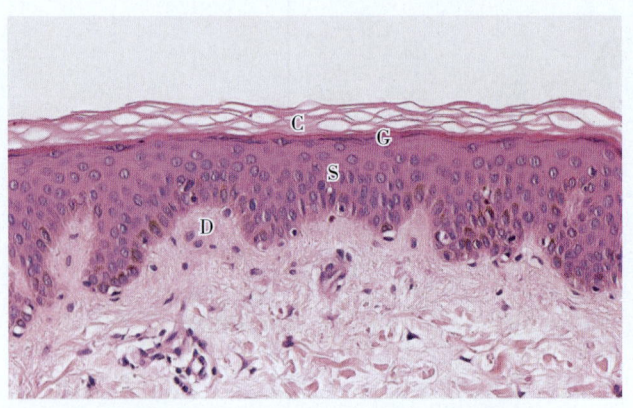

图 12-4 上臂皮肤
C—角质层；D—真皮乳头；G—颗粒层；S—棘层

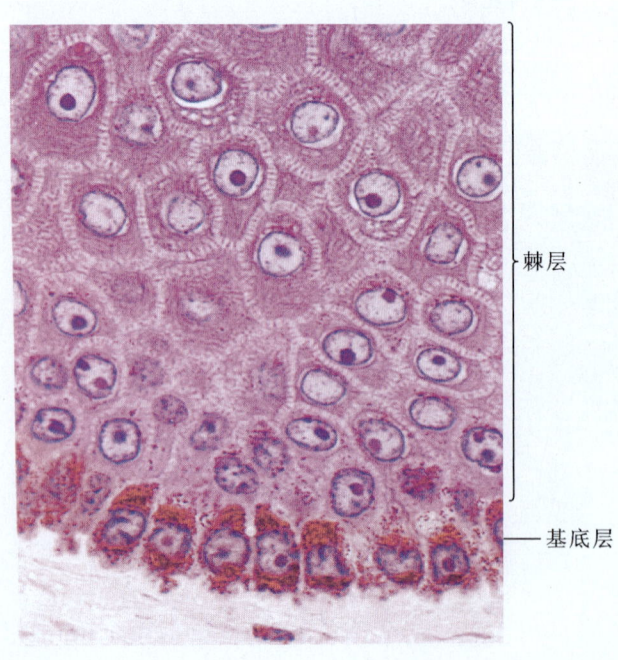

棘层

基底层

图 12-5 表皮深层

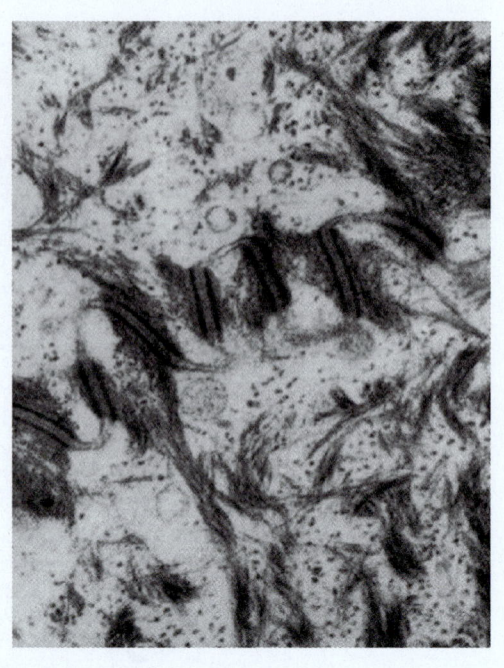

图 12-6 表皮深层桥粒（TEM）

丝伸入颗粒中。颗粒的来源不明，主要成分为富含组氨酸的蛋白质。板层颗粒进一步增多，与细胞膜相融合，将所含的内容物释放到细胞间隙内，形成膜状结构，构成表皮渗透屏障的重要组成部分。

4. 透明层（stratum lucidum） 位于颗粒层上方，在无毛的厚表皮中明显易见。此层由 2~3 层扁平梭形细胞组成，细胞界线不清，细胞核和细胞器均已消失。细胞呈透明均质状，在 HE 染色的切片上，着色浅或不着色，折光性强（图 12-8）。细胞的超微结构与角质层细胞相似。

5. 角质层（stratum corneum） 为表皮的表层，由多层扁平的角质细胞（horny cell）组成。细胞已完全角化变为干硬的死细胞，细胞质完全为角蛋白所充填。光镜下，细胞均质状，呈强嗜酸性。近透明层的细胞境界尚清晰，越近表层细胞轮廓越不清晰（图 12-7，图 12-8）。电镜下，细胞质中充满密集粗大的角蛋白丝束，浸埋在均质状的基质中，此基质的主要成分是透明角质颗粒的富含组氨酸的蛋白质，并与角蛋白丝结合成为角蛋白，角蛋白是角质细胞的主要成分。细胞膜内面附有一层厚约 12 nm 的不溶性蛋白，使细胞膜增厚而坚固。细胞表面皱折不平，相邻细胞互相嵌合，可见大量桥粒存在。细胞间隙中充满由脂质构成的膜状物。浅层细胞间桥粒解体，细胞连接松散，最终

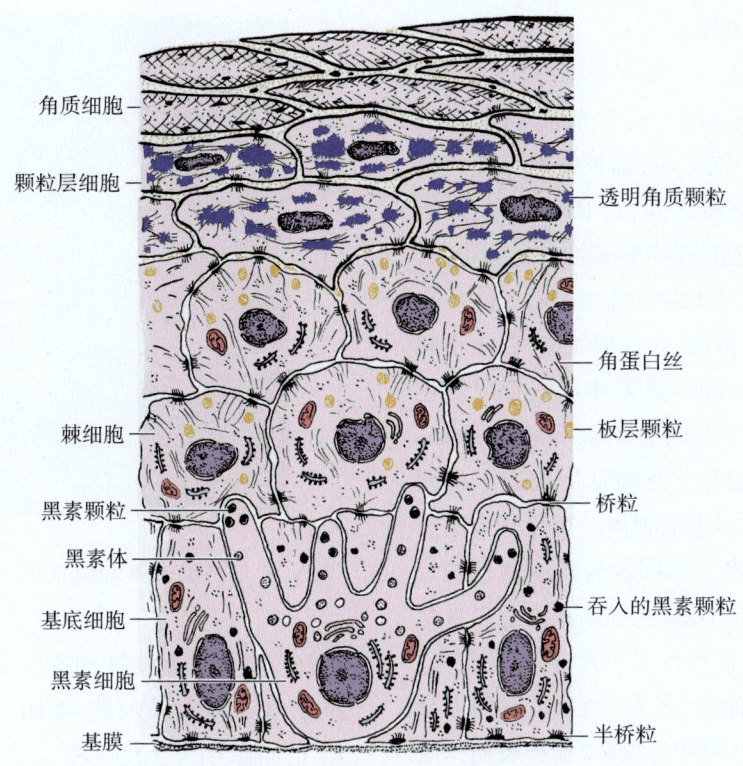

角质细胞

颗粒层细胞

透明角质颗粒

角蛋白丝

板层颗粒

棘细胞

桥粒

黑素颗粒

黑素体

基底细胞

吞入的黑素颗粒

黑素细胞

基膜

半桥粒

图 12-7　角质形成细胞和黑素细胞超微结构模式图

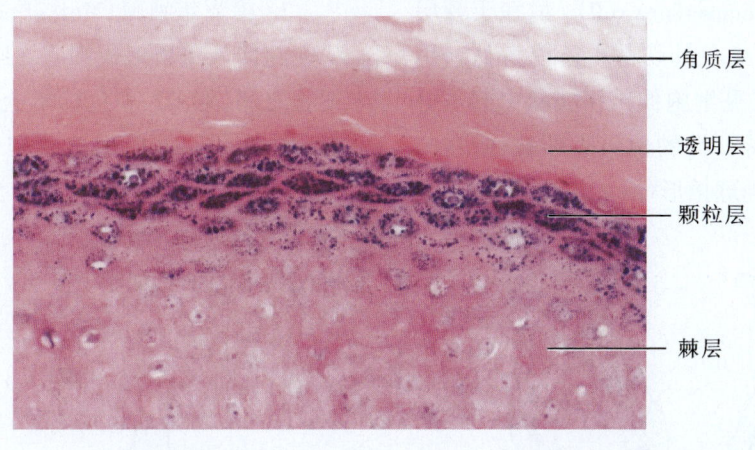

角质层

透明层

颗粒层

棘层

图 12-8　表皮浅层

脱落成为皮屑。

与上述厚表皮相比,身体大部分的表皮较薄。棘层、颗粒层及角质层的细胞层数均少,只有几层细胞,无透明层。

表皮由基底层到角质层的结构变化,反映了角质形成细胞增殖、分化、向表面逐层推移,逐渐分化为角质细胞,并最终脱落的动态过程,同时也反映了角质形成细胞逐渐形成角蛋白,参与表皮角化的过程。表

皮角蛋白形成,细胞不断脱落和更新,其更新周期为3~4周。表皮基底层细胞的增殖速度与角质层表面细胞的脱落保持动态平衡,使表皮各层得以保持正常的结构和厚度。

表皮赋予皮肤多种重要的保护功能。角质层细胞干硬,细胞质内充满角蛋白,细胞连接牢固,使皮肤对多种物理性和化学性刺激具有很强的耐受性。表皮细胞间隙内充满了脂质膜状物,构成阻挡外界物质进入

表皮、防止组织液外渗的屏障。

(二) 非角质形成细胞

1. **黑素细胞(melanocyte)** 是生成黑色素的细胞,胞体多散在于基底细胞之间,细长树状分支的突起伸入基底层与棘层的细胞之间,在 HE 染色切片上不易辨认。在电镜下,细胞质中有特征性的椭圆小体,称黑素体(melanosome)(图 12-9,图 12-10)。这种小体由高尔基体生成,有膜包被,内含酪氨酸酶,能将酪氨酸转化为黑色素(melanin)。黑素体不断合成黑色素,当黑素体充满黑色素后成为黑素颗粒(melanin granule),于光镜下呈黄褐色。颗粒从突起的末端脱落,而后进入各层的角质形成细胞内。黑色素是决定皮肤颜色的一个重要因素。不同种族皮肤颜色的差异由细胞中黑素颗粒的大小、数量和颗粒内色素含量的差别决定。黑种人的黑素颗粒多而大,色素含量高;而白种人的黑素颗粒小而少,色素含量低;黄种人介于两者之间。黑色素能吸收紫外线,可保护表皮深层的幼稚细胞不受辐射损伤。紫外线可促进黑色素的合成。

2. **朗格汉斯细胞(Langerhans cell)** 散在于棘层浅部细胞之间。在 HE 染色的切片上不易辨认。用ATP 酶组织化学染色可见细胞伸出树枝状突起。电镜下可见细胞质内有特征性的伯贝克颗粒(Birbeck granule),颗粒呈杆状或网球拍形(图 12-11,图 12-12)。

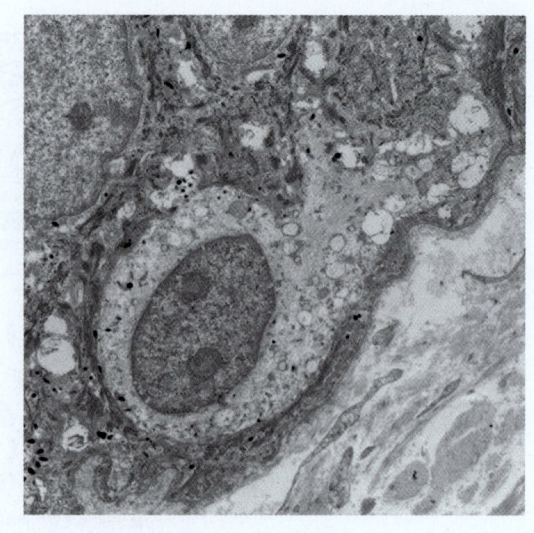

图 12-10 黑素细胞(TEM)

朗格汉斯细胞是皮肤的抗原呈递细胞,能捕获和处理抗原,将抗原以抗原肽 -MHC 分子复合物的形式传送给 T 细胞,引发免疫应答。

知识链接 12-1 朗格汉斯细胞

3. **梅克尔细胞(Merkel cell)** 呈扁平状,有短指状突起伸入角质形成细胞之间,数目很少,位于基底细胞之间,在 HE 染色标本上不易辨认。电镜下,细胞质内有许多有膜的含致密核心的小泡,50%~70%的梅克尔细胞基底面与感觉神经末梢形成突触(图 12-13)。这种细胞于指尖较多,认为可能是接受机械刺激的感觉细胞。

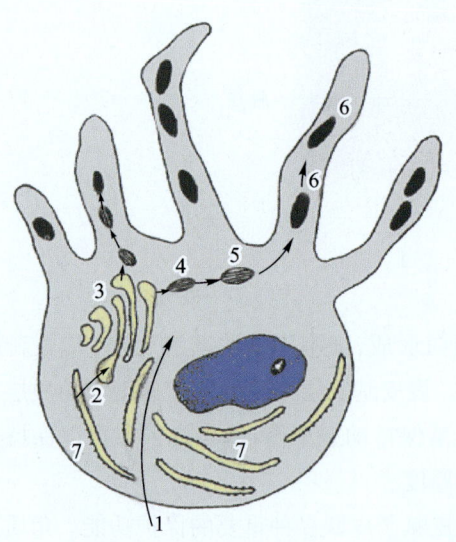

图 12-9 黑素细胞形成黑素体示意图
1—酪氨酸进入细胞;2—酪氨酸酶合成;3—高尔基体;4—Ⅱ期黑素体;5—Ⅲ期黑素体(酪氨酸酶和黑色素);6—突起中的黑素体;7—粗面内质网

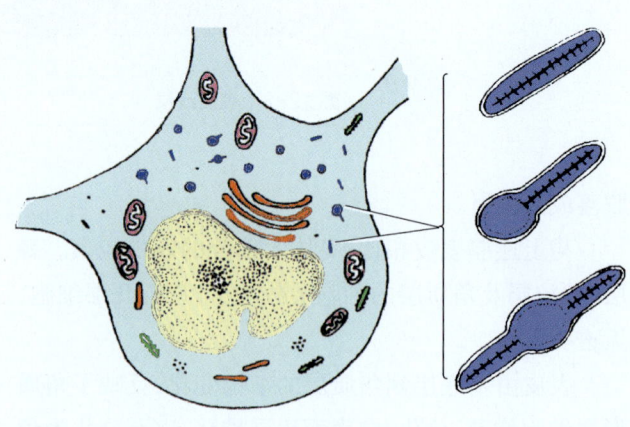

图 12-11 朗格汉斯细胞超微结构模式图
左图示朗格汉斯细胞,右图示不同形状的伯贝克颗粒的切面

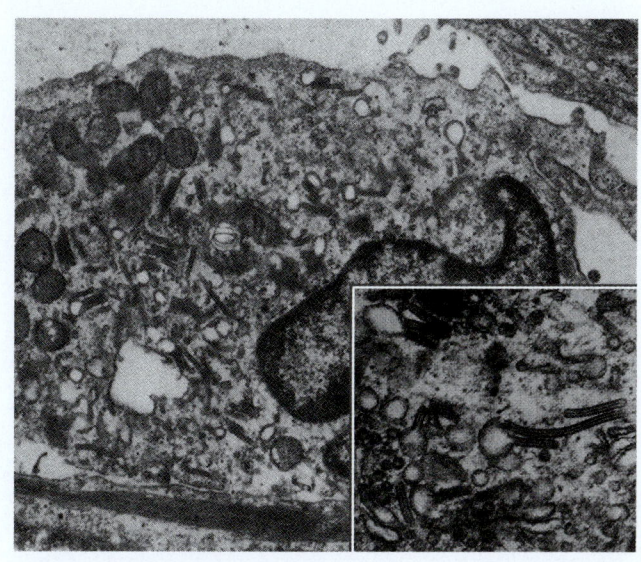

图 12-12 朗格汉斯细胞(TEM)
左下框内示伯贝克颗粒

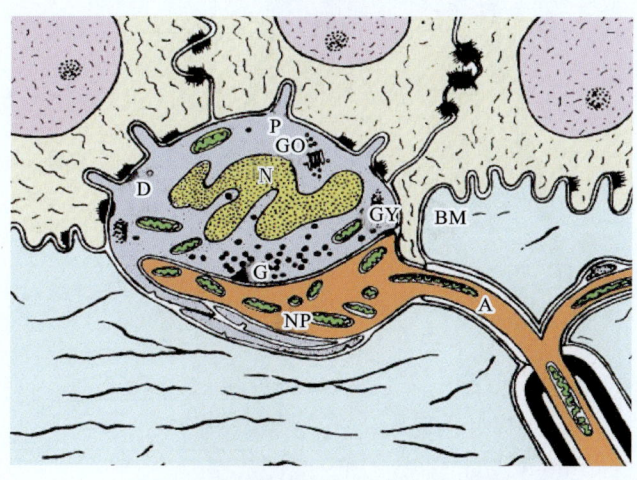

图 12-13 梅克尔细胞与神经末梢超微结构模式图
N—梅克尔细胞细胞核;P—细胞质突起;D—桥粒;GY—糖原;
GO—高尔基体;G—分泌颗粒;BM—基膜;A—轴突;NP—
神经板

二、真皮

真皮(dermis)位于表皮下面,分为乳头层和网织层,两者无明显界限。真皮深部与皮下组织相连(图 12-1)。身体各部位真皮的厚薄不等,一般厚 1~2 mm。

1. 乳头层(papillary layer) 为紧邻表皮的薄层疏松结缔组织,向表皮底部突出形成许多真皮乳头(dermal papilla),使表皮与真皮的连接面扩大,有利于两者牢固连接,并利于表皮从真皮获得营养。乳头层

毛细血管丰富,并有许多游离神经末梢,分别称"血管乳头"和"神经乳头"(图 12-1,图 12-3,图 12-4)。在手指掌侧的真皮乳头内常有许多触觉小体存在。

2. 网织层(reticular layer) 在乳头层下方,较厚,由致密结缔组织组成(图 12-1)。含大量粗大的胶原纤维,纵横交错,并有许多弹性纤维,使皮肤具有较大的韧性和弹性。此层内有许多血管、淋巴管和神经,深部常见环层小体。

三、皮下组织

皮下组织(hypodermis)即解剖学中所称的浅筋膜,位于真皮的下方,由疏松结缔组织和脂肪组织组成,将皮肤与深部的组织相连,并使皮肤有一定的活动性(图 12-1)。皮下组织内脂肪组织的含量因个体、年龄、性别、部位和营养状态而有较大的差别。皮下组织具有缓冲机械力冲击、保温和贮存能量等功能。

四、皮肤的附属器

(一)毛

人体皮肤除手掌和足跟等部位外,大部分都长有毛(hair)。毛的粗细和长短不一,但基本结构相同。头发、胡须和腋毛等较粗、较长,并富含黑色素;其余部位的毛细而短,色素含量少。

1. 毛的结构 毛分为毛干、毛根和毛球三部分。伸在皮肤外面的毛称毛干(hair shaft),埋在皮肤内的称毛根(hair root)。毛干和毛根呈圆柱状,由排列规则的角化细胞组成,细胞内充满角蛋白,并含数量不等的黑素颗粒。毛根包裹在毛囊(hair follicle)内,毛囊分内、外两层(图 12-14~图 12-16)。内层属上皮性根鞘,与表皮相延续,其结构也与表皮相似。外层属结缔组织性根鞘,由致密结缔组织构成。在毛囊下端,毛根和上皮性根鞘合为一体,膨大形成球状,称毛球(hair bulb)。毛球的上皮细胞称毛母质细胞,为一种幼稚细胞,这些细胞不断分裂、增殖和分化,向上移动,形成毛根和上皮性根鞘的细胞,因而毛母质细胞是维持毛发生长的干细胞。毛球基部的黑素细胞可将黑素颗粒转送到上皮细胞中。毛球的底面向内凹陷,下方的结缔组织呈乳头状伸入其中,称毛乳头(hair papilla),

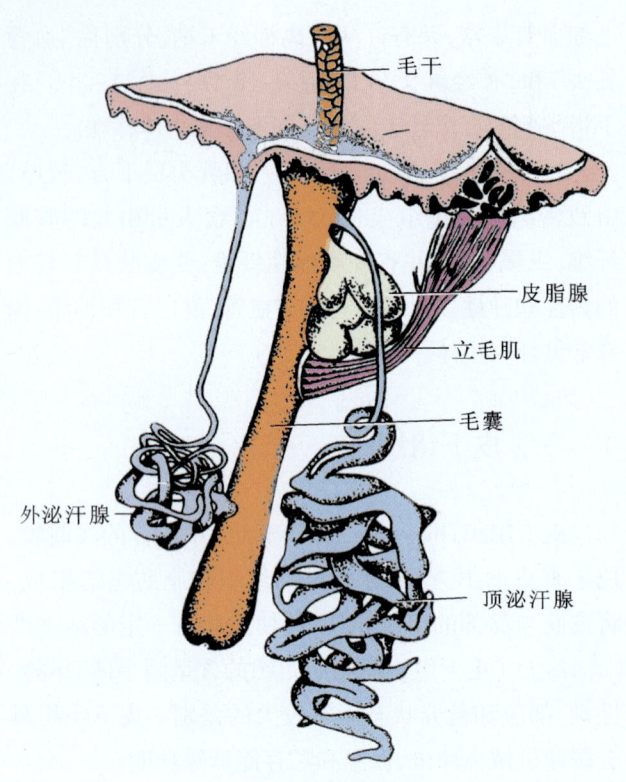

图 12-14 皮肤附属器示意图

毛干

皮脂腺

立毛肌

毛囊

外泌汗腺

顶泌汗腺

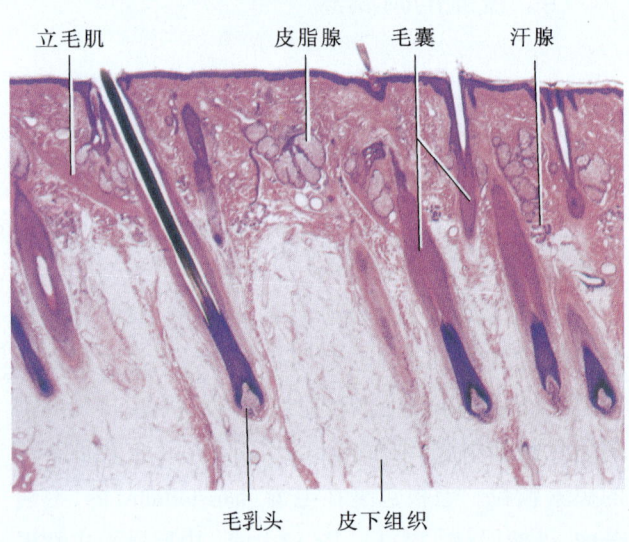

立毛肌 皮脂腺 毛囊 汗腺

毛乳头 皮下组织

图 12-15 头皮

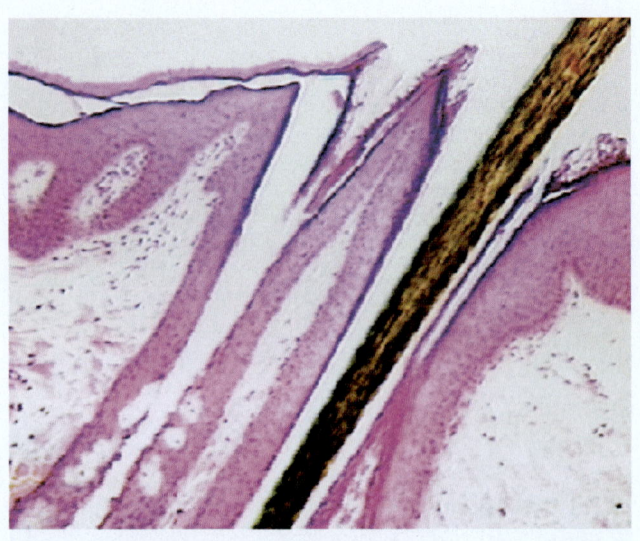

图 12-16 毛根

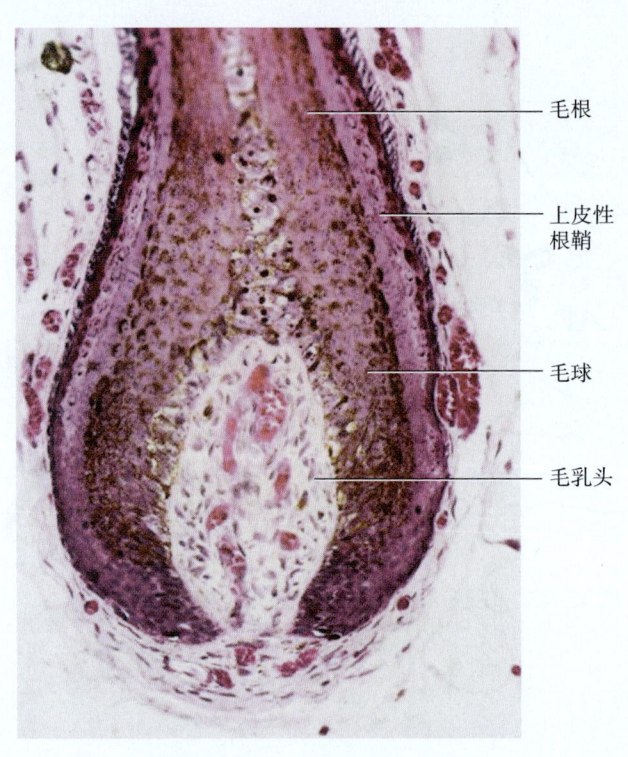

毛根

上皮性根鞘

毛球

毛乳头

图 12-17 毛囊根部

内含丰富的毛细血管和神经(图 12-17)。毛球是毛和毛囊的生长点,毛乳头对毛的生长起诱导作用。

知识链接 12-2 毛囊干细胞

毛和毛囊斜长在皮肤内,在它们与皮肤表面呈钝角的一侧,有一束斜行的平滑肌,连接毛囊和真皮,称立毛肌(arrector pili muscle,又称竖毛肌)。立毛

肌受交感神经支配,遇冷或恐惧时收缩,使毛发竖立(图 12-14,图 12-15)。不同个体的毛发颜色差异很大,黑色和棕黑色毛的黑素颗粒富含黑色素,金黄色和红色毛的黑素颗粒含褐黑色素(是一种黄色或红色的色素),灰色和白色毛的黑素颗粒及其内含色素均少。

2. 毛的生长和更新 毛的生长具有周期性,分为生长期和静止期。身体各部位毛的生长周期长短不

等。头发的生长周期为3~5年,其他部位毛的生长周期有的仅有数月。处于生长期的毛囊长,毛球膨大,毛乳头血运丰富,此时毛母质细胞分裂活跃。转入静止期,即是换毛的开始,毛球和毛乳头缩小、萎缩,毛母质细胞停止增殖,毛根与毛囊连接不牢,此时毛发容易脱落。之前,在毛囊底端形成新的毛球和毛乳头,新毛开始生长,最终将旧毛推出。

(二) 皮脂腺

皮脂腺(sebaceous gland)多位于毛囊和立毛肌之间,为泡状腺。分泌部由腺泡构成,腺泡周边一层细胞较小,为干细胞,不断增殖,部分子细胞生成脂滴,逐渐向腺泡中心移动。腺泡中心细胞大,呈多角形,细胞质内充满脂滴,细胞核固缩,细胞器消失(图12-14,图12-15,图12-18)。最后,细胞解体,连同所含脂滴一起通过导管排出,即为皮脂(sebum),有润滑皮肤的作用。皮脂腺的分泌受性激素的调节,故青春期皮脂腺分泌活跃。

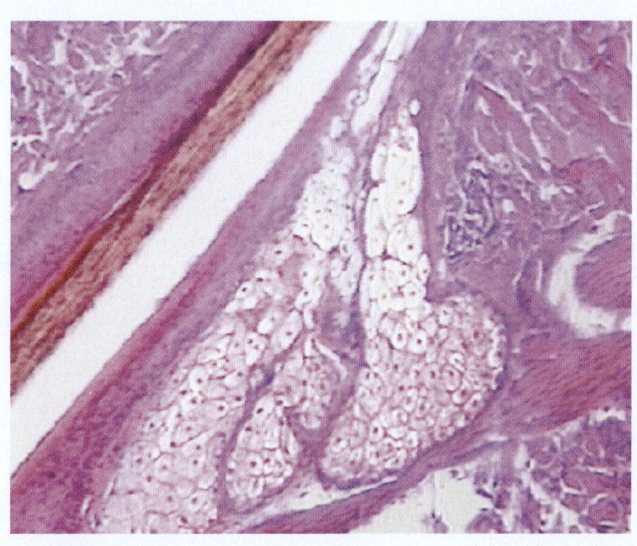

图 12-18 皮脂腺

(三) 汗腺

汗腺又称外泌汗腺(eccrine sweat gland),遍布于全身皮肤中,手掌、足和腋窝最多。汗腺为单曲管状腺,分泌部盘曲成团,位于真皮深部和皮下组织中(图12-1,图12-14)。分泌部由单层矮柱状或锥体形细胞组成(图12-19)。在腺细胞与基膜之间有肌上皮细胞(myoepithelial cell),其收缩时有助于排出分泌物。

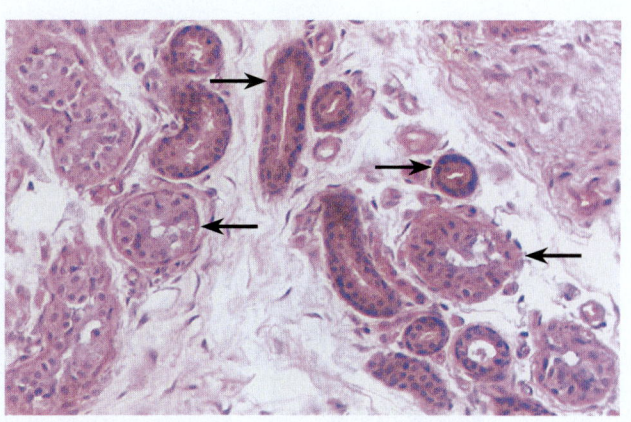

图 12-19 汗腺
←——分泌部;→——导管

导管由真皮进入表皮后,呈螺旋形行走,开口于皮肤表面的汗孔。导管由两层染色较深的立方形细胞组成,细胞很小,细胞质呈弱嗜碱性。腺细胞分泌的汗液除含大量水分外,还含钠、钾、氯、乳酸盐和尿素等。汗液分泌(出汗)是身体散热的主要方式,有调节体温、湿润皮肤和排出代谢废物的作用。

此外,于腋窝、乳晕、会阴部等处还有大汗腺,又称顶泌汗腺(apocrine sweat gland)。腺体分泌部由一层立方形细胞组成,管腔大,盘曲成团。细胞核呈圆形,细胞质呈嗜酸性,分泌时顶部细胞质连同分泌物一起脱落进入腺腔。导管开口于毛囊上段。大汗腺的分泌物为较黏稠的乳状液,含蛋白质、脂质和糖类等,被细菌分解后产生特殊气味,即所谓狐臭(或称腋臭)。大汗腺的分泌受性激素的作用,于青春期分泌最为活跃,至老年时逐渐退化。

(四) 指(趾)甲

指(趾)甲(nail)由甲体及其周围和下面的几部分组织组成。甲体由多层连接牢固的角化细胞构成。甲体的近端埋在皮肤内的部分称甲根,其余露在外面的部分称甲体。甲体位于甲床(nail bed)之上,甲床由非角化的复层扁平上皮和真皮组成,真皮内血管和神经末梢极为丰富(图12-20)。甲体周缘的皮肤称甲襞(nail fold),甲襞与甲体之间的沟称甲沟(nail groove)。甲根附着处的甲床上皮称甲母质,是甲体的生长区。指(趾)甲受损或拔除后,如甲母质保留,甲仍能再生。

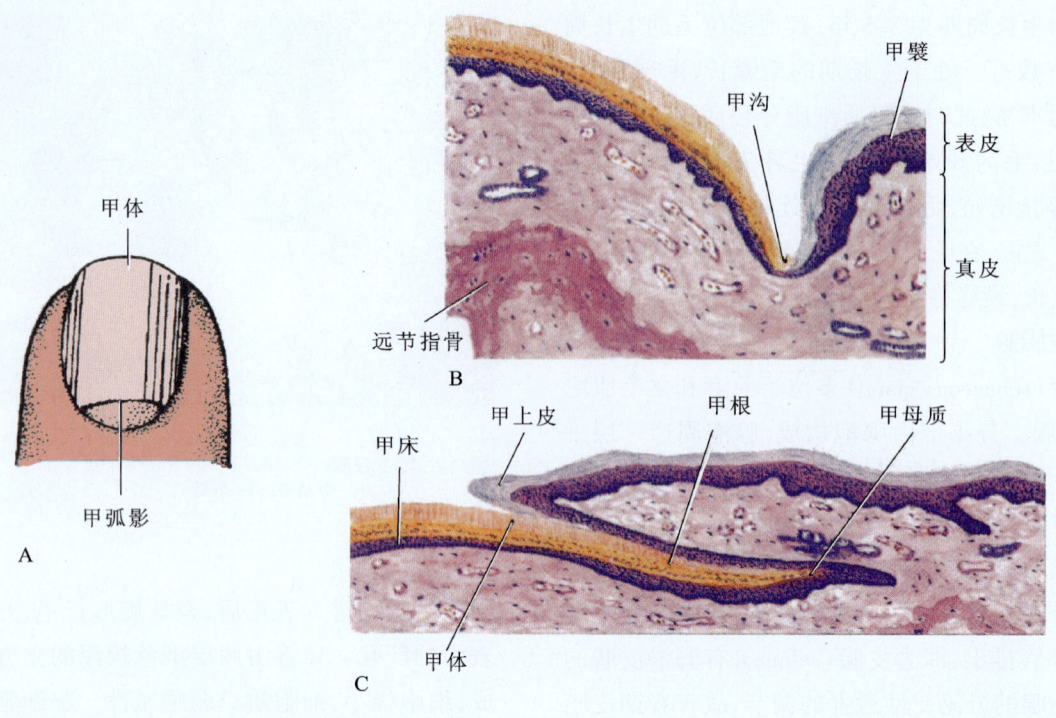

图 12-20　指甲
A. 指甲俯视；B. 横切面；C. 纵切面

（黄益玲　肖长义）

新形态教材网

微课导学　　教学课件　　微视频　　知识链接　　自测题

第十三章

内分泌系统

内分泌系统（endocrine system）是机体的重要调节系统，它与神经系统、免疫系统相互作用，共同维持机体的正常状态。内分泌系统由大量的内分泌细胞构成，这些细胞有 3 种分布形式：① 由内分泌细胞组成的器官，称内分泌腺，如垂体、肾上腺和甲状腺等（本章介绍）；② 分布于其他器官中的内分泌细胞群，如胰岛、睾丸间质细胞、卵巢的黄体等；③ 广泛散在分布于消化道和呼吸道上皮的内分泌细胞，这些内分泌细胞又被统称为弥散神经内分泌系统。

内分泌腺有共同的结构特点：腺细胞排列成索状、网状、团状或围成滤泡状，没有导管，毛细血管丰富。内分泌细胞的分泌物称激素（hormone）。

根据化学性质，激素可被分为含氮激素（包括氨基酸衍生物、胺类、肽类和蛋白质类激素）和类固醇激素两大类。分泌含氮激素的细胞的超微结构特点与蛋白质分泌细胞相似，细胞质内富含粗面内质网和高尔基体及膜被分泌颗粒等。分泌类固醇激素的细胞的超微结构特点是：细胞质内含有丰富的滑面内质网、管状嵴线粒体，并含有较多的脂滴。类固醇激素是低分子质量的脂溶性分子，不形成分泌颗粒，通过单纯扩散的方式释放。激素所作用的器官或细胞，称为该激素的靶器官（target organ）或靶细胞（target cell）。靶细胞具有与其相应激素结合的受体，受体与相应激素结合后产生效应。含氮激素受体位于靶细胞的细胞膜上，而类固醇激素受体一般在靶细胞的细胞质内。

最经典的内分泌方式是激素被释放入血液循环到达远处特定的靶细胞发挥作用。此外，激素还通过细胞外液短距离弥散作用于邻近细胞，或者直接作用于其近旁细胞，称为旁分泌（paracrine）或邻分泌（juxtacrine），最经典的例子就是胰岛 B 细胞的分泌活动受到 D 细胞产生的生长抑素的调控。有的内分泌细胞分泌的激素作用于自身的相应受体，称为自分泌（autocrine）。另外，有的神经元分泌的激素也可沿轴突经轴质运输至所连接的组织，如下丘脑视上核等，这种方式称为神经分泌（neurocrine）。

一、甲状腺

甲状腺分为左、右两叶，中间以峡部相连。成人甲状腺质量约 25 g，老年人的甲状腺逐渐萎缩。甲状腺由薄层结缔组织被膜包裹，结缔组织伸入腺实质，将其分成许多大小不等的小叶，甲状腺实质由大量滤泡组成（图 13-1）。

（一）甲状腺滤泡

甲状腺滤泡（thyroid follicle）大小不等，由滤泡上皮细胞（follicular epithelial cell）围成，滤泡腔内充满均质嗜酸性的胶质（colloid）。滤泡上皮多为单层立方上皮，其形态可随功能状态的不同发生变化，功能活跃时，上皮细胞增高，腔内胶质减少；反之，上皮细胞变扁平，腔内胶质增多。

电镜下，滤泡上皮细胞游离面有微绒毛，细胞质

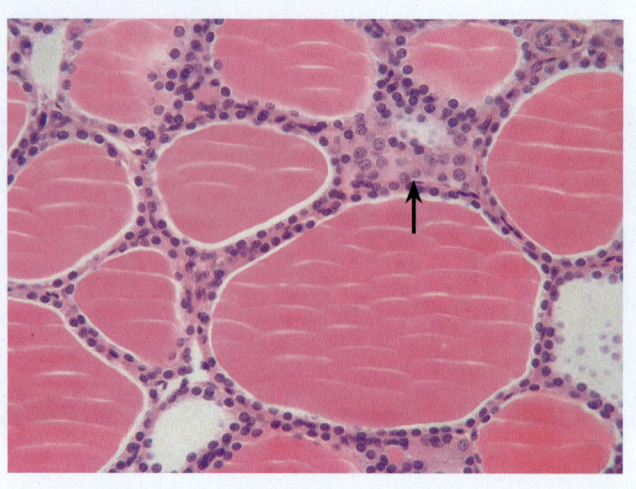

图 13-1　甲状腺（↑为滤泡旁细胞）

内有较发达的粗面内质网和较多的线粒体，高尔基体位于核上区，溶酶体散在于细胞质中。细胞顶部细胞质内有大小和电子密度都不同的小泡，有的是含甲状腺球蛋白的分泌颗粒，有的是从滤泡腔重吸收的胶质小泡。滤泡上皮细胞基底面有完整的基膜，邻近的结缔组织内富含有孔毛细血管和毛细淋巴管（图 13-2）。

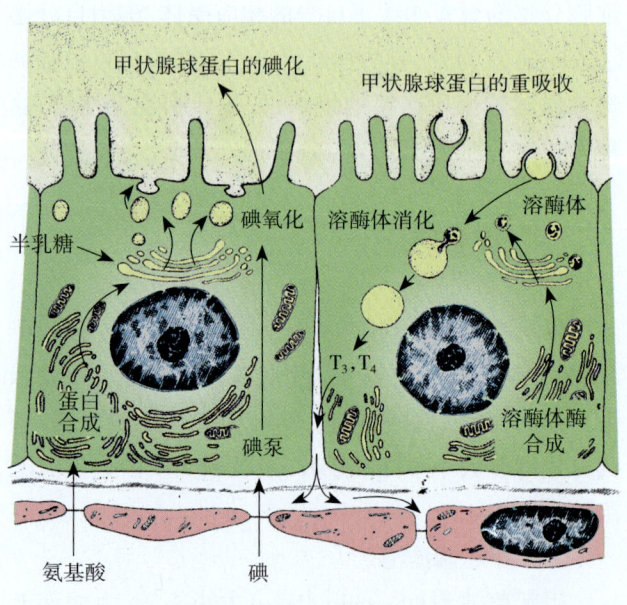

图 13-2　甲状腺滤泡上皮细胞的超微结构及激素合成与分泌示意图

甲状腺滤泡上皮细胞的功能是合成和分泌甲状腺激素（thyroid hormone）。甲状腺激素包括四碘甲腺原氨酸（T_4）和三碘甲腺原氨酸（T_3）两种，前者又称甲状腺素（thyroxine）。甲状腺激素的形成要经过合成、碘化、贮存、重吸收、分解和释放等多个步骤。滤泡上皮细胞从血中摄取氨基酸，在粗面内质网合成甲状腺球蛋白，继而在高尔基体加糖并包装成为分泌颗粒，再以胞吐方式释放到滤泡腔内。滤泡上皮细胞有很强的摄碘能力，从血中摄取的 I^- 在过氧化物酶作用下成为活化碘。在滤泡上皮细胞的微绒毛与滤泡腔交界处，活化碘与甲状腺球蛋白结合成碘化的甲状腺球蛋白贮存在滤泡腔内。在腺垂体分泌的促甲状腺激素作用下，滤泡上皮细胞以胞吞方式将滤泡腔内碘化的甲状腺球蛋白重吸收入细胞质，成为胶质小泡。胶质小泡与溶酶体融合，溶酶体的蛋白水解酶将碘化的甲状腺球蛋白水解为大量的 T_4 和少量的 T_3，两者经细胞基底部释放入毛细血管（图 13-2）。滤泡上皮细胞的合成、分泌活动除了受腺垂体分泌的促甲状腺激素（TSH）的调节外，有实验发现交感神经末梢和肽能神经末梢与滤泡上皮细胞有接触，故细胞的分泌活动可能也受神经调节。

甲状腺激素的功能是促进机体的新陈代谢，提高神经兴奋性，促进生长发育，尤其对婴幼儿的骨骼发育和中枢神经系统发育影响很大。胎儿和婴幼儿甲状腺功能减退，导致智力低下、长骨生长停滞等现象，称为呆小病。若成人甲状腺功能减退，则引起基础代谢率和中枢神经系统兴奋性降低，表现为精神呆滞、记忆力减退、毛发稀少及黏液性水肿等。甲状腺功能亢进时，出现明显的中枢神经系统兴奋性和基础代谢率增高的表现，同时引起心血管、消化等系统功能的紊乱。

（二）滤泡旁细胞

滤泡旁细胞（parafollicular cell）单个或成群地分布于滤泡之间，或者散在分布于滤泡上皮细胞之间（图 13-1）。胞体稍大，在 HE 染色标本上细胞质着色略淡，镀银染色可见细胞质内有嗜银分泌颗粒（图 13-3）。滤泡旁细胞分泌降钙素（calcitonin）。降钙素是一种多肽，它通过两个途径使血钙降低，一方面促进成骨细胞的活动，使钙盐沉积于类骨质；另一方面减少胃肠道和肾小管对 Ca^{2+} 的吸收，从而使血钙下降。近年研究发现，除神经系统外，甲状腺滤泡旁细胞也能合成和分泌降钙素基因相关肽（calcitonin gene-related peptide，CGRP）。此外，滤泡旁细胞的分泌颗粒内还含有生长抑素（somatostatin），它可能抑制甲状腺素和降钙素的分泌。

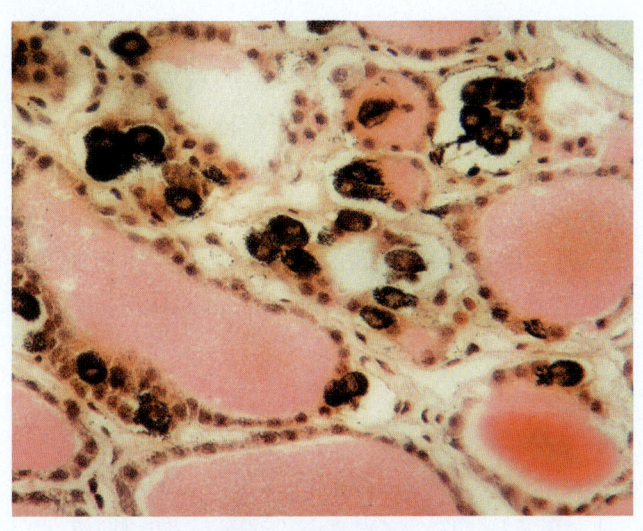

图 13-3　甲状腺滤泡旁细胞（镀银染色）

二、甲状旁腺

甲状旁腺（parathyroid gland）一般有上、下两对，位于甲状腺左、右叶的背面。腺表面包有薄层结缔组织被膜，实质内腺细胞排列成索团状，间质中富含有孔毛细血管及少量结缔组织。腺细胞有主细胞和嗜酸性细胞两种（图 13-4）。

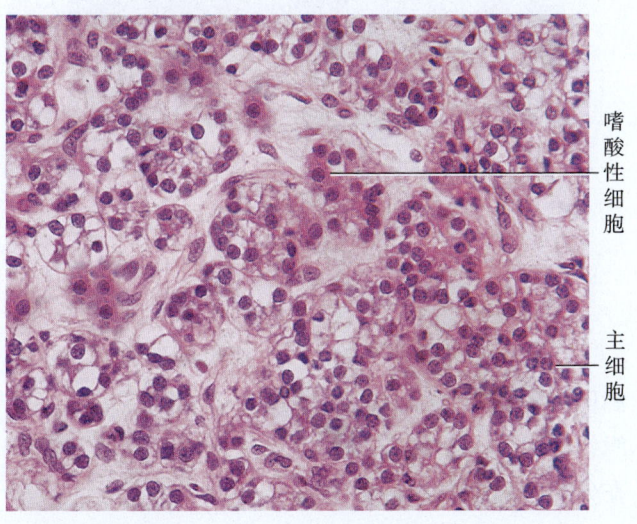

嗜酸性细胞

主细胞

图 13-4　甲状旁腺

（一）主细胞

主细胞（chief cell）呈圆形或多边形，核圆，居中，HE 染色标本中细胞质着色浅。电镜下，细胞质内粗面内质网较多，高尔基体较发达，并有膜被颗粒，还有一些糖原和脂滴。主细胞合成和分泌甲状旁腺激素（parathyroid hormone），这是一种肽类激素，与降钙素的作用相反，它能促进破骨细胞生成并增强其溶骨作用，使骨盐溶解，钙释放入血。此外，甲状旁腺激素还增加肠和肾小管对钙的吸收，从而使血钙升高。在甲状旁腺激素和降钙素的共同调节下，机体血钙保持稳定水平。

（二）嗜酸性细胞

嗜酸性细胞（oxyphil cell）单个或成群分布于主细胞之间。细胞较大，核小深染，细胞质中充满嗜酸性颗粒。电镜观察到这些颗粒乃是密集的线粒体，细胞内其他细胞器并不发达。嗜酸性细胞在 7~10 岁时出现，随年龄增长而增多，但其功能仍不清楚。

三、肾上腺

肾上腺（adrenal gland cell）位于肾的上方，成人的每侧肾上腺质量为 4~5 g。肾上腺表面包以结缔组织被膜，少量结缔组织伴随血管和神经伸入腺实质内。肾上腺实质由周边的皮质和中央的髓质构成，皮质来自中胚层，分泌类固醇激素；髓质起源于外胚层，分泌儿茶酚胺类激素。

（一）皮质

皮质占肾上腺体积的 80%~90%，由皮质细胞、窦状毛细血管和少量结缔组织构成。根据皮质细胞的排列特征，可将皮质分为 3 个带，从外向内是球状带、束状带和网状带，3 个带之间无明显界限（图 13-5）。

1. 球状带（zona glomerulosa）　紧靠被膜下，较薄，约占皮质的 15%。细胞较小，排列呈球、团状，细胞核小而深染，细胞质较少，含少量脂滴。细胞团之间为窦状毛细血管和少量结缔组织。球状带细胞分泌盐皮质激素（mineralocorticoid），主要是醛固酮，可促进肾远曲小管和集合管上皮细胞重吸收 Na^+ 及排出 K^+，同时也刺激胃黏膜、唾液腺和汗腺吸收 Na^+，从而使血中 Na^+ 浓度升高，K^+ 浓度降低，维持血容量。盐皮质激素的分泌受肾素－血管紧张素系统的调控。

2. 束状带（zona fasciculata）　在皮质最厚，约占皮质的 78%。束状带细胞排列成单行或双行索状，索间为窦状毛细血管和少量结缔组织。细胞较大，呈多边形；核圆，较大，着色浅；细胞质丰富，由于细胞质中脂

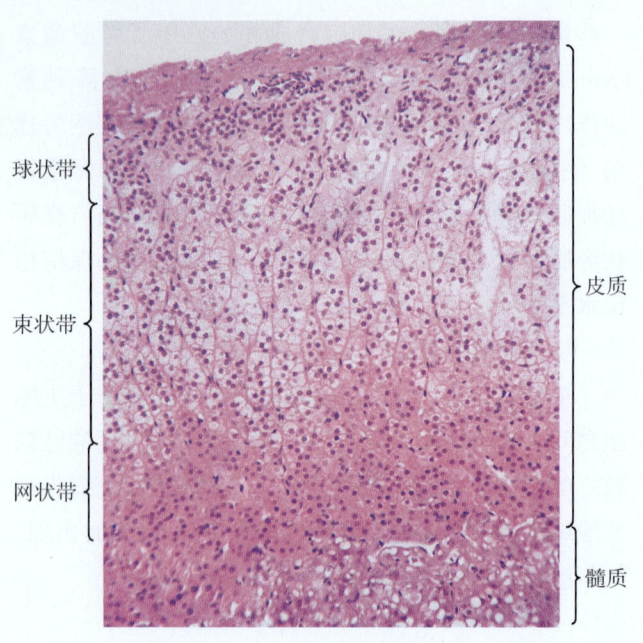

球状带
束状带
网状带
皮质
髓质

图 13-5　肾上腺

滴多,在 HE 染色标本中脂滴被溶解,故细胞质染色浅而呈空泡状(图 13-6)。束状带细胞分泌糖皮质激素(glucocorticoid),主要为皮质醇(cortisol)和皮质酮(corticosterone),它们可促进蛋白质、脂肪分解并转变成糖,且有抗炎(抑制巨噬细胞、白细胞趋化性,稳定溶酶体膜等)和抑制免疫反应(破坏淋巴细胞,减少淋巴细胞循环等)的作用。束状带细胞的功能活动受腺垂体细胞分泌的促肾上腺皮质激素(ACTH)的调控。

3. 网状带(zona reticularis)　位于皮质最内层,紧靠髓质,约占皮质的 7%。细胞排列成索状,并

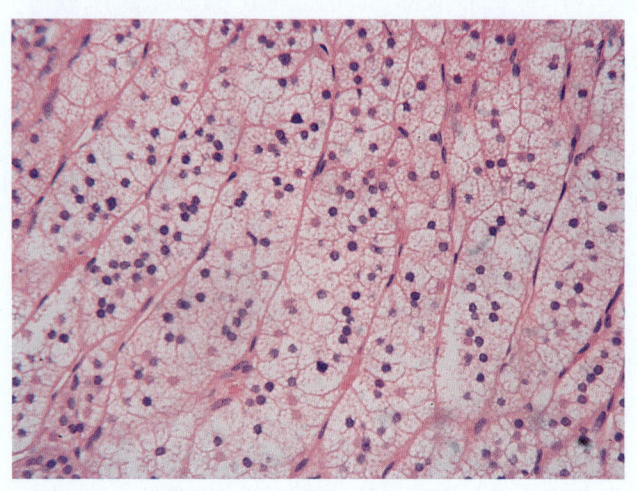

图 13-6　肾上腺皮质束状带细胞

相互吻合成网,网间为窦状毛细血管和少量结缔组织。网状带细胞较小、形态不规则;核亦小,染色深;细胞质嗜酸性,内含少量脂滴和较多脂褐素。网状带细胞主要分泌雄激素、少量的雌激素及糖皮质激素。

肾上腺皮质细胞分泌的激素均属于类固醇激素,都具有类固醇激素分泌细胞(steroid secreting cell)的超微结构特点(图 13-7)。

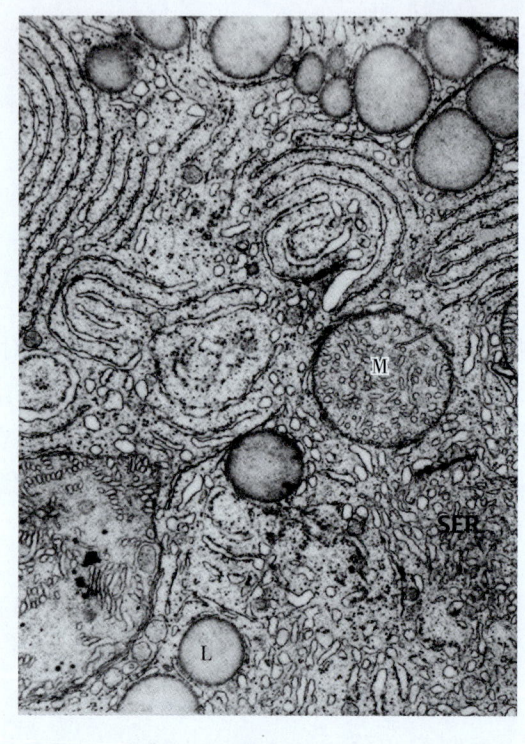

图 13-7　肾上腺皮质细胞(TEM)
L—脂滴;M—线粒体;SER—滑面内质网

(二) 髓质

髓质位于肾上腺的中央,主要由排列成索或团的髓质细胞构成,细胞间为窦状毛细血管和少量结缔组织,髓质中央有中央静脉,有少量交感神经节细胞散在分布于髓质内(图 13-5)。

髓质细胞较大,呈多边形,在用含铬盐的固定液固定的标本中,其细胞质内呈现出黄褐色的嗜铬颗粒,是由颗粒中的儿茶酚胺经氧化聚合而成,故髓质细胞又称为嗜铬细胞(chromaffin cell)。电镜下,嗜铬细胞具有分泌含氮激素细胞的超微结构特征,即含有较多粗面内质网、发达的高尔基体和丰富的膜被分泌颗粒(嗜铬颗粒)。根据颗粒中所含物质的

不同,嗜铬细胞可分为两种:一种为肾上腺素细胞,其膜被颗粒的致密核心电子密度低,颗粒内含肾上腺素(adrenaline),这种细胞数量较多,占髓质细胞的80%以上;另一种为去甲肾上腺素细胞,其膜被颗粒中致密核心电子密度高,颗粒内含去甲肾上腺素(noradrenaline)。

肾上腺素和去甲肾上腺素都属于儿茶酚胺类物质。肾上腺素使心率加快,心脏和骨骼肌的血管扩张。去甲肾上腺素可使全身各器官的血管广泛收缩,血压增高;心脏、脑、骨骼肌内血流加速。此外,髓质细胞还合成和释放一些多肽,如甘丙肽(galanin)、神经肽Y(NPY)和脑啡肽(enkephalin)。髓质细胞受交感神经调控,交感神经节前纤维兴奋时,纤维末梢释放乙酰胆碱作用于髓质细胞,刺激其释放肾上腺素或去甲肾上腺素。由于髓质还接受来自皮质的血液供应,汇集成中央静脉离开肾上腺,因此血中皮质激素浓度较高,其中的糖皮质激素可增强肾上腺素细胞内 N- 甲基转移酶的活性,使去甲肾上腺素转变为肾上腺素。

四、垂体

垂体(pituitary gland)位于颅底蝶鞍垂体窝内,体积0.5 cm×1 cm×1.5 cm,质量约0.5 g,为一卵圆形小体,外包结缔组织被膜。垂体由腺垂体(adenohypophysis)和神经垂体(neurohypophysis)两部分组成。前者由胚胎原始口腔的外胚层上皮突出形成的拉特克囊(Rathke pouch)分化而来。后者来自胚胎间脑底部的神经外胚层。腺垂体分为远侧部、中间部及结节部三部分,神经垂体分为神经部和漏斗两部分。远侧部最大,中间部位于远侧部和神经部之间,结节部围在漏斗周围(图13-8)。远侧部又称前叶,神经部和中间部合称后叶。

(一)腺垂体

腺垂体的腺细胞大多排列成团索状,少数围成小滤泡。腺细胞间有丰富的窦状毛细血管和少量结缔组织。

1. 远侧部(pars distalis) 是腺垂体的主要组成部分。在 HE 染色的标本中,根据对染料的亲和力,腺细胞被分为嗜色细胞(chromophil cell)和嫌色细胞(chromophobe cell)两大类。嗜色细胞又分为嗜酸性细胞和嗜碱性细胞两种(图13-9)。电镜下腺细胞均具

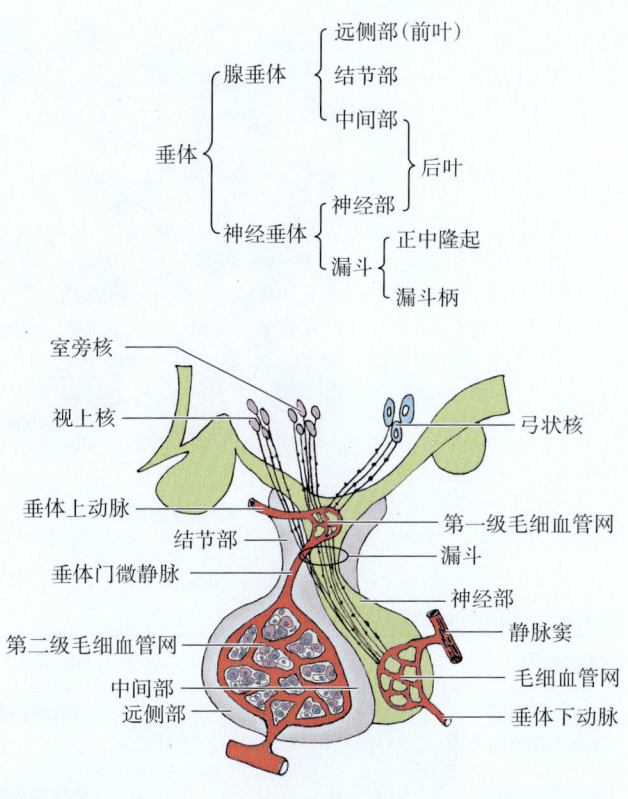

图 13-8 垂体分部及其血管示意图

有含氮类激素分泌细胞的超微结构特征。随着免疫组织化学技术被应用于腺细胞的分类,可以显示出5种类型的腺细胞,故进一步对腺细胞进行分类,并以所分泌的激素来命名(表13-1)。

(1)嗜酸性细胞(acidophilic cell) 数量较多,约占远侧部腺细胞总数的40%,细胞呈圆形或卵圆形,细胞质内含大量嗜酸性颗粒。嗜酸性细胞又可分为两种。

1)生长激素细胞(somatotroph,STH):数量较多,常聚集成群。电镜下,见细胞质内含大量电子密度高的分泌颗粒。该细胞分泌生长激素(growth hormone,GH,或 somatotropin),能刺激骺软骨生长使骨增长,从而促进生长发育。在幼年时期,生长激素分泌不足可致生长激素缺乏性侏儒症(又称垂体性侏儒症),分泌过多引起巨人症。成年后分泌亢进则发生肢端肥大症。生长激素还能促进蛋白质、脂肪和糖代谢。

2)催乳激素细胞(mammotroph):在妊娠和哺乳期数量增加,体积增大,其分泌颗粒也较大。而在非妊娠或哺乳期及男性的垂体内此种细胞较少。该细胞分泌催乳素(prolactin,PRL),能促进女性乳腺发育和乳汁分泌。

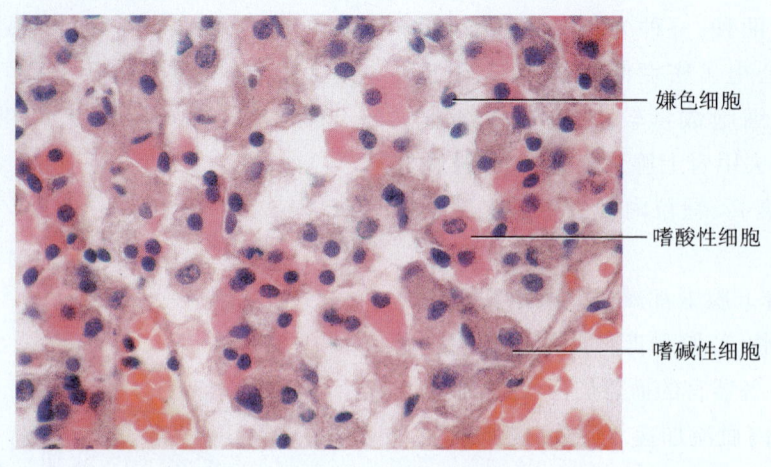

嫌色细胞

嗜酸性细胞

嗜碱性细胞

图 13-9　腺垂体远侧部

表 13-1　腺垂体远侧部的腺细胞

细胞类型	激素	HE 染色	功能
生长激素细胞（somatotroph）	生长激素（growth hormone, GH）	嗜酸性细胞	刺激长骨生长，促进蛋白质、脂肪和糖代谢
催乳激素细胞（mammotroph）	催乳素（prolactin, PRL）	嗜酸性细胞	促进乳腺发育，刺激乳腺泌乳
促肾上腺皮质激素细胞（ACTH cell）	促肾上腺皮质激素（ACTH）促脂素（LPH）	嗜碱性细胞	刺激肾上腺皮质束状带分泌糖皮质激素 作用于脂肪细胞，促进脂肪分解产生脂肪酸
促甲状腺激素细胞（TSH cell）	促甲状腺激素（TSH）	嗜碱性细胞	促进甲状腺滤泡上皮生长，刺激甲状腺滤泡上皮合成和分泌甲状腺激素
促性腺激素细胞（gonadotroph）	促卵泡激素（FSH）黄体生成素（LH）	嗜碱性细胞	促进卵泡发育，刺激睾丸支持细胞分泌雄激素结合蛋白 刺激排卵，促进黄体发育，刺激睾丸间质细胞分泌雄激素

（2）嗜碱性细胞（basophilic cell）　数量少，约占远侧部腺细胞总数的 10%，细胞大小不等，呈椭圆形或多边形，细胞质内含有嗜碱性颗粒。嗜碱性细胞又可分 3 种。

1）促甲状腺激素细胞（thyrotroph, TSH cell）：细胞质内颗粒较小，多分布在细胞的边缘。此细胞分泌促甲状腺激素（thyrotropin 或 thyroid stimulating hormone, TSH），能促进甲状腺滤泡的发育与甲状腺激素的合成和释放。

2）促肾上腺皮质激素细胞（corticotroph, ACTH cell）：细胞质内的分泌颗粒较大。这种细胞分泌促肾上腺皮质激素（adrenocorticotropin, ACTH）和促脂素（lipotropin, lipotrophic hormone, LPH），前者能促进肾上腺皮质束状带分泌糖皮质激素，后者作用于脂肪细胞，促进脂肪分解产生脂肪酸。

3）促性腺激素细胞（gonadotroph）：细胞质内颗粒

中等大小。此细胞分泌促卵泡激素（follicle stimulating hormone, FSH）和黄体生成素（luteinizing hormone, LH）。FSH 在女性促进卵泡发育和卵泡细胞分泌雌激素，在男性则刺激生精小管的支持细胞合成雄激素结合蛋白，以促进精子的发生。LH 在女性促进排卵和黄体形成，在男性则刺激睾丸间质细胞分泌雄激素，故又称间质细胞刺激素（interstitial cell stimulating hormone, ICSH）。当儿童的促性腺激素分泌亢进时，可引起性早熟；分泌低下，则导致肥胖性生殖无能症。近年来应用电镜免疫细胞化学法，发现 FSH 和 LH 这两种激素可在同一细胞共存，称这种细胞为 FSH/LH 细胞。故认为腺垂体存在 3 种促性腺激素细胞，即 FSH 细胞、LH 细胞和 FSH/LH 细胞。

（3）嫌色细胞（chromophobe cell）　数量多，约占远侧部腺细胞总数的 50%。细胞体积小，呈圆形或多角形。细胞质少,着色浅,故其外形不清楚。电镜下,细胞质内含少量分泌颗粒,故认为可能是处于形成嗜色细胞的初期阶段,或者是脱颗粒的嗜色细胞。

2. 中间部(pars intermedia) 是位于远侧部和神经部之间的狭窄部分。人垂体中间部退化,由嗜碱性细胞、嫌色细胞和若干大小不等、内含胶质的滤泡构成,其功能不明(图 13-10)。其他哺乳动物和某些低等生物的中间部发育较好,含有一些嗜碱性细胞,主要分泌黑素细胞刺激素(melanocyte stimulating hormone,MSH)。MSH 可促进和调节皮肤黑色素的生成和扩散,使皮肤颜色变深。

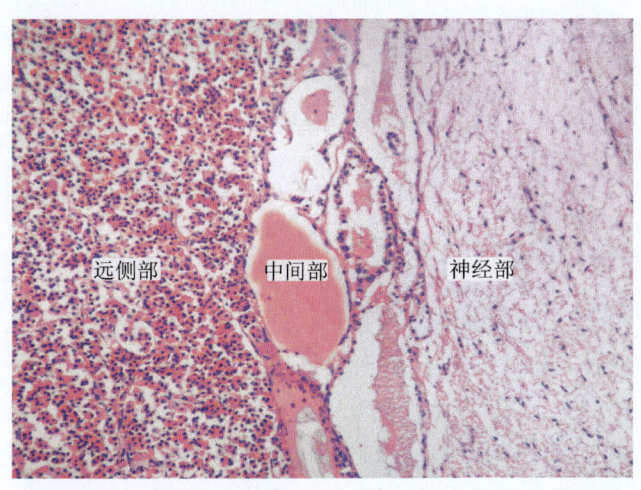

图 13-10 垂体

3. 结节部(pars tuberalis) 包围在神经垂体的漏斗柄周围。此部的腺细胞小,主要为嫌色细胞。由于垂体门微静脉从结节部通过,所以此处的血管相当丰富。

4. 垂体门脉系统 腺垂体主要由大脑基底动脉环发出的垂体上动脉供应血液。垂体上动脉进入垂体后在正中隆起和漏斗柄处分支并吻合形成毛细血管网,称为第一级毛细血管网。毛细血管网下行,在结节部汇集成数条垂体门微静脉,并继续下行到远侧部,再次形成毛细血管网,称为第二级毛细血管网。垂体门微静脉加上两端的毛细血管网共同构成垂体门脉系统(hypophyseal portal system)。远侧部的毛细血管最后汇集成小静脉注入垂体周围的静脉窦(图 13-8)。

(二)神经垂体

神经垂体包括神经部和漏斗(又分为正中隆起和漏斗柄),主要由大量无髓纤维和神经胶质细胞组成,含有丰富的窦状毛细血管。

1. 神经部 神经部有大量无髓神经纤维、轴突终末和胶质细胞,并含有丰富的毛细血管(图 13-10,图 13-11)。下丘脑视上核和室旁核的神经内分泌细胞的轴突组成下丘脑垂体束(hypothalamo-hypophyseal tract),下行进入神经垂体的神经部,是神经部神经纤维的主要来源。这些神经内分泌细胞内的分泌颗粒沿轴突运输下行,途中分泌颗粒局部聚集,呈串珠状膨大,在光镜下呈现为大小不等的嗜酸性团块,称为赫林体(Herring body)(图 13-11)。

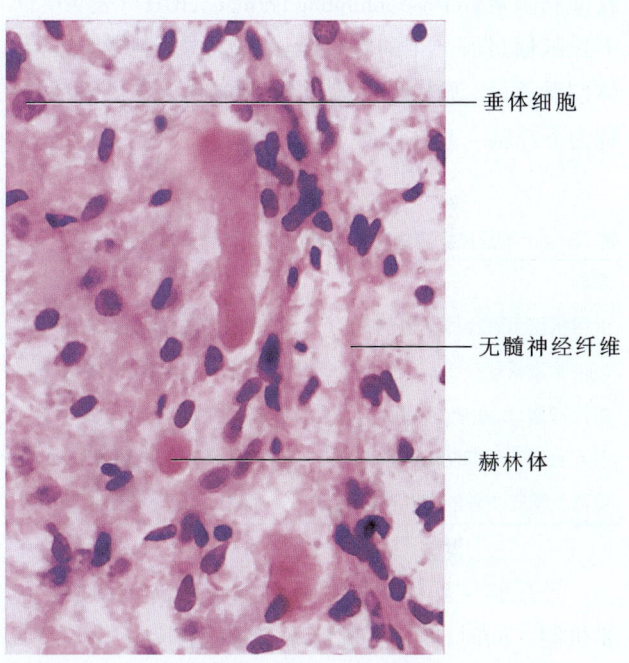

垂体细胞

无髓神经纤维

赫林体

图 13-11 垂体神经部

神经部的胶质细胞又称垂体细胞(pituicyte),是神经部的主要细胞成分,分布于无髓神经纤维之间。电镜下,垂体细胞常分布在含分泌颗粒的无髓神经纤维周围,并有突起附于毛细血管壁上。垂体细胞有多种功能,除了支持营养、吞噬保护外,还可能释放一些物质,促进新生神经纤维的生长,并引导神经纤维的再生。另外,垂体细胞还参与调节神经纤维的活动和激素的释放。

神经部内毛细血管丰富,主要为窦状毛细血管,内皮外有基膜,血管周围有明显的间隙。轴突终末释放的激素以分子扩散方式通过血管周隙和内皮入血。

2. 漏斗 连接于垂体和下丘脑之间,实际上漏斗就是上述的下丘脑垂体束。

（三）垂体与下丘脑的关系

1. 腺垂体与下丘脑 下丘脑视上区和结节区（如弓状核等）的一些神经元具有内分泌功能,称为神经内分泌细胞。这些神经内分泌细胞合成的多种激素经轴突释放入漏斗处的第一级毛细血管网内,再经垂体门微静脉运送到远侧部的第二级毛细血管网,继而调节远侧部各种腺细胞的分泌活动（图 13-8）。其中对腺细胞分泌起促进作用的激素,称为释放激素（releasing hormone,RH）;起抑制作用的激素,则称为释放抑制激素（release inhibiting hormone,RIH）（表 13-2）。下丘脑通过所产生的释放激素和释放抑制激素,经垂体门脉系统,调节腺垂体内各种细胞的分泌活动,被称为下丘脑 - 垂体门脉系统。

表 13-2 下丘脑的释放激素和释放抑制激素及其功能

激素	功能
促甲状腺激素释放激素（TRH）	促进 TSH 和催乳激素释放
促性腺激素释放激素（GnRH）	促进 FSH 和 LH 释放
生长抑素（somatostatin）	抑制生长激素释放
催乳激素释放抑制激素（PIH）	抑制催乳激素释放
促肾上腺皮质激素释放激素（CRH）	促进 ACTH 和促脂素释放

下丘脑 - 垂体门脉系统是腺垂体功能调控的主要机制。同时,内分泌腺激素对腺垂体和下丘脑也具有反馈调节机制。垂体远侧部分泌的"促激素"作用于它们的靶器官,如甲状腺、肾上腺、睾丸和卵巢等,这些器官产生的激素除了作用于它们各自的靶发挥其调节功能外,还反过来影响腺垂体和下丘脑的分泌活动,这种调节称为反馈调节,通过反馈调节维持机体内环境的相对稳定和正常的生理活动。例如,下丘脑的神经内分泌细胞分泌 TRH,促进腺垂体远侧部的促甲状腺激素细胞分泌 TSH,后者又促进甲状腺滤泡上皮细胞合成和分泌甲状腺激素。当血液中的甲状腺激素达到一定水平时,通过反馈作用,抑制下丘脑或腺垂体相应激素的分泌,这样又使甲状腺的分泌功能和血液中的甲状腺激素水平下降。当激素下降到一定水平时,再通过反馈调节使激素分泌增多（图 13-12）。

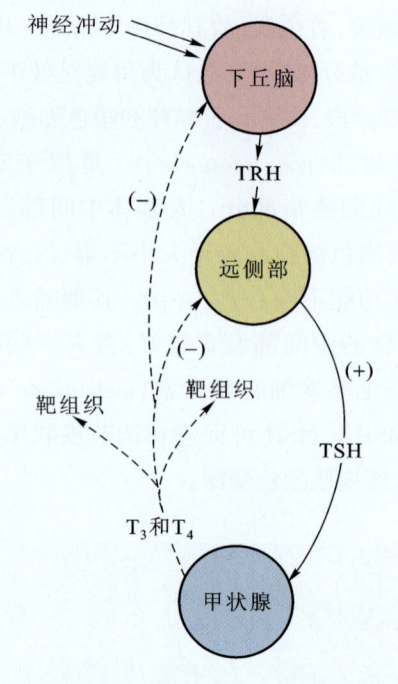

图 13-12 下丘脑 - 垂体 - 甲状腺功能的调节

2. 神经垂体与下丘脑 下丘脑与神经垂体在结构和功能上都可视为一个整体。室旁核和视上核的神经内分泌细胞合成和分泌抗利尿激素（antidiuretic hormone,ADH）和催产素（oxytocin）。这两种激素的分泌颗粒经下丘脑垂体束运达垂体神经部,在此贮存,进而释放入窦状毛细血管内（图 13-8）,再随血液循环到达靶器官和靶细胞发挥作用。抗利尿激素主要作用于肾远曲小管和集合小管,促进水的重吸收,使尿量减少;抗利尿激素分泌若减少,会导致尿崩症;抗利尿激素分泌超过生理剂量时,可导致小动脉平滑肌收缩,血压升高,所以又称血管升压素（vasopressin）。催产素可引起子宫平滑肌收缩,促进分娩过程并促进乳腺分泌。

五、松果体

松果体（pineal body）又称脑上腺,呈扁圆锥形,以细柄与间脑相连。松果体表面包以软脑膜,腺实质主要由松果体细胞、神经胶质细胞和无髓神经纤维等组成。

1. 松果体细胞（pinealocyte） 是构成松果体的主要细胞,约占腺实质细胞总数的 90%。细胞呈多边形,核大，不规则，一个或数个核仁；细胞质少，弱嗜碱性。电镜下，细胞质内线粒体和游离核糖体较多，高尔基体较发达；还常见小圆形分泌颗粒，颗粒内含褪黑激素（melatonin）。此外，细胞质内尚有一种特征性的结构，称为突触带（synaptic ribbon），它由电子致密的杆状体和周围的许多小泡组成。在哺乳动物，突触带多数分布于相邻松果体细胞相互接触处，或松果体细胞与细胞外间隙或脑脊液相接触的部位，其数目有昼夜节律变化，与褪黑激素量的节律变化平行。因此推测，突触带可能作为交感神经递质去甲肾上腺素的受体，起细胞间"通信"作用，使众多的松果体细胞同步活动；突触带还与褪黑激素的合成和贮存有关。松果体细胞胞体伸出几个长的突起，末端有球状膨大，多终止于毛细血管壁和第三脑室附近。

2. 神经胶质细胞（星形胶质细胞）　位于松果体细胞之间，约占实质细胞总数的5%。胶质细胞胞体较小，核小，着色深。

3. 脑砂（brain sand）　是在成人的松果体内常见的一种特征性结构（图13-13）。它是松果体细胞分泌

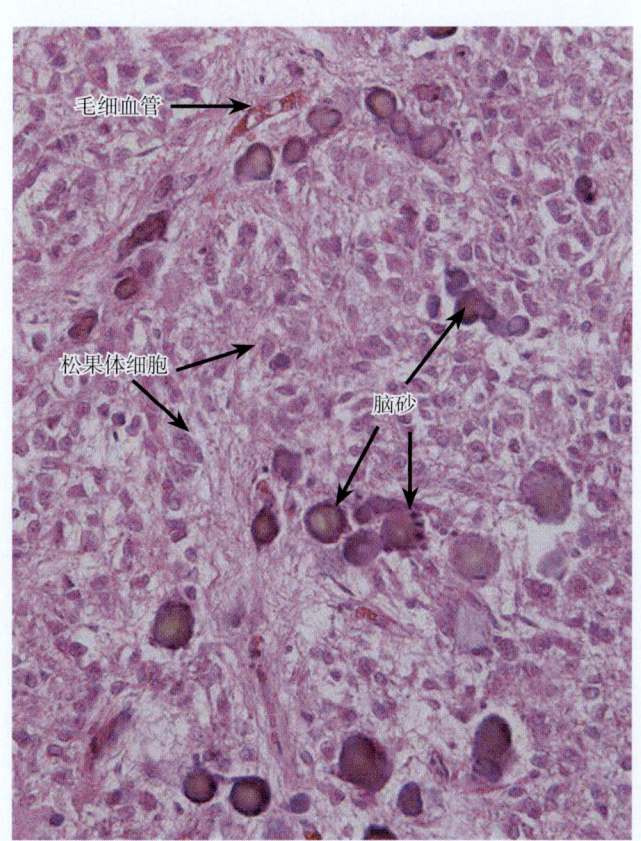

图13-13　松果体结构模式图

物钙化而成的同心圆结构，其意义不明，有人认为脑砂随年龄增长而增多，可能与衰老有关。

4. 松果体的功能　在哺乳动物，松果体的主要功能是分泌褪黑激素。褪黑激素参与下丘脑-垂体-性腺轴的调节，具有抑制生殖的作用。褪黑激素还有抗紧张、抗高血压、抗衰老、抗肿瘤、增强免疫力和促进睡眠的作用，若其分泌不足，可能会引起睡眠紊乱、情感障碍、易患肿瘤等。松果体的活动表现出明显的昼夜节律、月节律和年节律。松果体活动的昼夜节律表现为，白天几乎不分泌褪黑激素，而夜间显著增加。影响昼夜节律的主要因素是光照。目前认为，下丘脑视交叉上核是控制昼夜节律的主要神经核团，又称节律活动调节器。松果体接受颈上交感神经节和来自中枢神经系统的神经支配。

六、弥散神经内分泌系统

除上述内分泌腺外，机体其他许多器官内还存在大量散在的内分泌细胞，这些细胞分泌多种激素或激素样物质，在调节机体生理活动方面起很重要的作用。Pearse（1966年）描述了这些细胞，它们具有共同的细胞化学特性和超微结构特点，都能摄取胺前体，在细胞内脱羧后产生胺类物质，故将这些细胞统称为胺前体摄取和脱羧细胞（amine precursor uptake and decarboxylation cell，APUD细胞）。

随着APUD细胞研究的不断深入，发现许多APUD细胞不仅产生胺，还产生肽，有的细胞则只产生肽；并发现神经系统内的许多神经元也合成和分泌与APUD细胞相同的胺和（或）肽类物质。因此，目前将这些具有内分泌功能的神经元（称分泌性神经元）和APUD细胞统称为弥散神经内分泌系统（diffuse neuroendocrine system，DNES），故DNES是在APUD基础上的进一步发展和扩充，它把神经系统和内分泌系统两大调节系统直接联系起来构成一个整体，共同完成调控机体生理活动的功能。

被归类到DNES的细胞已达50多种，分中枢和周围两大部分。

中枢部分包括下丘脑-垂体轴的细胞和松果体细胞，周围部分包括胃、肠、胰、呼吸道、泌尿生殖管道的内分泌细胞，甲状腺滤泡旁细胞，甲状旁腺主细胞，肾

上腺髓质细胞,以及交感神经节内的小强荧光细胞、血管内皮细胞、胎盘内分泌细胞和部分心肌细胞与平滑肌细胞等。

知识链接 13-1　脂肪组织的内分泌功能

（彭　谨　周　雪）

新形态教材网

🔘 微课导学　　📺 教学课件　　🖥 微视频　　⊛ 知识链接　　📝 自测题

第十四章

消 化 管

消化系统由消化管与消化腺组成。消化管是从口腔至肛门的连续性管道,依次为口腔、咽、食管、胃、小肠、大肠及肛门,与消化腺共同担负对食物的物理性消化和化学性消化,将大分子物质分解为小分子物质,吸收入血,供机体代谢活动所需。消化管主要司消化、吸收及排泄等功能。

一、消化管壁的一般微细结构

消化管(digestive tract 或 alimentary tract)属于中空器官,各段在结构和功能上虽有各自的特点,但从食管到大肠自内向外均可分为黏膜、黏膜下层、肌层与外膜4层(图 14-1)。

(一)黏膜

黏膜(mucosa)由上皮、固有层和黏膜肌层组成,是消化管各段结构差异最大、功能最重要的部分。

1. 上皮(epithelium) 上皮细胞的形态和排列方式是判断各段消化管的重要依据。除消化管上端(口腔、咽、食管)及下端(肛管下段)为未角化的复层扁平上皮,起保护作用外,其余均为单层柱状上皮,主要功

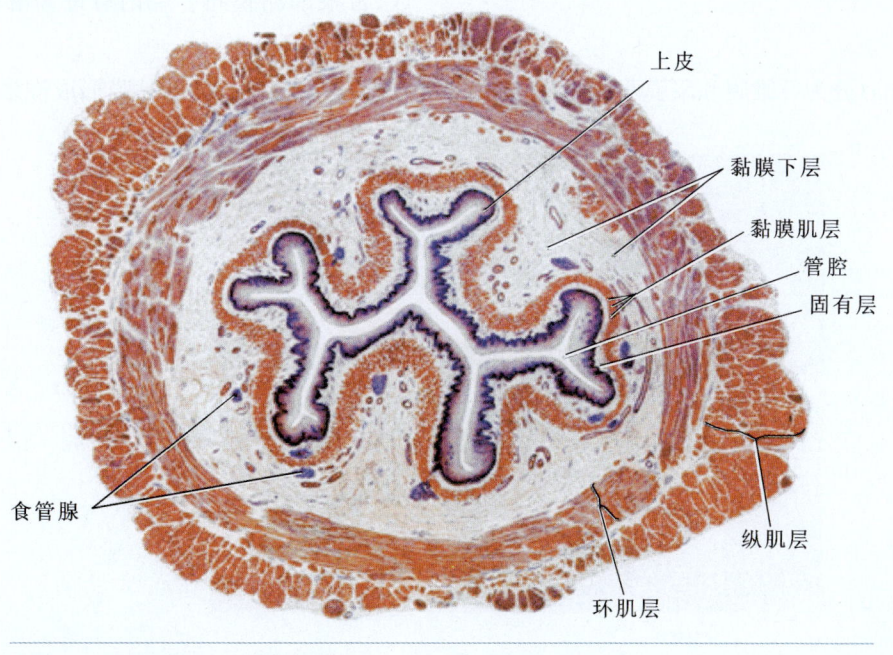

上皮
黏膜下层
黏膜肌层
管腔
固有层
纵肌层
环肌层
食管腺

图 14-1 消化管的一般结构

能为消化与吸收。

2. 固有层(lamina propria)　由细密的结缔组织构成,与黏膜下层相比,固有层非常薄,纤维细密,细胞成分多,富含毛细血管、毛细淋巴管及神经纤维等。另外,胃肠固有层内富含腺体和淋巴组织。

3. 黏膜肌层(muscularis mucosa)　除口腔与咽外,黏膜肌层由薄层平滑肌构成,为黏膜与黏膜下层的分界线,其收缩有利于促进固有层内的腺体分泌物排出、血液运行、物质吸收及转运等。

（二）黏膜下层

黏膜下层(submucosa)由结缔组织组成,内含较大的血管及淋巴管,还有黏膜下神经丛(plexus submucosus)或称 Meissner 丛,后者具有调节黏膜肌收缩和腺体分泌的功能。在食管和十二指肠的黏膜下层内分别有食管腺和十二指肠腺。另外,在食管、胃及小肠等部位可见由黏膜与黏膜下层共同向管腔内突形成的皱襞(plica),具有扩大黏膜面积的作用。

（三）肌层

肌层(muscularis)除口腔、咽、食管上段肌层和肛门外括约肌为骨骼肌外,其余部分均为平滑肌。根据肌纤维的走行方向不同,肌层一般分为内环行、外纵行两层,肌间神经丛(myenteric nervous plexus,或称 Auerbach 丛)存在于两层之间,调节肌层平滑肌的运动(图 14-2)。

（四）外膜

外膜(adventitia)分为纤维膜和浆膜两种。纤维膜(fibrosa)仅由薄层结缔组织构成,存在于相对固定在体壁内的器官,如食管、十二指肠及大肠末段;而游离于腹腔内的器官,如胃、大部分小肠和大肠的外膜由薄层结缔组织和间皮覆盖,称浆膜(serosa),表面光滑,有利于胃肠活动。

二、口腔

（一）口腔黏膜

口腔黏膜仅由复层扁平上皮和固有层组成,无黏膜肌层。上皮仅在硬腭部可见角化,口腔底部的上皮菲薄,通透性高,有利于某些化学物质(如治疗心绞痛用的口含硝酸甘油等)的吸收。固有层结缔组织突向上皮形成乳头,富含毛细血管,故新鲜黏膜呈红色,可见许多感觉神经末梢,还有小唾液腺和大量的结缔组织中的细胞成分。

（二）舌

舌(tongue)由表面的黏膜和深部的舌肌组成。舌肌由纵行、横行及垂直走行的骨骼肌纤维束交织而成,肌纤维终止部位的黏膜固有层结缔组织较致密,舌断面肉眼可见一层半透明状软骨样结构,镜下为中等粗细、交错排列的胶原纤维,称为舌腱膜(aponeurosis of tongue),厚约 0.5 mm,此为舌灵活而有力运动的结构基础。黏膜由复层扁平上皮和固有层组成,舌根部黏膜固有层内有许多淋巴小结,构成舌扁桃体。

1. 舌乳头　舌的黏膜形成许多乳头状隆起,称舌

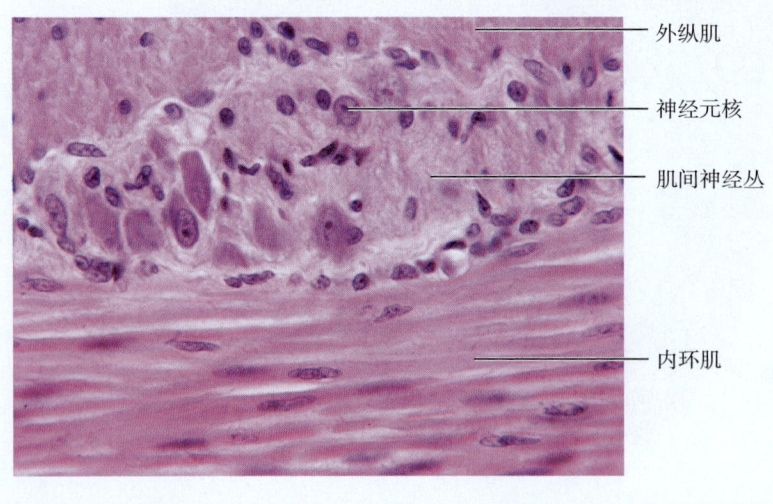

外纵肌
神经元核
肌间神经丛
内环肌

图 14-2　消化管肌层

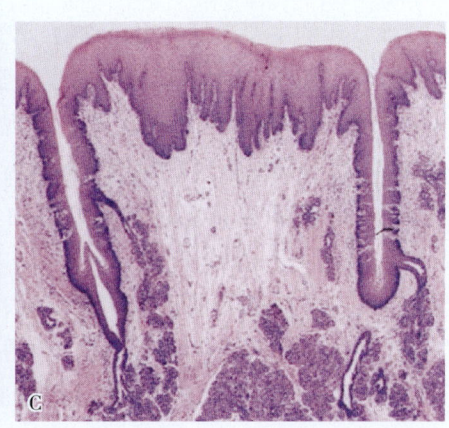

图 14-3　舌乳头
A. 丝状乳头；B. 菌状乳头(Fu)；C. 轮廓乳头

乳头(lingual papilla)，有 4 种类型(图 14-3)。

(1) 丝状乳头(filiform papilla)　数量最多，遍布于舌背。乳头呈圆锥形，尖端略向咽部倾斜，有利于食物的吞咽。浅层上皮细胞角化，外观呈白色，称舌苔，为中医诊断疾病的重要指征。电镜下可见固有层内存在丰富的感觉神经末梢，提示丝状乳头与舌的敏锐感觉有关。

(2) 菌状乳头(fungiform papilla)　因呈蘑菇状而得名。数量较少，主要散在分布于舌尖和舌缘的丝状乳头之间，上皮不角化，固有层内毛细血管丰富，使乳头外观呈红色。

(3) 轮廓乳头(circumvallate papilla)　位于舌界沟前方，有 7~12 个，形体较大，顶部平坦，乳头周围的黏膜凹陷形成较深的环沟，沟两侧的上皮内有较多味蕾。固有层中存在浆液性味腺，分泌的稀薄液体通过开口于沟底的导管排出，不断冲洗味蕾表面的食物碎渣，有利于味蕾不断接受新的刺激。

(4) 叶状乳头(foliate papilla)　位于舌的两侧，界沟前方。人的叶状乳头随年龄增长而逐渐退化，兔等其他哺乳动物仍保留大量叶状乳头。

2. 味蕾(taste bud)　为卵圆形小体，成人约有 3 000 个，主要分布于轮廓乳头，亦可见于菌状乳头和叶状乳头；此外，味蕾也散在分布于舌背、侧部的上皮内。光镜 HE 染色可见味蕾着色较浅，呈纺锤形，顶端表面上皮凹陷形成味孔(图 14-4)。每个味蕾由 50~100 个细胞组成，其中一半为长梭形的味细胞(gustatory /taste cell)，位于味蕾中央，核呈椭圆形，染

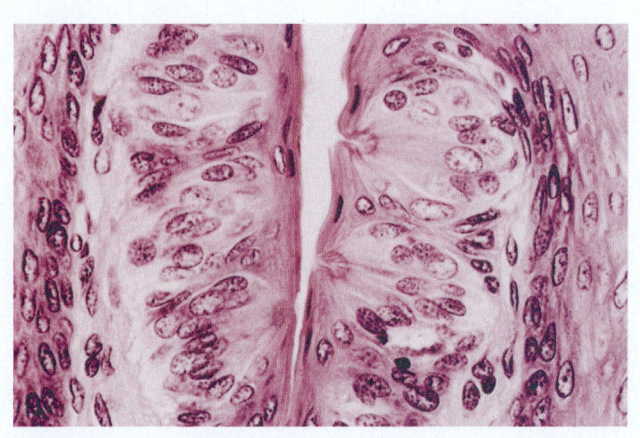

图 14-4　味蕾(家兔)

色浅，又称明细胞。电镜下，味细胞的游离面有微绒毛(也称味毛)伸入味孔，基底部细胞质内含突触小泡样颗粒，与味觉神经末梢形成突触。味蕾周边和味细胞之间有支持细胞(supporting cell)，核呈椭圆形，染色深，又称暗细胞，其功能未明。另外，味蕾基底部还有锥体形的基细胞，为未分化细胞，可分化为味细胞和支持细胞。味细胞的平均寿命为 10~12 天。味蕾为味觉感受器，可以感知至少 5 种味道——咸、酸、甜、苦、鲜。

(三) 牙

牙为人体最坚硬的组织。人的一生中，牙分为乳牙和恒牙，两者均来源于外胚层和中胚层。乳牙 20 个，出生后 7 个月至 2 周岁全部萌出，6~12 周岁间逐渐脱落，被恒牙替代。因人的 4 个第三磨牙大多埋在牙槽窝内不萌出，所以，成人的恒牙一般为 28

个,最多32个。牙的主要功能为咀嚼食物、承受殆力、维持面部的形态;另外,牙对于研究考古生物学、动物分类学等具有重要指导意义。例如,早在发现北京猿人头盖骨前,考古学家根据所发现的一颗白齿便断定为新的猿人,一颗牙所含信息量的重要性由此可见一斑。

尽管切牙、尖牙及磨牙的形状明显不同,但牙均可分为三部分:露在外面的为牙冠,埋在牙槽骨内的为牙根,两者交界部为牙颈。牙的中央有牙髓腔,开口于牙根底部的牙根孔;牙根周围的牙周膜、牙槽骨骨膜及牙龈统称为牙周组织,为牙的附着器;牙由牙本质、牙釉质、牙骨质3种钙化的硬组织和牙髓软组织构成(图14-5)。

1. 牙本质(dentin)　为特殊的骨组织,构成牙的主体,包绕着牙髓腔。牙本质主要由牙本质小管(dentinal tubule)和间质构成。前者从牙髓腔面向周围呈放射状走行,愈向周边愈细,直径从3 μm到1 μm,走行中不断分出侧支,彼此吻合成网。在牙本质的内表面有一层成牙本质细胞(odontoblast),突起细长伸入牙本质小管,称牙本质纤维(dentinal fiber),该纤维可能与神经兴奋传导有关。间质由胶原原纤维和钙化的

基质构成,分布在牙本质小管间,其化学成分与骨质相似,但无机成分较多,约占80%,故较骨质坚硬。牙本质对冷、热、酸、甜及机械刺激非常敏感,当牙釉质受到破坏,牙本质暴露(如龋齿)或病理状态(牙本质过敏)时,可引起酸和痛等感觉。

2. 牙釉质(enamel)　包在牙冠部的牙本质表面,与牙本质不同的是无机物更多,占96%,主要成分为羟基磷灰石结晶,几乎不含有机成分,为人体内最坚硬的组织。牙釉质由釉柱和少量的间质构成,釉柱可以看作长柱体形,向牙冠表面呈放射状紧密排列,愈向表面直径愈粗。因牙釉质的形成是非连续性的,生长期与静止期交替进行,在牙磨片标本上可见以牙尖为中心呈暗褐色的弧线,称釉质生长线(incremental line of enamel),又称雷丘斯线(Retzius line),系静止期的表现,在发育不良的牙尤为明显;在牙釉质表面生长线呈环行平行排列,该部位釉质疏松多孔,有利于牙釉质从口腔摄取氟化物,此为含氟的牙膏具有预防龋齿作用的可能结构基础。

3. 牙骨质(cementum)　包在牙根部牙本质的表面,为一层较薄的骨组织,除不含血管外,具有板层骨的一些特点;生理情况下,牙骨质不发生吸收,但根尖

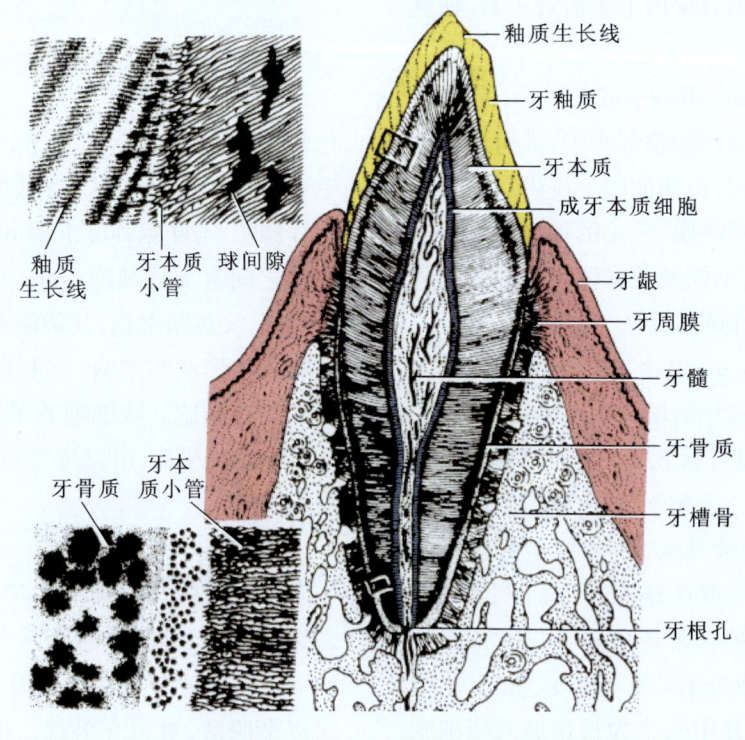

釉质生长线　牙本质小管　球间隙

牙骨质　牙本质小管

釉质生长线
牙釉质
牙本质
成牙本质细胞
牙龈
牙周膜
牙髓
牙骨质
牙槽骨
牙根孔

图14-5　牙的基本结构

部的牙骨质可继续增生，以弥补殆面因咀嚼磨损失去的釉质量，维持牙体的正常长度和冠根的适当比例。哺乳动物牙骨质发育较好，附着于它的牙周韧带可使牙体紧系在牙槽骨上。

4. 牙髓(dental pulp)　位于髓腔内，被坚硬的牙本质所包围，为一种特殊的结缔组织，内含自牙根孔进入的血管、淋巴管及神经纤维，对牙本质和牙釉质具有支持、营养作用，并参与牙的形成、发育、损伤修复、感受刺激及保护等功能。牙髓与牙本质间为一层排列整齐的成牙本质细胞，是牙髓内最具特征的细胞，其长的细胞质突起伸至牙本质小管内，并可见一些感觉神经末梢穿过成牙本质细胞间进入牙本质小管。

5. 牙周膜(periodontal membrane)　也称牙周韧带(periodontal ligament)，为位于牙骨质和牙槽骨之间的结缔组织，宽 0.15~0.38 mm，内含较致密的胶原纤维束，有一定的排列方向，即一端埋入牙骨质，另一端伸入牙槽骨，将两者牢固连接。

6. 牙龈(gingiva)　为牙周组织的外周部分，包绕着牙颈部和覆盖在牙槽骨的口腔黏膜面，由复层扁平上皮和含血管、神经的固有层组成。老年人的牙龈和牙周膜常萎缩，牙颈外露，为牙松动或脱落的主要原因。

三、咽

咽(pharynx)位于口腔的后方，是消化管和呼吸管道的共同通道，分为口咽、鼻咽和喉咽三部分，气体通过此处进入喉，食物则进入食管。咽壁结构由黏膜、肌层与纤维膜3层组成。

1. 黏膜　仅由上皮和固有层组成。口咽表面覆以未角化的复层扁平上皮，逐渐与食管黏膜上皮相延续。鼻咽和喉咽主要为假复层纤毛柱状上皮，内有丰富的杯状细胞，具有气管黏膜上皮的特点；固有层较厚，由较致密的结缔组织构成，含丰富的淋巴组织、黏液腺或混合腺。深部有一层厚而致密的弹性纤维，咽黏膜内散在分布的淋巴小结构成咽扁桃体，肿胀时可堵塞鼻呼吸。

2. 肌层与外膜　肌层由内纵行与外斜或环行的骨骼肌组成。外膜为富含血管和神经纤维的疏松结缔组织的纤维膜。

四、食管

食管(esophagus)腔面有 7~10 条纵行皱襞，故横切面管腔呈不规则形状，食物通过时皱襞暂时消失。

1. 黏膜　上皮为未角化的复层扁平上皮，表面细胞不断脱落后，由基底层细胞增殖分化补充，保持动态平衡；食管上皮内亦存在朗格汉斯细胞。食管下端与胃贲门连接处的复层扁平上皮骤然转变为单层柱状上皮(图 14-6)，是临床上食管癌的易发部位。固有层为细密的结缔组织，并形成乳头突向上皮。在食管下端的固有层内可见少量黏液腺，其形状和分泌物特性与胃的贲门腺相似，称为食管贲门腺。黏膜肌层由纵行平滑肌束组成。

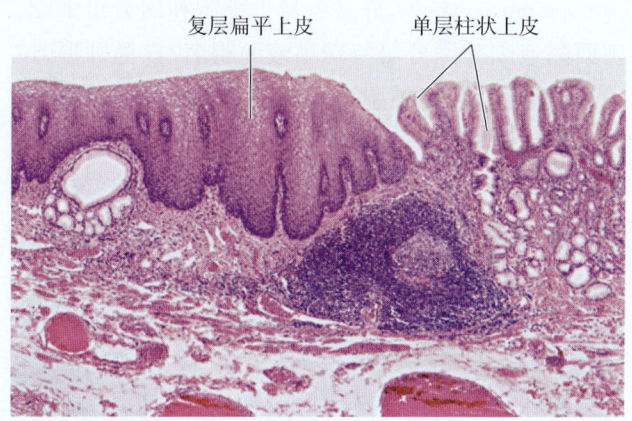

图 14-6　食管上皮及食管与胃贲门黏膜交界处

2. 黏膜下层　结缔组织中存在许多黏液性的食管腺(esophageal gland)，其导管穿过黏膜开口于食管腔。食管腺周围常有较密集的淋巴细胞，可见淋巴小结、浆细胞，另外，含有丰富的静脉丛，特别是食管下段血管尤为丰富，为临床上门静脉高压所致上消化道大出血的易发部位。

3. 肌层　由内环行和外纵行两层构成，两层间存在肌间神经丛。食管上 1/3 段为骨骼肌，下 1/3 段为平滑肌，中 1/3 段两者混合存在。食管上、下两端的环行肌稍增厚，分别形成食管上、下括约肌(upper/ lower esophageal sphincter)，具有防止吞咽时食物自食管反流入咽及阻止胃内容物反流等作用。

4. 外膜　为纤维膜,与周围的结缔组织相延续,内含血管、淋巴管及神经等。

五、胃

胃可暂时贮存食物,能够初步消化食物中的蛋白质,吸收部分水分、无机盐和醇类。

(一) 黏膜

胃空虚时,肉眼可见腔面有许多不规则皱襞,充盈时皱襞几乎消失。黏膜表面有许多浅沟,将黏膜分成许多直径2~6 mm的胃小区(gastric area)。黏膜表面遍布不规则的浅小凹陷,称胃小凹(gastric pit),约350万个,由上皮向固有层凹陷而成,每个胃小凹底部有3~5条腺体的开口(图14-7)。

1. 上皮　为单层柱状,主要为表面黏液细胞(surface mucous cell),并含少量干细胞和内分泌细胞。表面黏液细胞因分泌特殊黏液而得名,核椭圆形,位于细胞基部,顶部细胞质充满黏原颗粒,PAS染色黏原颗粒呈弱阳性,在HE染色切片上,着色浅淡以至透明(图14-8)。分泌物为不可溶性的碱性黏液,覆盖于上皮表面,可防止盐酸与胃蛋白酶对黏膜的消化及食

物对上皮的磨损,对胃黏膜具有重要保护作用。另外,在胃小凹底部存在一些体积较小的未分化细胞(干细胞),该细胞具有较旺盛的增殖能力。表面黏液细胞不断脱落,3~5天更新一次,由干细胞增殖补充。正常胃黏液细胞上皮不存在杯状细胞,如果出现这种细胞,病理学上称此现象为胃的肠上皮化生,为胃癌的癌前病变表现。

2. 固有层　有大量紧密排列的管状胃腺,结缔组织内含成纤维细胞、淋巴细胞、浆细胞、肥大细胞、嗜酸性粒细胞及少量的平滑肌细胞。根据胃腺所在部位和结构的不同,分为胃底腺、贲门腺及幽门腺3种。

(1) 胃底腺(fundic gland)　因分泌物为酸性,曾称泌酸腺(oxyntic gland),主要分布于胃体和胃底,约1 500万条,为胃黏膜中数量最多、功能最重要的腺体。胃底腺呈分支管状,可分为三部分,即颈、体与底部。颈部较细,与胃小凹相连;体部较长;底部稍膨大(图14-9)。胃底腺由主细胞、壁细胞、颈黏液细胞、内分泌细胞及未分化细胞组成,邻近贲门部的胃底腺中主细胞较多,而邻近幽门部的胃底腺壁细胞较多。

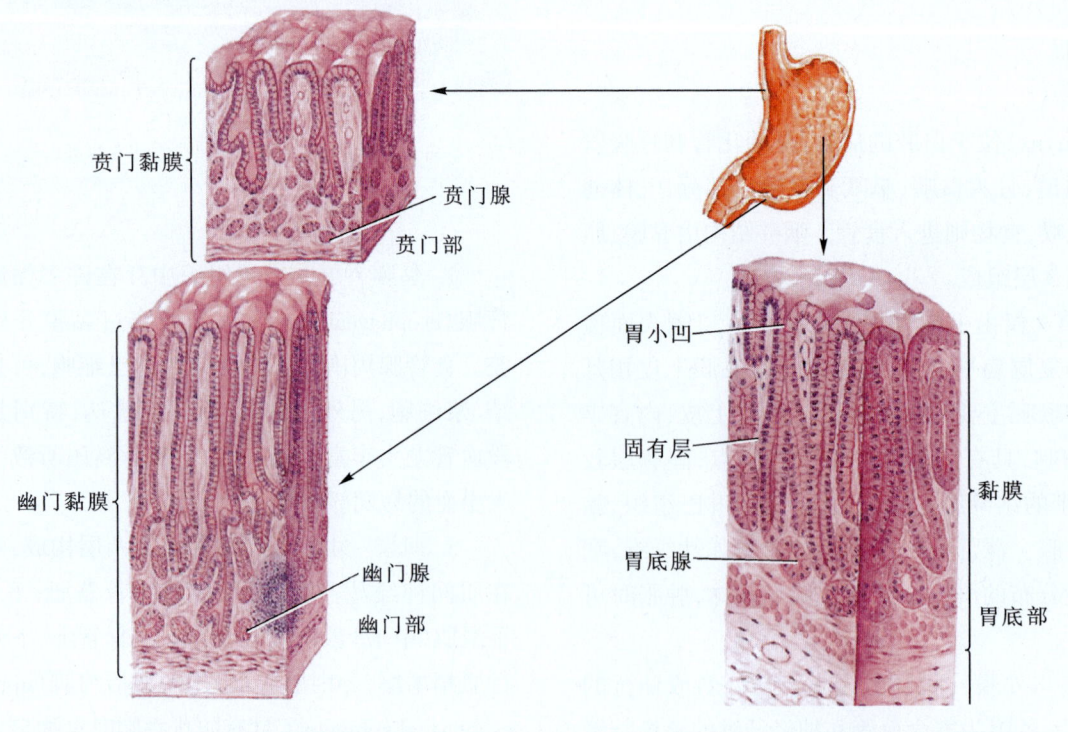

图14-7　胃黏膜表面胃小区与胃小凹

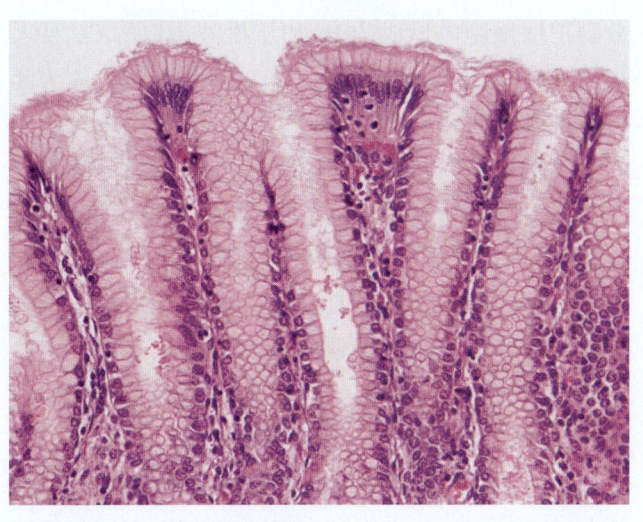

图 14-8　胃黏膜表面黏液细胞

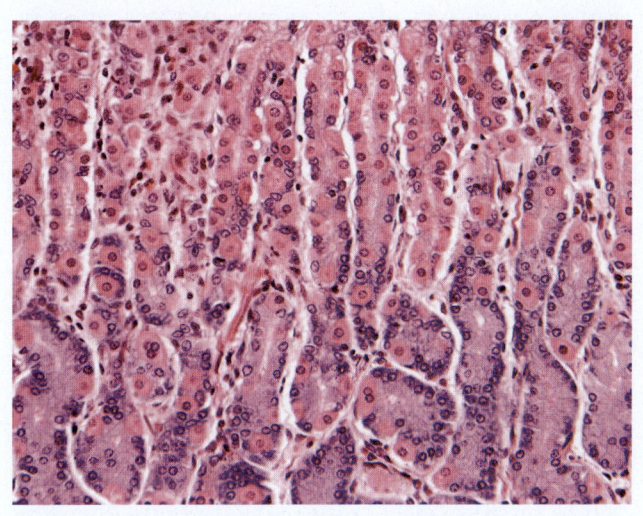

图 14-9　胃底腺

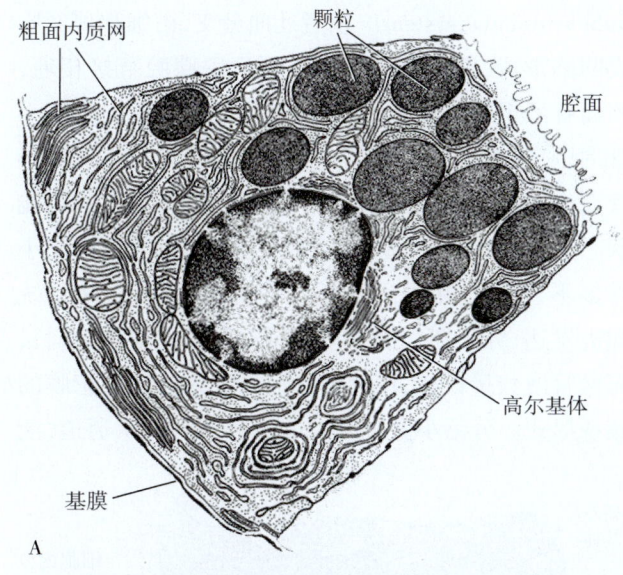

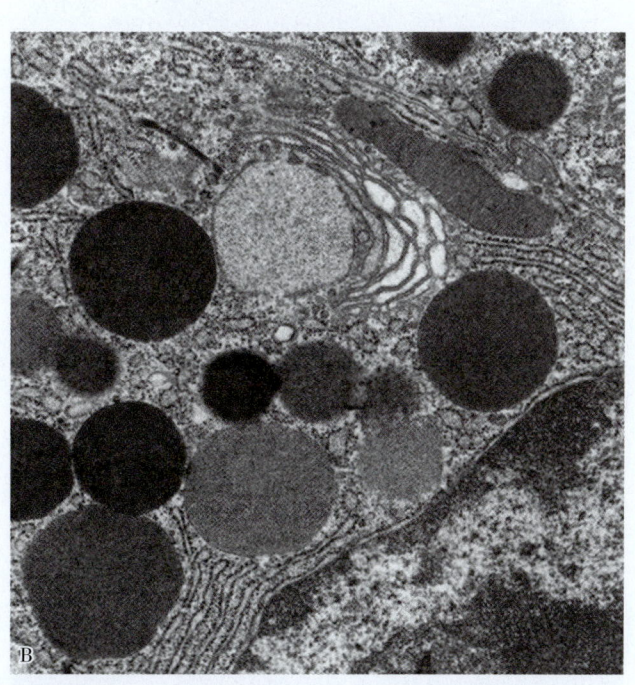

图 14-10　主细胞超微结构
A. 模式图；B. TEM

1）主细胞（chief cell）：又称胃酶细胞（zymogenic cell），数量最多，在腺的底部排列较密集。细胞呈柱状，核圆，位于基部，细胞质基部呈强嗜碱性，顶部充满酶原颗粒，适当固定染色的标本光镜下分泌颗粒清晰可见，在一般固定染色的标本上，颗粒溶解消失，顶部细胞质呈泡沫状。电镜下，具有典型的分泌蛋白质的超微结构特点（图 14-10）。

主细胞主要合成、分泌胃蛋白酶原（pepsinogen），在强酸或少量胃蛋白酶（pepsin）作用下，转变为胃蛋白酶，后者对食物中蛋白质具有一定的消化作用；主细胞还可产生胃脂肪酶（gastric lipase），消化多种脂类。因此当胃内缺少酸性环境时，将导致明显的消化

不良。另外，婴幼儿的主细胞还能合成、分泌凝乳酶（chymosin/rennin），能使乳中蛋白质凝聚成乳酪，乳酪易为各种蛋白质酶所消化。

2）壁细胞（parietal cell）：因分泌盐酸，又称泌酸细胞（oxyntic cell），主要分布于腺的体部和颈部。细胞体积较大，呈圆锥形，细胞基底位于腺的基膜上，似贴在壁上而得名；核圆，深染，居中，可见双核，细胞质强嗜酸性；电镜下可见细胞核周围存在丰富的细胞内分泌小管（intracellular secretory canaliculus）和微管泡系统

(tubulovesicular system)。前者迂曲分支,由细胞顶面质膜凹陷形成,因而小管管腔与胃底腺腺腔直接相通,腔面有不规则的微绒毛;而后者位于细胞质内分泌小管周围,为表面光滑的管状小泡,其膜结构与分泌小管完全相同(图 14-11)。研究发现,随壁细胞的功能状态不同,两者存在显著的数量变化。静止期,分泌小管多不与腺腔相通,微绒毛短而稀疏,而微管泡系统却极发达;分泌期,分泌小管开放,微绒毛增多、增长,而微管泡数量锐减,说明微管泡系统为分泌小管膜的储备形式。分泌小管膜有大量的 H^+ 泵和 Cl^- 通道,能

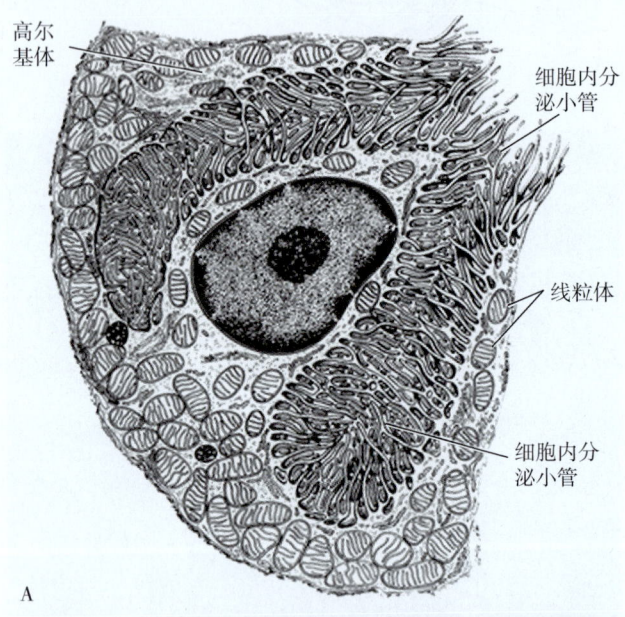

高尔基体　细胞内分泌小管　线粒体　细胞内分泌小管

A

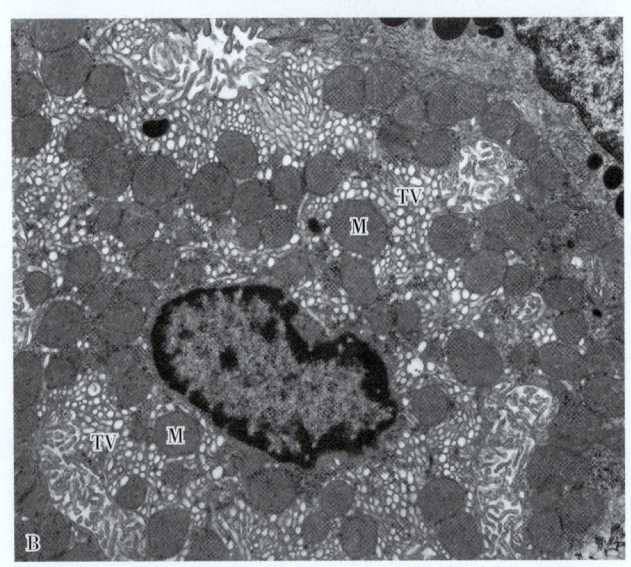

TV　M　TV　M

B

图 14-11　壁细胞超微结构
　　　　A. 模式图;B. TEM
　　　　M—线粒体;TV—微管泡

分别把壁细胞内形成的 H^+ 和从血液摄取的 Cl^- 泵入小管内,两者结合形成盐酸后进入腺腔。线粒体为此耗能过程提供了大量的 ATP。

盐酸(也称胃酸)具有激活胃蛋白酶原,使之转变为胃蛋白酶的作用,并为其活性提供所需的酸性环境;盐酸还可刺激肠道的内分泌细胞分泌激素(如促胰液素等);此外,盐酸还具有较强的杀菌作用,但幽门螺杆菌可在胃窦部的黏膜上皮生存。该细菌产生的酶和代谢物可破坏所在部位的表面黏液屏障,损伤胃黏膜,引起胃溃疡。另外,人的壁细胞可分泌内因子(intrinsic factor),这种糖蛋白能与食物中的维生素 B_{12} 结合,使维生素 B_{12} 在肠道内不被酶分解,并能与远端回肠上皮的相应受体结合,促进维生素 B_{12} 吸收入血。维生素 B_{12} 为红细胞生成所需,所以,慢性萎缩性胃炎或胃次全切除术后,内因子缺乏则导致维生素 B_{12} 吸收障碍,可引起恶性贫血。

3) 颈黏液细胞(mucous neck cell):较少,局限于胃底腺上部(颈部),较表面黏液细胞小,常呈楔形夹在其他细胞之间。核扁平,居细胞基底,核上方含较多黏原颗粒,其分泌物为可溶性的弱碱性黏液,对黏膜具有保护作用,HE 染色浅淡,但 PAS 染色呈深红色。

4) 内分泌细胞:种类多,主要为肠嗜铬细胞(enterochromaffin cell,EC 细胞)和 D 细胞。EC 细胞分泌的组胺,具有强烈促进壁细胞泌酸的功能;D 细胞主要分泌生长抑素(somatostatin,SOM),直接抑制壁细胞的分泌,也可通过抑制 EC 细胞的分泌间接抑制壁细胞的泌酸功能。

5) 未分化细胞(干细胞):胞体较小,呈柱状,位于腺颈部,HE 染色不易辨认。同胃小凹底部的未分化细胞一样可不断分裂增殖,分化为表面黏液细胞、主细胞、壁细胞、颈黏液细胞和内分泌细胞。

(2) 贲门腺(cardiac gland)　分布于贲门处,为分支管状的黏液腺,分泌黏液和溶菌酶。

(3) 幽门腺(pyloric gland)　分布于幽门部位,此区胃小凹较深。幽门腺为分支较多的管状黏液腺,含少量壁细胞和较多的 G 细胞,后者产生促胃液素(gastrin),除具有较强的刺激壁细胞分泌盐酸的作用外,还能促进胃肠黏膜增厚,G 细胞数量过多,可导致十二指肠溃疡。幽门腺除分泌黏液和溶菌酶外,尚分泌少量蛋白分解酶。

3种腺体的分泌物统称为胃液,成人每日分泌量为 1.5~2.5 L,pH 为 0.9~1.5,除含有盐酸、胃蛋白酶、内因子、黏蛋白外,还有大量水及 Na^+、K^+、Cl^- 等离子成分。

3. 黏膜肌层 由内环行和外纵行两薄层平滑肌组成。

胃黏膜的自我保护机制:胃液中含高浓度盐酸,H^+ 浓度高出血液 300 万~400 万倍,腐蚀力极强,胃蛋白酶又能分解蛋白质,但胃黏膜却不会被自我消化。研究发现,胃黏膜表面存在黏液 – 碳酸氢盐屏障(mucus-bicarbonate barrier),即胃上皮表面覆盖一层黏液层,厚 0.25~0.5 mm,由不可溶性黏液凝胶构成,含大量 HCO_3^-,凝胶层将上皮与胃蛋白酶隔离,且高浓度的 HCO_3^- 使局部 pH 为 7 左右,既抑制了胃蛋白酶的活性,又能中和 H^+,形成的 H_2CO_3 被黏膜上皮细胞的碳酸酐酶迅速分解为 H_2O 和 CO_2。相邻柱状细胞在近游离面处形成的紧密连接也可防止胃内化学物质进入胃壁。此外,胃上皮的快速更新(每 2~6 天更新一次)也被认为是胃抵御可能受损伤的机制之一。正常情况下,胃酸的分泌量和黏液 – 碳酸氢盐屏障保持平衡,胃酸分泌过多或黏液产生减少,屏障受到破坏,可导致胃组织的自我消化,形成胃溃疡。

(二)黏膜下层

黏膜下层由较致密的结缔组织构成,内含较粗的血管、淋巴管及神经。在老年人亦可见成群的脂肪细胞,该层变得疏松,使黏膜与肌层的连接不紧密,可能是胃黏膜下垂的结构基础。

(三)肌层与外膜

肌层较厚,一般由内斜行、中环行和外纵行 3 层平滑肌构成。环行肌在贲门和幽门部增厚,分别形成贲门括约肌和幽门括约肌。外膜为浆膜。

六、小肠

小肠(small intestine)分为十二指肠、空肠和回肠,管壁也由 4 层构成,但每部分的管壁结构各具特点,是消化和吸收的主要部位。

(一)黏膜

小肠腔面有许多环行皱襞(plicae circulares),由黏膜和黏膜下层向肠腔突出形成。黏膜表面还有许多密集

的小肠绒毛(intestinal villus),系上皮和固有层向肠腔内突而成。绒毛长 0.5~1.5 mm,形状不一,以十二指肠和空肠头段最发达(图 14-12)。绒毛在十二指肠呈宽大的叶状,在空肠如长指状,在回肠则为短的锥体形。环行皱襞和绒毛使小肠黏膜表面积扩大,达 20 m²,加之小肠柱状细胞表面的微绒毛,使总面积达 200~400 m²,有利于消化和吸收。相邻绒毛根部的上皮向固有层内凹陷形成小肠腺(intestinal gland),呈单管状,长 320~450 μm,直接开口于肠腔,亦有增加黏膜表面积的作用。在小肠上皮细胞的间隙,可见散在分布的淋巴细胞。

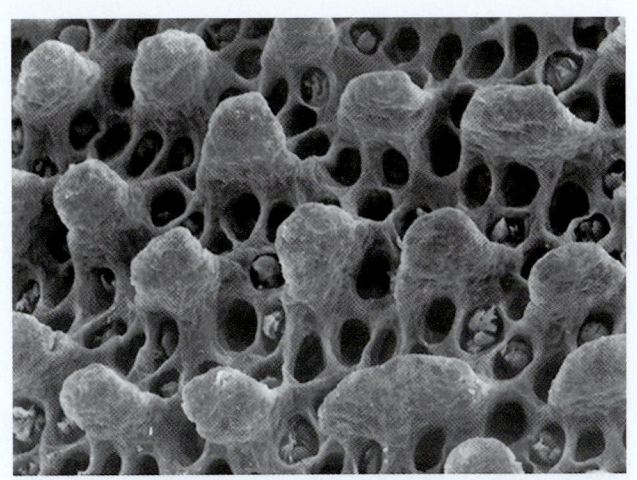

图 14-12 小肠绒毛(SEM)

1. 上皮 为单层柱状。绒毛上皮由吸收细胞、杯状细胞和少量内分泌细胞组成(图 14-13);在肠腺除上述细胞外,还有帕内特细胞和干细胞。

(1)吸收细胞(absorptive cell) 数量最多,约占 90%,呈高柱状,核长,椭圆形,位于基部。HE 染色细胞质呈粉红色,细胞游离面有 1~1.5 μm 厚的深染层,称纹状缘(striated border),电镜证明它是由吸收细胞游离面的细胞膜和细胞质的一部分向管腔内突形成的指状突起,称微绒毛。每个细胞有 2 000~3 000 根微绒毛,密集而规则排列(图 14-14),每根长 1~1.4 μm,直径 80 nm,使细胞游离面的面积进一步扩大约 30 倍(图 14-15)。另外,微绒毛表面存在一层细胞衣,厚 0.1~0.5 μm,由细胞膜内镶嵌蛋白的胞外部分组成,其中有双糖酶和肽酶以及吸附的胰蛋白酶、胰淀粉酶等,是消化吸收的重要部位。此外,微绒毛的膜上

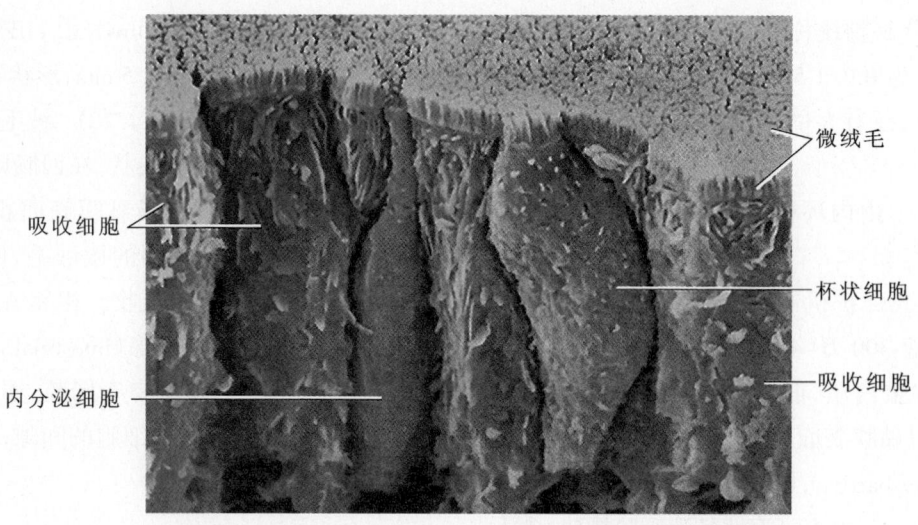

图 14-13　肠黏膜上皮（SEM）

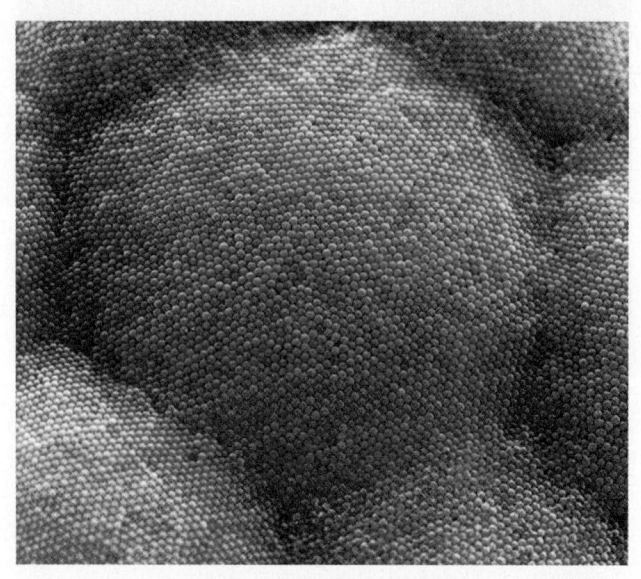

图 14-14　肠上皮微绒毛正面观（SEM）

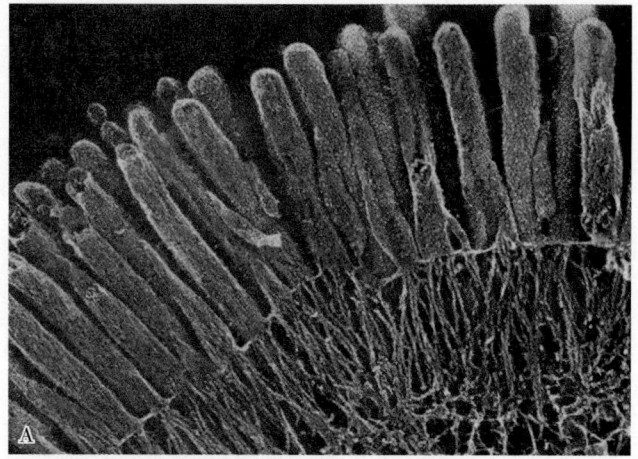

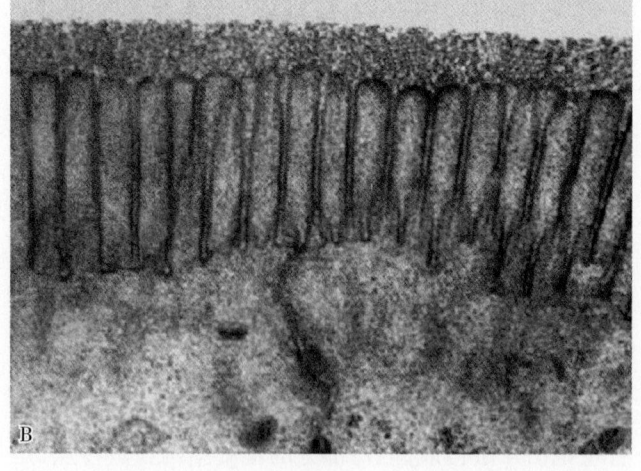

图 14-15　肠微绒毛
A. 冷冻蚀刻；B. TEM

尚有一些特殊受体，有利于相应物质的吸收，如回肠的内因子受体，有利于维生素 B_{12} 的吸收。

　　吸收细胞的细胞质内有丰富的滑面内质网，含多种酶类，可将细胞吸收的单酰甘油和脂肪酸合成三酰甘油，再与胆固醇、磷脂及载脂蛋白结合，在高尔基体形成乳糜微粒，经细胞侧面释出，进入中央乳糜管后输出，此为脂肪吸收和转运的方式。相邻细胞顶部有紧密连接，可阻止肠腔内物质由细胞间隙进入组织。

除消化吸收作用外,吸收细胞也参与分泌型免疫球蛋白 A(sIgA)的释放过程;十二指肠和空肠上段的吸收细胞还合成、分泌肠激酶(enterokinase),能够激活胰蛋白酶原,使之转变为具有活性的胰蛋白酶,后者是食物中蛋白质消化的主要酶。成人小肠每天吸收 8~9 L 水、100 g 脂肪、50~100 g 蛋白质及数百克糖类,均由吸收细胞完成。

(2) 杯状细胞(goblet cell) 为单细胞腺,散在于吸收细胞间,从十二指肠至回肠末端,杯状细胞逐渐增多。核矮柱状,偏向基部,核上方细胞质内高尔基体发达,含大量电子密度较低、有膜包裹的分泌颗粒,以胞吐方式排出黏液至肠黏膜表面,分泌物 PAS 染色阳性(图 14-16),具有润滑和保护作用。分泌后的细胞顶部常见较深的凹陷,但细胞表面的质膜仍保持完整(图 14-17)。

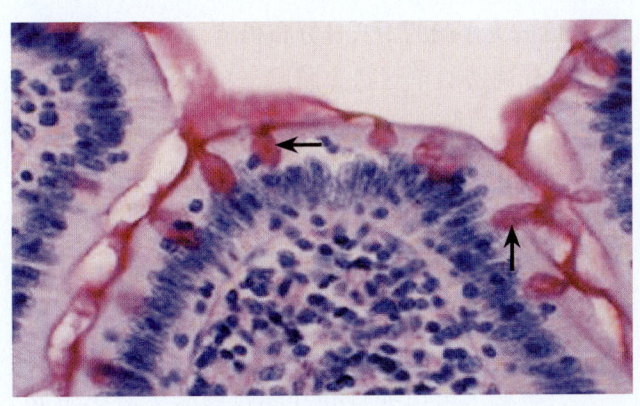

图 14-16 肠黏膜上皮的杯状细胞 PAS 染色(↑)

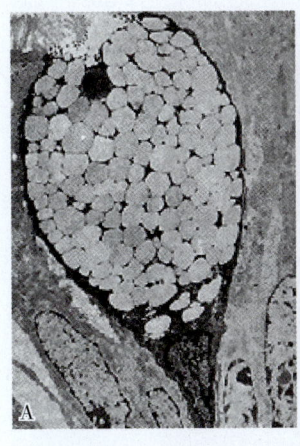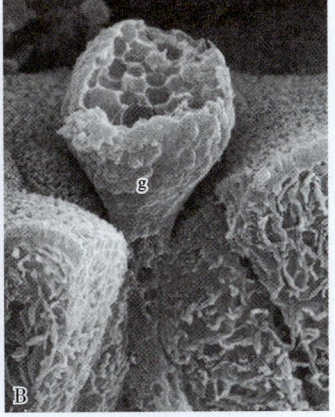

图 14-17 杯状细胞
A. TEM;B. SEM
g—杯状细胞

(3) 帕内特细胞(Paneth cell) 为德国解剖学家 Paneth(1888)所详细记载描述,是小肠腺的特征性细胞,常三五成群位于腺底部。细胞呈锥体形,核卵圆形、偏向基底,顶部细胞质充满粗大的嗜酸性分泌颗粒(图 14-18)。电镜下,该细胞具有合成、分泌蛋白质的超微结构特点,分泌颗粒含肠防御素(enteric defensin,又称隐窝蛋白,cryptdin)、溶菌酶、磷脂酶 A2 及生长因子等,对肠道微生物有一定的杀灭作用。帕内特细胞寿命为 3~4 周,由干细胞增殖分化补充。

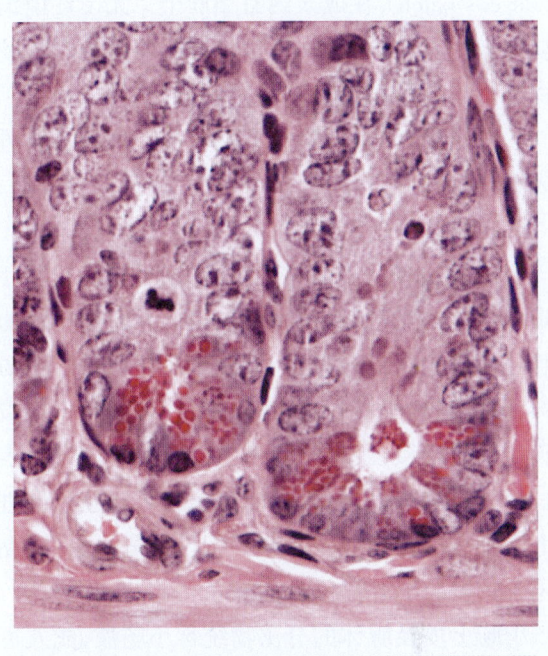

图 14-18 肠腺内的帕内特细胞

(4) 内分泌细胞 见本章九、消化管黏膜的内分泌细胞。

(5) 干细胞 以往称未分化细胞,位于小肠腺的中间偏下部,胞体较小,形态上缺乏特征性,也缺少特异性的标志物,但具有不断分裂增殖的能力,产生的子细胞逐渐向上迁移,并分化成熟补充绒毛上皮顶端凋亡脱落的吸收细胞和杯状细胞,也能分化为帕内特细胞和内分泌细胞。肠绒毛上皮细胞的更新周期为 3~6 天。

2. 固有层 由细密的结缔组织构成,除密集排列的大量小肠腺外,还有丰富的淋巴细胞、浆细胞、巨噬细胞、嗜酸性粒细胞及肥大细胞等。绒毛中轴的固有层结缔组织内,有 1~2 条纵行毛细淋巴管,管腔较大,内皮细胞间隙宽,无基膜,通透性大,称中央乳糜管(central lacteal),以空肠多见;它以盲端起始于绒毛顶部,向下穿过黏膜肌层进入黏膜下层形成淋巴管丛；另外,还存在丰富的有孔毛细血管,肠上皮吸收的氨基酸和单糖等水溶性物质经此入血；并可见少量平滑肌细胞,其收缩可使绒毛变短,有利于淋巴和血液的流动。肠壁的固有层中还有淋巴小结,其中十二指肠和空肠多为孤立淋巴小结(solitary lymphoid nodule),在回肠(尤其下段)多为若干淋巴小结聚集形成的集合淋巴小结,部分可穿过黏膜肌层抵达黏膜下层。在肠系膜对侧缘的集合淋巴小结排列成斑状,称 Peyer 斑(Peyer's patch),在成人约有 200 个。无菌环境饲养的动物未见淋巴小结,故认为其主要功能是对肠腔内异物进行局部免疫防御。

3. 黏膜肌层　由内环行和外纵行两薄层平滑肌组成。

(二) 黏膜下层

该层的主要特点是在十二指肠的黏膜下层存在大量的十二指肠腺(duodenal gland),为复管泡状的黏液腺(图 14-19),其导管穿过黏膜肌层开口于小肠腺底部,分泌碱性黏液(pH 8.2~9.3),具有保护十二指肠黏膜免受胃酸侵蚀的作用；十二指肠腺还能产生表皮生长因子(epidermal growth factor),释入肠腔可促进小肠上皮细胞的增殖以及黏膜的损伤修复。另外,黏膜下层含较多的小血管和淋巴管。

小肠上皮及腺体的分泌物统称小肠液,成人每日分泌量为 1~3 L,pH 7.6 左右,除含上述分泌物外,还有大量水及 Na^+、K^+、Cl^-、HCO_3^- 等离子成分。

(三) 肌层和外膜

肌层由内环行和外纵行两层平滑肌组成。外膜除部分十二指肠为纤维膜外,余为浆膜。

七、大肠

大肠(large intestine)包括盲肠、阑尾、结肠、直肠及肛管。除阑尾和肛管外,其余各段结构相似,主要功能是吸收水分和电解质,将食物残渣形成粪便排出。

(一) 盲肠、结肠与直肠

这三部分肠管的组织学结构基本相同(图 14-20)。

1. 黏膜　表面光滑,无绒毛；在结肠袋之间有半月形皱襞,在直肠下段有 3 个横行的皱襞(也称直肠横襞)。上皮为单层柱状,吸收细胞表面的微绒毛不发达,长度约为小肠的 1/2,且分布稀疏,杯状细胞多。固有层内有稠密的单管状大肠腺,较小肠腺长；由吸收细胞和大量的杯状细胞组成,含少量干细胞和内分泌细胞,无帕内特细胞,分泌的大量黏液对黏膜具有重要的保护作用(图 14-21)。固有层内还可见散在的孤立淋巴小结,黏膜肌层同小肠。

2. 黏膜下层　含有小动脉、小静脉及淋巴管,并可见成群脂肪细胞。

3. 肌层　由内环行和外纵行两层平滑肌组成。

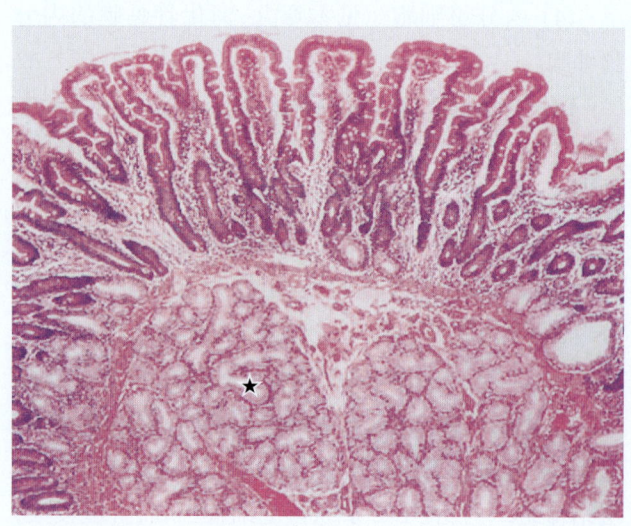

图 14-19　十二指肠
★—十二指肠腺

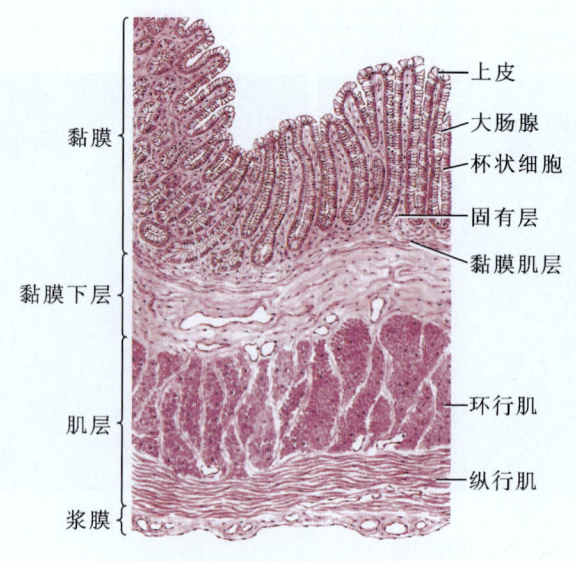

图 14-20　结肠结构模式图(纵切)

（图右侧标注，自上而下）上皮　大肠腺　杯状细胞　固有层　黏膜肌层　环行肌　纵行肌

（图左侧标注，自上而下）黏膜　黏膜下层　肌层　浆膜

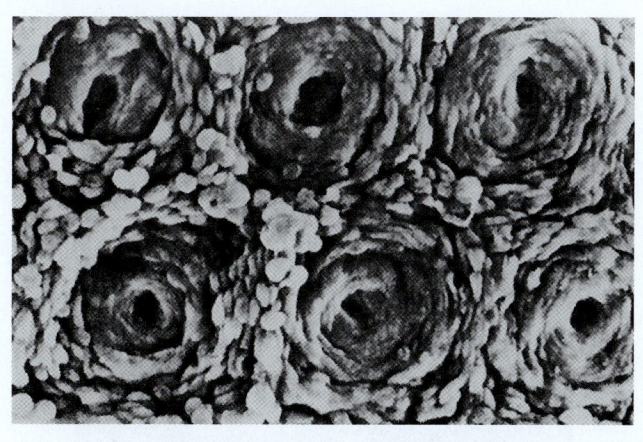

图 14-21 结肠腺(SEM)

内环行肌节段性局部增厚,形成结肠袋(haustrum of colon);外纵行肌局部增厚形成 3 条结肠带(taenia coli),带间的纵行肌菲薄,甚至缺如。

4. 外膜 在盲肠、横结肠、乙状结肠为浆膜;升结肠与降结肠的前壁为浆膜,后壁为纤维膜;直肠上 1/3 段的大部、中 1/3 段的前壁为浆膜,余为纤维膜。外膜结缔组织中常有脂肪细胞聚集构成的肠脂垂(epiploic appendice)。

(二)阑尾

阑尾(appendix)为似小手指状的器官,长 2~8 cm,

管壁结构与其他消化管相似,管腔小而不规则,肠腺短而少,无绒毛。上皮、固有层及肠腺的结构与前述的大肠相似,但杯状细胞甚少。固有层内淋巴组织极其丰富,形成集合淋巴小结,可见生发中心,大量的淋巴小结可连续成层,并突入黏膜下层,致使黏膜肌层不完整,组织结构类似扁桃体,故有"肠扁桃体"之称。肌层很薄,外覆浆膜(图 14-22)。目前认为阑尾并非只是退化的器官,其上皮具有选择性吸附、吞饮细菌和病毒的能力,上皮下淋巴组织主要参与消化管的黏膜免疫防御反应。

(三)肛管

肛管(anal canal)位于直肠与肛门之间,长约 6 cm。该部位自上而下肠腺逐渐变短,杯状细胞增多,在肛管齿状线(距肛门开口 2 cm)处,肠腺消失,黏膜上皮由单层柱状上皮移行为复层扁平上皮(图 14-23),含较多色素。黏膜肌层消失,在肛管固有层和黏膜下层的结缔组织中有密集的静脉丛,无静脉瓣,故易发生淤血、扩张、破裂、感染等,引起各种痔的临床表现;另外,固有层中还有肛周腺(顶泌汗腺)和丰富的皮脂腺。肌层由两层平滑肌构成,其内环行肌增厚形成肛门内括约肌,近肛门处的外纵行肌周围有环行的骨骼肌形成的肛门外括约肌。

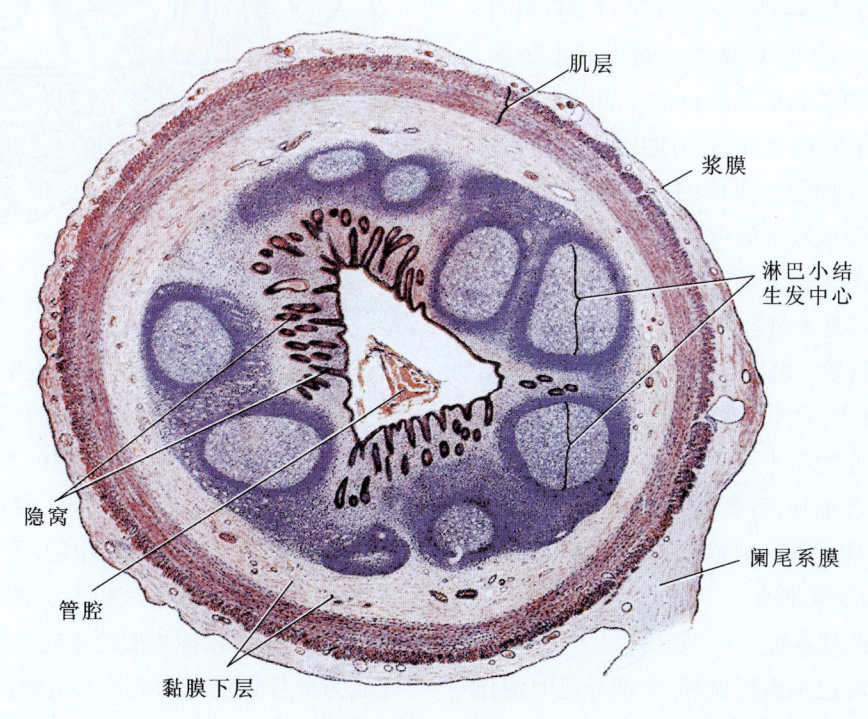

肌层

浆膜

淋巴小结
生发中心

阑尾系膜

隐窝

管腔

黏膜下层

图 14-22 阑尾的横断面

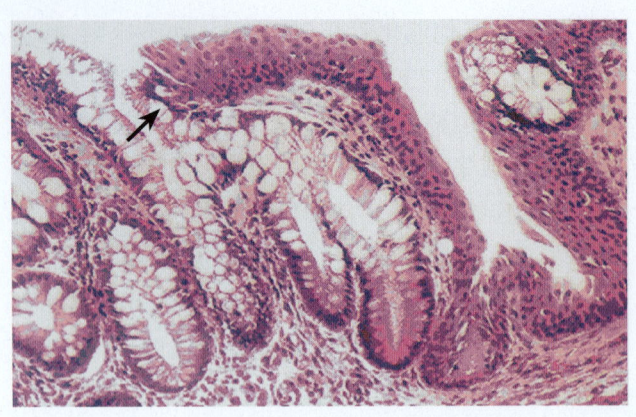

图 14-23 直肠肛管黏膜移行部（↑）

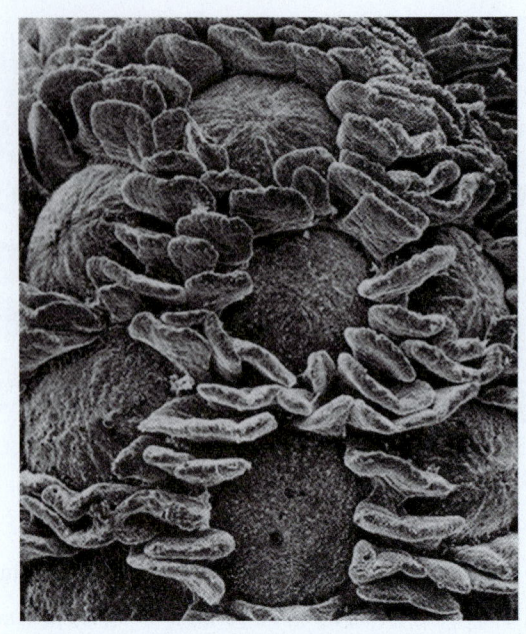

图 14-24 回肠的集合淋巴小结

八、消化管的淋巴组织

消化管与体外环境直接相通，常有许多病毒、细菌和寄生虫（卵）等病原微生物随饮食进入，消化管淋巴组织也称肠相关淋巴组织（gut-associated lymphoid tissue，GALT），包括上皮内淋巴细胞、固有层内散在的淋巴细胞和淋巴小结、肠系膜淋巴结，以及浆细胞、巨噬细胞、树突状细胞等，是抵御肠道病原微生物的第一道免疫防线。

（一）微皱褶细胞

在肠黏膜的孤立和集合淋巴小结（图 14-24）表面，黏膜向肠腔呈圆顶状隆起，此部位无绒毛和小肠腺，上皮内散在分布一种微皱褶细胞（microfold cell，M 细胞），因其游离面有微皱褶而得名，可能由吸收细胞转化而来。M 细胞的细胞质少，表面的微绒毛短小稀疏，基底面的质膜内陷形成较多的穹窿状凹腔，内含多个淋巴细胞（图 14-25）；光镜下难以与吸收细胞区别，所以只能根据其基底部是否包含淋巴细胞推断。能够从肠腔内摄取抗原类物质。电镜下可见细胞质中有丰富的囊泡，溶酶体非常少，且不含酸性蛋白酶，推测 M 细胞摄取的肠腔内抗原物质不被降解，而以囊泡形式转运传递给下方的淋巴细胞，后者进入固有层淋巴小结将抗原信息传递给其他淋巴细胞，然后进入肠系膜淋巴结内增殖、分化为幼浆细胞。

（二）共同黏膜免疫系统

幼浆细胞通过淋巴细胞再循环，大部分返回消化管黏膜内，转变为浆细胞，产生 IgA。IgA 与吸收细胞基底面和侧面膜内的一种称为分泌片的镶嵌糖蛋

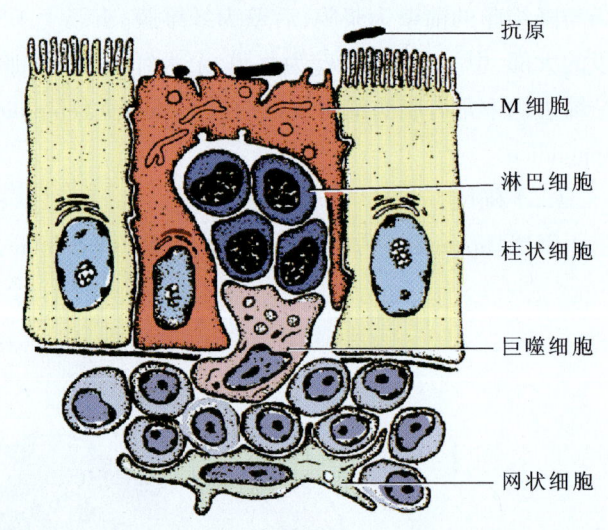

抗原

M 细胞

淋巴细胞

柱状细胞

巨噬细胞

网状细胞

图 14-25 回肠黏膜上皮 M 细胞

白结合，形成分泌型 IgA（sIgA）。sIgA 被吸收细胞内吞入细胞质，继而从游离面释入肠腔，特异性地与抗原结合，降低抗原物质与上皮细胞的黏附和进入，发挥抑制细菌增殖、中和病毒等作用。另外，部分被致敏的幼浆细胞经淋巴细胞再循环途径，可分布于呼吸道和女性生殖道的黏膜以及唾液腺、乳腺等器官转变为浆细胞，产生的 IgA 发挥相似的免疫效应，使消化管黏膜免疫成为全身免疫防御的重要组成部分，故有学者将上述黏膜组织内由浆细胞介导的免疫应答称为共同黏膜免疫系统（common mucosal immune system）。

九、消化管黏膜的内分泌细胞

在胃、小肠和大肠的上皮及肠腺中散在分布 40 余种内分泌细胞，以胃幽门部和十二指肠上段最多，总量超过所有内分泌腺腺细胞的总和，约为 3×10^9 个，可以说胃肠道是体内最大、最复杂的内分泌器官，所分泌的激素主要作为局部激素，除协调消化管自身的消化吸收功能外，亦参与调节胃肠平滑肌的生理功能。

(一)胃肠内分泌细胞的形态与分类

胃肠内分泌细胞主要位于肠隐窝的中下部，绒毛上皮处少，形态为不规则的锥体形，基底部附于基膜上，其特点是底部细胞质中含大量分泌颗粒，故也称基底颗粒细胞(basal granular cell)(图 14-26)。电镜下分为开放型(open type)和闭合型(closed type)两类。开放型细胞顶部可达腔面，细胞的游离面有微绒毛伸向管腔内，也称为"消化道味觉细胞"，能够感受胃肠道内食物、消化液及酸碱度变化的刺激，具有化学感受器的功能；而闭合型细胞多呈梭形，沿基膜分布，细胞伸出较长突起，达相邻细胞，属于旁分泌(paracrine)型细胞。

(二)几种常见的胃肠内分泌细胞

1. 肠嗜铬细胞(EC 细胞) 数量最多，因染色类似肾上腺髓质的嗜铬细胞而冠名(图 14-26)，分泌的 5-羟色胺能够促进黏液分泌和平滑肌收缩；高渗葡萄糖和霍乱毒素等可使 EC 细胞的颗粒大量释放，引起腹泻。

2. 促胃液素细胞(G 细胞) 数量次之，含有较粗大的圆形颗粒，因其分泌促胃液素而得名；主要分布在胃的幽门部，少数存在于十二指肠，产生的促胃液素具有非常强的刺激胃底腺分泌盐酸的作用。该细胞功能亢进，易引起消化性溃疡；而促胃液素分泌不足，可导致胃酸缺乏、消化不良。

3. 生长抑素细胞(D 细胞) 与胰岛 D 细胞形态相似而得名，细胞基底的突起较长，与附近的 G 细胞或壁细胞相接触，具有明显的旁分泌性质。D 细胞广泛分布于胃肠道，以胃窦部居多，与 G 细胞在此部位的数量比约为 1∶3，分泌的生长抑素可抑制 G 细胞释放促胃液素，进而降低壁细胞分泌盐酸。生长抑素对其他多种胃肠激素的分泌也有抑制作用。

4. 胆囊收缩素细胞(I 细胞) 合成、分泌胆囊收缩素 – 促胰酶素(cholecystokinin-pancreozymin，CCK-PZ)，具有促进胆囊收缩、胆汁排出及胰腺腺泡分泌胰酶等作用。

5. 促胰液素细胞(S 细胞) 所含颗粒小而圆，产生的促胰液素(secretin)能刺激胰导管上皮细胞分泌水和碳酸氢盐，增加胰液分泌量。

I 细胞和 S 细胞主要分布在十二指肠和空肠，当酸性食糜从胃排入肠腔时，可刺激两者的分泌，使碱性的胰液和胆汁分泌增加，达到中和胃酸、为胰酶发挥消化作用提供碱性环境的目的。

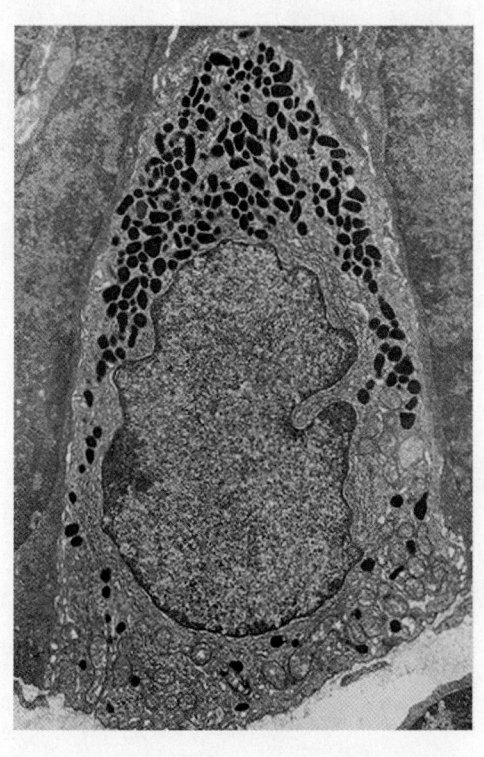

图 14-26　小肠黏膜上皮内分泌细胞

知识链接 14-1 卡哈尔间质细胞与胃肠运动功能障碍性疾病

(杨　姝)

第十五章

消 化 腺

消化腺由小消化腺和大消化腺组成。小消化腺分布于消化管壁内；大消化腺则独立于消化管外，包括唾液腺、胰腺和肝，其分泌物通过导管输送入消化管，对从外界摄取来的食物进行消化。此外，有的消化腺还具有内分泌和其他的功能。

一、唾液腺

唾液腺（包括腮腺、下颌下腺和舌下腺）为复管泡状腺，外包结缔组织被膜。被膜的结缔组织伸入腺内，将腺分隔为小叶，血管、淋巴管和神经也同时进入腺内，构成腺的间质。腺实质由腺泡和导管构成。腺泡分为 3 种类型：浆液腺泡、黏液腺泡和混合腺泡（图 15-1，图 15-2）。导管连接腺泡并开口于口腔，依次分为闰管、分泌管、小叶间导管和总导管。闰管由单层扁平或立方上皮围成。分泌管为单层柱状上皮，细胞核位于细胞顶部，细胞质呈强嗜酸性，细胞基部由于存在较多的质膜内褶及线粒体，光镜下呈现纵纹的结构，因而分泌管又称纹状管。小叶间导管和总导管位于小叶间结缔组织内，管径粗大，由假复层柱状上皮围成，近开口处其上皮与口腔上皮相延续。

（一）腮腺

腮腺（parotid gland）为纯浆液腺。闰管较长，分泌管较短，其分泌物稀薄，含大量淀粉酶。

（二）下颌下腺

下颌下腺（submandibular gland）为混合腺，以浆液

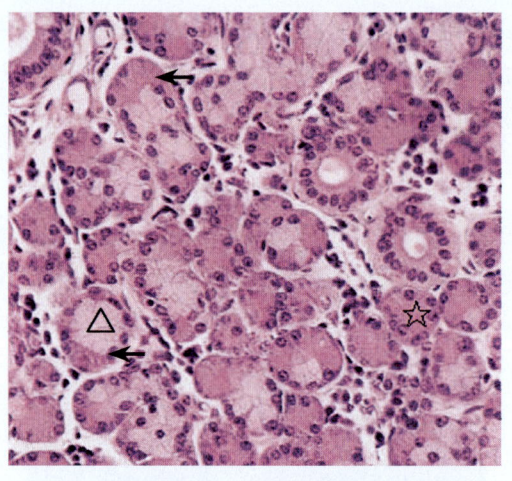

图 15-1　下颌下腺
←—半月；△—混合腺泡；☆—浆液腺泡

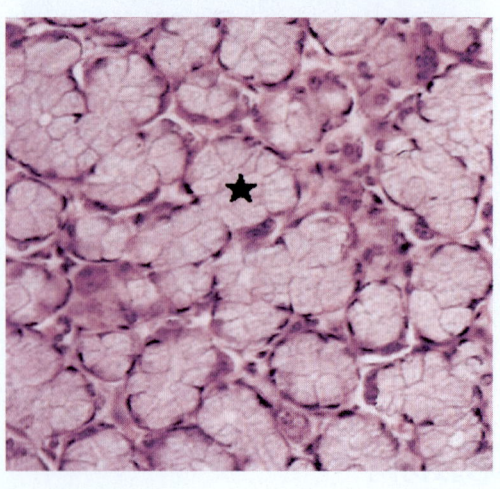

图 15-2　舌下腺
★—黏液腺泡

腺泡居多。闰管短而不明显,分泌管多发达,其分泌物含淀粉酶较少,黏液较多。

（三）舌下腺

舌下腺（sublingual gland）为混合腺,以黏液腺泡为主,混合腺泡也较多见。无闰管,分泌管较短,其分泌物以黏液为主。

唾液为3种唾液腺分泌物的混合,来自下颌下腺的分泌物占70%,腮腺占25%,舌下腺占5%。唾液中的淀粉酶可分解食物中的淀粉,水和黏液起润滑口腔的作用。此外,唾液中还含有溶菌酶和干扰素等具有防御作用的成分。

二、胰腺

胰腺表面覆以结缔组织被膜,结缔组织伸入胰腺内,将其分成许多小叶。胰腺实质由内分泌部和外分泌部组成（图15-3）。

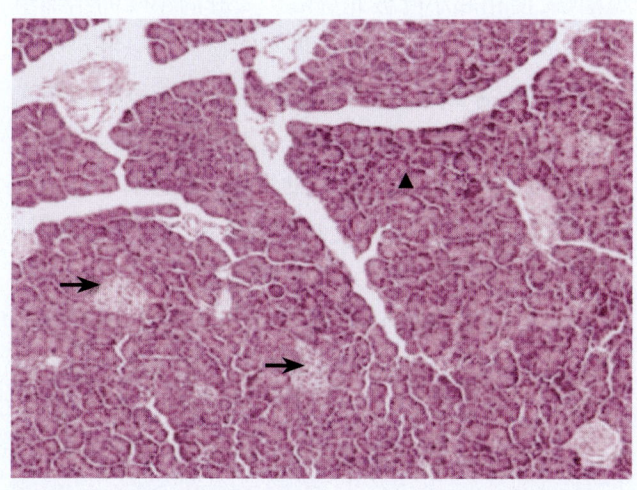

图 15-3　胰腺
→—胰岛；▲—外分泌部

（一）外分泌部

1. 腺泡　由浆液细胞组成。电镜下可见细胞基底部具有丰富的粗面内质网和核糖体,细胞顶部具有酶原颗粒,酶原颗粒内含多种酶。正常情况下,胰腺内的消化酶以酶原形式存在而不具活性。在某些病理情况下,由于蛋白酶原在胰腺内激活,胰腺组织自我消化,可引起胰腺炎。

胰腺腺泡外有基膜,基膜与腺细胞之间无肌上皮细胞。腺泡腔内有些扁平或立方形细胞,称泡心细胞

（centroacinar cell）,它们是伸入腺泡腔内的闰管上皮（图15-4,图15-5）。

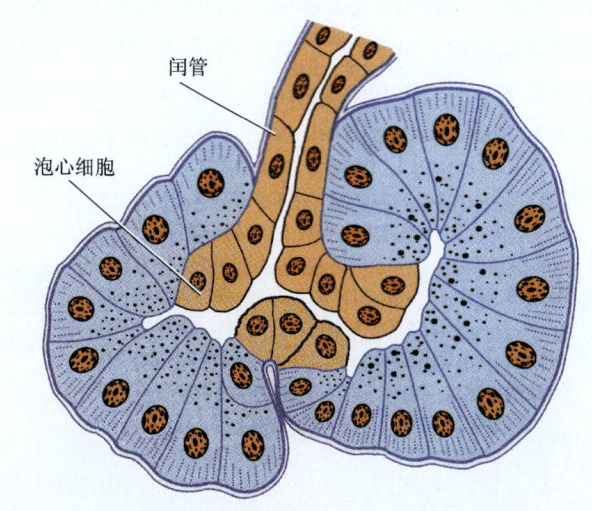

图 15-4　胰腺腺泡与泡心细胞模式图

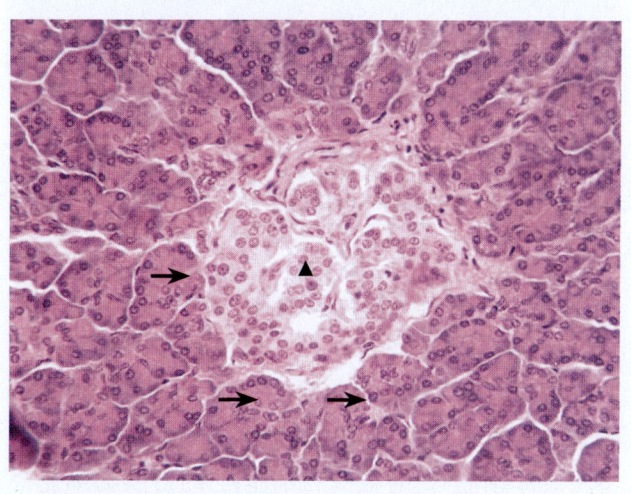

图 15-5　胰腺腺泡与泡心细胞
→—泡心细胞；▲—胰岛

2. 导管　闰管较长,胰腺无分泌管。小叶内导管汇合成小叶间导管,上皮由单层立方渐变为单层柱状。最后,小叶间导管汇合成一条粗大的主导管,贯穿胰腺全长,于胰头部与胆总管汇合,开口于十二指肠大乳头。导管上皮具有分泌水和电解质的功能。

胰液是重要的消化液,成人每天分泌1 500~3 000 mL,为碱性液体,能中和进入小肠的胃酸,以保持小肠黏膜的正常生理功能。胰液除含胰蛋白酶、糜蛋白酶、胰脂肪酶、胰淀粉酶和核糖核酸酶等多种酶外,还含有丰富的电解质。

(二) 内分泌部

内分泌部散在于胰腺腺泡之间,由小岛样的细胞团块构成,又称胰岛(pancreatic islet)。胰岛大小不一,以胰尾部较多。胰岛细胞呈团、索状,细胞间有丰富的毛细血管。在 HE 染色标本中,不易区分胰岛中的多种类型细胞,应用特殊染色及免疫组织化学法可显示胰岛内的各种内分泌细胞(图 15-6)。

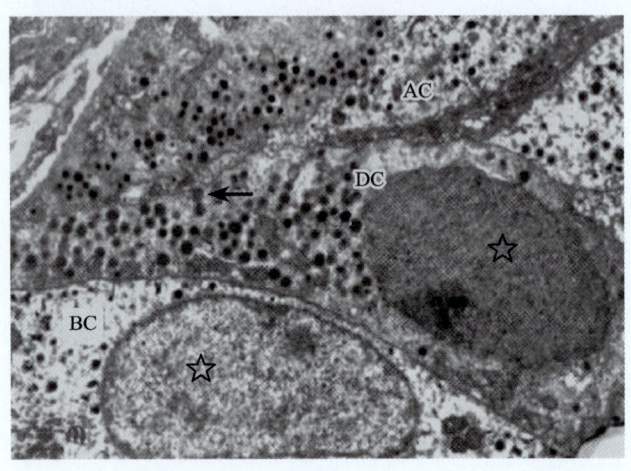

图 15-6　胰腺内分泌部 3 种细胞(TEM)
←—分泌颗粒;☆—细胞核;AC—A 细胞;
BC—B 细胞;DC—D 细胞

1. A 细胞(α 细胞或甲细胞)　约占胰岛细胞总数的 20%,多居胰岛的周边部。细胞体积较大,电镜下可见细胞内粗大的分泌颗粒。A 细胞分泌胰高血糖素,可促进肝糖原分解,使血糖升高。

2. B 细胞(β 细胞或乙细胞)　约占胰岛细胞总数的 75%,多居胰岛的中央。细胞体积较小,电镜下可见细胞内分泌颗粒大小不一。B 细胞分泌胰岛素(insulin),可促进血液中的葡萄糖进入细胞内,参与糖代谢。胰岛素和胰高血糖素的协调作用,使血糖保持相对稳定。胰岛素缺乏或细胞对胰岛素抵抗(或不敏感),可使血糖升高并从尿中排出,即糖尿病。

3. D 细胞(δ 细胞或丁细胞)　约占胰岛细胞总数的 5%,散在于 A、B 细胞之间。电镜下可见较大的分泌颗粒。D 细胞分泌生长抑素,可直接作用于 A 细胞或 B 细胞,对其分泌起抑制作用。

除以上细胞外,胰岛内还含有少量的其他细胞,如分泌胰多肽的 PP 细胞和分泌血管活性肠肽的 D_1 细胞。

三、肝

肝是人体最大的腺。肝表面大部分覆盖浆膜,其下方为一层富于弹性纤维的致密结缔组织。肝门部的结缔组织随肝动脉、肝门静脉和肝管进入肝内,并将肝实质分成许多肝小叶。肝小叶之间为各种管道集合处。

肝产生胆汁,胆汁经胆管输入十二指肠,参与脂类食物的消化;肝还能合成多种蛋白质及脂质直接分泌入血,参与机体的多种物质代谢。此外,肝具有解毒功能,在胚胎期还具有造血功能。因此,肝是一个具有多种生理功能的消化腺。

(一) 肝小叶

肝小叶(hepatic lobule)是肝的基本结构单位。成人肝有 50 万 ~100 万个肝小叶。肝小叶呈多角棱柱体,宽约 0.7 mm,高约 2 mm。肝小叶周边有少量结缔组织围绕,使相邻小叶彼此分隔。人肝的小叶间结缔组织较少,因此肝小叶间的分界不明显。每一肝小叶中央穿行着一条静脉,称中央静脉(central vein)。以中央静脉为中心,肝板和肝血窦向周围呈放射状排列。肝板为肝细胞单层排列成板状的结构。肝血窦为肝板之间的间隙。相邻的肝板互相吻合连接,肝板的切面呈索状,又称为肝索(图 15-7,图 15-8)。

1. 肝细胞(hepatocyte)　是构成肝小叶的主要细胞,胞体较大,直径 20~30 μm,呈多面体,每个肝

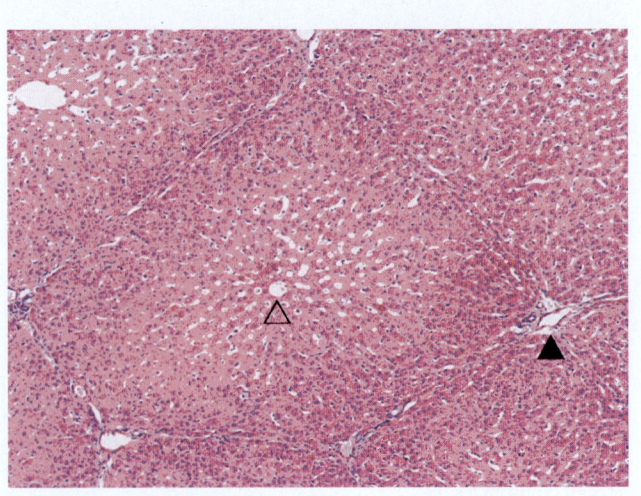

图 15-7　肝
△—中央静脉;▲—门管区

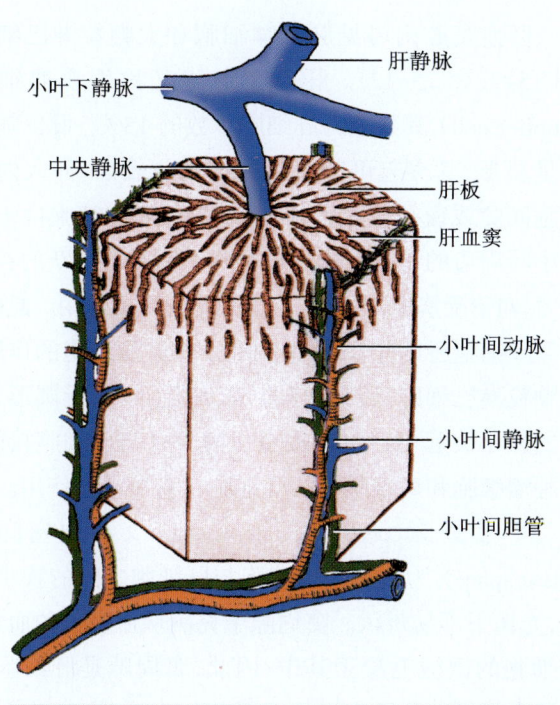

图 15-8　肝小叶

细胞有 3 种不同类型的功能面,即血窦面、胆小管面及肝细胞连接面(图 15-9)。细胞核大而圆,着色浅,一些细胞有双核,核仁 1~2 个。此外,多倍体肝细胞数量较多,一般认为双核和多倍体细胞的功能比较活跃,与肝细胞潜在的强大再生能力有关。肝细胞

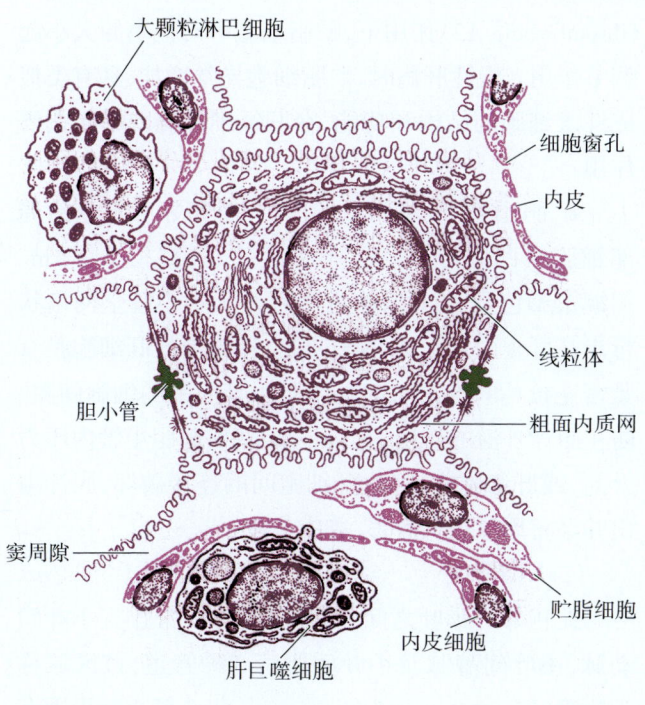

图 15-9　肝细胞及相邻关系

胞质丰富,含较多的糖原颗粒(图 15-10)。HE 染色的标本中多呈嗜酸性,细胞质内尚有少量散在的嗜碱性团块。

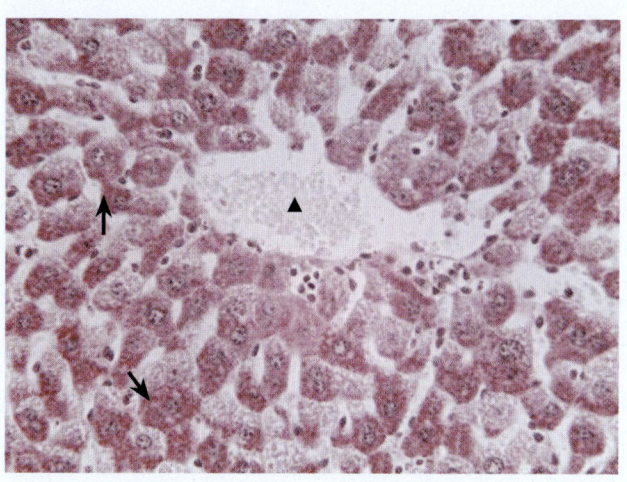

图 15-10　肝糖原(PAS 染色)
↑—糖原颗粒;▲—中央静脉

　　肝细胞具有复杂的生物化学功能,与细胞内含有丰富的细胞器及包涵物密切相关。电镜下,可见发达的粗面内质网和密集的核糖体,构成了肝细胞内的蛋白质合成基地,可合成血浆清蛋白、凝血酶原、纤维蛋白酶原和脂蛋白等。滑面内质网分布广泛,膜上有多种酶系,与胆汁合成、脂质代谢、糖代谢、激素代谢和解毒等作用相关。高尔基体较为发达,参与蛋白质的加工、包装及胆汁的排泌。微体参与解毒作用。此外,肝细胞还含有丰富的线粒体,为肝细胞代谢提供充分的能量。

　　肝细胞更新虽然非常缓慢,却有着强大的再生能力。手术切除部分肝组织或肝受损,剩余的肝细胞会迅速分裂增殖,使原体积恢复。通常再生的肝组织仍具有完整的组织结构,但长期的肝细胞反复损伤,肝细胞不断地再生并同时伴随着结缔组织的增生,可导致肝硬化而使肝功能受到损害。

　　2. 肝血窦(hepatic sinusoid)　位于肝板之间,腔大而不规则(图 15-11,图 15-12)。窦壁由内皮组成。内皮细胞胞质非常薄,其上有许多窗孔,窗孔上无隔膜(图 15-13)。内皮细胞之间连接松散,有一定的间隙,内皮外无基膜,仅见散在的网状纤维。由于肝血窦的这些结构特点,其通透性大,有利于肝细胞与血液间的物质交换。

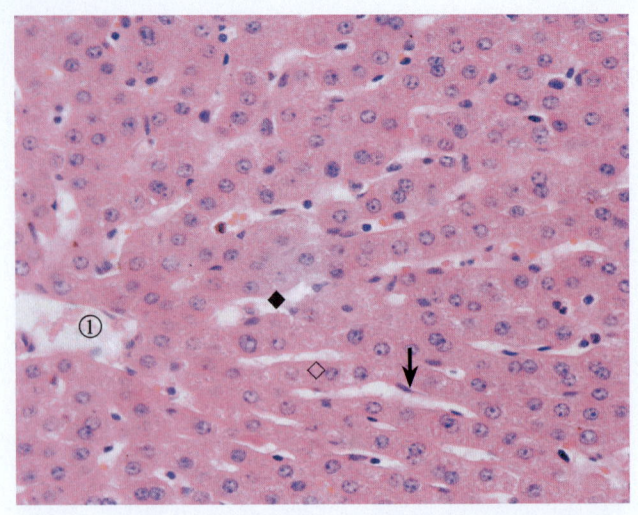

图 15-11　肝索与肝血窦
↓—内皮细胞；◆—肝血窦；①—中央静脉；◇—肝索

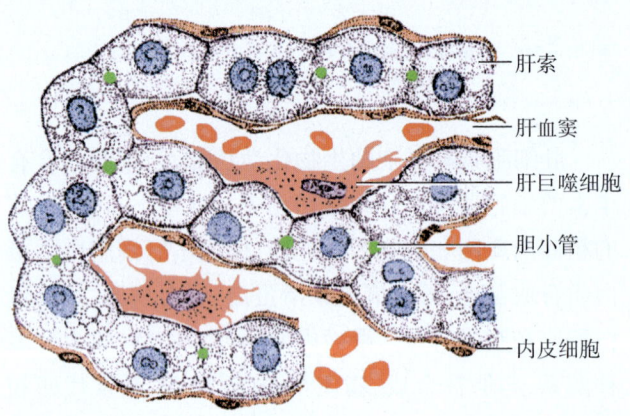

图 15-12　肝索与肝血窦

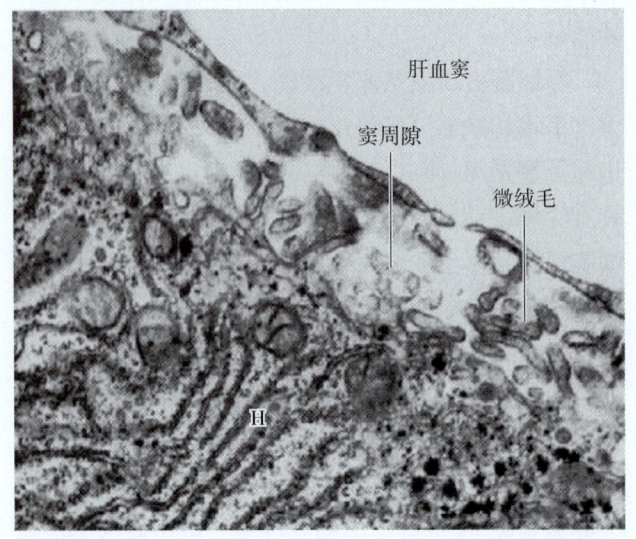

图 15-13　窦周隙(TEM)
H—肝细胞

肝血窦腔内可见肝巨噬细胞和大颗粒淋巴细胞（图 15-9，图 15-12）。肝巨噬细胞又称库普弗细胞（Kupffer cell），其数量为肝细胞总数的 15%。肝巨噬细胞呈星形，其突起可附着于内皮细胞表面，伸入内皮细胞间隙或窗孔至血窦外；大多数肝巨噬细胞位于靠近小叶周边的血窦腔内。肝巨噬细胞具有活跃的吞噬能力，对清除病原体、衰老的红细胞起重要作用。此外，肝巨噬细胞还具有监视、抑制和杀伤肿瘤细胞的作用。大颗粒淋巴细胞是肝特有的 NK 细胞，细胞近圆形，表面的短小突起可穿过内皮至血窦外并与肝细胞接触，对肿瘤细胞和病毒感染的肝细胞有直接杀伤作用。

3. 窦周隙（perisinusoidal space）　又称迪塞间隙（Disse space），为血窦内皮细胞与肝细胞之间的狭小间隙，光镜下不易辨认。窦周隙中充满从血窦来的血浆，肝细胞的微绒毛浸于其中，因此，窦周隙是肝细胞与血液之间进行物质交换的场所（图 15-9，图 15-13）。

窦周隙存在着散在的网状纤维和贮脂细胞（fat storing cell）。贮脂细胞又称肝星形细胞（图 15-9）。贮脂细胞的特征是细胞质内富含维生素 A 脂滴，机体摄取的维生素 A 大部分储存在贮脂细胞内。在正常肝中，贮脂细胞具有多种功能，如摄取、储存和释放维生素 A，合成和分泌细胞外基质蛋白和蛋白多糖，分泌多种生长因子和细胞因子。此外，在前列腺素和血栓烷 A2（thromboxane A2）作用下，贮脂细胞可对血窦腔大小起调节作用。慢性肝病时，贮脂细胞异常增加，具有类似成纤维细胞的结构和功能，在肝纤维化病变中起重要作用。

4. 胆小管（bile canaliculus）　由相邻肝细胞的局部细胞膜凹陷形成。胆小管腔狭小，直径 1~2 μm。用镀银染色及 ATP 酶等方法可显示胆小管呈网格状行走在肝板内（图 15-14）。胆小管周围的肝细胞膜有紧密连接（图 15-15），起封闭胆小管周围的细胞间隙、防止胆汁外溢的作用。当胆管阻塞引起胆小管内压力升高，或肝细胞病变时，肝细胞间的连接破坏，胆汁溢出并经窦周隙进入血窦，造成黄疸。

（二）门管区

在相邻肝小叶之间的结缔组织内，常伴行小叶间动脉、小叶间静脉及小叶间胆管 3 种管道，该区域称为门管区（portal area）（图 15-16）。每个肝小叶周围有 3~4 个门管区。

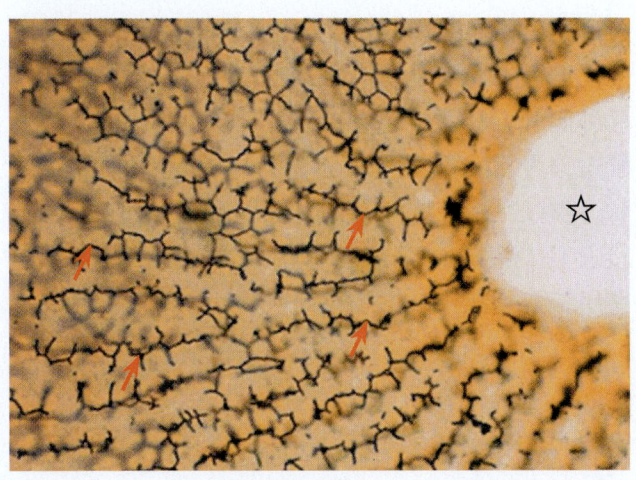

图 15-14　胆小管（镀银染色）
☆—中央静脉；↑—胆小管

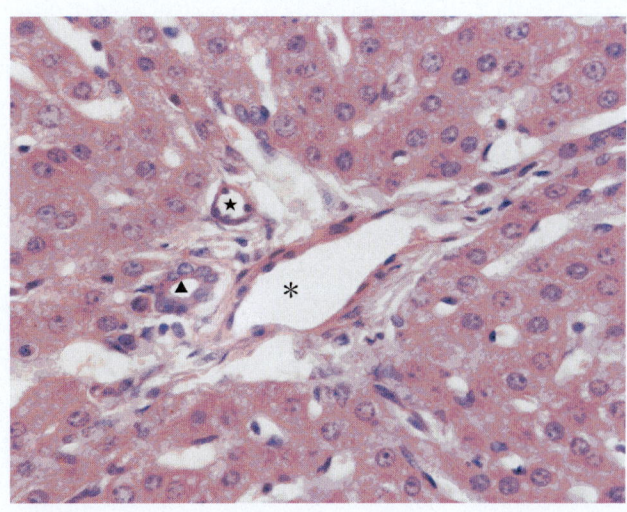

图 15-16　门管区
▲—小叶间胆管；★—小叶间动脉；*—小叶间静脉

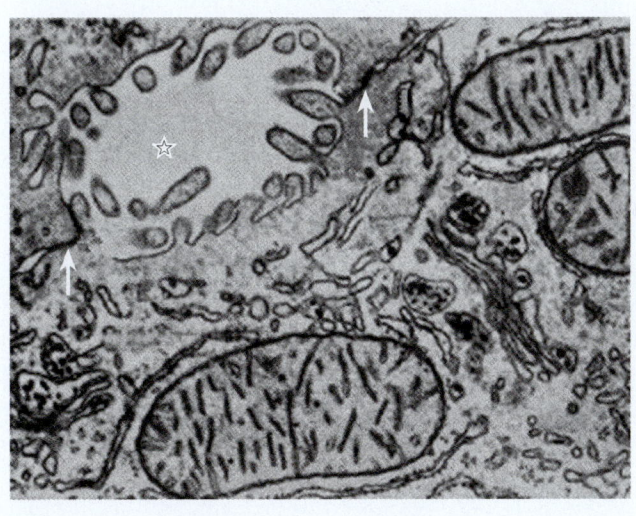

图 15-15　胆小管（TEM）
☆—胆小管；↑—紧密连接

（三）肝的血液循环

1. 肝门静脉系统　肝门静脉在肝门处分为左、右两支，入肝后再分支并穿行于小叶间，构成小叶间静脉。小叶间静脉再分成小支将血液注入肝血窦。肝门静脉是肝的功能血管，主要收集来自胃肠静脉和脾静脉的血液，将肠道吸收的物质输入肝内进行代谢和转化。来自肝门静脉的血液占肝血供的 66%~75%。

2. 动脉系统　肝动脉是肝的营养血管，入肝后与肝门静脉分支伴行，构成小叶间动脉并进一步分支。一部分血液供应被膜、间质和胆管，另一部分血液注入肝血窦，为肝细胞提供充足的氧气。

肝由肝门静脉和肝动脉双重供血。肝血窦内含来

自肝门静脉和肝动脉的混合血液，血液由小叶周边流向中央，汇入中央静脉。若干中央静脉汇合成小叶下静脉，单独走行于小叶间结缔组织。小叶下静脉再汇成肝静脉，出肝后入下腔静脉。

四、胆囊与胆管

（一）胆囊

胆囊壁由黏膜、肌层和外膜组成（图 15-17）。黏膜形成许多高而有分支的皱襞，充满胆汁时，皱襞大部分消失。皱襞之间的上皮向固有层凹陷形成黏膜窦，是细菌和异物易于存留的部位。黏膜上皮为单层柱状，核位于基部，细胞游离面有许多短的微绒毛，近顶端细胞质有少量黏原颗粒。上皮细胞的主要功能是吸收水分和电解质，并分泌少量黏液。肌层由内纵外环的平滑肌组成。外膜较厚，大部分为浆膜。胆囊具有贮存和浓缩胆汁的功能。在进食，特别是进食高脂食物后，小肠内分泌细胞分泌缩胆囊素，能使胆囊强烈收缩排出胆汁。

（二）胆管

肝细胞分泌的胆汁首先排入胆小管内，由肝小叶中央流向周边。正常成人肝每天可分泌胆汁约500 mL。胆小管于肝小叶的边缘处汇集成若干短小的管道，称黑林管（Hering canal，肝闰管）。黑林管较细，直径约 15 μm，由单层立方上皮围成，细胞着

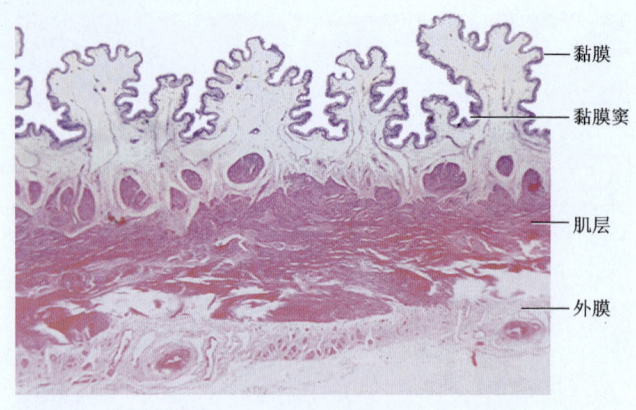

　　　　黏膜
　　　　黏膜窦
　　　　肌层
　　　　外膜

图 15-17　胆囊壁

色浅。黑林管出肝小叶后汇入小叶间胆管；小叶间胆管向肝门方向汇集形成肝左、右管出肝，然后延续为肝外胆管。肝外胆管包括肝总管、胆囊管和胆总管，管壁分为黏膜、肌层和外膜 3 层。黏膜上皮为单层柱状，固有层很薄，其外环绕着不明显的平滑肌，胆总管接近十二指肠处平滑肌逐渐增厚形成括约肌。外膜为薄层结缔组织。

（罗　彬　莫发荣）

新形态教材网

🎙 微课导学　　📧 教学课件　　🖥 微视频　　⊛ 知识链接　　📝 自测题

第十六章

呼 吸 系 统

呼吸系统（respiratory system）包括鼻、咽、喉、气管、主支气管和肺等器官。从鼻腔到肺内的终末细支气管主司传导气体，为导气部；从肺内的呼吸性细支气管至末端的肺泡，是气体交换的部位，为呼吸部。呼吸系统各器官共同完成摄入氧气、排出二氧化碳的呼吸功能。

一、鼻腔

鼻是呼吸和嗅觉器官。鼻腔的内表面为黏膜，由上皮和固有层构成；黏膜下方与软骨、骨或骨骼肌相连。根据结构和功能不同，鼻黏膜可分为前庭部、呼吸部和嗅部。

1. 前庭部（vestibular region） 是邻近外鼻孔的部分。上皮为未角化的复层扁平上皮。近外鼻孔处上皮出现角化，与皮肤相移行，并有鼻毛和皮脂腺。鼻毛能阻挡吸入空气中的尘埃等异物。

2. 呼吸部（respiratory region） 占鼻黏膜的大部分，包括下鼻甲、中鼻甲、鼻道及鼻中隔中下部的黏膜，因富含血管而呈淡红色。上皮为假复层纤毛柱状上皮，其中杯状细胞较多。纤毛向咽部摆动，将黏附的细菌及尘埃颗粒推向咽部而被咳出。固有层内有混合腺，称为鼻腺（nasal gland），还有丰富的静脉丛与淋巴组织，鼻腺分泌物与杯状细胞分泌物共同形成一层黏液覆盖于纤毛上，丰富的血流对吸入的空气有加温和加湿作用。

3. 嗅部（olfactory region） 位于鼻中隔上部两侧、上鼻甲及鼻腔顶部。人嗅部黏膜面积约为 $2\ cm^2$，犬嗅黏膜面积约为 $100\ cm^2$，故其嗅觉发达。嗅黏膜呈棕黄色，该部上皮为假复层柱状，称嗅上皮，由嗅细胞、支持细胞和基细胞组成（图 16-1，图 16-2）。

(1) 嗅细胞（olfactory cell） 呈梭形，夹在支持细胞之间，为双极神经元，其树突长，伸至上皮表面，末端膨大成球状的嗅泡。从嗅泡发出多根较长的嗅毛。

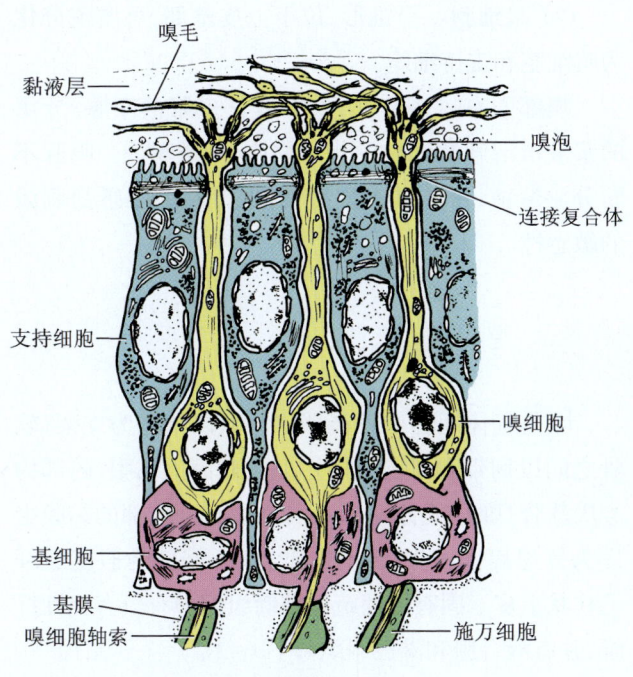

图 16-1 嗅黏膜上皮超微结构模式图

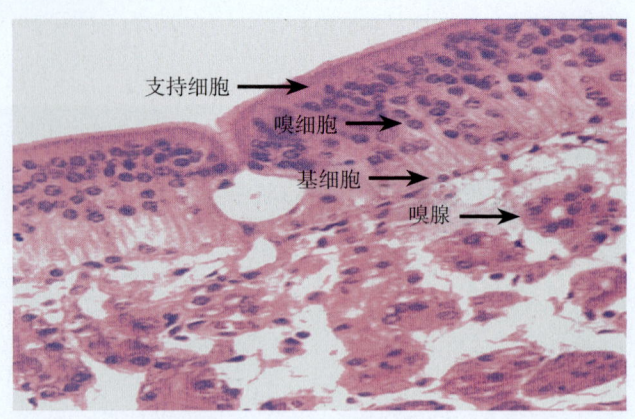

图 16-2　嗅黏膜(人上鼻甲)

嗅毛属于纤毛,但由于其内含的微管主要为单微管,故不能摆动,而是倾斜浸埋于上皮表面的嗅腺分泌物中。胞体基部伸出细长轴突,穿过上皮基膜入固有层内,被施万细胞包裹,构成无髓神经纤维,并组成嗅神经。嗅毛为嗅觉感受器,有不同的受体接受不同化学物质的刺激,使嗅细胞产生冲动,传入中枢,产生嗅觉。

(2) 支持细胞　数目较多,呈高柱状,顶部宽大,基部较细,游离面有许多微绒毛。细胞核位于细胞质上部,细胞质内可见黄色色素颗粒。支持细胞起支持、保护和分隔嗅细胞的作用。

(3) 基细胞　呈锥形,位于上皮基部,可增殖分化为嗅细胞和支持细胞。

嗅部固有层富含血管,并有许多浆液嗅腺,分泌的浆液可溶解空气中的化学物质,刺激嗅毛。嗅腺不断分泌浆液,可清洗上皮表面,保持嗅细胞感受刺激的敏感性。

二、喉

喉是气体通道和发音器官。喉以软骨为支架,软骨之间以韧带和肌肉相连。会厌表面为黏膜,内部为会厌软骨(弹性软骨)。会厌舌面及喉面上部的黏膜上皮为复层扁平上皮,内有味蕾,喉面基部为假复层纤毛柱状上皮。固有层的疏松结缔组织中有较多弹性纤维,并有混合腺和淋巴组织(图 16-3)。

喉侧壁黏膜形成两对皱襞,上为室襞,下为声襞,两者之间为喉室。室襞与喉室的黏膜及黏膜下层结构相

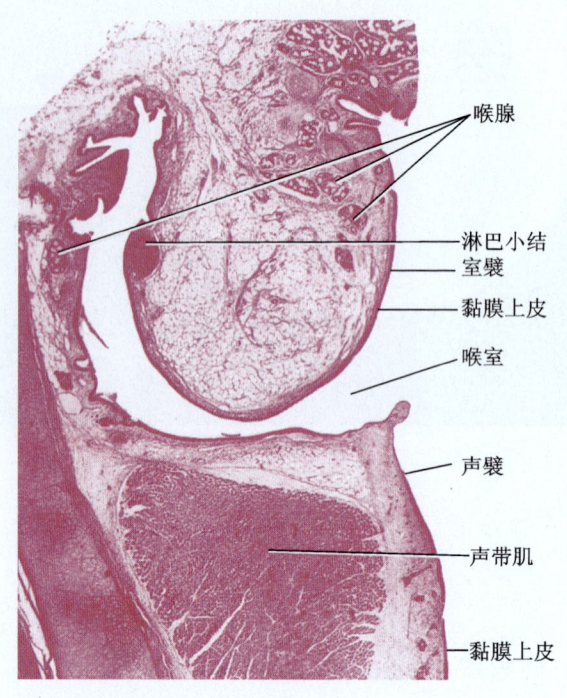

图 16-3　人喉(纵切)

似。其上皮为假复层纤毛柱状上皮。固有层和黏膜下层为疏松结缔组织,含有许多混合腺和淋巴组织。声襞即声带,其较薄的游离缘为膜部,基部为软骨部。膜部覆有复层扁平上皮,固有层较厚,浅层疏松,深层有大量弹性纤维与表面平行排列,形成致密板状结构,称为声韧带。固有层下方的骨骼肌为声带肌。声带振动主要发生在膜部。声带的软骨部黏膜结构与室襞相仿。喉黏膜炎症时,易发生水肿,致喉痛,严重时声音嘶哑。

三、气管与主支气管

(一) 气管

气管壁由内向外依次分为黏膜、黏膜下层和外膜3层(图 16-4)。

1. 黏膜　气管黏膜由上皮和固有层组成。上皮为假复层纤毛柱状,由纤毛细胞、杯状细胞、刷细胞、基细胞和小颗粒细胞组成(图 16-5~ 图 16-7)。

(1) 纤毛细胞(ciliated cell)　最多,呈柱状,游离面有密集的纤毛(图 16-6),纤毛向咽部快速摆动,将黏液及其黏附的尘埃、细菌等推向咽部咳出,净化吸入的空气。

(2) 杯状细胞(goblet cell)　较多,散在于纤毛细胞

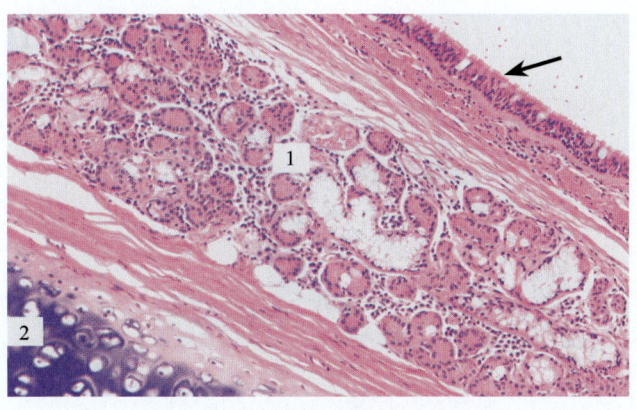

图 16-4　气管
←—黏膜上皮；1—黏膜下层气管腺；2—外膜透明软骨

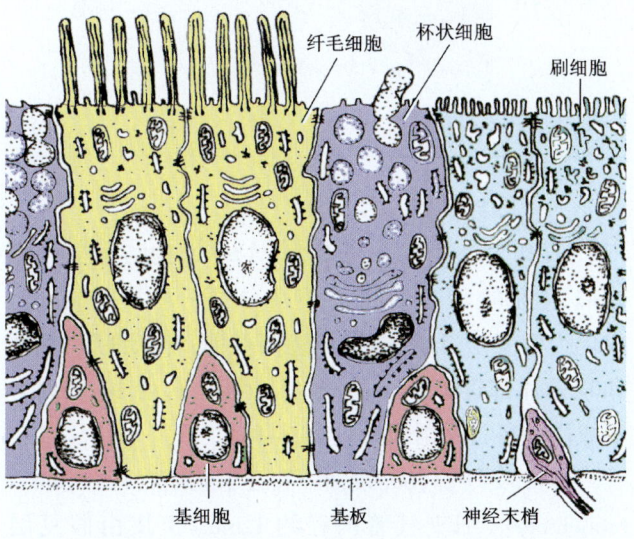

图 16-5　气管上皮超微结构模式图

（图中标注：纤毛细胞　杯状细胞　刷细胞　基细胞　基板　神经末梢）

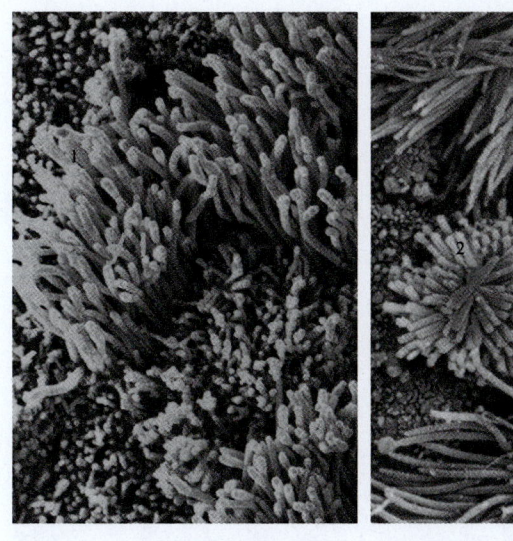

图 16-6　人气管上皮（SEM）
1—纤毛细胞；2—刷细胞

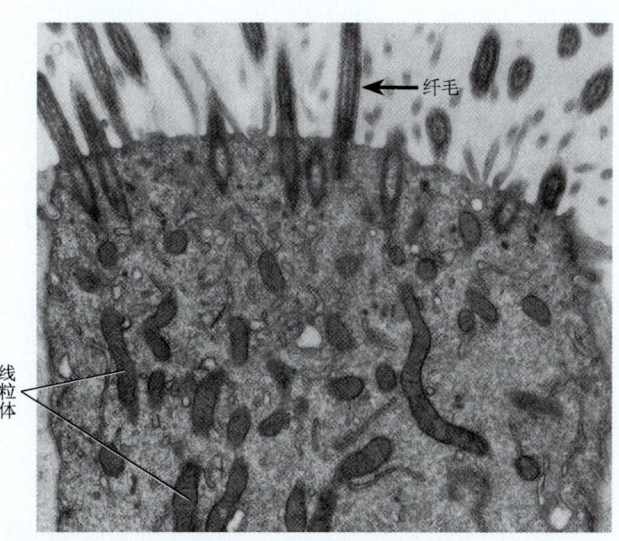

图 16-7　人气管上皮（TEM）

（图中标注：纤毛　线粒体）

之间，分泌的黏蛋白与混合腺的分泌物在上皮表面构成黏液性屏障，可黏附空气中的异物颗粒，溶解吸入的有毒气体。

（3）刷细胞（brush cell）　呈柱状，游离面有排列整齐的微绒毛，形如刷状（图 16-6）。刷细胞的功能尚未定论。有报道，在刷细胞基部有与感觉神经末梢形成的突触，故认为该细胞可能有感受刺激的作用。

（4）基细胞　呈锥形，位于上皮深部，是一种未分化细胞，可增殖分化为纤毛细胞和杯状细胞。

（5）小颗粒细胞（small granule cell）　是一种弥散神经内分泌细胞，数量少，呈锥体形，散在分布于上皮深部。电镜下，细胞质内有许多膜包致密核心颗粒，含 5- 羟色胺、铃蟾素、降钙素、脑啡肽等物质，可调节呼吸道和血管壁平滑肌的收缩和腺体的分泌。在叶支气管至细支气管的上皮内，小颗粒细胞成群分布，与神经纤维构成神经上皮小体（neuroepithelial body）。

上皮与固有层之间，在光镜下可见明显的基膜，是气管上皮的特征之一。固有层为细密结缔组织，有较多弹性纤维，也常见淋巴组织、浆细胞、肥大细胞。其中的浆细胞与上皮细胞联合分泌 sIgA，释放入管腔，对细菌、病毒有杀灭作用，具有免疫防御功能。

2. 黏膜下层　为疏松结缔组织，与固有层和外膜无明显界限，内有较多混合腺。

3. 外膜　较厚，主要含 16~20 个 C 形透明软骨环，软骨环之间以弹性纤维构成的膜状韧带连接，它们共同构成管壁的支架。软骨环的缺口处为气管后壁,内有弹性纤维组成的韧带和平滑肌束。咳嗽反射时平滑肌收缩,使气管腔缩小,有助于清除痰液。

(二) 主支气管

主支气管壁的结构与气管相似,随着管腔变小,管壁变薄,3 层分界不明显;环状软骨逐渐变为不规则的软骨片,而平滑肌纤维逐渐增多,呈螺旋形排列。

四、肺

肺表面被覆浆膜(脏胸膜)。肺组织分实质和间质两部分。间质包括结缔组织及血管、淋巴管、神经等。实质即肺内支气管的各级分支及其终末的大量肺泡。主支气管经肺门进入肺内,顺序分支为叶支气管、段支气管、小支气管、细支气管、终末细支气管、呼吸性细支气管、肺泡管、肺泡囊和肺泡。因主支气管的反复分支呈树枝状,故称支气管树。其中,从叶支气管到终末细支气管为肺的导气部,呼吸性细支气管以下各段均出现了肺泡,为肺的呼吸部。每一细支气管连同它的分支和肺泡,组成一个肺小叶(pulmonary lobule)(图 16-8,图 16-9)。肺小叶呈锥形,尖朝向肺门,底向肺表面,小叶之间有结缔组织间隔,在肺表面可见肺小叶底部轮廓,直径 1~2.5 cm。每叶肺有 50~80 个肺小叶,它们是肺的结构单位。临床上将仅累及若干肺小叶的炎症称为小叶性肺炎。

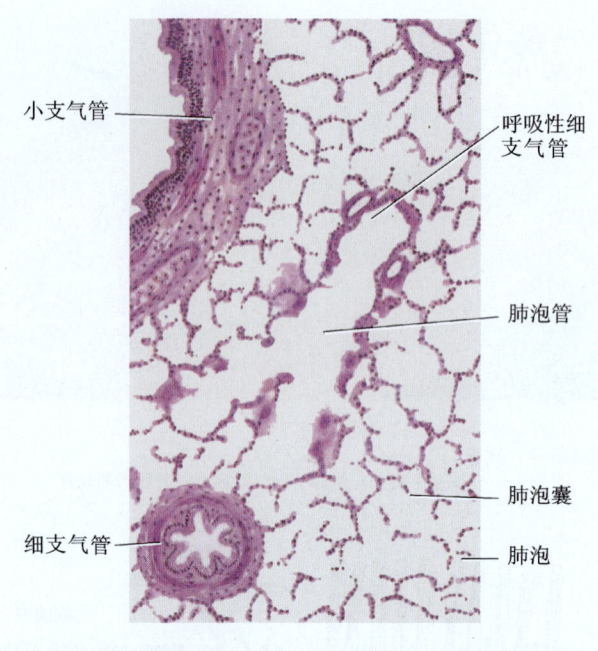

图 16-9　肺仿真图

(一) 肺导气部

1. **叶支气管至小支气管**　管壁结构与主支气管相似,但随管径变小,管壁变薄,3 层分界不明显。上皮仍为假复层纤毛柱状,但逐渐变薄;杯状细胞、腺体和软骨片都逐渐减少;平滑肌纤维相对增多,呈现为不成层的环行平滑肌束(图 16-10)。

2. **细支气管**(bronchiole)**和终末细支气管**(terminal bronchiole)　细支气管内径约 1 mm,上皮由假复层纤毛柱状渐变成单层纤毛柱状,杯状细胞、腺体和

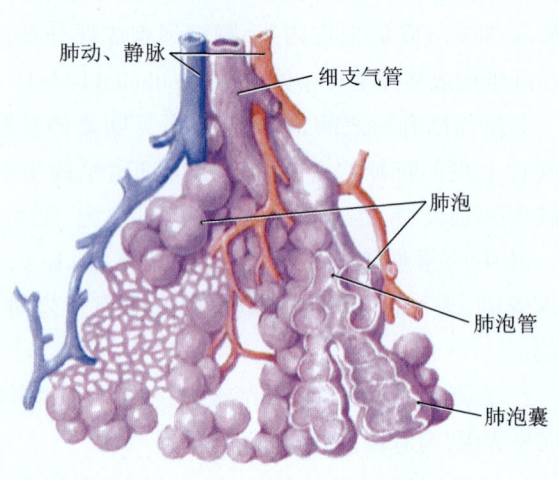

图 16-8　肺小叶立体模式图

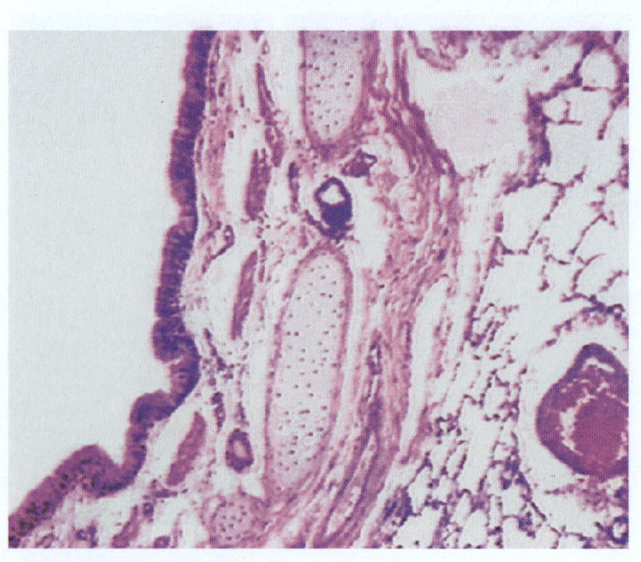

图 16-10　小支气管

软骨片逐渐减少或消失,环行平滑肌更为明显,黏膜常形成皱襞(图 16-11)。终末细支气管内径约 0.5 mm,上皮为单层柱状,杯状细胞、腺体和软骨片全部消失,有趋近完整或完整的环行平滑肌(图 16-12)。细支气管和终末细支气管壁中的环行平滑肌可在自主神经的支配下收缩或舒张,调节进入肺小叶的气流量。

电镜观察发现,终末细支气管上皮主要由纤毛细胞和无纤毛的克拉拉细胞(Clara cell)组成,纤毛细胞数量少,克拉拉细胞数量多。克拉拉细胞在小支气管就已出现,然后逐渐增多。克拉拉细胞为柱状,游离面

呈圆顶状凸向管腔,顶部细胞质内有较多低电子密度的分泌颗粒(图 16-13,图 16-14)。克拉拉细胞的功能尚不完全明确,有证据显示分泌物为糖蛋白,能在下呼吸道表面形成一层保护膜。克拉拉细胞内含有蛋白水解酶,可分解管腔中的黏液,降低分泌物的黏稠度,利于排出。细胞内还有氧化酶,可对吸入的毒物进行解毒。上皮损伤时,克拉拉细胞增殖分裂,分化为纤毛细胞。

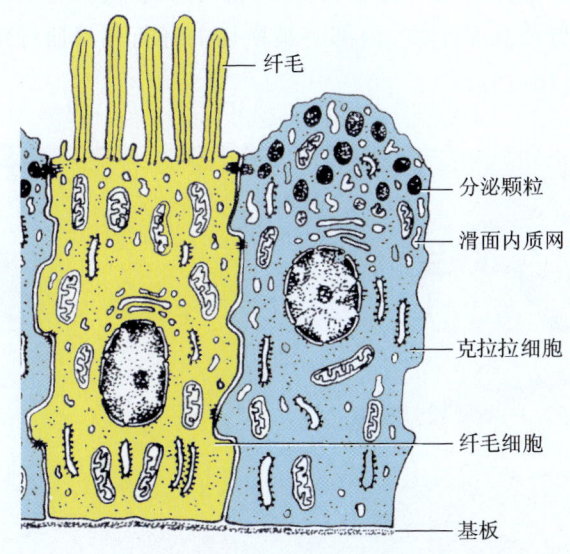

图 16-13　终末细支气管上皮细胞超微结构模式图

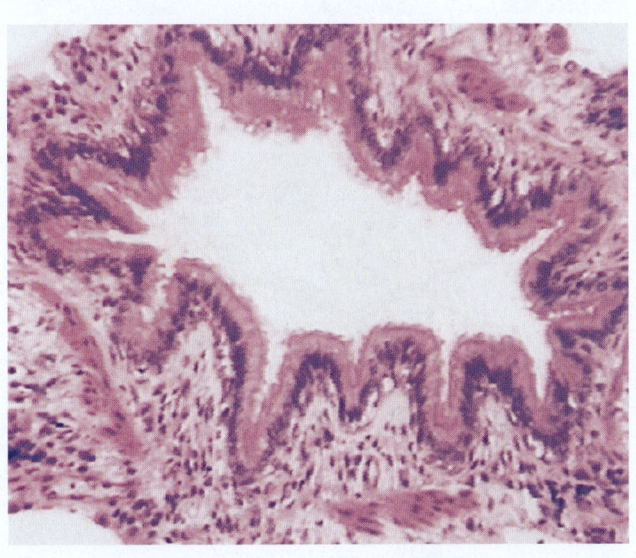

图 16-11　细支气管

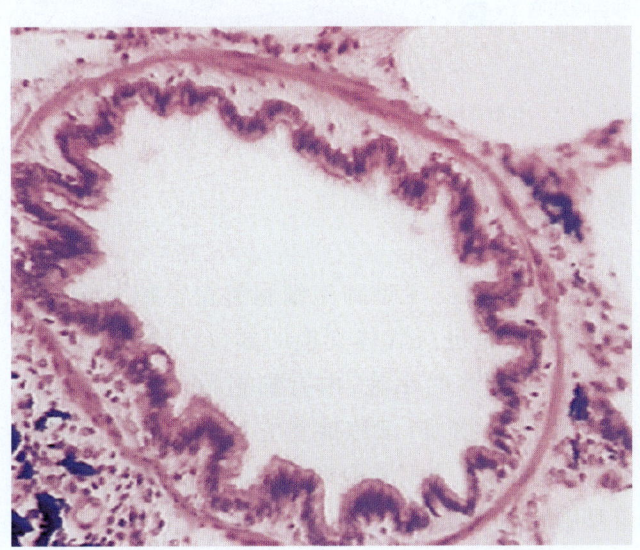

图 16-12　终末细支气管

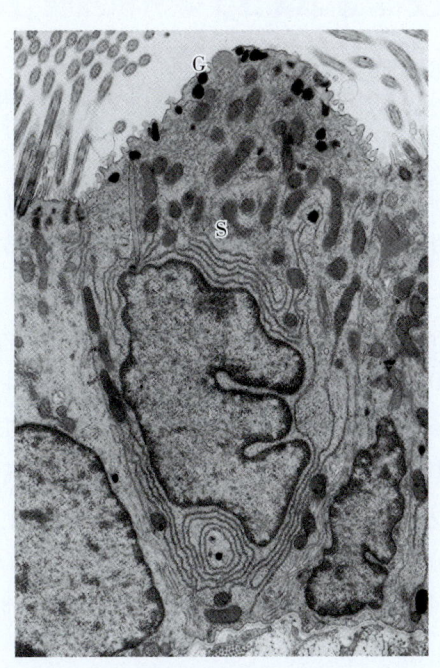

图 16-14　克拉拉细胞(TEM)
G—分泌颗粒;S—滑面内质网

（二）肺呼吸部

1. **呼吸性细支气管**（respiratory bronchiole） 管壁上出现少量肺泡，故具有换气功能。管壁上皮为单层立方，有克拉拉细胞和少许纤毛细胞，上皮下方有少量环行平滑肌纤维。在肺泡开口处，单层立方上皮移行为单层扁平上皮（图 16-15）。

2. **肺泡管**（alveolar duct） 管壁上有许多肺泡，故其自身的管壁结构很少，在切片上呈现为一系列相邻肺泡开口之间的结节状膨大。膨大表面覆有单层立方或扁平上皮，内部有被横切的环行平滑肌纤维（图 16-15）。

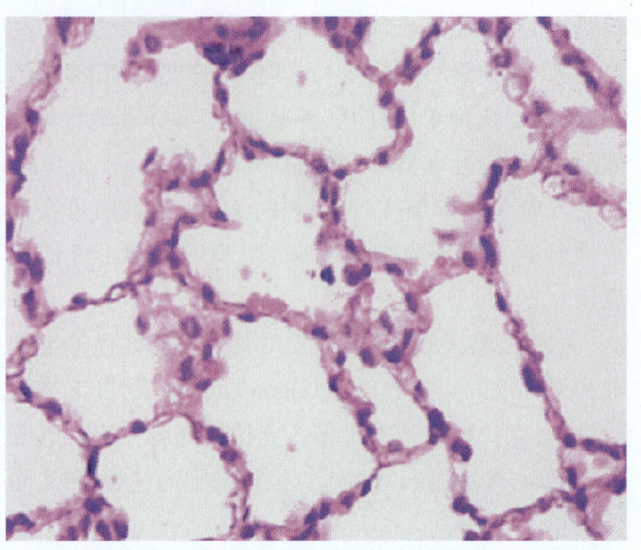

图 16-16 肺泡

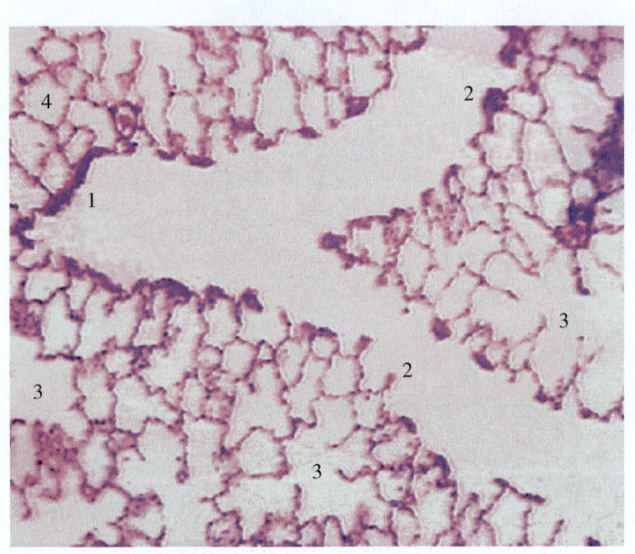

图 16-15 肺呼吸部
1—呼吸性细支气管；2—肺泡管；3—肺泡囊；4—肺泡

3. **肺泡囊**（alveolar sac） 为若干肺泡的共同开口处。相邻肺泡开口之间无平滑肌，故无结节状膨大（图 16-15）。

4. **肺泡**（pulmonary alveoli） 为半球形的小囊，直径约 200 μm，开口于肺泡囊、肺泡管或呼吸性细支气管（图 16-15），是肺进行气体交换的部位，构成肺的主要结构。成人肺有 3 亿~4 亿个肺泡，吸气时总表面积可达 140 m^2。肺泡壁很薄，由单层肺泡上皮组成（图 16-16）。相邻肺泡之间的组织称肺泡隔。

（1）**肺泡上皮** 由 I 型肺泡细胞和 II 型肺泡细胞组成（图 16-17）。

1）**I 型肺泡细胞**（type I alveolar cell）：细胞除含核部略厚外，其余部分扁平菲薄，厚约 0.2 μm，于

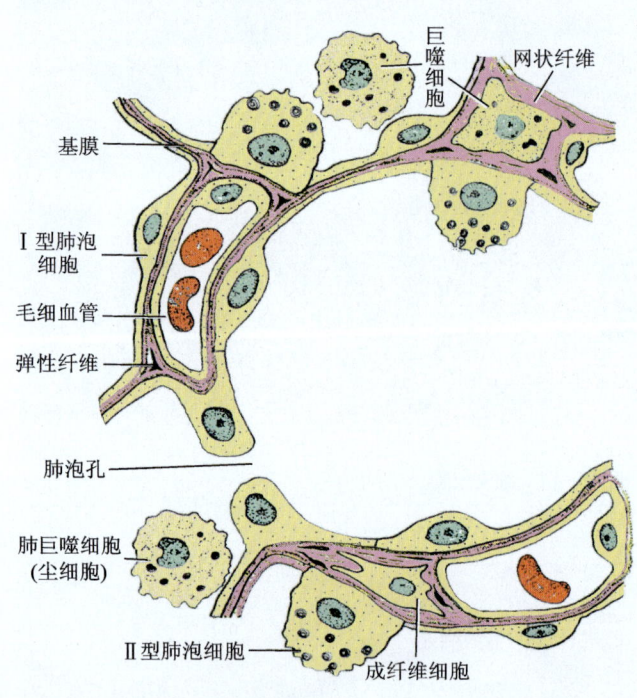

图 16-17 肺泡和肺泡孔模式图

光镜下难辨认。I 型肺泡细胞覆盖了肺泡约 95% 的表面积，是进行气体交换的部位。电镜下，细胞质中可见较多的小泡，内有细胞吞入的微小粉尘和表面活性物质，细胞能将它们转运到间质内清除（图 16-18）。I 型肺泡细胞无增殖能力，损伤后由 II 型肺泡细胞增殖分化补充。

2）**II 型肺泡细胞**（type II alveolar cell）：细胞较小，呈立方形或圆形，散在凸起于 I 型肺泡细胞之间，覆

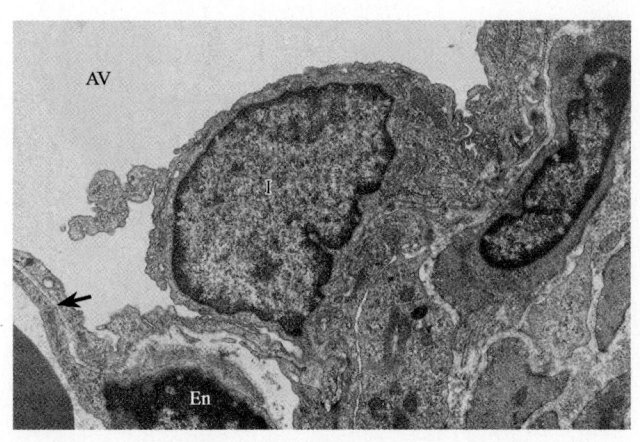

图 16-18　Ⅰ型肺泡细胞（TEM）
Ⅰ—Ⅰ型肺泡细胞；AV—肺泡；En—内皮细胞；←—基膜

盖肺泡约 5% 的表面积。细胞核圆形，细胞质着色浅，呈泡沫状。电镜下，细胞游离面有短小的微绒毛，细胞质富含线粒体和溶酶体，有较发达的粗面内质网和高尔基体，核上方有较多高电子密度的分泌颗粒，因颗粒内含同心圆或平行排列的板层状结构，故称嗜锇性板层小体（osmiophilic multilamellar body）（图 16-19），其内容物多为磷脂（主要是二棕榈酰卵磷脂）。细胞将颗粒内容物释放后，在肺泡上皮表面铺展形成一层薄膜，称表面活性物质（surfactant），有降低肺泡表面张力、稳定肺泡大小的重要作用。呼气时肺泡缩小，表面活性物质密度增加，降低了表面张力，可防止肺泡塌陷；吸气时肺泡扩大，表面活性物质密度减少，表面张力增大，肺泡回缩力增大，可防止肺泡过度膨胀。某些早产儿Ⅱ型肺泡细胞尚未发育完善，不能产生表面活性物质，致使婴儿出生后肺泡不能扩张，呼吸困难，以致早夭。

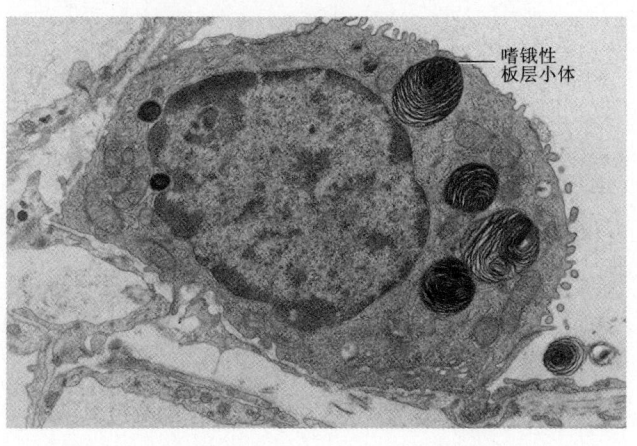

嗜锇性
板层小体

图 16-19　Ⅱ型肺泡细胞（TEM）

知识链接 16-1　Ⅱ型肺泡细胞

（2）肺泡隔（alveolar septum）　相邻肺泡之间的薄层结缔组织构成肺泡隔，其内有密集的连续毛细血管和丰富的弹性纤维，其弹性起回缩肺泡的作用。老年人的弹性纤维发生退化，吸烟可加速退化进程。肺泡弹性降低后，回缩较差，影响呼吸功能，久之，肺泡扩大形成肺气肿。此外，肺泡隔内还有成纤维细胞、肺巨噬细胞、浆细胞、肥大细胞、毛细淋巴管和神经纤维（图 16-17）。

肺巨噬细胞（pulmonary macrophage）由单核细胞演化而来（图 16-20），广泛分布于肺间质，而于肺泡隔中最多。有的游走进入肺泡腔。肺巨噬细胞具有活跃的吞噬功能，能清除进入肺泡和肺间质的尘粒、细菌等异物，发挥重要的免疫防御作用。吞噬了较多尘粒的肺巨噬细胞称为尘细胞（dust cell）。吞噬了异物的肺巨噬细胞，有的沉积在肺间质内，有的从肺泡腔经呼吸道随黏液被咳出，还有的进入肺淋巴管，再迁移至肺门淋巴结。

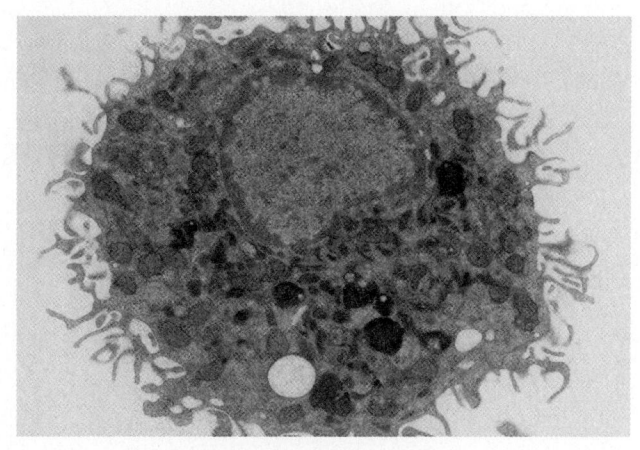

图 16-20　肺巨噬细胞（TEM）

（3）肺泡孔（alveolar pore）　是相邻肺泡之间气体流通的小孔，直径 10~15 μm，一个肺泡壁上可有一个或数个肺泡孔，可均衡肺泡间气体的含量。当某个终末细支气管或呼吸性细支气管阻塞时，肺泡孔起侧支通气作用。肺部感染时，肺泡孔也是炎症扩散的渠道。

（4）气-血屏障（blood-air barrier）　是肺泡内气体与血液内气体进行交换所通过的结构，包括肺泡表面液体层、Ⅰ型肺泡细胞与基膜、薄层结缔组织、毛细血管基膜与内皮。有的部位无结缔组织,两层基膜融合(图16-21)。气-血屏障很薄,总厚度为0.2~0.5 μm,有利于气体迅速交换。

（三）肺间质

肺内结缔组织及其中的血管、淋巴管和神经构成肺的间质。肺间质主要分布于支气管树的周围,随着支气管树分支增加,间质逐渐减少。肺间质的组成与一般疏松结缔组织相同,但有较多的弹性纤维和巨噬细胞。

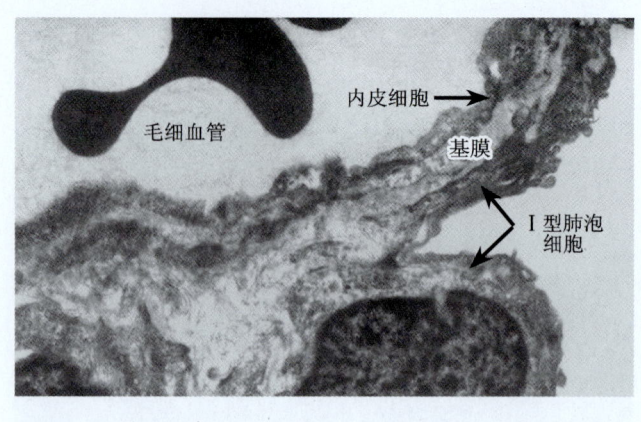

图16-21　气-血屏障

（张学森　刘　虹）

新形态教材网

🔲 微课导学　　📺 教学课件　　🖥 微视频　　⚙ 知识链接　　📝 自测题

第十七章

眼 和 耳

一、眼

眼是人体的感光装置,由眼球(eyeball)和眼附属器官所组成,前者为一圆球状体,是眼的核心部分,可分为眼球壁和眼内容物(图17-1);后者包括眼睑、眼眶、眼外肌、结膜和泪器等,主要起支持、保护和运动等辅助作用。

(一)眼球壁

眼球壁分为3层,从外至内依次为:① 纤维膜

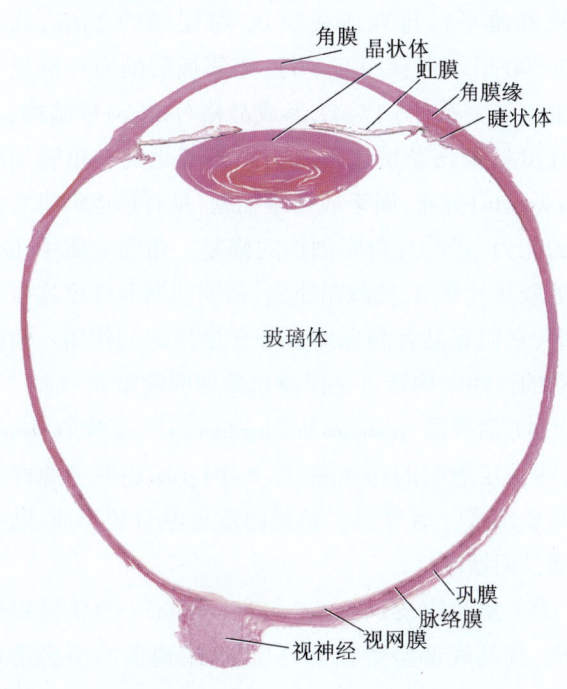

角膜
晶状体
虹膜
角膜缘
睫状体

玻璃体

巩膜
脉络膜
视网膜
视神经

图 17-1 人眼球

(fibrous tunica):质地较硬,起支持、保护作用,主要成分为致密结缔组织,其中前(周长)1/6 为透明的角膜,后 5/6 为瓷白色的巩膜;② 血管膜(vascular tunica):又称葡萄膜(uvea),具有营养和遮光作用,主要成分为疏松结缔组织,其中含有大量的血管和色素细胞,从前至后分为虹膜、睫状体与脉络膜;③ 视网膜:是脑的延伸部分,通过视神经与脑相连。根据有无感光功能,又将视网膜分为盲部与视部,两者之间以锯齿缘(ora serrata)为界,盲部包括虹膜和睫状体的上皮。

1. 角膜(cornea) 呈球冠形,无色透明,其边缘较厚,约 1 mm,中央较薄,约 0.5 mm,类似一凹透镜。角膜无血管和淋巴管分布,其营养主要由房水和角膜缘毛细血管渗透供给。角膜具有丰富的游离神经末梢,因此感觉非常敏锐。角膜组织结构层次分明,自外向内可分为 5 层(图 17-2,图 17-3)。

(1)角膜上皮(corneal epithelium) 为未角化的复层扁平上皮,由 5~7 层排列整齐的细胞组成,约占角膜厚度的 1/10。上皮的表面有泪液膜覆盖,基底面平整,通过基膜与深层的结缔组织相连。角膜上皮细胞分为 3 种类型。① 基底细胞:为基底部的一层柱状细胞,常见分裂象,表明角膜上皮更新较快,并有较强的再生能力;② 翼状细胞:为中间 2~3 层的多角形细胞;③ 扁平细胞:位于上皮表面,有 1~2 层,细胞游离面有许多短小的微绒毛,浸浴在泪液膜中,细胞之间有桥粒相连。正常情况下,上皮内偶见散在的淋巴细胞和朗格汉斯细胞,角膜炎症时,这些细胞的数量增多。

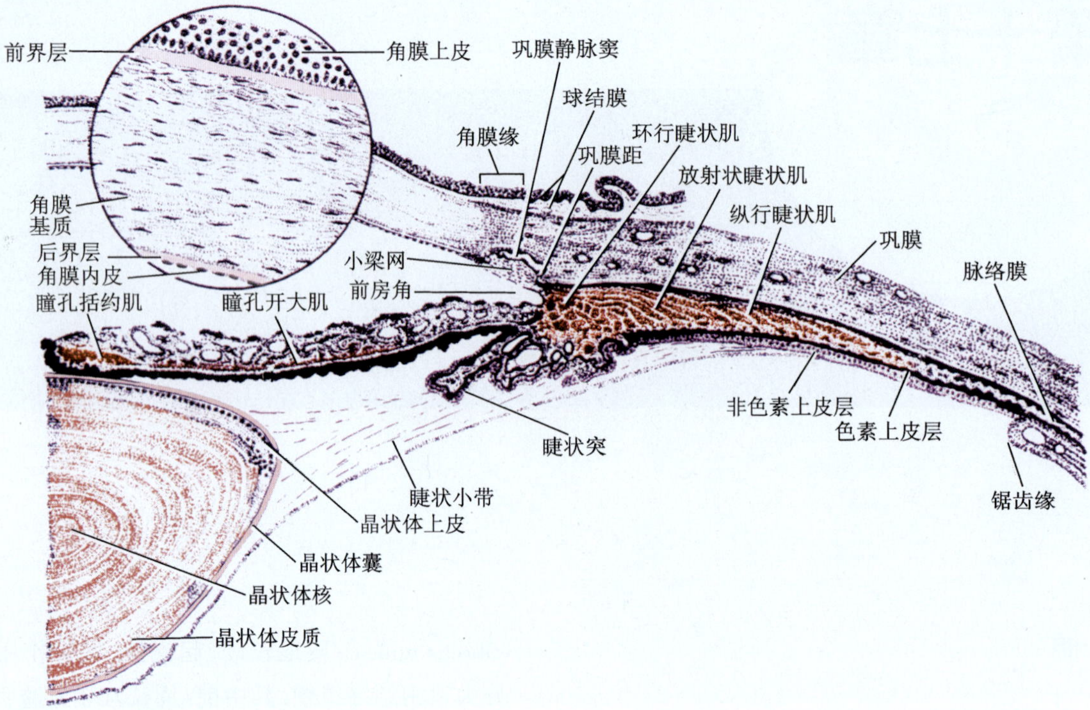

前界层 —— 角膜上皮

巩膜静脉窦

球结膜

环行睫状肌

角膜缘

巩膜距

放射状睫状肌

角膜基质

纵行睫状肌

巩膜

后界层

脉络膜

角膜内皮

小梁网

瞳孔括约肌

前房角

瞳孔开大肌

睫状突

非色素上皮层

色素上皮层

睫状小带

晶状体上皮

锯齿缘

晶状体囊

晶状体核

晶状体皮质

图 17-2　眼球前部结构模式图

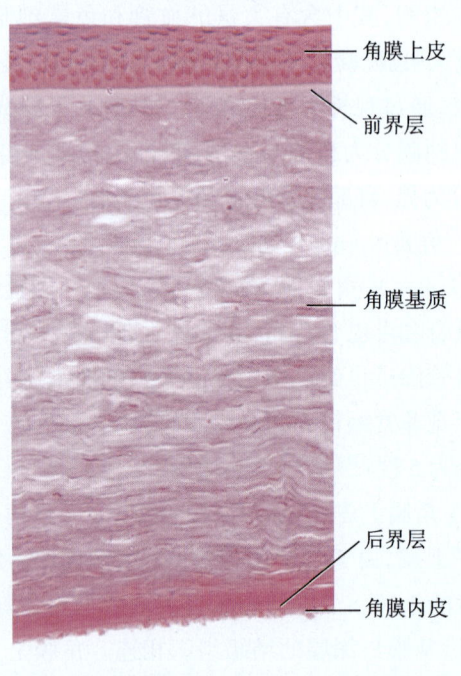

角膜上皮

前界层

角膜基质

后界层

角膜内皮

图 17-3　角膜

（2）前界层（anterior limiting lamina）又称 Bowman 层，是一层透明的均质层，厚 10~16 μm，内含直径 16~24 nm 排列散乱的胶原原纤维（Ⅰ型胶原蛋白），深部原纤维聚集呈斜行，与固有层浅部纤维方向一致。前界层对损伤和细菌等具有保护、屏障作用。

（3）角膜基质（corneal stroma）又称固有层（substantia propria），约占角膜厚度的 9/10，主要由规则的致密结缔组织组成，其中胶原含量在 70% 以上，大部分为 Ⅰ型和 Ⅴ型胶原。角膜基质的结构特点为大量胶原原纤维平行排列成板层状，每层厚约 2 μm，共有 200~500 层。板层相互平行，相邻板层的原纤维呈互为垂直的关系（图 17-4），形成晶格（lattice）样结构，具有高度抗损伤及抗变形能力。板层之间有角膜细胞（keratocyte）分布，属于成纤维细胞，具有形成纤维和基质的能力，并参与角膜创伤的修复。角膜基质中还含有硫酸软骨素 A、硫酸角质素、透明质酸及纤维连接蛋白等，它们起黏合和保持水分含量稳定的作用。角膜基质的这些结构特点是保持角膜透明的重要因素。

（4）后界层（posterior limiting lamina）又称 Descemet 膜，为一层透明的均质膜，厚 5~10 μm，由胶原原纤维和基质组成。后界层由角膜内皮细胞分泌形成，随年龄增长而增厚。

（5）角膜内皮（corneal endothelium）为单层扁平上皮，其基底部坐落在后界层上，游离面与前房房水接触，细胞之间连接紧密。角膜内皮细胞具有合成和分泌蛋白质的功能，细胞质内含有大量的线粒体和吞

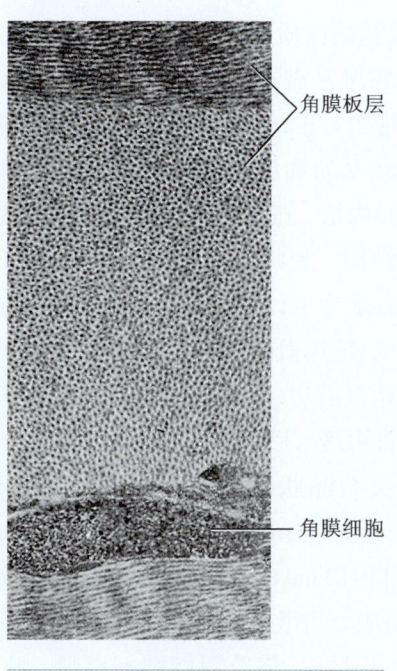

图 17-4 角膜基质（TEM）

饮小泡,表明还具有活跃的物质转运功能。在内皮细胞侧面的细胞膜上有 Na^+-K^+-ATP 酶,能主动从角膜基质中转运水分至前房,以维持基质水分的恒定,保证角膜的透明及折光率恒定。

知识链接 17-1 角膜移植

2. 巩膜(sclera) 呈瓷白色,厚 0.4~1 mm,质地坚硬而不透明,表面有眼外肌的肌腱附着,后极部与硬脑膜相延续,而在视神经乳头处则形成筛板样结构,为薄弱部位。巩膜主要由致密结缔组织构成,其中含大量粗大的胶原纤维,与弹性纤维交织成网,还有少量血管、神经、成纤维细胞及色素细胞等。

3. 角膜缘 巩膜与角膜的交界处称角膜缘(corneal limbus),又称角巩膜缘(corneoscleral limbus)。位于角膜缘内侧的巩膜静脉窦和小梁网是房水循环的重要结构(图 17-2),与眼内压的稳定密切相关。巩膜静脉窦(scleral venous sinus)为一环形管道,腔内充满房水,其管壁由内皮、不连续的基膜和薄层结缔组织构成。小梁网(trabecular meshwork)位于巩膜静脉窦的内侧,呈筛网状,小梁之间的间隙叫小梁间隙(trabecular space)。小梁网由角膜基质纤维、后界膜和角膜内皮向后扩展而成,其轴心为胶原纤维,表面覆以内皮细胞。在巩膜静脉窦内侧的巩膜组织略向前突,称巩膜距(scleral spur)。

4. 虹膜(iris) 为一环形肌性薄膜,中央的圆形开口叫瞳孔(pupil),可调节进入眼球的光量。虹膜的周边与睫状体相连,与角膜缘所夹之角称前房角(图 17-2)。虹膜由虹膜基质和虹膜上皮两部分组成(图 17-5)。

(1) 虹膜基质(iris stroma) 为含有大量色素细胞和血管的疏松结缔组织。在虹膜前表面,扁平的成纤维细胞和色素细胞较多,形成不连续的前缘层(anterior border layer)。基质中的色素细胞呈星形或圆形,细胞质中含大量色素颗粒,但在不同人种,甚至不同个体的色素颗粒的形状、密度和分布有一定的差异。

色素细胞可分为两种,其中一种细胞的体积较大,呈圆形,多位于瞳孔括约肌的前方,细胞质内含有脂滴和大量色素颗粒,实验证明这种细胞大部分为巨噬细胞,能吞噬虹膜上皮和基质中的黑素颗粒;另一种细胞的体积较小,常成群分布,细胞质内含散在的色素颗粒。

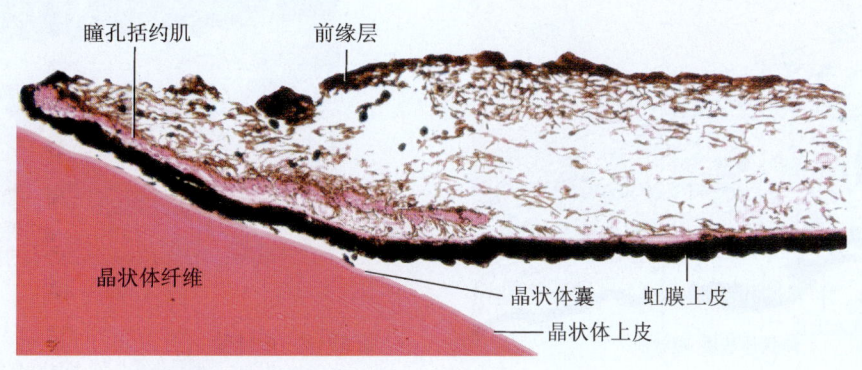

图 17-5 虹膜与晶状体

虹膜血管呈放射状走行,特点为外膜厚,肌层薄,内皮无窗孔,相邻内皮细胞之间有连接复合体,具有血-眼屏障的功能。

(2) 虹膜上皮(iris epithelium) 属视网膜盲部,由两层色素上皮细胞组成。前层色素上皮细胞特化为肌上皮细胞,形成瞳孔括约肌和瞳孔开大肌。前者位近瞳孔缘,呈环形排列(图 17-5),受副交感神经支配,收缩时使瞳孔缩小;后者在括约肌外侧呈放射状排列,受交感神经支配,收缩时使瞳孔开大。后层色素上皮细胞呈立方形或矮柱状,细胞质内富含较大的黑素颗粒。细胞侧面可见中间连接和紧密连接等结构。细胞基底部有薄层基膜附着,并可见质膜内褶。细胞顶部与前层色素上皮细胞相贴,两者之间的间隙较小,有微绒毛突出,可见桥粒或紧密连接。

5. 睫状体(ciliary body) 位于虹膜与脉络膜之间,其前部较厚,并伸出放射状的睫状突,后部渐平坦,终止于锯齿缘。睫状体由睫状肌、基质与上皮组成(图 17-2,图 17-6)。睫状肌为平滑肌,密集分布于睫状体的外 2/3 区域。肌纤维的排列有 3 种方向:外侧为纵行纤维,紧靠巩膜走行,前端附着于巩膜距,后端附着于脉络膜;中间为放射状纤维,前端也附着于巩膜距,后端则呈放射状伸入睫状体内;内侧为环形纤维。睫状体基质为富含血管和色素细胞的结缔组织,主要分布在睫状体内侧份和睫状突内,在睫状肌纤维之间也有少量分布。睫状体上皮属视网膜盲部,由两层细胞组成:外层为立方形的色素细胞,内有粗大的色素颗粒;内层为立方形或矮柱状的非色素细

胞,有较发达的内质网和高尔基体。这两层细胞的游离面彼此相对紧靠在一起,间或有狭小的缝隙出现,称为睫状通道(ciliary channel)。细胞的基底面则分别面向睫状体基质和后房,均附着在各自的基膜上,有丰富的质膜内褶。细胞的侧面可见缝隙连接与桥粒等细胞连接结构。睫状突的上皮具有产生房水的功能,房水成分以水为主,还含有氨基酸、葡萄糖、Na^+、Cl^-和维生素 C(抗坏血酸)等物质,其中 Na^+、Cl^- 等由上皮主动转运至后房,水和其他成分等则由基质中的有孔毛细血管渗透入后房。

睫状突与晶状体之间通过细丝状的睫状小带(ciliary zonule)相连(图 17-2,图 17-6)。睫状小带由许多直径 11~12 nm 的管状微原纤维,通过蛋白多糖黏合、包被而成。当微原纤维聚集紧密时,可见 9 nm 的周期横纹;松散时,横纹周期则不规则。睫状肌收缩时,睫状小带松弛,反之,则紧张,借此使晶状体的位置和曲度发生改变,起调节作用。

6. 脉络膜(choroid) 占血管膜的大部分,位于巩膜与视网膜之间,由富含血管和色素细胞的疏松结缔组织构成(图 17-7),从内至外可分为玻璃膜、脉络膜毛细血管层和脉络膜固有层。玻璃膜又称 Bruch 膜,

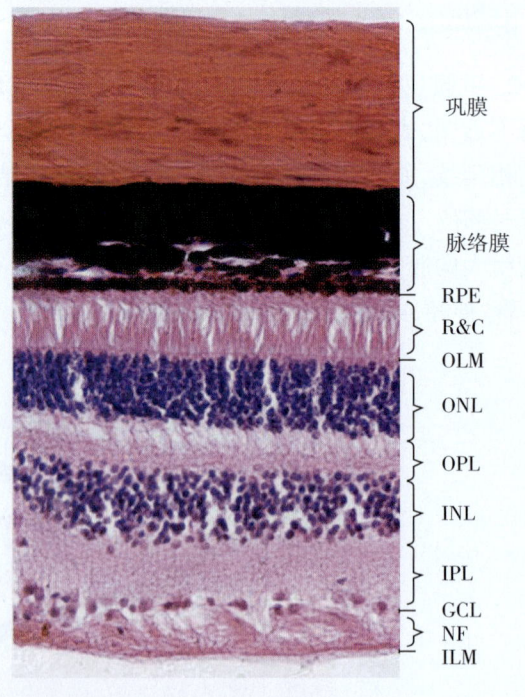

图 17-7　眼球壁
RPE—视网膜色素上皮;R&C—视杆视锥层;OLM—外界膜;ONL—外核层;OPL—外网层;INL—内核层;IPL—内网层;GCL—节细胞层;NF—视神经纤维层;ILM—内界膜

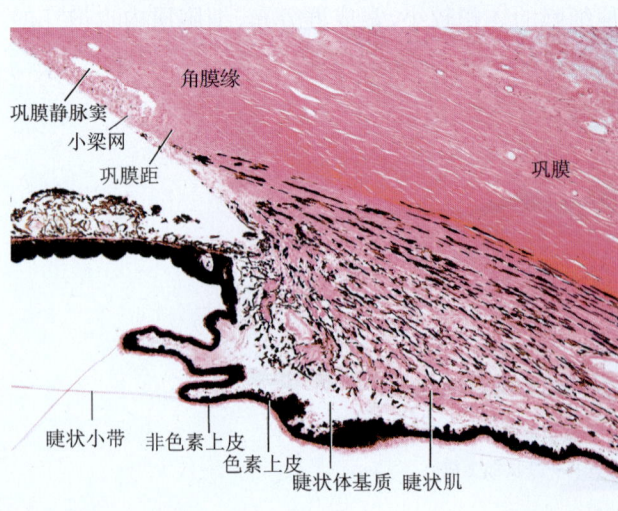

图 17-6　睫状体

是由胶原纤维、弹性纤维和基质组成的薄层夹芯样均质透明膜,即两侧分别为视网膜色素上皮细胞和脉络膜毛细血管内皮细胞的基板,中间是胶原纤维和弹性纤维层。脉络膜毛细血管层(choriocapillarylayer)含丰富的有孔毛细血管网,能为视网膜的外层提供氧和营养。

　　7. 视网膜(retina)　位于血管膜的内侧,根据有无感光功能,以锯齿缘为界分为视网膜盲部(pars caeca retinae)和视网膜视部(pars optica retinae)。视网膜常指视部而言,由色素上皮层和神经层组成,分别由胚胎时期视杯的外层和内层演变而来。神经层具有类似大脑皮质的分层结构,从外至内分3个核层:外核层、内核层和节细胞层(图17-7)。从功能上可将视网膜神经元分为3类:第一类是感光细胞,即视细胞,其胞体位于外核层;第二类为联络神经元,包括双极细胞、水平细胞、无长突细胞和网间细胞,其胞体位于内核层;第三类为投射神经元,即节细胞,其胞体位于节细胞层。外核层与内核层之间,以及内核层与节细胞层之间分别为神经元突起构成的外网层和内网层。

　　(1) 视网膜色素上皮(retinal pigment epithelium)　为单层矮柱状上皮(图17-7),细胞之间有紧密连接、中间连接和缝隙连接等,起屏障作用。细胞基部紧附于玻璃膜上,有发达的质膜内褶。细胞顶部与视细胞相接触,并有大量细胞质突起伸入视细胞之间,两者之间填充无定形的细胞外基质,但并无牢固的连接结构(图17-8),视网膜脱离病变常发生在这两者之间。色素上皮细胞的主要特点是顶部细胞质和突起内含有大量粗大的黑素颗粒,可防止强光对视细胞的损害。色素上皮细胞的另一特点是细胞质内含有直径1.5~2 μm的吞噬体,其中常见被吞入的视细胞膜盘。色素上皮细胞还具有储存维生素 A 和参与视紫红质合成的功能。

　　(2) 感光细胞(photoreceptor cell)　又称视细胞(visual cell),从胞体向内、外各发出一个突起,根据外侧突起的形状又将视细胞分为视杆细胞(rod cell)和视锥细胞(cone cell),前者的外侧突起呈杆状,称视杆,后者的呈锥状,称视锥(图17-8),视杆与视锥垂直伸向色素上皮层,构成视杆视锥层(layer of rods and cones)。人的一只眼球内约有 12 000 万个视杆细胞和 700 万个视锥细胞,在黄斑中央凹处只有视锥细胞,无

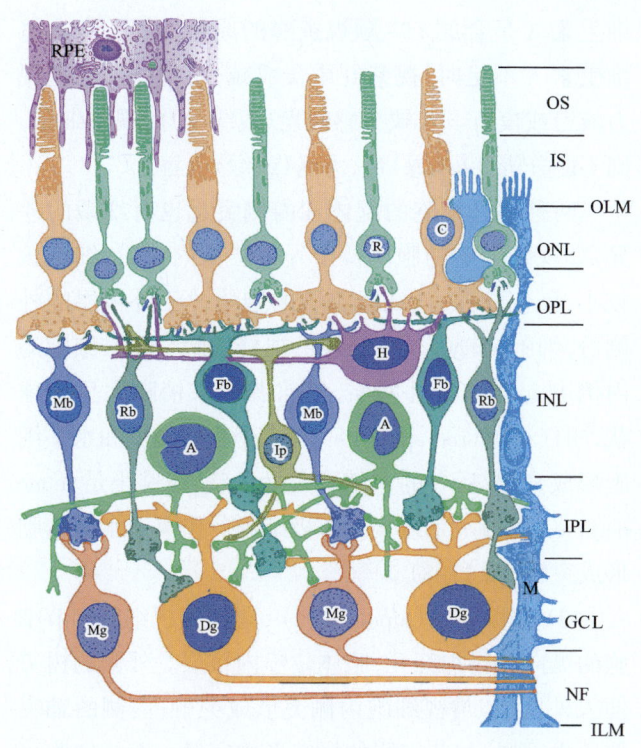

图 17-8　视网膜结构模式图
RPE—视网膜色素上皮; R—视杆细胞; C—视锥细胞; Mb—侏儒双极细胞; Fb—扁平双极细胞; Rb—杆状双极细胞; H—水平细胞; A—无长突细胞; Ip—网间细胞; Mg—侏儒节细胞; Dg—弥散节细胞; M—Müller 细胞; OS—外节; IS—内节; OLM—外界膜; ONL—外核层; OPL—外网层; INL—内核层; IPL—内网层; GCL—节细胞层; NF—视神经纤维层; ILM—内界膜

视杆细胞,在中央凹的边缘开始出现视杆细胞,再向外,视杆细胞逐渐增多,视锥细胞则逐渐减少。

　　感光细胞外侧突起又细分为内节(inner segment)与外节(outer segment),两者之间以细小的连接纤毛相连。内节是合成蛋白质的部位,含丰富的线粒体、粗面内质网和高尔基体;外节为感光部位,内部充满层叠的扁平状膜盘(membranous disc),它们由外节基部近连接纤毛一侧的细胞膜不断内陷而成(图17-8)。视杆与视锥的膜盘有明显的区别,即视杆的膜盘完全内陷而独立存在,不与细胞外相通;而视锥的膜盘未与胞膜脱离,故仍与细胞外相通。外节顶部衰老的膜盘脱落后将被色素上皮细胞吞噬处理。

　　膜盘上镶嵌有感光色素,视杆内为视紫红质(rhodopsin),能感受弱光的刺激;视锥内为视紫蓝质(iodopsin),能感受强光和色觉,人和绝大多数哺乳动物有3种视锥细胞,分别有红敏色素、蓝敏色素和绿敏色素。感光色素均由 11- 顺视黄醛(11-cis retinene)和视蛋白(opsin)组成,其差别在于视蛋白的分子结构。

维生素 A 是合成 11- 顺视黄醛的原料,因此,当人体维生素 A 不足时,视紫红质合成减少,将导致弱光视力减退或夜盲。若缺少感红光(或绿光)的视锥细胞,则不能分辨红(或绿)色,为红(或绿)色盲。

两种感光细胞的胞体和内侧突起也有细微的差异,如视杆细胞的胞体位于外核层的内侧份,细胞核较小,染色较深,而视锥细胞的胞体位于外核层的外侧份,细胞核较大,染色较浅;视杆细胞与视锥细胞的内侧突起均伸入外网层,但前者的末梢膨大呈小球状,叫杆小球(rod spherule),与多个双极细胞和水平细胞形成突触;后者的末梢膨大呈足状,叫锥小足(cone pedicle),可与一个或多个双极细胞的树突及水平细胞形成突触(图 17-8)。

(3) 双极细胞(bipolar cell) 是连接视细胞和节细胞的纵向联络神经元,胞体位于内核层。外侧的树突伸入外网层,与视细胞内侧突形成突触;内侧的轴突伸入内网层,与节细胞的树突形成突触。双极细胞可分两类:一类为侏儒双极细胞(midget bipolar cell),其树突只与一个视锥细胞形成突触,其轴突也只与一个节细胞的树突建立突触;另一类为扁平或杆状双极细胞(flat or rod bipolar cell),其树突分别与多个视锥细胞或视杆细胞形成突触(图 17-8)。

(4) 水平细胞(horizontal cell)、无长突细胞(amacrine cell)和网间细胞(interplexiform cell) 这 3 种细胞均为中间神经元,参与局部环路的组成(图 17-8)。水平细胞的胞体位于内核层的外侧份,发出许多水平走向的分支伸入外网层的内侧份,与视杆细胞、双极细胞及网间细胞形成突触。相邻的水平细胞之间有缝隙连接。无长突细胞的胞体较双极细胞大,呈烧瓶形,在内核层的内侧份排成 2~3 行,其突起兼有树突和轴突的特点,在内网层内与双极细胞的轴突、节细胞及网间细胞的突起形成突触。网间细胞数量较少,胞体位于无长突细胞之间,突起在内、外网层中广泛伸展,与无长突细胞和水平细胞形成突触。网间细胞主要从内网层接受信息,传送至外网层,因此是视网膜内视觉信息传递的一条离心性反馈调节通路。

(5) 节细胞(ganglion cell) 是长轴突的多极神经元,胞体较大,直径 10~30 μm,位于节细胞层,多排列成单行。树突伸入内网层,与双极细胞、无长突细胞和网间细胞形成突触。轴突构成视神经纤维层,并向眼球后极汇集形成视神经穿出眼球。节细胞也分两类:一类为胞体较小的侏儒节细胞(midget ganglion cell),只接受单一的视锥细胞和双极细胞的信息,这种一对一的通路能精确地传导视觉;另一类为胞体较大的弥散节细胞(diffuse ganglion cell),与多个双极细胞形成突触联系(图 17-8)。

(6) 视网膜神经胶质细胞 以放射状胶质细胞(radial neuroglia cell)为主,是视网膜特有的一种胶质细胞,又称 Müller 细胞。放射状胶质细胞呈细长不规则形状,几乎贯穿整个视网膜神经部,其胞体位于内核层的中部,细胞核呈卵圆形,染色较深;细胞的外侧端穿插在感光细胞之间,并与内节形成连接复合体,构成视网膜的外界膜(outer limiting membrane);细胞内侧突末端常膨大分叉,在视神经纤维层内表面相互连接成内界膜(inner limiting membrane)(图 17-8);从胞体及内、外侧突起上发出很多细小的叶片状分支,包绕在神经元的胞体和突起周围。放射状胶质细胞具有营养、支持、绝缘和保护作用。除放射状胶质细胞外,视网膜内还有一些星形胶质细胞、少突胶质细胞和小胶质细胞等。

光镜观察眼球 HE 染色切片,视网膜自外向内可分 10 层(图 17-7)。① 色素上皮层;② 视杆视锥层;③ 外界膜;④ 外核层(outer nuclear layer),由两种视细胞含核的胞体部分组成;⑤ 外网层(outer plexiform layer),由视细胞的内侧突和双极细胞的树突及水平细胞的突起组成;⑥ 内核层(inner nuclear layer),由双极细胞、水平细胞、无长突细胞、网间细胞及放射状胶质细胞的胞体共同组成;⑦ 内网层(inner plexiform layer),由双极细胞的轴突与节细胞的树突及无长突细胞和网间细胞的突起组成;⑧ 节细胞层(layer of ganglion cells),由节细胞的胞体组成;⑨ 视神经纤维层(layer of optic fibers),由节细胞的轴突组成;⑩ 内界膜。

(7) 黄斑和视神经乳头 视网膜后极部有一浅黄色区域,称黄斑(macula lutea),其中央有一小凹称中央凹(central fovea)。中央凹的视网膜最薄,此处除色素上皮外,只有视锥细胞,且与双级细胞和节细胞形成一对一的通路。邻近中央凹的双极细胞和节细胞均斜向外周排列(图 17-9)。光线直接落在中央凹的视锥细胞上,故中央凹是视觉最敏感区域。视神经穿出眼球的部分,称视神经乳头(papilla of optic nerve,又称视盘),此处缺乏视细胞,故又称生理性盲点。视神经乳头位于黄斑的鼻侧,直径约 1.5 mm,视网膜中央动脉和静脉由此进出眼球(图 17–10)。

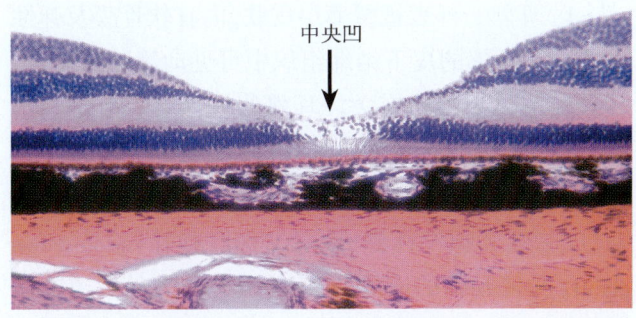

图 17–9　视网膜黄斑

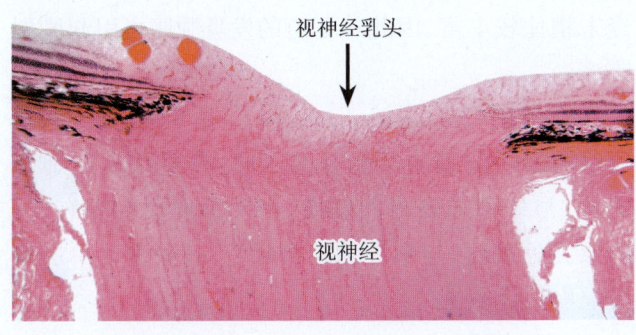

图 17–10　视神经乳头

(二) 眼内容物

眼内容物包括房水、晶状体和玻璃体,均无色透明,与角膜一起组成眼球的屈光介质。眼球内腔被虹膜分隔为前房和后房,两者之间通过虹膜中央的瞳孔沟通。

1. 晶状体(lens)　是一个具有弹性的双凸透明体,主要由纤维状的上皮细胞构成。晶状体外包薄层均质的晶状体囊(lens capsule),由增厚的基膜及胶原原纤维组成。晶状体的前表面至赤道表面有一层立方形的晶状体上皮(lens epithelium)(图 17–2,图 17–5),其中赤道部的上皮细胞仍保持分裂能力,并向晶状体中央移行,分化演变为长柱状的晶状体纤维(lens fiber)。位于浅层的晶状体纤维构成晶状体的皮质,纤维与表面平行,呈环层状排列,有的纤维内仍可见细胞核。中心部位的纤维构成晶状体核,纤维内充满晶

状体特有的均质状晶体蛋白(crystallin),细胞核消失。晶状体无血管和神经分布,营养由房水供给。老年人晶状体的弹性减弱,透明度往往降低,甚至混浊,为老年性白内障。

2. 玻璃体(vitreous body)　位于晶状体和视网膜之间,中央有一个从晶状体后极至视神经乳头的玻璃体管(vitreous canal),是胚胎时期玻璃体动脉的遗迹。玻璃体为无色透明的胶状物,其中水分占 99%,含少量透明质酸、玻璃蛋白及胶原原纤维等。玻璃体内还有一些透明细胞(hyalocyte),细胞质内含有空泡和颗粒。玻璃体流失后不能再生,由房水填充。

3. 房水(aqueous humor)　充盈于眼房内,为含少量蛋白质的透明液体。房水是由睫状体血管内的血液渗透及非色素上皮细胞分泌而成的。房水从后房经瞳孔至前房,继而沿前房角经小梁网间隙输入巩膜静脉窦,最终从静脉导出。房水的产生和排出保持动态平衡,使眼压维持正常,并有营养晶状体和角膜等作用。若房水回流受阻,眼球内压增高,则导致青光眼。

(三) 眼附属器官

1. 眼睑(eyelid)　覆盖于眼球前方,有保护作用。眼睑由前向后分为 5 层(图 17–11)。

(1) 皮肤　薄而柔软,在睑缘部有 2~3 列睫毛,睫毛根部的皮脂腺称睑缘腺,又称 Zeis 腺。睑缘处还有一种腺腔较大的汗腺称睫腺,又称 Moll 腺,开口于睫毛毛囊或睑缘。

(2) 皮下组织　为薄层疏松结缔组织。

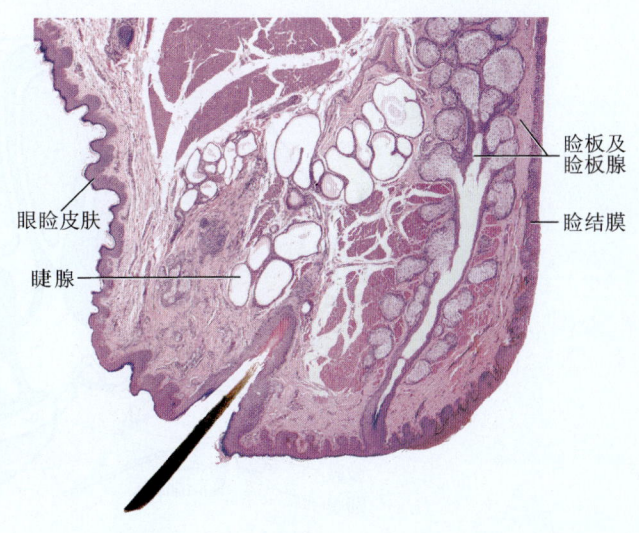

图 17–11　眼睑

（3）肌层 主要为骨骼肌，包括眼轮匝肌和上睑提肌。在上睑板上部还有由平滑肌组成的睑肌。

（4）睑板 由致密结缔组织构成，质如软骨，是眼睑的支架。睑板内有许多平行排列的分支管泡状皮脂腺，称睑板腺（tarsal gland），其导管开口于睑缘，分泌物有润滑睑缘和保护角膜的作用。

（5）睑结膜 为薄层黏膜，黏膜上皮为复层柱状，有杯状细胞，上皮下固有层为薄层结缔组织。睑结膜反折覆盖于巩膜表面，称球结膜。

2. 泪腺（lacrimal gland） 是浆液性复管状腺，被结缔组织分隔成小叶。腺上皮为单层立方或柱状，细胞质内有分泌颗粒（图17-12）。腺上皮外有基膜和肌上皮细胞。泪腺分泌的泪液经导管排至结膜上穹部，有润滑和清洁角膜的作用。

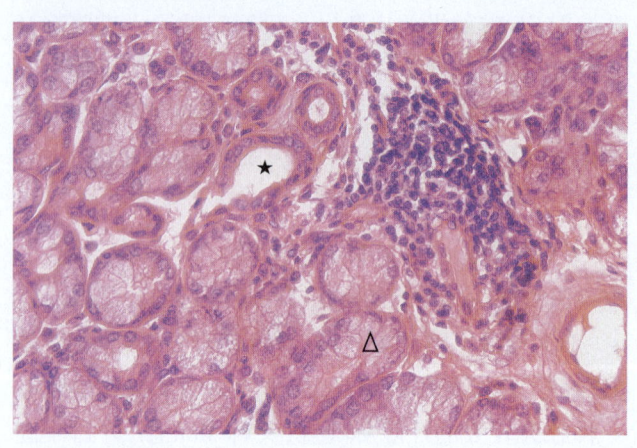

图 17-12 泪腺
★导管；△腺泡

二、耳

耳是位觉和听觉器官，由外耳、中耳和内耳组成。外耳和中耳收集、传导声波，内耳有位觉和听觉感受器。

（一）外耳

外耳由耳郭、外耳道和鼓膜3部分组成。

1. 耳郭 外表被覆薄层皮肤，内有软骨膜及弹性软骨。在耳郭的皮下结缔组织中可见动静脉吻合，这与耳郭的体温维持有关。耳郭的软骨组织血供不丰富，伤后不易愈合，易发生坏死，愈后常留有畸形。

2. 外耳道 外耳道软骨部皮肤稍厚，内有耳毛、皮脂腺和顶泌汗腺，后者又称耵聍腺（ceruminous gland），分泌黏稠的液体，有阻止异物侵入外耳道的作用。骨性外耳道的皮肤厚约0.1 mm，耳毛和耵聍腺较少，顶部有少量皮脂腺。外耳道皮肤的皮下组织很少，紧贴软骨膜或骨膜，且外耳道上皮内游离感觉神经末梢比较丰富，因此外耳道的发炎肿胀可引起剧烈疼痛。

3. 鼓膜（tympanic membrane） 是半透明的薄膜，周缘略厚。鼓膜的结构分为3层：外层为复层扁平上皮，与外耳道表皮相延续；中层为薄层的固有层；内层为黏膜层，与中耳黏膜相延续，表面覆以单层扁平上皮。

（二）中耳

中耳包括鼓室、鼓窦、乳突小房、咽鼓管等（图17-13），为传导声波的组成部分。

图 17-13 骨迷路和膜迷路模式图

内淋巴囊
内淋巴管
骨半规管
膜半规管
壶腹嵴
椭圆囊和椭圆囊斑
卵圆窗
听小骨和鼓室
外耳道
鼓膜
圆窗

蛛网膜下隙
硬脑膜下隙
蜗小管
鼓室阶
前庭阶
蜗孔
膜蜗管
螺旋器
球囊和球囊斑
前庭
咽鼓管

1. 鼓室　是一不规则含有空气的小室,鼓室表面有黏膜皱襞,听小骨、肌肉、韧带、神经和血管等随黏膜皱襞突入鼓室。鼓室的黏膜由上皮和较薄的固有层组成,上皮的类型有多种,如外侧壁和内侧壁为单层扁平上皮,后壁为单层立方或单层纤毛低柱状上皮,前壁和下壁则为单层纤毛柱状上皮和假复层纤毛柱状上皮,并有杯状细胞。固有层为细密结缔组织,内含神经纤维、血管和淋巴管。黏膜与深部骨膜连接紧密。中耳炎时,杯状细胞增多,产生的黏液积存在鼓室内,可引起听力受损。

2. 咽鼓管　管壁的前 2/3 为软骨部,黏膜覆以假复层纤毛柱状上皮,纤毛朝咽部方向摆动;后 1/3 为骨部,表面被覆的是单层柱状上皮。一般情况下,咽鼓管的管腔是闭合的,只有在吞咽、呵欠或在口鼻闭合情况下用力呼气时才被动开放。

(三) 内耳

内耳位于颞骨岩部内,又称迷路,因其形状不规则和结构复杂而得名,包括骨迷路和膜迷路两部分。骨迷路(osseous labyrinth)为弯曲如隧道的骨性管道,表面覆有骨膜,分骨半规管、前庭和耳蜗三部分。膜迷路(membranous labyrinth)悬吊在骨迷路之中,由一些相互连通的膜管和囊腔组成,包括骨半规管内的膜半规管、前庭内的膜性椭圆囊和球囊、耳蜗内的膜蜗管三部分。膜迷路的腔面覆有薄层黏膜,其上皮大部分为单层扁平上皮,但在位、听觉上皮部位却明显增高或增厚。膜迷路和骨迷路之间的间隙称外淋巴隙(perilymphatic space),内充满外淋巴(perilymph),而膜迷路内所含的为内淋巴(endolymph)。内、外淋巴之间互不相通,它们的来源和排出也各不相同,外淋巴主要从骨膜内的毛细血管过滤产生,经由蜗水管(cochlear aqueduct)入蛛网膜下隙;内淋巴由膜蜗管外侧壁的血管纹产生,通过内淋巴管及其末端膨大的内淋巴囊导入硬脑膜下隙(图 17-13)。

1. 半规管与壶腹嵴　两侧骨半规管各由 3 个互相垂直的管道组成,位于前庭的后上方。每个半规管弯曲成 2/3 的环状,其一端膨大称壶腹(ampulla),上、后半规管没有壶腹的一端合并共同与前庭相通,故3 个半规管共有 5 个孔通入前庭。膜半规管形态与骨半规管相似,但直径只有骨半规管的 1/4。同样,膜半规管的一端也与 3 个膜性壶腹相通,在壶腹的一侧,部分黏膜呈鞍状增厚凸向腔内,形成一横行隆起,称壶腹嵴(crista ampullaris)(图 17-14)。

壶腹嵴的上皮由支持细胞和毛细胞组成(图 17-15)。支持细胞(supporting cell)呈高柱状,基部位于基膜上,游离面有微绒毛,细胞质顶部有分泌颗粒。毛细胞(hair cell)位于壶腹嵴顶部的支持细胞之间。分布于壶腹嵴中央部的毛细胞大部分呈烧瓶状,分布于壶腹嵴周边部的毛细胞主要呈圆柱状,顶部有许多静纤毛(stereocilium)和一根较长的动纤毛(kinocilium)(图 17-16)。静纤毛是特殊分化的微绒毛,中轴内有纵行排列的微丝;动纤毛内有 9+2 的微管结构。毛细胞的基部与前庭神经末梢形成突触。支持细胞分泌含酸性黏多糖的胶状物,并形成一圆锥状的帽状结构,叫壶腹帽(cupula),毛细胞的纤毛伸入其中。壶腹嵴感受头部旋转运动开始和终止时的刺激,当头进行各方向的旋转时,膜半规管的内淋巴由于惯性作用而发生流动,使壶腹帽倾斜,引起静纤毛向动纤毛侧弯曲,使毛细胞受刺激而发生兴奋,经前庭神经将冲动传向中枢。有的毛细胞基部还有传出神经末梢,这可能与抑制和调节毛细胞的功能有关。毛细胞的数量可随年龄变化,40 岁以后逐渐减少。

2. 前庭与位觉斑　前庭位于骨迷路的中部,是

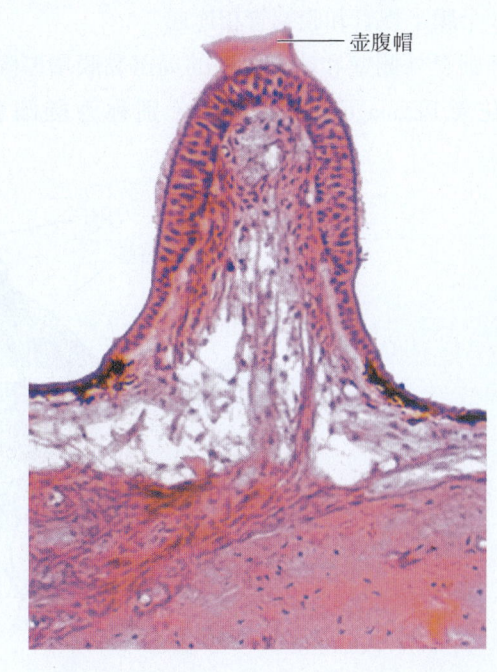
——壶腹帽

图 17-14　壶腹嵴

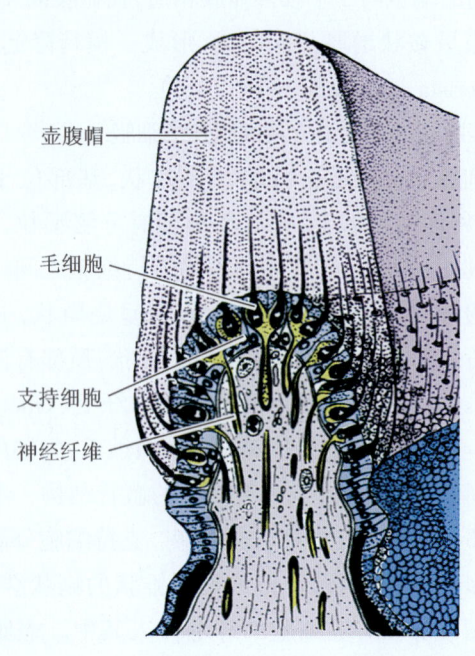

图 17-15　壶腹嵴模式图

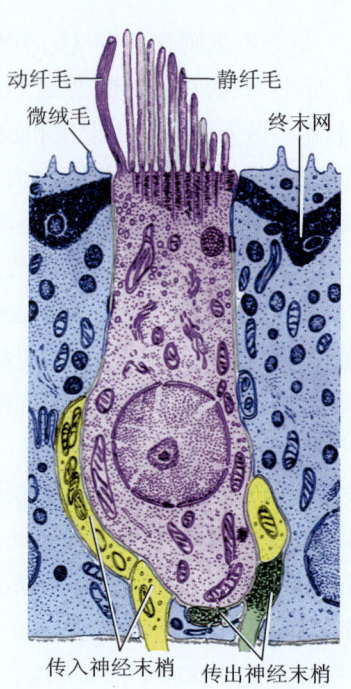

动纤毛　静纤毛
微绒毛　　终末网

传入神经末梢　传出神经末梢

图 17-16　毛细胞超微结构模式图

一椭圆形腔,前方与耳蜗相通,后方与 3 个半规管相连,外侧壁是鼓室内壁的一部分,壁上有卵圆窗和圆窗。位于前庭的膜迷路包括椭圆囊与球囊,两囊之间由"Y"形小管相连,由其延伸出的小管叫内淋巴管(endolymphatic duct),管的末端为盲状膨大,叫内淋巴囊(endolymphatic sac)(图 17-13)。椭圆囊和球囊分别与 3 个膜半规管和膜蜗管相连通。

椭圆囊外侧壁和球囊前壁的局部黏膜增厚隆起,构成位觉斑(macula acoustica),分别称为椭圆囊斑

(macula utriculi)和球囊斑(macula sacculi),两个位觉斑呈互相垂直的关系(图 17-13)。椭圆囊斑和球囊斑的结构与壶腹嵴基本相似,也是由支持细胞和毛细胞组成,毛细胞的基部与前庭神经末梢形成突触。但上皮表面平坦,上覆有胶质的耳石膜(otolithic membrane,又称位砂膜),膜的表面有碳酸钙和蛋白质组成的晶体颗粒,称耳石(otolith)或位砂(图 17-17)。

由于耳石相对密度比内淋巴大,当头部直线加速运动开始和终止时,内淋巴发生的惯性流动对纤毛产生刺

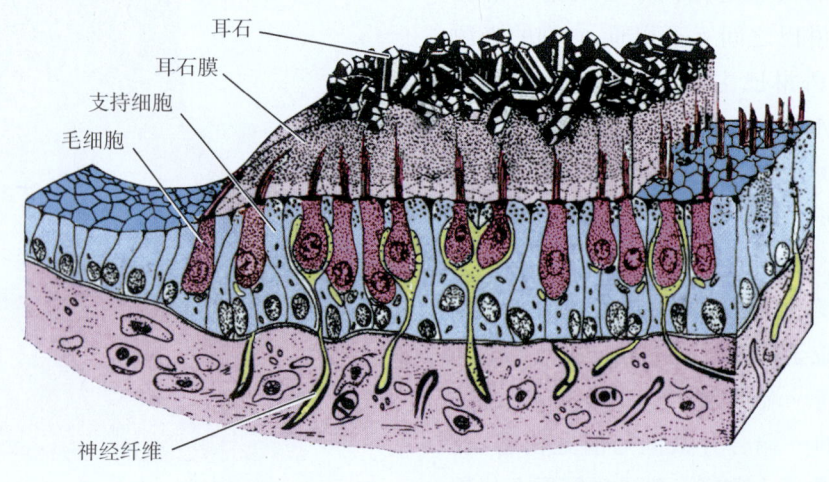

耳石
耳石膜
支持细胞
毛细胞

神经纤维

图 17-17　位觉斑模式图

激,静止时的地心引力对毛细胞的作用,均能引起毛细胞的兴奋,经前庭神经将冲动传向中枢。壶腹嵴和位觉斑都是位觉感受器,它们的神经冲动传入脑,使机体感受运动状态和头部的空间位置,维持身体的平衡。

3. 耳蜗与螺旋器

(1) 耳蜗(cochlea)　外形如蜗牛壳,中轴呈圆锥形,称蜗轴(modiolus),在蜗轴周围是一条呈螺旋形的骨性管道,叫骨蜗管(bony cochlear duct),人的骨蜗管以蜗轴为中心盘绕两圈半。蜗轴的骨质疏松,内有血管和螺旋神经节等,由蜗轴向骨蜗管伸出的螺旋形薄骨片称骨螺旋板(osseous spiral lamina)。骨蜗管外侧壁的骨膜增厚形成螺旋韧带(spiral ligament),与骨螺旋板间有纤维性薄膜相连,称膜螺旋板(membranous spiral lamina),又称基底膜(basilar membrane)。另外,从骨螺旋板斜向螺旋韧带上部的薄膜称前庭膜(vestibular membrane)。因此,通过蜗轴纵切面观察,每一骨蜗管都被分隔成了3个管道:上方为前庭阶(scala vestibuli),与前庭相通;下方为鼓室阶(scala tympani),底端借圆窗膜(盖在圆窗上)与中耳相隔;中间的三角形管道为膜蜗管(图17-18)。前庭阶和鼓室阶腔面覆有单层扁平上皮,腔内充满外淋巴,两个管道借蜗轴顶端的蜗孔(helicotrema)相通。膜蜗管则与球囊相通,充满内淋巴。

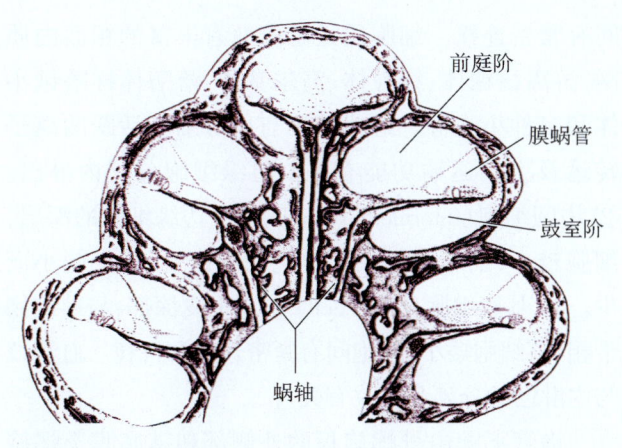

图17-18　人耳蜗垂直切面模式图

(2) 膜蜗管(membranous cochlea)　简称蜗管,又称中间阶(scala media),横切面呈三角形,有上、外和下3个壁。上壁为前庭膜,两面覆单层扁平上皮,中间有薄层结缔组织,上皮细胞具有吞饮作用,可能对内、外淋巴间的物质交换有一定的作用。外壁为螺旋韧带,表面覆盖着含连续型毛细血管的复层上皮,故叫血管纹(stria vascularis)(图17-19)。

血管纹的上皮由3种细胞构成:① 最表层细胞,称边缘细胞(border cell),细胞不规则,游离面有短的微绒毛,具有丰富的ATP酶活性,细胞伸出许多突起包绕上皮内的毛细血管,基底面有质膜内褶,细胞之

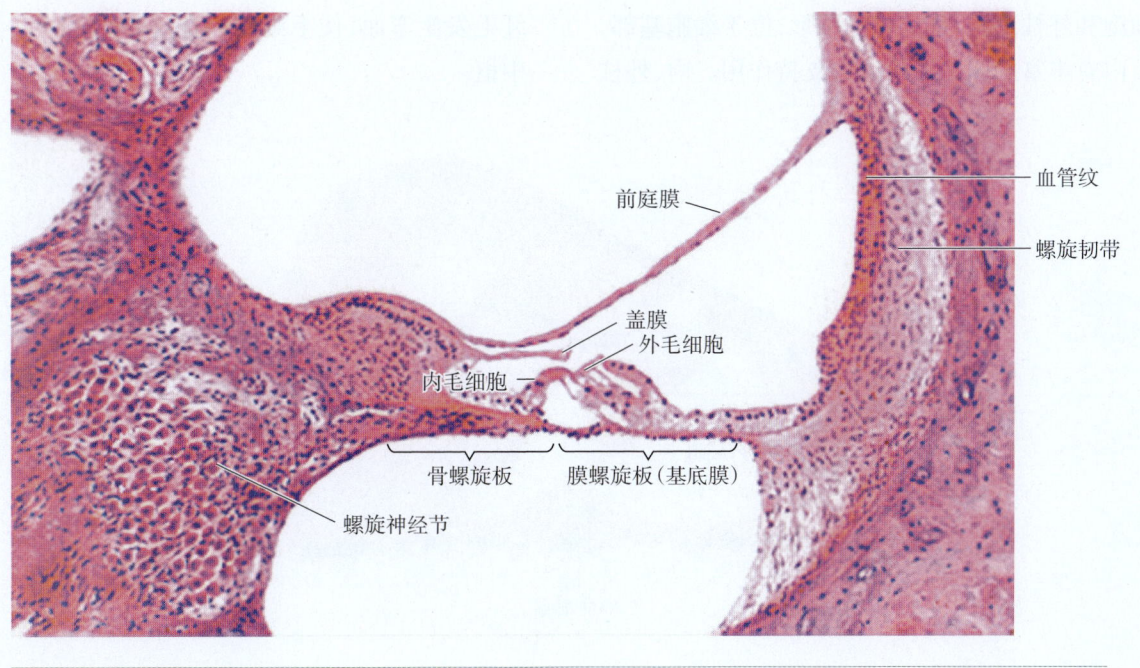

图17-19　蜗管

间有紧密连接。细胞质近游离面有丰富的粗面内质网、游离核糖体、线粒体、高尔基体、溶酶体样嗜锇小体和多种小泡等。这些结构与边缘细胞活跃的离子转运及主动运输功能有关。边缘细胞分泌内淋巴。② 中间细胞(intermediary cell),位于边缘细胞的深层,细胞较小,细胞也有突起包绕毛细血管,但突起小而少。③ 基底细胞(basal cell),位于上皮深部,与螺旋韧带相邻,细胞矮小,细胞间有紧密连接和桥粒。血管纹与内淋巴的分泌和吸收有关。

蜗管下壁由骨螺旋板的外侧部和基底膜及螺旋器组成。骨螺旋板的起始部骨膜增厚突入蜗管,称螺旋缘(spiral limbus),其表面上皮分泌的糖蛋白和细纤维形成一片螺旋形的胶质薄膜,称盖膜(tectorial membrane),覆盖在螺旋器的上方,与毛细胞(hair cell)的听毛接触。基底膜中除有神经和血管外,主要成分是非常薄的纤维层,是从骨螺旋板向外放射状排列的胶原样细丝束,又称听弦(auditory string)。由于基底膜从蜗底向蜗顶逐渐增宽,所以蜗底的听弦较短,蜗顶的听弦较细长,因此蜗底部基底膜的共振频率高,蜗顶的共振频率低。基底膜表面的上皮增高特化为听觉感受装置,叫螺旋器。

(3) 螺旋器(spiral organ) 又称 Corti 器,主要由支持细胞和毛细胞组成。支持细胞种类较多,主要为柱细胞和指细胞(图 17-20)。柱细胞(pillar cell)分为内柱细胞和外柱细胞,细胞核呈圆形,位于细胞基部,细胞质内有丰富的张力原纤维起支持作用。内、外柱

细胞基部宽,排列于基底膜上,底部相接;而胞体中部细长,彼此分离,顶部则互相嵌合,从而围成一条三角形的细胞隧道,称内隧道,也沿蜗管螺旋走行。指细胞(phalangeal cell)分列于内、外柱细胞之两侧,可分内指细胞和外指细胞。内指细胞排成 1 列,外指细胞有 3~5 列,蜗底少,蜗顶多。指细胞呈柱状,细胞核位于上部,基部位于基底膜上,顶部有一指状突起。指细胞有托举毛细胞的作用。毛细胞有内毛细胞和外毛细胞之分,分别位于内、外指细胞的胞体上方。内毛细胞(inner hair cell)呈螺旋形排成 1 列,约有 3 500 个。外毛细胞(outer hair cell)螺旋形排成 3~5 列,约有 12 000 个(图 17-21)。毛细胞细长,核近基部,细胞的顶部有许多排列成"V"或"W"形的静纤毛,称听毛(trichobothrium)。螺旋神经节由大量双极神经元组成,其周围突穿过骨螺旋板,终末与毛细胞的基部形成突触,中枢突穿出蜗轴形成蜗神经。

螺旋器接受声波刺激的过程如下:声波经外耳道达鼓膜,鼓膜的振动经听小骨传至卵圆窗,引起前庭阶的外淋巴振动,继而使前庭膜和膜蜗管的内淋巴振动,同时前庭阶的外淋巴振动又可经蜗孔传至鼓室阶进而使基底膜发生共振。由于基底膜的不同部位的听弦长度和直径不同,因而引起与声波的频率相应的听弦发生大幅度的共振。相应部位的基底膜的振动导致该部位的毛细胞的听毛和盖膜接触,静纤毛发生弯曲,使毛细胞兴奋,经蜗神经将冲动传至中枢。

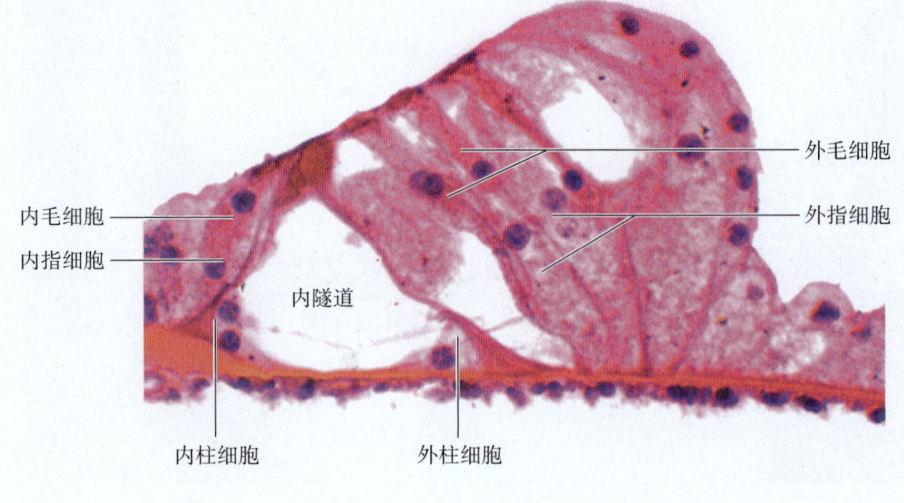

图 17-20 螺旋器

螺旋器易受外界因素的影响,主要有噪声、外伤及链霉素、新霉素等耳毒性药物的损伤。这些药物可引起螺旋器血管和血管纹的血管内皮暂时性肿胀,血流受阻,导致毛细胞缺氧,听毛肿胀,毛细胞发生退变坏死,与其相联系的神经纤维和螺旋神经节发生退行性变,导致药物性耳聋。

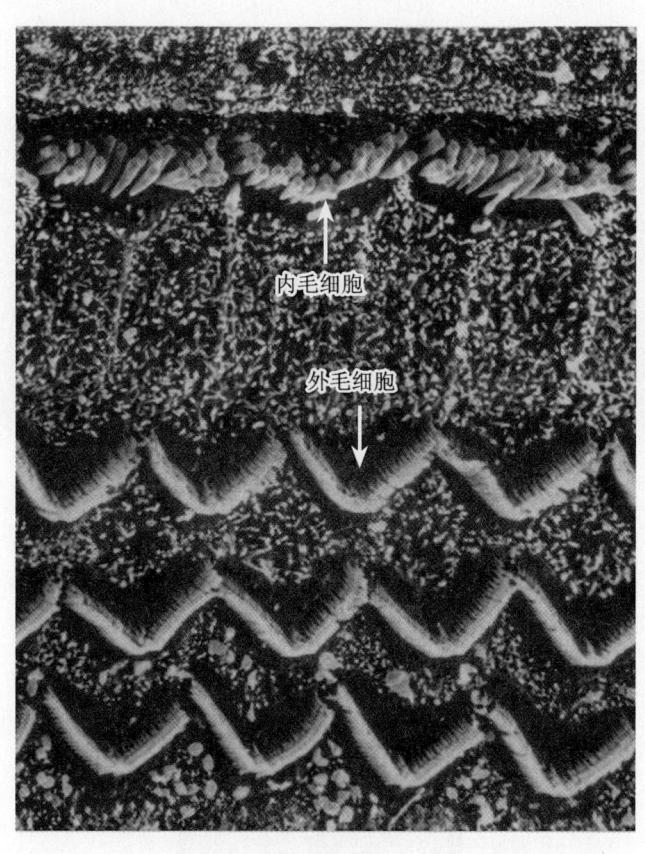

内毛细胞

外毛细胞

图 17-21　豚鼠内耳螺旋器顶部(SEM)

(张丽红)

新形态教材网

🎧 微课导学　　📧 教学课件　　🖥 微视频　　🌐 知识链接　　📝 自测题

第十八章

泌尿系统

泌尿系统由肾、输尿管、膀胱、尿道等器官组成，其主要功能是滤过血浆，生成和排出尿液。通过对尿液生成过程的复杂调节，排泄机体在新陈代谢过程中产生的废物，并维持机体水、电解质和酸碱平衡。此外，由肾产生的生物活性物质，如肾素、前列腺素、促红细胞生成素等，对机体诸多生理功能都起重要的调节作用。

一、肾

肾(kidney)形似蚕豆，外侧缘隆突，内缘中部凹陷为肾门，肾血管、淋巴管、神经和输尿管在此出入。肾的表面包有致密结缔组织被膜，又称肾纤维膜。

从肾的冠状剖面上看，周边饱满为肾实质，内侧中央空虚为肾窦，肾窦内为肾盂及其分支——肾大盏和肾小盏，以及肾血管的分支(图 18-1)。肾实质的外周部呈暗红色、颗粒状，为皮质；深部色浅为髓质，由10~18个肾锥体组成。每一个肾锥体的底部与皮质相连构成一个肾叶。锥体的尖端突入肾小盏内，称肾乳头。锥体之间的结构叫肾柱，是皮质在相邻肾叶之间的延续。肉眼见锥体呈条纹状，并呈放射状伸入皮质形成髓放线(medullary ray)。髓放线之间的结构为皮质迷路(cortical labyrinth)。每条髓放线及周围的皮质迷路构成一个肾小叶。

显微镜下，肾实质由肾单位和集合管组成，其间的少量结缔组织构成肾间质。每个肾单位由一个球形

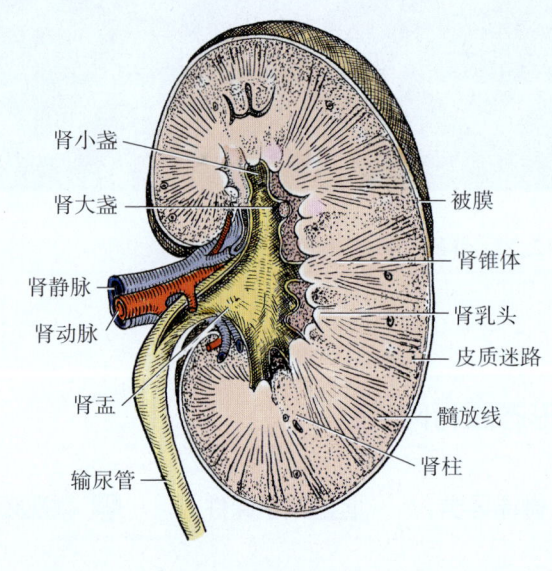

图 18-1　肾的冠状切面模式图

肾小体和一条与之相连的肾小管组成。血浆在肾小体滤过，在肾小管重吸收。肾小管由近端小管、远端小管及连接它们的细段构成。近端小管和远端小管又分别由曲部和直部组成，曲部盘曲走行在皮质迷路的肾小体周围；而直部相伴行走于髓放线，并向内伸入肾髓质，在髓质内由细段将其相连，三者形成髓袢(medullary loop)，又称 Henle 袢，袢曲位于髓质的不同深度。肾单位的远端通过连接小管在皮质浅层与集合管相连。集合管穿过皮质髓放线，下行到髓质深部的肾乳头，并开口于肾小盏，故集合管按走行区域又分为皮质集合管、髓质集合管和乳头管(papillary duct)。

肾小管各段和集合管都由单层上皮构成,统称为泌尿小管(uriniferous tubule)。两者虽然结构相连且功能相关,但在胚胎发生时,肾单位和集合管来源于中胚层的不同结构(详见第二十五章泌尿系统和生殖系统的发生)。肾小体、肾小管和集合管的各段在肾实质的分布及走行具有一定规律(图 18-2,表 18-1)。

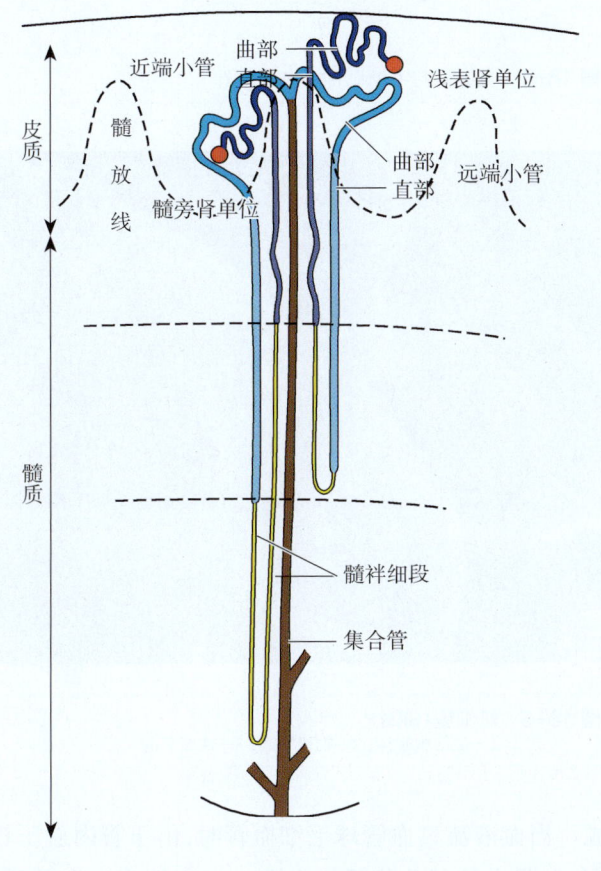

图 18-2 肾小体分布及肾小管和集合管走行示意图

(一) 肾单位

肾单位(nephron)是肾结构与功能的基本单位。每侧肾有 100 万 ~140 万个肾单位。

1. **肾小体**(renal corpuscle) 又称肾小球,呈球形,直径约 200 μm,由血管球和肾小囊组成,是滤过血浆的场所。肾小体有两个相对的极:血管极和尿极。微动脉出入处称血管极,而肾小囊与肾小管相连处称尿极(图 18-3)。

(1) **血管球**(glomerulus) 是位于入球微动脉与出球微动脉之间盘曲成球的毛细血管,被肾小囊包绕。一条入球微动脉由血管极进入肾小体,反复分支并形成 20~40 条相互吻合的毛细血管袢。毛细血管最终汇合成一条出球微动脉,从血管极离开肾小体。入球微动脉比出球微动脉粗,故血管球内的血压较一般毛细血管高。电镜下,血管球为有孔毛细血管,孔径约为 70 nm,没有隔膜。内皮细胞内有许多中间丝、微丝和微管。内皮细胞表面覆盖一层富含阴离子的糖蛋白复合物,故内皮细胞表面带负电荷,构成血浆滤过到肾小囊腔的第一道屏障。

血管极处有少量结缔组织细胞,充填在微动脉之间,并随血管进入血管球,分布于毛细血管袢之间,构成血管系膜(mesangium),故又分球内系膜和球外系膜。系膜由系膜细胞和基质组成。系膜细胞略呈星形,细胞核圆而小,染色深,与内皮细胞不易区分。电镜下,系膜细胞有突起伸入内皮与基膜之间或经内皮细胞之间深入毛细血管腔内。在某些病理情况下,系膜细胞增多,具有吞噬作用,可吞噬和降解血液滤过时沉积在血管球基膜上的免疫复合物,并参与基膜的更

表 18-1 肾单位及集合管的组成及分布

肾实质	肾单位	肾小体	血管球	(皮质迷路、肾柱)	
			肾小囊		
		肾小管	近端小管	近端小管曲部(皮质迷路、肾柱)	
				近端小管直部(髓放线、肾锥体)	髓袢
			细段(肾锥体)	- - - - - - - - - -	
			远端小管	远端小管直部(髓放线、肾锥体)	
				远端小管曲部(皮质迷路、肾柱)	
		连接小管			
	集合管:皮质集合管 → 髓质集合管 → 乳头管				
	(皮质髓放线)　　(髓质)　　(肾乳头)				

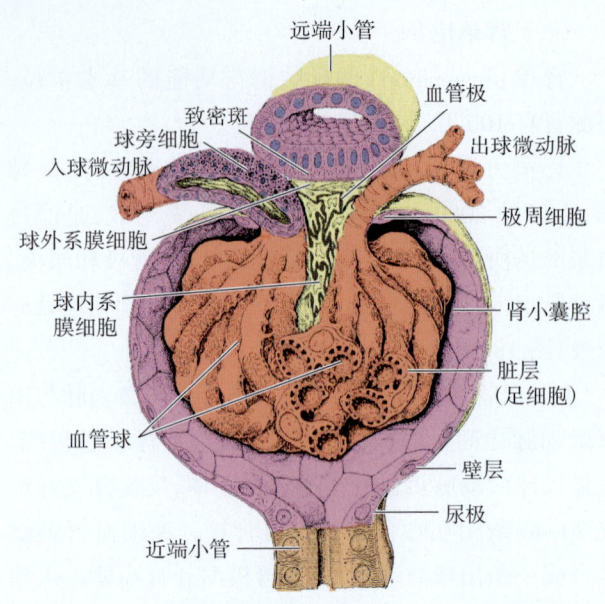

图 18-3　肾小体及球旁复合体模式图

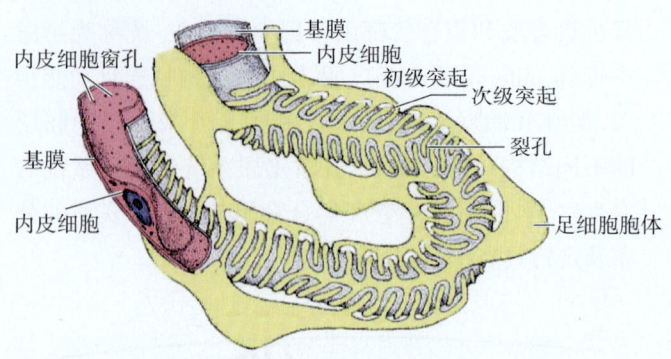

图 18-4　足细胞与毛细血管结构示意图

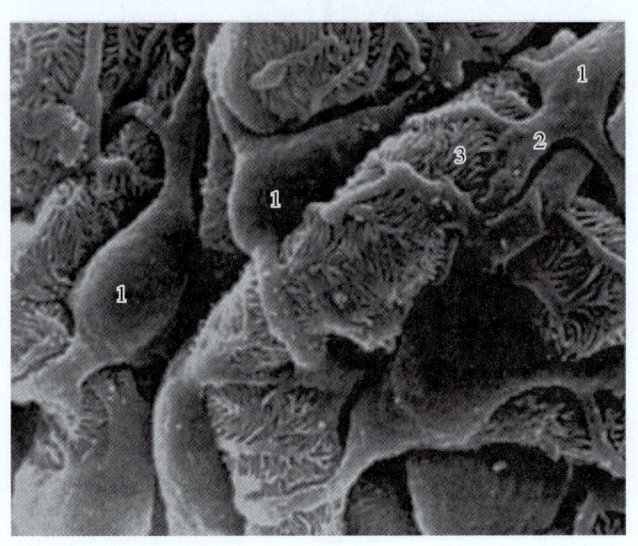

图 18-5　足细胞（SEM）
1—足细胞胞体；2—初级突起；3—次级突起

新。系膜基质填充在系膜细胞之间，在血管球内起支持和通透作用。

（2）肾小囊（renal capsule）　又称 Bowman 囊，是肾小管盲端膨大并凹陷而成，凹陷内有血管球，凹陷的双层壁为肾小囊脏层和壁层，两层之间的狭窄腔隙为肾小囊腔，腔内有血浆滤过液，又称为原尿。肾小囊腔与肾小管在尿极相通。肾小囊的壁层为单层扁平上皮，在肾小体尿极与近端小管上皮相移行；在血管极处，壁层上皮移行为脏层，并包裹血管球的有孔毛细血管。脏层细胞胞体较大，凸向肾小囊腔，细胞质伸出许多突起，故又称足细胞（podocyte）。足细胞从胞体伸出几个粗大的初级突起，继而再分出许多细小的指状次级突起。相邻足细胞的次级突起互相穿插形成栅栏状，紧贴于血管球毛细血管基膜外面（图 18-4，图 18-5）。突起之间的孔隙称裂孔（slit pore），其距离为 20~25 nm，孔上覆有一层 7~10 nm 厚的薄膜，称裂孔膜（slit membrane）。电镜下可见，细胞质内有发达的高尔基体和溶酶体；突起内有大量微管、微丝、中间丝和肌动蛋白丝，其收缩可调节裂孔的宽度。

足细胞突起与毛细血管内皮细胞之间或足细胞突起与血管系膜之间存有较厚而完整的基膜，厚约300 nm。电镜下基膜可分 3 层，中层为电子密度高的致密层，内、外层为电子密度低的透明层，主要由 IV 型胶原蛋白、层粘连蛋白、巢蛋白和硫酸化的糖蛋白组

成。当血液流过血管球毛细血管时，由于管内血压较高，血浆内的某些物质经有孔毛细血管内皮和基膜，以及足细胞裂孔膜滤入肾小囊腔，这 3 层结构被称为滤过膜（filtration membrane）或滤过屏障（filtration barrier）（图 18-6）。滤过膜对血浆中具有不同大小和电荷的分子的滤过起限制作用。一般情况下，血管球滤过膜只能通过相对分子质量为 7×10^4 以下的物质。滤过入肾小囊腔的原尿除不含大分子的蛋白质外，其余成分与血浆基本相似。若滤过膜受损，则大分子蛋白质，甚至血细胞均可漏出，出现蛋白尿和血尿。在成人，一昼夜两肾可形成原尿约 180 L。

知识链接 18-1　蛋白尿

近年研究发现，足细胞能合成基膜的所有蛋白质成分，参与基膜的更新；并参与清除基膜上的沉淀物，

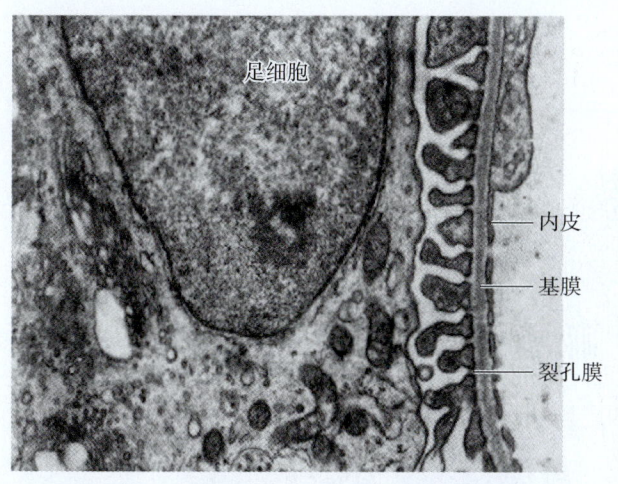

图 18-6 滤过屏障(TEM)

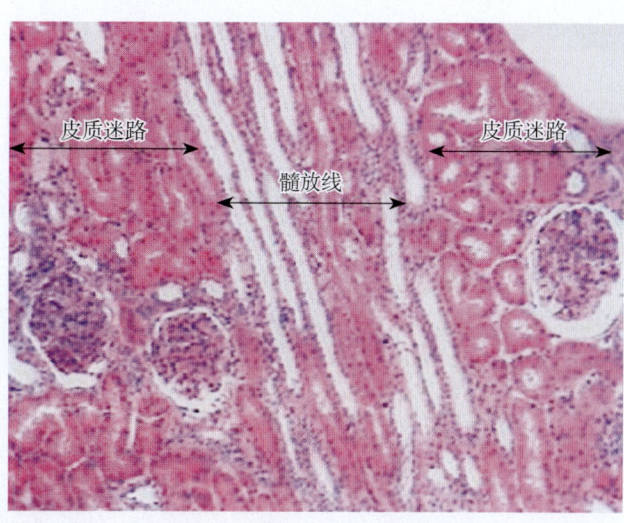

图 18-7 肾皮质低倍

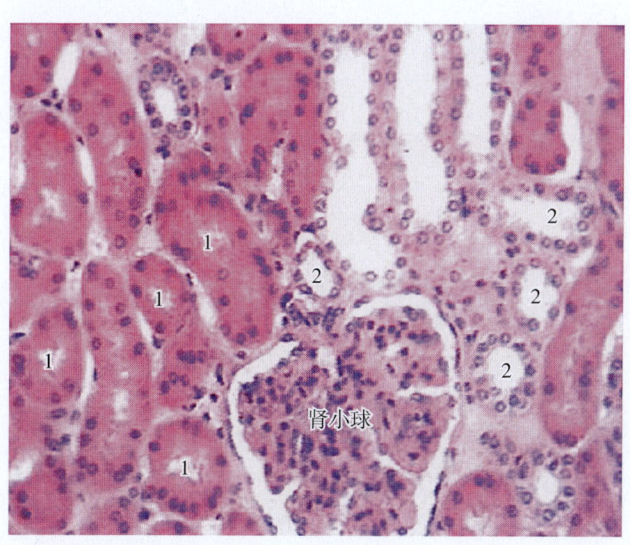

图 18-8 肾皮质迷路
1—近端小管曲部;2—远端小管曲部

以维持基膜的通透性。此外,在肾小囊壁层和脏层交界处,有数个特殊的细胞围绕血管极,称极周细胞(peripolar cell)。其游离面朝向肾小囊腔,有微绒毛,相邻细胞间有连接复合体,细胞质具有典型的分泌蛋白质细胞的结构特征,功能尚不清楚。

2. 肾小管 肾小管近端与肾小囊相连,远端通过连接小管与集合管相连。血浆中大部分成分在肾小管被重吸收。各段肾小管在肾实质中的分布不同,上皮细胞的结构和功能也不同。

(1) 近端小管(proximal tubule) 是肾小管中最长、最粗的一段,直径约 40 μm,长约 14 mm。近端小管曲部管壁较厚,由单层立方上皮或锥体形细胞围成。光镜下,细胞界限不清,游离面有刷状缘,基底部有纵纹,细胞核呈圆形,位于中央靠近基底部,细胞质强嗜酸性(图 18-7,图 18-8)。电镜下可见,刷状缘由大量密集而排列整齐的微绒毛组成,每平方微米约 150 根,组织化学方法证明此处有较强的碱性磷酸酶和 ATP 酶等。微绒毛根部的细胞膜凹陷形成有被小窝,小窝与质膜脱离形成有被小泡,是细胞以内吞方式重吸收蛋白质的一种结构。细胞质顶端还含有许多具有细胞膜结构的小管,称顶端致密小管,它是重吸收过程中含受体的细胞膜循环再利用的结构。细胞质上部各种细胞内吞体及溶酶体较多。上皮细胞的侧面伸出许多侧突及其分支,相邻细胞的侧突相互交叉,故细胞分界不清。细胞基部细胞膜内陷形成质膜内褶,内褶之间有许多纵向排列的杆状线粒体,形成光镜下的纵纹(图 18-9)。质膜内褶以及侧突间隙形成的弯曲管道系统,扩大了细胞基底面和侧面的表面积。细胞基部和侧面细胞膜上还有丰富的 Na+-K+-ATP 酶,在重吸收过程中起着重要的物质转运作用。

近端小管直部的结构与曲部相似(图 18-10,图 18-11),但质膜内褶、微绒毛、细胞内吞小泡等结构不如曲部发达。近端小管对钠、钾、氯等离子,以及水和有机质(如葡萄糖和氨基酸)的重吸收起重要作用,一半的原尿在此段被重吸收。

知识链接 18-2 水通道蛋白

(2) 细段(thin segment) 直径为 12~15 μm,管壁由单层扁平上皮围成。细胞核呈卵圆形,突向管腔,

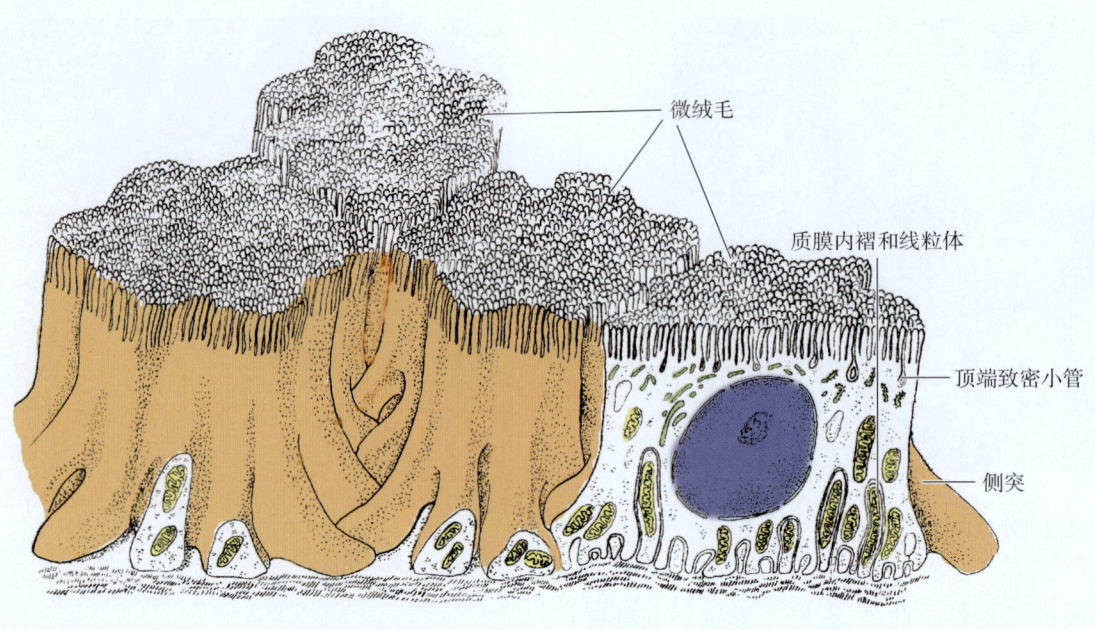

图 18-9　肾近端小管上皮细胞超微结构模式图

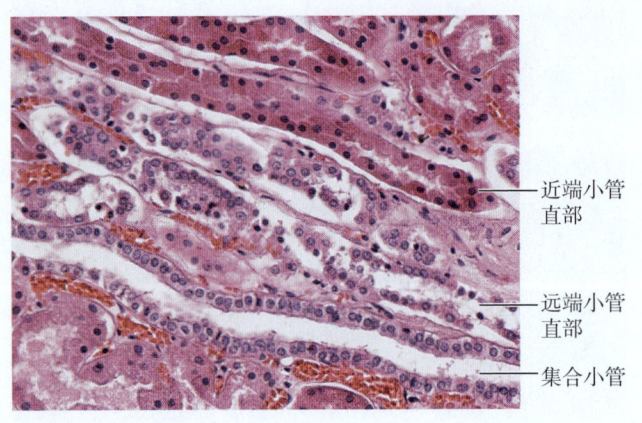

图 18-10　肾髓放线

细胞质着色较浅,呈弱嗜酸性,无刷状缘。电镜下,游离面有少量短微绒毛,基底面质膜内褶少(图 18-11)。极薄的管壁有利于水和离子的转运。

(3) 远端小管(distal tubule)　远端小管直部与细段相连,从髓质进入皮质髓放线,然后离开髓放线,在皮质迷路其本身的肾小体周围盘曲成曲部。由于远端小管曲部没有近端小管曲部长,故在镜下肾小体周围更多可见的是近端小管曲部的断面。直部管径约 30 μm,管腔规则,管壁上皮细胞为立方形,着色浅,细胞核位于中央。细胞表面无刷状缘,基底部可见纵纹(图 18-11,图 18-12)。电镜下,细胞游离面有少量微绒毛,细胞顶部有少许小泡和溶酶体,基部质膜内褶

较发达,内褶间细胞质内线粒体细长,数量多。质膜内褶上有钠泵,能主动泵出钠离子。此处细胞膜对水不通透,形成单纯重吸收盐的效应;加上尿素在肾髓质的重吸收和肾小管内的再循环,造成从肾锥体底至肾乳头间质内的渗透压逐步增高,有利于集合小管对水的重吸收,从而达到尿液的浓缩。

远端小管曲部基本结构与直部相似(图 18-8,图 18-10,图 18-11),但是曲部上皮细胞比直部高,质膜内褶更发达,有的深达细胞顶部,故细胞核常位于细胞质的顶部。曲部是离子交换的重要部位,有吸收钠和排出钾的作用,此过程受肾上腺盐皮质激素(醛固酮)的调节。此外,曲部还分泌氢离子和氨,对维持体液的酸碱平衡有重要意义。

根据肾小体在皮质中的位置可将肾单位分为浅表肾单位(superficial nephron)和髓旁肾单位(juxtamedullary nephron)。浅表肾单位的肾小体位于皮质浅层和中部,约占肾单位的 85%,肾小体体积小,髓袢较短,在尿液生成过程中起重要作用。髓旁肾单位数量较少,髓袢细段长,可伸入髓质深部,与尿液浓缩功能密切相关,此种肾单位发生早于浅表肾单位(图 18-2)。

(二) 集合管

集合管(collecting duct)长约 20 mm。一条皮质集合管在皮质浅层通过连接小管(connecting tubule)

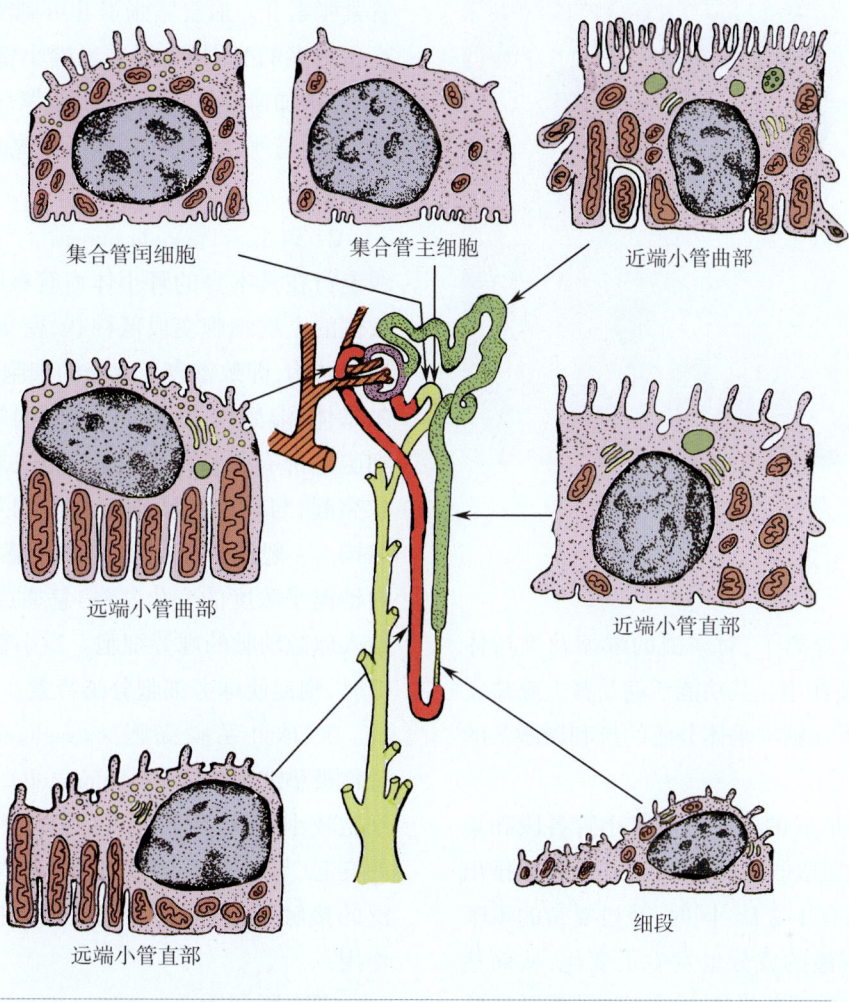

集合管闰细胞　　　　集合管主细胞　　　　近端小管曲部

远端小管曲部　　　　　　　　　　　　近端小管直部

远端小管直部　　　　　　　　　　　　细段

图 18-11　肾小管和集合管上皮细胞模式图

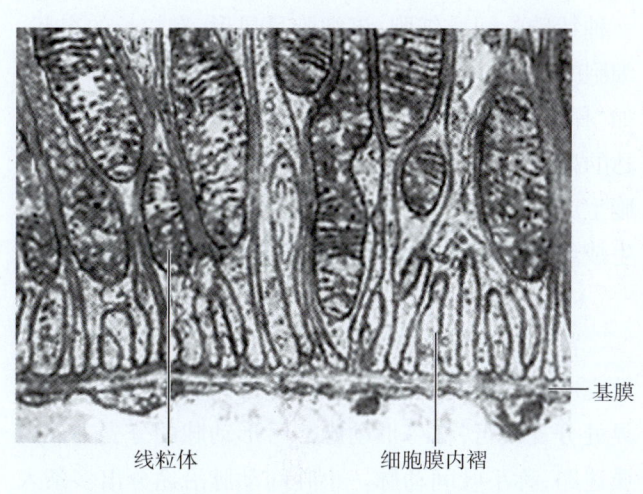

线粒体　　　　细胞膜内褶　　　　基膜

图 18-12　远端小管上皮细胞基底部（TEM）

与多条肾单位的远端小管相连。连接小管胚胎发生来源尚不清楚，其结构和功能复杂，尚在研究中。

从皮质髓放线到髓质，集合管管壁上皮由单层立方变为单层柱状，至肾乳头处的乳头管为高柱状上皮。集合管细胞界限清楚，核圆形，居中，着色较深，细胞质色淡而明亮（图 18-13）。电镜下，集合管上皮细胞有两种：主细胞和闰细胞。主细胞（principal cell）又称亮细胞，其数量多，游离面有少量微绒毛，细胞质内细胞器少，基部有质膜内褶；闰细胞（intercalated cell）又称暗细胞，数量相对少，分布于主细胞之间。皮质集合管内闰细胞数量较多，随着集合管下行，其数量逐渐减少。闰细胞游离面有短小的微皱褶，细胞质中有丰富的吞饮小泡，线粒体和溶酶体发达，质膜内褶较明显（图 18-11）。集合管可重吸收水及钠离

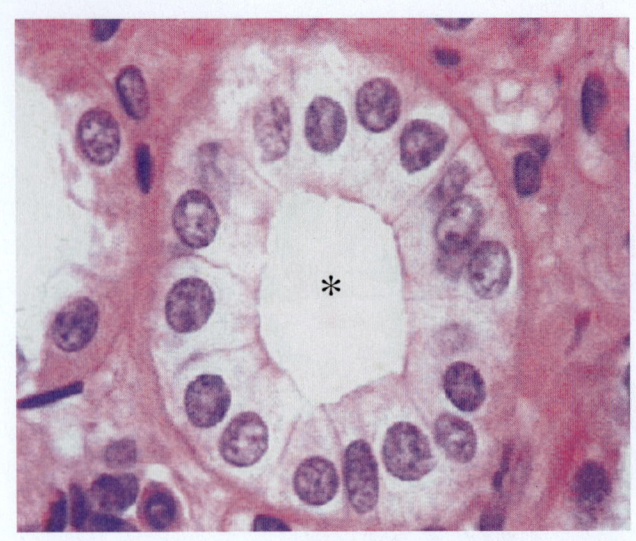

图 18-13 集合管（*）

子，并排出钾、氢、氨等离子，对尿液的浓缩及维持体液的酸碱平衡起重要作用。其功能活动受肾上腺盐皮质激素（醛固酮）及下丘脑－垂体分泌的抗利尿激素的调节。

最终，由肾小体形成的原尿流经肾小管各段和集合管后，99% 的水被重吸收，只有 1% 被作为终尿排出体外，故终尿每天只有 1~2 L。同时，经过复杂的重吸收和分泌调节后，尿液的成分也发生了变化，从而达到排泄代谢终产物，并调节机体水、盐、酸碱等平衡的重要生理作用。

（三）球旁复合体

球旁复合体（juxtaglomerular complex）也称血管球旁器（juxtaglomerular apparatus），位于肾小体血管极处由远端小管、入球微动脉和出球微动脉构成的三角形区域，由球旁细胞、致密斑和球外系膜细胞组成（图 18-3）。

1. 球旁细胞（juxtaglomerular cell） 入球微动脉靠近血管极处，管壁平滑肌细胞演变成肌上皮样细胞，为球旁细胞。该细胞体积较大，核圆形，细胞质呈弱嗜碱性，着色浅，细胞质内有丰富的分泌颗粒，免疫荧光法证明颗粒内含有肾素（renin）。电镜下，细胞内肌丝少，粗面内质网和核糖体多，高尔基体发达，含有大量的膜包分泌颗粒。在球旁细胞和微动脉内皮之间有基膜相隔，其分泌物易于释放入血。肾素是一种酶，入血后能使血浆中的血管紧张素原转变为血管紧张素Ⅰ，后者在血管内皮细胞分泌的转化酶作用下，转变为血管紧张素Ⅱ。血管紧张素Ⅱ可刺激肾上腺皮质球状带产生更多的醛固酮，促进远端小管对钠和氯离子的重吸收，增加血容量。同时，血管紧张素Ⅱ也是血管收缩剂，使血管平滑肌收缩，从而升高血压，也使血管球滤过率增加。

2. 致密斑（macula densa） 当远端小管离开髓放线走行在其本身的肾小体血管极时，靠近肾小体血管极侧的上皮细胞变成低柱状，密集排列而形成椭圆形斑状结构，即致密斑。此处的细胞核位于细胞顶部，高尔基体、溶酶体、核糖体、内质网等位于细胞核下方，细胞基部有大量线粒体；细胞缺乏侧突，基底面有指状突起，与球外系膜细胞突起相互交错，形成复杂的结构。一般认为，致密斑是离子感受器，感受远端小管内钠离子浓度的变化，将信息通过球外系膜细胞传递给入球微动脉的球旁细胞。当小管液中钠离子浓度降低时，则促使球旁细胞分泌肾素。

3. 球外系膜细胞（extraglomerular mesangial cell） 又称极垫细胞（polar cushion cell），与球内系膜相延续。细胞较小，细胞质内偶可见分泌颗粒。细胞具有细长的突起，与致密斑、球旁细胞、球内系膜细胞等形成广泛的接触，接触部位形成缝隙连接，可能起信息传递作用。

（四）肾间质

分布于肾单位和集合管之间的结缔组织称为肾间质。肾间质分布不均，从皮质到肾乳头的间质成分逐渐增多。在肾髓质的间质中，除一般的结缔组织外，还有一种特殊的间质细胞，该细胞呈星形，有较长的突起，细胞的长轴与髓袢、集合管及直小动、静脉垂直排列，形如"梯架"样。电镜下，细胞质中含有丰富的内质网，发达的高尔基体和大量脂滴。肾间质细胞可分泌促红细胞生成素和前列腺素 E_2，前者具有促进骨髓造血细胞生成红细胞的功能，而后者有降低血压的作用。

（五）肾的血液循环

肾动脉直接由腹主动脉分出，经肾门入肾后分为数支叶间动脉，走行于肾锥体侧面，上行至皮、髓质交界处分支横行，称弓形动脉。弓形动脉的分支进入皮质迷路，称小叶间动脉。小叶间动脉沿途分出多条入球微动脉进入肾小体形成血管球，最后又汇合成出球微动脉。浅表肾单位的出球微动脉再分支形成球后毛细血管网,分布于皮质肾小管周围。髓旁肾单位的出球微动脉不仅形成球后毛细血管网分布于髓质肾小管周围,还发出若干直小动脉进入髓质,在髓质的不同深度又分支形成毛细血管丛。而到达髓质深部的直小动脉返折直行上升为直小静脉,构成"U"形直小血管袢,与肾小管的不同髓袢节段伴行,两者功能关系密切。小叶间动脉的末端直达被膜形成毛细血管,毛细血管汇合成星形静脉,下行形成小叶间静脉,沿途收集皮质毛细血管的静脉血,注入小叶间静脉,而髓质的静脉由直小静脉上升后注入弓形静脉,最后由肾静脉出肾(图 18-14,图 18-15)。

肾血液循环的特点是:① 肾动脉直接起于腹主动脉,血流量大,每 4~5 min 人体的全部血量流经两肾一次。② 血管球的毛细血管两端皆连于动脉,出球微动脉的平滑肌可主动调节血管的血压,血管球毛细血管血压约为主动脉血压的 70%,比一般毛细血管血压高很多,有利于原尿的形成。③ 肾内不同区域血流不同,皮质血流量大,约占 90%,流速快;髓质血流量小,仅占肾血流量的 10%,流速慢。④ 流经肾的血液绝大部分先通过血管球,球后毛细血管中的血液因大量水分滤出,故胶体渗透压增高,有利于水的重吸收;髓质的直小动脉和直小静脉形成袢状,与肾单位的髓袢相伴行,有利于肾小管和集合小管重吸收水。

二、排尿器官

排尿器官包括肾盏、肾盂、输尿管、膀胱和尿道

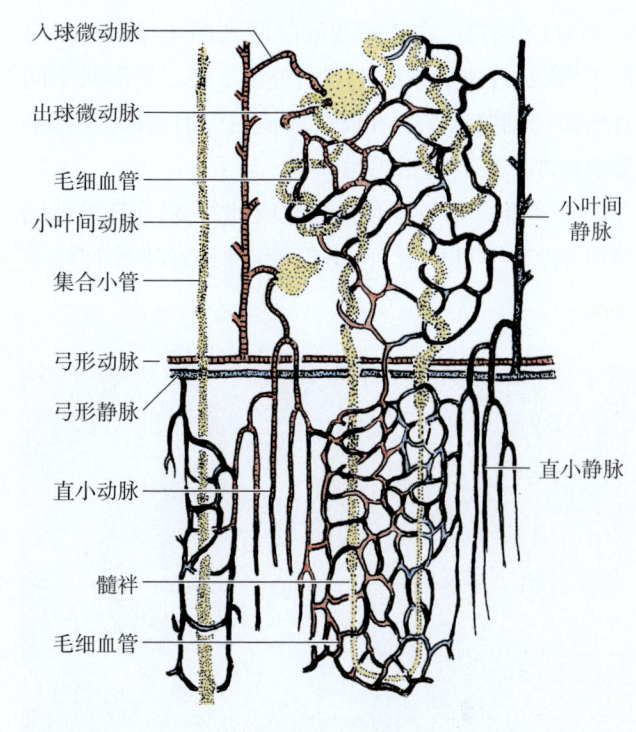

图 18-14 肾血液循环示意图

等。输尿管和膀胱基本结构相似,管壁都分 3 层,由内向外为黏膜、肌层和外膜,但管壁逐渐增厚(图 18-16,图 18-17)。

1. 黏膜 由变移上皮和固有层构成。变移上皮衬于肾乳头、肾盏、肾盂、输尿管和膀胱的腔面。固有层为富有弹性纤维的细密结缔组织。膀胱的黏膜形成许多皱襞。

2. 肌层 一般为内纵、外环两层平滑肌。从输尿

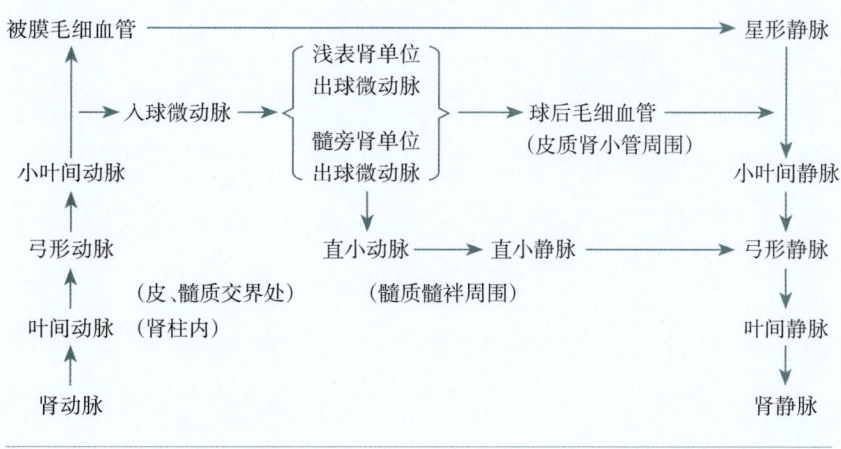

图 18-15 肾血液循环线路图

管下 1/3 至膀胱,在环行肌和外膜之间增加了一层纵行平滑肌,故成为内纵、中环、外纵 3 层。平滑肌束间有较多的结缔组织。在膀胱尿道内口的周围,环行平滑肌增厚形成膀胱括约肌。

3. 外膜　除膀胱顶部为浆膜外,外膜为纤维性结缔组织,其中可见血管、淋巴管、神经纤维和神经节细胞。

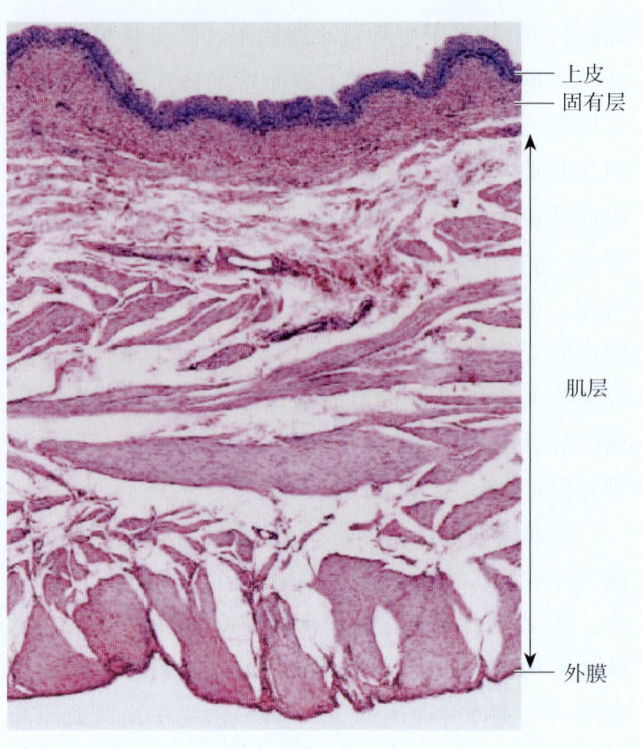

上皮
固有层

肌层

外膜

图 18-17　膀胱壁的微细结构

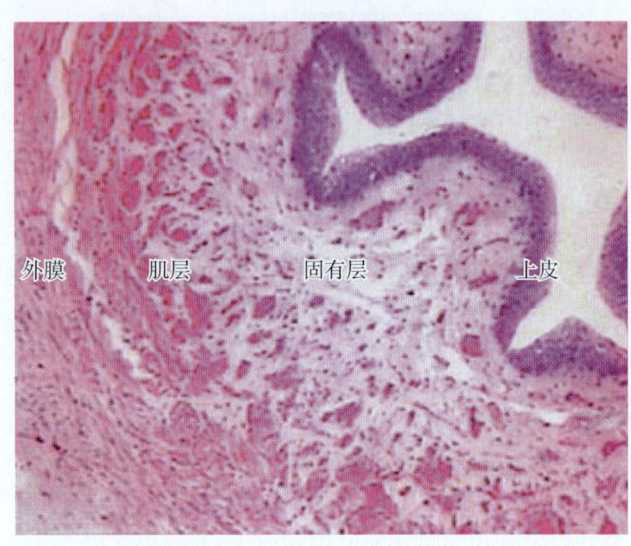

外膜　　肌层　　　固有层　　　　上皮

图 18-16　输尿管壁的微细结构

(温　昱)

新形态教材网

🎥 微课导学　　📖 教学课件　　🖥 微视频　　⚙ 知识链接　　📝 自测题

第十九章

男性生殖系统

男性生殖系统（male reproductive system）由睾丸、生殖管道、附属腺及外生殖器组成。睾丸是产生精子和分泌雄性激素的器官。生殖管道由附睾、输精管、射精管和尿道组成，主要有促进精子成熟、营养、储存和运输精子的作用。附属腺包括精囊、前列腺和尿道球腺。附属腺与生殖管道的分泌物参与精液的形成。

一、睾丸

睾丸（testis）位于阴囊中。睾丸表面包裹着一层致密结缔组织，称白膜（tunica albuginea）。在睾丸的前缘和两侧，白膜表面覆以浆膜，即鞘膜脏层。在鞘膜脏层与壁层之间有鞘膜腔，腔内含少量液体，有润滑作用。白膜在睾丸后缘增厚形成睾丸纵隔（mediastinum testis）。纵隔的结缔组织呈放射状伸入睾丸实质形成睾丸小隔，将睾丸实质分隔成约 250 个锥形小叶，每个小叶内有 1~4 条弯曲细长的生精小管，生精小管在近睾丸纵隔处变为短而直的直精小管。直精小管进入睾丸纵隔相互吻合形成睾丸网。生精小管之间的疏松结缔组织称睾丸间质（图 19-1，图 19-2）。

（一）生精小管

生精小管（seminiferous tubule）为高度弯曲的复层上皮性管道。成人的生精小管长 30~70 cm，直径 150~250 μm。管壁由生精上皮（spermatogenic epithelium）和基膜构成。生精上皮由支持细胞和 5~8 层的生精细胞（spermatogenic cell）组成。生精上皮基膜明显，

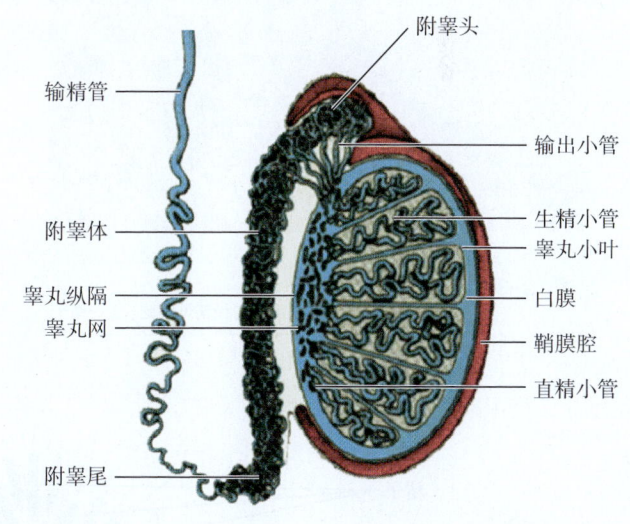

附睾头
输精管
附睾体
睾丸纵隔
睾丸网
附睾尾
输出小管
生精小管
睾丸小叶
白膜
鞘膜腔
直精小管

图 19-1　睾丸与附睾

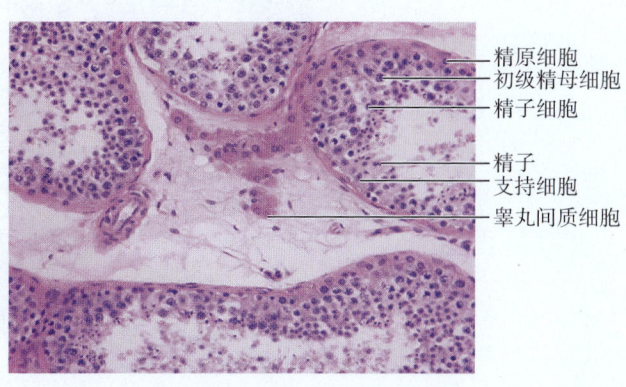

精原细胞
初级精母细胞
精子细胞
精子
支持细胞
睾丸间质细胞

图 19-2　生精小管与睾丸间质

基膜外侧有胶原纤维和梭形的肌样细胞（myoid cell）（图 19-3，图 19-4）。肌样细胞收缩有助于精子排出。

1. 生精细胞与精子的发生   生精细胞包括精原细胞、初级精母细胞、次级精母细胞、精子细胞和精子。从精原细胞发育成为精子的过程称精子发生（spermatogenesis），经历了精原细胞的增殖、精母细胞的成熟分裂和精子形成 3 个阶段（图 19-5），在人类需（64±4.5）天。

（1）精原细胞（spermatogonium） 来源于胚胎时期的原始生殖细胞，紧贴生精上皮的基膜，圆形或卵圆形，直径 12 μm。精原细胞分为 A、B 两型。A 型精原细胞核呈卵圆形，染色质深染，是生精细胞中的干细胞，不断地分裂增殖，一部分子细胞继续作为干细胞，另一部分分化为 B 型精原细胞。B 型精原细胞核呈圆形，核周边有较粗的染色质颗粒。B 型精原细胞经过数次分裂后，分化为初级精母细胞。

（2）初级精母细胞（primary spermatocyte） 位于精原细胞近腔侧，圆形，体积较大，直径约 18 μm。核大而圆，内含或粗或细的染色质丝，核型为 46，XY。初级精母细胞经过 DNA 复制后（4n DNA），进行第一次成熟分裂，形成两个次级精母细胞。由于第一次成熟分裂的分裂前期历时较长（约 22 天），所以在生精小管的切片中较容易观察到初级精母细胞。

（3）次级精母细胞（secondary spermatocyte） 位于初级精母细胞的近腔侧，细胞圆形，直径约 12 μm。核圆形，染色较深，核型为 23，X 或 23，Y（2n DNA）。次级精母细胞不进行 DNA 复制，迅速进入第二次成熟分裂，形成两个精子细胞。由于次级精母细胞存在时间为 6~8 h，因此在生精小管的切片中不易观察到。

减数分裂（meiosis）只发生在生殖细胞。经过两次成熟分裂后的生殖细胞染色体数目减半，由二倍体

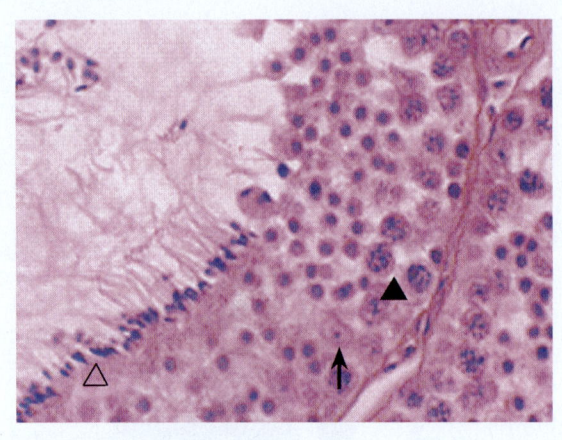

图 19-3   生精小管（局部）
↑—支持细胞细胞核；▲—初级精母细胞；△—精子

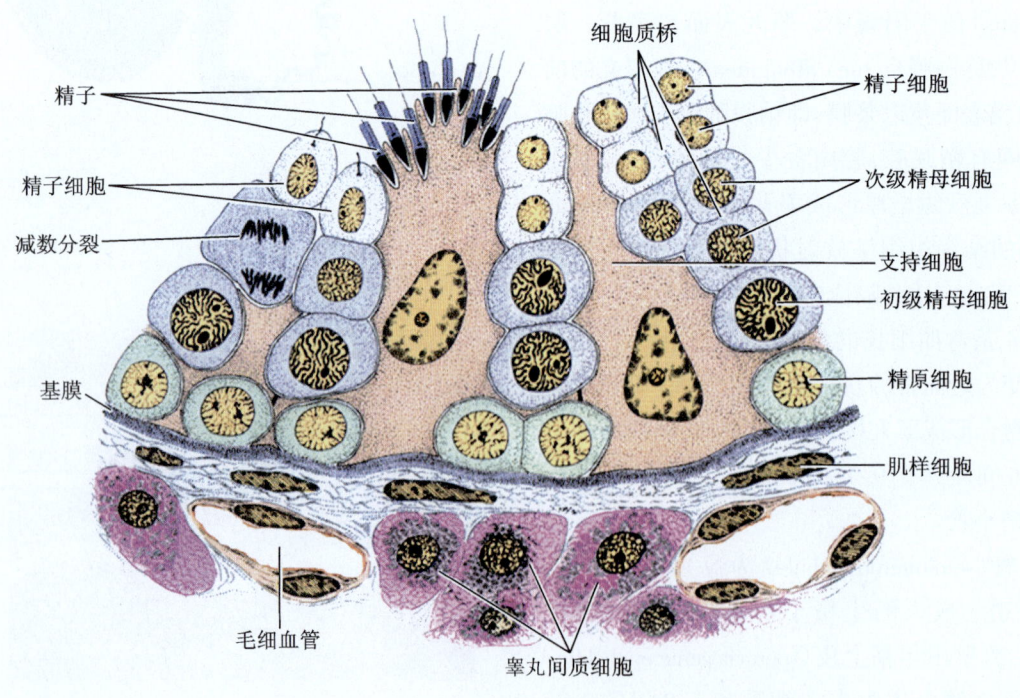

图 19-4   生精细胞与支持细胞关系模式图

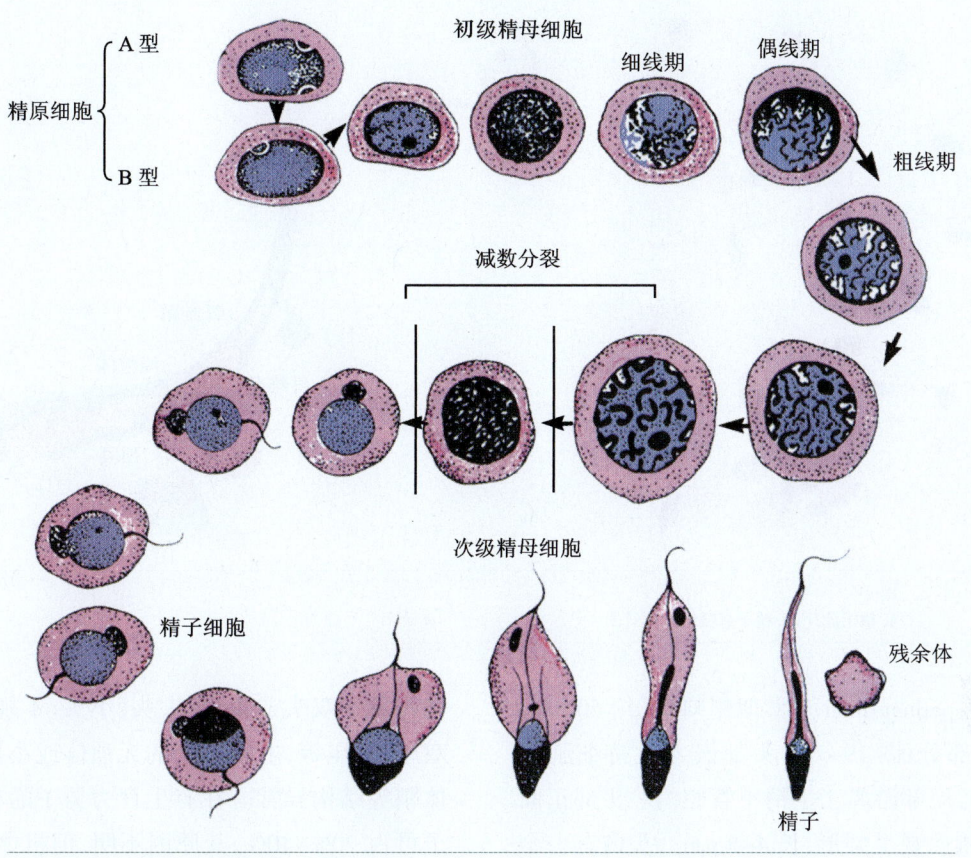

图 19-5 精子发生示意图

的细胞变成单倍体细胞。在第一次成熟分裂的前期，同源染色体发生联会和交叉，进行遗传基因的交换，从而使配子(精子和卵子)具有不同的基因组合。在成熟分裂过程中，若同源染色体不分离或基因交换发生差错，将导致配子染色体数目及遗传构成异常，异常的配子受精后，将导致子代畸形。

(4)精子细胞(spermatid) 位于近腔面，细胞圆形，直径约 8 μm。核大而圆，染色质细密，核型为 23,X 或 23,Y(1n DNA)。精子细胞不再分裂，经过复杂的形态变化，由圆形逐渐变为蝌蚪状的精子，这一过程称精子形成(spermiogenesis)。精子形成的主要变化是：① 核染色质高度浓缩，核变长并移向细胞的一侧，构成精子的头部。② 由高尔基体形成顶体泡，顶体泡相互融合增大，呈帽状覆盖核的头端，形成顶体(acrosome)。③ 中心体迁移到顶体对侧，其中一个中心粒的微管延长，形成轴丝，成为精子尾部(或称鞭毛)的主要结构。④ 线粒体聚集，缠绕在轴丝近段周围，形成线粒体鞘。⑤ 多余的细胞质汇聚于尾侧，形成残余细胞质，最后脱落(图 19-6)。

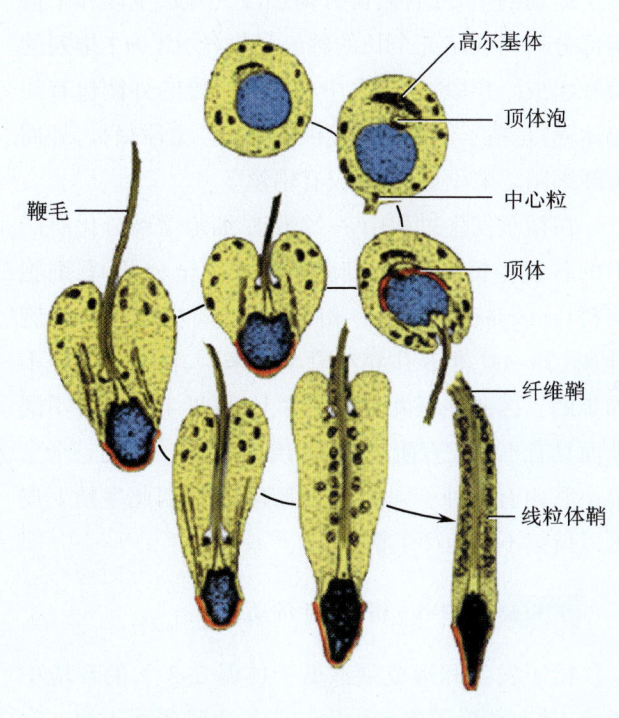

图 19-6 精子形成模式图

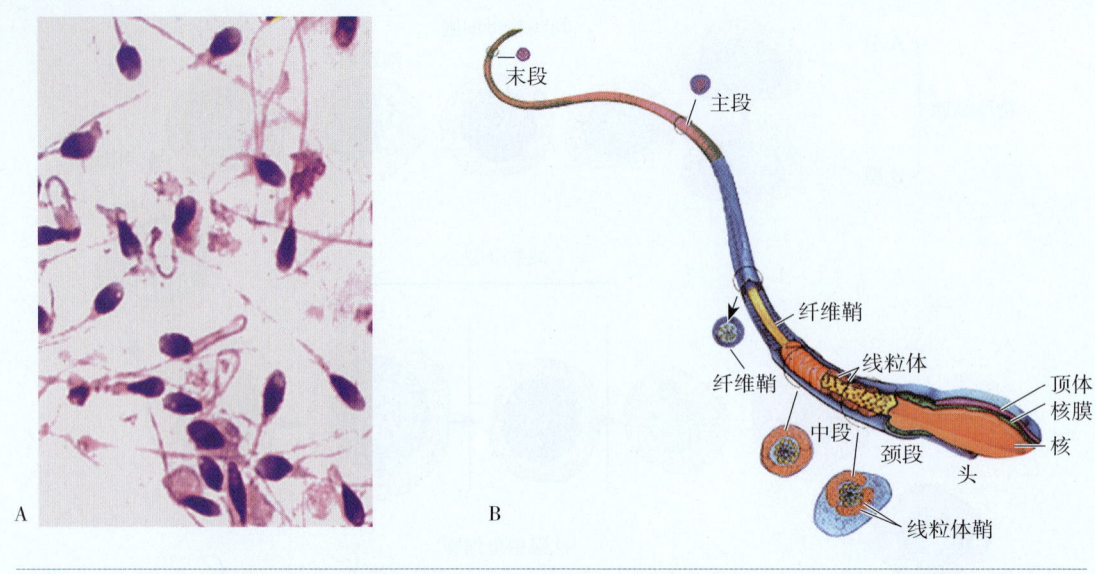

图 19-7 精子
A. 精子涂片; B. 精子超微结构模式图

（5）精子（spermatozoon） 形似蝌蚪, 长约 60 μm, 可分头、尾两部分(图 19-7)。头部嵌入支持细胞的顶部细胞质中, 尾部游离于生精小管腔内。头部正面观呈卵圆形, 侧面观呈梨形, 长 4~5 μm。头内有一个高度浓缩的细胞核, 核的前 2/3 有顶体覆盖。顶体是特殊的溶酶体, 内含多种水解酶, 如顶体素、透明质酸酶、磷酸酯酶等, 在受精过程中发挥重要作用。尾部是精子运动的主要结构, 可分为颈段、中段、主段和末段四部分。构成尾部全长的轴心是轴丝, 由 9+2 排列的微管组成。颈段短, 内含中心粒。中段的外侧包有线粒体鞘, 是精子运动的能量供应中心。主段最长, 外周为纤维鞘。末段短, 其内仅有轴丝。

在精子发生过程中, 一个精原细胞增殖分化所产生的各级生精细胞, 其细胞质并未完全分开, 有细胞质桥（cytoplasmic bridge）相连, 形成同步发育的细胞群(图 19-4)。但从生精小管全长来看, 精子发生是不同步的。因此在睾丸组织切片上, 可见生精小管不同断面具有不同发育阶段的生精细胞组合。人的一个生精小管内有 6 种不同的生精细胞组合, 因此生精上皮可以持续不断地产生精子。

知识链接 19-1 精子发生的动力学

精子发生和形成须在低于体温 2~3 ℃的环境中进行, 故双侧隐睾患者可因精子发生障碍而不育。在精子发生和形成过程中, 可形成一些畸形精子, 如光镜可见的双头或双核、大头、小头、不规则形头、无尾、双尾、短尾等, 电镜可见的无顶体或小顶体, 以及线粒体鞘等结构异常。在有生育力男子的精液中, 畸形精子可占 20%~40%, 其原因不明, 但机体感染、创伤、辐射、激素失调等可增加畸形精子的数量。若畸形精子超过 40%, 可导致不育。

2. 支持细胞（sustentacular cell） 又称 Sertoli 细胞。每个生精小管的横断面上有 8~11 个支持细胞。细胞呈不规则长锥形, 从生精小管基底一直伸达腔面。由于其侧面镶嵌着各级生精细胞, 故光镜下细胞轮廓不清。核近似卵圆形或呈三角形, 染色浅, 核仁明显 (图 19-3, 图 19-4)。电镜下, 细胞质内有大量滑面内质网和一些粗面内质网, 高尔基体发达, 线粒体和溶酶体较多, 并有许多脂滴、糖原、微丝和微管。成人的支持细胞不再分裂, 数量恒定。相邻支持细胞侧面近基部的胞膜形成紧密连接, 将生精上皮分成基底室（basal compartment）和近腔室（abluminal compartment）两部分。基底室位于生精上皮基膜和支持细胞紧密连接之间, 内有精原细胞; 近腔室位于紧密连接上方, 与生精小管管腔相通, 内有精母细胞、精子细胞和精子。生精小管与血液之间存在着血 - 睾屏障（blood-testis barrier）, 其组成包括睾丸间质的毛细血管内皮及其基膜、结缔组织、生精上皮基膜和支持细胞紧密连接, 其中紧密连接是血 - 睾屏障的主要结构。

支持细胞有多方面的功能: ① 对生精细胞起支

持和营养作用。② 精子成熟后脱落的残余细胞质，被支持细胞吞噬和消化。③ 支持细胞在促卵泡激素和雄激素的作用下，合成和分泌雄激素结合蛋白（androgen binding protein），这种蛋白可与雄激素结合，以保持生精小管内有较高的雄激素水平，促进精子发生。同时，支持细胞又能分泌抑制素（inhibin），释放入血，可反馈性地抑制垂体分泌促卵泡激素。④ 支持细胞的微丝和微管的收缩可使不断成熟的生精细胞向腔面移动，并促使精子释放入管腔。⑤ 支持细胞的紧密连接参与构成的血-睾屏障，可阻止某些物质进出生精上皮，形成并维持有利于精子发生的微环境，还能防止精子抗原物质逸出生精小管外而引发自身免疫反应。

（二）睾丸间质

睾丸间质位于生精小管之间，为富含血管和淋巴管的疏松结缔组织，含有睾丸间质细胞（testicular interstitial cell），又称 Leydig 细胞。细胞呈圆形或多边形，核圆，居中，细胞质嗜酸性，具有类固醇激素分泌细胞的超微结构特征（图 19-2，图 19-4）。从青春期开始，睾丸间质细胞在黄体生成素刺激下分泌雄激素（androgen）。雄激素可促进精子发生和男性生殖器官发育，维持男性第二性征和性功能。

（三）直精小管和睾丸网

生精小管近睾丸纵隔处变成短而细的直行管道，称直精小管（tubulus rectus）。管壁上皮为单层立方或矮柱状，无生精细胞。直精小管进入睾丸纵隔内分支吻合成网状的管道，为睾丸网（rete testis），由单层立方上皮组成，管腔大而不规则。精子经直精小管和睾丸网出睾丸。

（四）睾丸功能的内分泌调节和年龄性变化

腺垂体远侧部的促性腺激素细胞，在下丘脑分泌的促性腺激素释放激素（GnRH）作用下，分泌促卵泡激素（FSH）和黄体生成素（LH）。在男性，LH 又称间质细胞刺激素（ICSH），可刺激间质细胞合成和分泌雄激素；FSH 可促进支持细胞合成雄激素结合蛋白，并与雄激素结合，从而保持生精小管含有较高浓度的雄激素，促进精子发生。同时，支持细胞分泌的抑制素和间质细胞分泌的雄激素又可反馈抑制 GnRH、FSH 和 LH 的分泌。幼年期的睾丸生精小管发育不完善，10 岁后出现管腔，管壁主要有未分化的精原细胞和

支持细胞。青春期以后睾丸发育很快，体积增大，生精小管的生精上皮开始分化，出现各级生精细胞，并有成熟精子产生。25 岁左右，睾丸生精细胞和间质细胞的发育最旺盛。30 岁以后生精小管开始出现退行性变化。40 岁以后间质细胞开始减少，睾丸的生精活动逐渐减退。但睾丸的衰老退化在不同个体差异很大。

二、生殖管道

男性生殖管道包括附睾、输精管及尿道，为精子的成熟、贮存和输送提供有利的环境。

（一）附睾

附睾位于睾丸的后上方，分头、体、尾三部，头部主要由输出小管（efferent duct）组成，体部和尾部由附睾管（epididymal duct）组成（图 19-1，图 19-8）。

1. 输出小管　是与睾丸网连接的 8~12 根弯曲小管，上皮由高柱状纤毛细胞和低柱状无纤毛细胞相间排列构成，因此管腔不规则。高柱状细胞游离面的纤毛摆动可促使精子向附睾管运行。低柱状细胞胞质中

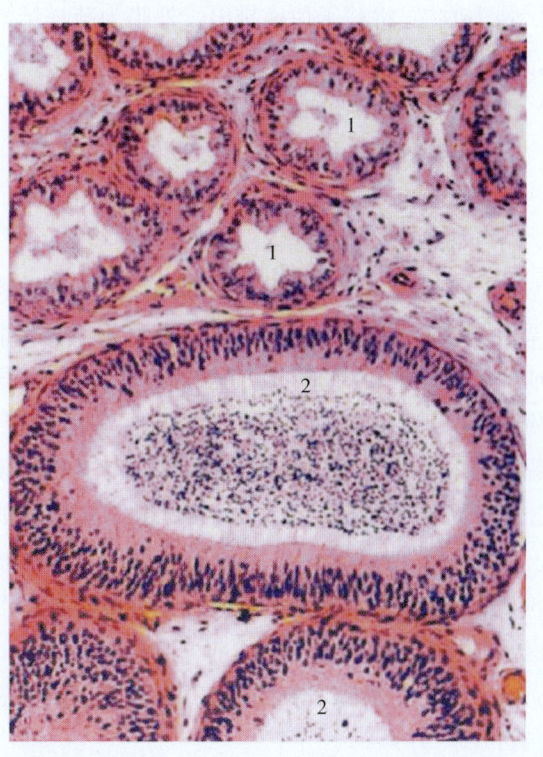

图 19-8　附睾
1—输出小管；2—附睾管

含大量溶酶体及吞饮小泡,有吸收和消化管腔内物质的作用。上皮下面的基膜周围有环行平滑肌和少量结缔组织。输出小管的远端与附睾管相连。

2. 附睾管　为一条长 4~6 m 并极度盘曲的管道,远端与输精管相连。管腔规则,为假复层纤毛柱状上皮,由主细胞和基细胞组成。主细胞在附睾管起始段为高柱状,而后逐渐变低,至末段转变为立方形,细胞表面有成束的静纤毛。主细胞有分泌和吸收功能。基细胞矮小,呈锥形,位于主细胞基部之间。上皮下面的基膜周围有薄层平滑肌和富含血管的疏松结缔组织。附睾管腔内充满精子和分泌物。

精子在附睾内停留 8~17 天,附睾上皮细胞分泌的肉毒碱、甘油磷酸胆碱和唾液酸等多种重要物质,为精子成熟和贮存提供适宜的环境。精子在附睾中进一步成熟,并获得主动运动的能力。附睾的功能异常会影响精子的成熟,导致不育。

(二) 输精管

输精管是壁厚腔小的肌性管道,管壁由黏膜、肌层和外膜组成。黏膜表面为较薄的假复层柱状上皮,固有层结缔组织中弹性纤维丰富。肌层厚,由内纵行、中环行和外纵行排列的平滑肌纤维组成。在射精时,肌层强力收缩,将精子快速排出。外膜为疏松结缔组织,富含血管、淋巴管和神经。

三、附属腺

(一) 前列腺

前列腺呈栗形,环绕于尿道起始段。腺的被膜与支架组织均由富含弹性纤维和平滑肌纤维的结缔组织组成。腺实质主要由 30~50 个复管泡状腺组成,导管分别开口于尿道。腺实质可分 3 个带:尿道周带(又称黏膜腺),最小,位于尿道黏膜内;内带(又称黏膜下腺),位于黏膜下层;外带(又称主腺),构成前列腺的大部。腺分泌部由单层立方、单层柱状及假复层柱状上皮构成,故腺腔很不规则。腔内可见分泌物浓缩形成的圆形嗜酸性板层状小体,称前列腺凝固体(prostatic concretion),随年龄的增长而增多,甚至钙化成为前列腺结石(图 19-9)。

从青春期开始,前列腺在雄激素的刺激下分泌活动增强,分泌物为稀薄的乳白色液体,富含酸性磷酸

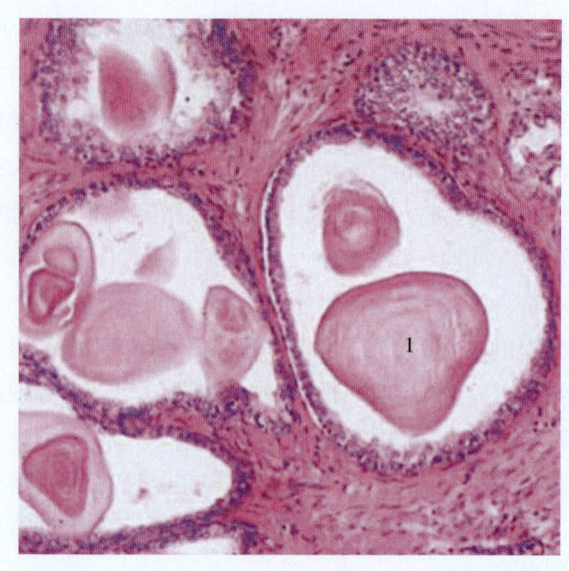

图 19-9　前列腺
1—前列腺凝固体

酶、纤维蛋白酶、柠檬酸和锌等物质。老年人的前列腺常增生肥大(多发生在黏膜腺和黏膜下腺),压迫尿道,造成排尿困难。

(二) 精囊

精囊是一对盘曲的囊状器官。黏膜向腔内突起形成高大的皱襞,黏膜表面是假复层柱状上皮,细胞质内含有许多分泌颗粒和黄色的脂色素。黏膜外有薄的平滑肌层和结缔组织外膜。精囊分泌弱碱性的淡黄色液体,内含果糖、前列腺素等成分。果糖为精子的运动提供能量。

(三) 尿道球腺

尿道球腺是一对豌豆状的复管泡状腺。上皮为单层立方或单层柱状,腺体分泌的黏液于射精前排出,以润滑尿道。

附属腺和生殖管道的分泌物及精子共同组成精液(semen)。每次射精量为 3~5 mL,每毫升精液中含 1 亿 ~2 亿个精子,若每毫升的精子数低于 400 万个,可导致不育症。

四、阴茎

阴茎主要由两条阴茎海绵体和一条尿道海绵体构成(图 19-10)。阴茎外表被覆活动度较大的皮肤。海绵体即勃起组织,外包致密结缔组织构成的坚韧白

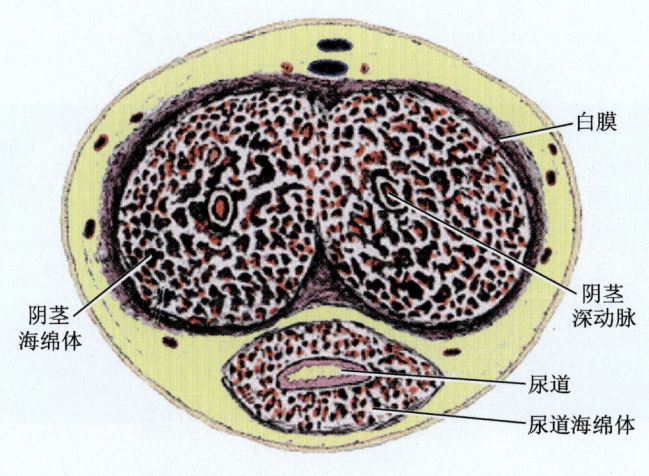

膜。海绵体主要由小梁和血窦构成,阴茎深动脉的分支螺旋动脉穿行于小梁中,与血窦通连。静脉多位于海绵体周边部白膜下方。一般情况下,流入血窦的血液很少,血窦呈裂隙状,海绵体柔软。当大量血液流入血窦时,血窦充血而胀大,白膜下的静脉受压,血液回流一时受阻,海绵体变硬,阴茎勃起。

白膜

阴茎
深动脉

尿道

尿道海绵体

阴茎
海绵体

图 19-10　阴茎横断面

（洪　伟）

新形态教材网

🎞 微课导学　　📖 教学课件　　🖥 微视频　　⊕ 知识链接　　📝 自测题

第二十章

女性生殖系统

女性生殖系统(female reproductive system)由卵巢、输卵管、子宫、阴道和外生殖器组成。卵巢产生卵子并分泌性激素;输卵管是输送卵细胞和受精的部位,并将受精卵运送到子宫;子宫是产生月经和孕育胎儿的器官。乳腺分泌乳汁,是哺育婴儿的器官,乳腺的发育与功能活动状态与女性激素直接相关,故列入本章叙述。

女性生殖系统的器官具有明显的年龄变化。青春期前生殖器官生长缓慢,青春期(13~18岁)后,其迅速生长发育并成熟,卵巢开始排卵,分泌性激素,月经来潮,出现第二性征,并开始具有生育能力。45~55岁进入更年期,卵巢功能逐渐减退,月经停止,生殖器官逐渐萎缩,进入绝经期。本章叙述的是青春期女性生殖系统器官的结构和功能。

一、卵巢

(一)卵巢的一般结构

卵巢(ovary)是一对略扁的椭圆形器官,借卵巢系膜附着在子宫阔韧带的后叶上。卵巢表面覆有单层扁平或单层立方上皮,称表面上皮(superficial epithelium),上皮下方的薄层致密结缔组织称白膜(tunica albuginea)。卵巢实质分为外周的皮质和中央的髓质,两者无明显的界限。皮质较厚,含有不同发育阶段的卵泡、黄体等,其间的结缔组织富含低分化的梭形基质细胞、网状纤维和散在的平滑肌纤维。髓

质狭小,由疏松结缔组织构成,内含较多的血管、淋巴管和神经(图20-1)。近卵巢门处结缔组织中有少量的门细胞(hilus cell),其结构类似睾丸间质细胞。门细胞为多边形或卵圆形,核圆形,核仁清楚,细胞质呈嗜酸性,有丰富的脂滴,内含胆固醇酯和脂色素颗粒,电镜下具有分泌类固醇激素细胞的结构特点。门细胞可分泌少量雄激素,发生肿瘤时,可出现男性化症状。

(二)卵泡的发育与成熟

卵泡主要由一个卵母细胞(oocyte)和包绕其周围的多个卵泡细胞(follicular cell)构成。胎儿出生时两侧卵巢有70万~200万个原始卵泡,至青春期时仅剩约4万个。从青春期开始,在垂体分泌的促性腺激素的作用下,卵泡分批地生长、发育并排卵。卵泡的发育是个连续的生长过程,一般要经历原始卵泡、初级卵泡、次级卵泡和成熟卵泡4个阶段,通常将初级卵泡和次级卵泡合称为生长卵泡。

1. 原始卵泡(primordial follicle) 在出生前已形成,位于卵巢皮质浅层,是数量最多、体积最小的卵泡,由中央一个初级卵母细胞和周围一层扁平的卵泡细胞组成(图20-2)。

(1)初级卵母细胞(primary oocyte) 呈球形,体积大,直径30~40 μm,核大而圆,略偏位,染色质稀疏,核仁清楚,细胞质嗜酸性。电镜下,除一般细胞器外,在核周可见呈板层排列的滑面内质网(又称环层板),与核膜相连,参与核与细胞质间的物质传递。

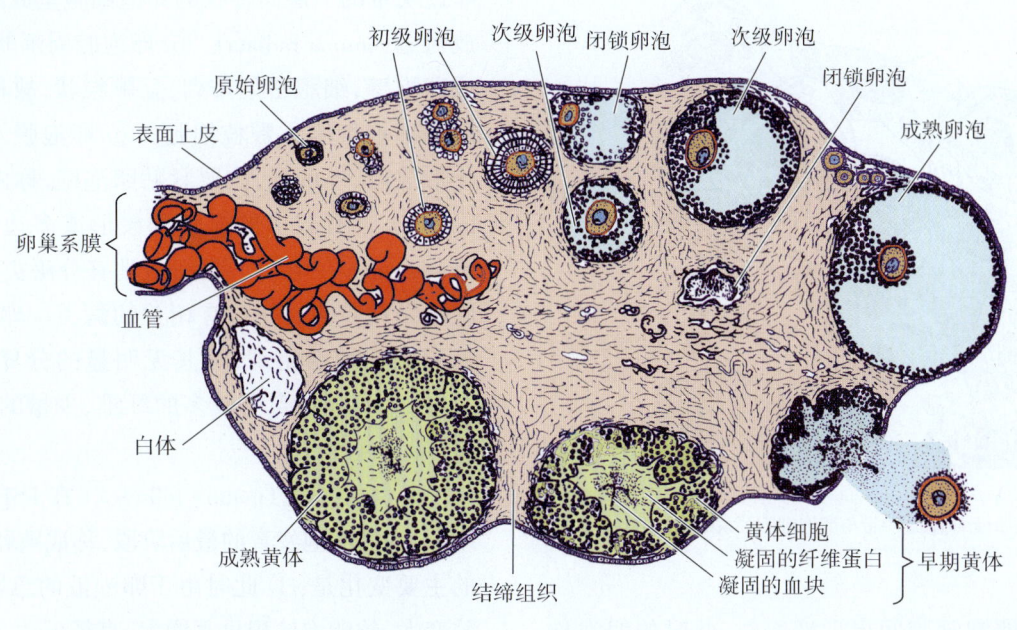

图 20-1 卵巢结构模式图

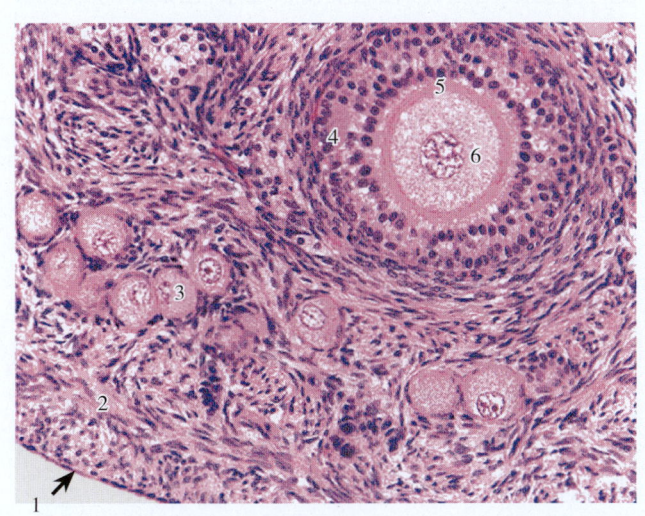

图 20-2 原始卵泡和初级卵泡
1—表面上皮；2—白膜；3—原始卵泡；4—初级卵泡；5—透明带；6—初级卵母细胞

初级卵母细胞在胚胎时期由卵原细胞（oogonium）分裂分化形成，随即进入第一次成熟分裂，并长期停留在分裂前期（12～50年不等），直至排卵前才完成这次分裂。

（2）卵泡细胞　呈扁平形，体积小，核扁圆，染色深。卵泡细胞与初级卵母细胞间有较多的缝隙连接，与周围的结缔组织间有较薄的基膜。

2. 初级卵泡（primary follicle）　由原始卵泡发育

形成，其结构的主要变化是：① 卵泡体积增大。② 初级卵母细胞体积增大，核增大，呈泡状，核仁明显，核孔增多，有利于核与细胞质间的物质转运。细胞质内的粗面内质网、游离核糖体、高尔基体等细胞器均增多，环层板大多消失。靠近质膜的细胞质中出现电子密度高的溶酶体，称皮质颗粒，内含的酶类可使透明带变性，在受精过程中可防止多精入卵。③ 卵泡细胞分裂增殖，由一层变为多层，细胞形态由扁平变为立方或柱状。电镜下，细胞质内粗面内质网、游离核糖体、线粒体、高尔基体、脂滴均增多。④ 在初级卵母细胞与卵泡细胞间出现一层嗜酸性薄膜，称透明带（zona pellucida）（图 20-2），由初级卵母细胞和卵泡细胞共同分泌形成，富含糖蛋白。其糖蛋白有 ZP1、ZP2、ZP3 3 种，其中 ZP3 为精子受体，有利于精子与卵细胞间的相互识别和特异性结合。在电镜下，可见初级卵母细胞的微绒毛和卵泡细胞的突起均伸入透明带，两者间有缝隙连接和桥粒相连（图 20-3）。这些结构有利于卵泡细胞向初级卵母细胞输送营养物质，以及细胞间离子、激素和小分子物质的交换，从而沟通信息，协调功能活动。⑤ 环绕在卵泡细胞周围的基质细胞增生形成卵泡膜（follicular theca），但尚未分化成熟。卵泡膜与卵泡细胞之间以基膜相隔。

3. 次级卵泡（secondary follicle）　由初级卵泡发

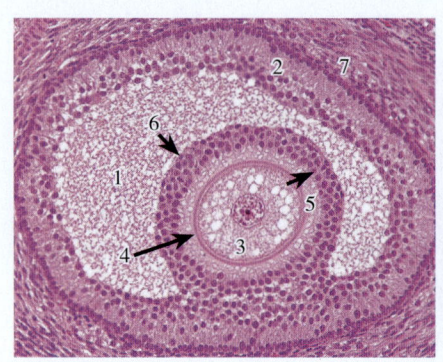

图 20-3　初级卵母细胞、透明带与卵泡细胞关系的超微结构模式图

（图右侧标注：卵泡细胞；卵泡细胞突起；透明带；初级卵母细胞）

育形成。当卵泡细胞间出现液腔时,此时的卵泡称次级卵泡,又称囊状卵泡(vesicular follicle)。其主要结构变化特点是:① 卵泡体积进一步增大,直径可达 10~20 mm。② 初级卵母细胞体积继续增大,达到最大体积,直径 125~150 μm。③ 卵泡细胞层数增至 6~12 层,细胞间出现大小不等的腔隙,继而汇合成一个大腔,称卵泡腔(follicular cavity)。卵泡腔内的液体称卵泡液,由卵泡膜毛细血管的渗出和卵泡细胞的分泌共同形成,内含营养成分,如血浆蛋白、透明质酸、垂体和卵巢分泌的激素(如雌激素、FSH 及生长因子)等多种生物活性物质,这些成分与卵泡的发育有关。④ 随着卵泡液增多,卵泡腔扩大,初级卵母细胞、透明带及周围的卵泡细胞被挤到卵泡腔的一侧,形成突入卵泡腔的圆形隆起,称卵丘(cumulus oophorus)。紧

靠透明带的一层高柱状的卵泡细胞呈放射状排列,称放射冠(corona radiata)。⑤ 卵泡腔周围的卵泡细胞构成卵泡壁,细胞密集排列,呈颗粒状,故称颗粒层,此层的卵泡细胞称颗粒细胞。⑥ 卵泡膜发育成熟,分化形成内、外两层,内层紧贴卵泡壁,称内膜层(theca interna),含有较多的血管和梭形或多边形的膜细胞(theca cell),在电镜下膜细胞具有分泌类固醇激素细胞的结构特点,并含有相关的酶类。卵泡膜外层靠近周围的结缔组织,与其无明显的分界,称外膜层(theca externa),含有较多的纤维、少量的血管和平滑肌(图 20-4)。

4. 成熟卵泡(mature follicle)　在 FSH 和 LH 的作用下,次级卵泡发育的最后阶段,称成熟卵泡。其结构的主要变化是:① 此时由于卵泡液的急剧增多,卵泡腔变大,故卵泡体积显著增大,直径可达 20 mm 以上,占据卵巢皮质全层并突向表面(图 20-1)。② 颗粒细胞停止分裂增殖,颗粒层变薄。③ 卵丘根部的卵泡细胞间出现裂隙,在排卵前,卵丘与卵泡壁分离,漂浮在卵泡液中。④ 排卵前的 36~48 h,初级卵母细胞完成第一次成熟分裂,形成一个较大的次级卵母细胞和一个很小的第一极体(first polar body)。次级卵母细胞迅速进行第二次成熟分裂,并停留在分裂中期,当遇到精子,进行受精时才继续完成第二次成熟分裂。第一极体位于卵母细胞和透明带之间的卵周间隙,是个小的球形细胞,含细胞核及少量的细胞质。

近年对人卵泡发育的研究揭示,卵泡的生长较慢,从原始卵泡到成熟排卵,并非在一个月经周期完成,从初级卵泡发育到成熟卵泡约需要 85 天。

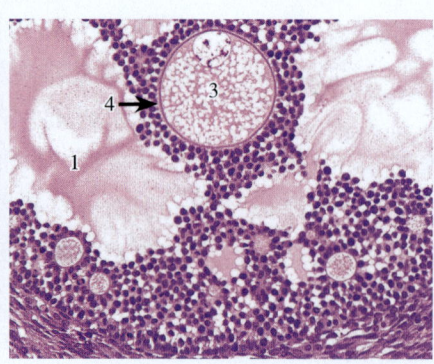

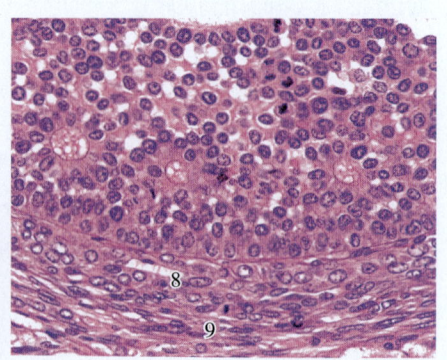

图 20-4　次级卵泡
1—卵泡腔；2—颗粒层；3—初级卵母细胞；4—透明带；5—放射冠；6—卵丘；7—卵泡膜；8—卵泡膜内层；9—卵泡膜外层

次级卵泡和成熟卵泡都具有内分泌功能,主要分泌雌激素。雌激素是由膜细胞和颗粒细胞在垂体分泌的 FSH 和 LH 的调节下协同合成。膜细胞合成的雄激素透过基膜进入颗粒细胞,在芳香化酶系的作用下雄激素转变为雌激素,这是雌激素合成的主要方式。合成的雌激素少量进入卵泡液,大部分进入血液循环。雌激素的作用:① 促进女性生殖器官的发育,如促进卵泡发育和引起子宫内膜周期性变化等;② 维持女性性征;③ 对代谢的影响:促进骨骼的生长和钙盐的沉积,女性绝经后易患骨质疏松症。

(三) 排卵

成熟卵泡破裂,次级卵母细胞及其周围的透明带和放射冠,从卵巢表面排出的过程称排卵(ovulation)。生育期的妇女,每隔 28 天左右排一次卵,排卵的时间在月经周期的第 14 天左右。两侧卵巢交替排卵。一般一次只排一个卵,偶见一次排两个或两个以上。排卵前,在 LH 的作用下,成熟卵泡的卵泡液急剧增多,卵泡体积增大并突出于卵巢表面,使隆起部的卵泡壁、白膜和表面上皮变薄,局部缺血,形成半透明的卵泡斑(follicular stigma),继而卵泡斑处的结缔组织被胶原酶、透明质酸酶等解聚和消化,再加上卵泡膜外层平滑肌的收缩等因素,最后导致卵泡破裂,漂浮在卵泡腔内的次级卵母细胞连同外周的透明带、放射冠和卵泡液一起从卵巢排出到腹腔(图 20-5)。

排出的次级卵母细胞,若 24 h 内未受精,则退化消失;如受精,则继续完成第二次成熟分裂,产生一个成熟的卵细胞和一个第二极体。经两次成熟分裂后的卵细胞,染色体数目由原来的 23 对减半为 23 条,染色体核型为 23,X。

(四) 黄体

排卵后,残留在卵巢内的卵泡壁、卵泡膜及血管一起向卵泡腔塌陷,在 LH 的作用下,逐渐发育成一个体积大且富含血管的内分泌细胞团,新鲜时呈黄色,称黄体(corpus luteum)。

1. **黄体的结构和功能**　黄体由颗粒黄体细胞和膜黄体细胞构成,并含丰富的血管。颗粒黄体细胞(granulosa lutein cell)由颗粒层的卵泡细胞分化形成,细胞体积大,呈多角形,细胞质中有脂滴,染色浅,数量多,位于黄体的中央。膜黄体细胞(theca lutein cell)由卵泡膜的膜细胞分化形成,位于黄体的周边,数量少,细胞体积小,呈圆形或多角形,核圆形,染色深,细胞质嗜酸性强(图 20-6A、B)。电镜下,两种黄体细胞均具有分泌类固醇激素细胞的结构特点,即含丰富的滑面内质网、管状嵴的线粒体、发达的高尔基体和含胆固醇的脂质小泡,无分泌颗粒。颗粒黄体细胞主要分泌孕激素和松弛素(妊娠黄体分泌)。膜黄体细胞与颗粒黄体细胞协同作用分泌雌激素。雌激素的作用是促进子宫内膜的增殖;孕激素能促使子宫内膜向分泌期改变,还能抑制子宫平滑肌的收缩;松弛素使子宫平滑肌松弛,两者都有利于维持妊娠。

2. **黄体的发育与退化**　黄体的发育取决于排出的卵是否受精。排出的卵未受精,黄体发育 2 周左右退化,称月经黄体(corpus luteum of menstruation)。排出的卵若受精,在绒毛膜分泌的人绒毛膜促性腺激素作用下,黄体继续发育增大,直径可达 4~5 cm,此种黄体的发育可维持 6 个月或更长时间,然后退化,称妊娠黄体(corpus luteum of pregnancy)。黄体退化时,细胞变小,空泡增多,继而发生自溶。黄体逐渐被增生的结缔组织取代,变成白色的瘢痕,称白体(corpus albicans)(图 20-6C)。白体被吸收消失需数月或数年。妊娠黄体退化后,内分泌功能由胎盘代替。

(五) 闭锁卵泡

女性一生中排 400 个左右的卵细胞,其余的卵泡在不同的发育阶段停止生长并退化,称为闭锁卵泡

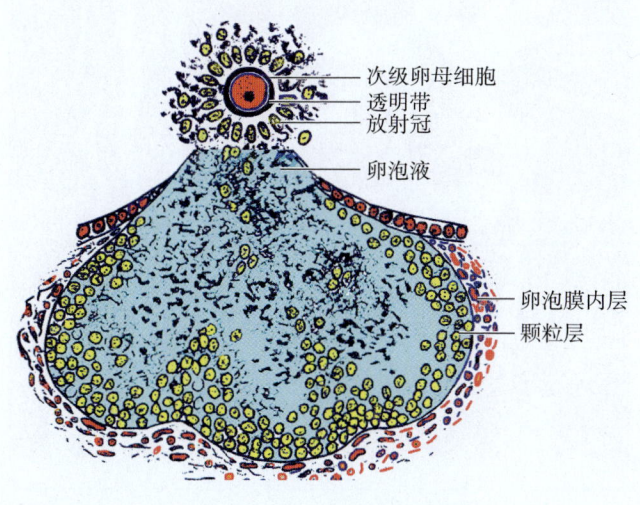

次级卵母细胞
透明带
放射冠

卵泡液

卵泡膜内层
颗粒层

图 20-5　成熟卵泡排卵模式图

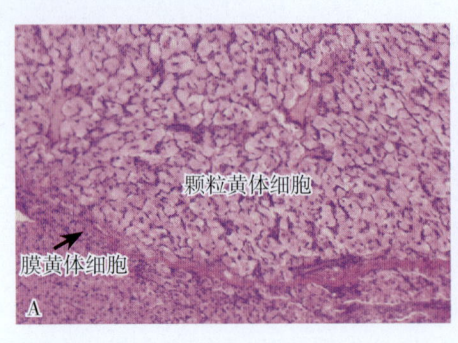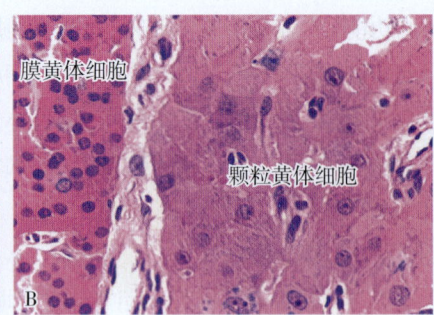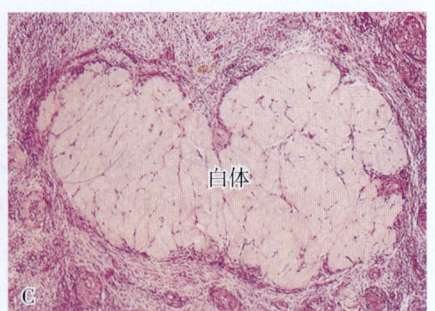

图 20-6　黄体和白体
A. 黄体（低倍）；B. 黄体（高倍）；C. 白体

（atretic follicle）（图 20-7）。卵泡的闭锁是一种细胞凋亡过程。卵泡闭锁可以发生在卵泡发育的任何阶段。原始卵泡和较小的初级卵泡退化时，卵母细胞和卵泡细胞皱缩变形，核染色质固缩成块状，染色深，随后细胞自溶，被巨噬细胞和中性粒细胞吞噬，不留痕迹。次级卵泡和成熟卵泡退化时（多发生在初级卵母细胞完成第一次成熟分裂阶段），有的卵母细胞先退化死亡，而卵泡细胞退化晚，透明带退化慢，先皱缩为不规则的嗜酸性环状物，最终退化消失，卵泡壁塌陷；有的卵母细胞和卵泡细胞都退化，仅剩皱缩的透明带。晚期的次级卵泡退化时，卵泡膜的膜细胞不退化，体积增大，形成多边形样的上皮细胞，细胞质充满脂滴，染色浅，被结缔组织分隔成细胞索，称间质腺（interstitial gland）（图 20-7）。间质腺能分泌雌激素，在人很少，在猫、兔及鼠类等动物中发达。

二、输卵管

输卵管是受精的部位，可主动运输受精卵。输卵管由子宫部、峡部、壶腹部和漏斗部组成。管壁结构由内向外分为黏膜、肌层和浆膜。黏膜向管腔突出形成许多纵行并分支的皱襞，因此管腔不规则。皱襞于壶腹部最发达，高而分支多（图 20-8），适于卵的停留和受精。黏膜由单层柱状上皮和固有层构成。上皮由纤毛细胞和分泌细胞组成，纤毛细胞呈柱状，核染色浅，为圆形或卵圆形，细胞游离面有纤毛，向子宫方向摆动，有助于卵子和受精卵的输送。纤毛细胞于壶腹部和漏斗部最多，峡部和子宫部逐渐减少。分泌细胞呈柱状，核卵圆形，染色深（图 20-9）。分泌细胞的分泌物构成输卵管液，其中含有氨基酸、葡萄糖、果糖及少量乳酸等。分泌物在纤毛

图 20-7　猫卵巢的闭锁卵泡和间质腺
1—原始卵泡；2—初级卵泡；3—闭锁卵泡；4—间质腺；5—黄体

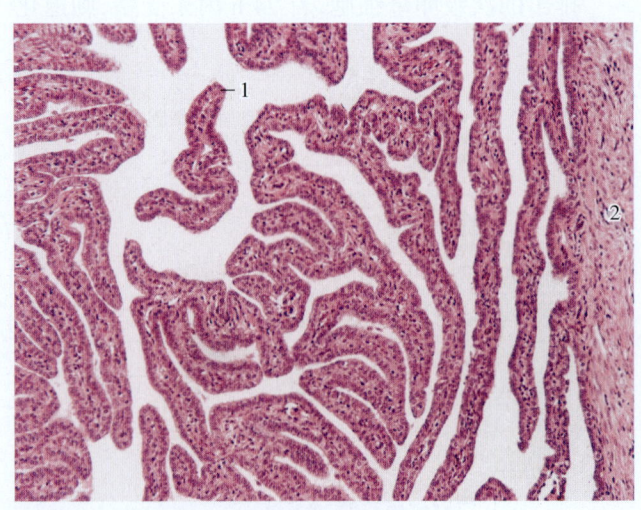

图 20-8　输卵管壶腹部（横切面）结构
1—黏膜；2—肌层

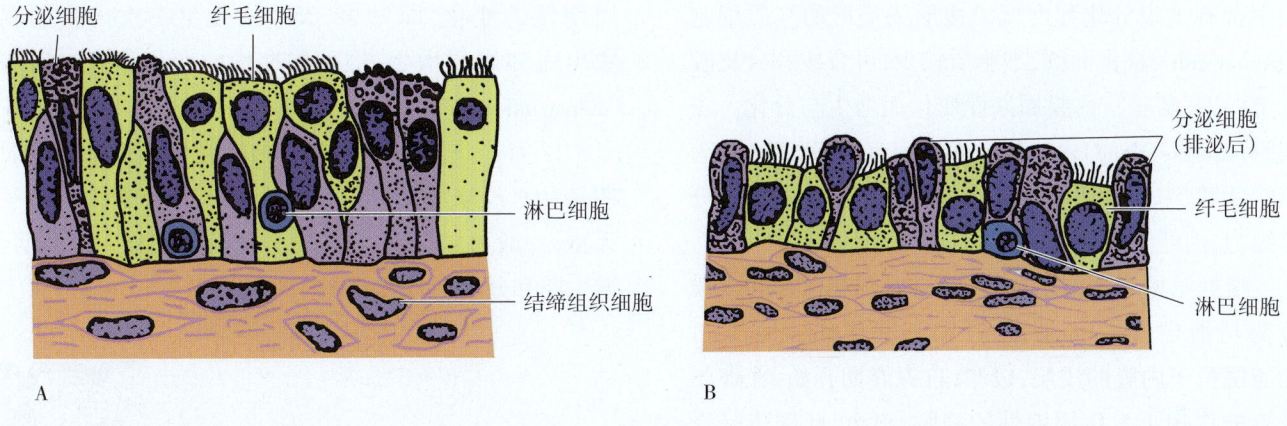

图 20-9 输卵管上皮结构模式图
A.增生期上皮；B.分泌期上皮

细胞表面形成黏稠的膜,对卵细胞有营养作用,有利于卵子的输送并阻止细菌从子宫经输卵管进入腹腔。输卵管上皮也随月经周期而发生相应的变化,增生期上皮细胞变高,分泌细胞胞质充满分泌颗粒;分泌期,分泌颗粒以顶浆分泌方式释放分泌物,上皮细胞变矮(图 20-9),这种变化漏斗部最明显。固有层为薄层结缔组织,含较多的血管和平滑肌。肌层为内环行、外纵行的两层平滑肌,峡部最厚,漏斗部最薄。浆膜由间皮和薄层的疏松结缔组织构成。

三、子宫

子宫为腔小壁厚的肌性器官,分为底部、体部和颈部。子宫是受精卵植入和孕育胚胎的场所。子宫壁由外向内分为外膜、肌层和内膜 3 层(图 20-10)。

(一) 子宫壁的一般结构

1. 外膜(perimetrium) 子宫底部和体部的外膜为浆膜,宫颈部为纤维膜。

2. 肌层(myometrium) 很厚,由成束的平滑肌和束间结缔组织组成。结缔组织中有较多未分化的间充质细胞,可增殖分化为平滑肌细胞。肌层大致分为3 层,即黏膜下层、中间层和浆膜下层。黏膜下层和浆膜下层较薄,平滑肌呈纵行排列。中间层较厚,由内环行和外斜行的平滑肌束组成,肌束间有丰富的血管。子宫平滑肌纤维长 30~50 μm,妊娠时平滑肌纤维受卵巢激素的调节,不仅增生肥大,而且分裂增殖。孕酮能

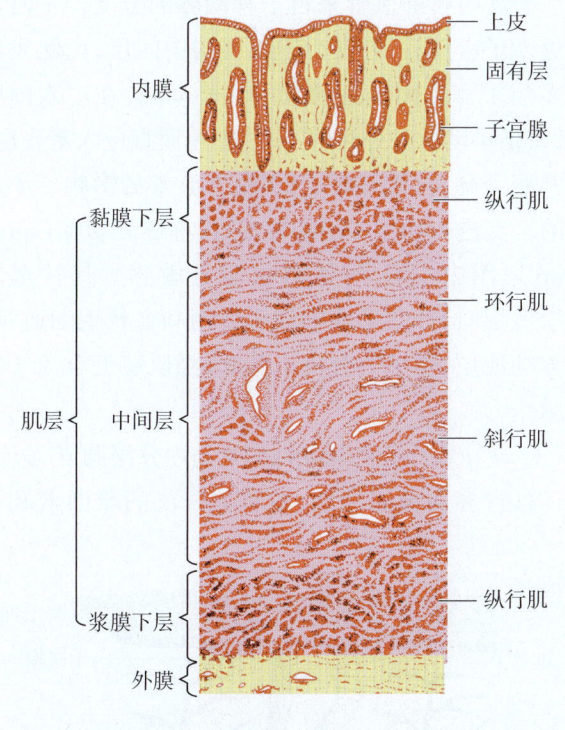

图 20-10 子宫壁结构模式图

使平滑肌体积增大,长达 500~600 μm,并能抑制平滑肌的收缩,有利于维持妊娠。雌激素能促进平滑肌数量的增多。新增的平滑肌纤维来自未分化的间充质细胞或平滑肌的自身分裂。分娩后平滑肌纤维迅速恢复正常大小,部分肌纤维凋亡。

3. 内膜(endometrium) 由单层柱状上皮和固有层组成。上皮由少量纤毛细胞和分泌细胞组成。固

有层较厚,由结缔组织、子宫腺和血管等组成。结缔组织中含有大量分化程度低的梭形或星形的基质细胞(stromal cell),核大而圆,细胞质较少,可合成和分泌胶原蛋白,并随子宫内膜周期性变化而增生与分化。子宫腺(uterine gland)由内膜上皮向固有层凹陷形成,为单管状腺,末端近肌层时常有分支。腺上皮主要是分泌细胞,而纤毛细胞较少。

根据结构和功能不同,将子宫底部和体部的内膜分为功能层(functional layer)和基底层(basal layer)。功能层位于内膜的浅层,较厚,自青春期开始,在卵巢激素的作用下发生周期性的剥脱、出血,此层也是受精卵植入、孕育胚胎的场所。基底层位于内膜的深层,较薄。该层不剥脱,不参与月经的形成,但有较强的增生和修复能力,可以增生形成新的功能层。

子宫内膜的血管来自子宫动脉的分支。子宫动脉进入子宫壁后,分支行于肌层的中间层,由此发出许多与子宫腔面垂直的放射状小动脉,在进入内膜前,每条小动脉又分为两支,一支短而直进入基底层,称基底动脉,营养基底层,不受性激素的影响。小动脉的主支进入功能层后螺旋走行,称螺旋动脉(spiral artery)(图 20-11),对性激素非常敏感。其行至功能层浅层时,分支形成毛细血管网和窦状毛细血管,营养功能层,然后汇合成小静脉,经肌层汇合为子宫静脉。

(二) 子宫内膜的周期性变化与内分泌调节

自青春期至绝经期,在卵巢分泌的雌激素和孕

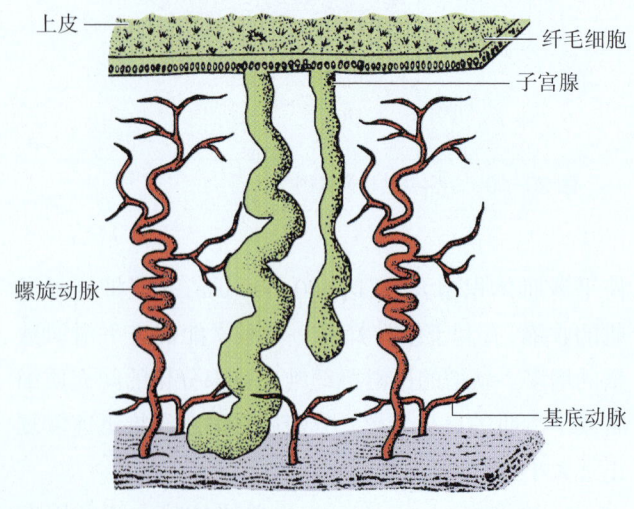

图 20-11　子宫腺与螺旋动脉模式图

激素的作用下,子宫底部和体部的内膜功能层发生周期性的变化,即每 28 天左右发生一次内膜的剥脱出血和修复增生,这种周期性的变化称月经周期(menstrual cycle)。

1. 月经周期子宫内膜的结构变化　每个月经周期是从月经来潮的第一天起至下次月经来潮的前一天止,一般为 28 天左右。每个月经周期分为月经期、增生期和分泌期(图 20-12,图 20-13)。

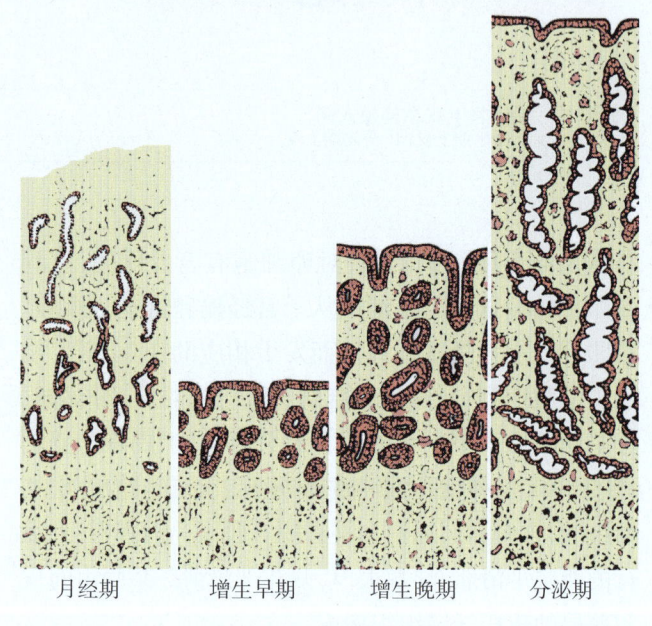

图 20-12　月经周期子宫内膜结构变化模式图

(1) 月经期(menstrual phase)　为月经周期的第 1～4 天。由于排出的卵未受精,黄体退化,雌激素和孕激素骤然下降,引起螺旋动脉持续收缩,使内膜功能层缺血缺氧从而发生萎缩坏死。继而螺旋动脉扩张,毛细血管破裂,血液流出并聚集在内膜功能层。最后血液与坏死脱落的内膜组织一起经阴道排出,称月经(menstruation),故此期称月经期。在月经期末,功能层全部脱落,基底层残存的子宫腺上皮和基质细胞迅速增生,并向子宫腔表面推移,修复内膜上皮(图 20-12)。月经期结束后,其他组织开始增生而进入增生期。

(2) 增生期(proliferative phase)　为月经周期的第 5～14 天。此期卵巢内有若干卵泡开始向成熟卵泡发育,又称卵泡期。在次级卵泡和成熟卵泡分泌的雌激素作用下,子宫内膜由残存的基底层增生,修复功能

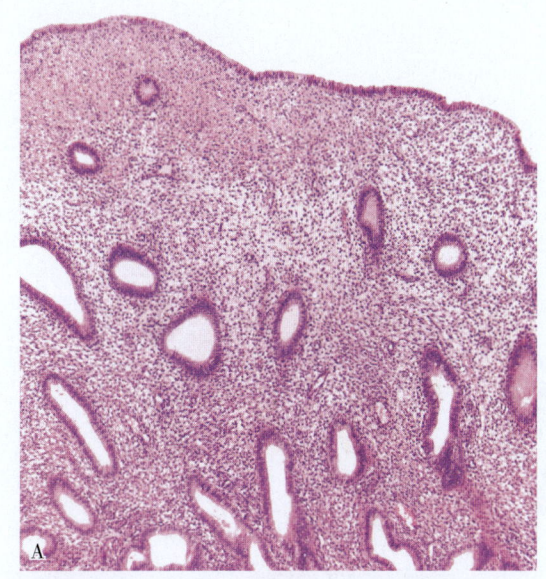

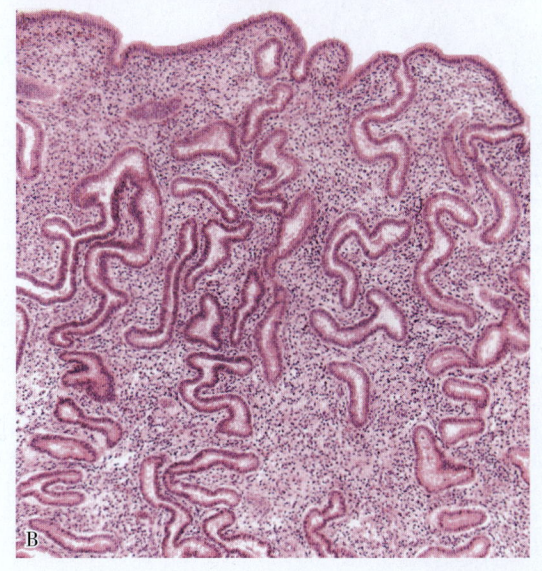

图 20-13　月经周期子宫内膜结构变化
A. 增生期；B. 分泌期

层,并逐渐增厚(图 20-12,图 20-13)。结构变化为:① 子宫内膜的厚度可由 1 mm 左右增加到 2~4 mm。② 在增生早期,子宫腺少且直,腺腔小;增生晚期,子宫腺增多、增长,腺体弯曲,腺腔扩大。腺细胞顶部有分泌颗粒,核下区糖原聚集。③ 螺旋动脉随着子宫内膜的不断增厚而伸长、弯曲。④ 固有层基质细胞分裂增殖,产生大量的纤维和基质。在增生期末(14 天左右),有一个卵泡发育成熟并排卵,子宫内膜随之进入分泌期。

(3) 分泌期(secretory phase)　为月经周期的第 15~28 天。此期卵巢内黄体形成,又称黄体期(图 20-12,

图 20-13)。结构变化为:① 在黄体分泌的孕激素和雌激素作用下,子宫内膜进一步增厚,可达 5 mm。② 子宫腺增多、增长并极度弯曲,腺腔膨胀,糖原由腺细胞的核下区移至核上,并排入腺腔,腺腔内充满含有糖原等营养物质的分泌物。③ 螺旋动脉更长、更弯并伸达内膜表层。④ 固有层内组织液增多,呈现水肿。基质细胞肥大,细胞质充满糖原和脂滴,在 HE 切片标本中染色浅,称前蜕膜细胞(predecidual cell)。若排出的卵受精,内膜继续增厚,发育为蜕膜(decidua),其中的前蜕膜细胞发育为蜕膜细胞(decidual cell)。若排出的卵未受精,黄体退化,雌激素和孕激素下降,内膜功能层剥脱,进入下一个月经周期的月经期。

2. 子宫内膜周期性变化的内分泌调节　子宫内膜的周期性变化受下丘脑、垂体和卵巢激素的调节(图 20-14)。下丘脑弓状核等处的神经内分泌细胞分泌促性腺激素释放激素(GnRH),作用于腺垂体远侧部的促性腺激素细胞,使其分泌 FSH 和 LH。FSH 促进卵泡的生长、成熟并分泌大量雌激素,使子宫内膜进入增生期。当血中雌激素达到一定浓度时,与 GnRH 共同作用,促进腺垂体分泌大量的 LH,在 FSH 和 LH 的协同作用下,卵巢排卵并形成黄体。黄体分泌的孕激素和雌激素,使子宫内膜进入分泌期。同时血液中高浓度的孕激素和雌激素反馈地作用于下丘脑和垂体,抑制 GnRH、FSH 和 LH 的分泌,于是黄体退化,血中的孕激素和雌激素骤减,使子宫内膜进入月经期。低浓度的孕激素和雌激素又可促进下丘脑和垂体释放 GnRH 和 FSH,使一批卵泡又开始发育,子宫内膜进入下一个月经周期的增生期。下丘脑和垂体如此周而复始地调节和维持卵巢和子宫内膜的周期性变化,以适应受精卵的植入和生长发育的需要,有利于完成该系统的正常生理功能。

(三) 子宫颈

子宫颈壁由外向内分为外膜、肌层和黏膜。外膜为结缔组织构成的纤维膜。肌层的平滑肌层数由宫颈上端至下端逐渐减少且分散,肌层间有较多的结缔组织。宫颈口处有环行的平滑肌,起括约肌作用。子宫颈管的黏膜较厚,在前、后壁各形成一条纵行的皱襞,其向腔内又伸出许多斜行的皱襞,相邻皱襞间的裂隙形成腺样隐窝,形似分支管状腺,称为子宫颈腺(图 20-15)。子宫颈管的黏膜中无螺

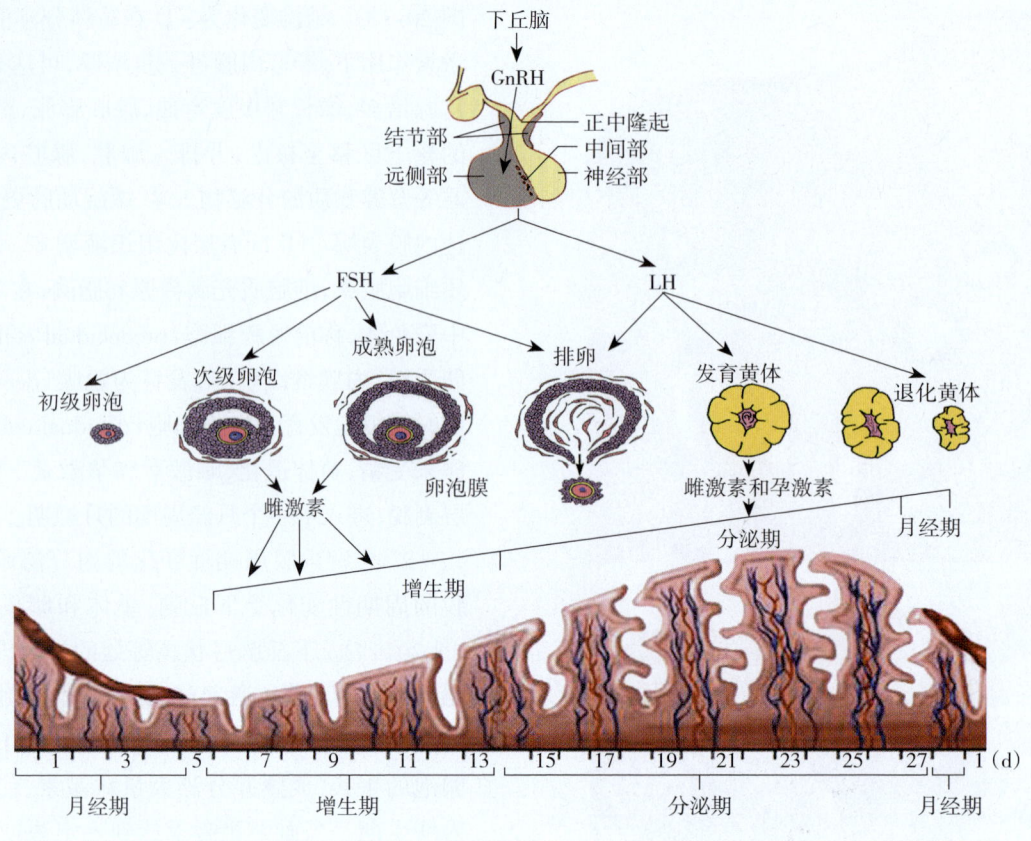

图 20-14　子宫内膜周期性变化的内分泌调节示意图

旋动脉,也无周期性剥脱现象,黏膜由上皮和固有层组成。

1. 子宫颈管的黏膜上皮　为单层柱状, 由分泌细胞、纤毛细胞和储备细胞组成。

(1) 分泌细胞　数量较多,分泌黏液,其分泌活动受卵巢激素的影响。雌激素促进分泌细胞的分泌,黏液增多,黏稠度降低,有利于精子通过。孕激素可抑制分泌细胞的分泌,黏液的黏稠度增加,使精子难于通过。妊娠时,分泌物的黏稠度更高,可阻止精子和微生物进入子宫腔,起屏障作用。

(2) 纤毛细胞　数量少,位于分泌细胞间,纤毛向阴道摆动,协助分泌物的排出,并使其流向阴道。

(3) 储备细胞　较小,散在分布于柱状细胞和基膜之间。储备细胞为干细胞,分化程度低,上皮损伤时有修复功能。在慢性宫颈炎时,此细胞可分化成复层扁平上皮样细胞,易癌变。

2. 子宫颈阴道部的黏膜上皮　为复层扁平上皮,与子宫颈管的单层柱状上皮在宫颈外口处相交界,此处是宫颈癌的好发部位(图 20-15)。

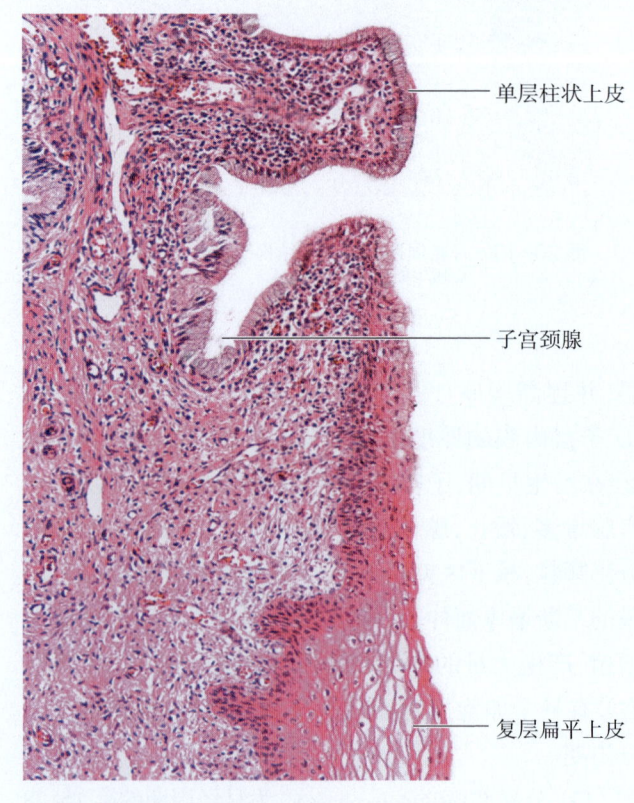

——单层柱状上皮

——子宫颈腺

——复层扁平上皮

图 20-15　成人子宫颈和阴道移行部模式图

四、阴道

阴道壁也由黏膜、肌层和外膜组成。黏膜向阴道腔内突起形成许多横行的皱襞,由上皮和固有层组成。上皮较厚,为非角化的复层扁平上皮。上皮细胞的形态结构受卵巢激素的调节,随月经周期发生变化,因而根据阴道脱落上皮类型的不同可推知卵巢的功能状态,临床上常将阴道涂片作为生殖系统疾病的检查方法之一。阴道脱落细胞中还有从子宫颈、子宫和输卵管脱落的细胞,特别是癌变的细胞易于脱落,故阴道涂片也有助于上述器官早期肿瘤的发现。在卵巢分泌的雌激素作用下,上皮细胞内聚集着大量的糖原。浅层细胞脱落后,糖原在阴道杆菌的作用下转变成乳酸,使阴道保持酸性,有一定的抗菌作用。老年或其他原因导致雌激素水平下降时,阴道上皮内的糖原减少,阴道液内的 pH 升高,细菌容易繁殖而发生阴道炎。阴道肌层由内环行、外纵行的平滑肌构成。阴道外口有骨骼肌形成的括约肌。外膜由致密结缔组织构成,内含丰富的弹性纤维。

五、乳腺

乳腺的结构因年龄和生理状况的不同而异。乳腺于青春期开始发育。无泌乳活动的乳腺,称静止期乳腺。妊娠和授乳期的乳腺分泌乳汁,称活动期乳腺。

(一) 乳腺的一般结构

乳腺由结缔组织分隔成 15~25 个叶,每叶又分成若干小叶,每个小叶是一个复管泡状腺。腺泡上皮为单层立方或单层柱状,腺泡腔很小。腺泡上皮与基膜间有肌上皮细胞,其收缩有利于分泌物的排出。导管由小叶内导管、小叶间导管和总导管组成。小叶内导管的上皮多为单层立方或柱状上皮,小叶间导管则为复层柱状上皮;总导管开口于乳头,又称输乳管,管壁上皮为复层扁平上皮,与乳头表皮相延续。

(二) 静止期乳腺

静止期乳腺是指性成熟未孕女性的乳腺。静止期乳腺的结构特点是:腺体和导管均不发达,腺泡小而少,脂肪和结缔组织发达(图 20-16A)。静止期乳腺随月经周期而有所变化,在每个月经周期的分泌期,腺泡和导管略有增生,乳腺肿大。

(三) 活动期乳腺

活动期乳腺是指妊娠期和授乳期乳腺。妊娠期在雌激素和孕激素作用下,乳腺的腺泡和导管迅速增生,腺泡增大,结缔组织和脂肪组织减少。妊娠后期,在催乳激素的刺激下,乳腺细胞开始分泌,以顶浆分泌方式分泌,分泌物称初乳,内含有乳蛋白、乳糖、抗体和脂滴等。初乳内常有吞噬脂滴的巨噬细胞,称初乳小体(colostrum corpuscle)。授乳期乳腺结构与妊娠期乳腺相似,腺体更发达,腺泡腔扩大,

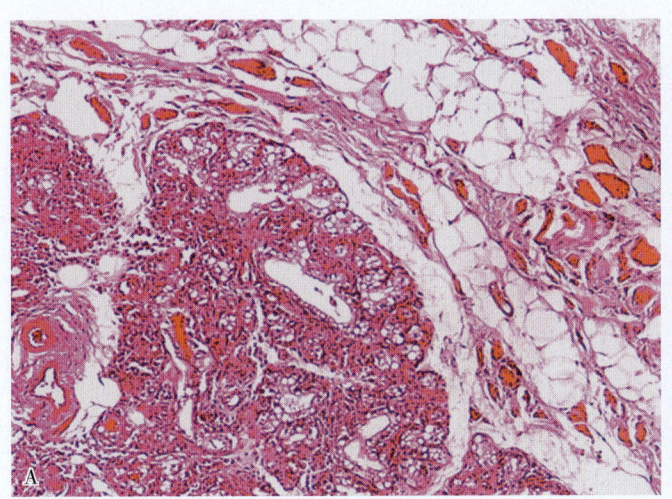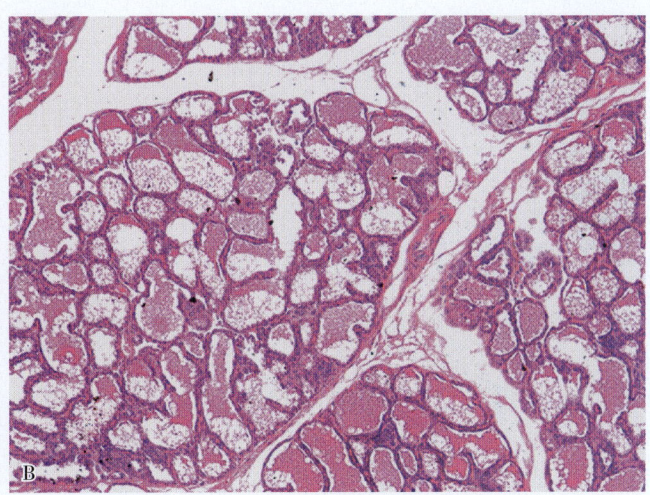

图 20-16　乳腺
A. 静止期乳腺;B. 授乳期乳腺

腺泡处于不同的分泌期,脂肪组织和结缔组织更少(图 20-16B)。分泌前期的腺泡上皮为高柱状,分泌后期腺泡上皮为立方形或扁平形,腺腔内充满乳汁。断乳后,催乳激素水平下降,乳腺停止分泌,腺组织逐渐萎缩,结缔组织和脂肪组织增多,乳腺恢复到静止期的结构。

知识链接 20-1　月经失调

（李晓明　王　欣）

新形态教材网

微课导学　　教学课件　　微视频　　知识链接　　自测题

胚胎学
Embryology

第二十一章

胚胎学绪论

一、胚胎学的研究内容及其意义

胚胎学（embryology）是研究个体发生、发育及其机制的科学，其研究内容包括生殖细胞的形成、受精、胚胎早期发育、器官与系统的发生、胚胎与母体的关系、先天性畸形等，还包括环境因素对胚胎发育的影响。

人体胚胎学（human embryology）研究人类胚胎发生发育的全过程及其机制。人胚胎在母体子宫内经过38周（约266天）发育成熟，并从母体娩出。通常将人胚发育过程分为两个时期：① 胚期（embryonic period）：从受精至第8周末。在此期内，受精卵由单个细胞经过迅速而复杂的增殖分化，发育为各器官、系统与外形都初具人雏形的胎儿（fetus）。② 胎期（fetal period）：自第9周至出生。此期内胎儿逐渐长大，各器官、系统继续发育，功能也逐渐出现和完善。此外，从第28周至出生后1周的新生儿发育阶段称围生期（perinatal period），研究此期母体、胎儿与新生儿保健医学的科学，临床上称为围生医学。

胎儿出生后，各个器官的结构和功能尚未完全发育完善，还需经历长时期的继续生长发育才能逐渐成熟。从出生后要经历一个长时期过程，即婴儿期、儿童期、少年期、青年期、成年期和老年期，继而衰老至死亡。研究出生前和出生后生命全过程的科学称人体发育学（development of human）。

依据研究方法的不同，胚胎学可分为如下。① 描述胚胎学（descriptive embryology）：主要应用组织学方法研究、描述胚胎发育的形态变化过程，包括胚胎外形演变，器官、系统形成，细胞的增殖、迁移和凋亡等，是胚胎学的基础内容；② 比较胚胎学（comparative embryology）：以研究、比较包括人类在内的不同种系动物的胚胎发育为主要内容，比较各种动物胚胎的发育过程，从中找出生物演变和进化过程的规律；③ 实验胚胎学（experimental embryology）：用实验的方法研究不同因素对胚胎发育的影响，以揭示胚胎发育的内在规律与机制；④ 化学胚胎学（chemical embryology）：应用化学与生物化学方法研究胚胎发育过程中，细胞内化学物质的定性、定量、定位变化及其与胚胎发育的关系；⑤ 分子胚胎学（molecular embryology）：用分子生物学方法揭示胚胎发育过程中的基因表达与调控因素，及其蛋白质在胚胎发育中的作用，以阐明胚胎发育的分子机制；⑥ 畸形学（teratology）：研究各种先天畸形的成因、形成机制及预防措施的科学；⑦ 生殖工程学（reproductive engineering）：是一门正在迅速发展、非常有前景的新兴学科，是应用人工方法，如体外受精、胚胎移植、卵浆内单精或细胞核注射、胚胎冻存等介入早期生殖过程，从而获得新一代个体的生殖技术。试管婴儿的诞生、克隆动物的成功问世，就是生殖工程学的贡献。

本课程研究人体胚胎发生全过程，以描述胚胎学为主要内容，并纳入畸形学。人体胚胎学是一门重要的基础课。通过胚胎学的学习，真正理解生命个体的由来,以及在胚胎发生过程中,人外形、系统、器官、组织、细胞的演变,各种畸形的成因,从而能更深刻理解与其密切相关的医学基础课(如病理学、遗传学等)及临床各科(如妇产科、儿科等)的基本理论,才能正确认识、正确诊断和治疗疾病。

二、现代胚胎学的发展

人体胚胎学是人类的生存发展、科学的不断进步、历代学者的不断探索、不断重新认识人体发生发育过程的科学实践的结晶。经过了从 4 世纪至 20 世纪的历史长河,现代胚胎学是从 20 世纪 50 年代开始发展起来的。分子胚胎学和生殖工程学这两大进步,极大地促进了现代胚胎学的迅速发展。

20 世纪 50 年代,随着 DNA 结构的阐明、分子生物学的建立,个体发育的研究进入了分子水平,用分子生物学方法研究胚胎发育全过程的分子基础、胚胎发生的基因调控和各器官形态结构发生和演变的分子机制,建立了分子胚胎学。分子胚胎学揭示了胚胎发育过程是各种发育相关基因程序性时空表达的结果,即遗传程序决定的,基因程序性表达受调节基因的调控,也受环境因素的影响。由于分子胚胎学与实验胚胎学、细胞生物学、分子遗传学等学科的互相交叉渗透发展,建立起发育生物学(developmental biology),它已成为现代生命科学的重要基础学科。

20 世纪 60 年代以来,胚胎学中生殖工程兴起并开始与临床应用相结合,英国学者 Edwards 及 Steptoe 应用人工授精、胚胎移植等技术治疗女性不孕症。1978 年 7 月 25 日在英国曼彻斯特城,诞生了世界上第一例试管婴儿(女婴——路易斯·布朗),开创了人类控制生育的新途径;1988 年我国第一批试管婴儿也诞生。目前,试管婴儿已遍及全球,2018 年全球已超过 800 万,我国每年亦有超过 30 万个试管婴儿诞生。英国爱丁堡大学 Rosllin 研究所于 1997 年 2 月利用体细胞核移植技术,培育成功了世界首例克隆羊,称多莉(Dolly),引起全世界轰动(图 21-1)。克隆动物技术已陆续在牛、猪、兔、猴等动物获得成功,并应用于品种改良、野生动物的繁殖等方面。

图 21-1　世界首例克隆羊多莉

知识链接 21-1　克隆羊多莉

我国胚胎学研究始于 20 世纪 20 年代,老一辈胚胎学家,如朱洗教授(1900—1962)、童第周教授(1902—1979)、张汇泉教授(1899—1986)等学者在胚胎学的基础理论研究应用等方面都作出了重要贡献。我国新一代胚胎学工作者在胚胎学的理论和应用方面也都取得了很大的进展,正在为胚胎学新发展不懈地努力工作。

(石玉秀)

新形态教材网

🔖 微课导学　　🖥 教学课件　　💻 微视频　　⚙ 知识链接　　📝 自测题

第二十二章

人胚发生和早期发育

人胚早期发生是指从受精卵到第 8 周末的发育过程，即胚期。胚胎在此期的发育中形态演变剧烈，极易受到内、外环境因素的影响，因此该期是胚胎学研究和学习的重点。人胚早期发生主要包括生殖细胞和受精、卵裂、胚泡形成和植入、胚层形成及分化，器官原基、胚体外形的建立以及胎儿与母体的关系等。

一、生殖细胞和受精

生殖细胞（germ cell）又称配子（gamete），包括男性配子（精子）和女性配子（卵子），它们都是高度分化的性细胞。在其发生过程中不同于体细胞之处是经过两次成熟分裂，染色体数目减少一半，故每个精子或卵子均只有 23 条染色体，为单倍体细胞。受精恢复了二倍体细胞，是形成新个体的开端。

（一）生殖细胞

1. 精子的发生和成熟　精子是在睾丸的生精小管内产生的（图 22-1A）。从青春期开始，生精小管的精原细胞不断分裂增殖，其中一部分生长分化为初级精母细胞。初级精母细胞连续进行两次成熟分裂，经次级精母细胞形成 4 个精子细胞。精子细胞再经过精子形成过程成为精子，其中两个精子的染色体核型为 23，X，两个精子的染色体核型为 23，Y。新形成的精子无运动能力，由于生精小管管壁周围的肌样细胞的收缩等活动将精子运送到附睾内，精子在附睾内停留约 2 周，继续发育成熟，并逐渐获得运动能力。但此时精子尚无使卵子受精的能力，这是因为精子在附睾管中发育成熟期间，附睾管上皮细胞分泌物及射精时附属腺的分泌物附着在精子的细胞膜表面，这些被覆物主要是糖蛋白衣（glycoprotein coat）与精浆蛋白（seminal protein），它们具有阻止顶体酶释放的作用。当精子进入女性生殖管道后，在子宫及输卵管分泌物作用下能解除糖蛋白衣等的抑制作用，从而使精子获得与卵子结合的能力，此过程称为精子获能（sperm capacitation）。

精子在女性生殖管道内可存活 1~3 天，但其使卵子受精能力只维持 20 h 左右。

2. 卵子的发生和成熟　卵子由卵巢内的卵泡产生，成熟于受精过程。青春期后，卵巢发生周期性变化，一般每个月经周期从卵巢内排出一个卵子，其发生过程与精子相似（图 22-1B）。出生前，卵巢内的卵原细胞经过增殖和生长成为初级卵母细胞。在出生后，卵巢的卵泡内均为初级卵母细胞，它们已进行第一次成熟分裂并长期停滞在分裂前期。青春期后，每个月经周期中卵巢内有一个初级卵母细胞于排卵前 36~48 h 完成第一次成熟分裂，形成一个次级卵母细胞及一个小的第一极体，并相继进行第二次成熟分裂，停留于分裂中期。排出的次级卵母细胞与精子结合才能完成第二次成熟分裂而达到成熟；如果排出的次级卵母细胞不与精子结合，该细胞则在 24 h 内退化。

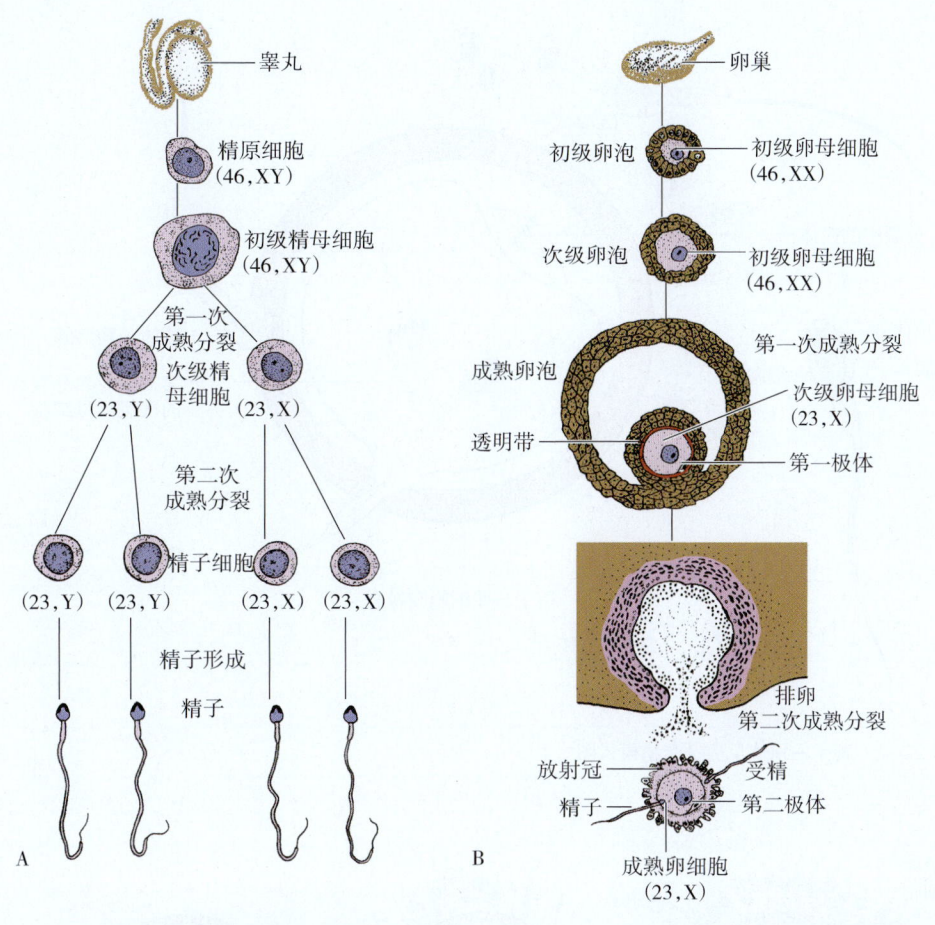

图 22-1　精子与卵子的发生模式图
A. 精子发生；B. 卵子发生

(二) 受精

受精(fertilization)是成熟获能后的精子与发育正常的卵子结合形成受精卵的过程。受精一般发生在排卵后 12 h 内,受精部位多在输卵管的壶腹部。

1. 受精过程　获能后的精子接近卵母细胞时,在放射冠细胞及卵母细胞所释放的物质影响下,立即发生顶体反应(acrosome reaction),即精子顶体的外膜与精子头部的质膜多处融合并破裂形成许多小孔(图 22-2),释放顶体酶的过程。顶体酶可分解放射冠细胞外基质成分,使细胞分散开来,从而精子得以穿入放射冠,接触到透明带。当精子与透明带的 ZP3(精子受体)结合后,在顶体酶的作用下精子可进一步穿过透明带,进入卵周隙得以与卵子直接接触,精子头部质膜与卵细胞膜融合,称精卵质膜融合(sperm-oocyte membrane fusion),随即精子的细胞核和细胞质全部进入卵细胞内,精子的细胞膜将成为受精卵细胞膜的一部分。精子进入卵细胞后,卵细胞立即向卵周隙释放浅层细胞质中的皮质颗粒,称皮质反应(cortical reaction),在皮质颗粒中溶酶体酶的作用下,透明带的结构发生改变,特别是 ZP3 分子变性,不能再与精子结合,从而阻止其他精子进入卵细胞,实现了人卵的单精受精(monospermism),此过程称为透明带反应(zona reaction)。

精子的进入,激发次级卵母细胞完成第二次成熟分裂(图 22-3A),形成一个成熟的卵细胞及一个小细胞——第二极体(图 22-3B),卵子的细胞核称雌原核(female pronucleus),精子的细胞核膨大形成雄原核(male pronucleus)(图 22-3C)。雄原核与雌原核移至卵细胞中央互相接近,核膜消失,染色体互相混合,形成一个二倍体的受精卵(fertilized ovum),又称合子(zygote)(图 22-3D)。

2. 受精的意义

(1) 受精刺激次级卵母细胞完成第二次成熟分裂,使受精卵进行快速的分裂分化,形成一个新的个体。

透明带
分裂中的极体
顶体
细胞核
细胞膜
顶体内膜溶解
第二次成熟分裂
的次级卵母细胞
精子与卵细胞膜融合

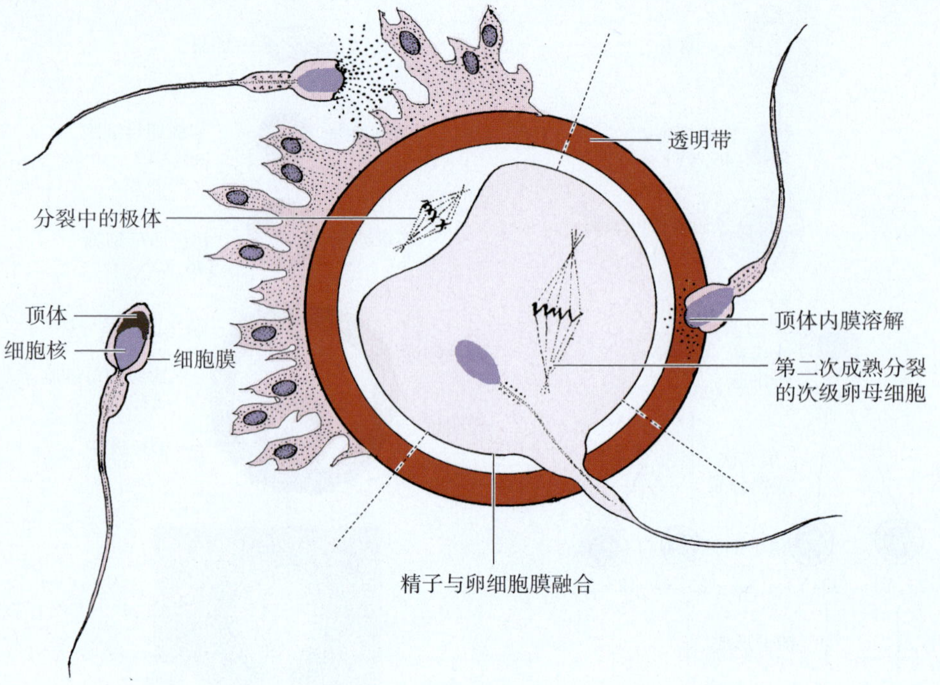

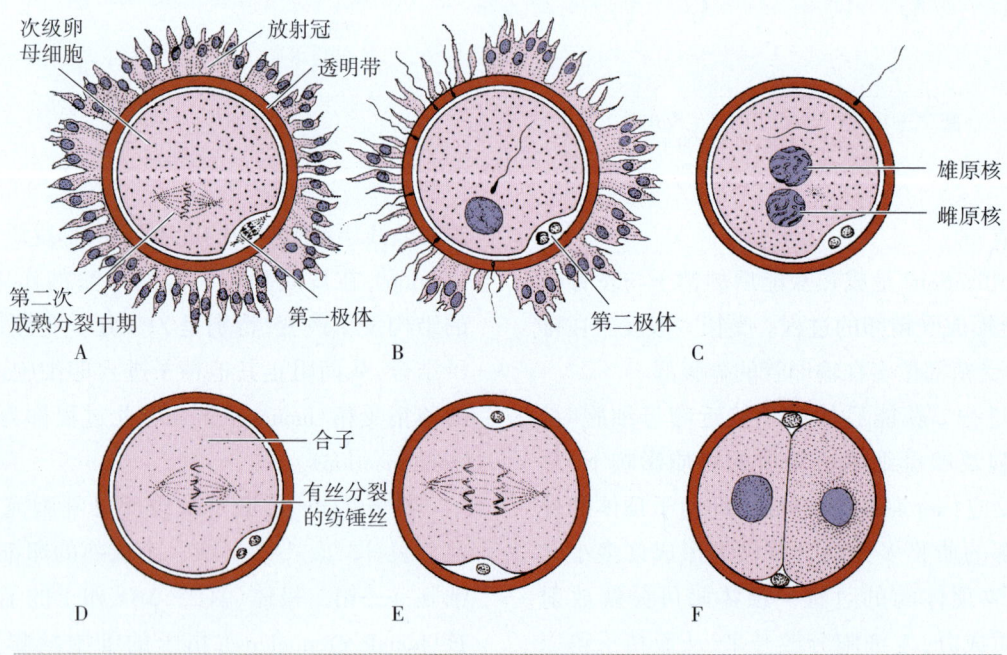

图 22-2　精子的顶体反应及受精模式图

次级卵
母细胞
放射冠
透明带
第二次
成熟分裂中期
第一极体
第二极体
雄原核
雌原核
合子
有丝分裂
的纺锤丝
A
B
C
D
E
F

图 22-3　受精过程模式图

(2) 精子与卵子结合后，恢复了二倍体细胞，维持了物种的延续性。

(3) 受精决定了新个体的遗传性别，如果性染色体为 X 的精子与卵子结合，受精卵的核型为 46,XX，新个体的遗传性别为女性；若性染色体为 Y 的精子与卵子结合，受精卵的核型为 46,XY，新个体的遗传性别为男性。

(4) 受精卵的染色体来自父母双方，即接受了父母双方的遗传物质。但由于生殖细胞成熟分裂过程中曾发生染色体联会和基因交换等，使遗传物质重新组

合,故新个体又具有不同于亲代的新性状。

3. 受精的条件 获能后的精子与发育正常的卵子相遇是受精的前提。精子进入女性生殖管道后,需在20 h内与卵子结合,否则即使两者相遇也不能结合。精子的数目和活动能力也是保证受精的重要条件,如果每毫升精液中的精子数目少于400万,则不能受精;若精液中含较多的异常精子(图22-4),或精子活动能力太弱等也会影响受精。次级卵母细胞一般在排卵后12 h内具有受精能力,如在此期内未与精子相遇,则自行退化。

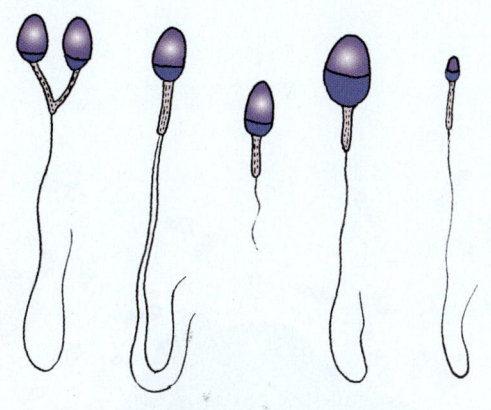

图 22-4 各种异常精子

生殖管道的通畅是精子与卵子相遇的必要条件。如果男性或女性的生殖管道因炎症等因素造成堵塞,精子和卵子不能相遇,难以实现受精。

知识链接 22-1 避孕方法与原理

二、卵裂、胚泡形成和植入

(一) 卵裂和胚泡形成

受精卵进行的有丝分裂称卵裂(cleavage)。卵裂形成的子细胞称卵裂球(blastomere)(图22-5A~C),随着卵裂球数目的增加,细胞体积愈来愈小。受精后约30 h为2细胞期,40 h为4细胞期,72 h为12~16细胞期,此时细胞紧密相贴,形似桑葚,称桑葚胚(morula)(图22-5D),其外周仍有透明带包裹。在卵裂的同时,由于输卵管平滑肌的节律性收缩、管壁上皮细胞纤毛的摆动和输卵管腔内液体的流动,使卵裂中的受精卵逐渐向子宫方向移动,受精后72 h桑葚胚已进入子宫

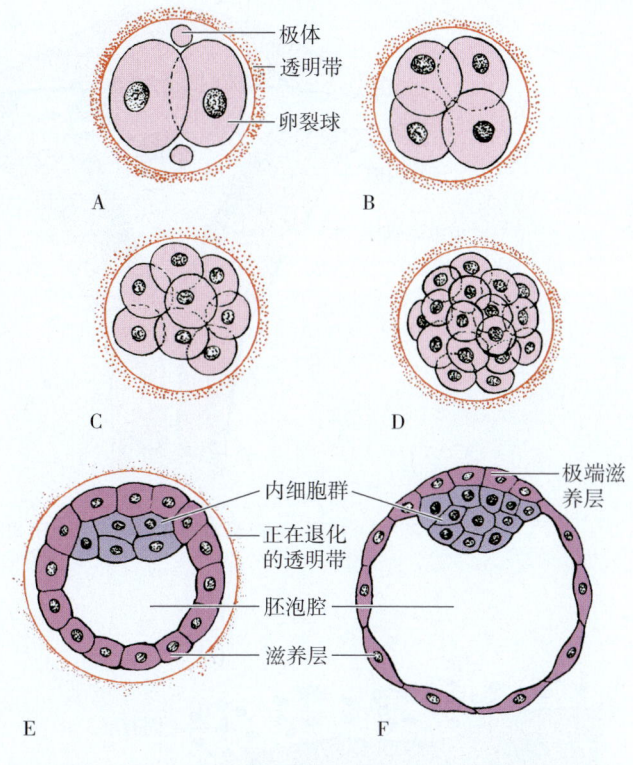

图 22-5 卵裂及胚泡形成的模式图
A. 2 细胞期(受精后30 h);B. 4 细胞期(40 h);C. 8 细胞期(3 天);D. 桑葚胚(3.5 天);E. 早期胚泡(4 天);F. 晚期胚泡(4.5 天)

腔内(图22-6)。

桑葚胚进入子宫腔后,细胞继续分裂,卵裂球数目增加到100个左右时,细胞按一定规律排列,形似泡状,称胚泡(blastocyst)(图22-5E,F),其周围的细胞排列成单层,称滋养层(trophoblast),胚泡中的腔称胚泡腔(blastocyst cavity),腔内含有液体。在滋养层内面的一侧,有一团细胞与之相贴,称内细胞群(inner cell mass)。内细胞群的细胞是胚胎干细胞(embryonic stem cell,ESC)。覆盖在内细胞群外面的滋养层称极端滋养层(polar trophoblast)。第4天末,胚泡外面的透明带消失。滋养层可从母体子宫内膜吸收营养物质,极端滋养层将参与胎盘的形成。

知识链接 22-2 胚胎干细胞和诱导多能干细胞

(二) 植入

胚泡逐渐埋入子宫内膜的过程称为植入(implantation)或着床(imbed)(图22-7)。植入部位多位于子宫体前、后壁或子宫底内膜处(图22-8)。处于分泌期的子宫内膜在雌激素与孕酮的协同作用下,内膜肥厚,

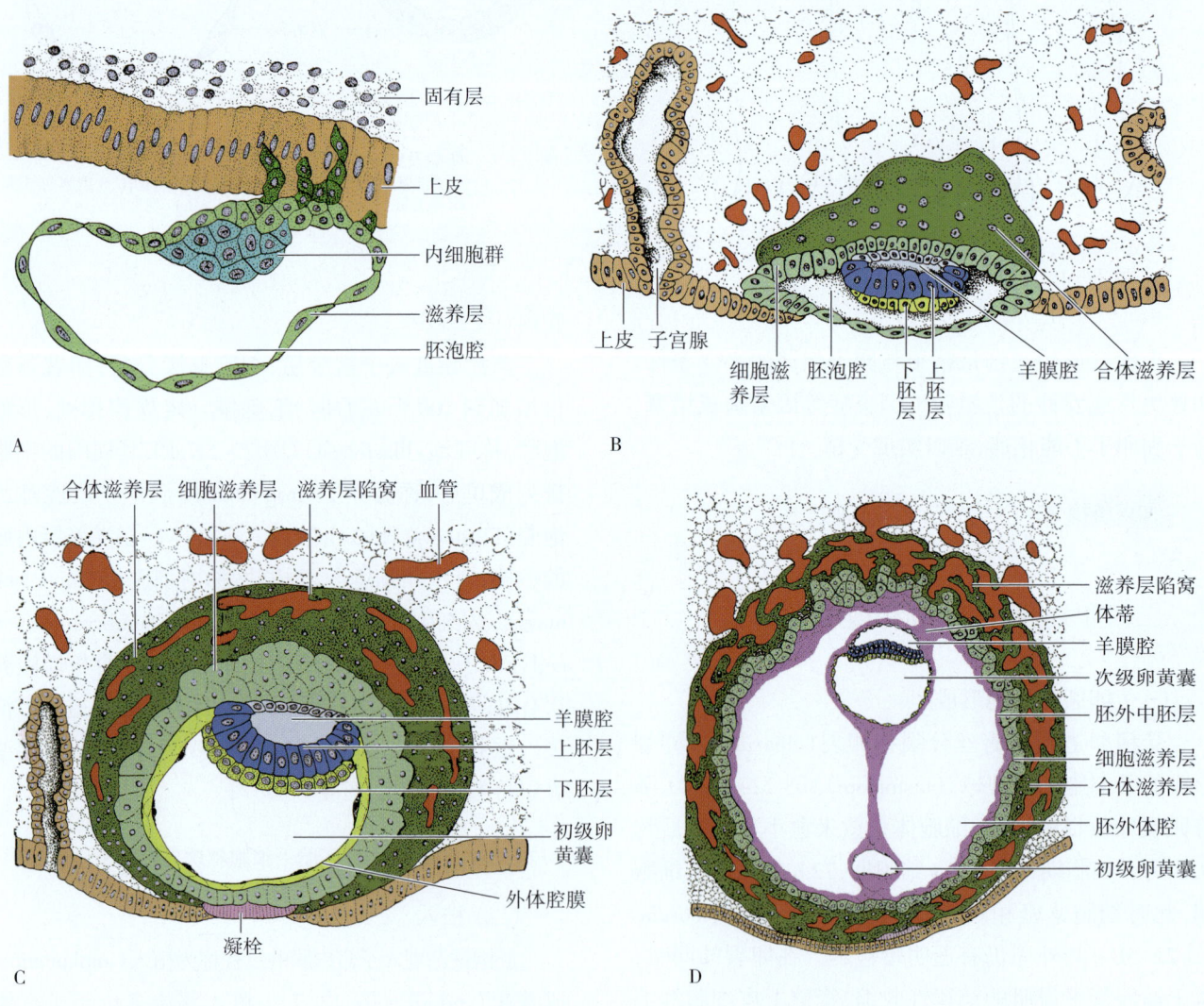

图 22-6   排卵、受精、胚泡形成和植入部位模式图

图 22-7   植入过程
A. 7 天人胚，胚泡开始与子宫内膜上皮接触；B. 7.5 天人胚，胚泡已部分植入子宫内膜中；C. 9 天人胚，胚泡已全部植入子宫内膜；D. 13 天人胚，胚泡已全部植入子宫内膜

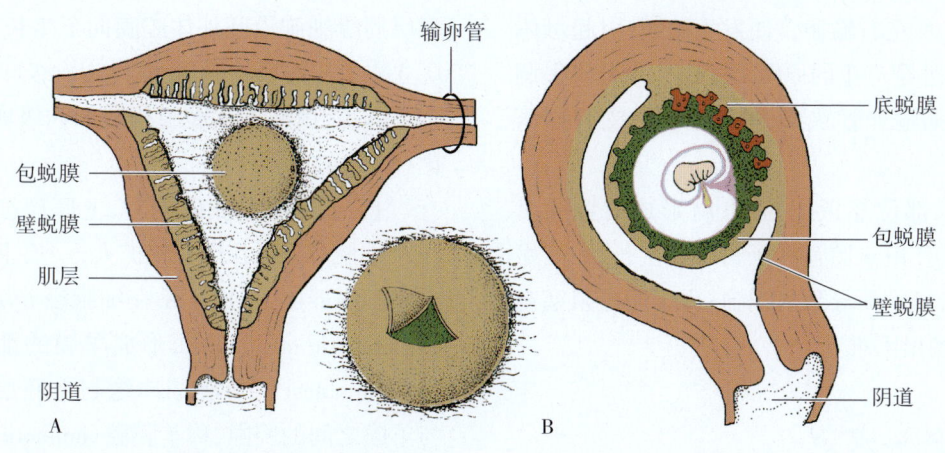

图 22-8　胚泡植入后与子宫蜕膜的关系
A. 冠状面；B. 矢状面

血管丰富，腺体弯曲、扩张并进行分泌，适合植入后胚泡的发育。

受精后第 5~6 天，极端滋养层细胞直接与子宫内膜上皮接触（图 22-7A），并分泌蛋白水解酶溶解子宫上皮，使其出现缺口，胚泡由此缺口逐渐侵入子宫内膜功能层（图 22-7B）。该过程于受精后第 11~12 天完成，植入时所造成的子宫内膜缺口，由邻近的上皮细胞增生修复。

胚泡植入后，滋养层细胞迅速分裂增殖，由单层变为复层，表层细胞互相融合，细胞间界限消失，称合体滋养层（syncytiotrophoblast）；内层细胞界限明显，称细胞滋养层（cytotrophoblast）（图 22-7C）。细胞滋养层有较强的分裂增殖能力，不断产生新的细胞加入合体滋养层。合体滋养层内出现一些小的腔隙，称滋养层陷窝（图 22-7D），内含来自子宫内膜的母体血，滋养层可直接从母体血液中吸取营养供给胚胎发育所需，并进行物质交换。

胚泡植入后，子宫内膜的功能层称蜕膜，它将在分娩时脱落。蜕膜内有许多椭圆形或多边形的细胞，称蜕膜细胞，它来自固有层中的基质细胞，成群分布于蜕膜中。细胞核呈圆形，核仁明显；细胞质内含大量的糖原和脂滴。蜕膜细胞具有供给胚泡营养和保护子宫内膜免受滋养层过度侵蚀的功能。

胚泡植入后，可将蜕膜分为三部分（图 22-8）：① 底蜕膜（decidua basalis）：为胚泡与子宫肌层之间的蜕膜，它将随着胚胎的发育而不断扩大、增厚，参与胎盘的形成；② 包蜕膜（decidua capsularis）：为覆盖在胚泡表面的蜕膜；③ 壁蜕膜（decidua parietalis）：为其余部分的子宫蜕膜。壁蜕膜与包蜕膜之间为子宫腔。

植入是受雌激素和孕激素精细调节的复杂的生理过程。内分泌紊乱及药物干扰均可导致胚泡发育与子宫内膜的周期性变化不同步，使植入不能完成。正常的子宫腔内微环境也是实现胚泡植入的必要条件。子宫内膜炎症及宫内节育器等均可通过干扰植入过程而引起不孕及达到避孕的效果。

胚泡在子宫以外的部位植入称异位植入（ectopic implantation），又称异位妊娠（ectopic pregnancy）（图 22-9），可发生在输卵管、卵巢、腹膜腔及肠系膜等处，其中以输卵管壶腹部和峡部为多见，约占宫外孕的 80%。宫外孕的胚胎因营养不足不能发育到足月，例如输卵

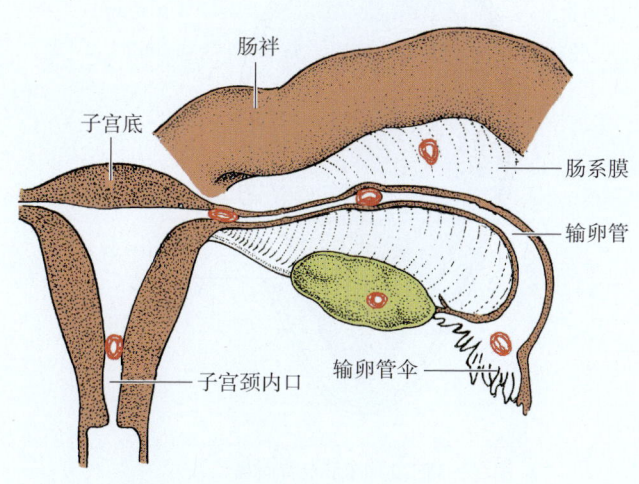

图 22-9　异位植入部位

管妊娠多在第2月左右输卵管便发生破裂,引起母体严重内出血。宫外孕产生的原因可能由于内分泌失调或输卵管异常,如输卵管狭窄、慢性炎症或受肿瘤压迫所致。

若胚泡植入部位靠近子宫颈,将形成前置胎盘(placenta praevia)。由于胎盘在子宫颈部生长,在妊娠晚期易发生胎盘早剥而导致大出血;由于胎盘阻塞产道,将导致胎儿娩出困难。

三、胚层的形成

(一)二胚层胚盘及相关结构的发生

第2周时,内细胞群的细胞逐渐形成圆盘状的胚盘,由两个胚层组成,又称二胚层胚盘。在此期内还将形成卵黄囊、羊膜腔及胚外中胚层。

第2周初,内细胞群朝向胚泡腔的细胞形成一层整齐的立方形细胞,称下胚层(hypoblast),又称初级内胚层(primary endoderm)(图22-7B);在下胚层形成的同时,下胚层细胞的上方出现一层柱状细胞,称上胚层(epiblast),又称初级外胚层(primary ectoderm)。上、下两个胚层之间有基膜相隔,上、下胚层形成一盘状结构,称二胚层胚盘(bilaminar germ disc)(图22-10)。与此同时,在细胞滋养层内面形成由一层扁平细胞构成的膜,称外体腔膜(exocoelomic membrane),并占据胚泡腔,该膜与下胚层相连接,共同形成一个大的囊,称初级卵黄囊(primary yolk sac)(图22-7C)。第2周末,下

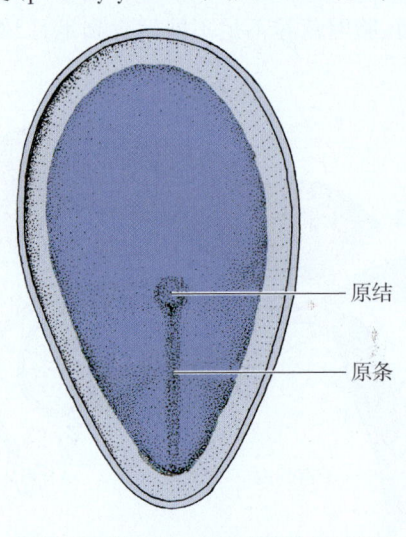

图22-10　2周末胚盘背面观

（图中标注：原结、原条）

胚层周缘细胞沿胚外体腔膜向下生长,形成一个由单层立方上皮构成的囊,此囊称为次级卵黄囊(secondary yolk sac)。由胚外体腔膜构成的初级卵黄囊则逐渐退化(图22-7D)。

上、下胚层形成的同时,上胚层细胞之间出现了一个小腔,随着小腔不断扩大,一层上胚层细胞被推向细胞滋养层,形成了贴在细胞滋养层内面的膜称羊膜(amniotic membrane),形成羊膜的细胞称成羊膜细胞(amnioblast)。羊膜的周缘与上胚层相连。上胚层与羊膜之间的腔隙,称羊膜腔(amniotic cavity),腔内的液体称羊水,羊膜与上胚层共同包绕羊膜腔形成羊膜囊(amnionic cyst)(图22-7B、C)。

在卵黄囊及羊膜腔形成的同时,胚泡腔内出现一些疏松排列的星状细胞和细胞外基质分布于羊膜、卵黄囊与细胞滋养层之间,称胚外中胚层(extraembryonic mesoderm)。第2周末(约第12天),在胚外中胚层内也出现了一些小的腔隙,并逐渐融合成一个大腔,称胚外体腔(extraembryonic coelom)。胚外体腔的出现将胚外中胚层分成两部分:衬在滋养层内面和羊膜外面的一层称为胚外体壁中胚层(extraembryonic somatopleuric mesoderm),覆盖在卵黄囊外面的一层称为胚外脏壁中胚层(extraembryonic splanchnopleuric mesoderm)。随着胚外体腔的扩大,仅有小部分胚外中胚层连于胚盘尾端与滋养层之间,这部分胚外中胚层称体蒂(body stalk)(图22-7D)。

(二)三胚层胚盘及相关结构的发生

第3周初,胚盘的部分上胚层细胞迅速增殖,并由胚盘两侧向尾侧中轴线迁移,形成一条细胞增厚区,称原条(primitive streak)。原条头端的细胞增殖较快,形成结节状肥厚区,称原结(primitive node)(图22-10,图22-11A)。

原条细胞继续增殖,并向深部迁移,致使原条出现沟状凹陷,称原沟(primitive groove)(图22-11B)。原沟底部的上胚层细胞在上、下胚层之间呈翼状扩展迁移,部分细胞进入下胚层,并逐渐全部置换了下胚层细胞,形成一层新的细胞,称内胚层(endoderm);由上胚层迁出的另一部分细胞则在上、下胚层之间形成一个夹层,称胚内中胚层(intraembryonic mesoderm),即中胚层(mesoderm)(图22-11B),它在

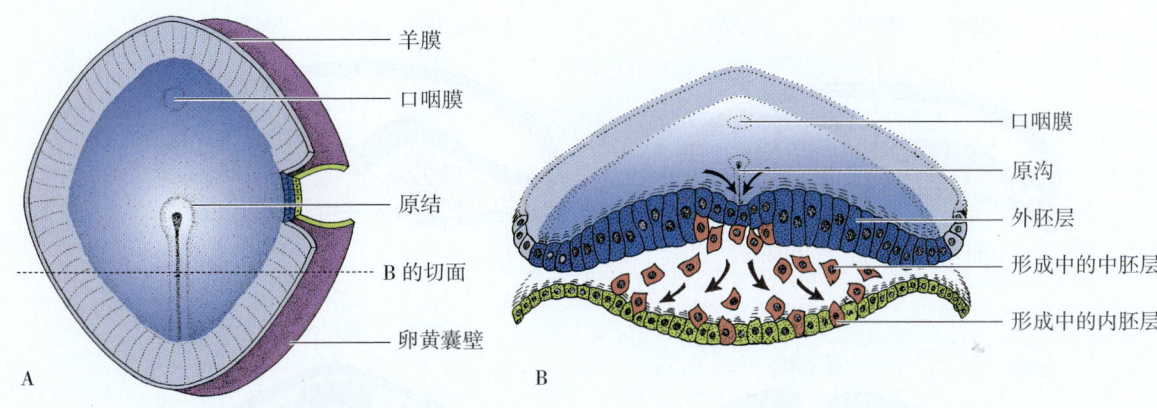

图 22-11 16 天人胚，示三胚层胚盘形成
A.胚盘背面观；B.通过原沟的横切面

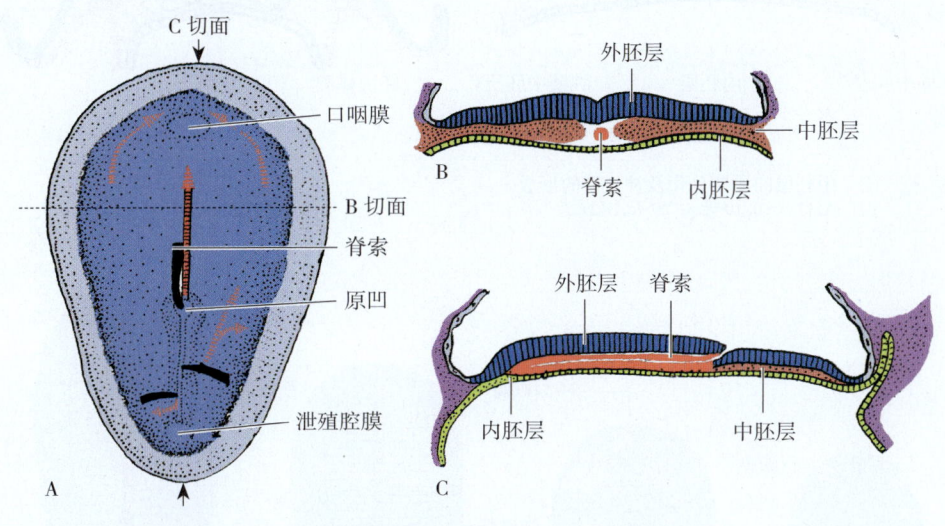

图 22-12 18 天人胚，示中胚层及脊索的形成
A.背面观；B.胚盘正中横切面；C.胚盘正中纵切面

胚盘的边缘处与胚外中胚层相连(图 22-12,图 22-13)。内胚层和中胚层出现之后,上胚层改称为外胚层(ectoderm)。第 3 周末,胚盘由 3 个胚层构成,称三胚层胚盘(trilaminar germ disc)。由此可见,三胚层胚盘中的内、中、外胚层均来自上胚层。三胚层胚盘是人体发生的原基,它将形成人体内各种细胞、组织及器官。

原结中央凹陷形成原凹(primitive pit),原凹处的上胚层细胞不断向下增殖,并向头端迁移,在内、外胚层之间形成一管状突起,该突起经过复杂的演变形成一条单独的细胞索,称脊索(notochord)(图 22-12),它在人胚早期起到一定支持作用,以后逐渐退化,成人椎间盘中央的髓核就是脊索退化后的遗迹。

第 3 周初,中胚层位于脊索的两侧,呈均匀的一层,继之分化为三部分,由中央向两侧依次为轴旁中胚层、间介中胚层和侧中胚层。第 3 周末,轴旁中胚层细胞增殖肥厚,形成左右成对的体节(somite)(图 22-13)。由于中胚层、脊索和胚盘头部增长迅速,原条生长缓慢并向尾端退缩,至第 4 周时原条已退化消失(图 22-14)。若原条不退化消失,残存的原条常在胎儿出生后于骶尾部形成源于 3 个胚层组织的肿瘤,称畸胎瘤(teratoma)。

第 3 周末,胚盘的形状由圆盘状变为头侧略大、尾侧较小的鞋底形(图 22-14),胚盘的尾侧连于体蒂。

在脊索的头端和原条尾端各有一个内、外胚层直接相贴形成的薄膜区,分别称口咽膜(oropharyngeal membrane)和泄殖腔膜(cloacal membrane)(图 22-12,图 22-14)。

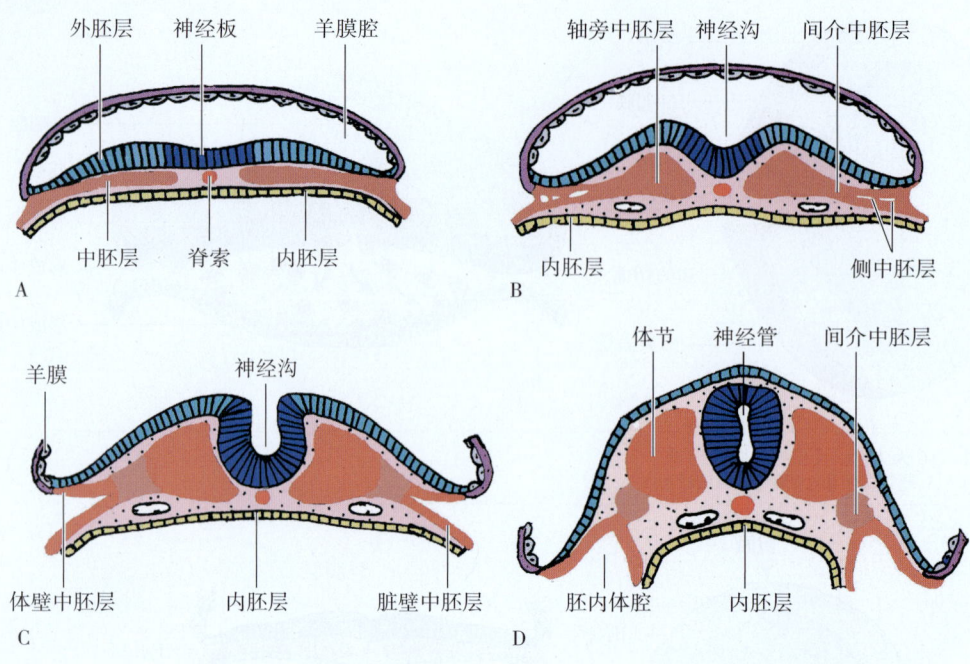

图 22-13 中胚层的早期分化及神经管的形成
A. 17 天；B. 19 天；C. 20 天；D. 21 天

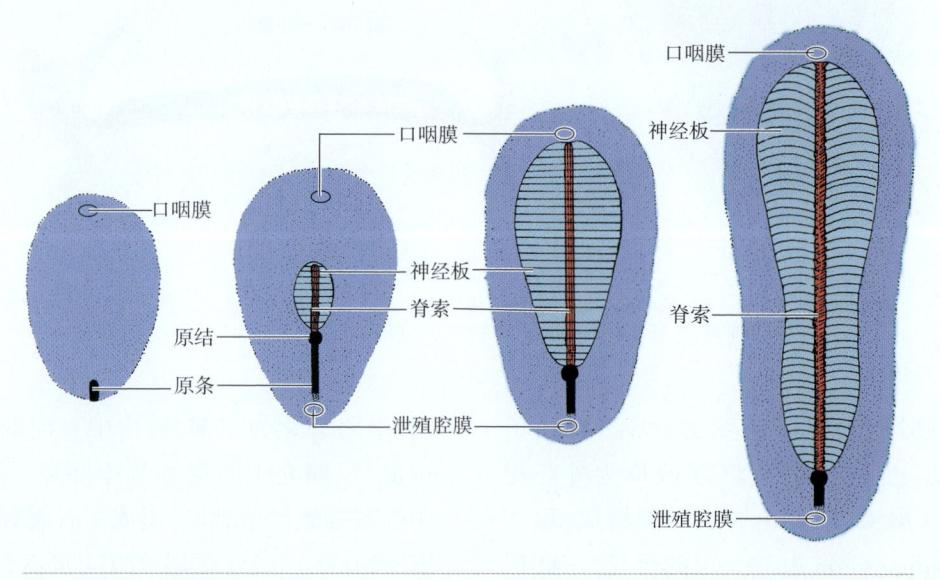

图 22-14 3 周胚盘背面观

四、三胚层的分化和胚体形成

胚胎第 4~8 周时，三胚层逐渐分化形成各器官的原基，胚体外形逐渐建立。

（一）三胚层的分化

1. 外胚层的分化　在脊索的诱导下，沿着脊索背侧的外胚层细胞形成一增厚的细胞板，称神经板（neural plate）（图 22-13，图 22-14），此处的外胚层也称神经外胚层。第 18 天时，神经板中央凹陷，称神经沟（neural groove），沟两侧的部分隆起，称神经褶（neural fold）。第 3 周末，神经沟加深，两侧的神经褶逐渐愈合形成神经管（neural tube），这种愈合始于未来的颈部区域，并逐渐向头、尾两端进行，此期神经管的头端和尾端分别留有前神经孔（anterior neuropore）及后神经孔（posterior neuropore）（图 22-15）。前神经孔约在第 25 天（18~20 对体节期）闭合，后神经孔则在第 27 天（25

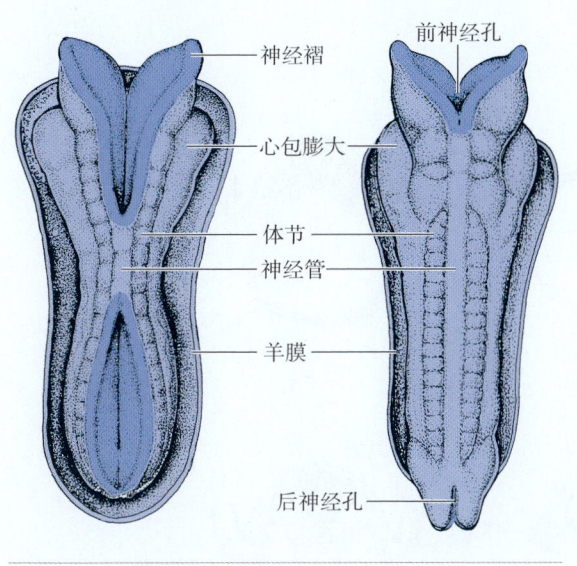

图 22-15 神经管的形成

神经褶
前神经孔
心包膨大
体节
神经管
羊膜
后神经孔

对体节期)闭合。神经管闭合后,神经管的头端发育迅速,膨大成脑泡,为脑的原基;神经管的其余部分较细,为脊髓的原基。神经管中央的管腔将分化为脑室和中央管。若前神经孔不闭合,将形成无脑儿(anencephaly);若后神经孔不闭合,将形成脊柱裂。

在神经管形成的同时,神经板外侧缘的一些细胞迁移到神经管的背侧形成一条纵行的细胞索,继而分裂为两条,位于神经管的背外侧,称神经嵴(neural crest)(图 22-16),神经嵴是周围神经系统的原基。第 4 周末,神经嵴开始分节,它将分化形成脑神经节、脊神经节、交感神经节、肾上腺髓质及某些胺前体摄取及脱羧细胞(APUD 细胞)。

除形成上述结构以外,被覆在胚体表面的外胚层,将分化形成皮肤的表皮及其附属器。当神经管闭

合时,外胚层在胚体的头端两侧还形成耳原基和晶状体原基等(图 22-17)。

2. 中胚层的分化 位于脊索两侧的中胚层细胞增殖较快,由内向外依次分化为轴旁中胚层、间介中胚层和侧中胚层。

(1) 轴旁中胚层 邻近脊索两侧的中胚层迅速增殖形成一对纵行的细胞索,称轴旁中胚层(paraxial mesoderm),它随即断裂成左右成对的立方形细胞团,称体节(somite)(图 22-13,图 22-15)。体节的出现是从胚体的头端部分开始,渐向尾端推进,每天形成 3~4 对,第 5 周末形成 42~44 对。从胚体表面即能分辨体节,故它是胚胎早期推测胎龄的重要标志之一。体节是形成脊柱、背侧的皮肤真皮和骨骼肌的原基。

(2) 间介中胚层 轴旁中胚层与侧中胚层之间的狭长区域,称间介中胚层(intermediate mesoderm)(图 22-13),它是形成泌尿与生殖器官的原基。

(3) 侧中胚层(lateral mesoderm) 又称侧板中胚层(lateral plate mesoderm),初为单一的薄层状结构,很快在侧板中出现腔隙,称胚内体腔(intraembryonic coelom),由它将侧中胚层分为两层,与外胚层相贴者称为体壁中胚层(somatic mesoderm),与内胚层相贴者称为脏壁中胚层(splanchnic mesoderm)(图 22-13)。体壁中胚层是形成浆膜壁层及体壁的骨骼与肌肉的原基,脏壁中胚层是形成浆膜脏层及内脏平滑肌与结缔组织的原基。胚内体腔依次分化为心包腔、胸膜腔和腹膜腔。

在中胚层分化过程中,除一部分保持上皮性结构外,大部分将形成疏松网状的间充质。间充质由呈星形的间充质细胞和基质组成,间充质细胞具有向不同

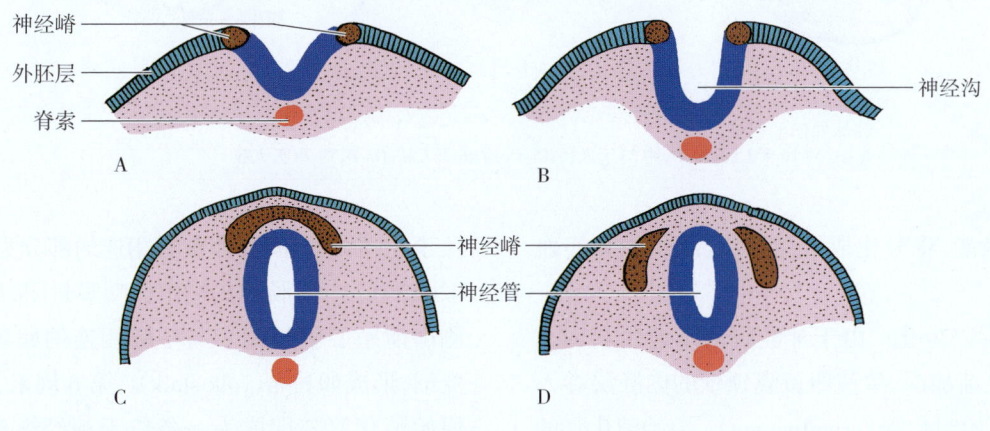

神经嵴
外胚层
脊索
神经沟
神经嵴
神经管

图 22-16 神经管及神经嵴的形成
A. 第 18 天;B. 第 3 周末;C、D. 21~23 天

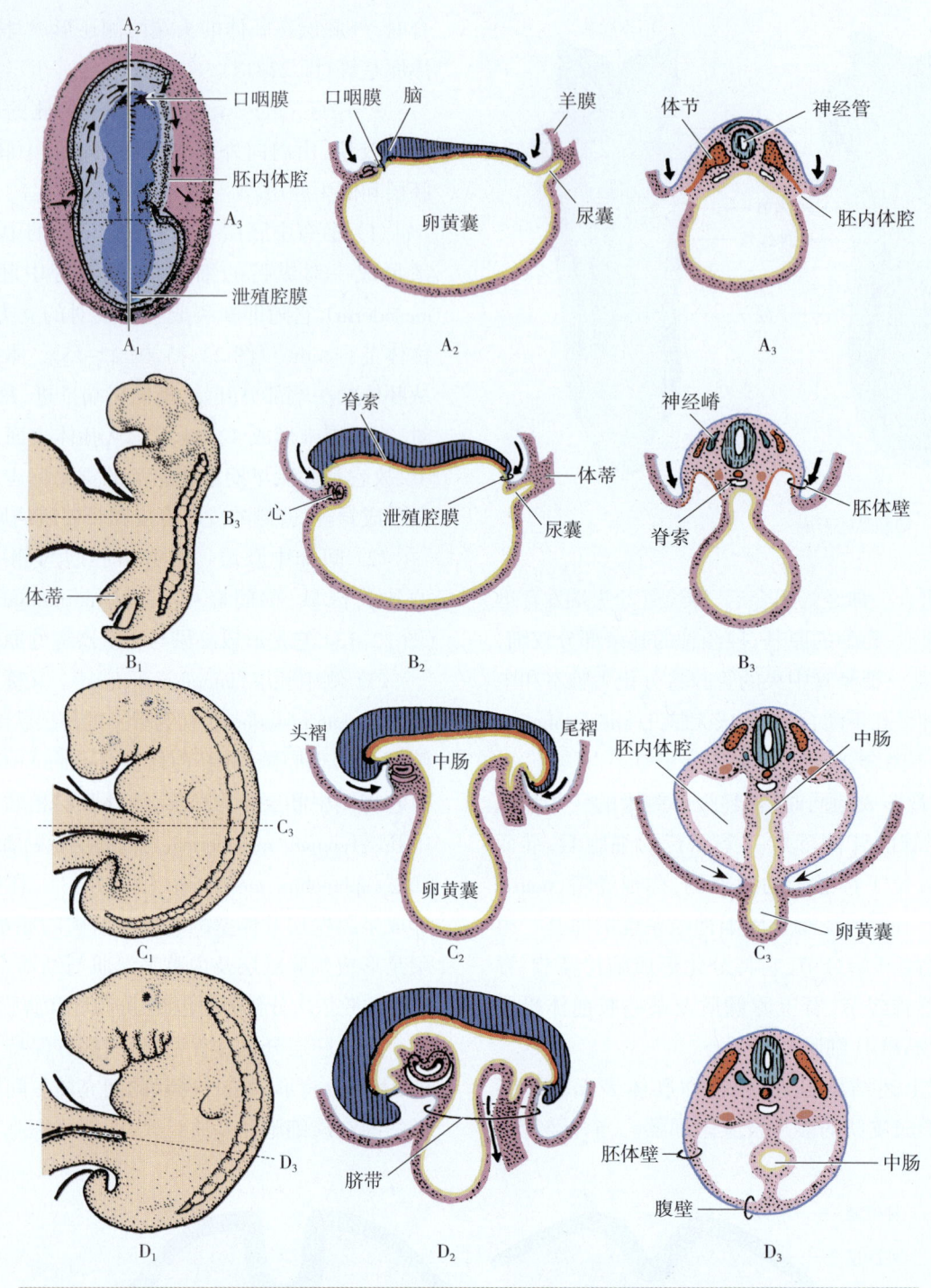

图 22-17　胚体外形的形成
A₁~A₃ 约 20 天人胚；B₁~B₃ 约 23 天人胚；C₁~C₃ 约 26 天人胚；D₁~D₃ 约 28 天人胚

方向分化的潜能,将分化成结缔组织、肌组织和心血管系统等。

　　3. 内胚层的分化　由于神经管的迅速生长,头、尾褶及侧褶逐渐加深,致使卵黄囊顶壁的内胚层卷入胚体内形成原始消化管 (primitive gut)。原始消化管的头端部分为前肠 (foregut),尾端部分为后肠 (hindgut),

位于前、后肠之间与卵黄囊相连的部分为中肠 (midgut) (图 22-17)。前肠的头端由口咽膜封闭,后肠末端的腹侧由泄殖腔膜封闭。与中肠相连的卵黄囊部分逐渐变细,形成卵黄蒂 (yolk stalk)。第 6 周末,卵黄蒂闭锁,原始消化管随即成为一条位于神经管及脊索下方的纵行管,它是消化系统与呼吸系统的原基。

(二)胚体形成

早期胚盘为扁平的盘状结构,第4周初,由于体节及神经管生长迅速,胚盘中央部的生长速度远较胚盘边缘快,致使扁平的胚盘向羊膜腔内隆起。在胚盘的周缘出现了明显的卷折,头、尾端的卷折称头褶(head fold)和尾褶(tail fold)(图22-17),两侧缘的卷折称为侧褶(lateral fold)。随着胚的生长,头、尾褶及侧褶逐渐加深,随之,胚盘由圆盘状变为圆柱状的胚体,第4周末胚体(从头至尾)呈"C"形。

第5~8周胚体外形有明显的变化(图22-18A~D),至第8周末初具人形,主要器官、系统在此期内形成,故此期称为器官发生期(organogenetic period)。此期的主要变化为:由于神经管头端部分生长迅速,胚体头部向腹侧弯曲;继之,躯干变直,头部逐渐抬起;眼、耳、鼻出现,颜面逐渐形成;肢芽出现,渐生长形成上、下肢;尾突渐不明显,直至消失;形成明显的脐带;心肝隆起明显;头颈部渐分明;外生殖器发生,但不能分辨性别;神经及肌肉已发育,故胚胎能进行轻微运动。

器官发生期是人体外形及内部许多器官、系统原基发生的重要时期,对致畸因子(如某些药物、病毒、微生物等)的影响极其敏感,故易发生先天畸形,孕妇在此期内应特别注意避免与致畸因子接触,以防胎儿发生先天畸形。

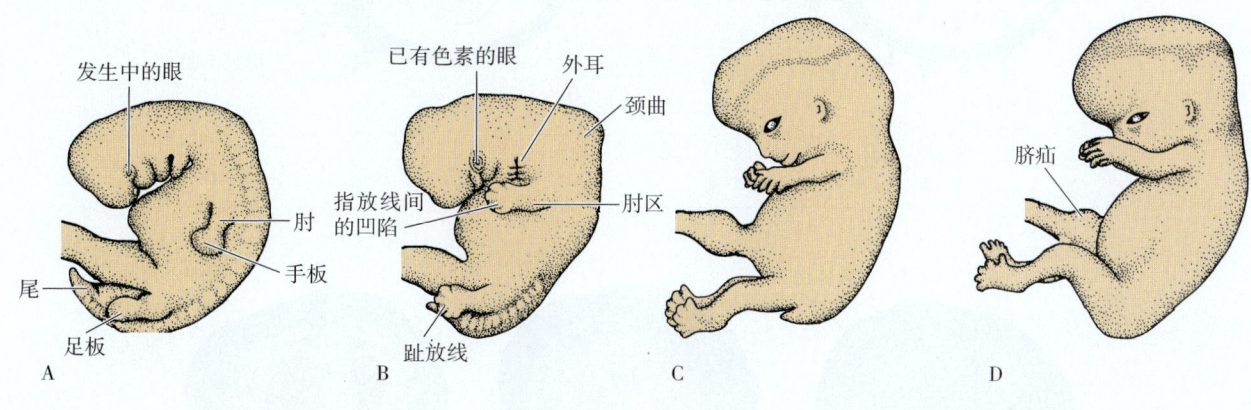

图 22-18　5~8 周人胚外形
A. 33 天;B. 48 天;C.52 天;D. 56 天

（刘佳梅　陈　东）

五、胎膜和胎盘

胎膜和胎盘是对胚胎起保护、营养、呼吸、排泄等作用的附属结构,不参与胚胎本体的形成。胎盘还有内分泌功能。胎儿娩出后,胎盘、胎膜与子宫蜕膜一并排出,总称为胞衣(afterbirth)。

(一)胎膜

胎膜(fetal membrane)包括绒毛膜、羊膜、卵黄囊、尿囊和脐带(图22-19)。

1. **绒毛膜(chorion)**　由滋养层和衬于其内面的胚外中胚层构成。胚泡植入子宫内膜后,滋养层迅速增生分化为细胞滋养层和合体滋养层,两层细胞在胚泡表面形成一些绒毛状突起,称为初级绒毛干。第3周初,胚外中胚层逐渐伸入绒毛干内,改称为次级绒毛干。胚胎第3周末,绒毛膜的胚外中胚层内形成血管网,并与胚体内的血管相通,此时的绒毛改称三级绒毛干(图22-20)。三级绒毛干不断分支,绒毛干顶端的细胞滋养层细胞增生、穿过合体滋养层进入蜕膜并沿之扩展,彼此连接,在合体滋养层和蜕膜的表面扩展形成一层细胞滋养层壳(cytotrophoblast shell)。细胞滋养层壳的形成使绒毛膜与子宫蜕膜牢固结合,并将合体滋养层与蜕膜组织分隔开来。

在胚胎发育的早期,绒毛膜的表面绒毛分布均匀。之后,与底蜕膜相邻的绒毛由于血供充足、营养丰富而生长茂盛,称丛密绒毛膜(chorion frondosum)。与包蜕膜相邻的绒毛因缺乏营养而逐渐萎缩退化,变得光滑平坦,称平滑绒毛膜(chorion laeve)(图22-21A)。随着胚胎的发育,丛密绒毛膜与底蜕膜共同构成了胎

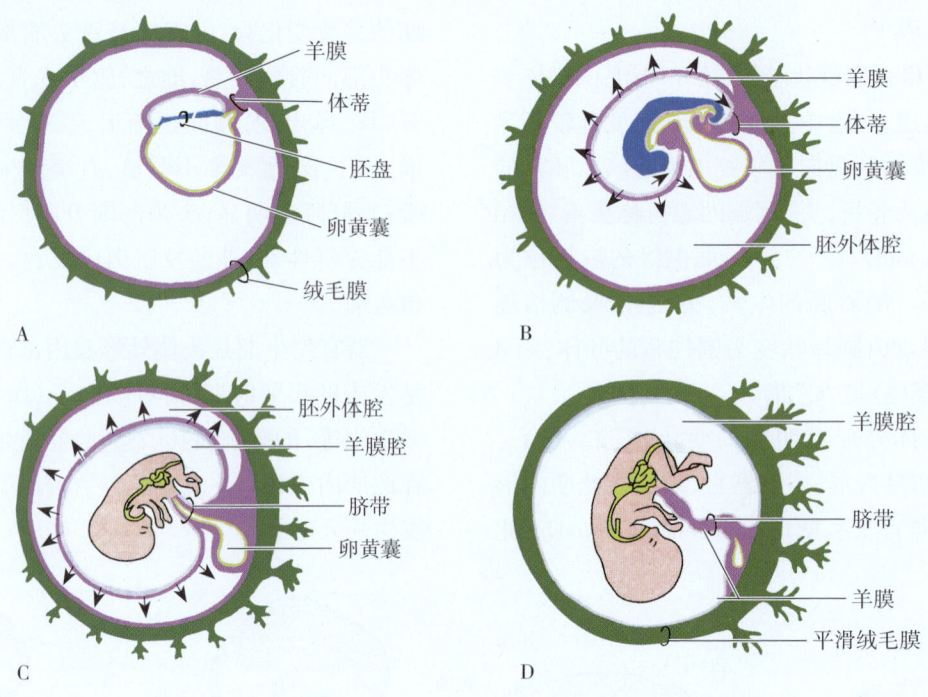

图 22-19　胎膜的演变
A. 3 周；B. 4 周；C. 10 周；D. 20 周

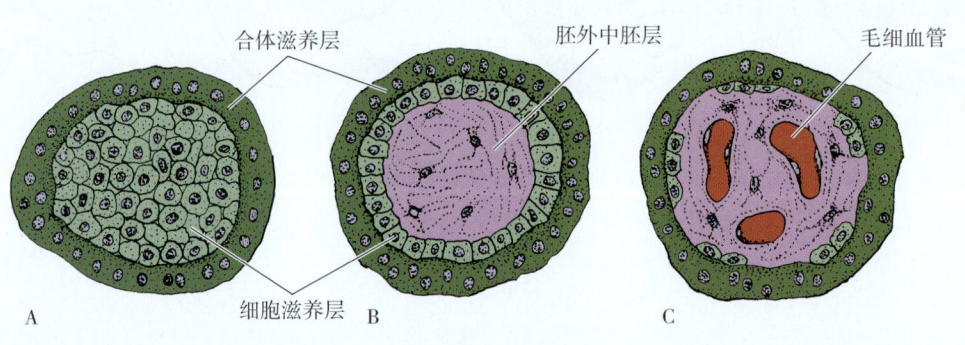

图 22-20　绒毛干的分化发育
A. 初级绒毛干；B. 次级绒毛干；C. 三级绒毛干

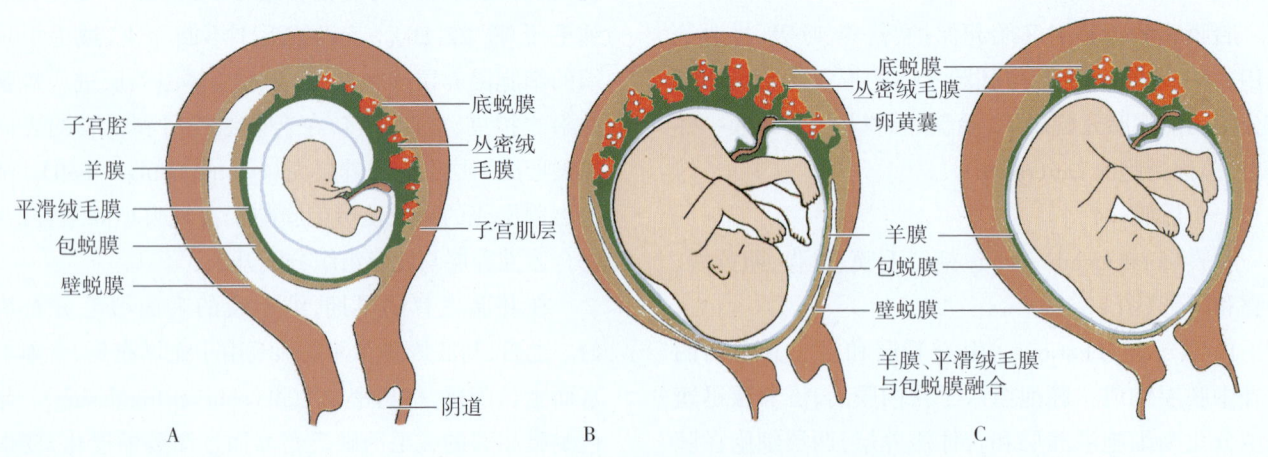

图 22-21　胎膜、蜕膜与胎盘
A. 第 2 个月；B、C. 胎儿后期

盘。而平滑绒毛膜随着羊膜腔不断扩大,与羊膜、包蜕膜一起凸向子宫腔,最终与壁蜕膜融合,使子宫腔消失(图 22-21B、C)。

绒毛浸浴在绒毛间隙内的母血中,胚胎通过绒毛从母血中吸收氧气和营养物质并排出代谢废物。绒毛膜还有内分泌功能和屏障作用。如果绒毛膜的血管发育不良,或者与胚体血管连接不良,会使胚胎发育迟缓甚至死亡。若绒毛滋养层细胞过度增殖,间质变性水肿,血管消失,呈水泡状或葡萄状胎块,称葡萄胎。若滋养层细胞过度增生并癌变,称绒毛膜上皮癌。

2. 羊膜(amnion)　是由单层羊膜上皮和薄层胚外中胚层构成的半透明薄膜。羊膜腔内充满羊水(amniotic fluid)。妊娠早期的羊水无色透明,主要由羊膜上皮分泌和羊膜血管渗透而来。妊娠中、晚期,羊水渐混浊,内含胎儿分泌物、排泄物和脱落的上皮。羊水不断新陈代谢、动态循环,其去路主要有胎儿的吞咽、胎盘的胎儿面及胎儿体表的吸收。随着妊娠时间的延长,羊水量逐渐增多,足月时可达 500~1 000 mL。如果羊水量多于 1 500 mL,为羊水过多;如果羊水量少于 500 mL,则为羊水过少。羊水量的异常提示胎儿有某种先天畸形,如胎儿肾缺如和尿道闭锁可致羊水过少,无脑儿和消化管闭锁可致羊水过多。羊膜囊和羊水为胎儿的生长发育提供了适宜的环境,并具有保护胎儿免受外界冲击和损伤、防止与周围组织粘连的功能。妊娠初期,羊水还具有一定的营养作用。当分娩时,羊水可促进子宫颈扩张、冲洗软产道。羊水的细胞学、遗传学及生物化学检测可早期诊断某些先天异常及判断胎儿成熟度。

3. 卵黄囊(yolk sac)　发生于人胚第 2 周。鸟类胚胎的卵黄囊很发达,囊内贮存着大量的卵黄物质,为胚胎发育提供营养。人胚卵黄囊内没有卵黄物质,它的出现只是种系发生和生物进化过程的重演。随着圆柱状胚体的形成,卵黄囊逐渐被羊膜包入脐带以卵黄管与中肠相连,胚胎第 6 周卵黄管闭锁为实心的细胞索,卵黄囊也逐渐退化。但是卵黄囊壁上的胚外中胚层是最早发生造血干细胞和原始血管的部位,卵黄囊尾侧壁的内胚层细胞是原始生殖细胞的发源地,由此迁入生殖嵴,并诱导生殖腺的发生。

4. 尿囊(allantois)　是卵黄囊的尾侧壁向体蒂内突入的一个盲囊。鸟类胚胎的尿囊很发达,有呼吸和

贮存代谢废物的作用。人胚的尿囊很不发达,仅存数周即退化,人胚尿囊的出现也是生物进化过程的重演。但是,随着尿囊的发生,其壁上的胚外中胚层中出现了两对血管,即一对尿囊动脉和一对尿囊静脉。这两对血管不是随着尿囊的退化而退化,而是越来越发达,逐渐演变成了胎儿和母体进行物质交换的唯一通道——脐动脉和脐静脉。尿囊的根部演化为膀胱的一部分,膀胱顶部至脐形成一细管称脐尿管,脐尿管以后完全闭锁成为脐正中韧带。

5. 脐带(umbilical cord)　是连接胎儿脐部与胎盘间的圆柱状结构。脐带表面覆有羊膜,内有黏液性结缔组织、退化的卵黄囊、尿囊、脐动脉和脐静脉。脐动脉有 2 条,将胎儿体内的血液运至胎盘的绒毛内毛细血管,在此与绒毛间隙的母体血液进行物质交换后,逐渐汇成一条脐静脉回到胎儿体内。妊娠末期,脐带的长度达 40~60 cm,直径为 1.5~2 cm。如果脐带长度超过 80 cm,称脐带过长,可发生脐带绕颈、打结、缠绕肢体等,从而引起胎儿窒息死亡或局部发育不良。如果脐带长度短于 35 cm,称脐带过短,可引起胎盘早剥,造成出血过多。

(二)胎盘

1. 胎盘的形态结构　胎盘(placenta)是由胎儿的丛密绒毛膜和母体的底蜕膜紧密结合而构成的一个圆盘状结构,足月胎儿的胎盘质量约 500 g,直径 15~20 cm,中央略厚,边缘略薄,平均厚约 2.5 cm。胎盘的胎儿面光滑,表面覆有羊膜,脐带附着于中央或偏中央,少数附着于边缘。透过羊膜可见脐血管的分支由脐带附着处向四周呈辐射状走行。胎盘的母体面粗糙,是剥离后的底蜕膜。

在胎盘的垂直断面上可见,从羊膜下方的绒毛膜板发出 40~60 个绒毛干,每个绒毛干又分出许多细小绒毛。绒毛干的末端以细胞滋养层壳固定于底蜕膜上。从底蜕膜上发出若干楔形小隔伸入绒毛间隙中,称胎盘隔(placental septum),胎盘隔将胎盘分隔成 15~30 个胎盘小叶(cotyledon),每个小叶中含有 1~4 个绒毛干及其分支。子宫螺旋动脉与子宫静脉的分支开口于绒毛间隙,绒毛的分支就浸浴在绒毛间隙的母体血液中(图 22-22)。

2. 胎盘的血液循环和胎盘膜　胎盘内有母体和胎儿两套血液循环通路,两者的血液在各自封闭的管道

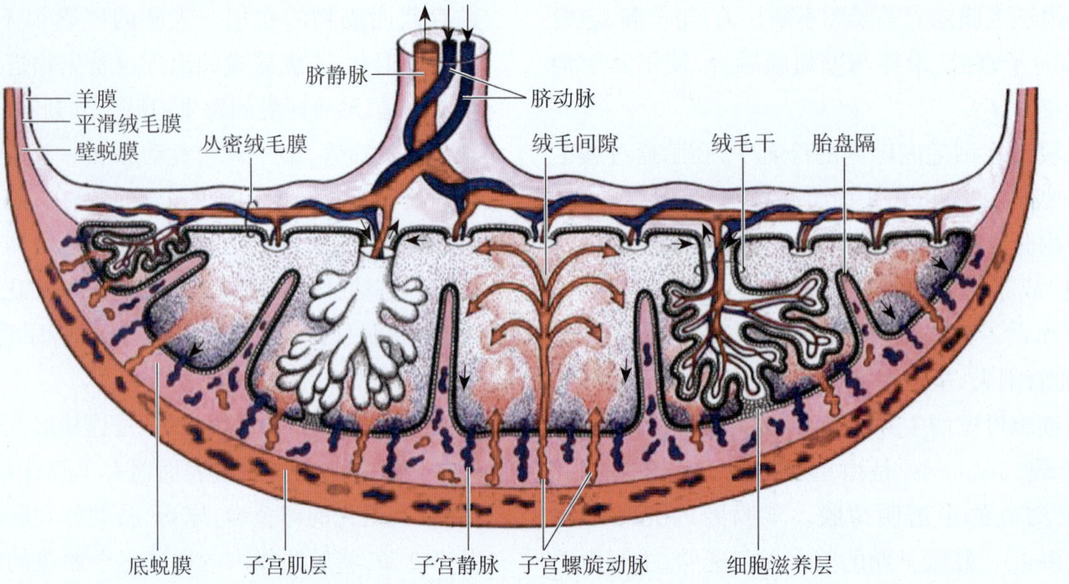

图 22-22   胎盘结构与血液循环模式图

内循环,互不相混,但可以进行物质交换。母体血液循环通路起自子宫动脉的分支,经螺旋动脉流入绒毛间隙,在此与绒毛内毛细血管的胎儿血进行物质交换后,最终汇入子宫静脉的属支回到母体体内。胎儿血液循环通路起自脐动脉,经各级分支流入绒毛内毛细血管,与绒毛间隙中的母体血进行物质交换后,最终汇入脐静脉回到胎儿体内。胎儿血和母体血在胎盘进行物质交换所通过的结构,称胎盘膜(placental membrane)或胎盘屏障(placental barrier)。早期胎盘膜由绒毛内毛细血管内皮及其基膜、合体滋养层、细胞滋养层及其基膜,以及两基膜之间的少量结缔组织基质构成。随着胎龄的增长,胎盘膜逐渐变薄,至妊娠末期,细胞滋养层完全消失,胎盘膜仅由合体滋养层、绒毛毛细血管内皮和两者之间的基膜构成,使胎儿与母体血液之间的交换更加充分(图 22-23)。

3. 胎盘的功能

(1) 物质交换   是胎盘的主要功能。胎盘相当于成体小肠、肺和肾的功能。胎儿生长发育所需的氧气、营养物质都来自母体,胎儿代谢所产生的 CO_2 等废物也通过母体排出。胎盘的物质交换功能是通过胎盘膜实现的,物质交换的机制非常复杂,目前仍有一些机制尚未完全阐明。一般认为,气体、水、电解质、脂溶性维生素等以简单扩散的方式通过胎盘膜,葡萄糖以易化扩散方式通过,氨基酸和水溶性维生素通过主动运

输方式通过胎盘膜,蛋白质分子借助胞饮和胞吐的方式通过胎盘膜。

多数细菌和其他病原微生物不能通过胎盘膜,所以胎盘膜是胎儿的一道防御屏障(图 22-23)。但是,某些具有致畸作用的病毒、药物或化学物质可通过胎盘膜,影响胎儿发育,甚至造成先天畸形,因此妊娠期间应预防感染,即便服用治疗所需的药物,也应接受医生的指导。

(2) 内分泌功能   胎盘的合体滋养层可合成和分泌多种激素,对妊娠的正常维持和胎儿的生长发育具有重要作用。

1) 人绒毛膜促性腺激素(human chorionic gonadotropin,hCG):是一种糖蛋白激素,妊娠第 2 周末便出现于母体血液中,第 8 周达高峰,随后逐渐下降。孕妇尿中 hCG 浓度的变化与血中的浓度变化相平行。hCG 的作用类似黄体生成素,可促进黄体的发育以维持妊娠。

2) 人胎盘催乳素(human placental lactogen,hPL):也称为人绒毛膜生长催乳激素(human chorionic somatomammotropin,hCS),是一种蛋白类激素,其分子结构与人生长激素相似。该激素于妊娠第 2 个月开始分泌,第 8 个月达高峰,直到分娩。hPL 一方面作用于母体,促进乳腺的生长发育;另一方面作用于胎儿,促进胎儿的代谢和生长。

3) 人胎盘孕激素和雌激素:属类固醇激素,于妊

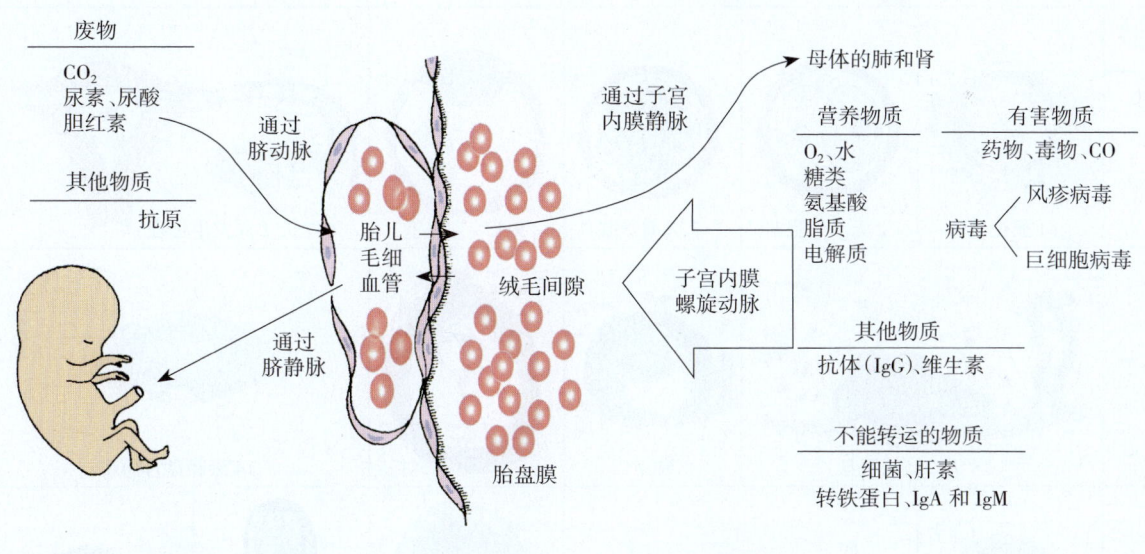

图 22-23　胎盘屏障

妊娠第 4 个月开始分泌,以后逐渐增多并取代母体卵巢黄体的功能,故妊娠第 5 个月后,即便因病切除卵巢也不会影响妊娠的继续进行。

六、胚胎龄的推算和胚胎各期外形特征

(一) 胚胎龄的推算

常用的方法有以下两种。

1. 胚胎的月经龄　即从孕妇末次月经的第 1 天算起,至胎儿娩出,共 40 周左右。因为排卵时间通常是在月经周期的第 14~15 天,故月经龄的推算法与实际的胚胎龄难免有误差。

2. 胚胎的受精龄　即从受精之日起推算胚胎龄,受精一般发生在末次月经第 1 天之后的 2 周左右,故从受精到胎儿娩出约为 38 周。

对于早期人胚可利用发生中出现的形态特点推算胚胎龄(图 22-24),例如 12 个卵裂球时,约为第 3 天,二胚层胚盘为第 2 周;对于第 4~5 周可用体节数来推算,例如 4 对体节约为 20 天、10 对体节约为 22 天等。第 5~8 周胚胎可利用鳃弓、颜面及四肢的特点来推算。

(二) 胚胎长度测量法

除根据胚胎的外形特征粗略估计胚胎龄外,也多采用测定胚胎长度法判定胚胎龄,测量胚胎长度的方法有 3 种(图 22-25):① 最大长度(greatest length, GL):此法用于 4 周前的人胚,因为此期胚体较直,便于直接测量最大长度。② 冠 - 臀长(crown-rump length, CRL):又称顶 - 臀长、坐高,从头部最高点至尾部最低点之间的长度。此法用于测量 4 周以后胚胎,因为此期胚体弯曲,头部向腹部屈曲。③ 冠 - 踵长(crown-heel length, CHL):又称顶 - 跟长、立高(standing height, SH),从头顶量至坐骨结节,从坐骨结节量到膝盖,再从膝盖量到足跟,三者之和即为立高。此法用于测量胎儿。

目前应用 B 超测定胚胎的长度也很准确。对于流产或死胎长度的推算应慎重,由于发育受阻,其长度不易准确测出。

(三) 胚胎各期外形特征

根据胚胎各期形态特点及外部特征,可将胚期和胎期的外形特征等分别列表如表 22-1、表 22-2。

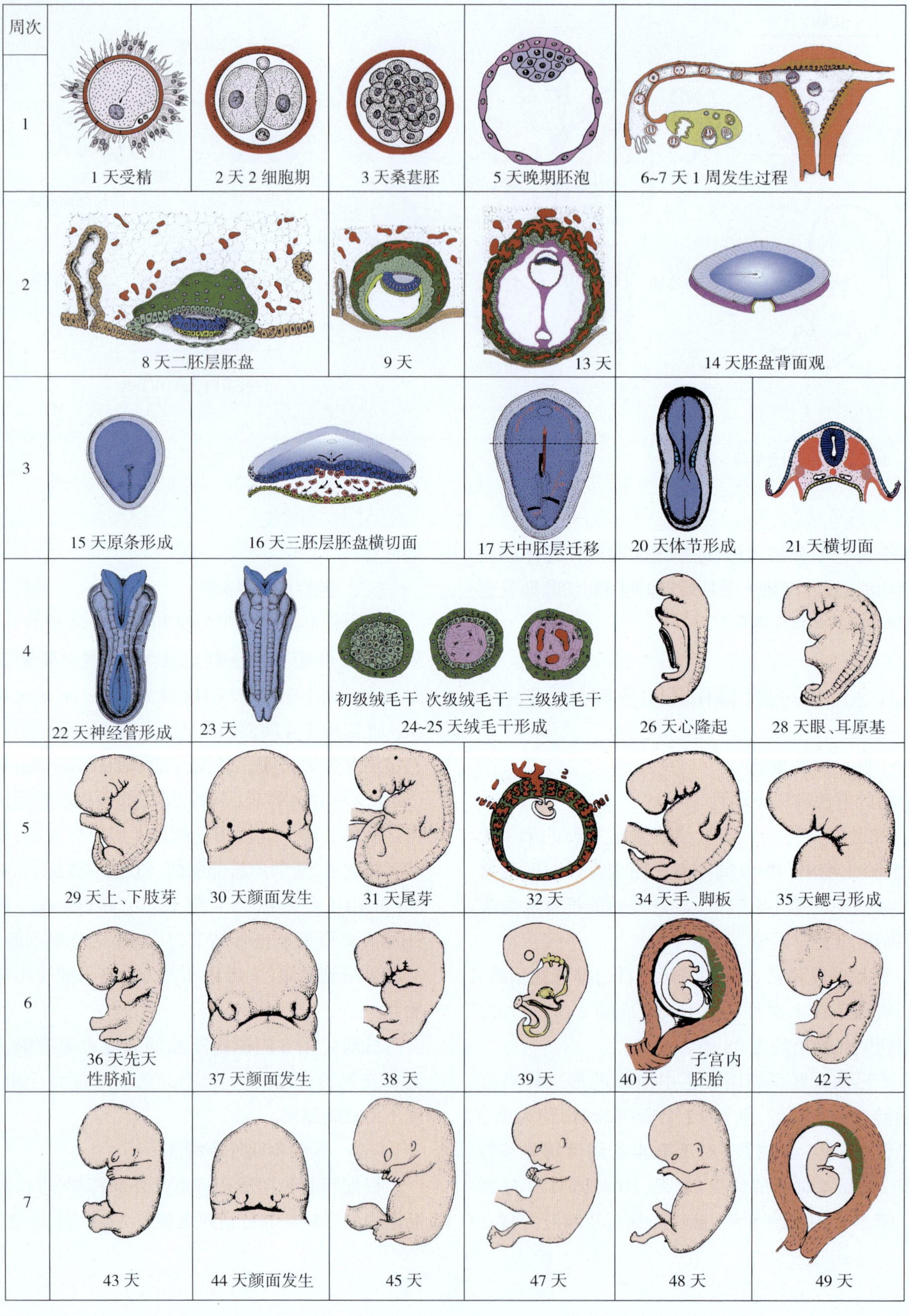

周次					
1	1天受精	2天2细胞期	3天桑葚胚	5天晚期胚泡	6~7天1周发生过程
2	8天二胚层胚盘		9天	13天	14天胚盘背面观
3	15天原条形成	16天三胚层胚盘横切面	17天中胚层迁移	20天体节形成	21天横切面
4	22天神经管形成	23天	初级绒毛干　次级绒毛干　三级绒毛干 24~25天绒毛干形成		26天心隆起	28天眼、耳原基
5	29天上、下肢芽	30天颜面发生	31天尾芽	32天	34天手、脚板	35天鳃弓形成
6	36天先天 性脐疝	37天颜面发生	38天	39天	40天　子宫内 胚胎	42天
7	43天	44天颜面发生	45天	47天	48天	49天

图 22-24　早期人胚的发生过程

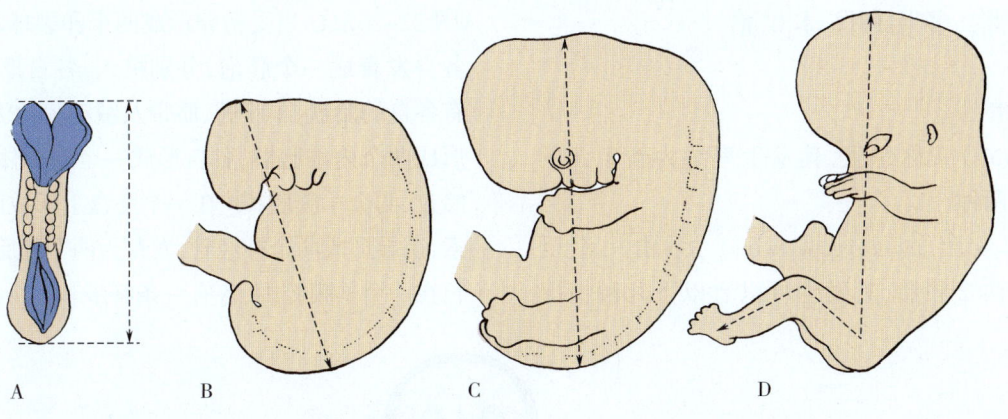

图 22-25　胚胎长度测量法示意图
A. 最大长度（GL）；B，C. 冠－臀长（CRL）；D. 冠－踵长（CHL）

表 22-1　人胚的外形特征与长度

胚龄（周）	外形特征	长度（mm）
1	受精、卵裂、胚泡形成，植入开始	
2	植入完成，二胚层胚盘形成，绒毛膜初步形成	0.1~0.4（GL）
3	原条、脊索、神经管、体节出现，三胚层胚盘形成，血管、血细胞出现	0.5~1.5（GL）
4	胚体渐形成，神经孔闭合，眼、耳、鼻原基出现，脐带与胎盘形成	1.5~5.0（CRL）
5	肢芽出现，手板明显，心膨隆，体节 30~40 对	4~8（CRL）
6	肢芽分两节，足板明显，视网膜出现色素，耳郭隆突明显	7~12（CRL）
7	胚体渐直，手指明显，足趾可见，颜面形成	10~21（CRL）
8	胚体变直，颜面似人形，腹部膨隆，脐疝明显，指、趾明显，外生殖器发生，但不能分辨性别	19~35（CRL）

表 22-2　胎儿各期主要特征、身长及体重

胎龄（周）	外形特征	身长（CRL，mm）	体重（g）
9	眼睑闭合，外阴性别不可分辨	50	8
10	指甲发生，脐疝消失	61	14
12	胎头特大，颈明显，外阴可分辨性别	87	45
14	趾甲出现，下肢发育良好	120	110
16	骨骼、肌肉发育，头渐直，皮肤很薄，耳郭伸出，胎动明显	140	200
18	胎脂出现	160	320
20	胎毛出现，有吞咽活动，可听出胎心音	190	460
22	皮肤薄而红皱	210	630
24	指甲发育良好，胎体瘦	230	820
26	眉毛出现，眼睑部分睁开	250	1 000
28	眼张开，睫毛、头发明显，体瘦，有皱纹，早产可存活	270	1 300
30	趾甲全出现，睾丸开始下降	280	1 700
32	指甲达指尖，皮肤平滑、粉红	300	2 100
36	胎体已较丰满，胎毛开始脱落，体表外观红色消退，趾甲越过趾尖，四肢屈曲	340	2 900
38	胸部发育良好，乳腺略突出，四肢变圆，睾丸降入阴囊	360	3 400

七、双胎、多胎和联体双胎

(一) 双胎

双胎（twins）又称孪生，其发生率约为新生儿的1%。双胎有两种。

1. 单卵双胎（monozygotic twins）　系由一个受精卵发育为两个胚胎，其发生可以有以下几种情况

（图 22-26）：① 当受精卵形成两个卵裂球时，两者分开，各自发育成一个胚泡，分别植入，各自形成一个胎儿，有各自的胎盘、羊膜腔、脐带及绒毛膜；② 在胚泡时期，形成两个内细胞群，各自形成一个新个体，但只有一个胎盘、两个羊膜腔；③ 在一个胚盘上形成两个原条和脊索，诱导形成两个神经管，发育为两个胚胎，两个胚胎生长在一个羊膜腔内，各有一条脐带和一个共用的胎盘。

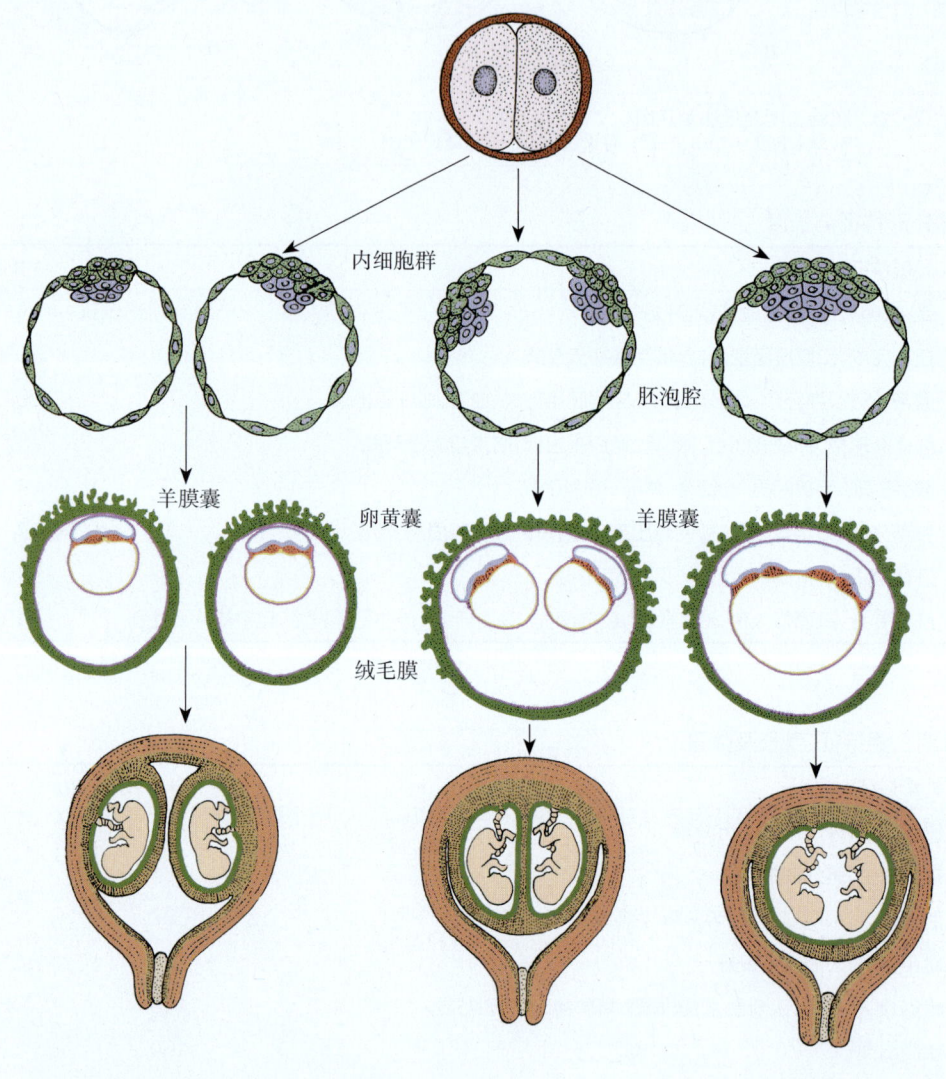

内细胞群

胚泡腔

羊膜囊　卵黄囊　　羊膜囊

绒毛膜

图 22-26　单卵双胎形成模式图

单卵双胎所形成的两个个体的性别、容貌都极相似，遗传基因型完全相同，两个体之间可进行组织或器官移植而不引起免疫排斥反应。

2. 双卵双胎（dizygotic twins）　是一次排出两个卵细胞分别受精发育为两个胚胎而成，每个胚胎都有独立的绒毛膜、脐带和胎盘，有时胎盘可以融合；两个体

的性别可以相同，也可不同，其容貌及生理特性就如同一般兄弟姐妹。双卵双胎约占双胎的 2/3。

(二) 多胎

一次分娩出生两个以上的新生儿称多胎（multiple birth）。多胎形成的原因与双胎相同，有单卵多胎、多卵多胎及混合多胎等类型。三胎的发生率约为万分之

一,四胎的发生率约为百万分之一,五胎的发生率约为亿分之一。多胎不易存活。

(三) 连体双胎

连体双胎(conjoined twins)为两个胚体的局部相连,又称联体儿(图 22-27)。连体双胎实际上是在单卵双胎中,当一个胚盘出现两个原条分别发育为两个胚胎时,两个原条靠得较近,胚体形成时发生局部连接所致。连体双胎有对称型和不对称型。对称型指两个胚胎大小一致,有胸腹部连体、腹部连体、臀部连体、背部连体及头连体等。不对称型连体双胎是一大一小,小者常发育不全,形成寄生胎和胎内胎。

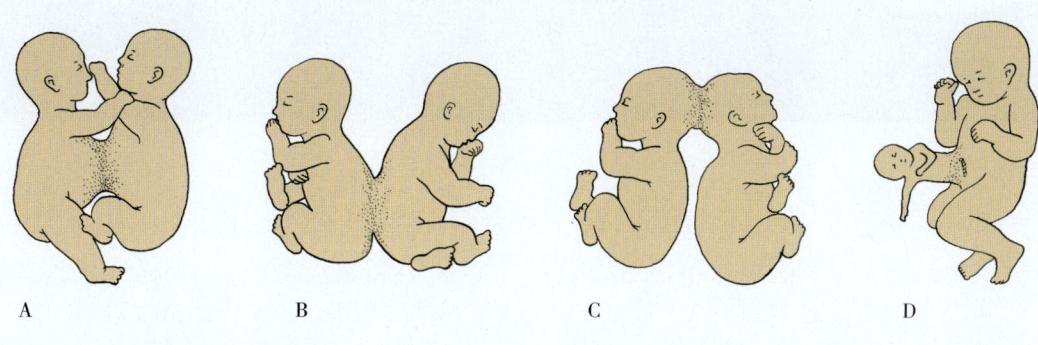

图 22-27　联体双胎模式图
A.胸部连体;B.背部连体;C.颅部连体;D.寄生胎

(雷　蕾　陈　东)

新形态教材网

🔲 微课导学　　🔲 教学课件　　🔲 微视频　　🔲 知识链接　　🔲 自测题

第二十三章

颜面、颈和四肢的发生

人胚第 4 周时,在头颈部最具特征性的事件就是鳃器的发生,它参与形成颜面和颈部的主要结构。与此同时,胚胎两侧的腹外侧壁上先后出现两对小隆起,此即四肢的原基。

一、鳃器的发生和演变

人胚第 4 周,扁平状的胚盘通过卷折逐渐形成"C"形的圆柱状胚体。神经管头端迅速膨大形成脑泡,脑泡腹侧的间充质增生,使胚体头端弯向腹侧并形成较大的圆形隆起,称额鼻突(frontonasal process)。此时,脊索头端缺乏中胚层的口咽膜转至前肠头端,口咽膜的周围组织增生形成隆起,中央凹陷形成一个浅凹,称原始口腔(primitive mouth)。第 4 周末,口咽膜破裂,原始口腔即与前肠(原始咽)相通。与此同时,心脏的发育使原始口腔下方也形成一个较大的隆起,称心隆起(heart bulge),也称心突。

人胚第 22~29 天,头部两侧的间充质迅速增生,在额鼻突和心隆起之间,由头端至尾端逐渐形成 6 对左右对称、背腹走向的弓形隆起,称鳃弓(branchial arch)。人胚第 1~4 对鳃弓位于头端,外观明显;第 5 对鳃弓不出现或出现不久即消失,存在时间很短;第 6 对鳃弓很小,不甚明显。相邻鳃弓之间的凹陷称鳃沟(branchial cleft),共 5 对。在鳃弓发生的同时,原始消化管头段(原始咽)的内胚层向外膨出,与鳃沟相对应的侧壁形成 5 对囊状结构,称咽囊(pharyngeal pouch)。咽囊与鳃沟之间的薄膜称鳃膜(branchial membrane),由内胚层、外胚层及其间的少量间充质构成(图 23-1)。

鳃弓、咽囊、鳃沟和鳃膜统称为鳃器(branchial apparatus)。鳃器在鱼类和两栖类幼体中是进行呼吸的器官,但在人胚鳃器存在时间较短,进一步演化为头颈部的一系列重要器官,并不形成鳃,故人鳃弓实际上应称为咽弓。人胚早期鳃器的出现,是个体发生重演种系发生的现象,也是物种进化和人类起源的佐证之一。

鳃器与颜面、颈部和某些器官的形成密切相关。第 1 对鳃弓将参与颜面部的形成。第 2~6 对鳃弓将参与颈的形成,其间充质分化为肌肉、软骨和骨。咽囊则是多种重要器官发生的原基,其参与演变的器官有中耳、扁桃体、胸腺、甲状腺及甲状旁腺等(图 23-2)。

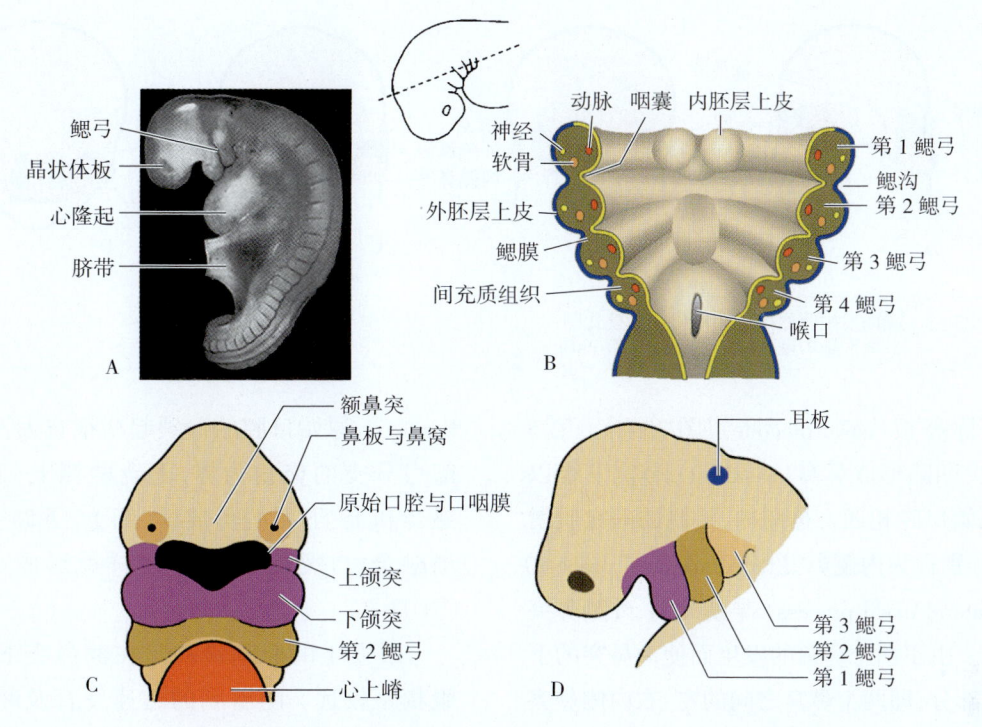

图 23-1　第 4 周人胚，鳃弓和鳃器形成模式图
A. 第 4 周人胚扫描电镜图，鳃弓形成；B. 第 4 周鳃弓形成冠状切面；C. 第 4 周头部腹面观；D. 第 4 周头部侧面观

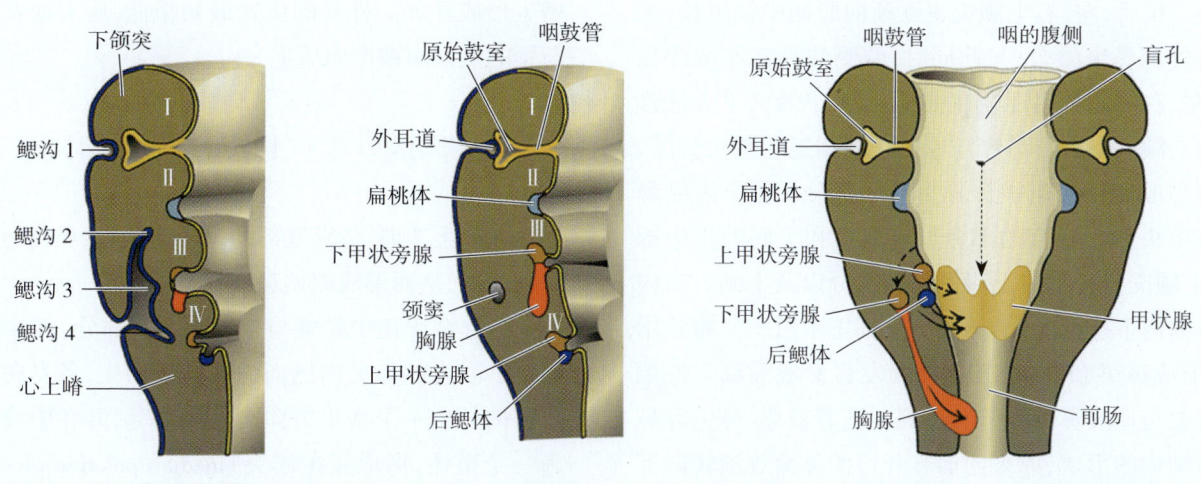

图 23-2　鳃器的演变及颈部形成模式图（人胚颈部冠状切面）

二、颜面的形成

颜面的形成与额鼻突及第 1 对鳃弓密切相关。人胚第 4 周，第 1 鳃弓出现后不久，其腹侧份迅速分为上、下两支，分别称为上颌突（maxillary process）和下颌突（mandibular process）。此时正面观察胚体头部，颜面是由上方的额鼻突以及左、右两侧的上颌突和下颌突共 5 个隆起所围成，当中的凹陷称口凹（stomodeum），即原始口腔（图 23-1）。左、右下颌突向腹侧中线生长，很快融合形成一个整体，将形成下颌和下唇。颜面部的突起进一步发育形成颜面、口和鼻，至第 2 个月末，胚胎颜面初具人貌（图 23-3）。

颜面形成与鼻的发生密切相关。在第 4 周末，额鼻突下缘两侧的外胚层增生，左、右各形成一个卵圆

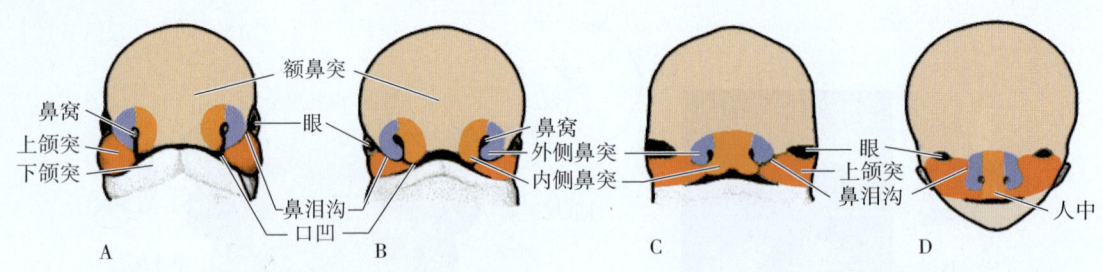

图 23-3 颜面发生及原始口腔形成过程模式图
A. 第 5 周；B. 第 6 周；C. 第 7 周；D. 第 10 周

形的增厚区，称鼻板（nasal placode）（图 23-1）。第 5 周时，鼻板中央凹陷形成鼻窝（nasal pit），鼻窝下缘以一条细沟与原始口腔相通。鼻窝内、外侧的间充质增生形成隆起，分别称为内侧鼻突（median nasal process）和外侧鼻突（lateral nasal process），早期的内、外侧鼻突是相互连续的。由于两个鼻窝的发生而使额鼻突的下部被分为 4 个部分，即两个鼻窝之间的左、右内侧鼻突和两个鼻窝外侧的左、右外侧鼻突（图 23-3）。

颜面的形成是从两侧向正中方向发展的。首先是左、右下颌突在腹侧中线融合并进一步形成下颌和下唇。稍后，左、右上颌突也逐渐向腹侧中线生长，逐渐与外侧鼻突融合；与此同时，两侧的鼻窝亦彼此靠拢，左、右内侧鼻突逐渐在中线融合，下缘向下方迁移而与上颌突融合。鼻窝与原始口腔相连的细沟封闭，鼻窝与原始口腔就被分隔为两个部分。两个内侧鼻突在中央相互融合的部分形成人中和上唇的正中部分，上颌突发育形成上唇的外侧部分以及上颌。当内侧鼻突向下迁移时，额鼻突的下部正中组织呈嵴状增生，形成鼻梁和鼻尖，其上部则发育形成前额。外侧鼻突参与形成鼻外侧壁与鼻翼。随着鼻梁、鼻尖等鼻外部结构的形成，原来向前方开口的鼻窝逐渐转向下方，形成外鼻孔。鼻窝向深部扩大进一步形成原始鼻腔，原始鼻腔与原始口腔之间有口鼻膜，该膜于第 7 周破裂，形成原始鼻后孔，原始鼻腔便与原始口腔相通（图 23-4）。

唇和龈最初不能区分，到胚第 7 周，沿上、下颌突边缘的外胚层细胞增厚形成唇板（labial lamina）。唇板逐渐陷入中胚层内，不久，唇板中央部分的上皮退化消失，形成一道深沟，这样就把上、下颌的唇和龈彼此分开。

上、下颌形成后，两者之间的裂隙称为口裂（oral fissure）。原始口腔的口裂起初很宽大，两侧以第 1 对鳃弓分支的交角为界，随着两侧上、下颌突向中线融合和上、下唇的形成，同侧上、下颌突的外侧部逐渐融合，口裂逐渐缩小，这样就形成了面部和颊部（图 23-3）。

眼发生的原基最初是在额鼻突下缘的外侧，两眼相距较远。随着脑的迅速发育及颜面的形成，使得两眼逐渐向中线靠近，并转向前方，处于同一平面（图 23-3）。

外耳道由第 1 鳃沟演变而成，鳃沟周围的间充质增生形成耳郭。外耳的位置最初很低，后来随着下颌与颈的发育而被推向后上方。

三、腭的发生（口腔与鼻腔的分隔）

人胚第 7 周，鼻窝底部的口鼻膜破裂，鼻窝与原始口腔相通，从而形成原始鼻后孔。

腭起源于正中腭突与外侧腭突两部分。在约第 6 周，左、右内侧鼻突内侧面的间充质增生，各自向原始口腔内长出一个水平方向的短小突起，并在中线融合为一个整体，形成正中腭突（median palatine process），也称原始腭，它演化为腭前部的一小部分。与此同时，左、右上颌突的内侧面向原始口腔内长出一对扁平突起，称外侧腭突（lateral palatine process）。起初外侧腭突是在舌的两侧斜向下方，以后随着口腔的扩大及舌变扁平且位置下降，左、右外侧腭突逐渐在舌的上方呈水平方向生长，并在中线愈合，也称继发腭，形成腭的大部。外侧腭突前缘与正中腭突融合，两者正中交汇处残留一小孔即切齿孔（图 23-4）。以后，腭前部的间充质骨化为硬腭，后部则演化为软腭。软腭后缘正中的组织增生并向后方突出，左、右融合形成腭

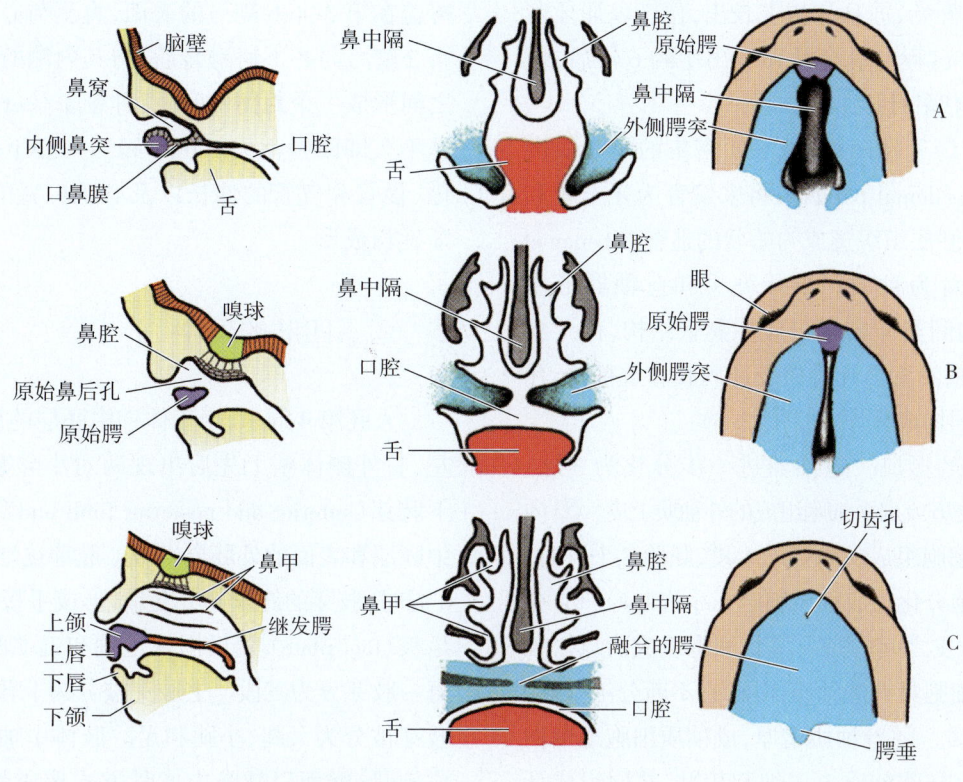

图 23-4 腭发生及口腔与鼻腔分隔模式图
A. 第 6 周;B. 第 7 周;C. 第 10 周

垂(悬雍垂)。

　　腭的形成将原始口腔与原始鼻腔分隔成为永久的口腔与鼻腔,在腭的后缘,鼻腔与咽相通,该部位即为后鼻孔。伴随腭的形成,额鼻突的下部在形成鼻梁与鼻尖的同时,其正中组织还向原始鼻腔内长出板状的鼻中隔,它向下垂直生长,最终与腭在中线融合,鼻腔即被一分为二。与此同时,鼻腔两外侧壁上各形成 3 个嵴状皱襞,分别形成上、中、下 3 个鼻甲(图 23-4)。

四、牙的发生

　　牙的发生有两个来源,牙釉质来自外胚层,而牙本质、牙骨质和牙髓由中胚层产生。人胚第 6 周,在上、下颌分化出唇和龈的时候,外胚层来源的表面上皮向上、下龈深部生长,沿上、下颌分别形成一"U"形板,称牙板(dental lamina)。第 7 周,牙板上皮细胞增生,在上、下颌内各进一步形成 10 个圆形隆起,称为牙蕾(tooth bud),将来发育为乳牙(图 23-5)。恒牙牙蕾的出现则

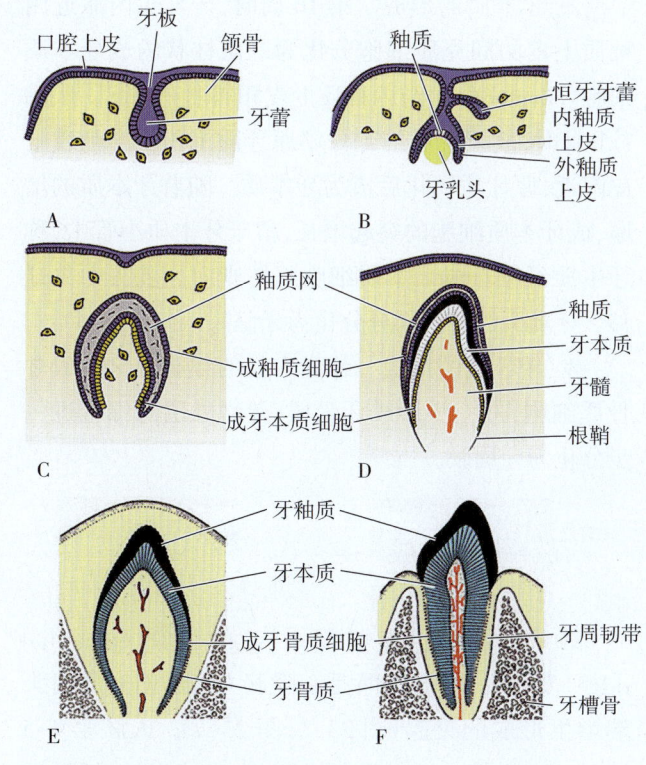

图 23-5 牙的发生模式图
A. 第 8 周;B. 第 10 周;C. 第 3 个月;D. 第 6 个月;E. 出生前;F. 出生后 10 个月

从胚胎第10周开始,亦从牙板上长出,位于乳牙牙蕾的舌侧,其发育过程与乳牙类似。出生约6年后,恒牙开始生长,替代乳牙。

第8周,牙蕾远端凹陷,被一团密集的间充质突入,形成牙乳头(dental papilla),将来发育为牙本质和牙髓;牙蕾的外胚层组织遂成为帽状的造釉器(enamel organ),将来发育为釉质。当牙乳头和造釉器形成时,包绕牙蕾的间充质密集形成一囊状结构,称牙囊(dental sac),将来发育为牙骨质及牙周膜。造釉器、牙乳头和牙囊共同构成牙原基(图23-5)。

1. **牙釉质的形成**　造釉器进一步分化为3层:① 外层为单层立方或扁平细胞组成的外釉质上皮。② 内层为单层柱状细胞组成的内釉质上皮,胚胎7个月时,内釉质上皮细胞分化为成釉质细胞(ameloblast)。③ 介于内、外釉质上皮之间的是由星状细胞组成的疏松釉质网。成釉质细胞具有造釉质作用,它不断分泌基质,钙化后形成釉质。随着釉质增厚,成釉质细胞逐渐向浅部迁移,最后与外釉质上皮细胞相贴,共同组成牙小皮,覆盖于牙釉质表面,釉质网则退化消失。婴儿出生时,牙小皮退化消失。

2. **牙本质的形成**　第10周时,牙乳头内靠近内釉质上皮的间充质细胞分化为一层柱状的成牙本质细胞(odontoblast),与内釉质上皮相邻面有突起。胚胎7个月时,成牙本质细胞分泌原牙质沉积在内釉质上皮附近,原牙质钙化后成为牙本质。随着牙本质的增厚,成牙本质细胞的突起增长,留于牙本质小管中,称牙本质纤维。成牙本质细胞胞体则向牙乳头中央迁移。牙乳头的其余部分分化为牙髓。

3. **牙骨质的形成**　牙囊内层的细胞分化为成牙骨质细胞,进一步形成牙骨质;牙囊外层的细胞进一步分化为牙周膜。

五、颈的形成

颈由第2、3、4、6对鳃弓与心上嵴(epicardial ridge)发育而成,心上嵴是心隆起上缘的间充质向头端增生形成的突起(图23-1,图23-2)。人胚第4~5周时,左、右第2鳃弓生长迅速,向中线生长,接触后相互融合;向头端生长,将由第1鳃沟及其附近组织演化形成的外耳道和耳郭推向侧上方;向尾侧生长,

覆盖在第3、4、6鳃弓的表面,直至与心上嵴融合。当第2鳃弓与心上嵴融合后,与其内侧的第3、4、6鳃弓之间形成一个封闭的间隙,称颈窦(cervical sinus),颈窦不久即闭锁消失。由于鳃弓与心上嵴的生长和分化、食管和气管的伸长以及心脏位置的下降,颈部逐渐延长成形。

六、四肢的发生

人胚第4周末,由于体壁中胚层的局部增殖,胚体左、右外侧体壁上先后出现两对小隆起,即上肢芽与下肢芽(anterior and posterior limb bud),它们由深部的中胚层和表面的外胚层组成。肢芽逐渐增长、变粗,第6周时,肢芽的终末部分变扁,形成手板(hand plate)和足板(foot plate),随后出现远端和近端两个收缩环,将每一肢芽分为三段。上肢芽被分为上臂、前臂和手,下肢芽被分为大腿、小腿和足。肢体中轴的间充质先形成软骨,继而以软骨内成骨方式形成骨,周围的间充质分化形成肢体的肌群,脊神经和主动脉分支向肢体内长入。随着肢体的伸长和关节形成,肢体由最初的向前外侧伸直方位转向体壁弯曲。手板和足板的远端各出现4条纵行凹沟,呈蹼状。至第7~8周,蹼膜消失,手指和足趾形成(图23-6)。

七、常见畸形

1. **唇裂**(cleft lip)　是最常见的先天性颜面畸形,好发于上唇,有时伴有腭裂,因上颌突与同侧的内侧鼻突未融合所致,故裂沟位于人中外侧(图23-7,图23-8)。多为单侧,也可见双侧。上唇正中宽大裂比较少见,它是由于双侧内侧鼻突未能在中线完全融合所致,常伴有鼻梁正中裂沟。唇裂的发生具有遗传倾向,是一种多基因遗传病,与环境因素也有关。

2. **腭裂**(cleft palate)　也较常见,呈现多种类型。因正中腭突与外侧腭突未融合,就会在切齿孔至切齿间留有一斜行裂隙,称前腭裂(单侧或双侧),常伴发上唇裂,严重者可伴有上颌裂;因左、右外侧腭突未在中线融合,则会在切齿孔至腭垂间留有一个矢状裂隙,称正中腭裂或后腭裂(图23-7,图23-8);若前腭裂和正中腭裂同时存在,则称全腭裂,多伴有唇裂。单纯腭

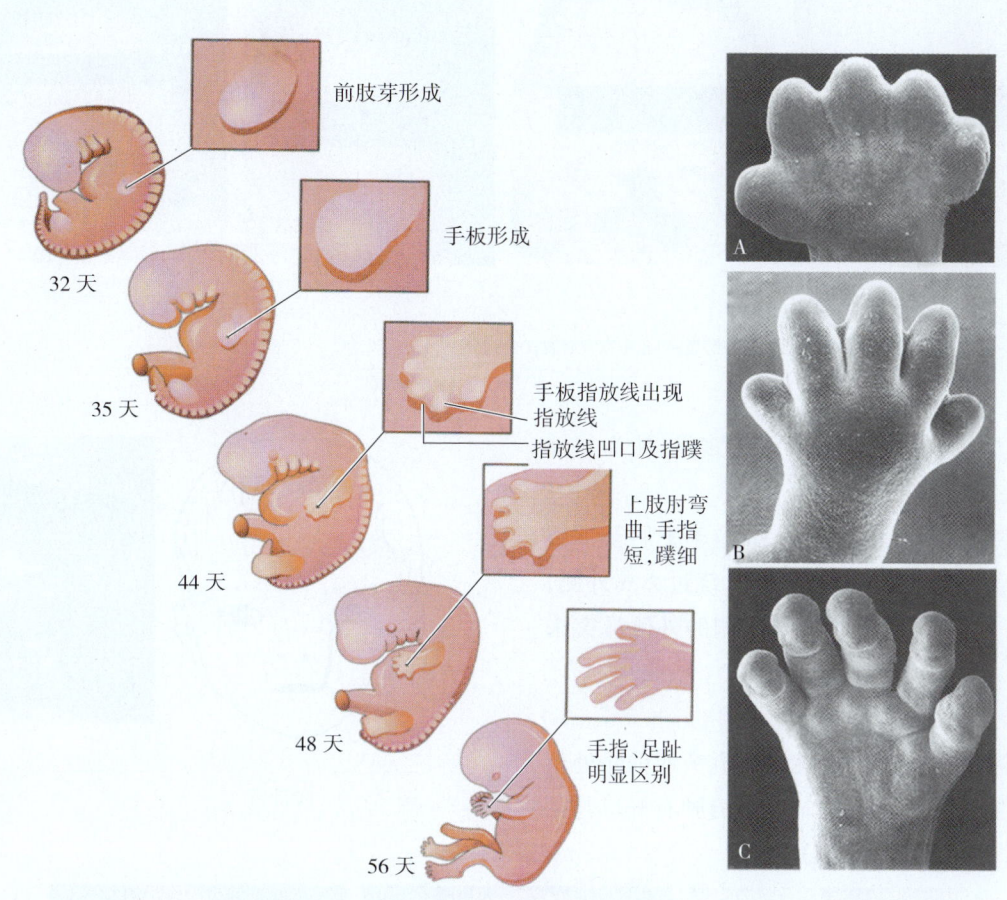

前肢芽形成

手板形成

32 天

35 天

手板指放线出现
指放线
指放线凹口及指蹼

上肢肘弯
曲,手指
短,蹼细

44 天

48 天

手指、足趾
明显区别

56 天

图 23-6 肢体的发生及手的形态演变过程
A、B 和 C 为扫描电镜图片;A. 第 6 周;B. 第 7 周;C. 第 8 周

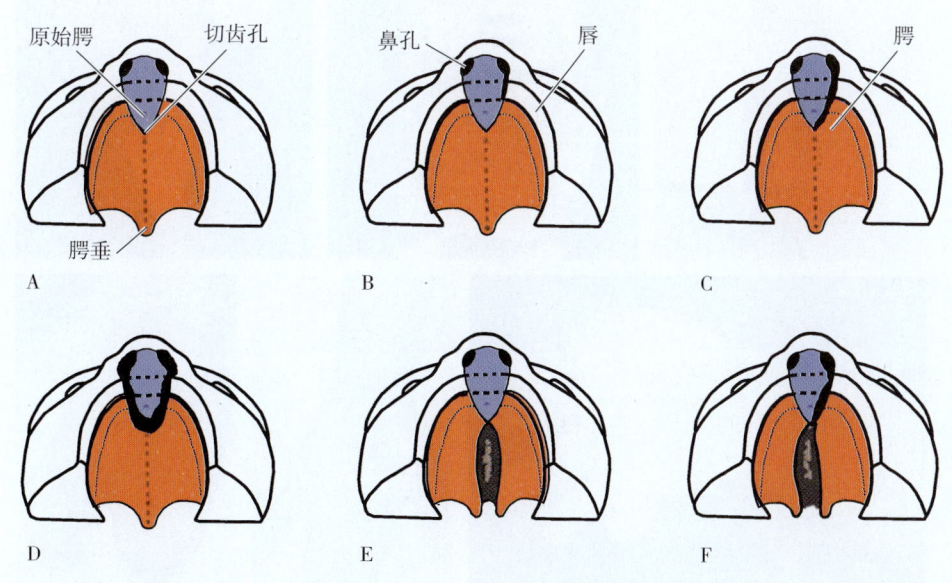

原始腭　切齿孔　　鼻孔　唇　　　　　腭

腭垂

A　　　　　　　　　B　　　　　　　　C

D　　　　　　　　　E　　　　　　　　F

图 23-7 唇裂和腭裂模式图
A. 正常;B. 单侧唇裂;C. 单侧唇裂合并腭裂;D. 双侧唇裂合并腭裂;E. 后腭裂;F. 后腭裂伴单侧唇裂和腭裂

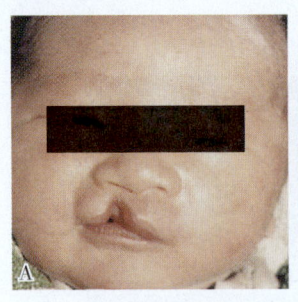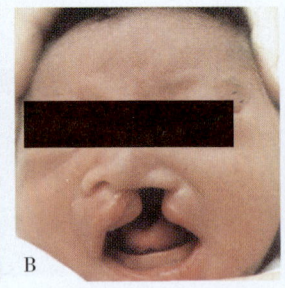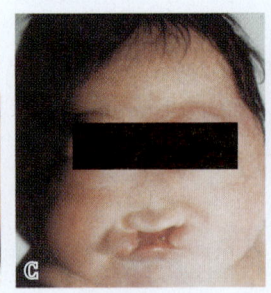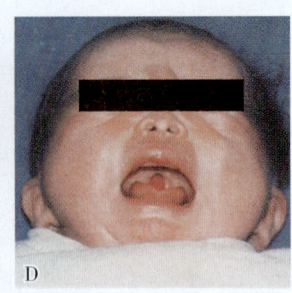

图 23-8　唇裂和腭裂
A. 单侧唇裂；B. 单侧唇裂合并腭裂；C. 正中宽大唇裂；D. 后腭裂

裂（不伴有唇裂）有遗传倾向，以女性多见，认为与性连锁遗传有关。

3. 面斜裂（oblique facial cleft）　位于上唇至下睑之间的裂隙，大多起自人中外侧边缘，绕过鼻翼外侧，止于内眦（图 23-9）。因上颌突与同侧的外侧鼻突未融合所致。

4. 颈囊肿（cervical cyst）和鳃瘘（branchial fistula）颈窦若未完全闭锁消失，就会在胸锁乳突肌前缘处留有一个封闭的囊泡，称颈囊肿。若颈囊肿有开口与咽

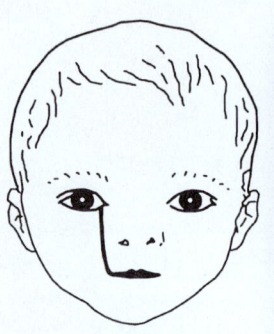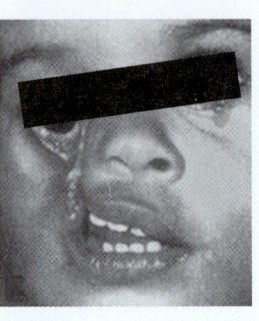

图 23-9　面斜裂

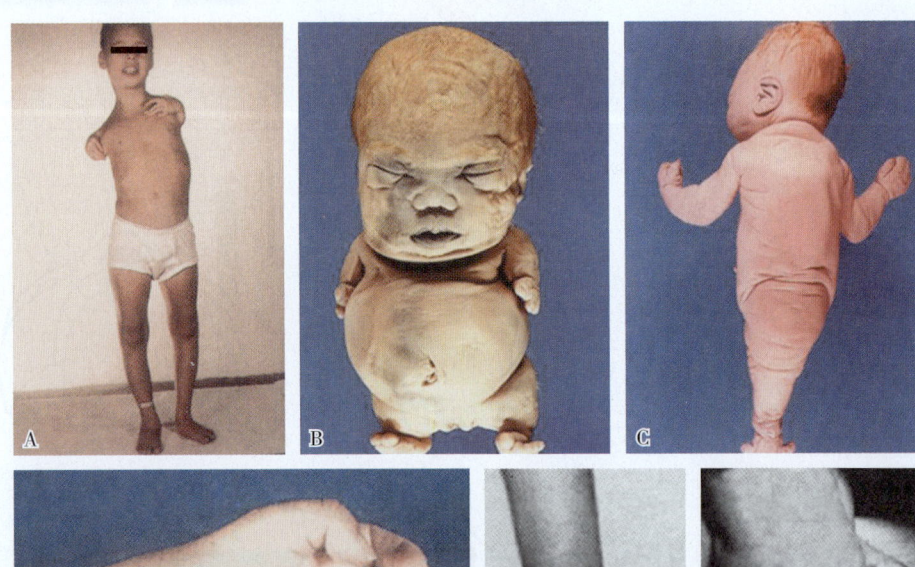

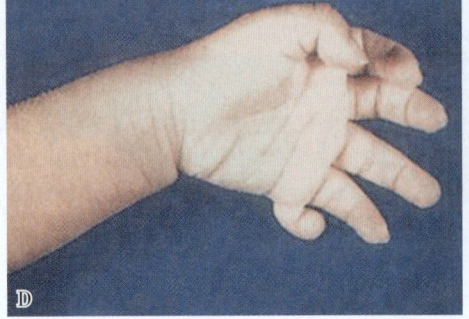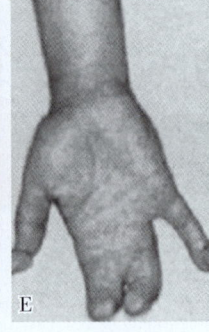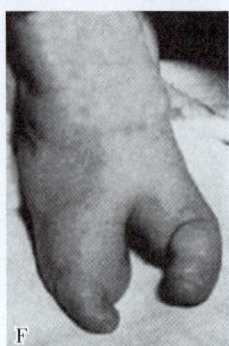

图 23-10　肢体畸形
A. 缺肢畸形；B. 短肢畸形；C. 并肢畸形；D. 多指畸形；E. 并指畸形；F. 并趾畸形

腔(内口)或体表(外口)相通,则称鳃瘘,也称颈瘘。仅有内口或外口者称不完全性鳃瘘,内、外口兼有者称完全性鳃瘘。

5. 肢体畸形　种类甚多,可发生在肢体的上、中、下各段。一类是肢体形成障碍,其中,横向肢体缺损包括无臂、无前臂、无手、无指等,纵向肢体缺损包括上肢桡侧或尺侧缺损、下肢胫侧或腓侧缺损等。还有海豹样手或足畸形,表现为手或足长在短小的肢体上,或直接长在躯干上。另一类是肢体分化障碍,如某块肌或肌群缺如、关节发育不良、骨畸形、骨融合、多指(趾)、并指(趾)等(图23-10)。此外,马蹄内翻足(即足底内翻)亦较常见。

知识链接 23-1　唇腭裂序列治疗指南

知识链接 23-2　"反应停"事件和短肢畸形

(王嘉丽　肖　岚)

新形态教材网

微课导学　　教学课件　　微视频　　知识链接　　自测题

第二十四章

消化系统和呼吸系统的发生

消化系统和呼吸系统发生的胚层来源相同,其大多数器官都是由原始消化管分化而成。

人胚发育至第3周末,由于三胚层胚盘的头尾和周边向腹侧卷折的原因,胚体逐渐由扁盘状卷折为圆柱形,而内胚层则在胚体内形成了一条纵行的管道,称为原始消化管(primitive gut)。在胚的头、尾部分,原始消化管分别形成前肠(foregut)和后肠(hindgut),其与卵黄囊相连的中间部分称为中肠(midgut)。前肠的头端和后肠的尾端都是盲端。前肠的头端膨大成原始咽(primitive pharynx),与口凹相对处被口咽膜所封闭;后肠的尾端膨大成泄殖腔,其腹侧与肛凹相对处被泄殖腔膜所封闭(图24-1)。口咽膜和泄殖腔膜均无中胚层,内、外胚层直接相贴,它们分别于人胚第4周和第8周破裂消失,致使原始消化管与外界相通。随着胚体和原始消化管的增长,卵黄囊相对变小,中肠与卵黄囊的连接部逐渐变细,形成卵黄蒂(yolk stalk)。

随着胚胎的发育,前肠逐渐分化为咽、食管、胃、十二指肠的上段、肝、胆、胰以及呼吸系统的原基,中肠逐渐分化为十二指肠下段至横结肠的右2/3部,后肠逐渐分化为横结肠的左1/3至肛管上段(图24-2)及泌尿系统部分器官。

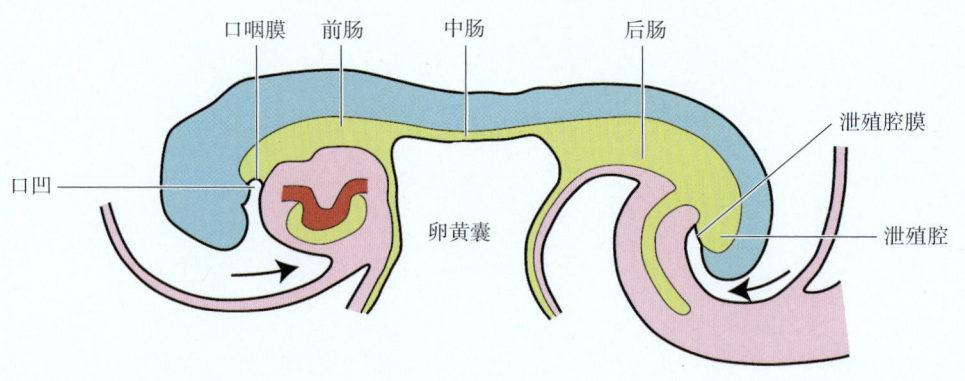

图 24-1 原始消化管示意图
示前肠、中肠、后肠及口咽膜与泄殖腔膜

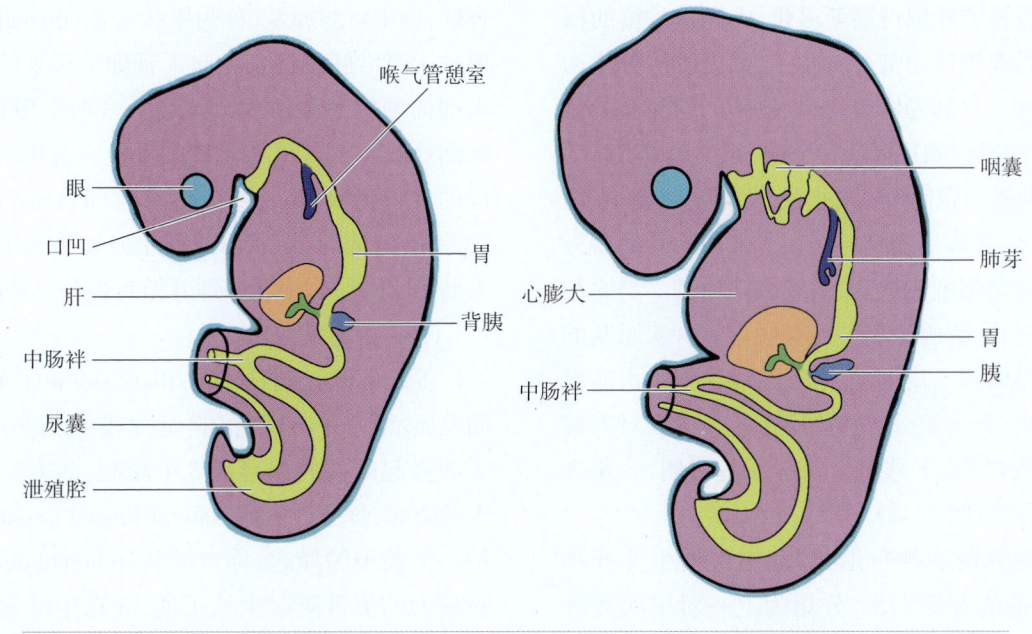

图 24-2 原始消化管的早期演变

一、消化系统的发生

消化系统由消化管和消化腺组成,其上皮组织大部分来自内胚层,结缔组织和肌组织均由中胚层分化而成。原始消化管的内胚层也分化为甲状腺、甲状旁腺、胸腺以及舌的上皮。

(一) 咽的发生及咽囊的演变

前肠头端膨大的部分为原始咽,呈左右宽、背腹扁、头端粗、尾端细的漏斗状。在原始咽的侧壁有 5 对囊状的突起,称咽囊(pharyngeal pouch)(图 24-3),它们分别与其外侧的 5 对鳃沟(branchial cleft)相对。随着胚体的发育,咽囊将逐渐演化为成体的一些重要结构。

第 1 对咽囊内侧份逐渐向外侧伸长,演化为咽鼓管;其末端膨大,形成中耳鼓室;其顶部的鳃膜分化为鼓膜。鼓膜外侧为第 1 鳃沟,形成外耳道(图 24-3)。

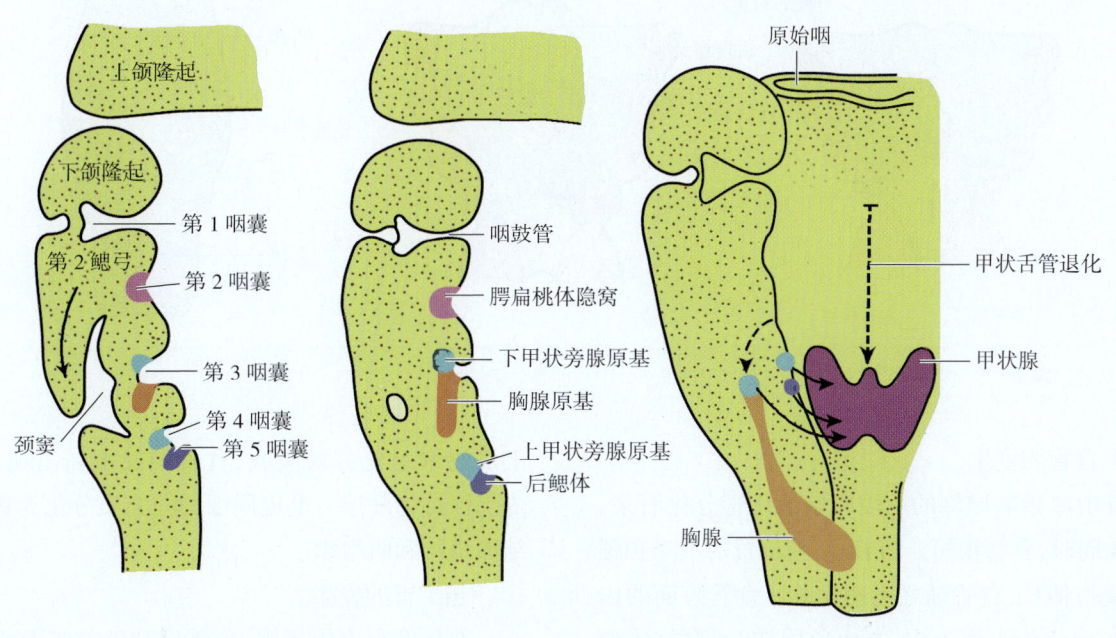

图 24-3 咽囊演化与甲状腺发生

第 2 对咽囊的外侧份逐渐退化,内侧份残留的浅窝则演化为腭扁桃体隐窝(图 24-3),其内胚层分化为扁桃体的表面上皮和隐窝上皮;上皮下的间充质分化为结缔组织,淋巴细胞逐渐迁移至此,并大量增殖。

第 3 对咽囊的腹侧份上皮增生,逐渐形成左、右两条细胞索,并向胚体尾侧延伸。在未来的胸骨柄后方部位,左、右两条细胞索愈合,形成胸腺原基。当原细胞索的根部退化,胸腺原基与咽囊脱离。胸腺原基的内胚层分化为胸腺上皮细胞,淋巴造血干细胞由造血器官迁移而来,并增殖分化为胸腺细胞。第 3 对咽囊的背侧份上皮增生,下移至甲状腺原基背侧,分化为下一对甲状旁腺(图 24-3)。

第 4 对咽囊的腹侧份退化,背侧份增生并迁移至甲状腺原基的背侧上部,分化为上一对甲状旁腺(图 24-3)。

第 5 对咽囊很小,只形成一细胞团,称后鳃体(ultimobranchial body)。后鳃体的部分细胞迁移至甲状腺原基,逐渐分化为甲状腺内的滤泡旁细胞(图 24-3)。也有研究者提出,滤泡旁细胞来自神经嵴。

(二) 甲状腺的发生

人胚第 4 周初,在原始咽底壁正中线,相当于第 1 对咽囊的平面上,上皮细胞增生,形成一伸向尾侧的盲管,即甲状腺原基,称为甲状舌管(thyroglossal duct)。甲状舌管沿胚颈部正中向下延伸至未来的气管前方,末端向两侧逐渐膨大,形成左、右两个甲状腺侧叶和峡部(图 24-3)。甲状舌管的上段则退化消失,其起始段的开口仍残留一浅凹,称盲孔(foramen cecum)。人胚胎第 10 周时,甲状腺原基中开始出现甲状腺滤泡;人胎第 13 周初,甲状腺即开始有内分泌功能。

(三) 舌的发生

舌是下颌隆起(submaxillary swelling)腹内侧面的间充质增生,并向口腔内隆起而成。人胚第 4 周末,两下颌隆起的内侧面形成 3 个隆起,前方左、右一对较大的隆起,称侧舌隆起(lateral lingual swelling),后方正中一个较小的隆起,称奇结节(tuberculum impar)。一对较大的侧舌隆起生长迅速,并在中线愈合,形成舌体。奇结节生长缓慢,仅形成盲孔前方舌体的一小部分。第 2、3、4 对鳃弓腹内侧部的间充质增生,形成一凸向咽腔的隆起,称联合突(copula)。联合突的前部发育为舌根,后部发育为会厌。舌根与舌体的愈合线为一条“V”形的界沟(图 24-4)。故舌的表面上皮来自咽壁内胚层,舌内的结缔组织来自原始咽周围的间充质,舌肌则主要由头端体节的生肌节细胞迁移分化而成。

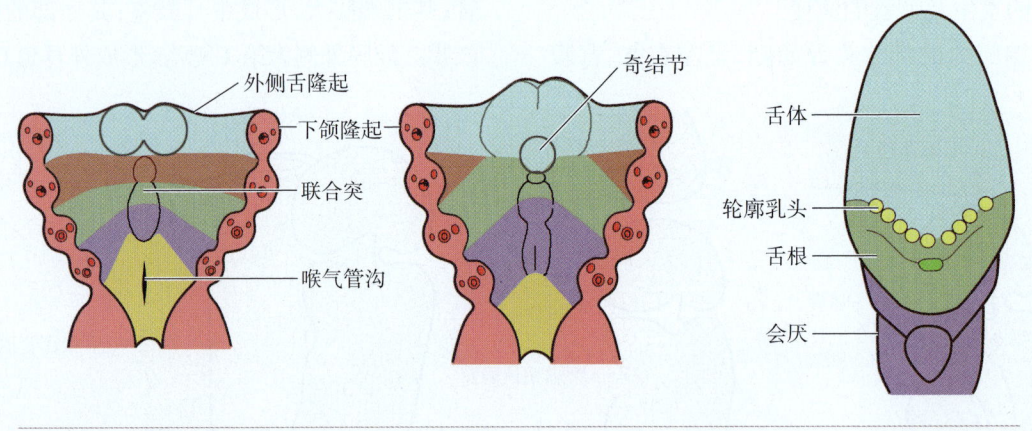

图 24-4　舌的发生

(四) 食管的发生

食管由原始咽尾侧的一段原始消化管分化而来。人胚第 4 周时,食管很短。随着心、肺位置的下降和颈部的形成与伸长,食管随之迅速生长。食管腔面的内胚层最初分化为表面上皮,并由单层变为复层,致使食管腔变窄,甚至一度闭锁。人胚第 8 周,过度增生的上皮逐渐退化并被吸收,食管腔又重新出现,表面上皮仍保持为复层。上皮周围的间充质分化为食管壁的结缔组织和肌组织。

(五) 胃的发生

人胚发育至第 4 周,食管尾端的前肠形成一梭形的膨大,即为胃的原基(图 24-5)。胃原基以胃背系膜

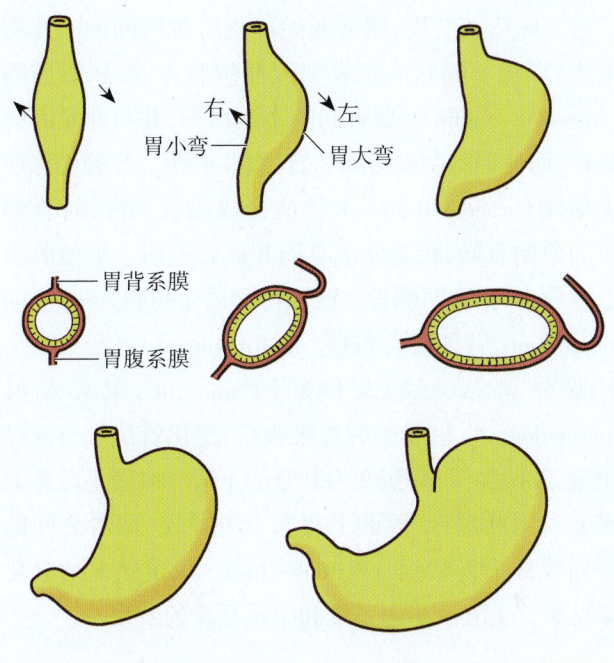

图 24-5 胃的发生

（dorsal mesogastrium）和胃腹系膜（ventral mesogastrium）与体壁相连,并随着食管的伸长向胚体的尾侧移动。之后由于胃背侧缘生长迅速,使胃体向背侧扩展,形成胃大弯（greater curvature）。胃大弯的头端膨出形成胃底;腹侧缘生长缓慢,形成胃小弯（lesser curvature）。由于胃背系膜发育增长较快,并向左侧扩展、膨出形成网膜囊和大网膜,致使胃大弯由背侧转向左侧,胃小弯由腹侧转向右侧,使胃沿胚体纵轴向右旋转90°。由于肝的发育迅速并固定于横膈偏右,胃的头端被推向腹腔左侧;由于十二指肠被固定于腹后壁,故胃的尾端也被固定于腹后壁。结果,胃由原来的垂直方位变成了由左上斜向右下的方位（图 24-5）。

（六）肠的发生

肠发生于前肠的尾段、中肠和后肠。最初,肠为一条与胚体长轴平行的直管,其背系膜与腹后壁融合而被固定,而肠的腹系膜则很早就退化消失。

人胚第 4 周时,在胃的尾侧形成十二指肠。十二指肠的生长速度较快,很快形成一凸向腹侧的 "C" 形十二指肠祥（duodenum loop）。当胃发生旋转时,十二指肠祥转向右侧,并通过背系膜固定于右侧腹后壁。随着十二指肠的发生,背系膜增长,而腹系膜则在早期全部退化消失。

人胚第 5 周时,由于十二指肠以下的中肠增长速

度远比胚体快,致使肠管形成一凸向腹侧的 "U" 形祥状结构,称中肠祥（midgut loop）。中肠祥的顶部与卵黄管通连。卵黄管以上的肠祥为头支,卵黄管以下的肠祥为尾支。此时,中肠祥的腹系膜退化消失,而背系膜将中肠祥固定于腹后壁。肠系膜上动脉（superior mesenteric artery）走行于中肠祥系膜的中轴部位（图 24-6A）。

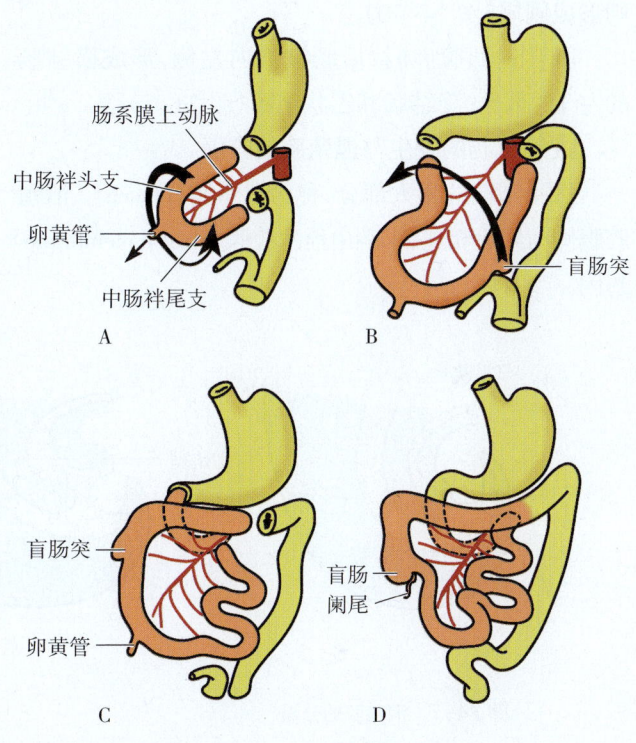

图 24-6 肠的发生

人胚第 6 周,中肠祥尾支近卵黄管处又发生一囊状的突起,称盲肠突（caecal bud）,是大肠和小肠的分界线,也是盲肠和阑尾的原基（图 24-6B、C）。由于中肠祥生长迅速和肝、肾的发育长大,腹腔的容积相对变小,暂时不能容纳全部肠祥,而使中肠祥突入脐带内残留的胚外体腔,即脐腔（umbilical coelom）,形成胚时期的生理性脐疝。此时,肠祥在脐腔内继续生长,并以肠系膜上动脉为轴,逆时针方向（从胚腹面观）旋转90°,中肠祥则由矢状方向转成水平方向,即头支从胚体的头侧转向右侧,尾支从尾侧转向左侧。

人胎第 10 周,腹腔增大,中肠祥从脐腔退回腹腔,脐腔随之闭锁。在中肠祥退回腹腔的同时,头支在前,尾支在后,并且以肠系膜上动脉为轴继续逆时针方向再旋转180°。这样,肠祥共旋转了270°,头支逐渐转

至腹腔左下方,尾支转至右上方。

在肠袢退回腹腔的过程中,头支的生长速度快,逐渐演变成空肠和回肠大部,盘曲于腹腔中部;盲肠突以前的尾支形成回肠的小部分;盲肠突以后的尾支横过十二指肠腹侧形成横结肠的右 2/3;盲肠突近端膨大形成盲肠,位于腹腔右上方,紧邻肝右叶,以后下降至右髂窝,升结肠随之形成。盲肠突远端狭窄部分则形成阑尾(图 24-6D)。

肠袢退回腹腔时,后肠被推向左侧,形成横结肠的左 1/3 部分、降结肠和乙状结肠(图 24-6D)。

(七)直肠的发生与泄殖腔的分隔

后肠末端的膨大部分,称为泄殖腔(cloaca)。泄殖腔腹侧与尿囊相连,末端由泄殖腔膜(cloacal membrane)封闭。

人胚第 4~7 周,尿囊起始部与后肠之间的间充质增生,形成一镰状隔膜并突入泄殖腔内,称尿直肠隔(urorectal septum)。尿直肠隔迅速增长,并与泄殖腔膜相连,而使泄殖腔被分隔为背、腹两侧份。腹侧份称尿生殖窦(urogenital sinus),将演变成膀胱和尿道;背侧份为原始直肠,将演变成直肠和肛管上段。泄殖腔膜也被分为背、腹两侧份。腹侧份称尿生殖膜(urogenital membrane),背侧份称肛膜(anal membrane)(图 24-7)。肛膜外周为一浅凹,称肛凹(anal pit),又称原肛(proctodeum)。肛膜破裂被吸收后,消化管尾端与外界相通,肛凹加深,并演变为肛管的下段。肛管上段的上皮来自内胚层,下段的上皮来自外胚层,两者之间的分界线称为齿状线(pectinate line)。尿生殖窦的分化详见第二十五章泌尿系统和生殖系统的发生。

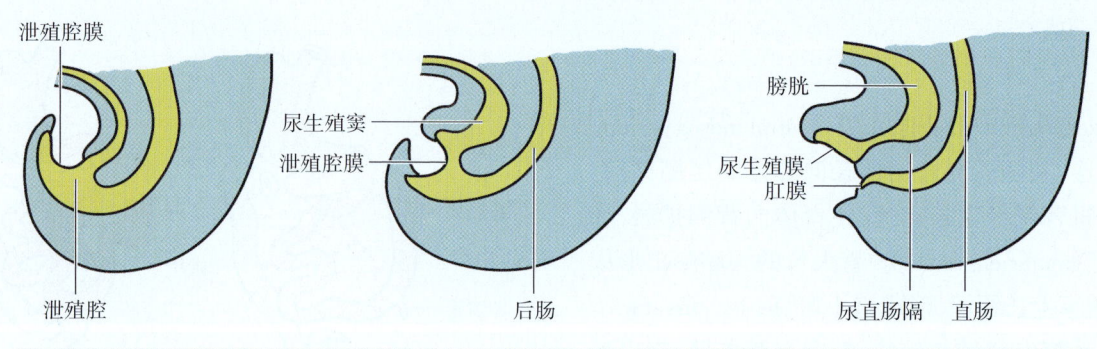

图 24-7　泄殖腔的分隔

(八)肝和胆的发生

1. 肝憩室的发生与演变　人胚第 4 周初,前肠末端近卵黄囊处的腹侧内胚层细胞增殖,并向腹侧形成一囊状的突起,称肝憩室(hepatic diverticulum)。肝憩室迅速生长延伸,长入心与卵黄囊之间的间充质,即原始横隔(primitive septum transversum)内。在肝憩室的生长过程中,其末端膨大,并分为头、尾两支。头支较大,是肝的原基,发育为肝实质和肝内胆管及肝管。头支的血液供应十分丰富,生长迅速,至人胚第 5 周时,肝突入腹腔,占据了腹腔的大部分。肝周围的原始横隔间充质分化为肝内结缔组织和肝被膜。随着肝的发育,腹腔不断增大,致使肝和横隔之间的间充质变得很薄,分别在腹前壁与肝之间和肝与消化管之间形成镰状韧带、肝胃韧带和十二指肠韧带。尾支较小,其远端膨大,发育为胆囊,近端细长,发育为胆囊管。头

支和尾支与原始消化管相连接的部分,即肝憩室的基部,分化为胆总管。最初,胆总管开口于十二指肠腹侧壁,随着十二指肠的转位及其右侧壁发育快于左侧壁,致使胆总管的开口逐渐移至十二指肠的背内侧,并与胰腺导管合并共同开口于十二指肠(图 24-8)。

2. 肝的组织发生　肝憩室刚形成时是由单层柱状上皮和薄层间充质所构成的盲囊,以后肝憩室头支的上皮细胞增殖,在原始横隔内反复形成许多肝细胞索(简称肝索)。肝索互相吻合、上下叠加,形成肝板。肝板之间分布着由经过横隔的左、右卵黄静脉和脐静脉分支而成的毛细血管,它们与横隔间充质发生的毛细血管共同发育为肝血窦。人胚第 5~6 周时,肝索内的肝细胞之间出现许多小腔,为原始胆小管。人胚胎第 6~9 周时,肝内胆管树形成。人胎第 9 周时,中央静脉逐渐形成,肝板与肝血窦分别围绕中央静脉形成

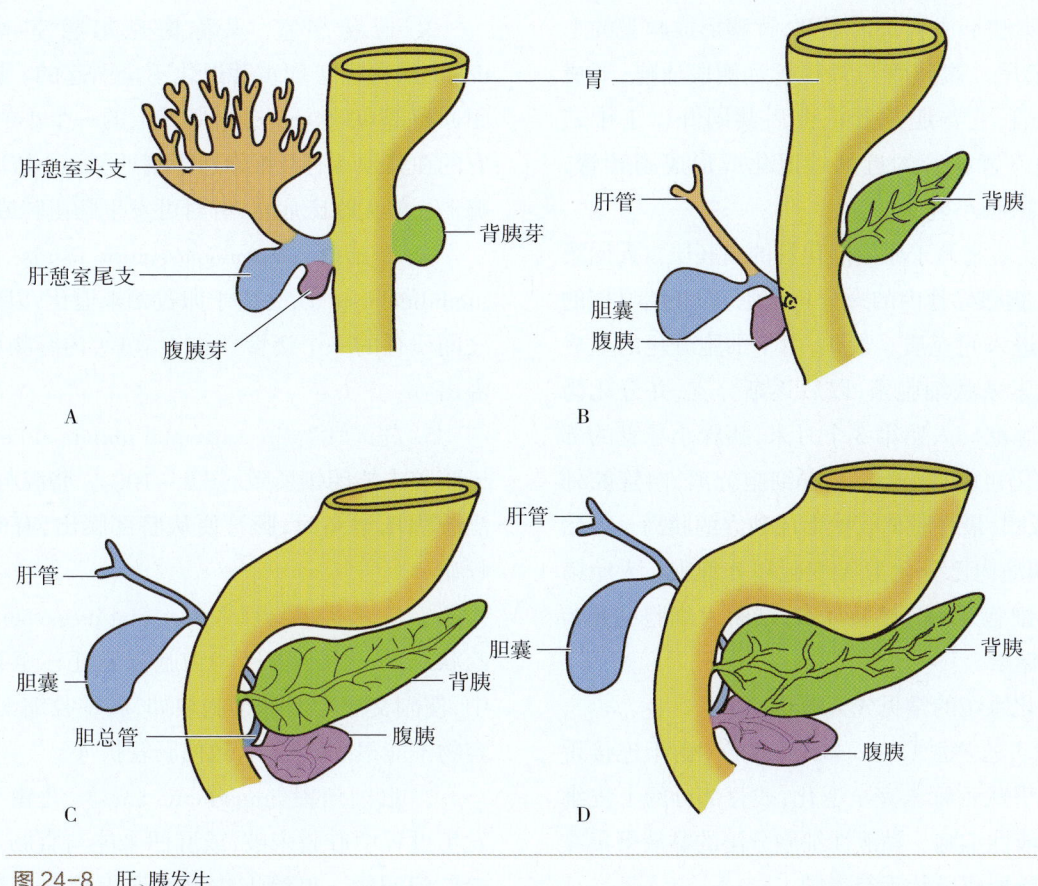

图 24-8 肝、胰发生
A、B. 早期；C、D. 晚期

肝小叶。肝板最初由 2~3 层肝细胞组成，出生后 2~5 岁时逐渐变为单层肝细胞。人胎第 2 个月，肝细胞之间形成胆小管，内胚层上皮也相继形成肝内胆管。

胎儿期，肝细胞的功能很活跃，很早就开始合成多种血浆蛋白。人胎第 16~24 周，所有肝细胞均能合成甲胎蛋白（α-fetal protein，α-FP）。造血干细胞在人胚第 6 周时从卵黄囊迁移至肝内，并开始造血，以造红细胞系的血细胞为主；人胚第 7 周时，肝血窦内已经含有大量的有核红细胞；人胎第 4~6 个月时，肝细胞的造血功能十分旺盛，造血灶内除了大量的红细胞之外，还含有少量的粒细胞系和巨核细胞系的细胞。人胎第 3 个月时，肝细胞内出现糖原颗粒，胚胎后期逐渐增多。人胎第 4 个月时，肝细胞即分泌胆汁并有解毒功能。胚胎时期的肝细胞内很少见到滑面内质网。出生后，在外环境的影响下滑面内质网逐渐增多，并具有生物转化功能。

3. **胆囊的组织发生** 胆囊最初没有腔，至人胚第 8 周末才出现。胆囊腔面衬以由内胚层分化来的单层柱状上皮，其结缔组织和肌层由胃腹系膜内的间充质分化而成。胆囊管和肝外的肝管起初也为内胚层形成的实心细胞索，以后管腔重建，至人胚第 7 周时才出现管腔。

（九）胰腺的发生

胰腺来源于两个原基，即背胰芽（dorsal pancreatic bud）和腹胰芽（ventral pancreatic bud）。人胚第 4 周末，背胰芽是十二指肠背侧壁的内胚层细胞增生并向外突出形成的，位置略高。腹胰芽是从前肠末端腹侧肝憩室的基部分出，由内胚层上皮增生并向外突出而形成，位置略低并小于背胰芽。背、腹胰芽的上皮细胞不断增殖，并反复分支，其末端分化形成腺泡，而与原始消化管上皮相连接的分支形成各级导管。于是，背、腹胰芽分别分化成背胰（dorsal pancreas）和腹胰（ventral pancreas）。两者在中轴线上各有一条贯穿腺体全长的总导管，分别称背胰管和腹胰管。由于胃和十二指肠的变化和肠壁的不均等生长，致使腹胰和腹胰管的开口转至背侧，并与背胰融合，形成一个单一的胰腺

（图 24-8）。腹胰形成胰头的下部，背胰形成胰头的上部、胰体和胰尾。腹胰管与背胰管远侧段通连，形成胰腺的主胰管，它与胆总管汇合后共同开口于十二指肠大乳头。背胰管的近侧端退化或形成副胰管，开口于十二指肠小乳头。

胰腺的实质来源于原始消化管的内胚层。人胎第 2~3 个月时，胰腺导管内的未分化细胞，即胚胎早期的干细胞游离进入间充质。最初，由干细胞分化的上皮细胞排列成索条状细胞索，以后逐渐分支，并分化为各级导管和腺泡。人胎第 3 个月末，胰腺小导管的部分上皮细胞仍可增殖，渐与上皮细胞分离，向管腔外突出，聚集成团，最终脱离管壁形成独立的胰岛。人胎第 4 个月，胰岛内已分化为 A 细胞和 B 细胞。人胎第 4~5 个月，B 细胞开始分泌胰岛素，继而 A 细胞也开始分泌胰高血糖素。

（十）消化系统的常见先天畸形

1. 甲状舌管囊肿（thyroglossal cyst）　由于连接舌与甲状腺的甲状舌管未完全退化，残存部分的上皮细胞分化为黏液性细胞。黏液性细胞分泌的黏液聚集在甲状舌管内就形成甲状舌管囊肿。

2. 消化管闭锁或狭窄　在消化管的发生过程中，管壁上皮细胞过度增生，致使消化管某段管腔的闭锁或狭窄。之后，过度增生的细胞发生凋亡，上皮变薄，闭锁或狭窄的管腔随之恢复正常。若过度增生的细胞不发生凋亡，上皮不变薄，就会形成消化管某段管腔的闭锁或狭窄，常见于食管或十二指肠（图 24-9）。

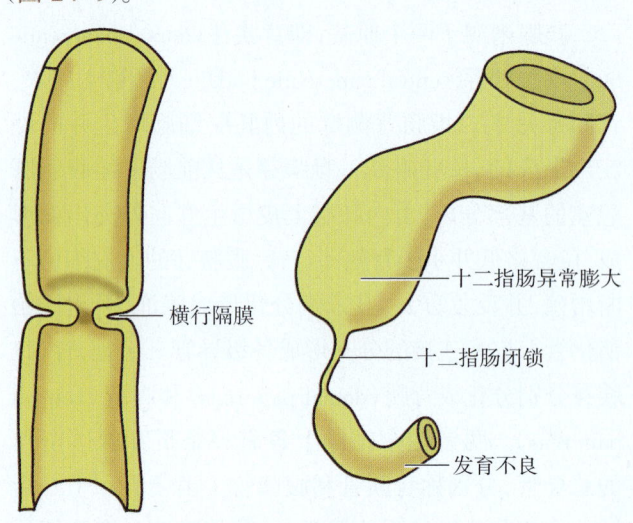

横行隔膜

十二指肠异常膨大

十二指肠闭锁

发育不良

图 24-9　消化管狭窄或闭锁

3. 回肠憩室　又称梅克尔憩室（Meckel diverticulum），是由于卵黄蒂退化不全引起的。回肠憩室是距回盲部 40~50 cm 处回肠壁上的一个小的囊状突起，有的在其顶端有纤维索连于脐（图 24-10A）。回肠憩室畸形一般无临床症状，有时可发生肠扭转或肠梗阻。

4. 脐肠瘘（omphalomesenteric fistula）　又称脐瘘（umbilical fistula），是由于卵黄蒂未退化，以致在肠与脐之间残存的一个瘘管（图 24-10B），内容物可通过瘘管溢出。

5. 先天性脐疝（congenital umbilical hernia）　是由于脐腔未能闭锁所致（图 24-10C）。脐腔与腹腔相通，当腹内压增高时，肠管便从脐部膨出，有时会形成嵌顿疝。

6. 先天性巨结肠（congenital megacolon）　多见于乙状结肠。由于神经嵴细胞未能迁移至某处的肠壁中，使副交感神经节细胞缺如，肠壁收缩无力，肠腔内容物不能很好地排出，致使肠管扩大。

7. 肛门闭锁（imperforate anus）　是由于在人胚胎发生过程中肛膜未破，或肛凹未能与直肠末端相通引起肛门闭锁。肛管上皮过度增生后未能被再吸收也可引起肛门闭锁，并常伴有直肠阴道瘘或直肠尿道瘘（图 24-11）。

8. 肠袢转位异常（abnormal rotation of the intestinal loop）　在肠发生过程中，肠袢从脐腔退回腹腔时，应发生逆时针方向旋转 180°。若未发生旋转，或转位不全，或反向转位，就会形成各种各样的消化管异位，并常伴有肝、脾、胰，甚至心、肺的异位。

9. 肝分叶异常　有肝左叶发育不全、肝异常分叶等。也可出现肝异常增生，如肝右叶向下伸出一舌状叶（Riedel liver），它可粘连于结肠右曲，也可伸达脐部或右髂嵴，临床上易被误诊为肿瘤或肾下垂。肝分叶异常一般不影响肝功能。

10. 双胆囊　真正的双胆囊（duplication of the gallbladder）不仅具有两个胆囊，还有两条胆囊管。两条胆囊管可分别开口于胆总管，也可合并成一个开口。有的双胆囊共有一个颈部或共有一条胆囊管。还有的胆囊虽然外形正常，但其内部有纵隔将其分隔为两腔的双胆囊。

11. 副胰组织（accessory pancreatic tissue）　可发生于从食管远端到原始肠袢顶端的任何部位。常见于

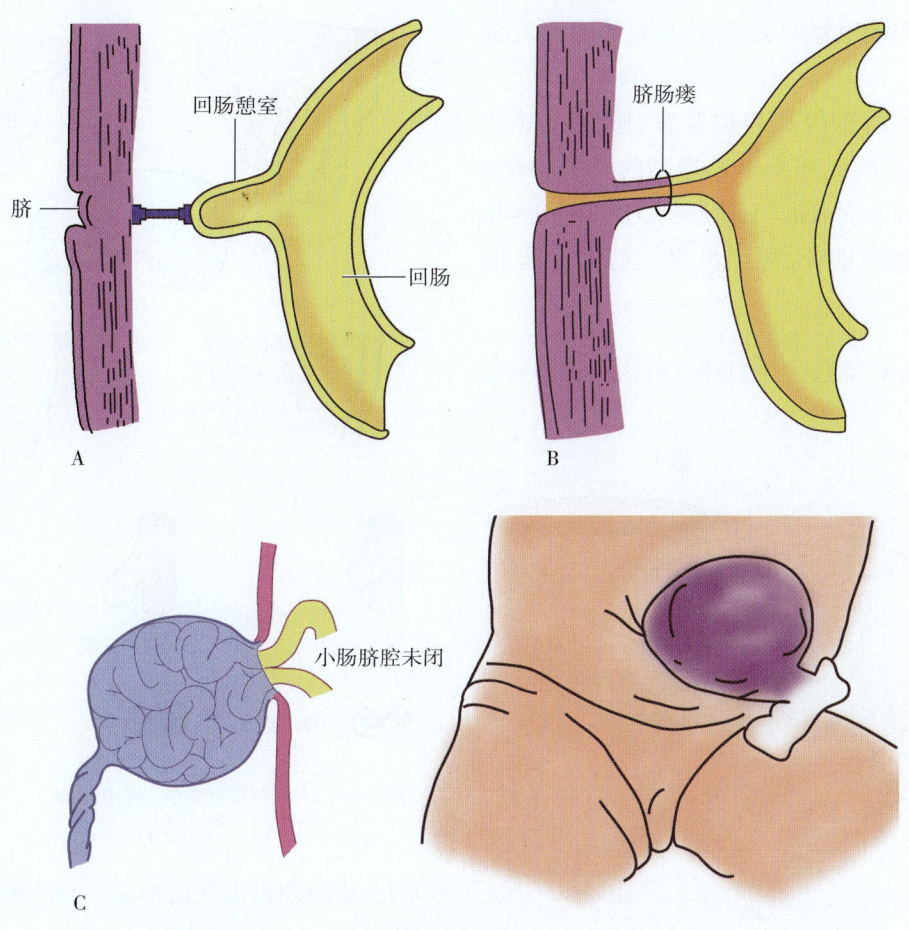

图 24-10　肠管先天畸形
A. 回肠憩室；B. 脐肠瘘；C. 先天性脐疝

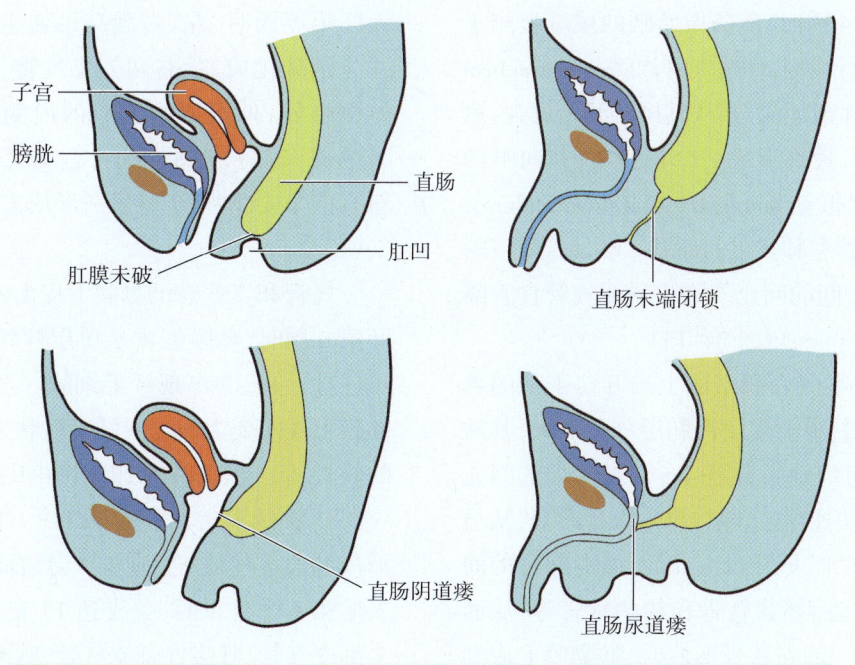

图 24-11　肛门闭锁

胃、十二指肠或回肠憩室的肠壁内,具有胰腺组织的结构特点。

12. 环状胰　由于腹胰移位及背、腹两胰融合过程中发生异常,形成环绕十二指肠的环形胰腺,称环状胰(anular pancreas)(图 24-12)。环状胰可压迫十二指肠和胆总管,甚至可以引起十二指肠梗阻。

知识链接 24-1　消化系统常见先天畸形的遗传学基础

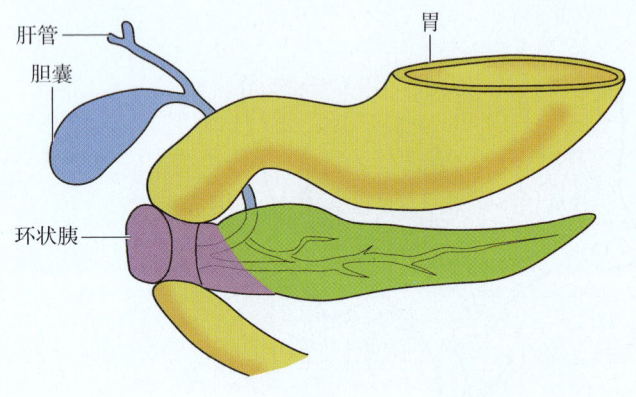

图 24-12　环状胰

二、呼吸系统的发生

(一) 喉、气管和肺的发生

人胚发育至第 4 周时,前肠原始咽的尾端腹侧正中部位出现一条纵行浅沟,称喉气管沟(laryngotracheal groove)。喉气管沟逐渐加深,并从其尾端开始愈合,愈合过程向头端推移,最终形成一个长盲囊,并向咽的腹侧膨出,称喉气管憩室(laryngotracheal diverticulum),它是喉、气管、支气管和肺发生的原基。喉气管憩室的背侧是食管,两者之间的间充质增生形成气管食管隔(tracheoesophageal septum)(图 24-13)。

1. 喉的发生　喉气管憩室的上端开口于咽的部分发育为喉。喉的黏膜上皮由内胚层分化而来,其软骨、肌组织和结缔组织则来自第 4、5 对鳃弓处的间充质。由于间充质的快速增生,喉口外形发生改变,从最初的矢状裂口变成"T"形开口。此后,两对鳃弓的间充质分化为甲状软骨、环状软骨和杓状软骨等,从而形成喉的结构特征。约在软骨形成时,喉黏膜上皮细胞迅速分裂增生,导致喉腔的暂时性阻塞。随后,增生

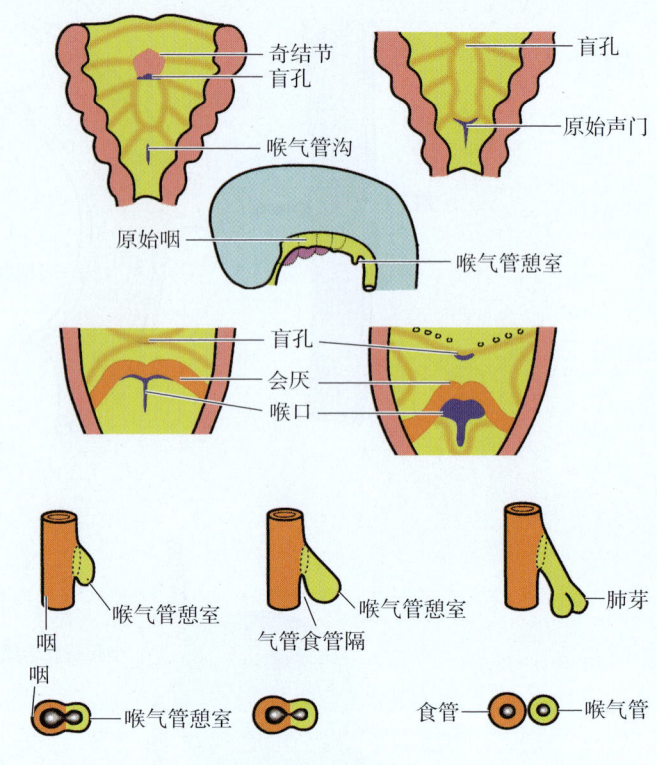

图 24-13　喉气管憩室的发生和演变

的上皮组织再退化而形成一对外侧隐窝,发育成以后的喉室。

2. 气管和支气管的发生　喉气管憩室的中段发育为气管,气管末端逐渐膨大形成左、右两个分支,称肺芽(lung bud),肺芽是支气管和肺发生的原基。人胚第 5 周时,左、右肺芽迅速生长,形成树状分支,并分别分化成左、右两支支气管。左、右支气管向下外侧生长,伸至原始胸腔的内侧壁内。左支气管分为两支,较短、水平行走;右支气管分为三支,较粗、斜行向下。这些分支分别形成左肺和右肺的肺叶支气管。

气管和支气管的黏膜上皮由内胚层分化而来。人胚第 6 周时,黏膜上皮从单层柱状上皮逐渐转变为复层柱状上皮,并出现纤毛细胞。至人胎第 14 周,部分黏膜上皮转变为假复层纤毛柱状上皮。气管和支气管的软骨、肌组织和结缔组织则由中胚层分化而成。

3. 肺的发生　人胎第 2 个月时,肺叶支气管分支形成肺段支气管,左肺 8~9 支,右肺 10 支(图 24-14)。人胎第 6 个月末时,分支达 17 支左右,最终出现了终末细支气管、呼吸性细支气管、肺泡管和肺泡囊。出生以后,支气管树的分支继续发育,逐渐完善,最终形成

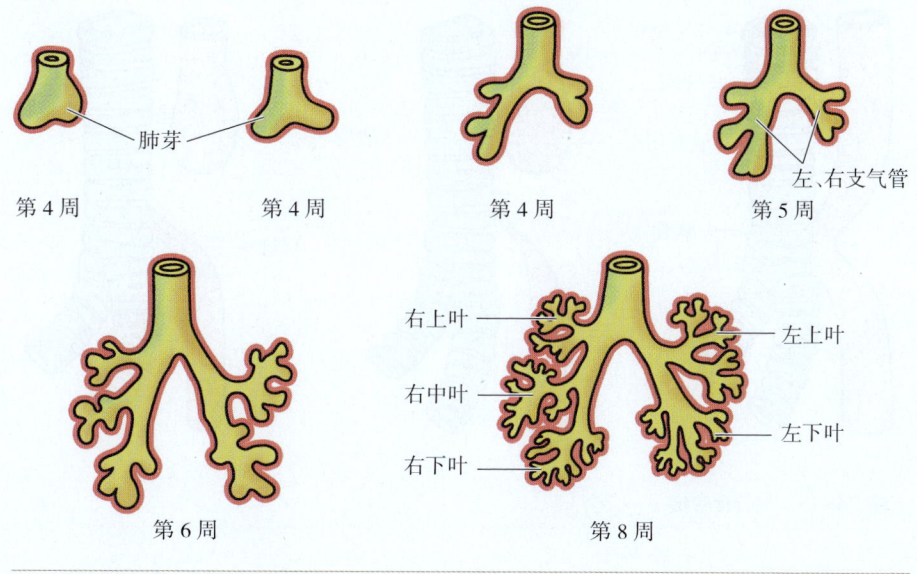

第4周　　　　第4周　　　　第4周　　　　第5周

肺芽

左、右支气管

右上叶　　　　　　　　左上叶

右中叶

右下叶　　　　　　　　左下叶

第6周　　　　　　　　　第8周

图 24-14　支气管与肺的发生

总计约 24 级的分支。

人胎第 7 个月,支气管树的血液供应逐渐丰富,其黏膜上皮的一些立方形细胞逐渐分化为扁平的 I 型肺泡细胞。I 型肺泡细胞与逐渐发育的毛细血管关系十分密切,由此原始肺泡形成。在原始肺泡形成的同时,I 型肺泡细胞之间还出现了具有分泌功能的 II 型肺泡细胞,并开始分泌表面活性物质。此时,肺已经具备了进行气体交换功能的结构,若在此时早产,胎儿可有正常的呼吸功能。胎儿早期阶段,肺内间质较多,肺泡较少。至胎儿发育后期,肺间质逐渐减少,肺泡逐渐增多。出生时,新生儿的肺泡总数约是成人的 1/6,而出生后的 10 年内,肺仍在继续发育,肺泡的数量仍在不断增多。

(二)呼吸系统的常见先天畸形

1. 喉气管狭窄或闭锁　在喉气管的发生过程中,喉气管内的上皮细胞一度增生过度,致使管腔闭锁或狭窄。随着胚胎的进一步发育,过度增生的上皮退变被吸收,管腔恢复畅通。若过度增生的喉气管上皮不退变,则会出现喉气管的管腔狭窄,甚至闭锁。

2. 气管食管瘘　在胚胎发育过程中,如果气管食管隔发育不良,气管与食管的分隔不完全,导致气管与食管间有瘘管相连,即称气管食管瘘(tracheoesophageal fistula)。在瘘管开口的上方或下方,常伴有不同形式的食管闭锁,大多表现为上半段食管的尾端是盲端,下半段食管与气管相通(图 24-15)。

3. 肺透明膜病　人胚胎发育过程中,若肺泡 II 型细胞分化不良,不能分泌表面活性物质,致使肺泡表面张力升高,呼气时,肺泡可萎缩不张。若萎缩的肺泡上皮表面覆盖着一层从血管渗出的血浆蛋白膜,则可形成透明薄膜,称为透明膜病(hyaline membrane disease)。透明膜病的新生儿出生后,其肺泡不能随呼吸运动而扩张,肺泡萎缩塌陷,可导致呼吸窘迫综合征(respiratory distress syndrome,RDS)。

4. 先天性膈疝　胚胎时期由于膈肌闭合不全,导致单侧或双侧膈肌缺陷,部分腹部器官通过缺损处进入胸腔,造成解剖关系异常的一种疾病称为先天性膈疝(congenital diaphragmatic hernia,CDH),此时腹腔器官突入胸腔,通常造成受损侧肺受到压迫而发育不全。

知识链接 24-2　肺透明膜病

5. 呼吸系统的其他先天畸形　包括支气管树异常分支、异位肺叶和肺先天囊肿。支气管树异常分支可导致多叶肺,对呼吸功能无影响,但可影响临床上支气管镜的应用。异位肺叶可出现在食管或气管上,是由于前肠额外长出的肺芽发育所致,一般不影响主呼吸系统的发育。肺先天囊肿是由于两支终末细支气管或较粗的细支气管融合扩大而成,囊肿可以小而多,导致肺呈蜂窝状。小囊肿亦可融合成一个或多个大的囊肿,常伴发慢性炎症。

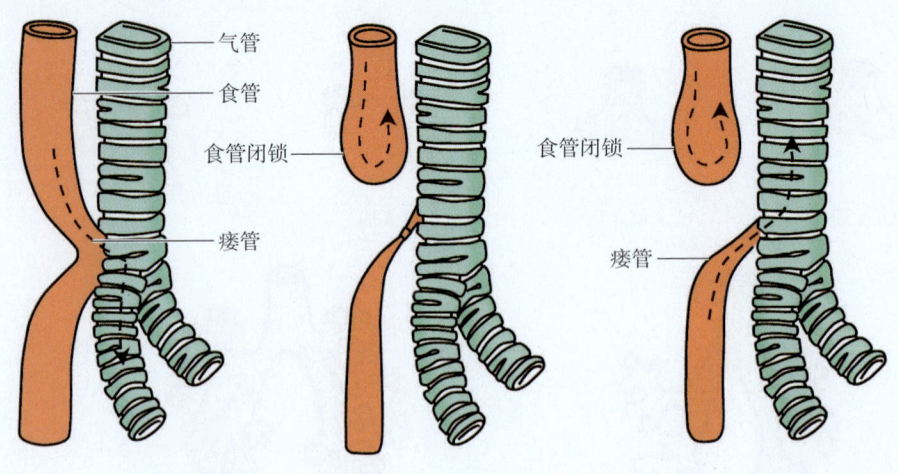

图 24-15 气管食管瘘

知识链接 24-3　肺发育的各阶段及其特点

（张宏权　战　军）

新形态教材网

微课导学　　教学课件　　微视频　　知识链接　　自测题

第二十五章

泌尿系统和生殖系统的发生

泌尿系统和生殖系统的主要器官发生于间介中胚层。人胚第 4 周初,间介中胚层逐渐脱离体节,向腹侧移动。其颈段形成分节的细胞团,称生肾节(nephrotome),是前肾的原基;尾段形成不分节的条索状,称生肾索(nephrogenic cord),是中肾和后肾的原基。第 4 周末,生肾索体积增大,从胚体后壁突向体腔,形成左右对称的一对纵行隆起,称尿生殖嵴(urogenital ridge)。以后尿生殖嵴的尾侧出现一条纵沟,将其分成外侧粗长的中肾嵴(mesonephric ridge)和内侧细短的生殖腺嵴(gonadal ridge),后者是生殖腺的原基(图 25-1)。

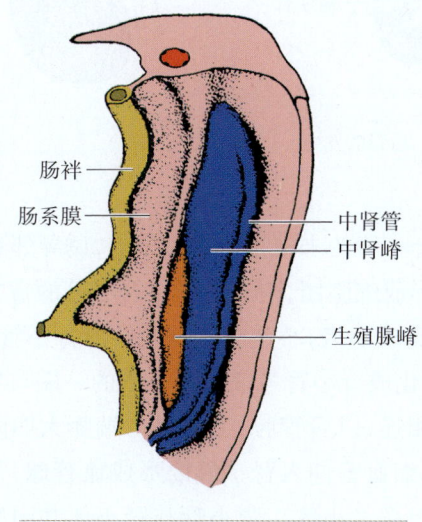

肠袢
肠系膜
中肾管
中肾嵴
生殖腺嵴

图 25-1 中肾嵴和生殖腺嵴的发生

一、泌尿系统的发生

(一)肾和输尿管的发生

人胚肾的发生经历 3 个阶段,即从头端向尾端先后形成的前肾、中肾和后肾(图 25-2)。前肾和中肾是生物进化过程的重演,后肾是人的永久肾。

1. 前肾(pronephros) 人胚第 4 周初,颈部体节外侧的生肾节形成数条横行的上皮性小管,称前肾小管(pronephric tubule),其内侧端开口于胚内体腔,外侧端向尾部延伸,互相连接形成一条纵行的前肾管(pronephric duct)。前肾小管和前肾管组成前肾(pronephros)(图 25-2)。人的前肾无泌尿功能,在第 4 周末退化,但前肾管的大部分保留。

2. 中肾(mesonephros) 发生于第 4 周末,由中肾小管和中肾管构成。由于中肾的发育,胸、腰部体节外侧的生肾索增大成为中肾嵴。中肾嵴内,从头端至尾端先后出现许多泡样结构,以后演变为横行的"S"形小管,称中肾小管(mesonephric tubule)。当尾端的中肾小管分化形成时,头端的中肾小管已退化,因此,在任何时候中肾小管都不会超过 30~40 对。中肾小管内侧端膨大并凹陷成双层的肾小囊,包绕来自背主动脉分支的毛细血管球,形成肾小体。中肾小管外侧端与中肾管相通(图 25-2,图 25-3)。中肾管(mesonephric duct)又称 Wolff 管,由前肾管顶端的细胞增殖并向尾端迁移形成,位于发育中中肾小管的背外侧。中肾管开始为实心的杆状,当向下迁移与泄殖腔壁融合时,

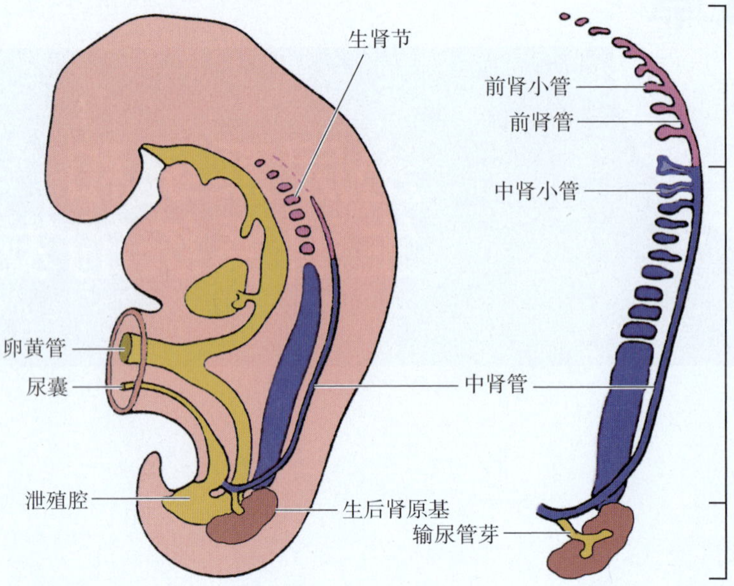

生肾节

前肾小管) 前肾
前肾管

中肾小管

卵黄管

尿囊

中肾管) 中肾

泄殖腔

生后肾原基
输尿管芽) 后肾

图25-2 前肾、中肾和后肾的发生

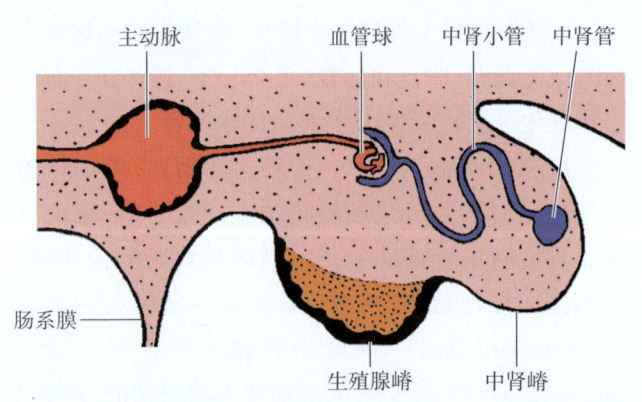

主动脉　血管球　中肾小管　中肾管

肠系膜

生殖腺嵴　中肾嵴

图25-3 中肾小管示意图

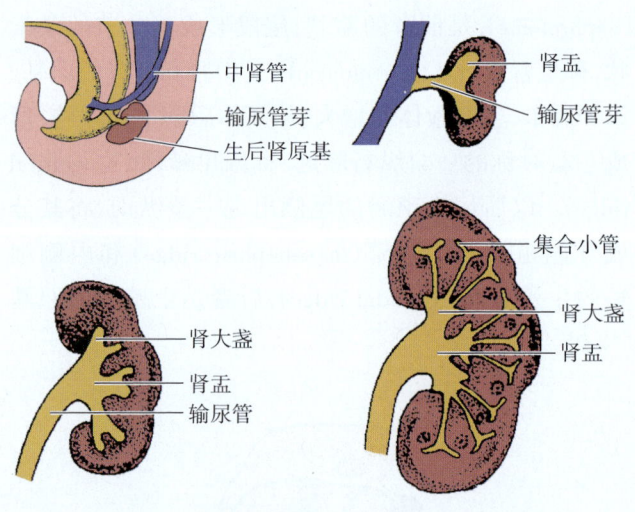

中肾管
输尿管芽
生后肾原基

肾盂
输尿管芽

集合小管

肾大盏
肾盂

肾大盏
肾盂
输尿管

图25-4 后肾的发生

才出现管腔,腔化过程由尾端向头端推进。在人类,中肾可产生少量尿液。第10周后,中肾大部分退化,仅留下中肾管及尾端小部分中肾小管。

3. 后肾(metanephros) 起源于输尿管芽和生后肾原基。第5周初,中肾管末端在通入泄殖腔之前发出一个盲管,称输尿管芽(ureteric bud)。输尿管芽向胚体背外侧和头侧方向生长,长入骶部的间介中胚层内,并将其诱导为生后肾原基(metane-phrogenic blastema),又称生后肾组织,包在输尿管芽的末端。输尿管芽反复分支,其主干部分形成输尿管,各级分支分别形成肾盂、肾盏和集合小管(图25-4)。

集合小管的末端呈"T"形分支,诱导邻近的生后肾原基形成细胞团,附于弓形集合小管的盲端。细胞团逐渐变成小泡,小泡再形成"S"形肾小管,并逐渐增长,分化成肾小管各段。肾小管的一端与集合小管的盲端相连,以后管腔接通;另一端膨大凹陷形成肾小囊,毛细血管伸入肾小囊内形成血管球,肾小囊与血管球组成肾小体。肾小管与肾小体共同组成肾单位(图25-5)。髓旁肾单位发生较早,随着集合小管末端不断向皮质浅层生长并分支,陆续诱导生后肾

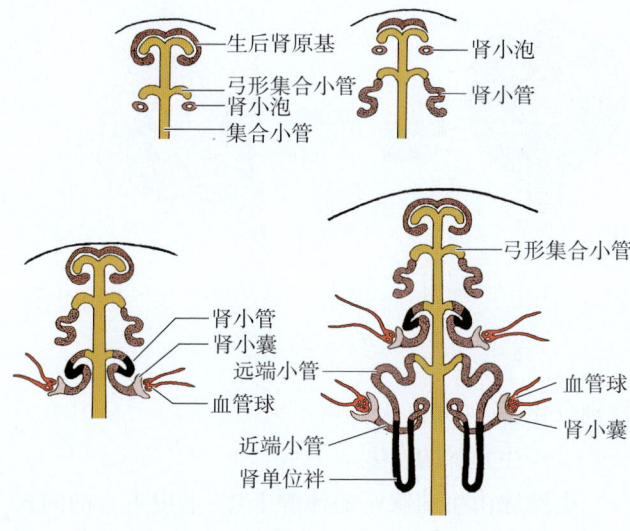

图 25-5 后肾肾单位的发生

原基形成浅表肾单位。生后肾原基的外周部分形成肾被膜。胎儿出生后，不再发生新的集合小管和肾单位，肾的增大是因为肾单位的生长而不是数目的增多。

人胎第 3 个月，后肾开始产生尿液，尿液排入羊膜腔，成为羊水的来源之一。肾的原始位置较低，位于盆腔。随着胎儿的生长和输尿管芽的伸展，肾逐渐上升至腰部。

（二）膀胱和尿道的发生

人胚第 4~7 周，尿直肠隔将泄殖腔分隔为背侧的原始直肠和腹侧的尿生殖窦两部分。尿生殖窦可分为

三段：① 上段：宽大，发育为膀胱，其顶端与尿囊相连。膀胱与脐之间的尿囊缩窄，称脐尿管（urachus），胎儿出生前脐尿管闭锁成纤维索，称脐正中韧带。随着膀胱的扩大，左、右中肾管的尾端并入膀胱后壁内，使输尿管开口于膀胱，而中肾管的开口下移到尿道起始部。② 中段：呈狭窄管状，在女性形成尿道的大部分，在男性形成尿道的前列腺部和膜部。③ 下段：在女性形成尿道下段和阴道前庭，在男性形成尿道的海绵体部（图 25-6）。

（三）常见畸形

1. 多囊肾（polycystic kidney） 其原因是集合小管与远端小管未接通，或集合小管发育异常、管道阻塞，结果使肾单位内产生的尿液积聚，肾内出现许多大小不等的囊泡，而周围肾组织受压、萎缩（图 25-7A）。双侧多囊肾可造成肾功能障碍。

2. 异位肾（ectopic kidney） 肾在上升过程中受阻，出生后未达到正常位置，称异位肾，常见位于骨盆腔内，也有位于腹腔低位处（图 25-7B）。

3. 马蹄肾（horseshoe kidney） 是左、右肾的下端异常融合，呈马蹄形。由于肾在上升过程中受肠系膜下动脉根部的阻挡，故其位置较低（图 25-7C）。由于两侧输尿管受压，易发生尿路阻塞及感染。

4. 肾缺如（renal agenesis） 其成因是中肾管未长出输尿管芽，或输尿管芽未能诱导生后肾原基分化为后肾。单侧肾缺如多见，由于功能上的代偿可能无症

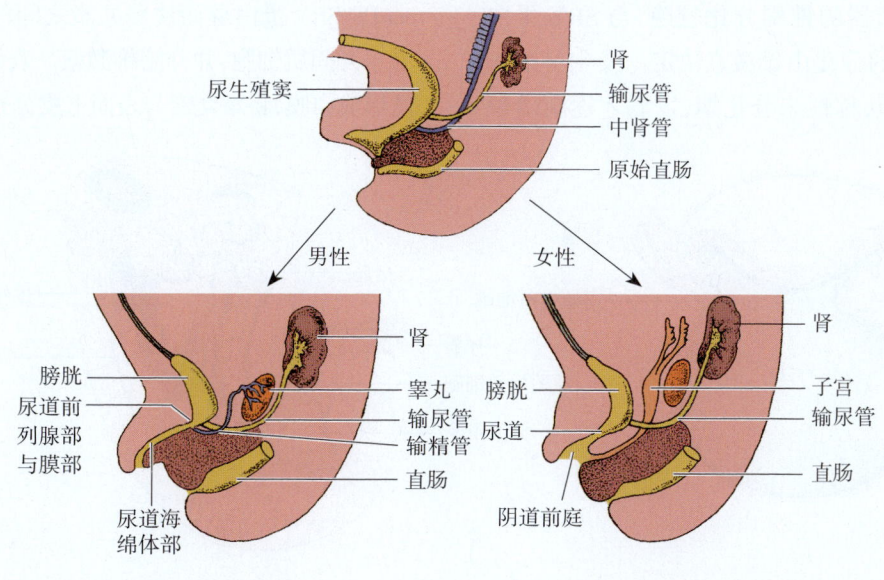

图 25-6 膀胱和尿道的发生

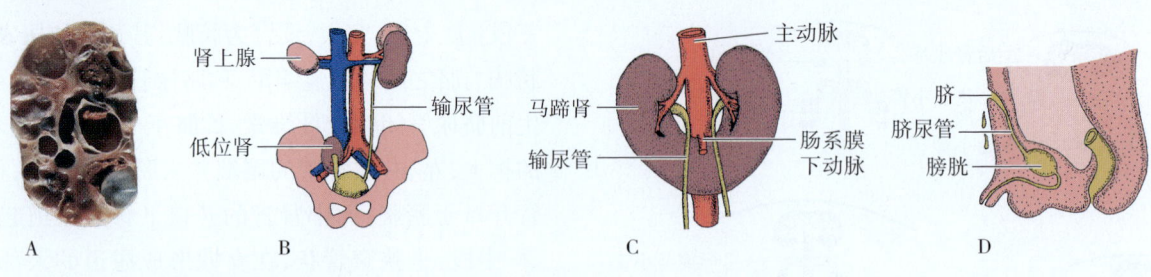

图 25-7 肾和膀胱的先天性畸形
A. 多囊肾；B. 异位肾；C. 马蹄肾；D. 脐尿瘘

状。双侧肾缺如少见。

5. 双输尿管（double ureter） 是由于输尿管芽过早分支所致。此时一个肾有两个肾盂，各连一个输尿管，两条输尿管分别开口于膀胱；或两条输尿管在其下方合并为一条，开口于膀胱。

6. 脐尿瘘（urachal fistula） 膀胱顶端与脐之间的脐尿管未闭锁，出生后尿液可从脐部漏出，称为脐尿瘘（图 25-7D）。

二、生殖系统的发生

生殖系统的发生和性别分化受许多基因的调控，其中位于 Y 染色体短臂上的 SRY（sex-determining region of Y chromosome）基因起着决定性作用。SRY 基因的产物 SRY 蛋白是一种睾丸决定因子（testis-determining factor，TDF），在 SRY 蛋白的影响下，生殖腺向睾丸分化；缺乏 SRY 蛋白，生殖腺则向卵巢分化。生殖管道及外生殖器的性别分化较晚，与 SRY 蛋白无直接关系，它们的分化由雄激素决定。发生早期的两性生殖系统相似，称性未分化期，以后才逐渐出现性别分化，称性分化期。

（一）生殖腺的发生

生殖腺由生殖腺嵴的体腔上皮、上皮下方的间充质及迁入的原始生殖细胞共同发育形成。

1. 未分化期 人胚第 5 周时，左、右中肾嵴内侧的间充质细胞增殖，形成一对纵行的生殖腺嵴。生殖腺嵴表面的体腔上皮增殖，并长入其下方的间充质内，形成许多不规则的细胞索，称初级性索（primary sex cord）。人胚第 4 周时，在靠近尿囊根部的卵黄囊内胚层内出现一些大而圆的细胞，称原始生殖细胞（primordial germ cell）。在第 5~6 周，原始生殖细胞经肠背系膜陆续迁入初级性索（图 25-8）。此时的生殖腺尚不能区分是睾丸还是卵巢。

2. 睾丸的发生 如果胚胎的性染色体是 XY，初级性索的细胞表达 SRY 蛋白，后者首先使初级性索的细胞分化为支持细胞，并分泌抗中肾旁管激素。第 7 周时，初级性索进一步增殖，向深部生长，发育为睾丸索（testis cord）。SRY 蛋白继而使睾丸索之间的间充质细胞分化为睾丸间质细胞，并分泌雄激素。表面上皮下方的间充质形成白膜，将睾丸索与表面上皮分开（图 25-9）。睾丸

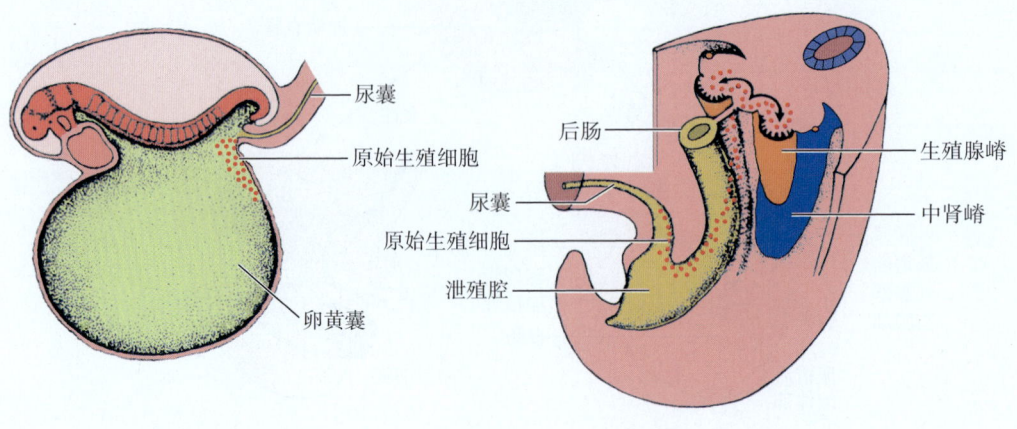

图 25-8 原始生殖细胞的迁移

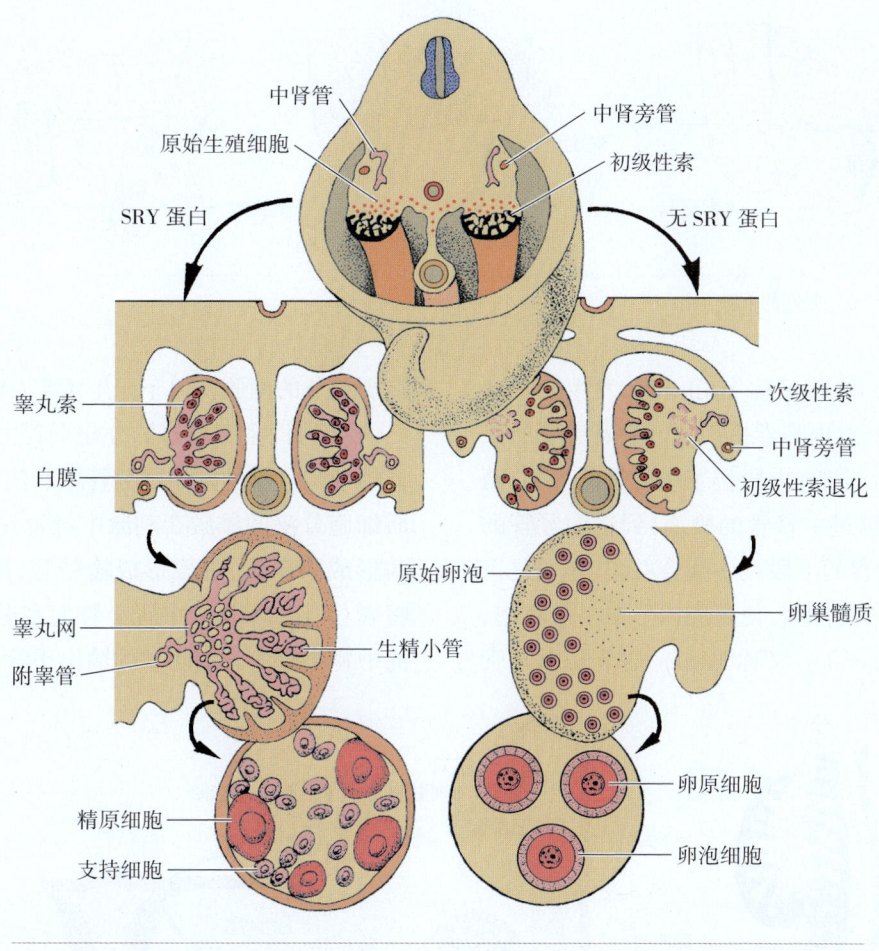

中肾管
原始生殖细胞
中肾旁管
初级性索
SRY 蛋白
无 SRY 蛋白

睾丸索
白膜
次级性索
中肾旁管
初级性索退化

睾丸网
附睾管
原始卵泡
生精小管
卵巢髓质

精原细胞
支持细胞
卵原细胞
卵泡细胞

图 25-9　生殖腺的发生与分化

索以后分化为细长弯曲的袢状生精小管,其末端断裂吻合形成睾丸网。胚胎时期的生精小管为实心细胞索,含两类细胞,即支持细胞和精原细胞,后者由原始生殖细胞分化而来。生精小管的这种结构状态持续至青春期。

3. 卵巢的发生　女性胚胎的核型是 46,XX,无 Y 染色体和 SRY 蛋白,生殖腺分化为卵巢。第 10 周时,初级性索在移到深部后退化消失,被基质和血管替代,成为卵巢髓质。同时,生殖腺嵴表面上皮继续增殖,形成新的细胞索,称次级性索(secondary sex cord),分布于皮质,故又称皮质索(cortical cord)(图 25-9)。表面上皮下的间充质形成薄的白膜。约在第 4 个月,皮质索断裂成许多细胞团,形成原始卵泡。每个原始卵泡的中央是一个由原始生殖细胞分化来的卵原细胞,周围是一层由皮质索细胞分化来的卵泡细胞。胚胎早期,生殖细胞可高达 600 万个。第 5 个月后,生殖细胞大量退化消失,仅有一小部分卵原细胞长大,分

化为初级卵母细胞。出生时,卵巢内已无卵原细胞,初级卵母细胞有 100 万~200 万个,全部进入第一次成熟分裂并停止在前期。

4. 睾丸和卵巢的下降　生殖腺最初位于第 10 胸节水平,腹膜之后。睾丸和卵巢在生长增大的同时逐渐下降,其下降与引带有关。引带(gubernaculum)是连于睾丸和卵巢尾端与阴唇阴囊隆起之间的一条韧带样结构。随着胚体的生长变长,引带相对缩短,导致睾丸和卵巢的下降。第 3 个月时,卵巢停留在骨盆缘稍下方,睾丸则继续下降,于第 7~9 个月通过腹股沟管抵达阴囊。同时,腹膜形成鞘突包于睾丸的周围,随同睾丸进入阴囊,鞘突形成鞘膜腔(图 25-10)。睾丸降入阴囊后,鞘膜腔与腹膜腔之间的通道随之闭锁。睾丸的下降可能受雄激素和促性腺激素等的调节。

(二)生殖管道的发生

1. 未分化期　人胚第 6 周时,男女两性胚胎均具有两套生殖管道,即中肾管和中肾旁管。中肾旁

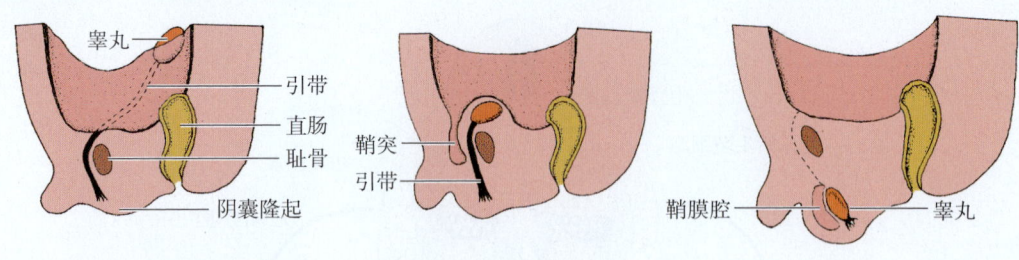

图 25-10　睾丸的下降

管（paramesonephric duct）又称 Müller 管，发生于中肾管的外侧，由体腔上皮内陷卷折而成。中肾旁管的头端呈漏斗形，开口于腹腔；上段位于中肾管的外侧，两者相互平行；中段越过中肾管的腹面，到达中肾管的内侧；左、右中肾旁管的下段在中线合并，其尾端是盲端，突入尿生殖窦的背侧壁，使窦腔内形成一个隆起，称窦结节（sinus tubercle），又称 Müller 结节。中肾管

在窦结节的两侧开口于尿生殖窦（图 25-11A）。

2. 男性生殖管道的分化　若生殖腺分化为睾丸，支持细胞分泌的抗中肾旁管激素使中肾旁管退化。间质细胞分泌的雄激素刺激中肾管发育，其头端增长弯曲形成附睾管，中段形成输精管，尾端形成射精管和精囊（图 25-11B）。中肾小管大多退化，仅与睾丸相邻的中肾小管发育为附睾的输出小管。

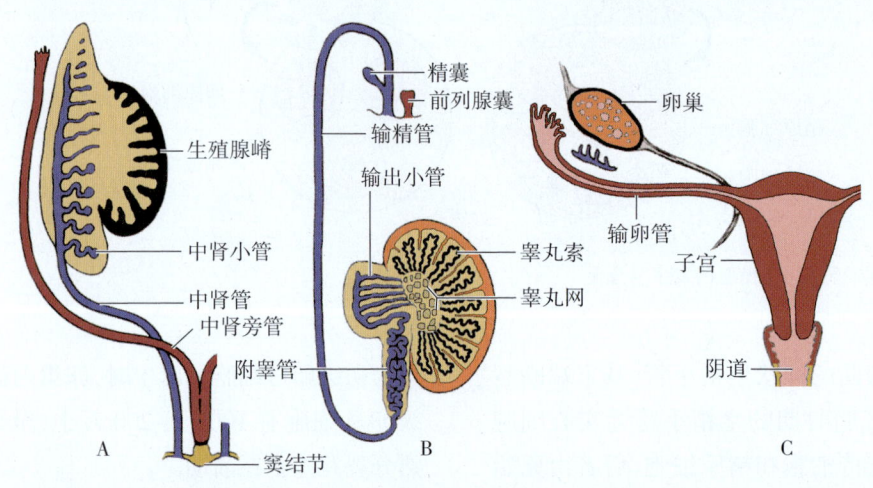

图 25-11　生殖管道的发生与分化
A. 未分化期；B. 男性；C. 女性

3. 女性生殖管道的分化　若生殖腺分化为卵巢，由于缺乏雄激素，中肾管退化。由于没有抗中肾旁管激素的作用，中肾旁管发育，其上段和中段形成输卵管，下段形成子宫及阴道穹。阴道的其余部分由窦结节增生而成的阴道板形成。阴道板起初为实心结构，在第 5 个月时，出现腔而演变成阴道，其内端与子宫相通，外端与阴道前庭之间有处女膜相隔（图 25-11C，图 25-12）。处女膜在出生前后穿通。

（三）外生殖器的发生

1. 未分化期　人胚第 5 周初，泄殖腔膜两侧出现一对隆起，称泄殖腔褶，泄殖腔褶在头端合并，形成

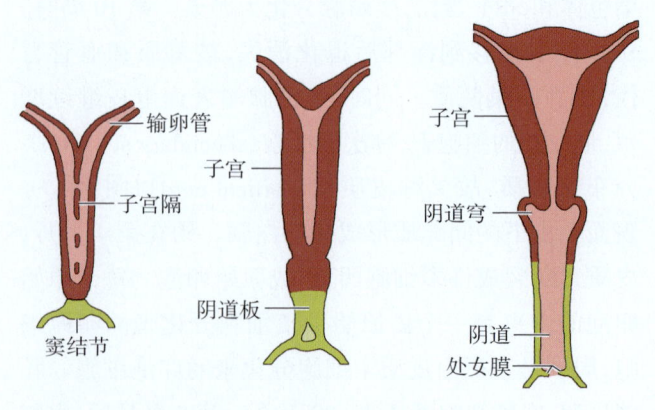

图 25-12　子宫与阴道的形成

生殖结节 (genital tubercle)。此后,随着泄殖腔和泄殖腔膜的分隔,围绕在尿生殖膜两侧的泄殖腔褶改称尿生殖褶 (urogenital fold)。同时,在尿生殖褶的外侧又发生一对较大的隆起,称阴唇阴囊隆起 (labioscrotal swelling) (图 25-13)。尿生殖褶之间的凹陷为尿道沟 (又称尿生殖沟),沟底为尿生殖膜。第 12 周前,外生殖器尚不能分辨性别。

2. 男性外生殖器的分化 在睾丸产生的雄激素的作用下,生殖结节伸长形成阴茎。两侧尿生殖褶随生殖结节向前生长,并在中线闭合,形成尿道海绵体部。左、右阴唇阴囊隆起移向尾侧,并相互靠拢,在中线处愈合,形成阴囊 (图 25-13)。

3. 女性外生殖器的分化 因无雄激素的作用,外生殖器向女性方向分化。生殖结节略增大,形成阴蒂。两侧的尿生殖褶不合并,形成小阴唇。左、右阴唇阴囊隆起形成大阴唇,并在阴蒂前方愈合形成阴阜,在后方愈合形成阴唇后联合。尿道沟扩展,与尿生殖窦下段共同形成阴道前庭 (图 25-13)。

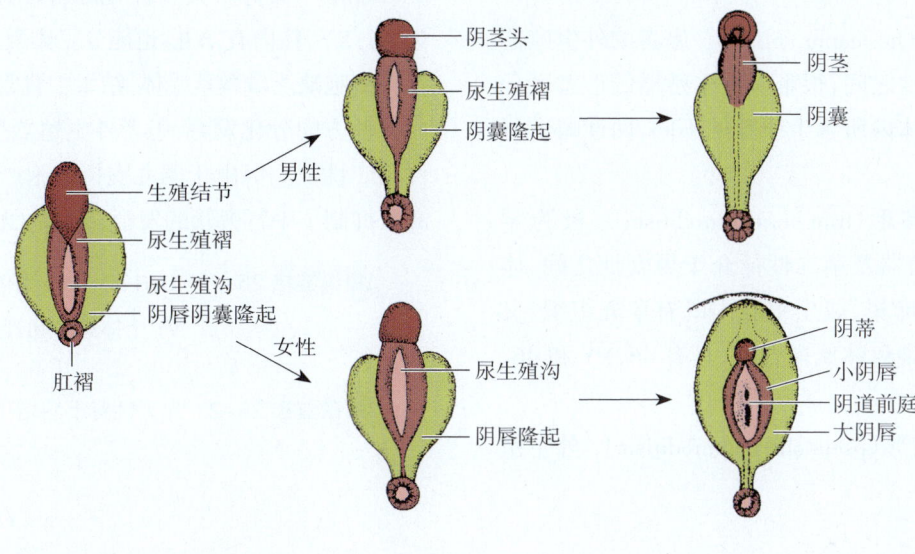

图 25-13 外生殖器的发生

(四) 常见畸形

1. 隐睾 (cryptorchidism) 睾丸未下降至阴囊称隐睾,可为单侧或双侧,睾丸可停留在腹腔或腹股沟管等处 (图 25-14A)。由于精子发生对温度非常敏感,双侧隐睾常导致男性不育。约有 30% 的早产儿及 3% 的新生儿出生时睾丸未降入阴囊,但多数在一岁内降入阴囊。

2. 先天性腹股沟疝 (congenital inguinal hernia) 如果腹膜腔与鞘膜腔之间的通道没有闭合或闭合不全,当腹压增大时,肠管可突入鞘膜腔,形成先天性腹股沟疝 (图 25-14B)。先天性腹股沟疝多见于男性,常伴有隐睾。

3. 双角子宫 (bicornuate uterus) 和双子宫 (double

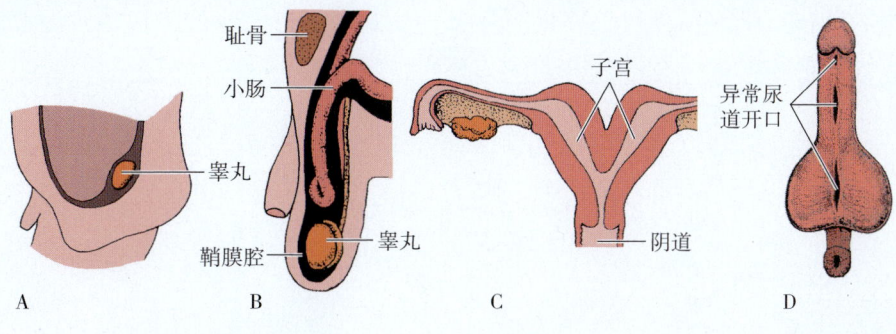

图 25-14 生殖系统的先天性畸形
A. 隐睾;B. 先天性腹股沟疝;C. 双角子宫;D. 尿道下裂

uterus） 两侧中肾旁管下段的上半部分未合并,使子宫上端呈分叉状,形成双角子宫(图 25-14C)。如果左、右中肾旁管的下段完全未合并,则形成双子宫,可伴有双阴道。

4. 阴道闭锁(atresia of vagina) 如果窦结节未形成阴道板,或阴道板未产生管腔,则导致阴道闭锁。如果处女膜未破裂,外观见不到阴道,则称处女膜闭锁。

5. 尿道下裂(hypospadias) 其原因是左、右尿生殖褶的愈合不完全,致使阴茎腹侧面有异常尿道开口(图 25-14D)。

6. 两性畸形(hermaphroditism) 患者的外生殖器形态介于男女两性之间,很难以外生殖器的形态区分个体的性别。按体内所含生殖腺的不同,两性畸形可分为两类。

(1) 真两性畸形(true hermaphroditism) 极为罕见,患者的外生殖器及第二性征介于男女性之间,体内同时有睾丸和卵巢,或生殖腺内既有睾丸组织,又有卵巢组织。性染色体属嵌合型,具有 46,XY 和 46,XX 两种核型。

(2) 假两性畸形(pseudohermaphroditism) 外生殖器介于男女性之间,但患者体内只有一种生殖腺。又可分为两种:① 男性假两性畸形:体内有睾丸,核型为 46,XY,但外生殖器似女性,多因雄激素分泌不足所致。② 女性假两性畸形:体内有卵巢,核型为 46,XX,但外生殖器似男性。其原因常为肾上腺皮质分泌的雄激素过多,故又称肾上腺生殖综合征(adrenogenital syndrome)。这种综合征是儿童两性畸形中最常见的一种,早期发现和治疗肾上腺功能失调极为重要。

7. 雄激素不敏感综合征(androgen insensitivity syndrome) 又称睾丸女性化综合征,患者染色体核型为 46,XY,体内有睾丸,也能分泌雄激素,但体细胞和中肾管细胞缺乏雄激素受体,结果中肾管和外生殖器未能向男性方向分化发育,患者外生殖器呈女性,并具有女性第二性征。但由于睾丸支持细胞产生的抗中肾旁管激素抑制了中肾旁管的发育,故体内无输卵管和子宫。

知识链接 25-1　AMH 或 AMH 受体的基因突变导致 XY 个体患米勒管永存综合征

知识链接 25-2　先天性肾上腺增生

(包图雅　吴　岩)

新形态教材网

📱 微课导学　　🖥 教学课件　　🖳 微视频　　⊛ 知识链接　　📝 自测题

第二十六章

心血管系统的发生

心血管系统是胚体内最早形成并执行功能的系统,约发生于第3周末的胚胎,至第4周末血液循环开始。心血管系统的形成使早期的胚胎能有效地获取营养和排泄废物,有利于其他各器官组织的发育。心血管系统由中胚层分化而来,首先形成原始心血管,在此基础上再进一步经过生长、合并、扩大和萎缩等复杂的过程而逐渐完善。

一、原始心血管系统的建立

人胚发育至第2周末,来自卵黄囊、体蒂和绒毛膜的胚外中胚层细胞增殖分化形成细胞索或团,称血岛(blood island)。不久,血岛周边细胞分化为扁平的内皮细胞,并围成管道,即原始血管;血岛中央部细胞则分化为原始血细胞(primary blood cell),又称造血干细胞(图26-1)。原始血管不断地延伸,相邻血岛形成的血管相互连接,逐渐形成胚外中胚层毛细血管网。随后,胚体各处的间充质出现许多裂隙,裂隙周围的细胞分化为内皮细胞,以胚外中胚层毛细血管网形成的相同方式形成胚内毛细血管网。

第3周末,胚内与胚外血管相连,形成了胚胎早期原始血管通路(图26-2)。此时的原始心血管系统呈左右对称,主要组成如下。

1. 心管　位于前肠腹侧,开始为1对,于胚胎第4周合并为1条。

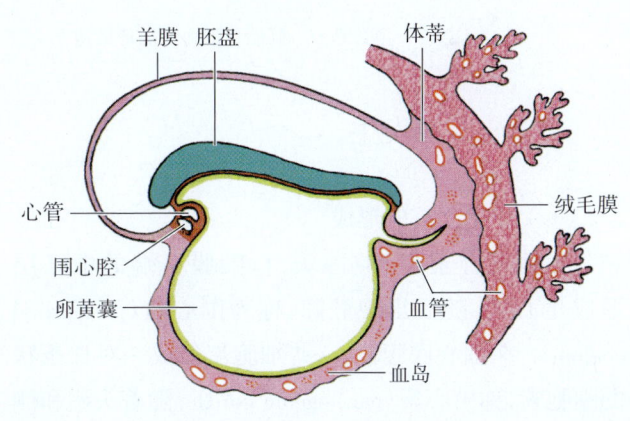

图26-1　卵黄囊、体蒂及绒毛膜中血管形成模式图

2. 动脉　由心管发出1对背主动脉,行走于原始消化管背侧,随后从咽至尾部合并为1条并发出数条分支:① 卵黄动脉:若干对,分布于卵黄囊壁。② 脐动脉:1对,经体蒂分布于绒毛膜。③ 节间动脉:约30对,依次分布于相应的体节间。④ 弓动脉:6对,分布于相应的鳃弓内。

3. 静脉　包括以下部分。① 主静脉:前、后主静脉各1对,分别位于胚体前、后部,收集胚胎上、下半身的血液。② 总主静脉:1对,由两侧前、后主静脉汇合成左、右总主静脉。③ 卵黄静脉:1对,由卵黄囊毛细血管汇合而成。④ 脐静脉:1对,由绒毛膜毛细血管汇合而成。最后,总主静脉、卵黄静脉和脐静脉分别开口于心管尾端的左、右静脉窦。

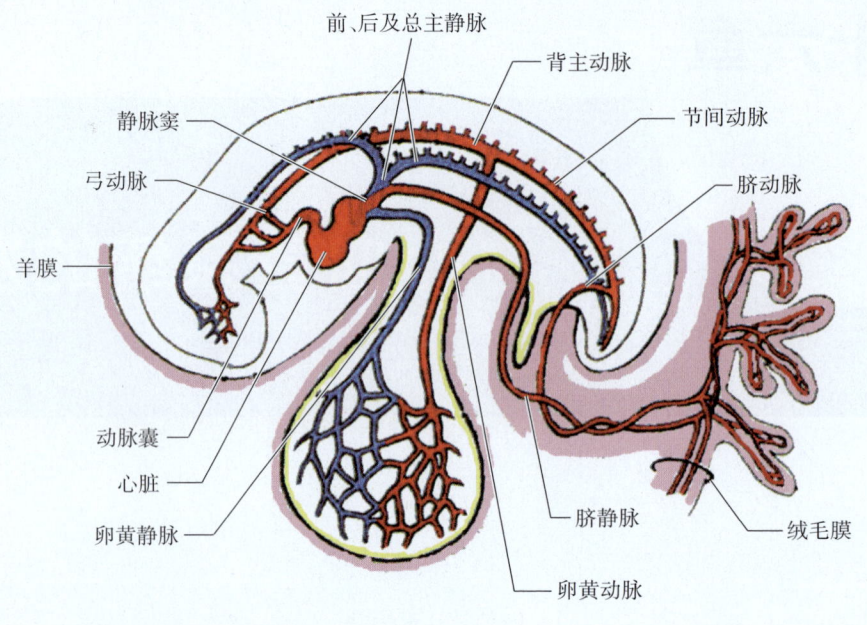

图 26-2　胚胎早期血液循环的建立

二、心脏的发生

（一）原始心脏的形成

胚胎发育至第 18~19 天，口咽膜头端的中胚层形成生心区，随后出现腔隙，称为围心腔（pericardial coelom）。在围心腔腹侧，一些细胞聚集成一对长条状的细胞索，称生心索（cardiogenic cord）。随着头褶和侧褶的发生，围心腔和生心索也发生一系列的变化。头褶使围心腔和生心索转向前肠腹侧，同时，生心索中空，形成左、右两条纵管，称心管（cardiac tube）；侧褶则导致左、右心管向中央靠拢并融合成一条心管（图 26-3）。合并后的心管，其内部发生相应的变化，心管周围的间充质逐渐增厚，形成心肌外套层（myoepicardial mantle），以后分化为心肌膜和心外膜。心管内皮和心肌外套层之间的疏松组织，称心胶质（cardiac jelly），将

参与组成心内膜。

由于围心腔不断向心管的背侧扩展，致使心管与前肠之间的间充质由宽变窄，形成心背系膜（dorsal mesocardium），并将心管悬于围心腔的背侧壁。随后心背系膜中央部逐渐退化消失，心管游离于围心腔内，心管头、尾侧仍留有心背系膜。以后，围心腔发育为心包腔。

（二）心脏外形的建立

随着胚胎的发育，心管各部分呈现不均等的生长，因而形成了 3 个膨大，从头端至尾端依次为心球（bulbus cordis）、心室（ventricle）和心房（atrium）。随后，在心球头端，延伸出一较细长的部分，称动脉干（truncus arteriosus）；在心房尾端则逐渐出现一个膨大，称静脉窦（sinus venosus），窦末端分为左、右角。此时，心管的头、尾端分别与动脉和静脉相接，两端固

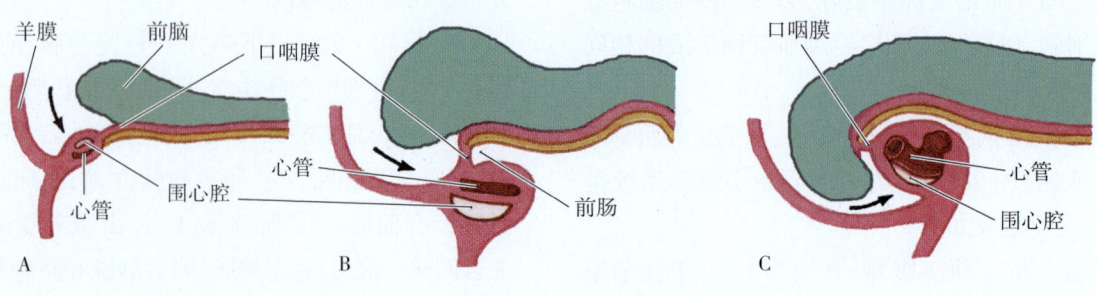

图 26-3　心管及围心腔的位置变化（人胚头部纵切）
A. 第 20 天；B. 第 22 天；C. 第 28 天

定于心包。由于心管游离部(即心球和心室部)的生长速度远快于心包腔的扩大,于是心管变弯曲,首先是心球和心室部弯曲形成"U"形,进而形成"S"形(图26-4)。在心管弯曲的过程中,由于心房的腹侧受心球以及背侧受食管的限制,因而只能向左、右两侧扩展,膨出于心球的两侧。

(三) 心脏的内部分隔

1. 房室管的分隔　伴随着心脏外形的建立,内部的分隔也同时进行。心脏外部观,心房和心室之间呈现一缩窄环,而内部观则为一狭窄的管道,称房室管(atrioventricular canal)。随后,在房室管的腹、背侧壁的正中部,心内膜组织增厚形成背、腹两个隆起,称心内膜垫(endocardial cushion)(图26-5)。两个心内膜垫相对生长,逐渐向中央靠拢并相互融合,将房室管分成左、右房室管。房室管处的组织局部增厚、隆起,以后演变成二尖瓣和三尖瓣。

2. 心房的分隔　心房头端背侧壁的正中线处发生一个镰状薄膜,称第一房间隔(septum primum)。此隔向心内膜垫方向生长,其下缘与心内膜垫之间暂留一孔,称第一房间孔(foramen primum)。随后,第一房间隔与心内膜垫融合封闭第一房间孔。但在第一房间孔封闭之前,第一房间隔的上部中央处变薄,出现若干小孔并渐融合成大孔,称第二房间孔(foramen secundum)。

在第一房间隔形成的同时,于第一房间隔右侧,从心房的头端腹侧壁发生一个镰状、较厚的隔膜,称第二房间隔(septum secundum)。第二房间隔下方留有一孔,称卵圆孔(foramen ovale)(图26-5)。卵圆孔位于第二房间孔的尾侧,两孔上下交错。卵圆孔的左侧被第一房间隔覆盖,相当于卵圆孔的瓣膜。此时右心房的血液可流入左心房,但左心房的血液却不能反流入右心房,这是由于出生前肺循环尚未启动,左心房压力小于右心房,而第一房间隔组织又非常薄,因此右心房血液可冲开覆盖在卵圆孔上的第一房间隔流入左心房。出生后,肺循环开始,左心房压力明显增大,使第一房间隔紧贴于第二房间隔,两隔渐融为完整的隔,卵圆孔被封闭,右心房血液不再流入左心房。

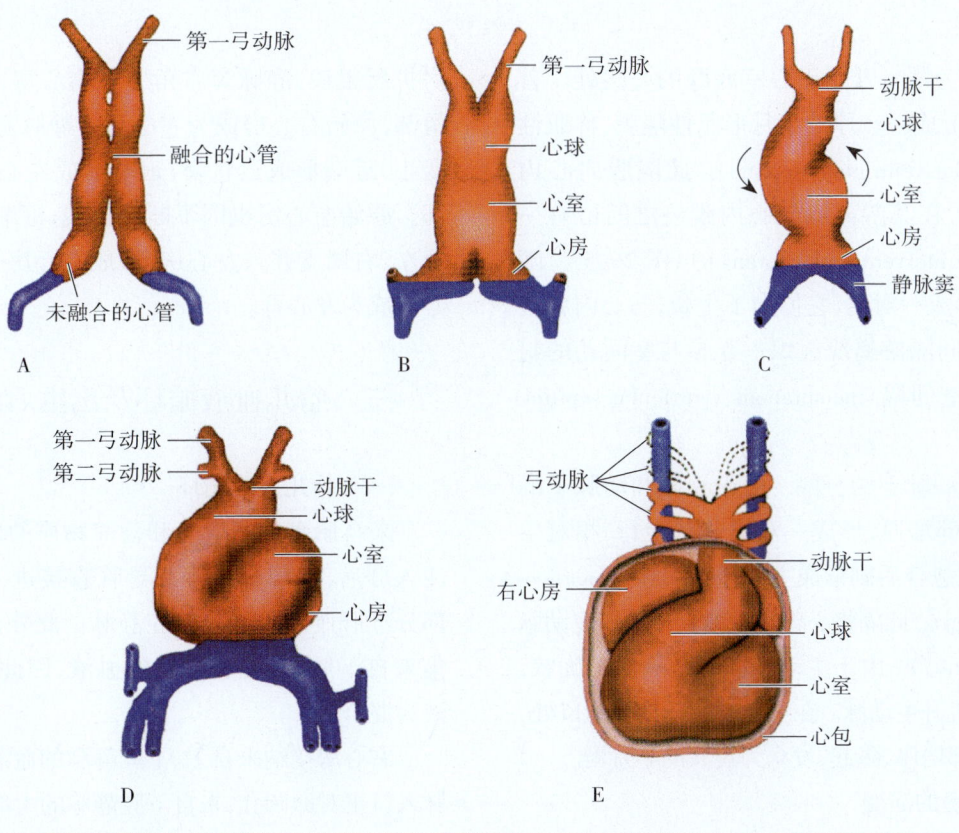

图26-4　心脏外形的演变
A. 约21天;B. 约22天;C. 约23天;D. 约24天;E. 约25天

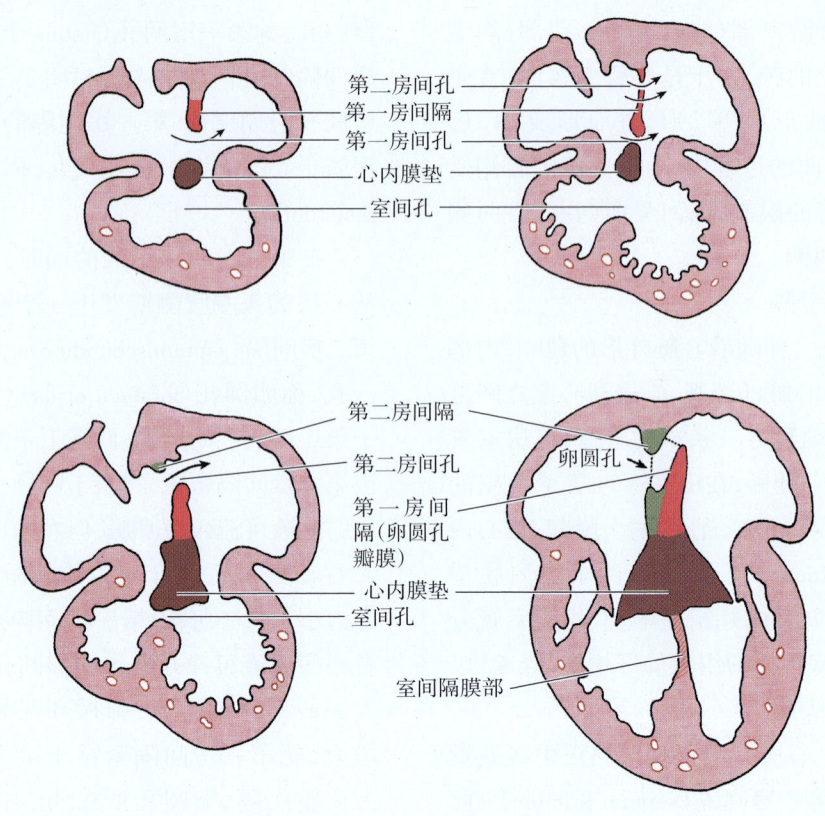

图 26-5   心房及心室的分隔

3. **心室的分隔**   开始于心室底壁的心尖处。首先在心室底壁形成一较厚的半月形肌性隔膜，称肌性室间隔 (muscular ventricular septum)。此隔膜向心内膜垫方向生长，在其游离缘与心内膜垫之间留有一孔，称室间孔 (interventricular foramen) (图 26-5)。随后，心球内部形成一对嵴，它们向下生长，与心内膜垫组织及肌性室间隔游离缘组织一起参与室间孔的封闭，形成膜性室间隔 (membranous ventricular septum) (图 26-6)。

4. **心球与动脉干的分隔**   由于心球和动脉干的心内膜组织局部增厚，形成一对螺旋状走行、相对生长的嵴，嵴相互愈合后则形成主动脉肺动脉隔 (aortico-pulmonary septum)。此隔将心球和动脉干分隔成主动脉和肺动脉 (图 26-7)。由于主动脉肺动脉隔呈螺旋状，故肺动脉缠绕着升主动脉。在主动脉和肺动脉开口处，心内膜组织局部增厚、隆起，发育为袋状的半月瓣。

(四) 静脉窦的演变
起初，静脉窦的左、右角大小对称，后因血液多经右角回流心脏，右角逐渐扩大。至第 7~8 周，由于心

房扩展很快，静脉窦右角并入右心房，形成右心房平滑部，原始右心房成为右心耳。静脉窦左角逐渐萎缩变小，近端形成冠状窦，远端形成左心房斜静脉的根部。原始左心房也因不断的扩展，逐渐将肺静脉根部及左、右属支并入左心房，形成左心房平滑部，原始左心房成为左心耳。

三、胎儿血液循环及出生后的变化

(一) 胎儿血液循环

来自胎盘的富含氧和营养物质的血液，经脐静脉注入肝后，大部分经静脉导管直接进入下腔静脉，小部分经肝血窦再进入下腔静脉。此外，下腔静脉还收集来自下肢、盆腔和腹腔的血液，因此下腔静脉的血液为混合血。

右心房接纳来自上、下腔静脉的血液。由于下腔静脉入口正对卵圆孔，来自下腔静脉的大部分血液经卵圆孔入左心房，小部分则与上腔静脉血液混合后进入右心室，然后进入肺动脉，由于肺尚无呼吸功能，因此 90% 以

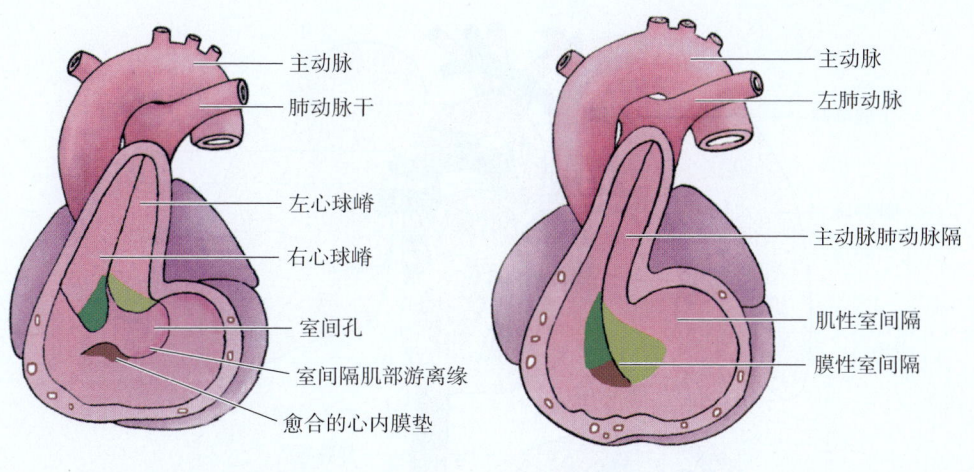

图 26-6　膜性室间隔的形成及室间孔的封闭

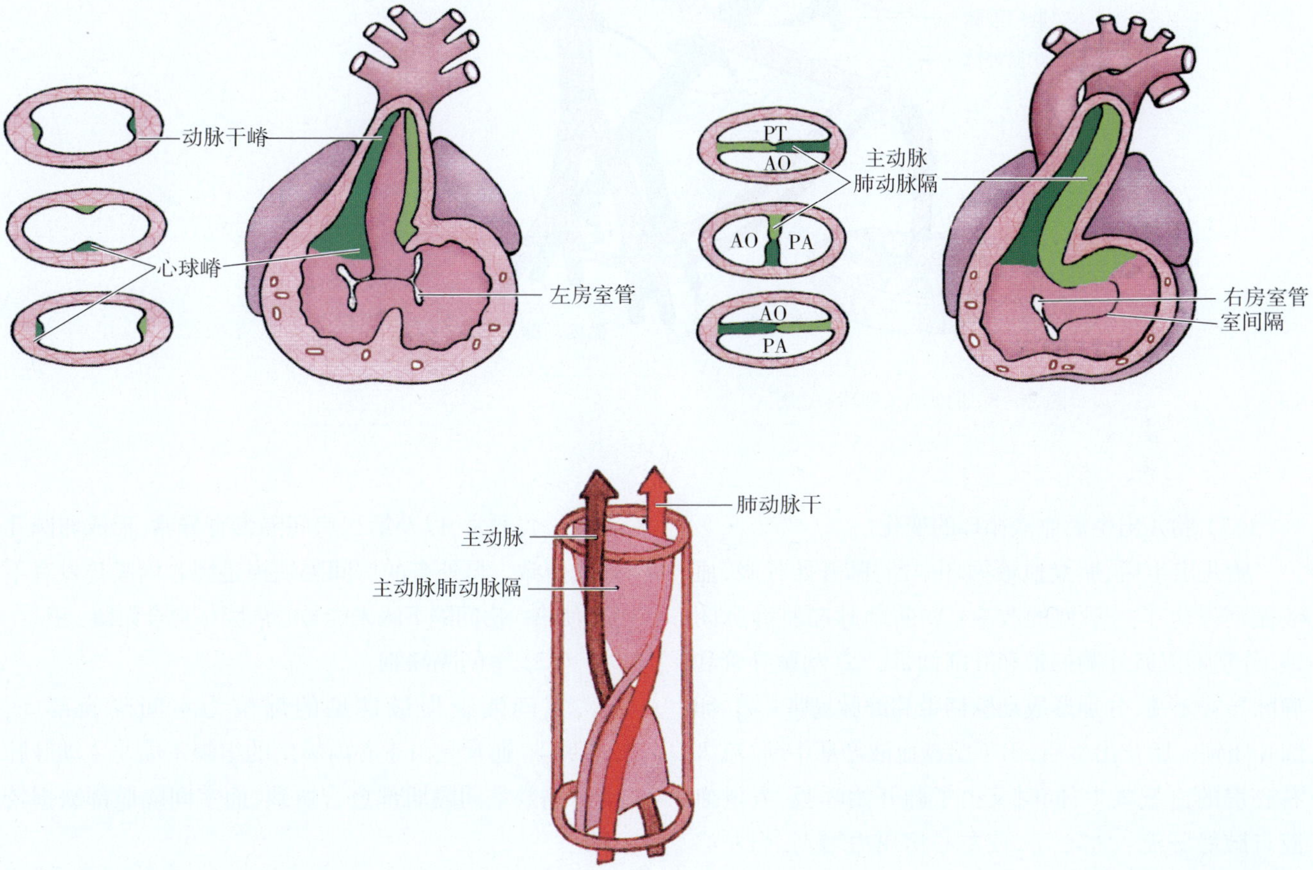

图 26-7　心球及动脉干的分隔
PT—肺动脉干；AO—主动脉；PA—肺动脉

上的血液经动脉导管注入降主动脉，仅小部分进入肺部。

左心房一方面接纳大量来自下腔静脉经卵圆孔注入的血液，另一方面接纳少量来自肺静脉的血液，两者混合后进入左心室。左心室的血液大部分经主动脉弓供应头颈和上肢，以适应其发育。小部分进入降主动脉。降主动脉的血液除供应腹腔、盆腔器官及下肢外，其余经脐动脉流入胎盘，与母体血液进行气体和物质交换（图 26-8）。

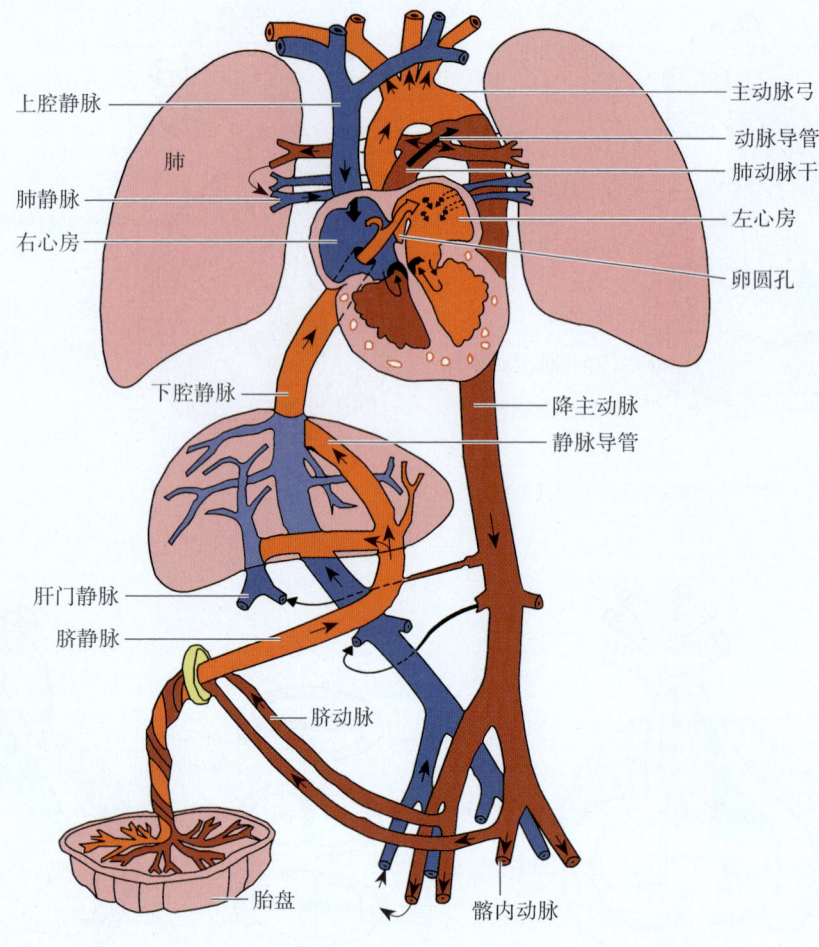

图 26-8 胎儿血液循环示意图

上腔静脉
肺
肺静脉
右心房
下腔静脉
肝门静脉
脐静脉
脐动脉
胎盘

主动脉弓
动脉导管
肺动脉干
左心房
卵圆孔
降主动脉
静脉导管
髂内动脉

（二）胎儿出生后血液循环的变化

胎儿出生后，胎盘血液循环中断，肺开始呼吸，血液循环发生了一系列的改变：① 脐动脉和脐静脉闭锁，分别形成脐外侧韧带和肝圆韧带。② 动脉导管和静脉导管闭锁，分别形成动脉韧带和静脉韧带。③ 卵圆孔闭锁。胎儿出生后，由于胎盘血液循环中断，流入右心房的血量减少；同时又由于肺开始呼吸，大量血液自肺静脉流入左心房，使左心房压力增高，当左心房压力高于右心房时，迫使第一房间隔紧贴第二房间隔，继而相互融合，卵圆孔被封闭。

四、常见畸形

（一）房间隔缺损

房间隔缺损最常见部位为卵圆孔未闭。通常是由于在第一房间隔发生过程中，其上的第二房间孔形成过

大或位置异常，以及第二房间隔发育异常，形成卵圆孔过大所致。另外有的房间隔缺损是因心内膜垫发育不全，使第一房间隔下缘未能与心内膜垫愈合而留一孔。

（二）室间隔缺损

室间隔缺损最常见的部位为室间隔膜部（图26-9A）。通常是由于心内膜垫的组织不能与主动脉肺动脉隔及室间隔肌部愈合所致，而室间隔肌部缺损较少见。

（三）动脉干和心球的分隔异常

1. 大动脉移位　在动脉干和心球分隔时，由于主动脉肺动脉隔不呈螺旋状走行，形成直的间隔，导致主动脉发自右心室，且位于肺动脉干前方，肺动脉干发自左心室。该畸形多伴有室间隔膜部缺损或动脉导管未闭（图 26-9B）。

2. 大动脉狭窄　由于主动脉肺动脉隔的发生部位偏向一侧，造成主动脉和肺动脉的不均等分隔，以

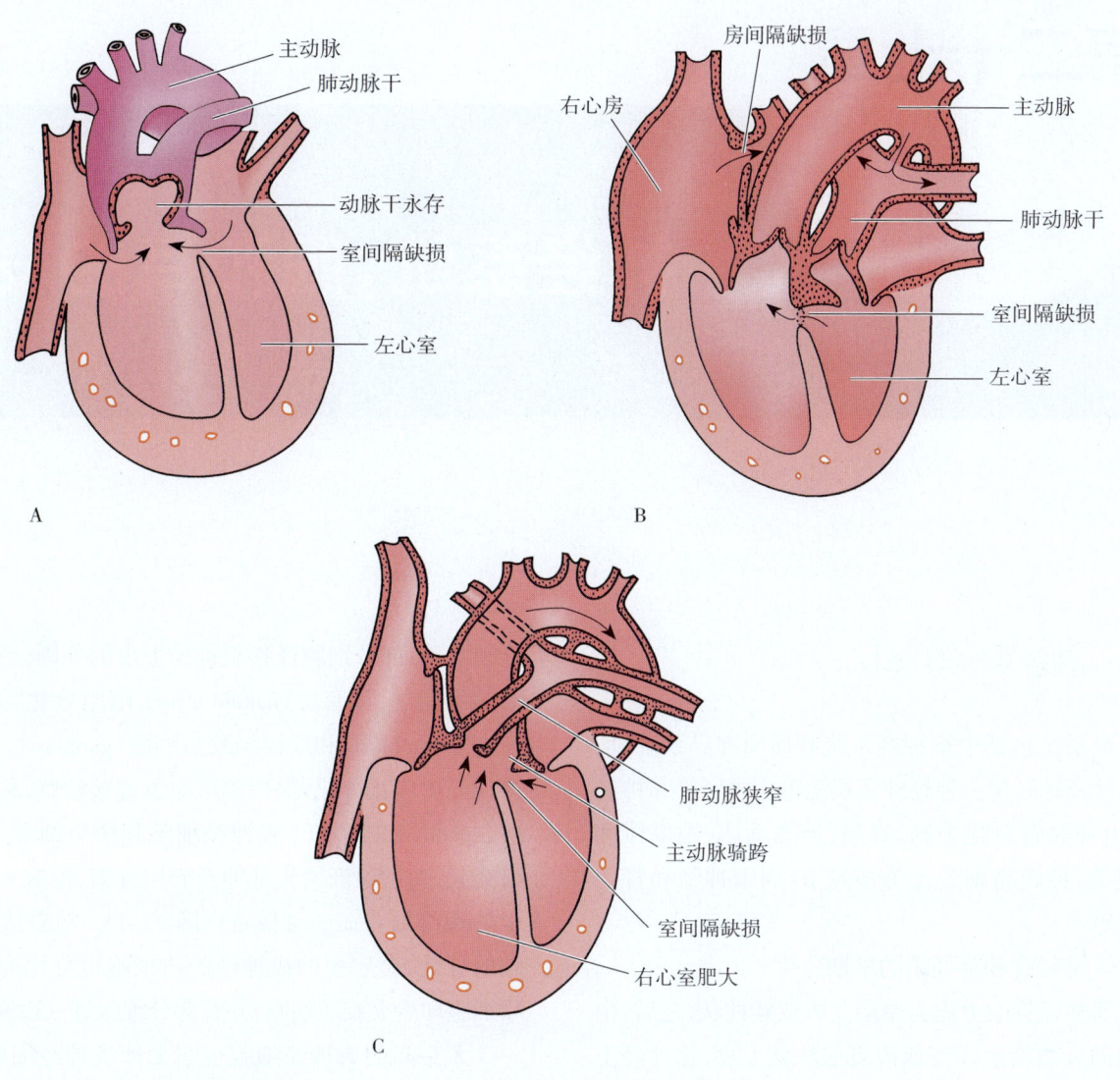

图 26-9 循环系统常见畸形
A. 膜性室间隔缺损伴动脉干永存;B. 主动脉和肺动脉错位;C. 法洛四联症

致一侧动脉粗大,另一侧狭小,形成主动脉或肺动脉狭窄。该畸形常伴有室间隔膜部缺损。

（四）法洛四联症

法洛四联症（tetralogy of Fallot）的特征为:肺动脉狭窄,室间隔缺损,主动脉骑跨,右心室肥大。主要原因是主动脉肺动脉隔偏移,导致肺动脉狭窄,同时使主动脉向右偏移而骑跨于两个心室。由于肺动

脉狭窄,右心室排血阻力增大,致使右心室逐渐肥大（图 26-9C）。

（五）动脉导管未闭

动脉导管未闭较多见,主要原因可能是出生后动脉导管壁的平滑肌未能收缩,使肺动脉和主动脉仍保持相通。

（张庆梅）

新形态教材网

📱 微课导学　　🖥 教学课件　　💻 微视频　　⚙ 知识链接　　📝 自测题

第二十七章

神经系统、眼和耳的发生

一、神经系统的发生

神经系统包括中枢神经系统和周围神经系统,均起源于神经外胚层。神经外胚层先形成神经管和神经嵴,再由神经管分化为脑、脊髓、神经垂体、松果体和视网膜等,神经嵴则分化为神经节、周围神经和肾上腺髓质等。

(一) 神经管和神经嵴的早期分化

早期神经管的上皮为单层立方或矮柱状,之后,由于细胞的分裂增殖而变成假复层柱状上皮,称神经上皮(neuroepithelium)。神经上皮的基膜较厚,称外界膜;管壁内面也有一层膜,称内界膜。神经上皮细胞不断

分裂增殖,部分细胞迁移至神经上皮的外周,形成一个新的细胞层,称套层(mantle layer),细胞分化为成神经细胞(neuroblast)和成神经胶质细胞(glioblast)。余下的神经上皮停止分化,保持单层立方或矮柱状,称室管膜层(ependymal layer)。成神经细胞起初为圆形,随即长出突起,突起逐渐增长并伸至套层外周,形成一细胞稀少的边缘层(marginal layer)(图 27-1)。随着成神经细胞的分化,套层中的成神经胶质细胞也分化为星形胶质细胞和少突胶质细胞,并有部分细胞进入边缘层。

无突起的成神经细胞也叫无极成神经细胞,先后经历了双极成神经细胞、单极成神经细胞和多极成神经细胞的演变过程,再分化为各种神经元(图 27-1,

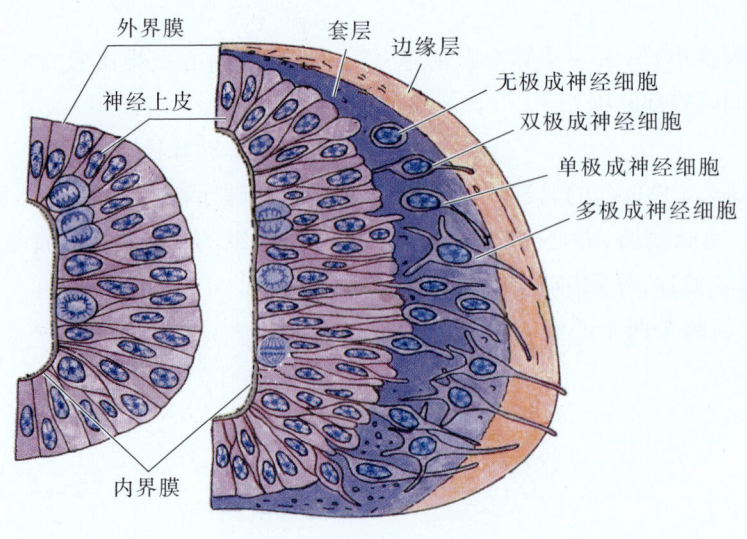

图 27-1　神经上皮的早期分化

图 27-2)。

在神经细胞的发生过程中,其产生细胞的数量要远多于最终分化存留的细胞,这是因为神经元之间联系的建立是一个非常复杂、精细的过程,因此,凡最终未能与靶细胞建立连接或处于异常部位的神经细胞,都可能发生凋亡。神经细胞的存活及其突起的发生主要受靶细胞产生的神经营养因子的调控,如神经生长因子、成纤维细胞生长因子、表皮生长因子等。大量神经细胞的凋亡,与它们不能获得靶细胞释放的神经营养因子密切相关;此外,也与它们未能和其他神经细胞形成足够的传入性突触相关。

在神经胶质细胞的发生过程中,先由成神经胶质细胞分化为各类胶质细胞的前体细胞,即成星形胶质细胞和成少突胶质细胞,再由前者分化为原浆性和纤维性星形胶质细胞,后者分化为少突胶质细胞。小胶质细胞起源于血液单核细胞(图 27-2)。神经胶质细胞始终保持增殖能力。

(二) 脊髓的发生

神经管的尾段形成脊髓,围绕神经管的间充质则分化成脊膜。脊髓的中央管、灰质和白质分别由神经管的管腔、套层和边缘层演化而成。

1. 脊髓灰质及中央管的形成 神经管的两侧壁由于套层中成神经细胞和成神经胶质细胞的增生而迅速增厚,腹侧部增厚形成左、右两个基板,背侧部增厚形成左、右两个翼板。神经管的顶壁和底壁则相对薄而窄,分别形成顶板和底板。由于基板和翼板的增厚,两者在神经管的内表面出现了左、右相对的两条纵沟,称界沟(图 27-3)。

由于成神经细胞和成神经胶质细胞的增多,左、右基板向腹侧突出,致使在两者之间形成一条纵行的深沟,位居脊髓的腹侧正中部,称前正中裂。同样,左、右翼板也增大,但主要是向内侧推移并在中线愈合,致使神经管管腔的背侧份消失。左、右翼板在中线的融合处形成一隔膜,称后正中沟。基板形成脊髓灰质的前角(或前柱),其中的成神经细胞主要分化为躯体运动神经元。翼板形成脊髓灰质的后角(或后柱),其中的成神经细胞分化为中间神经元。聚集于基板和翼板之间的成神经细胞,则形成脊髓侧角(或侧柱),其内的成神经细胞分化为内脏传出神经元(图 27-3)。

2. 脊髓白质的形成 由于灰质内神经细胞突起的长入和神经胶质细胞的发生而使边缘层增厚,此外还由于脊神经节细胞中枢突进入脊髓和脊髓内部的联络纤维形成,继之髓鞘大量形成,逐渐使边缘层演变为脊髓白质。

3. 脊髓发生与脊柱的关系 胚胎第 3 个月之前,脊髓与脊柱等长,其下端可达脊柱的尾骨。此时,所

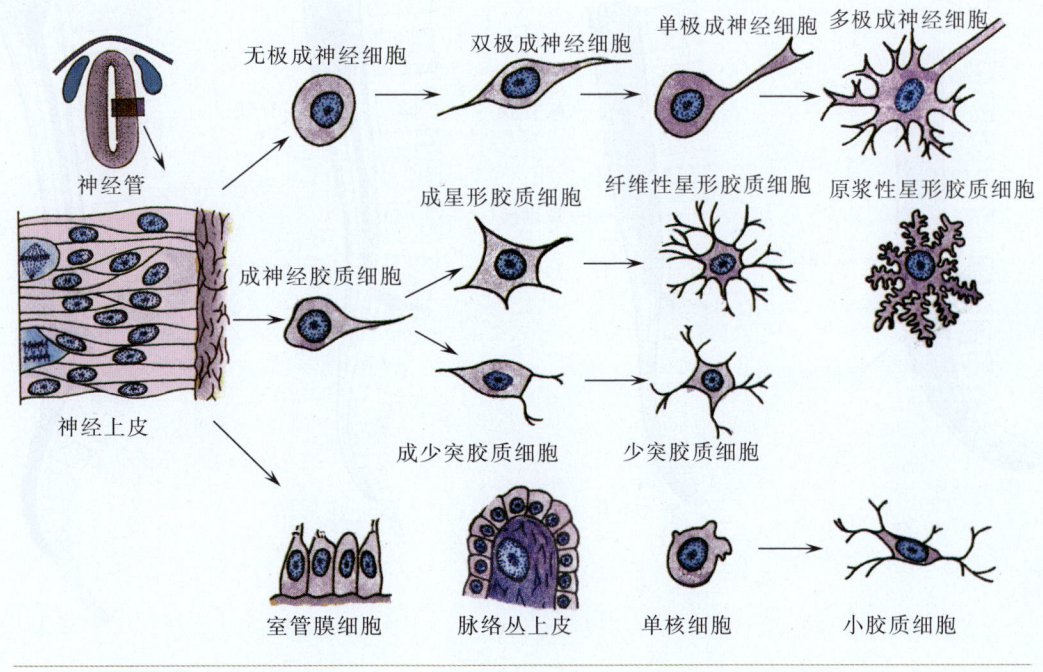

图 27-2　神经上皮细胞的分化

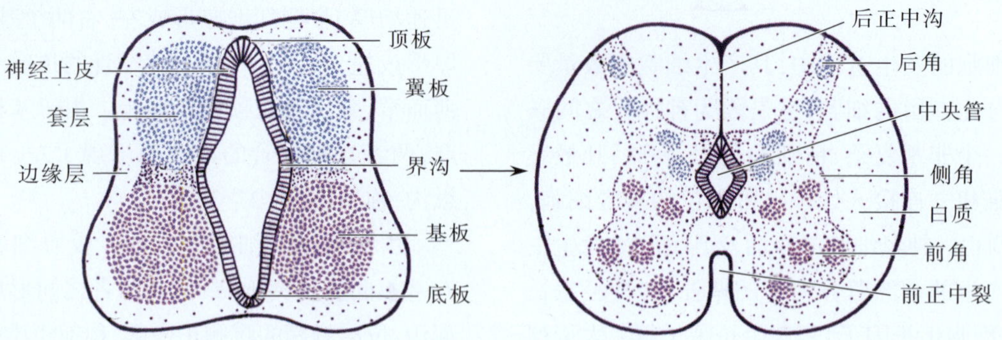

顶板

神经上皮

套层

边缘层

翼板

界沟

基板

底板

后正中沟

后角

中央管

侧角

白质

前角

前正中裂

图 27-3　脊髓形态发生模式图

有脊神经的发出处与它们相对应的椎间孔处于同一平面。第 3 个月后，由于脊柱和硬脊膜的增长比脊髓快，脊柱逐渐超越脊髓向尾端延伸，脊髓的位置相对上移。至出生前，脊髓下端与第 3 腰椎平齐，仅以终丝与尾骨相连。由于呈节段分布的脊神经均在胚胎早期形成，并从相应节段的椎间孔穿出，当脊髓位置相对上移后，脊髓颈段以下的脊神经根便越来越向尾侧斜行，再穿过其相应的椎间孔离开椎管。腰、骶和尾段的脊神经根则在椎管内垂直下行，与终丝共同组成马尾（图 27-4）。

（三）脑的发生

1. 脑外形和内部结构的发育　脑由神经管的头段演变而来。第 4 周末，神经管头段膨大形成 3 个脑泡（brain vesicle），从头至尾依次为前脑泡、中脑泡和菱脑泡。至第 5 周时，前脑泡的头端向两侧膨大，形成左、右两个端脑，以后演变为两个大脑半球，而前脑泡的尾端则形成间脑。中脑泡演变为中脑。菱脑泡的头段演变为后脑，尾段演变为末脑，后脑再演变为脑桥和小脑，末脑演变为延髓（图 27-5）。

在脑泡演变的同时，神经管的管腔也演变为各部

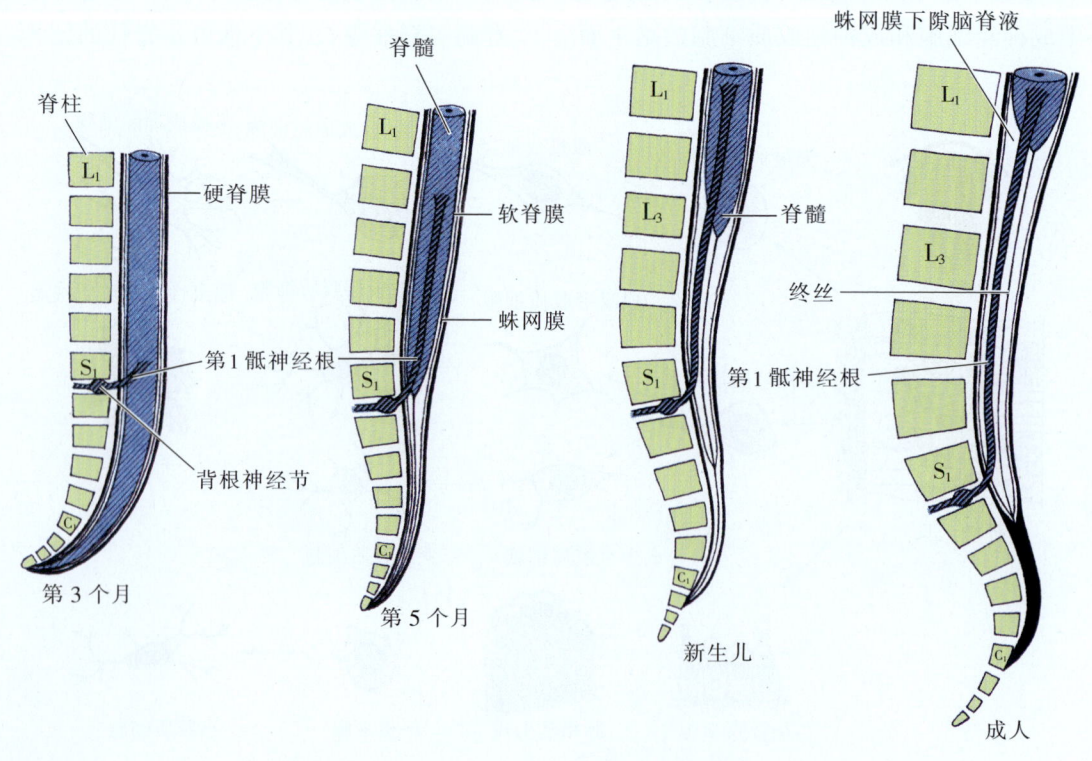

脊柱

L₁

硬脊膜

第 1 骶神经根

背根神经节

第 3 个月

脊髓

L₁

软脊膜

蛛网膜

S₁

C₁

第 5 个月

L₁

L₃

S₁

C₁

第 1 骶神经根

新生儿

蛛网膜下隙脑脊液

L₁

脊髓

终丝

L₃

S₁

C₁

成人

图 27-4　脊髓发生与脊柱关系模式图

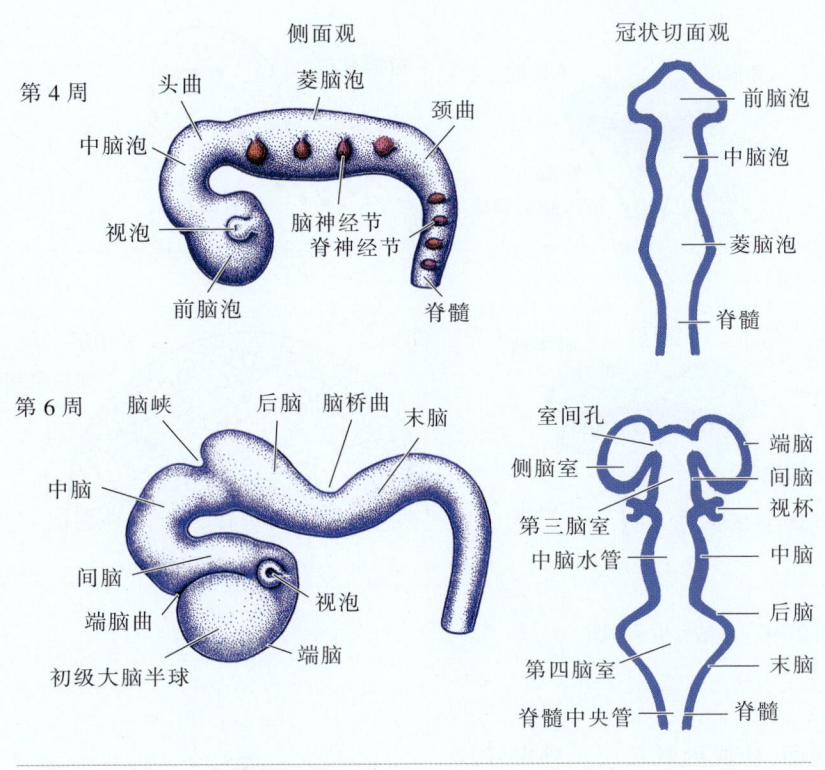

图 27-5　脑泡和脊髓的发生与演变

位的脑室。前脑泡的腔演变为左、右两个侧脑室和间脑中的第三脑室，中脑泡的腔形成狭窄的中脑水管，菱脑泡的腔演变为宽大的第四脑室。

脑泡演变过程中出现了几个不同方向的弯曲，首先出现的是凸向背侧的头曲和颈曲，前者位于中脑部，故又称中脑曲，后者位于脑与脊髓之间。之后，在端脑和脑桥之间又出现了两个凸向腹侧的弯曲，分别称端脑曲和脑桥曲（图 27-5）。

神经管头段的演变与尾段有相似之处，但更为复杂。其神经上皮细胞增殖并向外侧迁移，分化为成神经细胞和成神经胶质细胞，形成套层。套层在增厚的同时也分成翼板和基板。端脑和间脑的套层大部分形成翼板，基板甚小。端脑套层中的大部分细胞都迁至外表面，形成大脑皮质；小部分聚集成团，形成神经核。中脑、后脑和末脑中的套层细胞多聚集成细胞团或柱，形成各种神经核。翼板中的神经核多为感觉中继核，基板中的神经核多为运动核。

2. 大脑皮质的组织发生　大脑皮质的发生分 3 个阶段，依次为古皮质、旧皮质和新皮质，其中新皮质是出现最晚、面积最大的部分。人类大脑皮质的发生过程重演了脑皮质的种系发生过程。海马和齿状回是最早出现的皮质结构，相当于古皮质（archicortex）。胚胎第 7 周时，在纹状体的外侧，大量成神经细胞聚集并分化，形成梨状皮质，相当于旧皮质（paleocortex）。旧皮质出现不久，神经上皮细胞增殖，分期分批地迁移至表层并分化为神经细胞，形成新皮质（neocortex），并呈层状分布。越早产生和迁移的细胞，其位置越深；越晚产生和迁移的细胞，其位置越表浅，即越靠近皮质表层。胎儿出生时，新皮质已形成 6 层结构。古皮质和旧皮质的分层无一定规律性，有的分层不明显，有的分为 3 层。

3. 小脑皮质的组织发生　后脑翼板背侧部产生左、右两个菱唇，并在中线融合形成小脑板（cerebellar plate），为小脑的原基。第 12 周时，小脑板的两外侧部膨大，形成小脑半球；板的中部变细，形成小脑蚓（图 27-6）。

小脑板也由神经上皮、套层和边缘层组成。神经上皮细胞增殖并穿越套层迁移至小脑板的外表面，形成一个新的层，即外颗粒层。外颗粒层细胞分裂增殖，使小脑表面迅速扩大并产生皱褶，形成小脑叶片。至第 6 个月，套层的外层成神经细胞分化为浦肯野细胞和高尔基细胞，构成浦肯野细胞层；套层的内层成神经细胞则聚集成团，分化为小脑白质中的核团，如齿状核。外颗粒层部分细胞则向内迁移

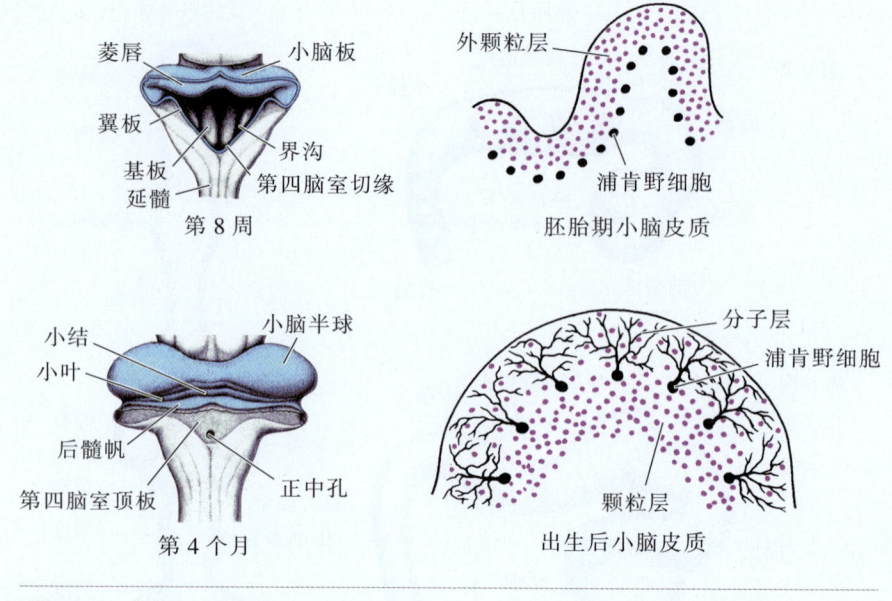

图 27-6　小脑发生示意图

至浦肯野细胞层的深面,构成内颗粒层。外颗粒层细胞因大量迁出而减少,分化为篮状细胞和星形细胞,与浦肯野细胞的树突和内颗粒层细胞的轴突一起构成小脑皮质的分子层。外颗粒层消失后,内颗粒层则改称颗粒层。

(四)垂体的发生

　　垂体包括腺垂体和神经垂体,分别来源于胚胎时期口凹的表面外胚层和脑泡的神经外胚层。胚胎第 3 周,口凹背侧顶部的外胚层上皮向深部凹陷,形成一囊状突起,叫拉特克囊(Rathke pouch)。稍后,间脑底部的神经外胚层向腹侧朝拉特克囊方向形成一漏斗状突起,即神经垂体芽。拉特克囊和神经垂体芽逐渐增大并相互靠近。至第 2 个月末,拉特克囊的根部退化消失,其远端长大并与神经垂体芽相贴。神经垂体芽的远端膨大,形成神经垂体,其起始部变细演变成漏斗柄。之后,拉特克囊的前壁迅速增厚,形成垂体的远侧部。由远侧部再向上长出一结节状突起包绕漏斗柄,形成结节部。拉特克囊的后壁生长缓慢,演变成中间部(图 27-7)。拉特克囊的囊腔大部消失,只残留小的裂隙。腺垂体上皮分化为内分泌腺细胞,如嗜酸性细胞和嗜碱性细胞等。神经垂体则主要由下丘脑来的神经纤维和神经胶质细胞组成。

(五)常见畸形

1. 神经管发育畸形　在神经管形成时,如果前、

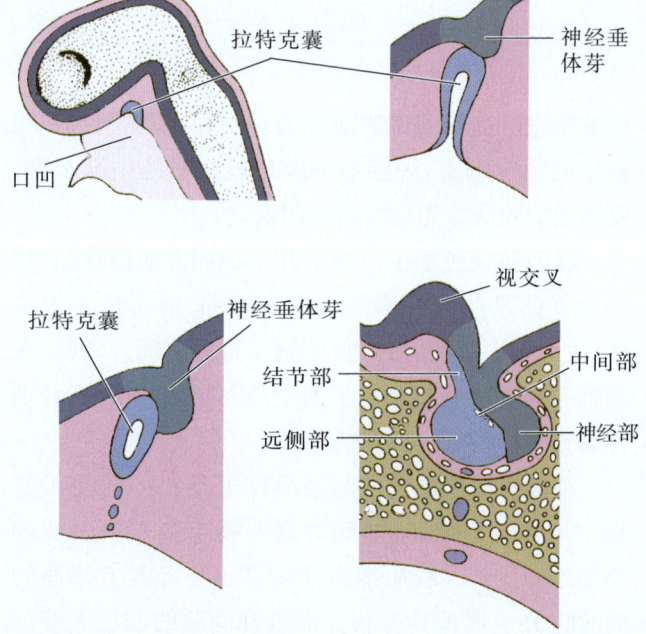

图 27-7　垂体发生示意图

后神经孔未能闭合,就会形成无脑畸形(anencephaly)和脊髓裂(myeloschisis)。无脑畸形常伴有颅顶骨发育不全,称露脑;脊髓裂常伴有相应节段的脊柱裂(spina bifida)。脊柱裂可发生于脊柱各段,最常见于腰骶部。脊柱裂的发生程度可有不同。其中,中度脊柱裂比较多见,在患处常形成一个大小不等的皮肤囊袋。如果

囊袋中只有脊膜和脑脊液，称脊膜膨出；如果囊袋中既有脊膜和脑脊液，又有脊髓和神经根，则称脊髓脊膜膨出（图27-8）。由于颅骨的发育不全，也可出现脑膜膨出和脑膜脑膨出，多发生于枕部。如果脑室也随之膨出，则称积水性脑膜脑膨出。

2. 脑积水　颅内脑脊液异常增多则造成脑积水（hydrocephalus），多由脑室系统发育障碍、脑脊液生成和吸收平衡失调所致，以中脑水管和室间孔狭窄或闭锁最常见。由于脑脊液不能正常循环，致使阻塞处以上的脑室或蛛网膜下隙中积存大量液体，前者称脑内脑积水，后者称脑外脑积水。主要表现为脑颅明显扩大，颅骨和脑组织变薄，颅缝变宽。

二、眼的发生

（一）视网膜和视神经的发生

人胚第4周，由前脑泡向两侧膨出形成一对小泡，称视泡（optic vesicle），连接视泡与脑的狭窄部分称视柄（optic stalk）。视泡逐渐膨大，其远端的前部渐向内凹陷形成双层壁的视杯（optic cup）。视杯外层形成视网膜色素上皮层（pigment epithelial layer），并始终保持为单细胞层。胚胎第4周时，色素上皮细胞内开始出现色素颗粒，至第5周时细胞质内充满色素。视杯内层细胞增殖变厚演变成神经层（nervous layer）（图27-9）。随着胚胎的发育，视杯内外两层之间的腔隙变窄，变成一潜在性腔隙。胎儿第3个月起，视杯前缘向晶状体泡前方伸展，成为视网膜的睫状体部与虹膜部，即视网膜盲部。睫状体部内层分化为非色素上皮，外层分化为色素上皮；而虹膜部内层则分化为色素上皮，外层的色素上皮则分化形成虹膜的平滑肌，即瞳孔括约肌和瞳孔开大肌。视杯的其余部分发育为视网膜视部，通称视网膜。当视泡内陷成视杯时，视柄腹侧面也相应内陷形成一条纵行裂隙，称脉络膜裂（choroid fissure），玻璃体动脉（hyaloid artery）及邻近的

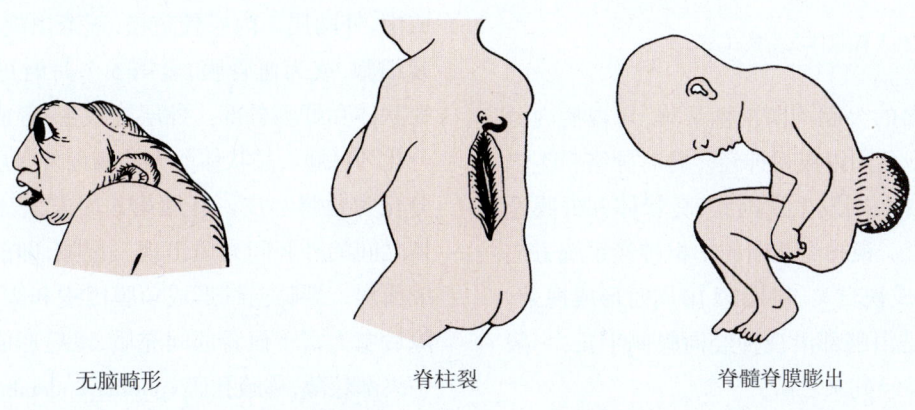

无脑畸形　　　　脊柱裂　　　　脊髓脊膜膨出

图27-8　神经管发育常见畸形示意图

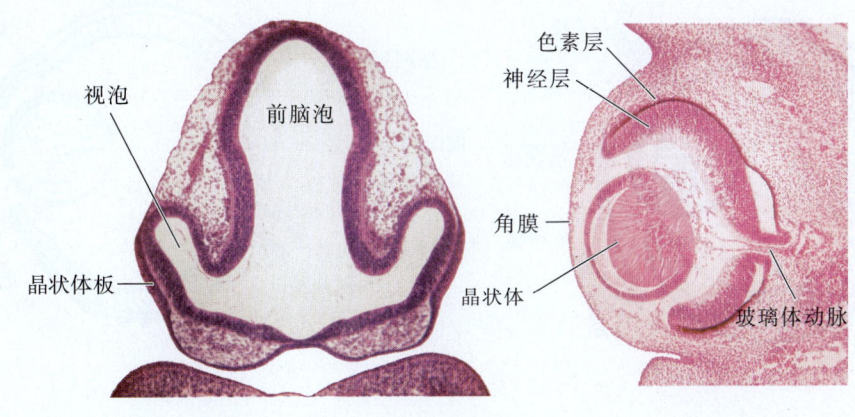

视泡　前脑泡　色素层　神经层　晶状体板　角膜　晶状体　玻璃体动脉

图27-9　眼的发生

间充质经此裂进入视杯(图 27-10)。

胚胎第 8 周时,视杯神经层的细胞开始增殖、分化和迁移,其中节细胞最早出现,其次为视细胞和其他神经细胞。第 4 个月,胎儿的视网膜已可分辨各层结构,第 8 个月,胎儿的视网膜结构与成人的基本相同。但黄斑区发育较晚,从第 7~8 个月开始分化,至出生后 6 个月才发育完成。

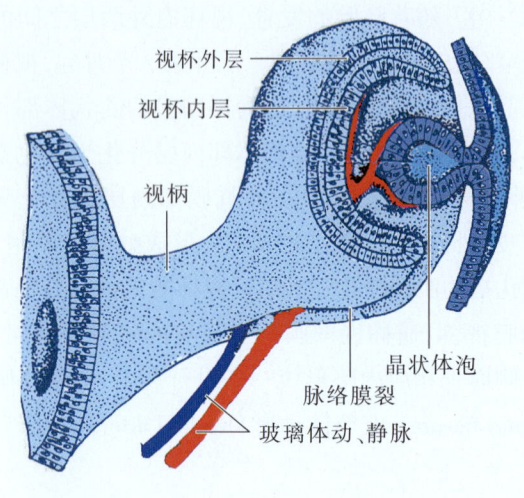

图 27-10　视杯及晶状体发生模式图

由节细胞发出的突起均向视柄聚集,与视柄内分化的神经胶质细胞共同组成视神经。此时脉络膜裂已愈合关闭,若不关闭,则发生视网膜、睫状体和虹膜全部或局部缺损畸形。视神经逐渐向中枢神经系统方向生长,在垂体前形成视交叉。胚胎第 10 周时形成视束。视神经的髓鞘则是由脑部沿视神经向眼侧生长,一般出生时即止于视神经乳头之后。

(二) 晶状体发生

当视泡形成时,其表面外胚层受视泡的诱导而增厚,形成晶状体板(lens placode),继而内陷形成一个球形的晶状体泡(lens vesicle),并与表面外胚层脱离。至第 6 周,晶状体泡的前表面仍保持单层立方上皮,后表面上皮细胞则逐渐增长,形成晶状体纤维(lens fiber)(图 27-9,图 27-10),介于两者之间的部分称赤道板区,该处细胞不断增生、变长,形成新的晶状体纤维。原有的晶状体纤维则逐渐退化形成晶状体核,新的晶状体纤维逐层添加到晶状体核的周围,晶状体及晶状体核逐渐增大。此变化持续终身,但随年龄的增长速度减慢,故晶状体核可区分成胚胎核、胎儿核、婴儿核及成人核等。胚胎第 5~6 周时形成晶状体囊,是由晶状体上皮细胞产生的基膜产物。若晶状体在发育过程中遇到障碍,可形成不同类型的先天性白内障或无晶状体等畸形。

(三) 血管膜和纤维膜的发生

人胚第 6 周,视杯外周的外胚间充质开始分化形成内、外两层。内层较疏松,逐渐出现丰富的血管和色素细胞,成为血管膜,至第 5 个月时可区分出脉络膜、睫状体和虹膜各部。外层较致密,形成大量胶原纤维,分化为巩膜。晶状体前方的表面外胚层受晶状体诱导,分化为角膜上皮。胚胎第 6 周末,表面外胚层与晶状体之间的外胚间充质出现一裂隙,即前房始基,由此形成前房。裂隙前壁形成角膜内皮和固有层等结构。裂隙后壁为富于血管的间充质,以后形成虹膜的基质层,中央部较薄,称瞳孔膜(pupillary membrane)(图 27-11)。

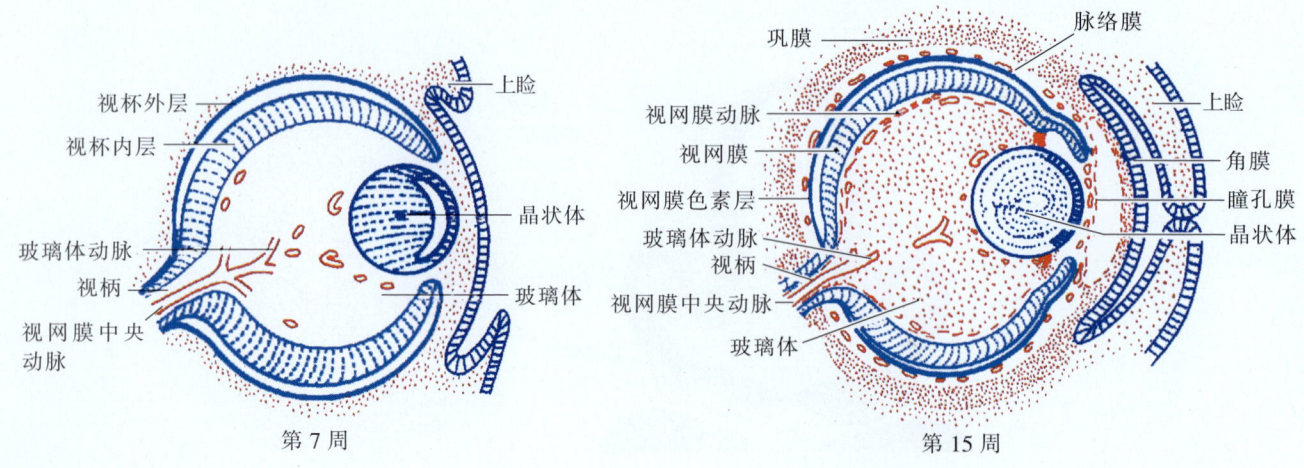

图 27-11　眼球和眼睑发生模式图

胚胎第 7 个月时,瞳孔膜中央开始萎缩,形成瞳孔。瞳孔膜若萎缩不全,即形成先天性永存瞳孔膜。

角膜和前房形成后,至第 3 个月末形成角膜缘,并在其内侧出现巩膜静脉窦。它来源于视杯缘处的静脉丛,由一层内皮细胞构成,并具有许多分支小管。巩膜静脉窦出现后不久,其内侧的间充质分化成小梁网组织。前房内的间充质逐渐萎缩,形成前房角;若间充质未能正常萎缩,小梁组织未能发育成网状结构,则导致先天性青光眼。

（四）玻璃体的发生

人胚第 4 周,视杯内充满来自脉络膜裂的间充质细胞和一条玻璃体动脉(图 27-11),为初级玻璃体。第 5 周时,视杯神经层分泌形成的原纤维填充在初级玻璃体外周,形成次级玻璃体。随后原纤维等不断增多,次级玻璃体增大,发育为玻璃体的主体。玻璃体动脉在人胚第 9 周时发育完好,为晶状体提供营养,至第 7 个月时血供停止,至出生前 6 周完全萎缩退化,残留一个从视神经盘到晶状体后面的小管,称玻璃体管(vitreous canal)。若玻璃体动脉萎缩不全,则为玻璃体动脉残留。胎儿第 3 个月,视杯前缘发育为虹膜和睫状体上皮,此时的睫状体和晶状体囊十分靠近,当眼球向前方生长时,睫状体上皮分泌的玻璃样胶原(原纤维)随同上皮细胞的相对后移,渐向后伸展,发育形成睫状小带。

（五）眼睑和泪腺的发生

1. 眼睑的发生　胚胎第 5 周,视杯前方的表面外胚层形成睑褶,为眼睑的始基。睑褶的外层分化成眼睑皮肤,内层形成结膜并与球结膜和角膜上皮相连续。睑褶中部的间充质,发育成睑板、结缔组织和肌组织。在胚胎第 3 个月时,上、下睑缘彼此相对生长而互相粘连(图 27-11)。至胚胎第 5 个月末,上、下睑缘又重新分开,形成上、下睑。胚胎第 9 周时,在上、下睑黏合缘外侧,上皮细胞分化成毛囊,生出睫毛,此后由毛囊壁分化形成睑缘腺和睫腺。同时,在黏合缘的内侧,上皮呈管状内陷形成睑板腺。在眼睑发育过程中,若睑褶形成或其后的发育出现障碍,可产生无眼睑或小眼睑等畸形。

2. 泪腺的发生　胚胎第 9 周,位于颞侧结膜上穹处睑结膜上皮向深部增殖成实心细胞索,为泪腺的原基。至第 3 个月,实心细胞索中央的细胞出现腔隙,

演变成导管和腺泡,逐渐发育成腺体。出生 3~4 岁后,泪腺发育才基本完成。

（六）常见畸形

1. 先天性无眼(anophthalmia)或小眼(microphthalmia)　由于视泡没有发生,或虽已发生,但未能继续发育所致,常伴有严重的颅脑畸形。

2. 独眼(cyclopia)　由于左、右视沟在胚胎发生早期融合形成一个正中眼。这种畸形常在眼的上方有一个管形鼻(图 27-12)。

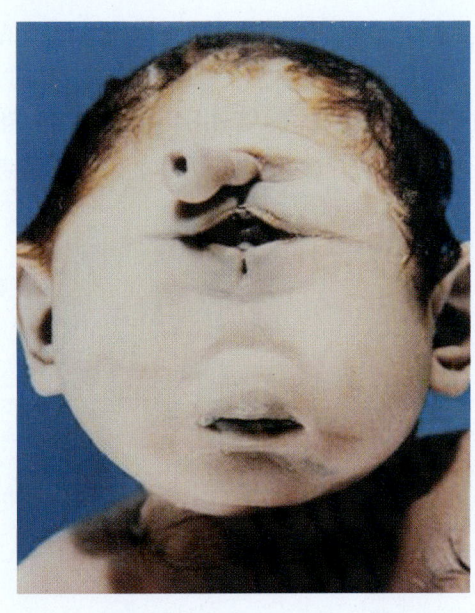

图 27-12　独眼畸形

3. 先天性白内障(congenital cataract)　指晶状体的透明度发生异常,可由遗传或环境因素,如母体在妊娠早期感染风疹病毒、母体甲状腺功能减退、营养不良和维生素缺乏等引起。

4. 先天性青光眼(congenital glaucoma)　与巩膜静脉窦或小梁网发育障碍有关,导致房水排出受阻,眼内压增高,眼球胀大,角膜突出。因眼球异常增大,又称牛眼。

5. 瞳孔膜残留　因瞳孔膜未能全部或部分退化消失所致,在瞳孔处残留有薄膜或蛛网状细丝。

三、耳的发生

耳分内耳、中耳和外耳三部分,分别由头部表面

外胚层形成的耳泡、内胚层来源的第 1 咽囊和外胚层来源的第 1 鳃沟及围绕鳃沟的 6 个耳结节演变而来。

（一）内耳的发生

第 4 周初，菱脑两侧的表面外胚层在菱脑的诱导下增厚，形成听板（otic placode）；继而陷入深部的间充质内，形成听窝（otic pit），最后听窝闭合，并与表面外胚层分离，形成囊状的听泡（otic vesicle）（图 27-13）。听泡向背腹方向延伸增大，形成背侧的前庭囊和腹侧的耳蜗囊，并在背端内侧长出一小而长的内淋巴管。前庭囊形成 3 个膜半规管和椭圆囊的上皮，耳蜗囊形成球囊和膜蜗管的上皮。最终，听泡及其周围的间充质便演变为内耳膜迷路（图 27-14）。第 3 个月时，膜迷路周围的间充质分化成一个软骨囊，包绕膜迷路。约在第 5 个月时，软骨囊骨化，成为骨迷路。于是膜迷路

被套在骨迷路内，两者间隔狭窄的外淋巴间隙。

（二）中耳的发生

第 9 周时，第 1 咽囊向背外侧延伸，远侧盲端膨大成咽鼓管鼓室隐窝，近侧段狭长演变成咽鼓管。第 4 个月时，咽鼓管鼓室隐窝上方的间充质形成 3 个听小骨原基，至第 6 个月，先后骨化为听小骨。与此同时，咽鼓管鼓室隐窝远侧段扩大形成原始鼓室，听小骨周围的结缔组织被吸收而形成腔隙，与原始鼓室共同形成鼓室，听小骨位于其内。咽鼓管鼓室隐窝顶部的内胚层与第 1 鳃沟底部的外胚层相对，分别形成鼓膜内、外上皮，两者间的间充质形成鼓膜内的结缔组织（图 27-13）。

（三）外耳的发生

第 2 个月末，第 1 鳃沟向内深陷，形成外耳道外侧段。管道的底部外胚层细胞增生形成一上皮细胞

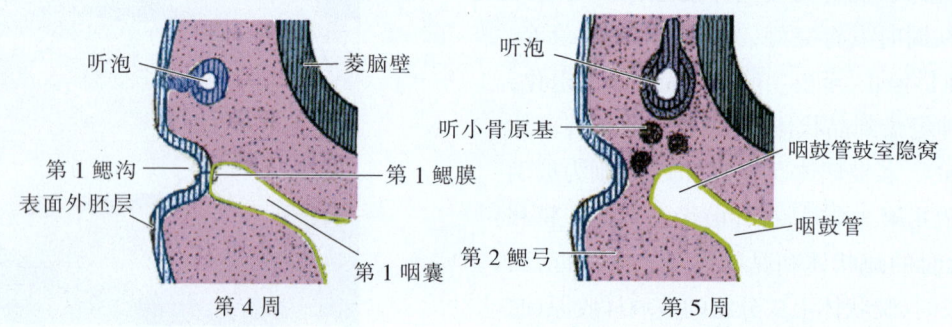

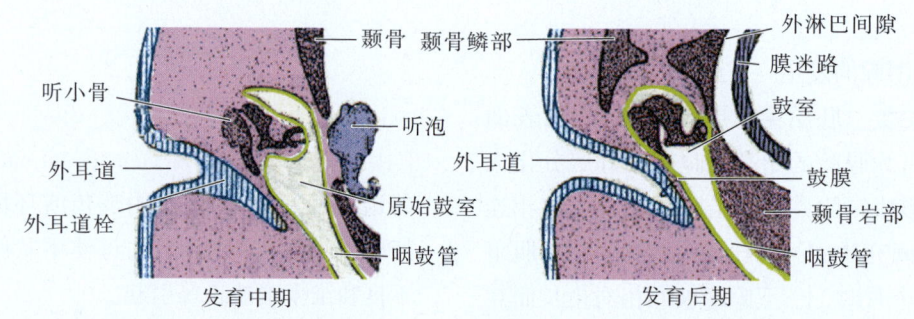

图 27-13　耳的发生示意图

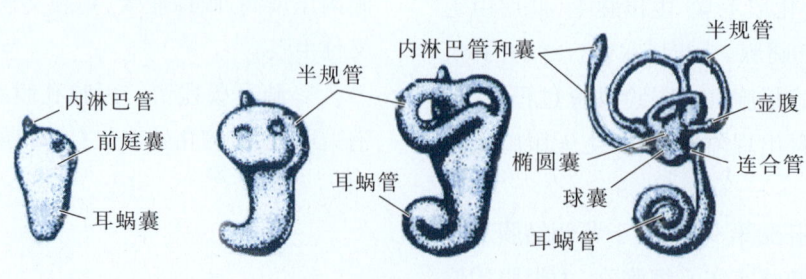

图 27-14　第 5~8 周听泡的发育

板,称外耳道栓(external acoustic meatus plug)。第7个月时,外耳道栓内部细胞退化吸收,成为外耳道内侧段(图27-13)。第6周时,围绕第1鳃沟周围的第1、2鳃弓中间充质增生,形成6个结节状隆起,称耳结节(auricular hillock),它们围绕外耳道口演变成耳郭(图27-15)。

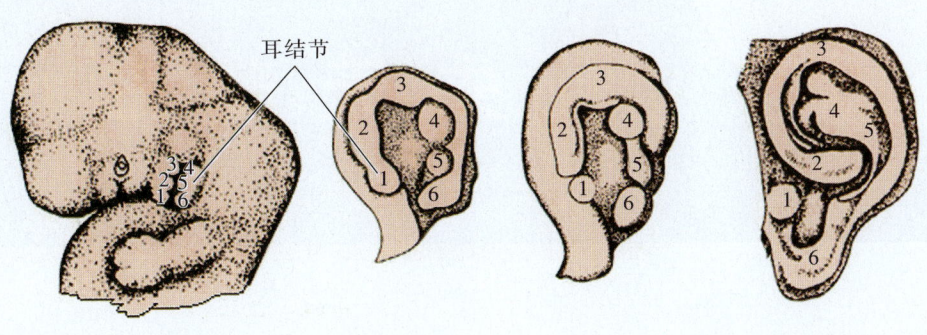

图27-15　耳郭的发生

（四）常见畸形

1. 先天性聋(congenital deafness)　有遗传性和非遗传性两类。遗传性聋属常染色体隐性遗传,主要由于不同类型和不同程度的内耳发育不全、耳蜗神经发育不良、听小骨发育缺陷与外耳道闭锁所致。非遗传性聋与药物中毒、感染、新生儿溶血性黄疸等因素有关。先天性聋患儿因听不到语言,不能进行语言学习与锻炼,常表现为又聋又哑。

2. 副耳郭(accessory auricle)　又称耳郭附件(auricular appendages),多由于耳结节的发生过多所致,常见于耳屏前方。

3. 耳瘘(auricular fistula)　常见于耳屏前方,可能因第1鳃沟的背部闭合不全,或第1、2鳃弓发生的耳结节融合不良所致,形成皮肤性盲管继续向下延伸和鼓室相通,可挤压出白色乳酪状液体,易感染。

　　知识链接27-1　组织工程技术修复先天性耳畸形已不是梦

（刘　琼）

新形态教材网

📱 微课导学　　📖 教学课件　　🖥 微视频　　⊕ 知识链接　　📝 自测题

第二十八章

先天畸形

先天畸形（congenital malformation）是指由于胚胎发育紊乱所致的出生时就存在的各种形态结构异常，又称为出生缺陷。

一、先天畸形的分类

按照 Willis、Grag 和 Moore 在 1958 年至 1982 年根据先天畸形的胚胎发生过程提出的畸形分类方法，先天畸形主要分为以下类型。

1. 整体胚胎发育障碍　多由严重遗传缺陷引起，不能形成完整的胚胎并早期死亡吸收或自然流产。

2. 胚胎局部发育畸形　由胚体局部发育紊乱引起，同时涉及多个器官，如头面发育不全（ethmocephalus）（图 28-1）、并肢畸形（sirenomelia）等。

3. 器官或器官局部畸形　由某一器官不发生或发育不全所致，如单侧或双侧肺不发生、室间隔膜部缺损、腭裂等。

4. 组织分化不良性畸形　由组织分化紊乱引起，发生时间较晚且肉眼不易识别，如成骨不全（osteogenesis imperfecta）、克汀病（cretinism）、先天性巨结肠（congenital megacolon）等。

5. 发育过度性畸形　由器官或器官的一部分增生过度所致，如多指（趾）畸形等（图 28-2）。

6. 吸收不全性畸形　由胚胎发育过程中有些应全部或部分吸收的结构吸收不全所致，如肛门闭锁、食管闭锁等。

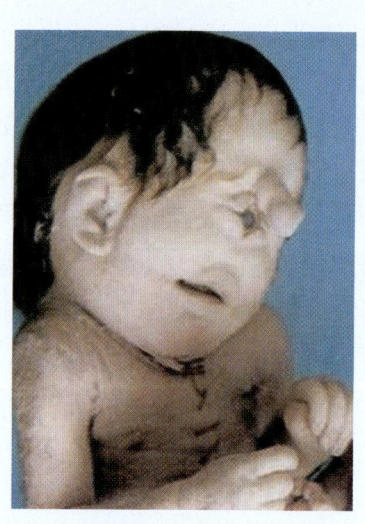

图 28-1　头面发育不全

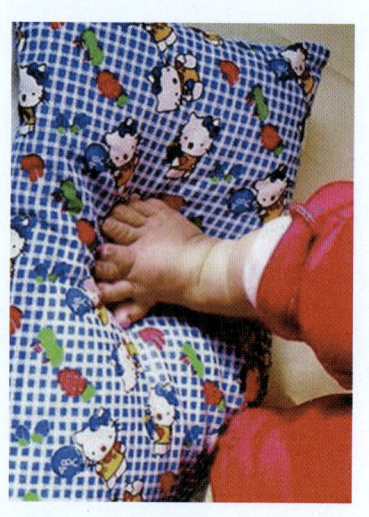

图 28-2　多趾畸形

7. **超数或异位发生性畸形** 由器官原基超数发生或发生于异常部位所致,如多乳腺、异位乳腺、双肾盂、双输尿管等。

8. **发育滞留性畸形** 由器官发育中途停止所致,如双角子宫、隐睾、骨盆肾、气管食管瘘等。

9. **重复畸形(double malformation)** 由单卵双胎未能完全分离所致,胎儿整体或部分结构不同程度地重复出现,如连体胎儿、双头胎儿等。

10. **寄生畸形(parasitic malformation)** 由单卵双胎的两个胎儿发育速度相差悬殊所致,小胎或不完整的小胎附着在大胎的某一结构部位上。

二、先天畸形的发生原因

先天畸形的发生原因包括遗传因素、环境因素和两者的相互作用。其中遗传因素约占 25%,环境因素约占 10%,遗传因素与环境因素相互作用和原因不明者约占 65%。

(一) 遗传因素

引起先天畸形的遗传因素可分为染色体畸变(chromosome aberration)和基因突变(gene mutation)两类。

1. **染色体畸变** 可由亲代遗传,也可由生殖细胞的异常发育引起,包括染色体数目的异常和染色体结构的改变。染色体数目减少表现为单体型,常染色体的单体型胚胎几乎不能存活,性染色体的单体型胚胎仅有 3% 存活且有畸形,如先天性卵巢发育不全,即特纳(Turner)综合征(45,XO)。染色体数目增多表现为三体型,如 21 号染色体的三体可引起先天愚型,即唐氏综合征;性染色体的三体(47,XXY)可引起先天性睾丸发育不全,即 Klinefelter 综合征。染色体结构的改变,如 5 号染色体短臂末端断裂缺失可引起猫叫综合征。

2. **基因突变** 指 DNA 分子碱基组成或排列顺序的改变,其发生次数较染色体畸变多,但引起的畸形少,主要有软骨发育不全、肾上腺肥大、小头畸形、多囊肾、皮肤松弛症等。

知识链接 28-1 唐氏综合征的预防

(二) 环境因素

引起先天畸形的环境因素统称为致畸因子

(teratogen),主要有下列 5 类。

1. **生物性致畸因子** 有些可穿过胎盘膜直接作用于胚体,有些则作用于母体引起母体发热、缺氧、脱水、酸中毒等,干扰胎盘的功能,破坏胎盘膜,从而间接影响胚胎发育。目前已确定的生物性致畸因子有风疹病毒、巨细胞病毒、单纯疱疹病毒、弓形虫、梅毒螺旋体等。

2. **物理性致畸因子** 已确认各种射线、机械性压迫和损伤等对人胚胎发育有致畸作用;高温、严寒、微波等对动物有致畸作用,对人有无致畸作用尚在探讨中。

3. **致畸性药物** 主要有抗肿瘤类、抗惊厥类、抗凝血类、抗生素类、激素类等药物。如大量链霉素可引起先天性聋,长期应用性激素可致胎儿生殖系统畸形,抗凝血药香豆素在妊娠早期应用可引起胎儿鼻发育异常,抗肿瘤药甲氨蝶呤钠可引起无脑畸形等。

4. **致畸性化学因子** 目前确认的有某些多环芳烃化合物、亚硝基化合物、烷基和苯类化合物、含磷的农药、重金属(如铅、镉、汞)等。

5. **其他致畸因子** 酗酒、大量吸烟、维生素缺乏、缺氧、严重营养不良等均有致畸作用。流行病学调查显示,吸烟者所生的新生儿平均体重明显低于不吸烟者,且出现畸形的危险性增加,主要由尼古丁使胎盘血管收缩,胎儿缺血、缺氧所致。妊娠期过量饮酒可引起胎儿多种畸形,主要表现有发育迟缓、小头、小眼、短睑裂、眼距小等,称胎儿酒精综合征(fetal alcohol syndrome)。

(三) 环境因素与遗传因素的相互作用

多数畸形是环境因素与遗传因素相互作用的结果,这种相互作用包括两方面:一是环境致畸因子通过引起染色体畸变和基因突变而导致先天畸形,另一方面是胚胎的遗传特性决定和影响胚体对致畸因子的易感性。如流行病学调查显示,在同一地区、同一自然条件下,同时妊娠的孕妇在一次风疹流行中都受到感染,但其新生儿有的出现畸形,有的完全正常。其原因就是每个胎儿对风疹病毒的易感性不同。在环境因素与遗传因素相互作用引起的先天畸形中,用来衡量遗传因素所起作用大小的指标称遗传度。遗传度越高,说明遗传因素在畸形发生中的作用越大。如先天性心脏畸形的遗传度为 35%,腭裂的遗传度为 76%,

脊柱裂的遗传度为60%，先天性髋关节脱位的遗传度为70%。

三、胚胎的致畸敏感期

胚胎在发育过程中受到致畸因子作用后，是否发生畸形及在何器官发生何种畸形，不仅决定于致畸因素的性质和胚胎的遗传特性，而且决定于胚胎受到致畸因子作用时所处的发育阶段。处于不同发育阶段的胚胎对致畸因子作用的敏感程度也不同。受到致畸因子作用后，最易发生畸形的发育时期称致畸敏感期（susceptible period to teratogenic agent）。

在胚期前2周受到致畸因子作用后，若致畸作用强，胚通常死亡；若致畸作用弱，多数细胞可代偿少数受损死亡的细胞，故很少发生畸形。第3~8周为致畸敏感期，受到致畸因子作用后最易发生畸形。其原因是此期胚胎细胞增生、分化活跃，器官原基正在发生，因而最易受到致畸因子的干扰。由于各器官的发生与分化时间不同，故各器官的致畸敏感期也不同（图28-3）。胎期（9周以后）各器官进行组织分化和功能分化，受到致畸因子作用后也会发生畸形，但多属组织结构异常和功能缺陷，一般不出现宏观的器官形态畸形。

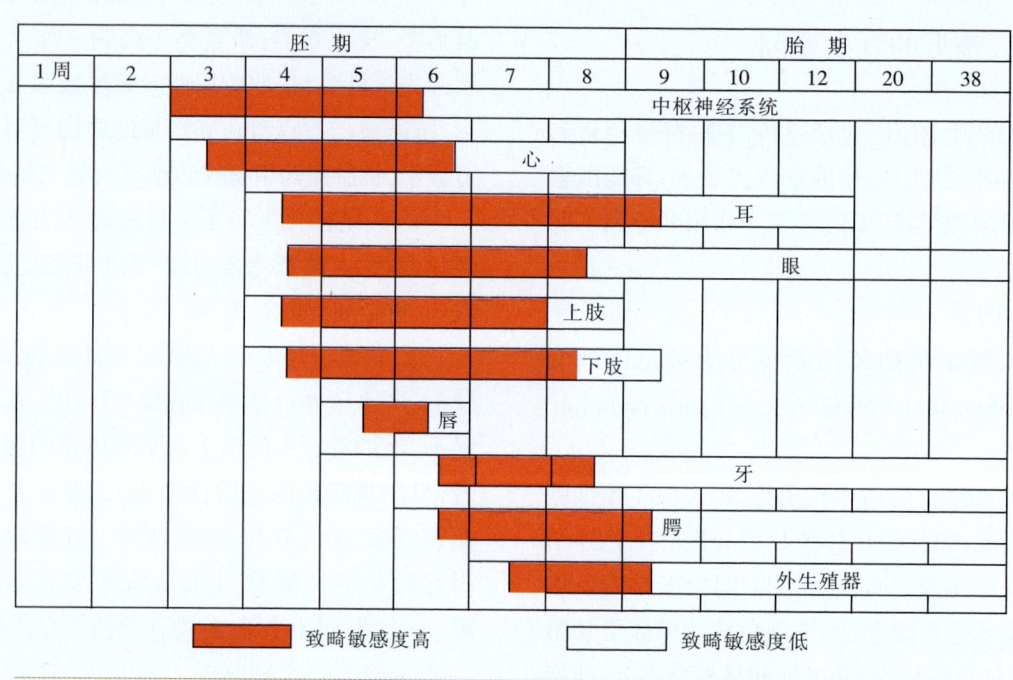

图28-3　人胚胎主要器官的致畸敏感期

不同致畸因子对胚胎作用的致畸敏感期也不同。如风疹病毒的致畸敏感期为受精后第1个月，畸形发生率为50%，第2个月降为22%，第3个月仅为6%~8%。药物沙利度胺的致畸敏感期为受精后第21~40天。

实验畸胎学研究表明，不同种类的致畸因素可诱发出各种各样的畸形。有时一种因素引起多种畸形，有时多种因素引起一种畸形，或某种因子缺少或过多都引起畸形，一种致畸因素对各种实验动物的反应也各有不同。关于哺乳类致畸的机制目前比较公认的有以下几种：细胞的直接毒性作用；基因突变与染色体异常；致畸因子干扰正常胚胎分化发育过程；母体和胎盘自稳功能紊乱；非特异性的胚胎和发育毒性作用；其他机制，如生物合成所需前体物的供给或代谢受到干扰、胚胎组织发育过程不协调等，但还有待于进一步从多方面进行研究。

四、先天畸形的预防和宫内诊断、治疗

（一）先天畸形的预防

目前防止遗传性畸形的主要措施是预防，遗传咨询是达到这一目的的重要措施。如在婚前应进行遗传

咨询,对不适宜生育的夫妇可建议采取他精授精等生殖工程学措施;对有遗传性疾病家族史的夫妇要进行妊娠监护和产前检查,尽早发现畸形胚胎,以便采取相应对策。

做好孕期保健是防止环境致畸的根本措施。妊娠期间要避免接触各种环境致畸因素,特别是在妊娠前8周,要尽量预防感染,不滥用药物,戒烟戒酒,避免和减少射线的照射等。

(二) 先天畸形的宫内诊断

1. 羊膜腔穿刺(amniocentesis) 可在妊娠第15周以后进行羊膜穿刺取羊水做羊水的细胞染色体核型检查和羊水的化学成分检测。如开放性的神经管畸形,其羊水中乙酰胆碱酯酶同工酶和甲胎蛋白的含量高于正常数十倍。染色体异常引起的先天畸形,如唐氏综合征和特纳综合征等,可通过染色体分析确定。

2. 绒毛膜活检(chorionic villi biopsy) 绒毛膜细胞与胚体细胞同源,有着相同的染色体核型,可在妊娠第8周进行绒毛膜活检,早期诊断胚胎的染色体异常。

3. 仪器检查 通过胎儿镜可直接观察胎儿外部结构有无异常,并可采取血液、皮肤等样本做进一步检查,还可直接给胎儿注射药物或输血。超声检查是一种简便易行且安全可靠的宫内诊断方法,不仅能诊断胎儿外部畸形,还可检查出某些内脏畸形。将造影剂注入羊膜腔进行X线检查,可观察胎儿的大小和外部畸形。

(三) 先天畸形的宫内治疗

非手术性治疗先天畸形开展较早,如甲状腺素治疗胎儿甲状腺功能减退引起的发育紊乱。但能进行宫内治疗的畸形还很有限,进展较快并能迅速收效的宫内治疗方法是宫内手术。1963年,LiLey用宫内胎儿输血方法治疗胎儿水肿并取得成功,是首例宫内手术治疗。20世纪80年代初,开展胎儿颅脑穿刺手术治疗胎儿脑积水取得成功,以后又开展了脑室-羊膜腔沟通术(ventriculoamniotic shunt)治疗阻塞性脑积水,也取得成功。还有人用这种改道方法治疗肾积水。据1984年国际胎儿外科统计资料显示,脑积水和肾积水宫内手术治疗的存活率分别为44.2%和82.3%。近年来,用宫内胎儿胸腔穿刺治疗乳糜胸取得了成功。动物实验研究显示,膈疝、脐疝、腹壁裂和轻度脊柱裂等畸形均可做宫内手术治疗。

(漆 智 陈冬艳)

新形态教材网

🔲 微课导学   🖵 教学课件   🖥 微视频   ⊗ 知识链接   📑 自测题

参考文献

［1］刘斌. 组织学与胚胎学. 北京:北京大学医学出版社, 2005.

［2］高英茂. 组织学与胚胎学. 北京:高等教育出版社, 2004.

［3］邹仲之. 组织学与胚胎学. 6 版. 北京:人民卫生出版社, 2004.

［4］成令忠,钟翠平,蔡文琴. 现代组织学. 上海:上海科学技术文献出版社, 2003.

［5］成令忠,王一飞,钟翠平. 组织胚胎学(人体发育和功能组织学). 上海:上海科学技术文献出版社, 2003.

［6］凌冶萍. 细胞生物学. 北京:人民卫生出版社, 2003.

［7］石玉秀. 组织学与胚胎学彩色图谱. 上海:上海科学技术出版社, 2002.

［8］高英茂. 组织学与胚胎学. 北京:人民卫生出版社, 2001.

［9］刘斌,高英茂. 人体胚胎学. 北京:人民卫生出版社, 1996.

［10］成令忠,组织学彩色图鉴. 北京:人民卫生出版社, 2000.

［11］陈慰峰. 医学免疫学. 4 版. 北京:人民卫生出版社, 2006.

［12］杨增明,孙青原,夏国良. 生殖生物学. 北京:科学出版社, 2005.

［13］蔡文琴,李海标. 发育神经生物学. 北京:科学出版社, 1999.

［14］付立杰,阎云,张红恩. 畸胎学. 上海:上海科技教育出版社, 1996.

［15］史小林. 人类生殖学. 北京:科学出版社, 2002.

［16］裴雪涛. 干细胞生物学. 北京:科学出版社, 2001.

［17］小川和朗,齋藤多久馬,永田哲士. 组织学—组织化学的アプローチ. 东京:朝倉書店, 1996.

［18］藤田尚男,藤田恒夫. 标准组织学. 3 版. 东京:医学書院出版社, 1992.

［19］小川和朗,永野俊雄. 電子顕微鏡－细胞组织アトラス. 东京:朝倉書店, 1995.

［20］瀬口春道,監訳. ムーア人体発生学. 6 版. 东京:医歯薬出版株式会社, 2002.

［21］Junqueira LC, Carneiro J. Basic Histology. 11th ed. NewYork:McGraw-Hill, 2005.

［22］Stevens A, Lowe JS. Human Histology. 3rd ed. Philadelphia:Elsevier Mosby, 2005.

［23］Moore KL, Persaud TVN. The Developing Human:Clinically Oriented Embryology. 7th ed. St. Louis:Saunders, 2003.

［24］唐军民,李继承. Textbook of Histologyand Embryology. 北京:北京大学医学出版社, 2011.

［25］Ernst LM, Ruchelli ED, Huff DS. Color Atlas of Fetal and Neonatal Histology. New York:Springer-Verlag, 2011.

［26］Ovalle W, Nahirney P. Netter's Essential Histology. 2nd ed. Amsterdam:Elsevier, 2013.

［27］徐国成,韩秋生,颜玲. 人体形态结构图谱. 北京:军事医学科学出版社, 2014.

［28］李和,李继承. 组织学与胚胎学. 3 版. 北京:人民卫生出版社, 2015.

［30］赵彦艳,孙开来. 人类发育与遗传学. 3 版. 北京:科学出版社, 2016.

［31］Evoschenko VP. Atlas of Histology with Functional Correlations.13th ed. Amsterdam:Wolters Kluwer, 2017.

［32］石玉秀. 组织学与胚胎学彩色图谱. 3 版. 北京:高等教育出版社, 2018.

［33］陈誉华,陈志南. 医学细胞生物学. 6 版. 北京:人民卫生出版社, 2020.

［34］李和,陈活彝. 组织学与胚胎学(英文改编版). 2 版. 北京:科学出版社, 2021.

［35］丁明孝,梁凤霞,洪健,等. 生命科学中的电子显微镜技术. 北京:高等教育出版社, 2021.